DIE STRAFE

II

DIE STRAFE

II

DIE MODERNEN ERSCHEINUNGSFORMEN

VON

HANS VON HENTIG

PROFESSOR DER KRIMINALWISSENSCHAFT
AN DER UNIVERSITÄT BONN

SPRINGER-VERLAG
BERLIN HEIDELBERG GMBH
1955

ISBN 978-3-642-49016-3 ISBN 978-3-642-92648-8 (eBook)
DOI 10.1007/978-3-642-92648-8

URSPRÜNGLICH ERSCHIENEN BEI SPRINGER-VERLAG OHG. IN BERLIN, GÖTTINGEN AND HEIDELBERG
SOFTCOVER REPRINT OF THE HARDCOVER 1ST EDITION 1955

Vorwort.

Am Anfang aller Strafgesetze stehen Systeme der Strafe. Diese schwerste aller Unrechtsfolgen stuft sich von der Todesstrafe bis zur Geldstrafe ab. Wenn vor 21 Jahren in Deutschland Maßregeln der Sicherung und „Besserung“ eingeführt wurden, so liegt in der Überschrift eine Irreführung. Die Bestimmungen kamen mit dem Gewohnheitsverbrechergesetz von 1933, und neben der Sicherung kann nur gelegentlich von Heilung die Rede sein. Die wichtigste der Maßnahmen, die Sicherungsverwahrung, hat nach steilem Anstieg unter der Diktatur einen Tiefstand erreicht, der keine große Vitalität verrät. Sie wird nach der Strafe vollstreckt und hier nicht erörtert.

Unter den modernen Strafarten, die besprochen werden, liegt das Schwergewicht auf der Freiheitsstrafe. Sie ist und bleibt das wichtigste Instrument, mit dem wir die Gesellschaft verteidigen. Ich habe versucht, mich von der deskriptiven Methode frei zu machen, der ich noch in der Ausgabe von 1932 anhing. Mit allen Kräften war ich bemüht, in die psychologischen und soziologischen Hintergründe der Gefangenschaft einzudringen. Wenig lag mir daran, die Vorschriften wiederzugeben, die den Vollzug regeln sollen. Das Gesetz ist nur die Oberfläche, und unter ihr geht das Leben in seltsamen verzerrten Gestalten weiter.

Ich habe beide feindlichen Lager reden lassen, die Wächter und jene, die bewacht werden. In Anklage und Abwehr muß ihr Urteil sich widersprechen.

Der Versuchung, die bedingte Verurteilung und die bedingte Entlassung zu diskutieren, habe ich widerstanden, obschon ich meine, daß ihnen die Zukunft gehört. Sie sind Ausdruck unserer tiefen Zweifel an der Wirksamkeit der Freiheitsstrafe, wie sie ist, und wie wir sie heute vollstrecken. Ich habe in 2 Bänden des Colorado Crime Survey (Boulder 1941 und 1943, unveröffentlicht) eine ausführliche Darstellung der wesentlichen Probleme gegeben. Die Ehrenstrafen konnten weggelassen werden, weil, mit Ausnahme der Polizeiaufsicht vielleicht, die Untiefen mehr auf dem Gebiet der Erkenntnis als der Vollstreckung liegen.

Bonn, August 1954. HANS V. HENTIG.

Inhaltsverzeichnis.

Einleitung

Die psychologischen Mechanismen der Strafe.

Erstes Buch.

Die Todesstrafe.

Erstes Kapitel.

Das Doppelgesicht.

Zweites Kapitel.

Das Zahlenbild.

Drittes Kapitel.

Die Prozedur.

Viertes Kapitel.

Die Kontroverse.

Zweites Buch.

Die Freiheitsstrafe.

Fünftes Kapitel.

I. Die Anfänge.

Sechstes Kapitel.

II. Die Phase der Experimente.

Siebentes Kapitel.

III. Die Psychologie der Haft.

Achtes Kapitel.

IV. Die soziale Dynamik der Gefangenschaft.

Drittes Buch.

Die übrigen Strafarten.

Einleitung.

Die psychologischen Mechanismen der Strafe.

I.

Das kriminalpolitische Defizit der modernen Strafarten, ausgedrückt in steigenden Rückfallsziffern, ist nicht nur der Erfindungsarmut, der Ungeduld und fehlender wissenschaftlicher Methodik zuzuschreiben. Auch mit dem Menschenmaterial, auf das Strafe oder Strafandrohungen abgestellt sind, gehen Änderungen vor sich. Obschon die Strafart die gleiche bleibt, kann wechselnde Empfänglichkeit für Strafe Fehlwirkungen verursachen. Neue Blockierungen im Gehirn des einzelnen wie der Massen können den effektiven Drohgehalt der Strafe verflachen oder völlig verwischen.

Alle Formeln, auf denen sich die Strafe gründet, gehen vom Normalmenschen aus. Wir setzen voraus, daß er in normale Lebensbedingungen hineingestellt ist. Diese Annahme mag auf den Gesetzgeber, den Richter und den Strafanstaltsdirektor zutreffen. Sie mag auf einen großen Teil der Bevölkerung anwendbar sein, solange ruhige und friedliche Zeiten Arbeit und Fleiß, Gesetzestreue und Festigkeit des Charakters belohnen. Das Material der Kriminalwissenschaft aber sind Menschen, die häufig an körperlichen oder seelischen Mängeln leiden oder hohem Umweltdruck ausgesetzt sind. Es sind weder Durchschnittsmenschen noch durchschnittliche Situationen, mit denen wir zu tun haben. So kann es nicht wundernehmen, daß unsere Normalpsychologie mehr als einmal in die Irre geht.

Strafe soll die Lebensverhältnisse des einzelnen verschlechtern. Ihre Androhung — so glauben wir — setzt Regungen der Furcht in Gang und bremst unsoziale Handlungsimpulse. Aber wenn wir dergestalt die verbrecherische Absicht zum Stehen bringen wollen, so gehen wir wiederum von Durchschnittsbedingungen aus. Liegt das Lebensniveau des Menschen unter dem gewöhnlichen Pegel, so geht die Strafrechnung nicht mehr auf. Der alte Zuchthäusler, der in der Anstalt Zuflucht sucht[1], die Gefangene, die nach der wohlvertrauten Zelle als ihrem „Heim" zurückverlangt[2], sind Beispiele einer Existenz, die härter ist als unsere „Strafe".

[1] Von 98 bedingt in Wisconsin entlassenen Mördern (1943) kehrten 4 freiwillig in die Anstalt zurück. Royal Commission on capital punishment. 1949—1953, S. 489. London 1953. Siehe den Fall bei Amos O. Squire: Sing Sing doctor, S. 25, Garden City 1935: „Seine einzigen Freunde waren in Sing Sing, und die Nacht war kalt."

[2] Wyles, Lilian: A woman at Scotland yard, S. 174. London 1951.

II.

Auf zwei Fronten gehen wir gegen das Verbrechen vor. Die eine arbeitet mit einer vorbeugenden Physik des Schutzes und sie reicht vom Wachthund bis zum kompliziertesten Meldeapparat. Auch hier werden abschreckende Wirkungen ins Feld geführt. Aber abgesehen vom Schutzmann an der Ecke und dem Überfallkommando sehen wir den Staat nur schwaches präventives Interesse nehmen. In diese Lücke hat sich eine reiche Technik der Vorbeugung gedrängt, hat sich der Beamte der Wach- und Schließgesellschaft[1] neben den Polizeibeamten gestellt. Wie wichtig diese Vorkehrungen sind, kann man aus den Gegenregungen des Kriminellen, z. B. des Einbrechers[2], ersehen, der sich mit diesen Hindernissen und Schwierigkeiten mehr als mit den Strafandrohungen des Staates beschäftigt. Zahllose Delikte bleiben im Versuchsstadium hängen, weil die Mechanik des Schutzes erfolgreich arbeitet.

Persönlichkeiten, die wichtig sind oder sich für wichtig halten, begnügen sich nicht mit dem Schutz des Gesetzes[3]. Sehr reiche Leute in Amerika fürchten, daß ihr Kind zu Erpressungszwecken geraubt werde; so wird die Bemerkung einer Millionärsgattin verständlich, daß ihr Sohn mehr unter Detektiven als Kindermädchen aufgewachsen sei[4]. Vor allem aber wird bei Staatsoberhäuptern die Deckung, die strenge Strafvorschriften gewähren, als ungenügend angesehen, zumal Fanatiker und Geisteskranke der Drohung ferner Strafe wenig zugänglich sind. In seinen Lebenserinnerungen hat der frühere Leiter des Geheimdienstes in Washington die sehr gut ausgebildeten Methoden geschildert, die Belästigungen und Gefahren von dem amerikanischen Präsidenten fernhalten sollen[5]. Er stimmt aber mit dem erfahrenen Kastellan des Weißen Hauses darin überein, daß es keinen absoluten Schutz gäbe[6]. Auch Hitler hat geäußert, gegen einen idealistisch gesinnten Attentäter, der rücksichtslos sein Leben aufs Spiel setze, sei kein Kraut gewachsen, „Das einzige, was man vorbeugend tun könne, sei, unregelmäßig zu leben, und Spaziergänge, Autofahrten und Reisen völlig programmwidrig durchzuführen[7].“ Wie dem amerikanischen Geheimdienst lagen ihm besonders schmale Straßen im Magen. Er hatte seinem Kraftwagen

---

[1] 1940 gab es in den Vereinigten Staaten 176988 Schutzleute, Sheriffs usw. und 219437 zivile Wachbeamte. Statistical Abstract, S. 185. Washington 1947.

[2] Siehe meine Arbeit: Zur Psychologie der Einzeldelikte, Diebstahl, Einbruch, Raub. S. 114ff. Tübingen 1953.

[3] Alle großen Gangster haben ihre Leibwache.

[4] McLean, Evalyn Walsh: Father struck it rich, S. 234. Boston 1936.

[5] Sugrue, Th., and Edmund W. Starling: Starling of the White House. Chicago 1946.

[6] Hoover, I. H.: Forty-two years in the White House, S. 235. New York 1934,

[7] Picker, Henry: Hitlers Tischgespräche im Führerhauptquartier 1941/42. S. 231. Bonn 1951.

einen starken Rückscheinwerfer einbauen lassen, um nachfolgende Autos blenden zu können[1]. Die Salonwagen der Staatsoberhäupter sind regelmäßig gegen Sprengungen gesichert. Der Pullman des amerikanischen Präsidenten darf nicht photographiert werden. Er ist an der Unterseite schwer gepanzert und hat kugelsichere, besonders dicke Fenster[2]. Beinahe 100 Jahre vorher warf Orsini 3 Bomben auf Napoleon III. Der Kaiser und die Kaiserin wurden nach zeitgenössischen Berichten nur dadurch gerettet, daß die Equipage mit starken Eisenplatten geschützt war[3].

Mit nicht geringerer Sorgfalt wahren große Banken ihr Geld. Alarmsysteme, Detektive, kugelsichere Scheiben an den Schaltern, hinter denen die Kassierer stehen, Gaswerfer, die mit dem Fuß bedient werden können, während die Angestellten befehlsgemäß die Hände hochheben, geben einen hohen Grad von Sicherheit. Bei neueren Versuchen wurde der Platz vor einem Kassenschalter mit radioaktiven Substanzen bestreut. Der Bankräuber kann dann mit dem Geiger-Zähler verfolgt und entdeckt werden. Dort, wo ein Delikt sich auf vertraglichen Abmachungen bestimmten Umfangs aufbaut wie beim Versicherungsbetrug, kann eine Änderung der Stimulation vorbeugende Wirkung haben. Seitdem in den Vereinigten Staaten Fälle des Selbstmordes mit Benzingasen sich häuften, haben die Versicherungsgesellschaften Gasvergiftung aus ihren Verträgen entfernt[4]. Sie entgehen der Behauptung des bloßen Unfalls und den daraus resultierenden höheren Ansprüchen.

III.

Zur Mechanik der Verhütung gesellen sich die physischen Mittel, die bei der Strafvollstreckung zur Anwendung kommen. Sie können nicht übersehen werden, stehen aber am Rande unseres Problems. Beständen sie ausschließlich aus mechanischem Zwange, so könnte man sie beiseite lassen. Aber auch Gummiknüppel, Handschellen, Gefangenentransportwagen, Mauern, Gitter, Türen ohne Klinke, Zwangskleidung wirken auf die, die diese Behandlung entweder am eigenen Leibe erfahren, sie sehen oder von ihr hören. Bei allen solchen Maßnahmen schiebt sich das persönliche, feindliche und überwältigende Element der Staatsgewalt schroff in den Vordergrund — am meisten natürlich bei den Gehilfen des Scharfrichters, die den gefesselten Delinquenten auf das Brett der Guillotine werfen —, und die seelische Verwundung oder Auflehnung des Gefangenen ist besonders heftig. Daneben

Ebenda S. 232. — [2] New York Times vom 22. Januar 1948.

[1] Tennyson Jesse, F.: Murder and its motives, S. 196. London 1952.

[43] Richardson, B. A.: Questionable life and accident claims, S. 55. Atlanta 1937.

tritt der gewaltsame Charakter der Strafe bei diesen Methoden in grelles Licht, und wir sind geneigt, ihn, soweit es geht, der Sicht der Allgemeinheit zu entziehen. Auch wirkt die mechanische Seite des Strafvollzugs auf das seelische Gefüge dessen zurück, der häufig „zupacken" muß, oder sich zu Funktionen der Zwangsausübung meldet.

Wir werden bei der Todes- wie der Freiheitsstrafe auf diese Wirkung einzugehen haben, so daß man im Gegensatz zu der landläufigen Auffassung von einem dreifachen Gesicht der Strafe sprechen könnte: sie verändert den Gefangenen, obschon sich nur bei der vollstreckten Todesstrafe mit Sicherheit sagen läßt, welcher Art diese Wandlung ist. Die Praxis aller Zeiten hat tiefe Wirkungen auf den „Umstand" angenommen, um ein altes Wort zu gebrauchen, auf jene Bevölkerung, deren Herz, ‚böse von Jugend auf" ist[1]. In Zeiten besonderer Straflust — vielleicht sind es nur Zeiten krankhaft gesteigerter Furcht — wächst eine ganze Schicht von heimlichen Henkern und Wärtern aus dem Boden, deren verhaspeltes Triebleben aus dem Wehtun, wie ein Blutegel, aufschwemmende Kraft zieht.

Diese Schicht ist viel größer, als wir denken. Es ist notwendig, daß wir mit ihrer Bereitschaft rechnen, sich in den Dienst der Strafe zu stellen, um legalerweise tiefer sitzende eigene Instinkte abreagieren zu können. Der Scharfrichter ist eine solche problematische Gestalt, fragwürdig sind auch die Anstaltsleiter, die die Prügelstrafe eigenhändig vollziehen, wie ich noch im Staate Colorado erlebt habe, fragwürdig auch die Wärtertypen, die zur Gewaltanwendung drängen. Blacks kanadischer Prügelmeister hatte schon dieselbe Funktion in der Britischen Marine ausgeübt und zog zur weiteren seelischen Entlastung Zähne[2]. Auch Patterson traf denselben Prügelmeister in verschiedenen Gefängnissen wieder[3]; es war seine Art, Karriere zu machen. Wenn wir von der sozialen Nützlichkeit dieser menschlichen Spielarten absehen, die ihnen aus einer Ausnahmesituation zufließt, so müssen wir progressive Verrohung erwarten. Wir wissen nicht, was diese Menschen

[1] Urteile des 17. Jahrhunderts suchten Freispruch von individueller Schuld und Abschreckung zu verbinden. So lautet das Schlußactum eines „Hexenprozesses zu Rotenburg in Hessen vom Jahre 1668": ... Wird ... zu Recht erkannt: daß peinlich Beklagte von der ordentlichen Strafe der Hexerei zwar zu absolvieren, jedoch aber wegen verübten Exzessus ihr zur Strafe und den Andern zum Exempel auf ein Jahr lang ad opus publicum zu verdammen sei; wie wir dann dieselbe dergestalt, als vorsteht, hiermit respective absolvieren und verdammen, von Rechtswegen." Soldan-Heppe: Geschichte der Hexenprozesse, neu bearb. von Max Bauer, Bd. II, S. 92. München o. J.

[2] Black, Jack: You can't win, S. 269ff. New York 1926.

[3] Patterson, Haywiid, und Earl Conrad: Scotsboro Boy, S. 32 u. 182. Garden City 1950.

anfangen, wenn ihnen das Lebenselement des amtlichen Wehtuns genommen ist, obwohl wir das Ende vieler Henker auf dem Schafott, in geistiger Umnachtung und in Selbstmord kennen.

Es ist nicht zuviel gesagt, wenn wir behaupten, daß Strafsysteme und Strafmethoden, ja die Forderungen, die laut werden und die in der Regel auf Verschärfung gehen, die stärkste Suggestion sind, die eine Gesellschaft oder ein Staat auf die Massen legen kann. Sie sind ein „Exempel“, aber in ganz anderem Sinne, als es die alten Urteile meinten. Wo immer rohe Gesellen in unserer Mitte inaktiv sind, werden sie von harten Gesetzen mobilisiert. Sie sind urplötzlich zu Tausenden da, ganz wie die zahllosen Plünderer vom Himmel fallen, wenn Revolution ausbricht. In ihren unsinnigen Exzessen aber bringen die Massen den Beweis, wie gute Schüler sie gewesen sind und wie leidenschaftlich gern sie das, was ihnen verhaßt war, nachzuahmen verstehen. Zahllose Menschen bewerben sich dann in dieser oder jener Form, um den Posten des Henkers, Inquisitors oder des Kerkermeisters.

So umfaßt die Psychologie der Strafe nicht nur den Gesetzgeber, die öffentliche Meinung, die Lehren der Kirche, die widerspruchsvollen Meinungen der Wissenschaft, sondern alle die, die Strafmittel handhaben und dabei den Gesetzen des Fortschrittes oder der Beharrung, den Imperativen einer verfeinerten Erfahrung oder einer dumpfen Triebhaftigkeit folgen. Es scheint, daß lange Jahre dieser Tätigkeit den Menschen verändern[1]. Kluge Anstaltsleiter wie LAWES von Sing Sing ringen sich deshalb nach einiger Zeit zu dem Entschluß durch, den Konnex mit der angehäuften Summe von Jammer und Unglück eines großes Zuchthauses im Interesse ihrer „Seele“ abzubrechen, so sehr auch die ungeheure Machtfülle einer solchen Stellung zum Bleiben verlocken mag. Der Arzt von Sing Sing, Dr. SQUIRE, hat nicht verhehlt, daß die Mitwirkung bei Hinrichtungen sein Nervensystem in einen Zustand versetzte „that approached a definite psychosis“, und er sein Amt aufzugeben hatte, bevor es zu spät war[2]. Man würde auch geneigt sein, aus den häufigen Mitteilungen über Todesfälle der leitenden Beamten, die sich in Gefangenenbiographieen finden, zu schließen, daß die Mortalität hoch ist. Genaue Angaben fehlen.

Mit der letzten Komponente, der Wirkung der Strafe auf die Außenwelt, hat es eine eigene Bewandtnis. Wir behaupten sie und wünschen sie. Zu gleicher Zeit aber suchen wir die groben mechanischen Erschei-

---

[1] HAU schreibt von einem Aushilfswärter: „Ein ehrwürdiger Greis, gewissenhaft im Dienst, mit dem Herzen eines Kindes. Er war der einzige alte Aufseher von allen, die ich kennengelernt, den ein so langer Verkehr mit Gefangenen weder härter, noch schlechter gemacht hatte.“ HAU, KARL: Lebenslänglich, S. 105. Berlin 1925.

[2] SQUIRE, AMOS O.: a. a. O. S. 202.

nungsformen wie die Hinrichtung und die Prügelstrafe zu verbergen[1]. Wir setzen eine besondere Schreckempfänglichkeit der Frau voraus, nehmen aber bei ihr mit wenigen Ausnahmen von Abschreckung Abstand und lassen Gnade walten. 90,8% der 130 englischen Frauen, die 1900—1949 zum Tode verurteilt wurden, wurden nicht gehängt[2]. Wenn es sich um Abschreckung handelt, so bewegen wir uns in einem Raum, der nur Vermutungen zuläßt. Die hohe Begnadigungsziffer hat die Mordkriminalität der englischen Frauen nicht erhöht, sondern gesenkt[3].

Bei der Prüfung der Grenzen, die der Strafwirkung gesetzt sind, werden wir uns in der Hauptsache mit dem Delinquenten zu befassen haben. Hier bieten uns der Rückfall oder die wieder errungene soziale Stabilität Maßstäbe, die zwar immer noch nicht ganz exakt sind, aber für die wissenschaftliche Behandlung genügen. Daß schwankender Druck der Umwelt einen Faktor der Unsicherheit hineinträgt, halten wir uns jeden Moment vor Augen.

IV.

Alle Lebewesen — Pflanzen, Tiere, Menschen — wenden sich von schädlichen Reizen ab, greifen nach jeder Energieform, die ihren Lebenstonus erhöht. Organismen, die nicht imstande wären, Wohltätiges zu integrieren, Abträgliches zu disintegrieren, mindestens in der Form des Ausweichens, der Flucht, des Totstellens, aber auch des Zusammenschlusses mit anderen, wenn der Kampf aussichtslos ist, gehen zugrunde. Die Strafe ahmt diese biologischen Verhältnisse nach, sie mögen sich in gegenwärtigem Schmerz oder künftiger Gefahr äußern. Die Strafe ist

---

[1] Im Staate Delaware waren 1947 noch 24 Delikte mit Prügelstrafe bedroht. Ein Gesetz von 1935 verbot bei Gefängnis- oder Geldstrafe die Aufnahme von Lichtbildern der Prozedur. CALDWELL, ROBERT GRAHAM: Red Hannah, Delaware's whipping post, S. 94. Philadelphia 1947.

[2] Royal Commission on capital punishment, a. a. O. S. 13. Auf der Männerseite wurden im Durchschnitt der letzten 50 Jahre nur 40,3% begnadigt. Die Zahlen der Verurteilungen zum Tode waren in den 5 Jahrzehnten von 1900—1949 257, 195, 212, 173 und 1940—1949 243.

[3] In England wurden Frauen

	zum Tode verurteilt	begnadigt
1900—1909	27	22
1910—1919	38	38
1920—1929	22	20
1930—1939	24	20
1940—1949	19	18

Der 100%igen Begnadigungsziffer von 1910—1919 folgte ein Abfall der Todesurteile, der freilich mit Friedenszeiten zusammenfiel. Ebenda S. 13.

einfach eine von der Gesellschaft aufgerichtete, künstliche Gefahr, ein bereitgestellter, von Menschenhand gefertigter Schmerz. Die Erwartung ist, daß das Individuum vor der Drohung zurückscheuen, den einmal zugefügten Schmerz als Hemmung in den Mechanismus seiner Antriebe einbauen wird. Aber wenn wir sagen, daß gebranntes Kind das Feuer scheut, so leidet der Vergleich an dem Fehler, daß die Fülle menschlicher Leidenschaften kaum einer so einfachen Reizquelle wie dem Feuer gleichgestellt werden kann und die meisten Kinder den Schmerz der Verbrennung fühlen werden, während der Strafschmerz in vielen Fällen das Bewußtsein nicht erreicht, ja ausnahmsweise Lustcharakter annimmt.

Als ob wir von ihnen abgestoßen würden, so weichen wir vor verderblichen Kräften zurück. Wir spucken giftige Substanzen aus, schrecken vor einem heißen Eisen, einer Schlange, einem Blitz zurück. Wir sperren uns von anderen Schädlichkeiten ab; wir halten uns vor überlauten Geräuschen die Ohren zu, schließen die Augen, wenn wir etwas Schreckliches sehen, kehren dem Verhaßten den Rücken. Mit der Sicherheit eines Reflexes läßt uns der Selbsterhaltungstrieb vor Schadensquellen haltmachen, ohne Rücksicht darauf, ob die Natur oder der Mensch diese Gefahren geschaffen hat. In unseren Strafgesetzen haben wir sie in wechselnder Schwere, von der Geldstrafe zur Hinrichtung reichend, aufgereiht. Wie rotes Licht sind sie vor verbotenen Zielen aufgestellt. Ihre Bestimmung ist, die Triebe und Leidenschaften, die vorwärts drängen, zum Stehen zu bringen.

Die gerichtliche Praxis lehrt, daß diese Kalkulation oft zutrifft, wenn es auch mehr noch Erziehung, Ehrgefühl[1], moralische Integrität sein mag als Furcht vor Strafe. In einer großen Anzahl von Fällen versagt die psychologische Durchschnittsformel. Sie versagt selbst, wenn es sich um das stärkste der Drohmittel, die Todesstrafe, handelt. Unter den Gründen steht siecher oder kranker Selbsterhaltungstrieb obenan. Da unser Interesse und die Systeme sozialer Kontrolle in erster Linie Schutzfunktion haben und da wir im großen und ganzen sicher sind, den Selbsterhaltungstrieb eher beschneiden als ermuntern zu müssen, haben wir weder in der Rechtsordnung noch in der Psychiatrie Störungen des Lebenstonus genügend Beachtung geschenkt. Erst wenn wir ein Todesurteil gefällt haben, beginnt der Staatsapparat sich für das Leben des Delinquenten zu interessieren. Solange er nur eine Gefahr für sich selbst und nicht für andere ist, bleibt er sich selbst überlassen. Zahlreiche „unerwartete" Selbstmorde beweisen, daß wir die Initialstadien der

---

[1] Siehe die von Mabel A. Elliott und Francis E., Merril (Social disorganization, S. 315, New York 1950) geschilderten wohlhabenden Selbstmörder aus „verlorenem Komfort" und finanzieller Demütigung, einer Sonderart des Ehrgefühls, das von wirtschaftlichen Depressionen tief getroffen wird.

schweren Erkrankung weder kennen, noch ein zutreffendes Urteil über Verlauf und Ausgang haben. Unbewußt operieren wir mit der täuschenden Fiktion eines Selbsterhaltungstriebes, der kleinere Trübungen spielend überwindet und vor der Selbstvernichtung zurückschreckt.

Das Phänomen des Selbstmordes ist nur die gröbste Form, in der die Erkrankung des Selbsterhaltungstriebes sich äußert. Das vollständige Bild des Selbstmords tritt uns nicht aus der Statistik der Todesursachen entgegen. Hierher gehören alle die Fälle, die sich unter Unfällen und „plötzlichem Tode" und anderen Rubriken (Krankheiten des Herzens, Darmkatarrh usw.) finden. Krankheit des Selbsterhaltungstriebes verraten auch die Selbstmordversuche; sie übersteigen die Zahlen des vollendeten Selbstmordes bei weitem und bleiben in zahlreichen Fällen unbekannt. Ja auch die Todeswünsche, die durch religiöse und andere Erwägungen zurückgedrängt werden, zählen zur Sippe der Selbstvernichtungstriebe und treten zu den Drohungen der Strafgesetze in Widerspruch. „Plötzliche" Todesfälle sind ein regelmäßiges Vorkommnis bei Erpressungsfällen[1] und bei großen Unterschlagungen[2]; hier besteht eine soziale Gefahr und eine strafrechtliche Drohung. Daneben deutet die inadäquate Reaktion, die Flucht in den Tod, in gleicher Weise die leidenschaftliche Zielsetzung wie die Schwäche der Lebensinstinkte an. Im Doppelselbstmord wird eine Lust der Zerstörung sichtbar[3], die um sich greift, ansteckend, ja hinreißend wirkt und nicht möglich wäre, wenn sie nicht auf latente Bereitschaften stieße. Bisweilen geht die Krankheit des Selbsterhaltungstriebes so weit, daß der Patient nicht nur sterben, sondern sich auch zerstückeln lassen will[4]. Andere hatten den heißen Wunsch, von Kannibalen aufgefressen zu werden[5]. Nicht immer legt der Selbstmörder „Hand an sich". Es gibt eine leichtere

---

[1] Siehe die Fälle bei TRESKOW, HANS v.: Von Fürsten und anderen Sterblichen, S. 81, 89 und 121ff. Berlin 1922.

[2] Viele Unterschlagungen kommen erst bei solchen Selbstmorden oder „plötzlichen Todesfällen" an den Tag.

[3] Abschiedsbrief Heinrich von Kleists an seine Schwester, ehe er sich und seine Geliebte erschoß: „... Und nun lebe wohl: möge Dir der Himmel einen Tod schenken, nur halb an Freude und unaussprechlicher Heiterkeit dem meinigen gleich." HERZOG, WILHELM: Heinrich von Kleist, S. 635. München 1911.

[4] Zerstückeltwerden ist eine potenzierte Form der Vernichtung. Siehe dazu „Die Strafe", Bd. I, S. 352. Vielleicht sind die Menschen, die ihren Körper der Anatomie verkaufen, zur Kategorie der Vernichtungssüchtigen zu rechnen. Der normale Gefangene empfindet gegen diese Möglichkeit einen starken Widerwillen. In England war Verurteilung zur Sektion Nebenstrafe des Hängens.

[5] Der bald darauf ermordete Rechtsanwalt Guillaume Bernays hatte einem Priester gegenüber seine heimliche Sehnsucht gestanden, von allen vergessen, als Missionar in einem fernen Lande zu leben "where he might be devoured by cannibals..." GERARD HARRY: The Peltzer case, S. 37. London 1928.

Methode. In älterer[1] wie in neuerer[2] Zeit sind Fälle beschrieben worden, daß Lebensmüde Morde begingen, um vom Staate aus dieser Welt geschafft zu werden. Aus der französischen Justizgeschichte ist der Fall des Lustmörders Eusebius Pieydagnelle (1870) bekannt. Nachdem der Schwurgerichtspräsident auf die krankhaften Aspekte des Falles hingewiesen hatte, erhob sich der Angeklagte und erklärte:

„Gott schütze mich davor, Herr Präsident, etwas erwidern zu wollen, was auf Ihr Urteil Einfluß haben könnte! Ich danke meinem Anwalt, daß er so dummes Zeug geschwatzt hat. Ich wußte es zwar im voraus, als ich mich ihm anvertraute und ihn zu meinem Verteidiger erwählte, aber er hat meine kühnsten Erwartungen übertroffen.“ ...

„Ich will sterben. Sie sehen also, wir werden uns leicht verständigen... Oftmals habe ich daran gedacht, ein Ende zu machen, aber immer verlor ich den Mut, denn ich fürchtete mich“... „In Wirklichkeit bin ich ein berüchtigter Mörder, und die Köpfe solcher Leute müssen mit einem gewaltigen Rucke des Fallbeils vom Körper getrennt werden[3].“

Die leichteren Fälle des Selbstbeschädigungstriebes gehen vom falschen Geständnis zur mörderischen und selbstmörderischen Unvorsichtigkeit, vom Hungerstreik zur sexuellen „Kriegsdienstverweigerung“, vom unsinnigen und gesundheitsschädlichen Geiz zu der Sucht, schädliche Gifte — Alkohol oder Genußgifte — zu sich zu nehmen. Erwähnung verdient auch die Selbstverstümmelung. Man hört von ihr in Irrenanstalten und in Gefängnissen, bisweilen auch im Kriege. Neuerdings haben Versicherungsleute mehr mit ihr zu tun, als ihnen lieb ist. Selbst eine mittlere Summe[4] ist schwerlich ausreichend, den absichtlichen Verlust von beiden Händen oder Füßen zu erklären. Der normale Instinkt körperlicher Integrität muß geschwächt sein, wenn diese Mittel finanzieller Sanierung gebraucht werden. Niemand, der sich nicht vor schwerer Selbstverstümmelung fürchtet, kann durch drohende Freiheitsstrafe aufgehalten werden.

Von der absoluten Impotenz ist gesagt worden[5], daß sie weder ein Unglück für den einzelnen noch einen Schaden für die Gesamtheit darstellt. Aber die echte Fortpflanzungsunfähigkeit kann schlecht von schwerem Siechtum des individuellen Selbsterhaltungstriebes getrennt

[1] 1836 erschlug Stettner seine Frau und wurde deshalb zu lebenslänglichem Zuchthaus verurteilt. Da er nicht, wie er wünschte, hingerichtet wurde, gab er schon vor seiner Abführung den Entschluß kund, einen Mitgefangenen im Zuchthaus umzubringen. Dies geschah am 12. März 1838, worauf er zum Tode verurteilt wurde. Schultes Chronik von Ulm, S. 463. Ulm 1881.

[2] Royal Commission on Capital punishment, a. a. O. S. 338, 339.

[3] Geschichten aus dem Neuen Pitaval, Bd. IV, S. 163ff. Meersburg 1928.

[4] Nach B. A. Richardson, Questionable life and accident claims, S. 206 ist die auszuzahlende Durchschnittssumme bei schweren Verstümmelungen 7500 Dollar. Hier (S. 204ff.) findet sich ein ganzes Kapitel über Selbstverstümmelungen, von denen man sonst nicht viel hört. Sie wirken ausgesprochen ansteckend.

[5] Hirschfeld, Magnus: Geschlechtskunde, Bd. II, S. 414. Stuttgart 1928.

werden. Wenn das Weiterleben in eine Sackgasse geraten ist, hat auch das Leben als bloßer Träger der Fortpflanzungskräfte sein natürliches Ende erreicht. In einem bekannten Falle der Tötung auf ausdrückliches Verlangen[1] hatte der 18jährige Täter, ein Banklehrling, Unterschlagungen (technisch Diebstähle) begangen. Er litt an Impotenz und brauchte Geld für ärztliche, erfolglose Behandlung seiner Schwäche und für den Ankauf von Stärkungsmitteln. Er kam durch den Zufall des Klavierunterrichts mit zwei jungen Mädchen zusammen, die lebensüberdrüssig waren[2]. Man schloß einen Selbstmordpakt, Brunke erschoß die beiden Mädchen, fand aber nicht den Mut, sich selbst zu töten. Bald nach der Katastrophe beging die Mutter der erschossenen Mädchen Selbstmord, Brunke erhängte sich im Untersuchungsgefängnis. Wir sehen in ein ganzes Rattennest von Selbstvernichtungstendenzen hinein, die für die abschreckende Einwirkung des Strafgesetzes keinerlei Ansatzpunkte ließen, denn zweifellos war auch das Verlangen der beiden Schwestern Ausdruck der Selbstmordneigung.

Die psychosexuelle Störung, die Masochismus genannt wird, weist ebenfalls auf eine Ermattung des Selbsterhaltungstriebes hin, ja sie nimmt die besonders gefährliche Gestalt des positiven Reizes an, ist wollustbetont. Niemand wird von dem Manne, der sich für viel Geld in einem der „Massage"-Institute mißhandeln läßt, erwarten, daß er manuelle polizeiliche, seelische gerichtliche Demütigung oder gar Prügelstrafe scheuen wird. Für ihn ist die Duldung von groben Machtäußerungen keine Qual, sondern ein Genuß. Er meidet Zufügung von Schmerz nicht, sondern sehnt die Rolle des Besiegten und Unterworfenen herbei.

Das, was wir Verzweiflung nennen, kann durch die verschiedensten Komplikationen des Lebens[3], aber auch durch die Maßnahmen des Staates zustande kommen. Es gibt desperate Situationen, die im Zusammenleben zweier Menschen entstehen, andererseits ist es verständlich, daß der zurückgedämmte Freiheitsdrang eines Gefangenen Stärkegrade erreichen kann, die einen echten Zustand der Verzweiflung darstellen. Angesichts dieser unerträglichen Spannungen versagen die abschreckenden Mechanismen, die dem Staate zur Verfügung stehen. Der verzweifelte Zuchthäusler setzt sein Leben ohne weiteres aufs Spiel, wenn es darum geht, die Freiheit zu erlangen. Deutlicher als die zahlreichen Fälle, in denen Gefangene es darauf ankommen ließen, unter

[1] Pessler: Der Banklehrling Karl Brunke aus Braunschweig, Pitaval der Gegenwart, S. 217—267. Tübingen 1907.

[2] Das eine Mädchen war der Überzeugung: „Der Tod ist das schönste." Ebenda S. 237.

[3] Statt des Angriffs kann Massenverzweiflung in Massenselbstmord enden. Einen solchen Vorgang hat Graham, Steven: Ivan the Terrible, S. 274, New Haven 1933, beschrieben.

der Kugel der Wachbeamten zu fallen, beweist ein amerikanischer Vorgang die Furcht- und Schmerzlosigkeit des Menschen, der dem Leiden der Verzweiflung verfallen ist[1].

In den neunziger Jahren des vorigen Jahrhunderts war der bekannte Geldschrankknacker Tommy Dowd zu 15 Jahren verurteilt und in das Zuchthaus Joliet eingeliefert worden. Joliet galt damals als ausbruchsicher. Der Direktor war fähig und erfahren, die Vorschriften ausgezeichnet, die Beamten und die Disziplin über jede Kritik erhaben. Nirgends war eine schwache Stelle in der Ausrüstung der Anstalt zu sehen.

Nachdem er durch alle Abteilungen der Anstalt gegangen war, um einen schwachen Punkt zu entdecken, fand Dowd, daß einzig und allein die Irrenabteilung Chancen bot. Er beschloß den Geisteskranken zu spielen. Er wurde als Simulant geschlagen, bis der Doktor, der den Puls beobachtete, Einhalt gebot. Er wurde der Wasserkur unterworfen, bis er ohnmächtig wurde und der Arzt einschreiten mußte. Schließlich erschien der Direktor mit einem rotglühenden Eisen in der Hand vor Dowds Zelle. „Immer noch irre?“ fragte er? Dowd schnatterte wie ein Affe. „Hier ist ein Schwert“, meinte der Direktor, und hielt ihm das glühende Eisen hin. Dowd sprang wie ein Tier auf das zischende Eisen los und umfaßte es mit beiden Händen, erlitt furchtbare Brandwunden, brach zusammen und mußte in größter Hast in die Krankenabteilung getragen werden, wo er mehrere Wochen schwerkrank lag.

Der Direktor gab nach und ordnete die Überführung in die Abteilung für Geisteskranke an. In der zweiten Nacht brach der Patient aus. Der Direktor erklärte: Er hat die Freiheit redlich verdient.

V.

Neben den mannigfachen, abgestuften Störungen des Selbsterhaltungstriebes[2] und anderen Situationen, in denen die Drohung des Gesetzes andern inadaequaten Furchtinstinkten unterliegt[3], gibt es ein weites Gebiet seelischer Unwegsamkeit, das wir freilich selten unter dem Gesichtspunkte der Strafpsychologie betrachten. Es sind die Veränderungen, die in der seelischen Struktur der Tiere und Menschen während der Fortpflanzungsphase vor sich gehen. Dazu gehört die widerspruchsvolle Zeit der Pubertät. Überpersönliche Züge drängen sich in den Vordergrund: Abenteuerlust, Liebe der Gefahr, der Unsicherheit und des blinden Spiels, die Neigung zur Kurzschlußhandlung ohne Rücksicht auf Risiko und Folgen. Als zwei amerikanische, sehr jugendliche

[1] Smith, Edward H.: You can escape S. 151ff. New York 1929.

[2] Mordfall Anna Thormählen, Hamburg 1876. Der Vorsitzende fragt die Angeklagte, ob sie sich schuldig bekenne, ihren Ehemann vergiftet zu haben. Sie antwortet: „Ja.“ Die Geschworenen beantworten die Schuldfrage mit „Nein.“ Wosnik, Richard: Zur Hamburgischen Kriminalgeschichte, Bd. II/3, S. 80. Hamburg 1927.

[3] Siehe die vielen Sagen, wonach der zum Tode Verurteilte von einer Frau zur Heirat begehrt, wie man damals sagte, „losgebeten wird“. Er wirft einen Blick auf sie und bittet um rasche Durchführung der Exekution. Zauner, Paul: Rheinlandsagen, Bd. I, S. 299. Jena 1924 und das weibliche Gegenstück bei Angstmann, Else: Der Henker in der Volksmeinung, S. 84—87. Bonn 1928.

Kriminelle herausgefunden haben, wie man Nitroglyzerin herstellt, geraten sie in Extase. Eine ideale Zukunft tut sich ihnen auf: „Banken, Bankeinbrecher! Ich war aufs höchste begeistert. Noch nicht 20 Jahre alt und schon sollte ich Knacker werden. Ich hätte nicht mit einem Könige getauscht[1]!“ Bei einer Anzahl Menschen schleppen sich pubeszente Tendenzen dieser Art bis in das Reifealter fort; auf dem erwachsenen Rumpf sitz der Kopf eines kleinen Jungen, manchmal auch sein Gesicht.

Das ist die Phase der Vorbereitung fürs Leben, und die Zeit des Übergangs spült chaotische Regungen nach oben. Die zwei oder drei großen Krisen, die sich hier zusammendrängen und einen beinahe neuen Menschen schaffen, habe ich an anderer Stelle geschildert[2]. Der Wagemut, der Leichtsinn und die Lebensverachtung der Jugend stumpfen die Waffe des Gesetzes um so mehr ab, je härter es zuschlägt. Depressive Züge sind eingestreut. „Irrtum ist ihm jetzt eine Leidenschaft“ und „Vorwitz lockt ihn in die Weite“[3], die Dramen und Romane der Liebe würden nicht das unerschöpfliche Interesse der Menschheit gefangen nehmen, wenn sie nicht eine rätselhafte, unsinnige und doch wieder sinnvoll-heroische Ausnahmesituation behandelten, in der die elendeste Kreatur über sich selbst hinauswächst und ihr kleines unvollkommenes Ich vergißt. In diesem Stadium gelingt der Natur mit dem Geschöpf ein erstaunliches Zauberkunststück. In dieser Phase kommt es nicht darauf an, daß der Mensch die kurz bemessene Spanne seines Daseins auslebt, sondern daß er *weiter*lebt. Das will sagen: eine Garnitur von Reaktionen ist bestimmt, den Menschen zu erhalten. Eine andere Gruppe von Instinkten und Impulsen ist an nichts anderem interessiert als dem Fortbestand der Gattung. Kollidieren beide Strebungen, so hat der Trieb der Selbsterhaltung zu weichen. Strafe macht sich mit dem Individuum zu schaffen. Tritt nun jene gewaltige biochemische Anziehungskraft in Aktion, die wir Liebe nennen, so hört das betäubte Individuum auf, für sich zu fürchten. Die generative Phase verlangt zur Durchführung des Fortpflanzungsvorgangs und zum Schutz der

---

[1] CALLAHAN, JACK: Man's grim justice. My life outside the law, S. 70. New York 1928.

[2] HENTIG, v.: Crime causes and conditions, S. 140ff. New York 1947.

[3] GOETHE: Ilmenau.

„Dann treibt die schmerzlich überspannte Regung
Gewaltsam ihn bald da, bald dort hinaus,
Und von unmutiger Bewegung
Ruht er unmutig wieder aus.
Und düsterwild an heitren Tagen,
Unbändig, ohne froh zu sein,
Schläft er an Seel' und Leib verwundet und zerschlagen,
Auf einem harten Lager ein!“

neuen Generation „Furchtblindheit". In plötzlicher Umkehr alter reaktiver Mechanismen kommt diese Umstellung zustande, und wir dürfen annehmen, daß die Welt unserer Gefühle und Impulse auf diesen Wechselstrom angelegt und endokrin umschaltbar ist.

Schon bei der Pubertät begegneten wir Zügen, die der Selbsterhaltung fremd sind. Obschon es an einem unmittelbaren Zweck fehlt, entschließt sich der Pubeszent, „gefährlich zu leben", wird Schiffsjunge, fährt rasend Motorrad, tritt in die Fremdenlegion ein. Im Augenblick der größten Schwäche versucht er, ein „starker Mann", ein Held zu sein. Ich erinnere mich eines Falles, in dem ein Jugendlicher sich bitter beschwerte, dem Richter ungefesselt vorgeführt zu werden. Er wollte ein richtiger, ein ganz schwerer Verbrecher sein, und fühlte sich zurückgesetzt, weil man ihn als Erzbösewicht nicht anerkannte.

In extremen Fällen steigert sich die sexuelle Leidenschaft zur Selbstvernichtung und kommt damit den Wirkungen tiefer Depression nahe. Die gemeinsame Grundlage ist in der Auslöschung oder Überdeckung des individuellen Selbsterhaltungstriebes zu finden. Ein ängstlicher Liebhaber ist ein Unding. Die vielgehörte Wendung: „Mir ist alles gleich, wenn ich Dich nur habe", deutet den Einsatz von Trieben an, die nicht mehr den einzelnen behüten, sondern dem Zwecke der Gattung dienen. Auch hier sind Strafe und Strafdrohung ohne Wirkung. Sie können sogar die Opferlust der Liebenden herausfordern und befriedigen und damit ihr Gegenteil erreichen. Der kategorische Imperativ der Natur und der Anspruch der Gesellschaft stoßen kopfüber zusammen, und der Schwächere unterliegt. Wenn alte Gesetzgebungen und neuere Praxis kollektive Verantwortlichkeit hervorholten und Kinder wie Eltern in den Kreis einer fiktiven Schuld zogen, so machten sie den Versuch, in eine unersteigbare seelische Festung von der Flanke her einzubrechen, den elterlichen Fürsorgedrang, ein Stück Überindividuelles, zu treffen:

Irene Schröder, die am 23. Februar 1931 mit ihrem Geliebten Glenn Dague in Pennsylvania hingerichtet wurde, zeigte nicht eine Spur von Furcht vor dem Tode. Sie hatte einen Schutzmann erschossen, der ihren Geliebten verhaften wollte. Als die Wärterin sie am Todestage weckte und die übliche Frage stellte, ob sie noch einen Wunsch habe, schüttelte sie erst den Kopf, besann sich und sagte lebhaft: „Ja, da ist etwas, was ich gern hätte. Sagen Sie der Küche, daß man die Spiegeleier für Glenn auf beiden Seiten brät. Er hat das so gern[1]."

Der Henker berichtet, daß sie mit dem gütigsten und friedlichsten Lächeln, das er je gesehen hat, in den Hinrichtungsraum trat. Sie dachte an ihren Geliebten, ein ziemlich minderwertiges Subjekt, ohne den sie nicht mehr leben wollte und konnte[2].

---

[1] Elliot, Robert G.: Agent of death, S. 220. New York 1940.

[2] Die schlimmste Strafe wäre gewesen, ihn hinzurichten und sie zu begnadigen. Aber der Staat war barmherzig, ohne es zu wissen und zu wollen.

In einem anderen Mordprozeß wurde folgender Brief verlesen[1]:

„Schwarze Gedanken bedrücken mich diese Nacht. Ich habe niemand auf der Welt, zu dem ich gehen könnte. Leg Deinen starken Arm um mich. Tröste Deinen kleinen Hasen. Er hat alles für Dich aufgegeben. Wenn es einen Himmel oder eine Hölle im Jenseits gibt, so hat er die Hölle gewählt, nur um Deine wunderbare Liebe zu besitzen... Bitte verlasse mich niemals. Erschieße mich, vergifte mich, schneide mir die Kehle ab, die Du so oft geküßt hast — aber laß mich nicht im Stich.“

Fast alle Menschen haben sich mit dieser seelischen Umwandlung abzufinden, in der jeder für einige Zeit zum Spieler oder zum Abenteurer wird[2], manche, Mann wie Frau, für kurze Zeit zum wirklichen Helden. Neben der Erbeutung des Partners muß im Tierleben der Nebenbuhler in tödlichen Kämpfen niedergerungen oder in die Flucht getrieben werden. Angriffslust und Verachtung der Gefahr gehören zur seelischen Ausrüstung dieser Daseinsphase. Während aber der akute Erregungsanstieg sich in wellenförmigen Ausbrüchen bewegt oder beim Männchen abklingt, findet bei der Frau, die geboren hat, eine Verlagerung und eine Fortbildung statt. Ohne den Altruismus der Mutterliebe würden die meisten Jungen der Tiere und Menschen nicht die ersten Tage der Hilflosigkeit und Unbeweglichkeit überleben. Zwischen Gefahr und Junges stellt sich der Schutzinstinkt der Mutter, der den Feind ohne Rücksicht auf Stärkeverhältnisse angreift. In dieser Zeit nimmt die wahre Mutter jeden Gegner, auch den übermächtigsten, mit besinnungslosem Mute an, wie wir täglich an Katzen- und Vogelmüttern sehen können. Den endokrinen Mechanismus kennen wir nicht. Wir sehen nur, daß die Mutter seelisch verändert und ohne Furcht ist. Wir bewundern die elementare Wucht dieses lebensverachtenden Impulses. Wenn er freilich mit den Gesetzen kollidiert, wenn in ihren Augen Gesetz und Strafe weit hinter dem Wohl des Kindes zurücktreten[3], so sprechen wir von mildernden Umständen oder mahnen sie, „Vernunft“ anzunehmen. Wir übersehen, daß wir vor einem unlösbaren Dilemma stehen, in dem das biologische Muß und das soziale Soll zusammenstoßen und die Strafe des Staates von einem Panzer organischer Furchtlosigkeit abprallt.

---

[1] Smith, Edward H.: Famous poison mysteries, S. 231. New York 1927.

[2] Es war Etikette der Liebenden zur Zeit der Königin Elisabeth von England, den Grad der Leidenschaft durch Nachlässigkeiten der Kleidung zu zeigen; so mußten die Strumpfbänder lose herunterhängen. Ein gutes Bild dieser „careless desolation“ findet sich in „As you like it“ von Shakespeare (II, 2).

[3] In dem Mordfall Jeanne Weis — sie versuchte, mit einem Komplicen ihren Mann zu vergiften, beide Täter begingen Selbstmord — schrieb die Frau an den Geliebten: „Habe ich je vor irgend einem Entschluß gezögert außer davor, meine Kinder zu verlassen? Verbrechen gegen das Gesetz kümmern mich überhaupt nicht·” “It is only crimes against nature that revolt me.” Jesse, F. Tennyson: Murder and its motives, S. 19. London 1952.

Den Instinkten der Fürsorge stehen beim mütterlichen Tier bisweilen Triebe der Brutvernichtung gegenüber. Psychologisch präsentiert sich dieser jähe Umschlag meist als depressiver Anfall, Selbstmordversuch oder rücksichtsloser Angriff auf das Leben des neugeborenen Kindes. In seltenen Fällen ist die Tötung nur eingebildet und führt zu einem falschen Geständnis[1]. Lange ehe die Gesetzgeber auf diese Störungen zu achten begannen — in England erst in den Infanticide Acts von 1922 und 1938, die nicht für Schottland gelten — haben die alten Chronisten unselige Kindermordgelüste beobachtet. Sie sind so heftig, daß die Angriffsbasis über das eigene, neugeborene Kind hinaus gestreckt wird. Im Jahre 1691 wird in Nürnberg Maria Magdalena Wolffin von solchen Zwangszuständen heimgesucht. „Zweimal sucht sie dem furchtbar quälenden Gedanken durch Selbstmord zu entfliehen, indem sie sich auf der Hallerwiese in die Pegnitz stürzen wollte.“ Sie fürchtet aber, „um ihre Seele zu kommen“, und tötet jetzt unter schrecklichen Seelenkämpfen ein kleines Kind[2]. Diese Anfälle können wiederkehren und werden selbst durch eine lange verbüßte Freiheitsstrafe nicht aufgehalten. 1834 tötet eine 34 Jahre alte Dienstmagd im Kanton Thurgau ihr neugeborenes Kind, obschon sie früher eine 10jährige Zuchthausstrafe wegen Kindsmordes verbüßt hatte[3]. Die Gefährlichkeit dieser unerkannten und unbehandelten Seelenzustände gibt eine Erklärung für die Härte des Gesetzes und der Begnadigungsinstanzen[4].

Trotz der Todesstrafe gehen die Kindstötung neugeborener, aber auch älterer Kinder in einem ununterbrochenen Strom durch die Geschichte

[1] Haldy: Zwei Anklagen wegen Mordes ohne objektiven Tatbestand. Pitaval der Gegenwart, Bd. VI, S. 81ff. Tübingen 1911.

[2] Hampe, Theodor: Die Nürnberger Malefizbücher, S. 32. Bamberg 1927. — Man dachte schon damals an eine Depression. Von einer Bauersfrau aus dem Jahre 1580 heißt es: „man hat vermutet, daß sie der böse Feind in einer Melancholei übereilet habe.“ (Ebenda.) Im Jahre 1709 hatte sich eine Metzgerstochter, wie die Akten melden, „wegen eines Verdrusses“ vorgenommen, „das nächste beste Kind anzufallen und ums Leben zu bringen.“ Nach der Tat empfand sie „große Reue, Angst und Jammer“. Ebenda S. 52.

[3] Maeder, Paul: Geschichtliches über die Todesstrafe in der Schweiz. Berner Diss. Uznach 1934, S. 38.

[4] Von der Kaiserin Maria Theresia heißt es, daß sie Aufrührern, ungetreuen Beamten und Kindesmörderinnen selten Begnadigung zuteil werden ließ. Kwiatkowski, E. v.: Die Constitutio Criminalis Theresiana, S. 44. Innsbruck 1904. — Den Grund, warum Kindesmörderinnen in Nürnberg auf einer beinahe vergessenen Richtstatt, dem „Betzenstein“ (Maister Franntzn Schmidts Nachrichters inn Nuermberg all sein Richten, S. 28. Leipzig 1913) enthauptet wurden, kennen wir nicht. Vielleicht ist in einem Falle der Umstand, daß der Vater 70 Jahre war, dem Rat besonders sündhaft und unheimlich erschienen. — Nach dem Kräuterbuch des Adam Lonicerus legt der Hahn das Ei, aus dem der Basilisk kommt „in seinem letsten alter“. Panzer, Friedrich: Bayerische Sagen und Bräuche, Bd. I, S. 361. München 1848.

der großen Städte[1]. Aber auch der Mord fremder Kinder durch eine Frau scheint sehr viel häufiger gewesen zu sein, als er heute ist. Auch Männer werden nicht selten wegen Tötung von Kindern hingerichtet[2]; der Zusatz „aus Desperation" läßt uns in die Genese hineinblicken.

Die soziale Problematik des Fürsorgetriebes, der mit Selbstvergessenheit einhergeht, wird durch zwei periphere Komplikationen vertieft. Es kommt nicht selten vor, daß die mütterlichen Schutzinstinkte, die die Natur mit starken, schmerzbetäubenden Lustgefühlen ausgestattet hat, weit über die Zeit der Brutpflege hinaus andauern. Sie übernehmen aus den längst vergangenen Tagen der kindlichen Schwäche Triebe der Herrschaft und der unumschränkten Macht. Diese mütterliche Autokratie wird zum Selbstzweck, sie kann sich selbst in sexuelle Tyrannei hineinsteigern. Bjerre[3] hat den Fall eines jungen schwedischen Mannes berichtet, der früh vaterlos wurde und auf einem einsamen Bauernhof aufwuchs. Er stand vollkommen unter dem Einfluß der Mutter, die ihn frühzeitig zum Inzest verführte. Um bösen Gerüchten die Spitze abzubrechen, verheiratete die Mutter den Sohn mit einer Bauerntochter aus der Verwandtschaft. Als es zu keinem Vollzug der Ehe kam und die Verwandten der Frau eingriffen, stiftete die Mutter den Sohn an, seine Frau zu ermorden und damit die Bahn für weiteren mütterlichen Absolutismus frei zu machen. Der ursprünglich rettende Schutztrieb der Mutter hatte sich in verderblicher Umkehr gegen Schützer und Schützling gewendet. Regungen dieser Art leben in Schwiegermutterkonflikten fort, erleichtern das Leben nicht mehr, sondern machen es schwer und gefahrvoll.

Entgleiste Fürsorgetriebe, „mütterliche" Hingabe ohne Mütterlichkeit, lassen sich auch bei vielen homosexuellen Verhältnissen beobachten. Sie tragen an der eigenartigen Achtlosigkeit schuld, mit der sich Homosexuelle oft Erpressern ausliefern oder ihre Lebensstellung aufs Spiel setzen. „Andere" schreibt der Kriminalkommissar von Treskow, der reichlichen Anlaß hatte, den „unbekannten Homosexuellen" kennenzu-

---

[1] Wosnik, Richard: Beiträge zur Hamburgischen Krim. Geschichte, Bd. I, S. 24—51. Hamburg 1926 (1663, 1685, 1686, 1695, 1698, 1699, 1708, 1712, 1717, 1718, 1719, 1740, 1760, 1765, 1774, 1809). Man wird in Betracht ziehen müssen, daß es damals einen größeren Kinderanteil in der Bevölkerung gab als heute, besonders in Notzeiten ein gewisser Kinderüberdruß herrschte, und Verhütungsmittel unbekannt waren.

[2] Die knappen Angaben (Wosnik a. a. O. S. 24—51) sagen nicht viel über die Tötungsumstände. Fälle solcher „Kindestötungen" durch Männer werden aus den Jahren 1695, 1721, 1725, 1726, 1736, 1737, 1741, 1750, 1765, 1769, 1772, 1781, 1782, 1784 und 1808 gemeldet. Ein Täter „gab sich selber an". (Ebenda I, S. 48). Fast durchwegs wird die Gurgel abgeschnitten. Es ist denkbar, daß dieser Verbrechenstyp mit der besseren Erkennung und Behandlung geistiger Störungen verschwunden ist.

[3] Bjerre, Andreas: Zur Psychologie des Mordes, S. 77ff. Heidelberg 1925.

lernen, „andere wieder sind von ihrer Neigung für das gleiche Geschlecht derartig besessen, daß sie für nichts anderes Sinn haben“.[1]

VI.

Der hilfreichen Zusammengehörigkeit der Familie entstammen alle höheren moralischen Begriffe, die religiösen, nationalen und sozialen Gefühle. Die Familie ist die erste Kultgemeinde, alle Göttergestalten der höheren Religionen sind dem Vaterbilde abgesehen, selbst der natürlichen Parteinahme des Vaters für seine eigenen Kinder[2]. Die Griechen und Römer sprachen von dem „Vater“ der Götter und Menschen[3], und das höchste Gebet der Christenheit richtet sich an Unsern Vater. Zum Vater des Vaterlandes ließ sich Cäsar ernennen[4], und heute noch spricht der Historiker von der „väterlichen“ Regierung dieses oder jenes Königs, ganz wie wir zum „Heiligen Vater“ aufsehen. Alle sozialen Umwälzungen fallen auf den Begriff der Brüderlichkeit zurück, wenn sie Gleichheit der Rechte und Gleichheit des Besitzes verlangen[5]. Brüderlichkeit war eines der drei großen Losungsworte der französischen Revolution. Es ist die Rückkehr zur Unterschiedslosigkeit des alten Familienverbandes, freilich nur auf der stärkerer Autorität unterworfenen Kinderstufe.

Es ist eine alte und gesicherte Erfahrung, daß höhere Grade der religiösen[6], nationalen und revolutionären Erregung gegen Schmerz immun machen. In Hunderten von Beispielen treten uns diese Ausnahmezustände aus der Geschichte entgegen, die dem, den sie befallen haben, im Kampf zugute kommen, oft den Sieg gesichert haben. Irgendwo müssen im Menschen derartige Bereitschaften angelegt sein, die von besonders starken Vorstellungen mobilisiert werden können. Der Versuch des Strafgesetzes, diese Enthusiasmen mit dem Arsenal seiner Drohmittel entgegenzutreten, hat sich im ersten Ansturm stets als eitel erwiesen. Furchtlose sind immer dem Normalmenschen und den normalen Einrichtungen der Gesellschaft überlegen.

---

[1] . . . „Ihr Fühlen und Denken dreht sich nur um die geliebte Person. Sie vernachlässigen ihr Geschäft oder ihr Amt und vergeuden ihr Vermögen genau so, wie es auch bei den normal empfindenden Männern vorkommt, wenn sie von einer starken Leidenschaft ergriffen sind.“ TRESKOW, HANS v.: Von Fürsten und andern Sterblichen. Erinnerungen eines Kriminalkommissars, S. 114. Berlin 1922.

[2] LODS, ADOLPHE: Israel from its beginnings to the middle of the eigth century, S. 468. London 1932.

[3] HESIOD: Theogonie, 36. [4] SUETON: Cäsar, 76.

[5] Die 12 Artikel der revolutionären Bauern verlangten, daß Waldbenutzung „brüderlich“ geregelt werden sollte. Art. 5. HANTSCH, HUGO: Der deutsche Bauernkrieg, S. 135. Würzburg 1925.

[6] SENECA (ad Lucilium ep. 78) war aufs tiefste betroffen, als er die heldenhafte Haltung der christlichen Märtyrer sah, und berichtet staunend, „daß er diese Opfer in ihrer schlimmsten Agonie habe lächeln sehen“.

Biologisch nicht ganz so verständlich wie sexuelle Ergebenheit oder Mutterliebe sind die Formen der Anhänglichkeit an andere, meist „höhere“ Menschen, die zuweilen schmerzblind machen. Die römische Kaiserzeit hat für die höchsten Grade der Treue ebenso eindringliche Beispiele gegeben wie die jüngste Ära der Diktatoren. Schon das Märchen kennt den treuen Johannes, der zu sich selbst spricht: „Meinen Herrn muß ich retten und sollt ich darüber selbst zugrunde gehen.“ Weil er, ohne zu sagen, warum, seinem Herrn dreimal das Leben rettet, wird er zum Tode verurteilt, später aber auf wunderbare Weise ins Leben zurückgerufen[1]. Kaiser Otho war ein Kaiser, an dem nicht allzuviel zu bewundern war. Trotzdem tat es sein Selbstmord den Soldaten an.“ Viele der anwesenden Soldaten küßten unter heißen Tränen Hände und Füße des Toten, rühmten ihn als den ‚tapferen Mann‘, ‚den einzigen Kaiser‘, und töteten sich dann auf der Stelle dicht bei dem Scheiterhaufen. Auch von den abwesenden Soldaten mordeten sich auf die Nachricht viele aus Schmerz im Zweikampf[2]“.

Diese Treue bis zum Tode kann pathologische Formen annehmen. Iwan der Schreckliche war einer der blutigsten Tyrannen, den Europa gekannt hat:

Einst stellte Kaiser Maximilian an den russischen Botschafter die Frage, wie es käme, daß die Russen einem solchen Ungeheuer mit Eifer dienten. Der Diplomat entgegnete: „Wir Russen sind unserem Souverain ergeben, er mag voll Erbarmen oder Grausamkeit sein[3].“

Diese bedingungslose Loyalität reicht weit in die Praxis des amerikanischen Gangsters hinein, die oft, zumal bei Jugendlichen, einen hohen Grad von „Treue“ gegenüber dem Boß erreicht[4]. Es ist möglich, daß bei dieser Spielart der Selbstaufopferung eine Verlagerung von Kindesgefühlen zum Vaterersatz, dem Oberen, stattgefunden hat, obwohl zweifellos andere seelische Elemente hineinspielen.

VII.

Auch in der tierischen oder menschlichen Masse wird die individuelle Haltung gegen archaische Reaktionsmuster ausgewechselt. Jede Massenbildung dient dem Schutze, es mag eine organisierte Masse wie die Armee, eine Improvisation wie die patriotische oder revolutionäre Masse, oder, noch gestaltloser, der Mob sein. Hier vollzieht sich mit dem psychischen Gefüge des Individuums etwas, was der Umschaltung von

---

1 Grimms Haus- und Kindermärchen, vollst. Ausgabe, S. 157. Meersburg 1929.

2 Sueton: Otho: 12.

3 Graham, Stephen: Ivan the Terrible, S. 259. New Haven 1933. — Ein Fall wird aus jener Zeit berichtet, daß ein Russe gepfählt wurde. Er litt schrecklichste Qualen, pries aber den Zaren mit seinem letzten Atemzug. Ebenda S. 259.

4 Siehe die Beobachtungen, die Nelson im Zuchthaus gemacht haben will. Mein The criminal and his victim, S. 205. New Haven 1948.

einem seelischen Gang in den anderen ähnelt. Einzelne, jüngere Partien des Gehirns danken ab. Uralte Mechanismen tauchen auf und übernehmen die Führung. Zur Wirksamkeit der Massenaktion gehört Konformität. Die individuelle Persönlichkeit, eine Quelle von Widerspruch und Reibungen, wird durch Lähmung inaktiviert. Wir sinken zu infantilen oder animalischen Reaktionsstufen ab. Ehe Kinder sprechen und verstehen können, erzielen sie Gleichförmigkeit durch bloße Nachahmung. Tiere verständigen sich nicht durch artikulierte Sprache, höchstens durch Warn- und Schrecklaute, meist durch blindes Kopieren emotioneller Ausdrucksweisen. Im Augenblick der Gefahr setzen sie an Stelle der Handlungsfreiheit die absolute Gleichheit des Handelns, einen instinktiven „Kommunismus" der motorischen Reaktionen.

VIII.

Zur totalen Gemeinsamkeit der panischen Masse gehört außer der Bereitschaft, nur noch dienendes Bruchstück, höriger Bestandteil zu sein, ein zufälliges oder bereitstehendes Vorbild, der Führer oder das Leittier. Er denkt, er fühlt, er handelt. Sie handeln, fühlen, laufen *mit*, gejagt von der Allgewalt eines dunklen, oft nützlichen Nachahmungstriebes. In Tiergesellschaften ist der Führer meist das erfahrenste Exemplar. Absoluter Gehorsam summiert seine Qualitäten. Versagt das Leittier, so ist die Masse verloren. Was sie mit leidenschaftlicher Treue nachahmt, ist dann seine Unzulänglichkeit. Sie sind mit sozialer „Phototropie" ausgerüstet. Wenn es der Zufall will, werden Massen und Tierherden ebenso von der tödlichen Flamme angezogen wie es sie zur belebenden Sonne hinzieht. Auch die panische Masse kann individuelle Furcht nicht brauchen und wirft sie für die Zeit des seelischen Umschlags von sich. Es kommt nicht darauf an, daß der einzelne sich rettet, sondern daß die Kollektivaktion, mit oder ohne Opfer, das Kollektiv am Leben erhält. Die moderne industrielle Entwicklung legt die Gußformen zu Massenbildungen und Massenreaktionen. Wir lernen, essen, treten bei Schaustellungen und sportlichen Ereignissen zu Massen zusammen. Das Machtgefühl, das wir als Mitglied der Gruppe erfahren, macht uns kühner, rücksichtsloser und unerbittlicher. KARL SCHURZ, der deutsch-amerikanische Staatsmann, war 1848 als Bonner Student den pfälzischen Aufständischen beigetreten und in der Festung Rastatt eingeschlossen worden. Hier sah er einen Ausbruch der Massenhysterie, den er in seinen Lebenserinnerungen[1] beschrieben hat: „Einige Soldaten glaubten einen Spion entdeckt zu haben und bald stürzte eine wütende Rotte hinter dem armen Menschen her, der sich durch die Flucht zu

[1] Lebenserinnerungen. Gekürzte Ausgabe, S. 94. Berlin 1848.

retten suchte, aber nach wenigen Schritten unter Steinwürfen und Säbelhieben zusammenbrach."

Viel leichter lassen sich die Gesetze der Massenaktion in der Tiergesellschaft beobachten. Ihr Ablauf hängt von 3 Voraussetzungen ab, die alle auf die menschliche Panik Anwendung finden:

1. Es müssen Massen versammelt sein, bei den Rinderherden der Vereinigten Staaten Tausende von halbwilden Tieren.

2. Die Masse muß unter dem Einfluß gewisser auflockernder Kräfte stehen. Es können eigenartige Wettertypen, ein Gewitter oder ein Hagelsturm sein, dazu Hunger, Erschöpfung, Furcht.

3. In das wartende explosive Gemisch muß ein plötzlicher visueller oder akustischer Reiz fallen und wie ein Funke zünden[1].

Ein Kenner des amerikanischen Südwestens hat folgende Beschreibung eines stampedes[2] gegeben[3]:

„... eine Rinderherde hat sich niedergelegt. Langsam umkreisen Cowboys die Masse und singen Wiegenlieder für die kleinen Kälber (Singen gilt als beruhigend). Ihnen kommt es so vor, als ob die Tiere nicht ganz entspannt sind. Einige haben sich zusammengekauert, haben die Füße hochgezogen, als machten sie sich fertig, plötzlich aufzuspringen."

„Gelegentlich erhebt sich ein Stier. Er steht da, zitternd und gespannt und zieht die Luft ein[4]".

„Jetzt füllt sich die Luft mit Elektrizität. Sie ist bisweilen so geladen, daß etwas zu sehen ist, was dem St-Elmsfeuer gleicht. Zur See zeigen sich helle Lichter am Ende der Rahen in feuchten, sturmdrohenden Nächten. Alte Cattleleute erzählen, daß man dasselbe bei Rindern sehen kann. Zwischen den Hörnern der Tiere tanzen kleine Lichter und machen einen erschreckenden Eindruck. Und jetzt — ein Blitz, ein Donnerschlag, und die Massenflucht beginnt."

Furchtlos aus Furcht, ist die sonst so gefügige Herde unlenkbar geworden. Sie fällt in Wildheit zurück. Blind für jede Einwirkung, zumal Strafe, rast die Masse dahin[5]. Gegenüber diesem seelischen Ausnahmezustand und der unwiderstehlichen Gewalt, die er entfesselt, ist Gegengewalt eitel geworden. Nur durch einstweiliges Nachgeben und

[1] Wenn eine Herde zu panischem Davonlaufen disponiert ist, genügt der geringste Anstoß, ein Feldhuhn, das gackernd auffliegt, ein Streichholz, das ein Cowboy bei Nacht anzündet, ein Zweig, auf den sein Pony tritt und der knackend zerbricht, selbst ein heftiges Nießen. — Bei der Menschenmasse kann ein einziger Ruf, eine heftige plötzliche Bewegung, selbst ein schwacher Versuch der Beruhigung die Massenflucht auslösen.

[2] Das Cowboywort stampede kommt vom spanischen estampido und bedeutet eine ungeregelte Bewegung vieler Menschen auf gemeinsamen Anstoß hin.

[3] WELLMAN, PAUL I.: The trampling herd, S. 126ff. New York 1939.

[4] Staatsmänner, Polizei und Gefängnisleiter sollten auf ähnliche Symptome der Unruhe aufmerksam achten.

[5] „Bei Tage und unter normalen Umständen springt der Stier über jedes im Wege liegende Hindernis hinweg. Während der Panik zertrampelt das Tier jedes Hindernis, auch den Menschen." WELLMAN: a. a. O. S. 126ff.

den langsamen Einsatz schwieriger Tricks[1] kann die Herrschaft über das wiedergewonnen werden, „was einstmals eine gehorsame, leicht und sicher zu lenkende Herde war".

Das ist die Panik, die sich in Fluchtbewegungen äußert. Es gibt auch passive Paniken. Hier werden Bewegungsimpulse, oft auf Grund eines jähen Kommandos, unterdrückt. Es ist bei zahlreichen amerikanischen Banküberfällen beobachtet worden, daß auch die Sinneswahrnehmungen gelähmt und verwischt sind. Sie werden dann aus dem Reservoir bereitliegender früherer Vorstellungen aufgefüllt und führen die Untersuchung in die Irre, die mit einem mythischen Erinnerungsmaterial[2] zu arbeiten hat. Wir glauben eher an Furcht als an Furchtlosigkeit, wenn sie uns regungslos macht. Bei jäher Überraschung bleibt keine Zeit übrig, Furchtempfindungen zu entwickeln.

Dem hysterischen Ausbruch der Massenerregung kann die Verzweiflung als eine Art „Privatpanik" zur Seite gestellt werden. Mehr als die wissenschaftliche Psychopathologie hat sich die religiöse Praxis mit dem eigenartigen Phänomen beschäftigt. Zur Desperation zu treiben, wird schon dem mittelalterlichen Henker untersagt. Nach orthodoxem Glauben wird die Verzweiflung als eine der furchtbarsten Sünden angesehen, als eine Revolte gegen Gottes Allwissenheit und Wille. Die Prediger, die im Mittelalter den zum Tode Verurteilten zugeteilt wurden, suchten vor allem „ein christliches Sterben" herbeizuführen und die „Verzagten, Verzweifelnden, die ganz Gebrochenen"[3] mit Gottes Wort aufzurichten. Unser Wort Desperado für den unerschrockenen Kriminellen zeigt, daß Verzweiflung furchtlos macht.

Der Mechanismus der Verzweiflung wird bei Menschen wie bei Tieren angetroffen. Er tritt in Aktion, wenn jeder Ausweg abgeschnitten ist. Es scheint, daß Tiere und Menschen Nervenkräfte, die stürmisch die Motorik in Besitz nehmen, für äußerste Notfälle in Reserve halten.

---

[1] „Die einzige Hoffnung bei der Tierpanik besteht darin, daß man der Herde in schnellstem Tempo folgt; allmählich wird sie sich verzetteln, da die schnellsten Tiere vorausstürmen. Schließlich können sich die Cowboys in die Herde einschieben.

Die beste Methode, eines stampedes Herr zu werden, besteht darin, die führenden Tiere langsam herumzudrehen, bis sie schließlich im Kreise laufen. Wird er enger und enger gezogen, so verwickelt sich die Herde allmählich in sich selber und kommt zum Stillstand." Ebenda S. 128.

[2] Maskierte Leute, die südlichen Dialekt sprachen, wurden für Neger gehalten. Dünne und Blonde für wohlbeleibt und rothaarig. Everett de Baum: The Heist. The theory and practive of armed robbery. Harpers Magazine 1950, Bd. 200, S. 75.

[3] Hampe, Theodor: Die Nürnberger Malefizbücher, S. 70. Bamberg 1927.

In schwerer Erschöpfung, bei Hunger[1], bei sehr heftigen Affekten, auch bei manchen geistigen Störungen[2] werden gebundene Energien frei, wahrscheinlich, weil die Bremsen allgegenwärtiger Hemmungen versagen. In Ländern, die Hahnenkämpfe lieben, ist es eine bekannte Erfahrung, daß ein Tier schwer verletzt aus vielen Wunden blutet, von Schwäche taumelt und zu fallen droht. „Plötzlich wird es ‚rasend' und erledigt in diesem Paroxysmus den Gegner, der seines Sieges sicher schien. Bei jedem großen Gefängnisausbruch kann man unter den Rädelsführern Typen erkennen, die an „Verzweiflung" leiden, und diesen abnormen Geisteszustand in einer besonderen, finsteren und gespannten Mimik verraten. Es sind regelmäßig Leute mit sehr langen Strafen oder Lebenslängliche. Neben dem Drang, frei zu werden, hat keine andere Motivation Platz[3]. Sie nehmen den Tod bewußt in Kauf und verüben, wenn sie nicht erschossen werden und jeden Ausweg verstellt sehen, Selbstmord. Weil nichts, was der Staat an Drohungen bereit hält, sie berührt oder erschreckt, gibt es keine gefährlicheren menschlichen Wesen. Es bleibt nur noch mechanische Überwältigung und Erledigung übrig.

Etwas komplizierter ist der Vorgang, wenn soziale Kontrollen, einschließlich der Strafgesetze, in Zeiten großer biologischer Katastrophen jäh absatteln. Während des Schwarzen Todes (1348/49) starb die Hälfte der britischen Bevölkerung. Es trat eine vollkommene Gleichgültigkeit ein, selbst gegenüber dem Gelde[4]. DANIEL DEFOE, der die Londoner Pest von 1665 beschrieben hat, tut sein Bestes, die Raub- und Mordkriminalität zu verwischen, die damals grassierte und durch die Hilflosigkeit und Verlassenheit der zahllosen Kranken hervorgerufen wurde. Sein Argument, daß niemand wissen konnte, wie lange er geraubtes Gut würde genießen können, ist schwach[5]. Er führt uns aber auf eine neue Art der Furchtlosigkeit hin. Angesichts der allgemeinen Todesgefahr und trotz dieser schwersten aller Drohungen, die das Gesetz nicht zu steigern vermochte, brachen zahlreiche Menschen in

[1] Daß hohe Grade von Hunger die Situation in „Angriff" umfälschen, gegen den man sich in Notwehr verteidigen muß, zeigt eine Bemerkung bei Gottfried Keller, der als junger Maler große Not litt und einige Tage nichts zu essen hatte: Er konnte sich beherrschen, „bis am vorgerückten Nachmittag, als ich ziemlich weit von Hause in einem offenen Garten saß, der Hunger so heftig und peinlich sich erneuerte, daß ich vollständig das Gefühl hatte, wie wenn ich in menschenleerer Wüste von einem Tiger oder Löwen angefallen wäre". KELLER, GOTTFRIED: Der grüne Heinrich. Ges. Werke Bd. IV, S. 62. Stuttgart 1902.

[2] So entwickeln anscheinend schwächliche Geisteskranke für kurze Zeit erstaunliche muskuläre Leistungen.

[3] Siehe dazu das Kapitel: Krisen des Gefängnislebens.

[4] JUSSERAND, J. J.: English wayfaring life in the middle ages, S. 259. New York 1891.

[5] DEFOE, DANIEL: A journal of the plague year, S. 95. London 1950.

Häuser ein, in denen Wohlhabende mit dem Tode rangen oder einsam gestorben waren, ja sie machten sich nichts aus der akuten Infektionsgefahr, indem sie den Toten die Kleider und die Bettücher wegnahmen[1]. Wenn man sagen wollte, daß dieses Verhalten mangelnde Furcht des Gesetzes aus größerer Furcht des Todes war, so trotzte entfesselte Gewinnsucht selbst der großen Wahrscheinlichkeit der tödlichen Ansteckung. Eine ähnliche seelische Konstellation war bisweilen während der großen Bombenangriffe zu beobachten. Die Anziehungskraft leichter und reicher Beute drängte jede andere Regung zurück.

Lewis E. Lawes, der Leiter von Sing Sing im Staate New York, hat erwähnt, daß in seiner Anstalt mehrere Gefangene waren, die wegen Tapferkeit und Furchtlosigkeit hohe Auszeichnungen erhalten hatten[2]. „Wenn ich je einen Mann brauchte“, so schreibt er, „auf dessen Mut ich mich in der größten Gefahr verlassen könnte, so kenne ich hunderte von Leuten, Gefangene oder Strafentlassene, die ihr Leben einsetzen würden.“ Lewis war ein erfahrener und einsichtsvoller Beamter. Seine Beobachtung ist völlig zutreffend. Was er aber nicht tat, ist, weiterzugehen und diesen Mangel an Furcht mit dem Versagen des Strafgesetzes in Beziehung zu bringen. Der Grund ist, daß wir ein psychologisches Phänomen, je nach sozialem Nutzen oder Schaden, in zwei Teile zerlegen, die himmelweit voneinander entfernt sind, obwohl es sich um ein und denselben Zug handelt. Wir bewundern den furchtlosen Menschen, wenn diese Eigenschaft auf dem Schlachtfelde schützend vor uns alle tritt. Genau die gleiche angeborene Eigenschaft wird verabscheut, wenn sie sich gegen uns richtet und die Gefahr der Entdeckung und Strafe für nichts achtet.

Wir wissen wenig von der Psychologie der Furcht. Kinder fürchten Alleinsein und Dunkelheit, während echte Gefahren für sie keine Geltung haben. Frauen fürchten Ratten und Fledermäuse, zeigen aber, wie Wilde[3], oft einen hohen Grad von Furchtlosigkeit. Von Anne Boleyn, der Gattin Heinrichs VIII. von England, berichtet Knighton, der Constable des Tower. Er sprach mit ihr über die bevorstehende Hinrichtung: „Ich sagte ihr, es würde nicht wehtun. Es käme so plötzlich“ und dann meinte sie: „Ich habe gehört, daß der Scharfrichter sehr gut ist und ich habe nur einen kleinen Hals“, und dabei legte sie ihren Arm darum und lachte von Herzen[4].

---

[1] Während die Verwandten den Totenkarren suchten, wurden manche Leichen nackt auf dem Fußboden aufgefunden, auf den sie gefallen waren, als der Dieb die Bettücher zusammenrollte. Ebenda S. 96.

[2] Lawes, Lewis E.: Life and death in Sing, S. 88. Garden City 1928.

[3] Ethnologen erzählen, daß die Bewohner von Yukatan für grausam, zumal gegen Tiere gelten. Sie sind aber nur schmerzunempfindlich bei sich selbst und bei andern, stoisch in der größten Qual.

[4] Hutchins, W. W.: London town, past and present, Bd. I, S. 242. London 1909.

Wir kennen herabgesetzte oder erloschene Empfindlichkeit für Schmerz aus der Geschichte der Tortur, als die Zufügung körperlicher Pein zu einem System und einem Kunsthandwerk ausgebildet war. Christian Müller war ein Mitglied der berühmten Bande des Nickel List, der die Güldene Tafel in Lüneburg stahl[1].

„An die Tortur, die er in aller Herren Länder überstanden hatte, war er so gewöhnt, daß er sowohl vor als nachher aus derselben eine Kurzweil machte und sich wie einer gebärdete, der etwa vom Fechtboden kommt und nach der Motion nur noch größeren Appetit zum Essen erhält. Nachdem er im Gewölbe zu Celle die äußersten Qualen erduldet, schrie er den Wächter an, daß er ihm schnell zu essen bringe, ihn hungere sehr. Durch diese Standhaftigkeit war er aus mehreren Untersuchungen frei davongekommen."

Gestörte Schmerzempfindlichkeit geht auch mit einzelnen Psychosen und Schwachsinnsformen einher. Der Schizophrene wie der Epileptiker im großen Anfall leiden an Ausfallserscheinungen, die auch das Schmerzzentrum im Gehirn ergreifen. Gewisse Gifte wie Alkohol, Kokain, Peyote[2] sind künstlich eingeführte „Antiphobine". Wir reden davon, daß man sich Mut antrinkt. Richtiger wäre, zu sagen, daß man sich Furcht wegtrinkt[3]. Man muß annehmen, daß Fasten, Wachen, nächtelange Tänze (Kriegstänze), vielleicht die Überladung des Körpers mit endokrinen Reizkörpern (lange Enthaltsamkeit) in der gleichen Richtung wirken. So wird man wahrscheinlich die Regel erklären können, daß amerikanische Indianer vor dem Kriege und während der Kämpfe Frauen nicht berühren dürfen.[4] Auch der israelitische Krieger mußte nach der Vorschrift des alten Testaments[5] enthaltsam leben und dadurch Mut aufspeichern, Furcht ausspülen, die organische Voraussetzung für Heldentum schaffen.

Das Zentralnervensystem hält unter höchster Belastung Mechanismen bereit, die Bewußtsein und Schmerzreiz trennen wie eine Telephon-

---

[1] Geschichten aus dem Neuen Pitaval, Bd. I, S. 150. Leipzig 1927.

[2] Siehe The criminal and his victim, a. a. O. S. 168.

[3] Von den aufständischen Bauern, die im Sommer 1525 Würzburg besetzt hielten, heißt es: „zudem waren die Bauern ... alzeit voll ... Zum Spott ragten die Galgen auf dem Fischmarkt, dem Judenplatz und hinterm Dom; denn wan sie getrunken hetten, ware alle Zucht verloren, achteten der Galgen gar nit, sondern sagten, sie wollten die Munchen, Pfaffen und ire Gesind daran henken." Hantsch: Der deutsche Bauernkrieg, a. a. O. S. 228.

[4] Frazer, Sir James: The golden bough, S. 211. London 1950 (Abridged edition).

[5] I. Sam 21, 4 und II. Sam 11, 11. Die kultische Reinheit, die die Religionswissenschaftler vermerken und die magische Befleckung des Kriegers mit weiblicher Furchtsamkeit (Frazer, S. 211) sind sekundäre Entwicklungen und hätten einer ungünstigen Erfahrung nicht standgehalten. Die Reinheitsvorschriften finden auf alle Tätigkeiten Anwendung, in denen Mut erfordert ist, Jagd und Fischen, und beziehen sich nicht nur auf Menschen, sondern die Waffen, die sie führen und schwächlich oder kraftvoll handhaben.

verbindung, Empfang und Anruf auseinandernehmen. Solche Bewußtseinstrübungen werden bei Begnadigungen von Todeskandidaten beobachtet und bedingen regelmäßig ärztliche Pflege[1]; sie konnten freilich auch nur die Fortsetzung eines Stupors sein, der sich beim Hingerichteten nicht mehr feststellen läßt. Gefängnisärzte, die viele Hinrichtungen mitgemacht haben, melden Ohnmachten im elektrischen Stuhl, Zustände akuter Hysterie, die irgendeine narkotische, vielleicht endokrine Reaktion vermuten lassen[2]. Sektionen konnten diese Annahme nicht bestätigen, zumal die brutale Wirkung des elektrischen Stroms eine genauere Untersuchung von Gewebe, Blut, Drüsen usw. ausschließt. Dr. Squire glaubt sogar Fälle eines veritablen Furchtdelirs[3] gesehen zu haben.

Das sind die allergröbsten Fälle. Auch auf der Basis geringerer Gefahr und leichterer Schmerzen arbeiten schmerzabschaltende nervöse Apparate. Das menschliche Gehirn ist mit Schutzfunktionen ausgerüstet, die bei einem Übermaß von Schock, Kurzschluß, Bewußtlosigkeit und damit Absperrung der schmerzführenden Reize herbeiführen. Dieser Mechanismus ist bei den Lebewesen, die stark mit physiologischen Schmerzempfindungen belastet sind, also bei den Geschöpfen mit anstrengendem Geburtsgeschäft, am feinsten ausgebildet. Immer wieder wird in alten Hexenakten gemeldet, daß Frauen auf dem Höhepunkt der Tortur in Empfindungslosigkeit verfielen. Die Prozeßakten sprechen von „Totstellen". Sie berichten, daß die Delinquentin ganz stille wurde, als ob sie schliefe, daß sie Ohnmacht heuchelte, schwächlich redete und endlich ganz einschlief[4]. Man nahm an, daß der Teufel schmerz- und furchtlos mache, und sah in der tiefen, wohltätigen Ohnmacht neuen Schuldbeweis.

IX.

Religiöse Menschen glauben an die Hölle und die kommende Vergeltung. Aber die Hölle ist fern und die irdische Verlockung nahe, besonders bei jungen Menschen. Das ist die himmlische Justiz. In der menschlichen Pflege der Gerechtigkeit tritt zur Entlegenheit des Übels das Element der Unsicherheit hinzu. Von allen Verbrechen, die verübt werden, kommt nur ein minimaler Teil ans Licht und zur gerichtlichen Behandlung. Ich habe für die Vereinigten Staaten berechnet, daß nur etwa 0,5% aller verübten Morde zu einer Verurteilung wegen Mordes

[1] Squire, Amos O.: Sing Sing doctor, a. a. O. S. 176.

[2] Ebenda S. 194.

[3] "Occasionally the may actually become delirious, but not often." Ebenda S. 193.

[4] Soldan-Heppe: Geschichte der Hexenprozesse, Bd. II, S. 47, 98, 99, 116, 118. München o. J. Gehen der Ohnmacht Zustände seelischer „Bewußtlosigkeit" voraus?

gelangen[1], und die Verhältnisse sind in Europa nicht viel besser, vor allem in unruhigen Zeiten. Die Strafe liegt nicht nur in weiter Ferne, verglichen mit dem sofortigen Genuß der Beute. Es ist höchst zweifelhaft, ob es wirklich zur Verwirklichung der Strafandrohung kommt. Ich glaube, daß sich nicht viel gegen den Satz einwenden läßt, es sei wichtiger, die Entdeckungsquote zu verbessern, als die unwahrscheinliche Strafe höher und höher zu schrauben. Ließe sich z. B. bewerkstelligen, daß die Hälfte der Mörder gefunden, zur Rechenschaft und zu 10 Jahren Zuchthaus bestraft würde (junge Kriminelle um 5 bis 10 Jahre höher), so würde diese Praxis eher abschreckenden Charakter tragen als die eitle Drohung der Todesstrafe, die nur jeden 100. oder 200. Täter trifft. Mit einem so geringen Risiko würden sich viele Menschen im bürgerlichen Leben abfinden, wenn erheblicher Gewinn lockt.

Es handelt sich hier nicht um Schmerzunempfindlichkeit, sondern um die Ineffektivität der gesetzlichen Strafdrohung — einer fernen Möglichkeit — angesichts eines unmittelbaren Profits. Bei vielen Menschen legt sich der greifbar nahe Vorteil materieller oder immaterieller Art blockierend vor die entlegene Strafe. In der Balance der abwägenden Vorstellungen arbeitet die nahe, alle Sinne erregende Beute mit falschem Gewicht. Der Kriminelle scheint wie ein Spieler solchem Übergewicht augenblicklicher Anziehungskräfte besonders zuzuneigen. Je nach der Vollkommenheit der gesellschaftlichen Organisation ist seine Spekulation Torheit oder eine der Wahrscheinlichkeit entsprechende Lebensschlauheit, ein geistiger Infantilismus, der sich lohnt oder im Durchschnitt der Fälle ins Verderben führt.

Ein klassisches Beispiel für die überlegene motivierende Wirkung des nahen Objekts ist die Geschichte Esaus, wie sie von Josephus in den Jüdischen Altertümern erzählt wird[2]. Die leidenschaftliche Neigung vieler Homosexueller verdunkelt den Gedanken an Gefahr und Zukunft. Der Kriminalkommissar v. Treskow hat berichtet, daß der Vizeoberzeremonienmeister des Berlines Hofes im Tiergarten eine anrüchige Bekannt-

[1] Morde verborgen hinter „Selbstmorden“, „Unglücksfällen“ falsch diagnostizierten, natürlichen Todesursachen, Vermißtenzahlen und den Ziffern unbekannter Toten.

[2] „Als er noch ein junger Knabe war, und einmal von der Jagd ganz hungrig und müde heim kam, sah er seinen Bruder Jakob sich ein Mittagessen von überaus roten Linsen kochen. Weil es ihm nun wegen der roten Farbe besonders danach gelüstete, bat er Jakob, ihm von dem Essen etwas abzugeben. Dieser nahm die gute Gelegenheit wahr und weigerte sich, seinem Bruder von der Speise etwas abzugeben, wenn er nicht freiwillig das Vorrecht seines Alters abträte. Esau konnte so wenig dem Hunger und dem Anblick der Speise widerstehen, daß er seinem Bruder das Recht der Erstgeburt verkaufte und dazu den ganzen Handel mit einem Eide bekräftigte.“ Ant. Jud. II, 1, 1.

schaft gemacht und sich unerklärlicherweise mit diesem Subjekt in einen Briefwechsel eingelassen hatte[1]. Der österreichische Major Redl, der als Leiter der Spionageabwehr jeden Besucher insgeheim im Profil und en face photographieren ließ, von jedem, der ihn aufsuchte, ohne sein Wissen Fingerabdrücke nahm, hinterließ nach seinem Selbstmorde angefangene Briefe, zerknüllt in seinem Papierkorb, in dem er einen jungen Ulanenoffizier aufs leidenschaftlichste beschwor, ihm treu zu bleiben[2]. Aber nicht nur diese Typen sind auf ein bestimmtes Ziel so fixiert, daß alle anderen Partien des Gehirns gelähmt erscheinen und ihre Funktionen einstellen. BJERRE[3] hat einen Mörder vor uns hingestellt, der weder an irgendeine Deckung vor, während und nach der Tat dachte und nur wie ein Besessener auf das Naheliegende, die Beraubung eines Geldbriefträgers, hinstarrte. Es war eine Bewußtseinstrübung besonderer Art, die den Gedanken an Strafe für kurze Zeit überhaupt nicht aufkommen ließ. Oft haben uns Kriminelle versichert, daß sie nicht einen Augenblick an Gesetz, Strafe und Zukunft gedacht haben.

X.

Das Strafgesetzbuch arbeitet mit drohenden Formeln, die sich den Anschein von automatisch eintretenden Nachteilen zu geben suchen: Wer nimmt oder tötet, wird mit Freiheitsstrafe oder dem Tode bestraft. Eine Möglichkeit oder, je nach den Umständen wie beim Widerstand gegen Vollstreckungsbeamte, eine Wahrscheinlichkeit wird als Sicherheit hingestellt. Damit wird das tatsächliche Verhältnis freilich verschoben, denn das Strafgesetz kann nicht in Aktion treten, ehe der Täter nicht gefaßt und überführt ist. Aus Gründen der Rechtssicherheit ist die Feststellung der Schuld an minuziöse Regeln gebunden. Schließlich erlischt der Strafanspruch des Staates durch Zeitablauf oder er wird in kollektiven Akten der Begnadigung reduziert oder fallen gelassen.

Während also das Gesetz die letzte Phase eines langwierigen Prozesses, die Strafvollstreckung, hervorhebt, ist die Aufmerksamkeit des Kriminellen auf den entscheidenden Anfangspunkt der ganzen Entwicklung, die Entdeckung und Ergreifung gerichtet. Nicht die äußersten Folgen wiegen in seinem Vorstellungsbild vor, sondern die ersten

[1] TRESKOW, v.: a. a. O. S. 119.

[2] KISCH, E. E.: Der Fall des Generalstabschefs Redl, S. 10—12. Berlin 1924.

[3] „Mitten am Tage, in dem Zimmer, das sie 3 Monate lang bewohnt hatten, in einem großen Hotel in einem der belebtesten Straßen der Stadt ermordeten sie einen Mann, den der Portier des Hotels zu ihnen hinaufgewiesen hatte und von dem man auf Grund der Ausübung seines Berufes nicht erwarten konnte, daß er mehr als einige Minuten bei ihnen bleiben würde, und sie hatten zu ihrer Sicherheit nichts vorgesehen, als die erste Zug- und Schiffgelegenheit nach dem nördlichen Dänemark zu benutzen, wobei sie sich nicht einmal nach den Abfahsrtstagen der Schiffe erkundigt hatten.“ BJERRE: Zur Psychologie des Mordes, a. a. O. S. 65.

tatsächlichen Ergebnisse. Zum abschreckenden Eindruck der Strafe gehört also, wie bei allen Dingen des Lebens, wie bei jedem Risiko, das wir persönlich oder geschäftlich einzugehen haben, die Wahrscheinlichkeit ihres Eintritts. Ohne dieses Element, das dem Gesetz weder zur Verfügung steht, noch von ihm geregelt werden kann, ist die schärfste Strafe des Gesetzes nur eine leere Drohung, ganz wie dem überzeugten Atheisten Höllenqualen kein Motiv des Tuns oder des Unterlassens sind.

Die Strafchance wechselt nicht nur nach dem Delikt[1], der Stabilität oder Erschütterung der Staatsgewalt, dem Zweifel oder der Zustimmung der Bevölkerung, sondern nach der Mentalität des Täters. Bei dem Verbrecher, den wir entdecken und kennenlernen, spielt die Frage der Enteckung eine Rolle, die wir überwertig nennen, nur weil wir seine Erfahrung auf dem Gebiete der folgenlos gebliebenen strafbaren Handlung nicht haben. Beim ergriffenen Delinquenten ist die Fehlkalkulation offensichtlich. Wie steht es aber mit der Legion derer, die unbekannt geblieben sind?

Bei einem Mordfall wurde ein vielfach vorbestrafter Schustergeselle als verdächtig festgenommen. „Eine Zuchthausstrafe folgte der anderen und als er schließlich in den Backhausschen Mordprozeß verwickelt wurde, kamen so viele verborgen gebliebene Untaten des Mannes zur Sprache, daß ihm mehr als 80 Diebstähle und Räubereien nachgewiesen werden konnten[2]".

Um die Entdeckung abzuwenden, verlegt der Verbrecher, der nicht aus Leidenschaft handelt, das Schwergewicht auf die Technik der Begehung und den Ausbau des Fluchtweges. Das Gesetz seinerseits geht an der Angriffslinie des Kriminellen vorbei, indem es ausschließlich die Strafandrohung verschärft. Diese Gegenwirkung wird auf dem Papier vorgenommen, ist leichter und schneller zu bewerkstelligen, bleibt aber auf dem Papier, wenn nicht gleichzeitig das Problem der Entdeckung mit verbesserten Methoden angefaßt wird. Dem Giftmord des Dr. Buchanan (New York 1893) war der Prozeß gegen den Medizinstudenten Harris vorangegangen, der in einem Todesurteil endete. In einem Gespräch, das später von Zeugen berichtet wurde, sprach Buchanan über den Fall Harris und erklärte: Jener habe nicht viel von Giften verstanden, sonst wäre es ihm „leichter gewesen, die Symptome der Morphinvergiftung zu überdecken. Es sei leicht, einen Menschen zu vergiften, ohne ertappt zu werden. Alles, was man brauche, seien Kenntnisse[3]". Wenn das, was den Arzt und den Studenten einzig und allein unterschied, besseres pharmakologisches Wissen war, wenn der einzige Vorwurf, den der Kenner dem anderen machte, der des

[1] Siehe dazu meine Psychologie der Einzeldelikte, Bd. I, S. 18ff. und 107ff.

[2] SEYFARTH, H.: Eine unaufgeklärte Mordtat? Pitaval der Gegenwart, Bd. VI, S. 159. Tübingen 1911.

[3] SMITH, EDWARD H.: Famous poison mysteries, S. 60. New York 1927.

„Amateurs“ und des „Tapses“ war, so konnte Buchanan annehmen, daß die Gutachter seiner Methode nicht auf die Schliche kommen würden. In wie vielen Fällen diese Annahme zutrifft[1], wissen wir nicht und werden es nie wissen. Während Dr. Buchanan wegen Vergiftung seiner zweiten, 20 Jahre älteren Frau im elektrischen Stuhl starb, blieb das Rätsel seiner ersten, spurlos verschwundenen Frau ungelöst.

Zwischen dem Ertrag der Tat und der Wahrscheinlichkeit der Entdeckung bestehen eigenartige Wechselbeziehungen. Verbrechen, die sehr erhebliche Beute eingebracht haben oder sich gegen bekannte, beliebte oder mächtige Persönlichkeiten gerichtet haben, spornen die Verfolgungsenergie der staatlichen Organe an. Dazu gibt es Opferkategorien, die die Polizei pflichtgemäß beschäftigen, aber nicht zu größter Anstrengung ermuntern. Hierzu zählen alle Individuen, die die Verbindung mit der Familie ganz oder zeitweise abgebrochen haben und begreiflicherweise wenig Spuren hinterlassen, wenn sie verschwinden. Hierzu gehören vor allem die Prostituierten, die in einer Welt für sich leben, auftauchen und unsichtbar werden, in kurzer Haft sind, in Krankenhäusern isoliert werden und keiner festen schutzgebenden Gruppe angehören. Ein Blick in die kurze Liste der wichtigsten Morde, die in New York in den Jahren 1929—1937 begangen wurden, zeigt die auffallende Häufigkeit dieses Opfertyps[2].

In den Vereinigten Staaten sind wohlhabende Individuen nicht nur politisch einflußreich, sie sind auch in der Lage, neben der staatlichen Polizei die großen Detektivinstitute in Bewegung zu setzen. Viele Berufsverbrecher scheuen diese zusätzliche Gefahr und lassen die Finger von dem heißen Eisen, nicht wegen der Höhe der Strafe, sondern einzig und allein weil das Risiko der Entdeckung gestiegen ist. Als in den 80er Jahren des 19. Jahrhunderts der wohlhabendste Mann Amerikas, Jay Gould, einen Erpresserbrief erhielt, schloß die Polizei daraus, daß es sich um einen Amateur handeln müsse. Der Täter war auch wirklich das Mitglied einer wohlbekannten Familie, ein Oberst, und es dauerte nicht lange, bis er die falsche Auswahl des Opfers zu bereuen hatte[3]. Der gleiche Erpressungsparagraph wacht über dem

[1] Im Prozeß gegen die Engelmacherin Wiese (Hamburg 1904) kamen die zahlreichen Versuche zur Sprache, die sie angestellt hatte, ihren Mann zu vergiften. Gift kam ins Essen, in den Kaffee, ins Bier, ohne den Mann, der sich schließlich daran gewöhnt zu haben scheint, ums Leben zu bringen. Wosnik: Beiträge zur Hamburgischen Kriminalgeschichte, a. a. O. Bd. I, S. 52 u. 53.

[2] Collins, Ted: New York murders, S. 217—238. New York 1944.

[3] Der frühere Polizeichef von New York sagt zu dem Falle: „Obschon Jay Gould wahrscheinlich der reichste Mann auf diesem Kontinent ist, betrachten ihn die Berufsverbrecher als einen so mächtigen Mann, daß man ihn besser in Ruhe läßt.“ Walling, George W.: Recollections of a New York Police Chief' S. 369. Denver 1890.

kleinsten Homosexuellen und dem amerikanischen Millionär. Was verschieden ist, ist die Entdeckungssituation, die in einem Falle vernachlässigt werden kann, im anderen als wichtigstes in den Widerstreit der Motive eingesetzt werden mußte. Von der Strafe kann gesagt werden: Im Anfang war die Entdeckung.

Der Verbrecher lebt viel mehr in einer Dunstwolke von Realitäten als wir denken. Er erlebt täglich, daß ein sorgsam angelegter Einbruch durch einen unsinnigen Zufall vereitelt wird, daß ein Mädchen schweigend den Angriff über sich ergehen läßt, während das andere sich mit letzter Kraft wehrt, daß Dumme den Trick des Betrügers erkennen und Geschäftskundige glatt auf den Leim gehen. Diese Welt überraschender und kaum übersehbarer Tatsachen beschattet die Drohung des Gesetzes wie eine entfernte, sekundäre, vom Gelingen der Unternehmung abhängende Möglichkeit. Im echten Verbrecher ist viel vom Spieler; selbst im Mißlingen steckt noch der Stachel der Wiederholung. Für ihn ist das weite Vorgelände, das sich *vor* jeder Aktion des Staates, im Gebiet des Tatsächlichen ausbreitet, das entscheidende Schlachtfeld. Hier gehen zahllose Pläne schief, werden Unschuldige verurteilt, bleibt der Schuldige ungeschoren. Hier werden Vorsätze gefaßt und nicht gehalten. Hier tröstet nach jeder harten Erfahrung der Gedanke, daß man nur die Technik zu verbessern brauche, um sich von der gesetzlichen Gefahr frei zu machen[1].

Die Psychologie der Strafe steht erst in ihren Anfängen. Wir sehen sie mit gewaltigem Herrschaftsanspruch in unseren Gesetzbüchern auftreten. In Wirklichkeit ist ihr Machtbereich an die lange Reihe von Vorbedingungen gebunden, von denen wir einige aufgezählt haben. Die Beziehung: Mensch und Schmerz, oder Drohung und Mensch würde auch dann bemerkenswerte Störungen zeigen, wenn wir in weniger stürmischen Zeiten lebten und der Wechsel der Umwelt nicht neue Verwicklungen, Schwankungen der sozialen Reaktion, neue Hoffnung auf neue Unsicherheit ins Leben riefe. Wir müssen mit einem paradoxen Spiel der Wirkungen rechnen. Ein Krimineller wurde dadurch „gebessert“, daß der Richter eine unerwartet milde Strafe verhängte. Die aufgerührten Gefühle der Dankbarkeit lösten ihn mehr aus seiner seelischen Verklemmung als es eine harte Strafe vermocht

[1] Ein amerikanischer Verbrecher schreibt in seinen Memoiren: „Als die Zeit meiner Entlassung nahe kam, machte ich Pläne für die Zukunft. Ich dachte, da die Gesellschaft gegen mich war, wollte ich meine Rechnung mit ihr begleichen (get even). Ich hatte vor, draußen mit Erfolg zu stehlen. Die Schuld für meine zweite Gefängniszeit gab ich einem Kunstfehler und beschloß, ihn in Zukunft zu vermeiden. Wenn ich meine Pläne sorgsam durchdachte, konnte ich hoffen, reichen Gewinn zu erzielen.“ CLARK, CHARLES L.: Lockstep and corridor, S. 34. Cincinnati 1927.

hätte[1]. Einem amerikanischen Neger auf der anderen Seite, der wegen Notzucht zum Tode verurteilt war und den viele für unschuldig hielten, flossen soviel Geldspenden zu, daß er besser im Gefängnis leben konnte als es ihm je in Freiheit möglich gewesen wäre. „Wir mußten oft lachen", schreibt der Gefangene[2], „draußen waren wir Landstreicher, hier in der Haft genossen wir eine gewisse Hochachtung."

[1] DEARDEN, R. L.: The autobiography of a crook from materials supplied by Netley Lucas, S. 238. New York 1925.

[2] PATTERSON, HAYWOOD, und EARL CONRAD: Scottsboro boy, S. 48. Garden City 1950.

Erstes Buch.

Die Todesstrafe.

Erstes Kapitel.

Das Doppelgesicht.

A. Der Tod als Ende.

Artikel CII der Carolina sagt: „Nach der Verurteilung des Armen zum Tod/ soll man ihn anderwärts beichten lassen/ auch zum wenigsten ein Priester oder zween am Ausführen oder Ausschleifen bei ihm sein/ die ihn zu der Liebe Gottes/ rechtem Glauben und Vertrauen zu Gott/ und dem Verdienst Christi unsers Seligmachers/ auch zur Bereuung seiner Sünden vermahnen. Man mag ihm auch in dem Führen für Gericht/ und Ausführung zum Tod/ stetigs ein Crucifix fürtragen." Die Mitwirkung Geistlicher setzt schon bei der Folter ein und wird hier Belehrung genannt[1]. Sie ist beim Rechtstag sichtbar und geht — in einem Nürnberger Fall wenigstens — mit Ordnungsstrafen einher[2]. Sie mag zu Schreckbildern[3] greifen, sieht aber ihre Hauptaufgabe darin, die seelische Verfassung herzustellen, die die alten Chronisten Frieden mit Gott und der Welt nennen. Wer näher hinsieht, bemerkt, daß zu dem Bekenntnis der Schuld und der Ergebung häufig ein positives Element hinzutritt wie bei jener Anna Lennicherin von Nürnberg, die am 16. Juni 1657 mit dem Schwert hingerichtet wurde und von der wir lesen[4]: „Diese Arme hat sich des gnädigen Urtl höchlich bedankt und daß vor solch ihr erzeugte Gnad der höchste Gott einem Wohl Edlen Hochweisen Rat allen glücklichen Wohlstand und beständige Leibsgesundheit verleihen wolle, und hiebei von allen Anwesenden ihren Abschied mit Wünschung tausend guter Nacht ge-

[1] 1604 ist man über einen Dieb besonders empört, da er sich „trotz des pfarrers und beder capläne bei tag und nacht angewandten möglichen vleiss" nicht belehren lassen wollte. Man geht also von der Leitertortur zum Feuer über. Knapp, Hermann: Das Lochgefängnis. Tortur und Richtung in Alt-Nürnberg, S. 38. Nürnberg 1907.

[2] Magister Hagendorn, der Nürnberger Geistliche, ist mit Dieb Georg Merz durchaus nicht zufrieden. Es handelt sich ohne Zweifel um einen Geisteskranken: „Vor Gericht hat er sich nicht anderst erzeiget als ein Lächler und Tor, eine Weil zur rechten, eine Weil zur linken Hand sich gewendet, das Maul gefletscht oder gekrümmet, deswegen ich ihm dann zweimal gestrafet und zur Bescheidenheit vermahnt habe". Hampe, Theodor: Die Nürnberger Malefizbücher, S. 21. Bamberg 1927.

[3] „Inzwischen — es handelt sich um eine Hamburger Hinrichtung aus dem Jahre 1877 — war der entscheidende Augenblick eingetreten. Der Geistliche erschien im Ornat und geleitete Beck an einem in einer Nebenzelle aufgestellten großen Kruzifix vorüber, auf dessen Postament, grell beleuchtet vom Scheine zweier Kerzen, ein Totenkopf hervorstarrte." Wosnik: a. a. O. Bd. I/1, S. 125.

[4] Hampe, Theodor: a. a. O. S. 30.

nommen und also sich willig zum sterben erzeigt". Die Unwilligkeit zu sterben dagegen wird sogar vom Henker moniert, der sich sonst mit Gemütslagen wenig befaßt[1].

Hinter dem Dank für das „gnädige Urteil" und den Segenswünschen für die Obrigkeit, deren formelhafte Wiederholung[2] suggestiven Einfluß erkennen läßt, steht ein viel größeres Problem. Der Versuch, den Komplex der Todesstrafe von jeder emotionellen Einstellung frei zu halten und nur die Maßstäbe der soziologischen Zweckmäßigkeit anzulegen, stößt gleich zu Anfang auf ein machtvolles Hindernis. Was sollen wir mit einer Frage anfangen, die weit über die Grenzen des Physischen, Sichtbaren und Meßbaren hinausreicht? Wohl kennen wir die Regeln und Erfahrungen der Physiologie über Leben und Tod. Aber mit kaum gebrochener Kraft türmen sich neben den erforschbaren Tatsachen Anschauungen auf, die souverän auf ihrem höheren, jedenfalls älteren Rang der Erkenntnis beharren und dort, wo sie fest geglaubt werden, eine beachtenswerte Realität darstellen[3]. Die Bedeutung eines staatlichen Aktes, der Leben nimmt, hängt von dem Umfang und Inhalt des Begriffes „Leben" ab, den nicht nur wir, sondern auch andere ihm geben.

Zwei Anschauungen stehen sich gegenüber. Die Medizin nimmt an, daß in der Gaskammer, auf dem elektrischen Stuhl, am Galgen, vor dem

---

[1] „Hat sich gestellt, als könne er uff kein Fuss treden, also daß man ihn hinaus tragen müssen, gar nicht gebetet, die Priester stilschweigen heissen, machen im den kopff thol, wie er gestorben, das weyss Gott wol." Maister FRANNTZN, a.a. O. S. 48. — Andererseits wird allzu große Hast des Delinquenten auch nicht gern gesehen. Hannah Dagoe, eine herkulische Irländerin, wurde am 4. Mai 1763 in London gehängt. Sie griff den Henker tätlich an, verteilte ihre Kleidungsstücke an die Zuschauer und stürzte sich dann, ehe das offizielle Zeichen gegeben wurde, vom Henkerskarren mit solcher Gewalt in die Schlinge, daß das Genick sofort brach. NEWGATE CALENDER: a. a. O. S. 157.

[2] Eine Kindesmörderin erklärt im Jahre 1663 in Nürnberg in beinahe den gleichen Worten ihre Zufriedenheit: „Diese Arme hat gegen Einem Wohl Edlen Hochweisen Rat alle ihr erzeigte Gut- und Wohltaten, sonderlich die gnädige Urtl sich demütig bedankt, wünschend, daß Gott dero Hoch-Adlige Herrlichekeiten mit beständiger Gesundheit und glücklichem Wohlergehen an Leib und Seele begnaden wolle." HAMPE: a. a. O. S. 30 und 31. Eine andere arme Sünderin „hat sich des gnädigen Urtel, auch für alle ihr bishero erwiesene Guttaten nach Länge gegen Einem Wohl Edlen Hochweisen Rat ganz demütig bedanket; sich auch bis in ihren Tod so christlich und andächtig mit herzlicher Bereuung ihrer begangenen Sünd erzeigt, dass darob männiglichs Verwunderung getragen." Ebenda S. 31. Die genaue Kenntnis von Titulaturen wird schwerlich von dem einfachen Mädchen stammen.

[3] Seinem Beichtvater Edgeworth gestand König Ludwig XVI. von Frankreich, kurz ehe er den letzten Gang antrat, er fühle in seinem ganzen Wesen „une sensation délicieuse et extraordinaire dont il ne se pouvait rendre compte", die er aber nie vorher verspürt habe. Es war eine Euphorie auf der Grundlage eines starken religiösen Gefühls. LAFUE, PIERRE: Louis XVI, S. 282. Paris 1942.

Erschießungspeloton das Leben ein für allemal erlischt. Das organische Substrat des Bewußtseins und aller Empfindungen stellt die Arbeit ein. Zersetzungsprozesse zerlegen den Körper in einfache chemische Bestandteile und unkoordinierte, freigewordene physische Kräfte. Langsam kehren diese disintegrierten Elemente in den großen Kreislauf der Natur zurück.

Für den, der den Naturwissenschaften folgt, ist der Tod unwiderruflich. Nichts kann die Vernichtung, die über einen Menschen verhängt wurde, rückgängig machen. Es gibt nur ein Leben, das irgendwann im Mutterleibe beginnt und mit dem Tode endet. Nach dieser Auffassung wird der Hingerichtete in den Abgrund einer Zerstörung gestürzt, die total und endgültig ist, auch wenn sich später seine Unschuld herausstellen sollte. Machtvolle Triebe der Selbsterhaltung lassen jeden von uns vor der gewaltsamen Auslöschung zurückschrecken. Für den religiös Gleichgültigen oder den Zweifler — zumal den jungen und lebensfrischen Menschen — stellt die Todesstrafe eine kaum erträgliche seelische Belastung dar. Mit allen Fasern seines Wesens wehrt er sich gegen die Maßnahmen, mit denen der Staat kühl, sachlich, in technischer Vollendung, unerbittlich wie das Schicksal den letzten Lebensfunken austritt. Dabei ist der Staat bemüht, das Qualvollste an diesem Akt der Vernichtung, das Bewußtsein des nahenden Verhängnisses zu erhalten[1], eine Abschwächung zu verhindern[2].

B. Der Tod als neuer Anfang.

Die biologische Bewertung von Leben und Tod hat für den keine Geltung, dessen Weltbild von religiösen Anschauungen erfüllt ist. Ihm sinkt das irdische Leben, das genommen werden soll, zu einer bloßen Vorstufe herab, die mit Prüfung, Bewährung und Umkehr in das eigentliche Leben hinüberführt. Die Todesstunde sinkt zu dem kurzen Augenblick herab, in dem die unvollkommene Existenz gegen eine

---

[1] „Eine Anzahl (von Delinquenten)“, schreibt der amerikanische Henker Robert G. Elliott (Agent of Death, S. 158, New York 1940), hat um die Erleichterung eines Schluckes Wisky gebeten, ich kenne aber keinen Fall, in dem es geschah. Der Staat will, daß die Mörder bei vollem Bewußtsein sind, wenn sie Strafe erleiden.“ In einem Physikatsgutachten (Mordfall Timm, Hamburg 1854) lesen wir: „daß der Inquisit gegenwärtig in körperlicher Beziehung bis auf den wohl bereits in Heilung begriffenen Beinbruch (Beinbruch am 4. April, Gutachten vom 8. April) ganz wohl, in geistiger Beziehung vollkommen gesund und namentlich das Bewußtsein durchaus ungetrübt ist“. Wosnik: a. a. O. I, 2, S. 187.

[2] „Obschon wir weder Narkotika, noch andere Stimulantien geben“, schreibt Lawes (Life and death in Sing Sing, S. 179, Garden City 1928) „entschloß ich mich, in diesem Falle, die Regel zu brechen und tat Schritte, ihm auf legale Weise eine ärztliche Verschreibung auf 2 Unzen Wisky zu verschaffen.“ — Nur der britische Bericht von 1953 legt in der Frage von Narkotiken an Hinzurichtende eine „nachsichtige Lösung“ nahe. Royal Commission a. a. O. S. 266.

höhere Daseinsform ausgetauscht wird. Jesus stirbt nicht, ebensowenig wie die beiden Schächer neben ihm. Morgen wird alle Qual ausgelitten, werden sie zusammen im Paradiese sein[1]. Mit dieser Erwartung im Herzen läßt sich unendlich viel leichter sterben als in dumpfer Hoffnungslosigkeit. Statt ewigen Todes[2], vor dem uns graust, ist es ewiges Leben[3].

Voraussetzung dieses Übergangs in eine bessere Welt sind gewisse seelische Regungen des Delinquenten, Reue über sein Verbrechen, Ergebung in Gottes Wille, Aussöhnung mit der Umwelt, die ihn jetzt am Schopfe hält, Feinden, Verfolgern, wahren und falschen Zeugen, Staatsanwälten, Trägern des Begnadigungsrechts, kurz der Welt der Lebenden und der „Hochweisen" Obrigkeit. Um diese seelische Umstellung kämpfen die Geistlichen, suchen ihr zum Durchbruch zu verhelfen, wenn sie sich nur zögernd regt. Zu diesem Zwecke halten sie Vorstellungen bereit, so eindringlich und so hilfreich, daß die meisten Verurteilten nach ihnen als dem einzigen Halt greifen, der ihnen noch verblieben ist. Vor dem Gläubigen steht also ein völlig andersartiges Bild des Todes. Sein Drang nach Fortleben kann sich an feste Verheißungen und Glaubenssätze anklammern. Der Tod ist nicht mehr völlige Vernichtung. Nur die äußere Hülle des Seins wird abgeworfen. Das Leben selbst geht weiter[4].

Wer nach der Formel sucht, die diesen Sinneswandel bezeichnet, trifft auf eine Fülle von Wendungen. Der Delinquent wird vorbereitet, vor dem Angesicht seines Schöpfers zu erscheinen[5]. Ihm wird gesagt, daß er bei den Menschen keine Gnade finden, sie in der künftigen Welt suchen müsse[6], wozu die Worte in der englischen Formel des Todesurteils: „Möge Gott Deiner Seele gnädig sein!" passen. Die Verzeihung des Schöpfers wird erfleht[7]. Der Todeskandidat schließt seinen Frieden mit Gott[8]. Er macht sich für die Ewigkeit fertig[9]. Mehr zur Umwelt gewendet wünscht der Delinquent allen Menschen Gutes[10], dem allweisen Rat, der aus alten Männern besteht und an Gicht leidet, blühende Gesundheit und langes Leben. Als Ausdruck der Zerknirschung dienen Ansprachen moralisierenden Inhalts. „Liebe Freunde", sagt ein Delin-

[1] Lucas XXIII, 43. [2] Joh. VIII, 52.

[3] Joh. XVII, 3. Für Leben wie für Tod ist der griechische Ausdruck längster Dauer „in die Aeonen". Diese Anfangs- und Endlosigkeit ist ein wesentliches Attribut Gottes und wird auf seine Günstlinge ausgedehnt.

[4] Die Angaben über Reue oder die Annahme geistlichen Trostes variieren. Dr. Squire berichtet, daß von 138 Todeskandidaten in Sing Sing nur 5 die Hilfe der Geistlichen ablehnten (Sing Sing doctor, a. a. O. S. 176). „Die meisten", sagt der Arzt, „gingen in den Tod, überzeugt, daß ihre Sünden vergeben seien." Andere Angaben weichen erheblich ab.

[5] The Newgate Calender ed. Henry Savage, S. 195. Hartford 1926.

[6] Ebenda S. 196. [7] Ebenda S. 114. [8] Ebenda S. 272.

[9] Ebenda S. 160. [10] Ebenda S. 23.

quent im Jahre 1857 in Linlithgow, Schottland, „nehmt mich zum warnenden Beispiel. Vermeidet schlechte Gesellschaft und Trunk und heiligt die Sonntagsruhe.“ Dann stürzt er in die Tiefe, und alles ist vorbei[1]. Bisweilen vertiefen Straßensänger und Missionare, die Psalmen singen und Gebete murmeln, den Eindruck, den die reuevollen Worte des Todeskandidaten gemacht haben[2]. Wenn der Verurteilte nicht geständig ist, mahnt ihn der Seelsorger „angesichts des Todes seine Seele zu entlasten“[3].

Der stärkste Ausdruck der Todesbereitschaft ist in vielen Hexenprozessen zu finden. Hier verbinden sich religiöse Vorstellungen mit der völligen Erschöpfung, die harte Haft, lange Tortur und endlose Vernehmungen zuwege gebracht haben. Der Tod ist zum rettenden Ausweg geworden, und kleine Milderungen werden mit echter und heißer Dankbarkeit erlebt. Gegen eine angeklagte Hexe in der Grafschaft Blankenheim in der Eifel wird am 6. Juli 1627 das Urteil verkündet, wonach sie nach „fürgehender strangulation“ zu verbrennen sei. „Das Urteil wurde jedoch“, wie es heißt, auf Bitten der Beklagten „zu trost ihrer Kinder“ aus Gnade öffentlich nicht verlesen, während die Beklagte gemäß dem Schlußprotokoll sich dem Tode ergab, „mit Freuden, daß diesen Tag einmal erlebt vndt aus des Sathans stricken erlöst“[4].

Eine andere Hexe bedankt sich „nochmals bei Gott und dem Gericht und allen guten Leuten, die ihr geholfen hätten, aus diesem Elend zu kommen“[5]. Ein anderes Protokoll enthält die Bemerkung: „daß sich die arme Sünderin bei Gott dem Allmächtigen, dem Grafen und dem Gericht dafür bedankt habe, daß man ihr aus dem sündigen bösen leben verholfen habe“. Sie hofft nach dem Feuertode „der himmlischen Freuden teilhaftig zu werden[6]. Es kann nicht daran gezweifelt werden, daß diese Erklärungen in tiefster Gläubigkeit abgegeben wurden, und dem Gericht wie der Bevölkerung als ein Reflex der besseren Zeiten erschienen, die die reuige Sünderin nach erlittener irdischer Strafe erwarteten.

---

[1] Tod, T. M.: The Scots black calender, S. 65. Perth 1938.

[2] Ebenda S. 79.

[3] „Ich blieb die letzte Nacht in seiner Zelle, um ihm nahe zu sein und mit ihm zu beten (Mordfall Adam Finzel, Coburg 1894). Seine Todesangst war furchtbar. Zitternd, daß die Ketten klirrten, und in Schweiß gebadet, saß er auf seinem Bett und versicherte mir, die Qualen, die er ausstehe, seien kaum zu ertragen ... ich erwartete das ersehnte Wort, da kam sein böser Dämon wieder über ihn, und er vollendete den Satz mit den Worten: Rose ist der Mörder.“ Die Beschuldigung war offensichtlich falsch. Seyfarth: Adam Finzel, Pitaval der Gegenwart VII, S. 190—192. Tübingen 1912.

[4] Breiden, Heribert: Die Hexenprozesse der Grafschaft Blankenheim von 1589—1649, S. 179. Bonner Diss. 1954.

[5] Ebenda S. 207. [6] Ebenda S. 229.

Zwei Arten von Schwierigkeiten müssen beim frommen oder bekehrten Delinquenten überwunden werden, plagen aber auch das Gewissen des Geistlichen. Der Verurteilte sieht, daß er der Exekution nicht entrinnen kann. Er will des ewigen Lebens teilhaftig werden. Woher soll er die erforderte Reue nehmen? Ein Schweizer Fall zeigt, in welcher Richtung der arme Sünder die Lösung des Dilemmas sucht. Es handelt sich um die Hinrichtung des Doctors Anton Leu, von dem die Chronik von Anhorn erzählt[1]:

„Der Zug näherte sich der Richtstatt (es war im Jahre 1584). Der Verurteilte hatte Psalmen gesungen, aus tiefster Not schrei ich zu dir und andere. Die Prädikaten wollten ihm vorbeten und ihn trösten. „Da stelt er sich gegne dem Volck und redt dise Wort; Hörend ihr Liebe liebe landlueth heimische und Froembde. Ich bekenne vor Gott und euch, daß ich ein Armer Sünder bin und villfaltigklich wider Gottes gebott gesündigt hab also daß ich disen Todt woll verschuldet und verdienet hab ia auch nach vill einen größeren und will auch gern sterben. Aber vmb des stuckss willen (daß ich solte falsche Kundt über den Pfaffen gegeben haben), darum ich Huet zum Todt bin verurtheilt worden, so wirt ich unschuldiger wyss gericht, dess sind ihr alle Zuegen."

Der Scharfrichter schlägt daneben, das Volk tobt und jetzt nimmt der Henker hinter einer sehr alten Anschauung Zuflucht: Er sagt, einen Schelm kann ich richten, einen Biedermann nicht[2]. In magischer Weise läßt die Unschuld des Mannes seine Hand unsicher werden. Der arme Sünder selbst aber hat zwar ein generelles Bekenntnis menschlicher Verschuldung abgelegt, die Verantwortung für die Tat aber, deretwegen er verurteilt wurde, abgelehnt.

In ähnlicher Weise verhindern Betrunkenheit[3], schwere körperliche Erkrankung[4] oder ein Wutanfall[5] den Ausdruck der Reue, der ihre Seele retten würde. Es steht mit unserem rationalistischen Denken nicht in Einklang, wenn wir trotz aller Grausamkeiten und Härten wenig von Selbstmorden oder Entweichungen der Gefangenen, die auf den Tod warteten, hören. In diese Zögerung spielt das religiöse Moment stark hinein. Flucht war mehr als Rebellion gegen die Befehle der Obrigkeit. Selbstmord war Verlust des ewigen Lebens. „Sicherlich", schreibt Hampe, „werden die meisten durch die Sorge um das Heil ihrer Seele, das bei einem solchen Eingriff in Gottes Ratschluß und in

[1] Juchler, Hans: Das Strafverfahren im Lande Appenzell, S. 137ff. Berner Diss 1905.

[2] Ebenda S. 139.

[3] Newgate Calender a. a. O. S. 65 ... „sie starb in einem Zustande völliger Betrunkenheit, obschon sie vorher wirkliche Reue und Zerknirschtheit gezeigt hatte."

[4] Ebenda S. 72 ... „er war damals so schwerkrank, daß er keine öffentliche Erklärung abgeben konnte, um dem Abscheu für das Verbrechen Ausdruck zu geben, dessentwegen er verurteilt worden war."

[5] Ebenda S. 157.

das Walten der Gerechtigkeit unwiderruflich verloren gewesen wäre, von diesem letzten ernsten Schritt zurückgehalten worden sein“[1]. Als einzige Erklärung des Selbstmords wird jene Verzweiflung angegeben, der wir bereits früher begegnet sind.

Um „christlich sterben“ zu können[2] muß zuweilen die Vorfrage erledigt werden, welches der wahre christliche Glauben sei. Ein Mann namens Cranstoun war in den Giftmord verwickelt, der zur Hinrichtung der Mrs Blandy (1752) führte. Er konnte fliehen, ging nach Frankreich und starb schließlich in Flandern, nachdem er zum katholischen Glauben übergetreten war. Der Glaubenswechsel des Mitglieds einer der ältesten schottischen Adelsfamilien wurde damals als so bedeutsam angesehen, daß sein Tod zu kirchlichen und weltlichen Feierlichkeiten Anlaß gab[3]. Dem Schuldigen mußte daran liegen, in dem Glauben zu sterben, der ihm die besten Aussichten für Verzeihung und himmlisches Leben eröffnete.

C. Verlorenes Leben und gerettete Seele.

War der Verurteilte kein Christ, so konnte die Bekehrung, wie man dachte, dieser Gefahr ewiger Verdammnis abhelfen. Als dem jüdischen Günstling des Herzogs von Württemberg, Josef Süß-Oppenheimer, das Todesurteil mitgeteilt worden war, bedeutete ihm der Beamte, „sich bereit zu halten und für sein Seelenheil zu sorgen, wozu ihm die gesamte Geistlichkeit Stuttgarts zur Verfügung stehe“[4]. Trotzdem Süß in großer Standhaftigkeit ablehnte[5], begannen zwei junge Geistliche „ihre Arbeit mit abwechslungsweisen Besuchen und eifrigstem Eifer, aber zu ihrem

[1] Hampe: a. a. O. S. 89... Auch Tatsachenirrtum wird eingewendet. Newgate Calender: a. a. O. S. 128.

[2] Von der Elisabeth Mechlin schreibt Meister Hagedorn (Hampe a. a. O. S. 40): „Sie hat die 4 Tage über, weil wir bei ihr ab- und zugegangen, ihre Sünden herzlich beweinet, ist willig und bereit gewesen zum sterben, wann sie nur, wie sie fürgabe, wissen solte, daß sie ein Kind und Erb der ewigen Freud und Herrlichkeit sein möchte... Sie hat ihr und uns den letzten Tag sauer genug gemacht, doch will ich hoffen, sie sei wol und christlich gestorben.“

[3] “Cranstoun died on the 30th of November, 1752, and the fraternity of monks und friars looked on his conversion as an object of such importance, that solemn mass was sung on the occasion, and the body was followed to the grave not only by the ecclestistica, but by the magistrates of the town.” Newgate Calender, a. a. O. S. 130. Die Stadt war Furnes in Flandern.

[4] Nick, Friedrich: Stuttgarter Chronik und Sagenbuch, S. 348. Stuttgart 1875.

[5] Ebenda S. 348. „Einen Rabbiner schickt mir!“ schrie Süß in höchster Aufregung, einen Rabbiner, aber um Gottes Willen keinen Kumarim (christlichen Geistlichen).“ — Ein getaufter Jude ist wählerisch, lehnt die eine christliche Konfession ab, nimmt die „stärkere Medizin“ an: „hat das nachtmahl nicht empfangen“, schreibt Meister Franz (a. a. O. S. 36), „aber uf Catolisch hat er gewolt.“

größten Leidwesen ohne allen Erfolg"[1]. Er mußte schließlich als verloren angesehen werden und wurde auf seinem letzten Gange von keinem Geistlichen begleitet. Am Galgen wurde ein letzter vergeblicher Versuch der Bekehrung gemacht, dessen Wortlaut[1] das ganze Problem in ein grelles Licht rückt. Aber man mußte schließlich den unglücklichen Mann „in seinen Sünden dahinfahren lassen".

Hier war es der Andersgläubige, der den Geistlichen Sorge machte. Schlimmer noch ist die Haltung religiöser Gleichgültigkeit oder gar Ablehnung, weil dieser Starrheit gegenüber das ganze Problem des künftigen Lebens aufgerollt wird. Es ist nur kurze Zeit her, daß Lord Dowding im englischen Oberhaus bei diesen Ungläubigen die Todesstrafe aufschieben wollte, um ihnen Zeit zu geben, sich zu bekehren. „Wer", sagte der Lord im Jahre 1948, „glaubt, daß die, die ohne Reue sterben, in die ewige Qual eingehen, muß (in diesem Falle) Gegner der Todesstrafe sein"[2]. „Jeder, der glaubt, daß das Leben nach dem Tode weitergeht und von den persönlichen Zügen beherrscht wird, die der Mensch in seinem Leben entwickelt hat, hat damit ein starkes Argument zur Hand: Man darf den Mörder nicht überstürzt aus seiner physischen Erscheinungsform herausjagen"[3].

In einer ganzen Anzahl von Fällen sind die Bemühungen der Geistlichen nicht von Erfolg gekrönt. Sie sind dann gezwungen, vom Ringen um die Seele des Delinquenten zu Zwecken der Generalprävention überzugehen und sich an das anwesende Publikum, später, wenn die Rede im Druck erscheint, an die Öffentlichkeit zu wenden. Dies sind die „Standreden", von denen es eine ganze Literatur gibt, und die besonders in der Schweiz üblich gewesen zu sein scheinen[4]. Sie werden

---

[1] Ein Vicar bat ihn, er solle „gegen seine arme Seele nicht so grausam sein". Süß schrie weiter nach Adonnai, seinem Gott. „Willst du denn", rief ein anderer Vikar, „willst du denn, du Unglückseliger, in deinen Sünden so dahinfahren?" Der arme Sünder blieb unberührt und wurde nun die Galgenleiter hinaufgezogen. Als der Vicar jetzt zu seinem Schrecken bemerkte, daß die „Judenseele" ihm entging, schrie er zornig und mit wütender Gebärde ihm nach: „So fahre hin, du verstockter Jude, weil du es dann nicht anders wilt! So fahre hin in Satans Klauen! Jesus, den du verläugnet hast, wird nun bald dein Richter sein und in wenigen Augenblicken wirst du sehen, in wen du gestochen hast ..." Ebenda S. 352.

[2] Templewood, Viscount: The shadow of the gallows S. 128. London 1951. Es handelt sich um Auszüge aus der Oberhausdebatte von 1948. Nach diesem Lord können unreligiöse Menschen leichter für die Todesstrafe eintreten. "Those who thought human personality vanished like a candle flame might support the death penalty".

[3] Ebenda S. 128.

[4] Siehe Maeder, Paul: Geschichtliches über die Todesstrafe in der Schweiz S. 14, 15, 16, 17, 18, 19, 20, 36, 38, 40. Berner Diss. 1934.

auch Dank- und Abschiedsrede[1], Stockrede[2], Erbauungsrede[3] genannt. Kluge-Götze erwähnen die nach der Hinrichtung gehaltene Standrede nicht[4], nur die im Stehen gehaltene Rügerede an Untergebene, Kinder und Schüler, auch die studentische Standpauke. Der Ausdruck Stockrede läßt an den Pranger denken, im Worte Stocker kehren wir bereits zum Scharfrichter zurück[5]. Solche Ansprachen der Geistlichen an die versammelte Menge waren dann besonders notwendig, wenn die Haltung des Delinquenten weder Einkehr noch Reue hatte erkennen lassen.

Diese Renitenz, um einen polizeilichen Ausdruck zu gebrauchen, fällt schon dem Nürnberger Scharfrichter Franz auf. Er notiert mit gerunzelter Stirn, daß ein Dieb beim Hinausführen frech und „muetwillig" gewesen sei, gejauchzt, über den Galgen gescherz habe[6]; wie ein anderer Dieb und Falschspieler, sich „allerley Hochmuths erzaigt" und beim Galgen gesungen habe[7]. Ihm gefällt nicht, daß ein anderer sich „gar wild gemacht und sich unnütz gestelt" hat[8]. Ein Verurteilter will das Nachtmahl nicht empfangen, macht sich mit Worten „unnützlich", aber letztlich „sich willig drein geben"[9]. Ein Ein- und Ausbrecher will nicht beten, den Namen Christi nicht bekennen, „also in seinen Sünden gestorben"[10], offenbar, weil ihn der Teufel am Genick hatte. Ein Einsteigdieb, wohl ein Geisteskranker, hat „viel seltzamer Reden und sachen trieben"[11]. Ebenso zeigt ein Gewohnheitsdieb deutliche Zeichen einer Psychose[12]. „Im Nausführen allervohl, sich seltzam gestelt, den Kopff geschütelt, und nur gelacht, nit beten wölln, nur gesagt, sein glaub hab ihm geholfen."

Oft prallt der Zuspruch des Geistlichen an der größten Gefühllosigkeit ab. Der Delinquent betet nicht mit, läßt sich nicht einmal bewegen, das Wort Amen zu sprechen[13]. Er führt in der Nacht vor dem Tode eine frivole Unterhaltung, raucht, zeigt den besten Appetit, meint, er glaube an eine Seelenwanderung und würde wohl eine Nachtigall werden. Amerikanische Kriminelle fluchen noch im elektrischen Stuhl

---

[1] Ebenda S. 12. [2] Ebenda S. 18.

[3] Ebenda S. 19. Erbauungsrede auf der Richtstätte zu St. Gallen nach der Enthauptung des Übeltäters Johann Baptist Custer von Eschenbach, gehalten von Josef Anton Artho in St. Gallen. St. Gallen 1831.

[4] Etymologisches Wörterbuch der deutschen Sprache, S. 755. Berlin 1951.

[5] Ebenda S. 768. [6] Maister Franntzn: a. a. O. S. 10.

[7] Ebenda S. 17. [8] Ebenda S. 44. [9] Ebenda S. 54.

[10] Ebenda S. 61 ... „bey dem galgen niedergefalln, als wann ihn die böse Kranckheyt würget, war ein Gottloser Mensch".

[11] „Hat das Nachtmahl nicht empfangen, ist Catollisch gewesen", wollte zu seinem Beichtvater in dem Heimatdorfe gehen und dann wieder zurückkommen. Ebenda S. 68.

[12] Ebenda S. 73. [13] Wosnik: a. a. O. 1, 2, S. 77.

den Zeugen und den Beamten[1], hoffen, sie in der Hölle wiederzusehen[2], beklagen sich, daß das Nachtessen zu heiß war[3] und machen schlechte Scherze[4]. Saccos letzter Ruf war in seiner Muttersprache der Wunsch: Es lebe die Anarchie[5]! Kein Geistlicher stand den beiden Revolutionären, deren Schuld heiß umstritten war, zur Seite; sie hatten sich geweigert, geistlichen Trost anzunehmen[6]. Vanzettis letztes Wort war: „Ich möchte hiermit erklären, daß ich unschuldig bin, niemals ein Verbrechen, wohl aber manche Sünde begangen habe.“[7] Wir würden mehr von dieser letzten Haltung wissen, aber manche Delinquenten zeigen in der äußersten Not eine Lähmung der Kehlkopfmuskulatur, wollen sprechen, können es aber nicht mehr.

Es gilt als Verstocktheit des Herzens, wenn der arme Sünder, statt sein „Herz auszuschütten“[8], hartnäckiges Schweigen bewahrt. Den Tröstungen unzugänglich scheinen auch die Delinquenten zu sein, die die Nacht vor dem Tode gut schlafen[9], mit bestem Appetit das Henkersmahl genießen[10], einen Selbstmordversuch unternehmen[11] oder zu fliehen versuchen[12]. Der Geistliche, der einen kriegsbeschädigten, aber äußerst herzhaften Räuber zur Hinrichtung mit dem Rade begleitet, gibt nicht ohne einen gewissen Respekt die Meinung kund: „Darum will ich hoffen, er seie durch sein zeitlichen Leiden und Zerstoßung seiner Glieder zum ewigen Leben hindurchgedrungen ... Gott wolle ihm eine fröhliche Auferstehung verleihen.“[13] Das reuige Bekenntnis führt nicht selten bei den grausamsten Todesarten zu einer Strafmilderung, weil sich der Geistliche nunmehr für Gnade einsetzt[14]. Im übrigen begnügen sich die Geistlichen nicht immer damit, das Urteil hinzunehmen und gutzuheißen. Sie greifen bei der Abschaffung grausamer Strafen ein[15], sie geben die Unschuldsbeteuerungen mutig an die wartende Menge weiter[16]. In jüngster Zeit hat ein leidenschaftlich erregter Pater einem Verurteilten in Chicago dadurch das Leben gerettet, daß er in Kirchen und Straßenversammlungen für ihn sprach und den Staatsanwalt mit einem Fluche bedachte[17].

---

[1] ELLIOTT: a. a. O. S. 168. [2] Ebenda S. 168.

[3] Ebenda S. 172. Ein anderer beklagt sich über den schlecht abgestaubten elektrischen Stuhl, läßt sich ein Tuch geben und fährt darüber. Ebenda S. 167.

[4] Der Mann hieß Appel (Apfel). Er sagte zu den Beamten, die ihn festschnallten: Jungens, bald werdet Ihr einen Bratapfel sehen. Ebenda S. 166.

[5] Ebenda S. 182. [6] Ebenda S. 182. [7] Ebenda S. 183.

[8] WOSNIK: a. a. O. I, S. 161.

[9] LANG, JOSEF: Erinnerungen des letzten Scharfrichters im K. K. Österreich, S. 45. Leipzig 1920.

[10] WOSNIK: a. a. O. II, 3, S. 65. [11] HAMPE: a. a. O. S. 27.

[12] WOSNIK: a. a. O., I, 2, S. 185. [13] HAMPE: a. a. O. S. 27.

[14] HAMPE: a. a. O. S. 28. [15] Maister FFRANNTZN: a. a. O. S. 9.

[16] Tod: a. a. O. S. 46. [17] SMITH: a. a. O. S. 141ff.

Das Problem des künftigen Lebens taucht bei der Hinrichtung noch in anderer Form auf. Im Jahre 1584 ruft der Mann einer hingerichteten Frau Gott um Rache im Jenseits an[1] wie jener alte Schotte aus dem Jahre 1843[2]. Ebenso lädt der verzweifelte Süß-Oppenheimer seine Richter vor den Stuhl Gottes im Tal Josaphat[3]. Der Schwache, in manchen Fällen vielleicht Unschuldige, verlegt die Stunde der Abrechnung in das Leben nach dem Tode. Auch dieser Trost, oder, wenn man will, diese Befriedigung des verwundeten Rechtsgefühls ist dem benommen, der nicht an ein Fortleben nach dem Tode und ein Totengericht glaubt. Es kommt dabei nicht nur auf den Hingerichteten an, sondern auch seine Angehörigen und Freunde, die gläubiger sein mögen, als er ist. Scharfrichter Lang bemerkt bei einem zynischen Raubmörder (Fall Wanayek, Wien 1901), daß dem unglücklichen Vater das Sterben des Sohnes viel schwerer fiel als dem Delinquenten selbst[4]. Den Akten des Falles Timm (Hamburg 1855) liegt die rührende Eingabe des Pfarrers Cropp bei. Er führt aus, daß er noch niemals einem so furchtbar feierlichen Akte der Justiz (wie einer Hinrichtung) beigewohnt habe und nicht im voraus wisse, welchen Eindruck der Vorgang auf sein leicht erregbares Gemüt machen würde. „Daher ersuche ich schon jetzt um die Vergünstigung, mich ans Schaffot durch den Unterküster von unserer Kirche ... begleiten zu lassen, um für alle Fälle jemanden zu haben, der mir, wenn es nötig sein sollte, Beistand leisten könnte“[5]. Für viele feinfühlige Geistliche muß die Nähe des Todes — besonders bei einem jungen und gesunden Menschen — eine furchtbare Erfahrung gewesen sein, auch dann, wenn sich für seinen Glauben nach der physischen Auslöschung eine andere Form des Lebens auftat. Hau hat die Seelenqual eines Pfarrers geschildert, der völlig erschöpft und verändert, bleich und müde von einer Hinrichtung zurückkam[6]. Nach älteren Mitteilungen war der Weg vom Turm zur Richtstätte für den Geistlichen nicht nur eine psychische Belastung, sondern auch nicht ungefährlich. Als ein Straßenräuber des 17. Jahrhunderts vom Pfarrer aufgefordert wurde, mit ihm zu beten, wurde er wütend, begann zu fluchen und warf Henker wie Geistlichen vom Karren. Ein anderer berühmter Räuber, Harris mit Namen, verfiel in der Kapelle vor der Hinrichtung

---

[1] Maister Ffranntzn: a. a. O. S. 15: „Kayser und König will ich in Jehner Welt anruffen und verclagen, daß kein Justicia nicht geschehen.“

[2] “I trust for their conduct that a'thae parties shall be overta'en by the vengeance of Goad and sent into everlasting dammation.“ Tod, a. a. O. S. 53.

[3] Nick: Stuttgarter Chronik a. a. O. S. 348 „Ich bin“, schrie er „für Andere, die mehr verschuldet haben, als ich, nun das Schlachtopfer, fluchte seinen Richtern und lud sie vor den höchsten Richterstuhl Gottes in das Tal Josaphat“.

[4] Lang: a. a. O. S. 44.

[5] Wosnik: a. a. O. I, 2, S. 141.

[6] Hau, Karl: Lebenslänglich, S. 168. Berlin 1925.

in einen solchen Erregungszustand, daß der Geistliche um sein Leben laufen mußte[1]. Es ist klar, daß diese Typen an die Vorbereitung für ein zweites besseres Leben nicht dachten.

Zweites Kapitel.

Das Zahlenbild.

A. Echte Hinrichtungen.

I.

Die Hinrichtung ist das Ergebnis eines Todesurteils und eines versagten Gnadenakts. In der Zeit von 1912—1932 schwankte in Deutschland das Verhältnis von Urteil und Vollstreckung zwischen 71,4%, als der Krieg sich der Niederlage zuneigte der praktischen Aufhebung des Jahres 1929. Damals lagen starke Ideen der Abschaffung in der Luft[2], kurz ehe die Weltwirtschaftskrise das fiktive Bild innerer Stabilität mit rauher Hand zerstörte. Die folgenden Zahlen geben ein deutliches Bild der Verhältnisse, wie sie vor der Diktatur bestanden:

Deutsches Reich[3].

Todesurteile und Hinrichtungen 1912—1932.

Jahr	Todesurteile	Hinrichtungen	% der Urteile
1912—1916	34	20	58,8
1917—1918	28	20	71,4
1919	89	10	11,2
1920	113	36	31,9
1921	149	28	18,8
1922	124	26	21,0
1923	77	15	19,5
1924	112	23	20,5
1925	95	16	16,8
1926	89	14	15,7
1927	64	6	9,4
1928	46	2	4,3
1929	39	—	0,0
1930	43	1	2,3
1931	49		8,2
1932	52	3	5,8

[1] SCOTT, G. R.: The history of capital punishment, S. 134. London 1950.

[2] Die Verhältnisse sind komplizierter als sie im einfachen Zahlenbild aussehen. Erst sind die Aburteilungen wegen Mordes, dann die Verurteilungen. Da sie Versuchs- und Teilnahmehandlungen umfassen und jugendliche Täter betreffen, kommt es nur in einem Teil der Fälle zu einem Todesurteil. Andere Mordfälle sind bereits in Gestalt von Verurteilungen wegen Kindestötung oder Totschlag verschwunden; die Freispruchsrate ist nicht niedrig.

[3] DÜSING, B.: Die Geschichte der Abschaffung der Todesstrafe, S. 175. Schwenningen 1952. Vorhergehende Jahresdurchschnitte waren:

Das vorzügliche Zahlenmaterial, das die Englische Kommission von 1953 vorgelegt hat[1], gibt uns Gelegenheit, über den Zeitraum eines halben Jahrhunderts hinweg das wechselnde Spiel von Verurteilungen wegen Mordes, Hinrichtungen und Gnadenerweisen zu beobachten; die Daten laufen über 2 Kriege hinweg und erfahren keine erhebliche Störung durch Änderungen der strafgesetzlichen Vorschriften[2]:

England und Wales.

Todesurteile und Gnadenakte 1900—1949.

Jahr	Todesurteile			Gnadenakte			Prozentzahlen		
	M	Fr	zus.	M	Fr	zus.	M	Fr	zus.
1900—1909	257	27	284	103	22	125	40,1%	81,5%	44,0%
1910—1919	195	38	233	76	38	105	34,4%	100,0%	45,1%
1920—1929	212	22	234	71	20	91	33,5%	90,9%	38,9%
1930—1939	173	24	197	85	20	105	49,1%	83,3%	53,3%
1940—1949	243	19	262	109	18	127	44,9%	94,7%	48,5%
1900—1949	1080	130	1210	435	118	553	40,3%	90,8%	45,7%

Zwischen Todesurteil und Hinrichtung liegen Prozeßstadien, die das Einschreiten der Gnadeninstanz ausschließen. Insofern sind die genannten Prozentsätze der Begnadigung nicht ganz zutreffend[3]. Wird diese Quelle des Irrtums ausgeschaltet und das Gesetz der großen Zahlen[4] in Anwendung gebracht, so ergibt sich auf der Männerseite folgendes Bild:

Zu Fußnote 3, Seite 43.

	Todesurteile	Hinrichtungen	
1897—1901	42	25	
1902—1906	37	23	
1907—1911	37	21	Ebenda S. 132.

[1] Royal Commission on capital punishment 1949—1953, a. a. O. S. 308, 309.

[2] Ebenda S. 13.

[3] Von 1080 zum Tode verurteilten Männern wurden 45 als geisteskrank erklärt, erreichten 22 die Aufhebung des Urteils in der Berufungsinstanz und starben 2 vor der Urteilsausführung. Es blieben also nur noch 1011 Fälle übrig, die für die Ausübung des Gnadenrechtes in Betracht kamen. Ebenda S. 326.

[4] Trotzdem bleiben die berichtigten Zahlen kleinerer Zeiträume interessant.

Begnadigte Männer.

1900—1909 wurden 250 Todesurteile überprüft, begnadigt 39%,
1910—1919 wurden 185 Todesurteile überprüft, begnadigt 33%,
1920—1929 wurden 199 Todesurteile überprüft, begnadigt 32%,
1930—1939 wurden 156 Todesurteile überprüft, begnadigt 47%,
1940—1949 wurden 220 Todesurteile überprüft, begnadigt 43%.

Ebenda S. 326.

Die Kommission möchte bei der Berechnung das Jahr 1948 eliminiert sehen. (Ebenda S. 327.) Die Methode ist kaum vertretbar, setzt aber die Schwankungsbreite herab.

England und Wales.

Begnadigungen, 25 Jahresperioden.

	Von der Gnadeninstanz überprüfte Todesurteile	Gnaden-erweisungen	%
1900—1924	532	189	35%
1925—1949	479	201	42%

Obschon die politische und soziale Entwicklung Deutschlands unendlich viel stürmischer war als die Englands, sind es überall die ersten Nachkriegsjahre, in denen die meisten Todesurteile verhängt werden und die Gnadeninstanz sich verhärtet. Es sind in England die Jahre 1920 und 1946, in Deutschland ebenfalls das Jahr 1920[1], während die Zustände von 1946 im Chaos des Zusammenbruchs undurchsichtig werden. Die englische Begnadigungsrate sinkt von 34,4% im Jahre 1920 auf 27,5 im Jahre 1922 und 33,3% im Jahre 1947 herab[2]. Dann erhebt sich die Welle der Abolitionsbewegung, die 1948 zu 80% Gnadenerweisen führt. In Deutschland bringt die Hungerzeit und die Verzweiflung der nahenden Niederlage einen Tiefpunkt der Gnadenakte mit 28,6% in den Jahren 1917 und 1918[3]. Unglück und Milde gehen nicht zusammen. Im Jahre 1929 werden in Deutschland alle Mörder begnadigt. Der gefährliche Punkt der Scheinblüte ist erreicht, an dem der jähe Umschlag vor der Türe steht.

Er prägt sich erst durch die theoretische Ablehnung des „verweichlichten“ Strafgesetzes seitens der großen Mehrheit der Wissenschaftler, dann in der Praxis der Diktatur aus, die aus Verschwörungsfurcht und Krieg Kräfte der Steigerung zieht. Noch sind keine zuverlässigen Zahlen verfügbar. In den 5 Jahren 1928—1932 waren in Deutschland 10 Todesurteile ausgeführt worden. In den 5 Jahren 1941—1945 wurden nach den Feststellungen von 17 Oberlandesgerichten Westdeutschlands 2999 Todesurteile vollstreckt. Daß diesen Zahlen, die nur für einen Teil Deutschlands gelten, keine wissenschaftliche Bedeutung zugemessen werden kann, ersieht man daraus, daß allein der Scharfrichter Reichhart in den Jahren 1940—1945 2805 Hinrichtungen durchführte[4] und der Scharfrichtergehilfe Klein von April 1944 bis März 1945 951 Todesurteile vollstreckte[5]. Alle Tatsachen, die bisher bekanntgewordenen sind, können auf Vollständigkeit und Genauigkeit keinen

[1] Ebenso in Frankreich, Royal Commission a. a. O. S. 369.

[2] Ebenda S. 309.

[3] Düsing: a. a. O. S. 175. 1919 werden nur noch 11,2% der Todesurteile vollstreckt, aber das ist revolutionärer Überschwang, der schon 1920 von 88,8% auf 68,1% Begnadigungen gefallen ist.

[4] Düsing: a. a. O. S. 218. [5] Ebenda S. 217.

Anspruch machen. Im Jahre 1945 begannen die Exekutionen der Besatzungsmächte, über die keine Zahlen, wohl aber allgemeine Äußerungen von kompetenter Seite vorliegen[1].

In der Nachkriegszeit werden von den neugeschaffenen deutschen Ländern nur vereinzelte Todesurteile verhängt und wenige vollstreckt[2]. Mit geringen Ausnahmen werden die Gewaltverbrechen von den Gerichten der Besatzungsmächte abgeurteilt. Britische Gerichte haben in der Zeit vom Frühjahr 1945 bis Januar 1950 im ganzen 587 Todesurteile gefällt und das Urteil in 398 Fällen (67%) vollstreckt[3]. Dabei muß berücksichtigt werden, daß die Alliierten zwar die Tatbestände der Hitlergesetzgebung abschafften, aus Sicherheitsgründen aber eine Reihe neuer Delikte schufen, auf die Todesstrafe stand.

Es hat nicht den Anschein, als ob die seit 1933 neu aufs Schild gehobene und in ihrer unfehlbaren Wirksamkeit gepriesene[4], auch von den Besatzungsmächten in großem Umfang angewendete Todesstrafe auf die geistig und wirtschaftlich desorganisierte Bevölkerung Eindruck gemacht hätte. Aus der Berliner Anzeigenstatistik entnimmt BADER[5] Monatszahlen des Mordes für das Jahr 1946. In einem Jahre wurden 311 Morde angezeigt, die Versuchshandlungen nicht umfassen. In den Jahren 1929—1938 waren in Berlin insgesamt 390 Morde zur Anzeige gekommen. Die Zahl der Verurteilungen wegen Mordes ist in Westdeutschland auf 128 im Jahre 1950[6] gefallen. Am 24. Mai 1949 ist die Bestimmung der Bundesverfassung in Kraft getreten, die die Todesstrafe abschafft. Es war die Reaktion auf die Exzesse der Diktatur und der Folgezeit. Bloße Rückschlagserscheinungen aber haben kein langes Leben.

Französische Daten sind für einen Zeitraum von 48 Jahren vorhanden[7]. Sie übergehen zwar die beiden dazwischenliegenden Kriegsperioden, lassen aber in das Verhältnis von Verurteilung wegen todeswürdiger Verbrechen, Todesurteil und Exekution hineinsehen. Die

[1] Lord Douglas of Kirtleside erklärte, daß er als Militärgouverneur in Deutschland mit Hunderten von Todesurteilen zu tun hatte and "became sickened with the magnitude of the legal slaughter". Aus den Verhandlungen des Oberhauses von 1948 mitgeteilt von VISCOUNT TEMPLEWOOD: The shadow of the gallows, S. 128. London 1951.

[2] Zahlen bei DÜSING, S. 231, 232, darunter sind 9 Berliner Hinrichtungen.

[3] DÜSING: S. 230.

[4] Siehe die wissenschaftliche Meinung der Hitlerzeit und die kindlichen Zahlenspielereien bei DALUEGE, KURT: Nationalsozialistischer Kampf gegen das Verbrechertum, S. 84 und 85. München 1936.

[5] BADER, KARL S.: Soziologie der Deutschen Nachkriegszeit, S. 23. Tübingen 1949.

[6] Statistisches Jahrbuch für die Bundesrepublik Deutschland für das Jahr 1950, S. 74. Wiesbaden 1952.

[7] Royal Commission, Report S. 368 und 369.

Schwankungen sind sehr bedeutend, und es würde sich lohnen, den psychologischen, politischen und sozialen Ursachen nachzugehen. Die Hinrichtungsrate liegt zwischen 74% und 0% Durchführungen der ausgesprochenen Todesurteile. Unterscheidungen von Mann und Frau fehlen.

Frankreich.

Verurteilungen wegen todeswürdiger Verbrechen. Todesurteile und Hinrichtungen 1900—1947.

Jahr	Kapitalverbrechen	Todesurteile	Hinrichtungen	% der gefällten Todesurteile
1900	347	11	1	9
1901	275	20	3	15
1902	295	9	1	11
1903	321	15	1	7
1904	357	16	1	6
1905	406	18	4	22
1906	451	29	0	—
1907	467	41	0	—
1908	446	49	6	12
1909	367	19	7	37
1910	388	28	10	36
1911	402	30	8	27
1912	446	35	26	74
1913	420	24	10	42
1914				
1915				
1916				
1917				
1918				
1919	273	17	5	29
1920	545	56	13	23
1921	546	64	20	31
1922	433	42	16	38
1923	384	39	11	28
1924	395	26	8	31
1925	369	31	7	23
1926	345	27	6	22
1927	349	24	9	38
1928	342	22	13	59
1929	369	23	8	35
1930	342	28	12	43
1931	297	20	4	20
1932	322	27	8	30
1933	259	25	14	56
1934	250	14	5	36
1935	349	12	6	50
1936	304	25	8	32
1937	254	17	6	35
1938	242	16	7	44
....				
....				
1946	501	63	33	52
1947	503	68	34	50

Eine Hinrichtungsrate von mehr als 50% weisen die Jahre 1912, 1928, 1933 und 1946 auf. Der Zusammenhang mit politischen Krisen fällt ins Auge. Die Zahl der Verurteilungen wegen Kapitalverbrechen überstieg die Zahl 400 in den Jahren 1911, 1912, 1913, 1920, 1921, 1922 1946 und 1947. Sehr hohe Hinrichtungsziffern werden aus den Jahren 1912, 1921, 1946 und 1947 gemeldet. Neben andern Ursachen scheint der Wechsel der Regierungen und der Präsidenten der Republik nicht ohne Einfluß zu sein. Der amtliche englische Bericht, der die französischen Zahlen bringt, hat die starke Erhöhung der Kapitalverbrechen in den Jahren 1906 und 1907 mit den amtlichen französischen Stellen diskutiert. Das französische Justizministerium hat den Anstieg gesteigertem Alkoholgenuß zugeschrieben. Aber was waren die Ursachen der potenzierten Alkoholsucht?

Es ist überaus schwer, die amerikanischen Hinrichtungszahlen[1] in Beziehung zu bestimmten Tatbeständen und Todesurteilen zu setzen. Es gibt 8 Delikte, die mit dem Tode bedroht werden[2], aber während einzelne Staaten wie Pennsylvania nur Mord als Kapitalverbrechen ansehen, kennen andere wie Virginia und Alabama 7 todeswürdige Tatbestände: Hochverrat, Mord ersten Grades, Kindesraub, Notzucht, schweren Raub, Einbruch und Brandstiftung. Andere Staaten wie California fügen ihrer jüngeren Geschichte entsprechend noch die Entgleisung eines Eisenbahnzuges hinzu. Michigan, Minnesota, Wisconsin, Maine, North Dakota kennen keine Todesstrafe[2].

Die Aufgabe der amerikanischen Hinrichtungsstatistik ist dadurch erschwert, daß nur ein Teil der Hinrichtungen in staatlichen Strafanstalten stattfindet und damit schwer registriert werden kann. Im Jahre 1947 z. B. wurden nur 72 Hinrichtungen gemeldet, die in Gefängnissen stattgefunden hatten. Außerdem ließ sich aus der Todesursachenstatistik und durch private Erkundigungen feststellen, daß die Sheriffs der Counties weitere 80 Hinrichtungen vollzogen hatten[3]. Keinerlei Anzeigen über Hinrichtungen kamen in diesem Jahre von 15 Staaten, die die Todesstrafe kannten. Von völliger Klarheit kann nicht gesprochen werden.

Brüske gesetzgeberische Schwankungen tragen zur Undurchsichtigkeit bei. Kurz vor dem Weltkrieg ging eine Welle der Abschaffung durch das Land. Alle diese Gesetzgebungen fielen den emotionellen

[1] SUTHERLAND (Principles of Criminology, S. 562. Chicago 1947) bringt bemerkenswerte Zahlen für Ohio 1896—1930.

[2] Siehe die Tabelle in BARNES und TEETERS: New Horizons in criminology, S. 424. New York 1947. In Süd Dakota wurde die Todesstrafe 1939 wiedereingeführt, es wurde aber vergessen, im Budget die Ausgaben für einen elektrischen Stuhl vorzusehen. Die Lage ist also undurchsichtig. Ebenda S. 425.

[3] Current population reports: Prisoners executed 1947, Febr. 2, 1949, S. 1.

Nachwirkungen des Krieges und der Rückkehr der eingezogenen Männer zum Opfer[1]. Ihr Fundament waren nicht ruhige Überlegungen, sondern rasche Gefühle gewesen.

Es ist schwer, in den Vereinigten Staaten zahlenmäßige Beziehungen zwischen der Zahl der Todesurteile und der vollzogenen Gerichtsentscheidungen herzustellen[2]. Beim Morde könnten solche Ziffern berechnet werden, aber in Amerika werden 12,7% aller Hinrichtungen (im Durchschnitt von 21 Jahren) wegen anderer Verbrechen als Mord ausgesprochen, darunter 11,1% wegen Notzucht[3]. Auch die von SELLIN veröffentlichten Zahlen helfen uns nur ein kleines Stück weiter und zeigen uns die Reaktion zwischen Tötungen und Hinrichtungen. Als die Vereinigten Staaten noch Strafprozeßstatistiken hatten, konnte man errechnen, daß etwa 7—9% aller Verurteilungen wegen Mordes zu Todesurteilen führten.

Hinrichtungen.

Vereinigte Staaten 1921—1950.

Alle mit dem Tode bestraften Verbrechen		Mord	Notzucht	Alle mit dem Tode bestraften Verbrechen		Mord	Notzucht
1921	130[4]			1936	195	133	13
1922	124			1937	147	155	25
1923	106			1938	190	144	12
1924	95[5]			1939	159	105	15
1925	123			1940	124	102	20
1926	104			1941	123	116	24
1927	118			1942	147	118	13
1928	132			1943	131	96	24
1929	87			1944	120	90	26
1930	155[6]	137	15	1945	117	107	22
1931	153	128	10	1946	131	128	23
1932	140	151	7	1947	152	95	22
1933	160	154	14	1948	119	107	10
1934	168	184	13	1949	119	68	13
1935	199	180	10	1950	82		

[1] Arizona, abgeschafft 1915, wiedereingeführt 1918; Colorado, abgeschafft 1897, wiedereingeführt 1901; Oregon, abgeschafft 1914, wiedereingeführt 1921; Washington, abgeschafft 1913, wiedereingeführt 1913 (LAMAR T. BEMAN: Selected articles on capital punishment, S. 7 und 8. New York 1925). South Dakota, abgeschafft 1915, wiedereingeführt 1939 (BARNES und TEETERS a. a. O. S. 423, 424).

[2] Die von SUTHERLAND (Principles S. 513) wiedergegebenen Zahlen der begnadigten Mörder in Massachusetts besagen nichts über den Zeitpunkt.

[3] National Prisoner Statistics, Executions, 1949, Washington 1950, a. a. O. S. 1.

[4] Die Zahlen 1921—1924 sind entnommen JOHNSON, JULIA E.: Capital punishment, S. 29. New York 1940.

[5] Die Zahlen für die Jahre 1925—1929 stammen aus BARNES und TEETERS: New Horizons, S. 425. New York 1947.

[6] Die Daten der Jahre 1930—1950 finden sich in National Prisoner Statistics. Executions 1951, Nr. 6, Table 1. Washington 1952. In den Jahren 1942—1950 führte die Armee einschließlich der Fliegertruppe 148 militärische Exekutionen

II.

Obschon Todesurteile häufig gegen Frauen verhängt werden, ist die Hinrichtung weiblicher Personen zahlenmäßig kein bedeutsames Problem. Die verfügbaren Statistiken in Deutschland, Frankreich und den Vereinigten Staaten vermeiden die Trennung nach Geschlecht der Justifizierten. Nur England kommt uns für den Zeitraum von 50 Jahren zu Hilfe, und eine kurze amerikanische Bemerkung wirft Licht in das Dunkel. Der New Yorker Scharfrichter ELLIOTT hat den Frauen, die er tötete, ein besonderes Kapital gewidmet und die einzelnen Fälle genannt. Auf die Frage, ob bei der Hinrichtung von Mann oder Frau verschiedene Methoden angewandt würden, gab er die Antwort: Nein[1]. Aber irgendwie ist für das einfache Gefühl des Volkes die Hinrichtung einer Frau etwas Abstoßendes. Es ist der gewaltsame tödliche Eingriff in die Kräfte des Weiterlebens und der Fruchtbarkeit. Er ist naturwidriger als die Exekution des Mannes, das Gegenteil von dem rettenden Kommando: „Frauen und Kinder zuerst!" Das Schweigen der Statistiken gibt diese Verschiedenheit zu.

Natürlich kennen wir den Ausgangspunkt der Todesurteile. Der Frauenanteil zeigt in Deutschland wie in England auffallende Übereinstimmung. Von 100 Todesurteilen wurden gegen Frauen erkannt:

England und Wales 1900—1949	9,3%[2]
Deutsches Reich 1928—1930.	9,8%[3]

Von 100 zum Tode verurteilten Personen wurden in England hingerichtet:

98,2% Männer 1,8% Frauen[4]

Einer der Gründe für die hohe Begnadigungsziffer der englischen Frau ist die Tatsache, daß volle 77% ihrer Opfer Kinder waren. Erst der Infanticide Act von 1922 und der Expectant Mothers Act von 1931 hat die Todesstrafe für Kindestötung und bei schwangeren Müttern

aus. Ebenda S. 2. — Es ist zu beachten, daß die Hinrichtungen nicht mit dem Jahre dér Verurteilung oder gar der Tatbegehung zusammenfallen. Sie werden in der Regel 1—2 Jahre nachhinken, bisweilen länger. Der Höhepunkt der Mordkriminalität wäre also etwa auf das Jahr 1933 anzusetzen, wenn nicht die Begnadigungspraxis eigentümlichen Schwankungen unterworfen wäre, Wahlergebnissen, nationalen Krisen und wirtschaftlichen Einflüssen.

[1] ELLIOTT: a. a. O. S. 221. ELLIOTT richtete 5 Frauen in 4 Staaten 1926—1929 hin. Man würde für die Zwanzigjahresperiode in 48 Staaten höhere Zahlen als die angeführten 21 Fälle erwarten.

[2] Berechnet nach den Zahlen in Royal Comission a. a. O. S. 13.

[3] Kriminalstatistik für das Jahr 1931, S. 32. Berlin 1934.

[4] Royal Commission a. a. O. S. 330. (1900—1949.) In den 20 Jahren, die 1905 endeten, waren es nur 66% gewesen. Vielleicht hatten hier Freisprüche und die Feststellung geistiger Störung (insane on arraignment and guilty but insane) sich geltend gemacht. (Ebenda S. 300.)

abgeschafft. Die Altersstruktur der Hingerichteten ist deshalb von besonderem Interesse, weil sie von der abweicht, die wir vom Mörder kennen. Starke selektive Einflüsse müssen den Träger des Begnadigungsrechtes, wahrscheinlich schon die öffentliche Meinung, bestimmt haben. Ganz abgesehen von der Verursachung des Todes muß es also Modalitäten des Motivs und der Ausführung, ja persönliche Züge geben, die für oder gegen die Begnadigung sprechen. Bei den nachstehenden englischen Zahlen können wir leider nur in die Altersverhältnisse der hingerichteten Männer hineinsehen.

England.

Zum Tode Verurteilte und Hingerichtete (Männer) nach Altersgruppen 1900—1949[1].

18 Jahre alt	19,2%	der Verurteilten hingerichtet
19 Jahre alt	50,1%	„ „ „
20 Jahre alt	35,6%	„ „ „
21—24 Jahre alt	56,4%	„ „ „
25—29 Jahre alt	61,8%	„ „ „
30—39 Jahre alt	60,0%	„ „ „
40—49 Jahre alt	62,8%	„ „ „
50—59 Jahre alt	62,2%	„ „ „
60—69 Jahre alt	60,0%	„ „ „
70 Jahre und darüber . . .	20,0%	„ „ „

Es wurden in allen Altersstufen 42,5% der verurteilten Männer begnadigt und 57,5% exekutiert.

In den Vereinigten Staaten fehlt dieser vergleichende Maßstab; es werden aber Zahlen genannt, die die Altersstruktur der Hingerichteten — Männer und Frauen ungetrennt[2] — zeigen. Wir erhalten das folgende Bild[3]:

Vereinigte Staaten.

Hingerichtete nach Altersgruppen	1946—1950.
Unter 20 Jahre alt	7,1%
20—29 Jahre alt	49,2%[4]
30—34 Jahre alt	15,0%
35—44 Jahre alt	18,5%
45—54 Jahre alt	8,2%
55 Jahre und darüber	2,0%
Sämtliche Hingerichtete	100,0%

Die hohen Zahlen der amerikanischen Hingerichteten jugendlichen Alters müssen auffallen. Es lassen sich für diese Anomalie, an europäischen Verhältnissen gemessen, drei Gründe auffinden. In erster Linie

[1] Berechnet nach den Zahlen in Royal Commission a. a. O. S. 308 und 309.

[2] Die Frauenzahlen sind minimal.

[3] Current population reports, Prisoners 1946, S. 2; 1947, S. 2; 1948, S. 4 und National prisoner statistics, Executions 1949 and 1950, table 5.

[4] Um den Vergleich mit späteren 10 Jahresperioden zu erleichtern, wurden die Altersgruppen 20—24 und 25—29 zusammengezogen.

wird in den Vereinigten Staaten nicht nur wegen Mordes, sondern wegen einer Reihe anderer Delikte, besonders Notzucht, hingerichtet. Dann wird in Amerika die Rechtsfigur der Mittäterschaft weiter gestreckt als auf dem Kontinent. Der Gefängnisgeistliche McCaffrey hat berichtet, daß von 170 Leuten, die während seiner Amtszeit in Sing Sing hingerichtet wurden, 113 an Tötungen während der Ausführung eines anderen Verbrechens „beteiligt" waren, das sind 67% aller Hingerichteten. In einer robusten Fiktion werden alle diese Tötungen als vorbedacht angesehen und dem echten Morde zugezählt, einfach weil das Nebenverbrechen vorsätzlich ausgeführt oder auch nur versucht wurde. In 36% dieser „felony-murders" wurde mehr als ein Täter hingerichtet. Der Geistliche gibt die folgende Aufstellung[1]:

Multiple Hinrichtungen, Sing Sing.

4 Gruppen von je 4 Delinquenten wurden hingerichtet, weil sie eine Person getötet hatten . . . . 16 Exekutierte

11 Gruppen von je 3 Delinquenten wurden hingerichtet, weil sie eine Person getötet hatten . . . . 33 Exekutierte

16 Gruppen von je 2 Mann wurden hingerichtet, weil eine Person getötet worden war . . . . 32 Exekutierte

32 einzelne Täter wurden hingerichtet, die eine einzelne Person getötet hatten . . . . 32 Exekutierte

Auf alle Personen, die 55 Opfer getötet hatten und bei einem „felony-murder" beteiligt waren, fielen . . . . .113 Exekutierte

Solche Massenhinrichtungen, die auf manche Typen von Zuschauern eine besondere Anziehung ausüben, hat der Henker Elliott in dem Kapitel „Sechs an einem Tag" beschrieben[2]. In diesen Fällen sind emphatische Unschuldsbeteuerungen häufig[3], weil die Todeskandidaten die technische Natur des Gesetzes nicht kennen und oft am Tötungsakt selbst gar nicht beteiligt waren.

Sind es also im wesentlichen Raubhandlungen, die wegen einer intervenierenden Tötung unter den amerikanischen Mordbegriff fallen[4],

---

[1] Johnson: a. a. O. S. 45. Der Text ist schärfer zusammengefaßt, die Zahlen sind die gleichen. [2] Elliott: a. a. O. S. 223ff.

[3] Sie sind nicht nur häufig, sondern machen auch auf die Anstaltsbeamten, die der Hinrichtung beiwohnen, Eindruck. Siehe Elliott a. a. O. S. 225 und 243. Im ersten Falle hatte bei einem Raubüberfall einer der Kriminellen den 67 Jahre alten Wächter ins Bein geschossen und mit dem Revolvergriff auf den Kopf geschlagen. Der Mann war an Verletzungen gestorben, die jeder Jüngere überlebt hätte. Jetzt wurden außer dem Schießheld noch die beiden anderen hingerichtet, die nur beim Raub mitgemacht hatten.

[4] Siehe hierzu die von Lawes: Life and death in Sing Sing, a. a. O. S. 175. Squire: Sing Sing doctor, a. a. O. S. 143 und Elliott: Agent of death, a. a. O. S. 249 berichteten Fälle. Selbst der Henker schreibt: „Man kann leicht verstehen, warum diese Leute mit dem Gedanken in den Tod gingen, daß sie für etwas starben, was sie nicht getan hatten." Ebenda S. 249.

so tragen die Hinrichtungen wegen Notzucht zu einer anderen Altersgliederung als in Europa bei. Es läßt sich hier zahlenmäßig feststellen, daß wenige Weiße, sehr viel Neger wegen Notzucht exekutiert werden. In den 14 Jahren 1937—1950[1] standen 26 wegen Notzucht hingerichteten Weißen 233 Neger gegenüber. So kommt es, daß sehr viel mehr jugendliche Neger als jugendliche Weiße die ganze Schärfe des Gesetzes erfahren.

Hinrichtungen in der Altersgruppe (20—24[2] USA. 1946—1950)

Prozent aller Altersgruppen.

Weiße	21,6%
Neger	33,6%

Noch deutlicher tritt die häufigere Anwendung der Todesstrafe bei Negern hervor, wenn wir relative Zahlen berechnen. Der Einwand liegt nahe, daß die Mordkriminalität der Neger sehr viel höher ist. Diese Annahme trifft zu[3]; die verfügbaren Zahlen erweisen aber, daß das Mißverhältnis bei weitem nicht so groß ist wie bei den Hinrichtungen:

Hinrichtungen nach Rassenzugehörigkeit 1930—1950.

Je 1000000, 15 Jahre alt und darüber jeder Rassengruppe[4].

Weiße	11,5
Neger	127,4

Probleme dieser Art werden europäischen Ländern nur in Ausnahmefällen und für kurze Zeit gestellt und sind dann statistisch nicht zu verfolgen. Eigenartige Beziehungen laufen zwischen der Exekutionswürdigkeit und Beruf, sei es nun des Täters oder des Opfers, sind aber im wesentlichen nur der kasuistischen Betrachtung zugänglich. Es ist eine kaum je durchbrochene Praxis der amerikanischen Begnadigungsinstanzen, das Todesurteil gegen einen Schutzmannsmörder niemals zu

[1] National Prison statistics 1952, Table 6. Spätere Angaben zeigten, daß in 21 Jahren (1930—1950) 35 Weißen 317 hingerichtete Neger gegenüberstanden. National statistics 1952, Number 6, Table 4.

[2] Berechnet nach Zahlen in Current population reports, prisoners executed 1946, S. 2; 1947, S. 2; 1948 S. 4. Nat. Prisoner statistics, Executions 1949 and 1950, Table 5.

[3] Die Relativzahlen für Tötung (homicide) wurden von mir für 1936—1940 berechnet. Sie waren für 100000 jeder Gruppe, 15 Jahre alt und darüber:

Weiße	7,8
Neger	47,6

Crime, causes and conditions, S. 158. New York 1947.

[4] Der Berechnung liegt die Bevölkerung der Vereinigten Staaten für 1940 zugrunde. Statistical Abstract of the United States 1947, S. 19. Washington 1947.

mildern. Die Fälle sind in England[1] viel seltener als in Amerika[2], aber wir kennen nur die Zahlen der Verurteilung, nicht die der Hinrichtung. Der psychologische Gegenpol ist die Hinrichtung schuldiger Polizeibeamter. LAWES berichtet von einem Schutzmann, „einem von mehreren früheren Polizeibeamten", der hingerichtet wurde, während neben ihm in der nächsten Todeszelle ein Mann saß, der 2 Schutzleute getötet hatte[3]. Unter den 50 Fällen der Royal Commission ist der eines Schutzmanns, der eine Frau mit dem Auto überfuhr, nachdem er sie wahrscheinlich vorher durch einen Schlag oder Erwürgen bewußtlos gemacht hatte. Die Frau hatte gerade kurz vorher geboren. Der Wagen war vom Schutzmann gestohlen worden. Er wurde hingerichtet[4]. Über das Schicksal des Kriminalkommissars, den 1929 das Schwurgericht Karlsruhe wegen Giftmordes an seiner Frau zum Tode verurteilte, wissen wir nichts Näheres, aber das waren die Jahre der Reformbewegung und der seltenen Exekutionen[5]. Ein amerikanischer Kriminalkommissar wurde 1912 wegen Anstiftung zum Morde verurteilt und später hingerichtet (Fall Becker-Rosenthal)[6]. Auf Krankenurlaub ermordete ein New Yorker Polizist den Kassierer, den er beschützen sollte[7]. In all diesen Fällen herrscht der Gedanke besonderer Schutzwürdigkeit vor, ist aber die feindliche Erregung besonders heftig, wenn die Schützerrolle vergessen wird.

Der Geistliche erfährt in der Regel[8] besondere Berücksichtigung. Auf der anderen Seite sind öffentliche Meinung und Begnadigungsinstanzen unerbittlich, wenn er seine Stellung mißbraucht[9].

Beim Arzt läßt sich in leicht abgeschwächtem Maße die gleiche Erschwerung beobachten. Wer einen Arzt tötet[10], aber auch der Arzt,

[1] In 50 Jahren wurden 19 Schutzleute oder Gefängniswärter getötet. Royal Commission a. a. O. S. 305.

[2] Unter 713 Fällen von Tötung waren 22 Verbrechen gegen Polizei- und Anstaltsbeamte im Staate New Jersey (1925—1934). Royal Commission a. a. O. S. 3351

[3] LAWES: Life and death, S. 181.

[4] Royal Commission S. 322.

[5] Kriminalstatistik für das Jahr 1931, a. a. O. S. 52.

[6] COLLINS TED,: New York murders, S. 229. New York 1944.

[7] Ebenda S. 235.

[8] Mord an Vater Heslin (unklarer Fall), Begnadigung: Er war sehr einsam (in San Quentin) "After all he had killed a priest." JACKSON, J. H.: San Francisco murders, S. 109. New York 1948.

[9] Siehe den Fall des Pater Schmidt (New York 1913), New York murders S. 230 und den Fall des Rev. Richeson (1911). SMITH: Famous poison mysteries a. a. O. S. 280. Sie fanden wie Rev. Hackmann (Newgate Calender S. 197) keine Gnade.

[10] Fall Draheim (Hamburg 1916) „ein Querulant, aber kein geisteskranker Querulant" nach dem Urteil des Sachverständigen. WOSNIK, II, 3, S. 43.

der vorsätzlich und mit Überlegung tötet[1], kann wenig Milde erwarten. Freilich kommen viele kriminelle Ärzte der Exekution durch Selbstmord zuvor[2] und verschwinden damit aus unseren Statistiken, wenn auch nicht aus unserer Erinnerung.

Die Ermordung einer Frau oder eines Kindes ist beim Manne immer ein erschwerendes Moment. Mit erheblicher Härte wird die Tötung des Ehemannes durch die Frau geahndet. Von den 5 Frauen, die ELLIOTT hinzurichten hatte, hatten drei das Leben des Ehemanns vernichtet, eine einen Polizisten erschossen, die letzte einen Mann mit einem Hammer erschlagen; die Mittäterin erhielt nur eine Gefängnisstrafe, weil sie Belastungszeugin geworden war[3]. Giftzuführung ist eines der Momente, das die Begnadigungsinstanz dazu führt, der Gerechtigkeit freien Lauf zu lassen, auch wenn es sich um eine Frau handelt[4].

Damit ist das dunkle Gebiet von Tatausführung und Hinrichtung erreicht. Wir kennen die Zusammenhänge nicht. Erschwerend wirkt die Zerstücklung der Leiche, wirken neue Methoden wie das Überfahren mit einem Kraftwagen, wirken fernliegende Umstände wie die frühere Beteiligung an einer Gefängnismeuterei[5], Anwendung von Sprengstoffen[6], räuberische oder unsittliche Absichten.

---

[1] Siehe die Fälle Dr. T. T. Graves (PEARSON EDMUND: Five murders, S. 196, New York 1928), Dr. Ph. H. Cross (ROUGHHEAD, WILLIAM: Murder and more murder S. 237—276, New York 1939); Dr. Hyde, Dr. Crippen, Dr. Bowers, Dr. Buchanan (SMITH: Famous poison mysteries, a. a. O. S. 51ff., 84ff., 158ff. und 175ff.).

[2] Z. B. Dr. Wilkins (New York 1919) New York murders S. 178 und Dr. GRAVES (oben).

[3] ELLIOTT: a. a. O. S. 216.

[4] Royal commission a. a. O. S. 322. Strychninmord. Die Täterin behauptete, der Mann sei ein Trunkenbold gewesen, und sie wie ihr Sohn habe in Terror vor ihm gelebt. "He had the reputation locally of being a respectable and well- liked man". Hingerichtet. Die Popularität des Opfers ist erschwerend, seine sittliche Verworfenheit — er hat sie zu unnatürlichen Sexualbetätigungen gezwungen — ein Moment, das die Mörderin an der Hinrichtung vorbeiführt. (Siehe Fall 26 ebenda.)

[5] Ebenda. „Er war Rädelsführer bei einem Gefängnisaufruhr gewesen und auf Urlaub von einer Strafe für Körperverletzung". Vorstrafe wegen Totschlags.

[6] Eine auf einem Rade zurückgelassene Bombe ging los und tötete 5 Menschen. Die Anklage behauptete nicht, daß beide das Rad benutzt hatten und es konnte nicht bewiesen werden, daß einer wußte, wo die Bombe losgehen sollte. Es konnte aber bewiesen werden, daß sie an der Herstellung teilgenommen hatten und daß das Leben von Menschen gefährdet werden konnte ("... they had both actively participated in the preparation of the bomb, which they must have known to be likely to endanger life"). Royal Commission S. 322. Beide wurden hingerichtet.

B. Quasi-Exekutionen.

I.

Es gibt eine Reihe von Lebenslagen, in denen Menschen getötet werden, die — zum Teil wenigstens — sonst vor Gericht gestellt, verurteilt und hingerichtet werden würden. Verglichen mit den 100 bis 120 Hinrichtungen, die jährlich in den Vereinigten Staaten stattfinden, den 30—35 in Frankreich und 20—35 in England, ist die Zahl der Menschen, die bei diesen Vorgängen ums Leben kommen, sehr viel größer. Einzelne dieser Tötungsanlässe gehören zu den regelmäßigen Tatsachen des Lebens, andere sind vorübergehenden krisenhaften Erschütterungen zuzuschreiben. Daß diese Kategorie von Tötungen niemals in die Nähe der Todesstrafe gerückt wurde, liegt an der Schwierigkeit, ihnen mit exakten Mitteln auf den Fersen zu bleiben.

Wieviel Personen werden in Ausübung eines staatlichen Hoheitsrechtes jährlich von Polizeibeamten, Gefangenenwärtern, Zollbeamten und Jagdberechtigten getötet? Wieviel Kriminelle fallen bei Einbrüchen und Raubüberfällen der Notwehr des Angegriffenen zum Opfer? Wir wissen es nicht. Die Stadt New York zeigt in ihrer Polizeidirektion eine Ehrentafel. Hier werden die Namen der Beamten verzeichnet, die sich besonders hervorgetan haben, einzelne von ihnen werden posthum geehrt und bei dieser Gelegenheit erfahren wir, daß sie im Feuergefecht mit Einbrechern oder Räubern ihr Ziel nicht verfehlten[1]. Bei anderen Untersuchungen lesen wir nebenbei, daß eine Anzahl von Getöteten in Notwehr oder durch Polizeibeamte erschossen wurden. In 2 Jahren wurden in Chicago 66 Neger in Notwehr getötet, 27 von der Polizei „unschädlich" gemacht[2]. Eine Anzahl von diesen Erschießungen nehmen Verhaftung, Verhandlung und Exekution vorweg. Ein deutliches Beispiel ist die Erledigung des gefürchteten Gangsters Dillinger in einem sorgsam vorbereiteten Polizeihinterhalt.

Sowie der normale Staat erkrankt und von Fieberschauern geschüttelt wird, erfährt diese Opfergruppe[3] eine erhebliche Ausdehnung. Wir bewegen uns hier auf dem Grenzgebiet von geschichtlichen Geschehnissen, Ausübung von echten oder usurpierten Hoheitsrechten und Kriminalität. Die statistischen Maßstäbe verlassen uns. Im Jahre 1934 fand der sog. Röhmputsch statt. Die gepantschten Zahlen der

---

[1] Siehe die beiden posthum geehrten Beamten, die beide ihren Mann mit in den Tod nahmen. New York Times, 26. April 1947.

[2] Hentig, v.: The criminality of the Negro, S. 665, Amer. J. of criminal law and criminology Bd. XXX, 1940. — Brearley (Homicide in the United States, S. 63. Chapel Hill 1932) geht so weit anzunehmen, daß von 10000 als homicide gemeldeten Todesursachen ein Viertel bis ein Drittel solche „justifiable homicides" sind.

[3] Zu ihr gehört die disziplinäre Todesstrafe in Französisch-Guayana, im zaristischen Rußland und in Staaten wie Californien, die wir noch näher schildern werden.

Todesursachenstatistik melden in diesem Jahre nur 79 Hinrichtungen[1]. FRANÇOIS-PONCET, der am 30. Juni 1934 französischer Botschafter in Berlin war und über einen vorzüglichen Nachrichtendienst verfügte, schätzt die Zahl der Todesopfer auf 1200[2]. Wahrscheinlich liegt die Zahl der in jenen Tagen Getöteten zwischen 1300 und 1800. Wie viele es in Wirklichkeit waren, werden wir nie erfahren.

Nach dem Einmarsch der Alliierten im Jahre 1944 brach in Frankreich eine nationalrevolutionäre Bewegung aus, die sich Vollstreckungsbefugnisse anmaßte. Nach einer Erklärung des französischen Justizministers Martinaud-Delplas[3] kam es bei der Befreiungsaktion zu einer großen Anzahl von „Hinrichtungen" wegen Zusammenarbeit mit den deutschen Besatzungsbehörden.

„Todesstrafe" und Todesstrafe in Frankreich 1944.

Wegen Kollaboration „hingerichtet"	10519 Personen
Davon ohne Gerichtsverfahren	8348 Personen
Von ordentlichen Gerichten zum Tode verurteilt . . .	2853 Personen
Davon hingerichtet	767 Personen
Von Militärgerichten zum Tode verurteilt	179 Personen
Davon hingerichtet	79 Personen
Von Departements-Komitees befohlene Hinrichtungen	1325 Personen

Wir sehen die Todesstrafe aus dem engen gesetzlichen Gehege ausbrechen und in der Hand revolutionärer Massen die Gestalt einer riesigen Lynchjustiz annehmen. Was für und gegen die Todesstrafe zu sagen ist, trifft auf diesen kollektiven Racheanfall zu. Eine Lynchaktion ist nur möglich, wenn die Staatsgewalt unsicher, unentschieden, mit halbem Herzen ihre Pflichten erfüllt oder die kollektiven Akte der Selbsthilfe innerlich billigt. Sie ist immer gegen einen „Feind" gerichtet, dessen man sich erwehren muß, während die Justiz des Staates

[1] DÜSING: a. a. O. S. 211.

[2] ANDRÉ, FRANÇOIS-PONCET: Als Botschafter in Berlin, S. 190. Mainz 1948.

[3] Meldung der Reuter Agentur vom 11. April 1952. — Eine ähnliche Bewegung durchtobte nach dem Zusammenbruch der Front Italien. — Einigermaßen zuverlässige Zahlen werden erst später bekanntwerden. Zwei Jahre vorher hatte der französische Justizminister Teitgen amtlich versichert, es sei unwahr, daß 8000 ohne Verfahren getötet worden seien. Die Zahlen der summarischen Exekutionen überschritte für ganz Frankreich nicht 3000. New York Times 22. Dezember 1949. Nach dem Minister wurden weitere 4400 Personen in absentia zum Tode verurteilt. — Wie unzuverlässig solche Zahlen sind, zeigt folgender Vorgang: Im März 1954 wurde bekannt, daß in der Nacht vom 30. zum 31. August 1944, morgens 3 Uhr eine Anzahl Maquisards einen Landarbeiter, Aimé Pierrat, 23 Jahre alt, niedergeschossen hatten. Der Bauer begrub die Leiche in seinem Garten. Er bewahrte tiefes Schweigen, und auch der Bruder des Ermordeten, der zugegen gewesen war, ließ 10 Jahre lang kein Wort verlauten. Nur durch einen Zufall kam der Vorgang ans Licht und jetzt erst konnten die ahnungslosen Eltern Anzeige erstatten. Le Monde vom 15. März 1954.

durch Formalismen gehemmt und geschwächt ist. Gegen diesen Feind ist „revolutionärer Elan", „Mut zum Fehlschlag", unsterbliches, aus den elementaren Tiefen des unverkrüppelten Volksbewußtseins... hervorquellendes Gerechtigkeitsprinzip," ist Fallenlassen aller „Humanitätsduselei" erfordert[1]. Es ist die Apologie der Masseninstinkte, die von Ausscheidung der Gegner sprechen, aber nichts als ihre Vernichtung wollen.

Der Prototyp des Feindes ist der Angehörige einer fremden Rasse, die unsere Lebenschancen einengt und unseren Frauen an die Ehre geht. Reste dieses Atavismus lassen sich noch in den Vereinigten Staaten finden, obschon die Lynchjustiz auch hier zurückgeht. Die folgenden Zahlen beweisen das Abschmelzen der Kräfte, die einen Lynchakt ersehnen, und die Erstarkung der Staatsgewalt:

U.S.A.

Lynchakte 1900—1944[2]. Fünf- und Zehnjahresdurchschnitte.

1900—1909 . . .	92,5
1910—1919 . . .	61,9
1920—1924 . . .	46,2
1925—1929 . . .	16,8
1930—1934 . . .	17,0
1935—1939 . . .	9,0
1940—1944 . . .	3,9

In den Jahren 1889—1899 gab es noch 1875 Lynchakte je Jahr[3], im Jahre 1949 nur noch drei; in 16 Fällen kam es zu einem Versuch des Lynchens, der aber keinen Erfolg hatte. In der Zeit von 1900—1944 wurden in den Vereinigten Staaten 4709 Personen gelyncht[4], eine Zahl, die nicht sehr weit hinter den Ziffern der Hinrichtungen zurückbleibt. Bei einem Pogrom in Bialystok wurden annähernd 600 Juden getötet[5]. Lynchakte sind in Gefängnissen nicht selten und tragen zur Zuchthaussterblichkeit bei. In den Gefängnissen von Französisch-Guayana sollen zu Zeiten monatlich 2—3 Morde dieser Art, immer in der Toilette, stattgefunden haben[6].

II.

Gangster können keine Anzeige erstatten, ob sie nun betrogen werden oder ein Mitglied ihres Ganges getötet worden ist. Sie müssen Selbsthilfe üben, wie in Zeiten und Ländern der Blutrache, und damit der langsameren Arbeit der Justiz zuvorkommen, also unter Umständen eine Exekution durchführen, die der Staat Mord nennt. In den 10 Jahren

[1] Dies waren die Argumente der Gelehrten, die für Hitlers Säuberungsmethoden eintraten. Siehe Düsing: a. a. O. S. 187—194.

[2] Siehe mein The criminal and his victim, S. 222. New Haven 1948.

[3] Ebenda S. 215. [4] Ebenda S. 221. [5] Ebenda S. 221.

[6] Belbenoit, René: I escaped from Devils Island, S. 122. New York 1949. Der erste Titel des Buches ist „Trockene Guillotine" gewesen.

1923—1933 wurden in Chicago 396 Morde begangen, die als Gangsterakte anzusehen waren, in 88,9% der Fälle blieb das Verbrechen ungeklärt; in 10,1 Fällen kam es zur Einstellung oder zur Freisprechung. Die Verurteilungsquote betrug 1,0%[1]. Einzelheiten über diese Gangsterjustiz haben Dr. SQUIRE[2] und Warden LAWES[3] gegeben. Man spricht von einem Selbstreinigungsprozeß innerhalb der Verbrecherwelt, und es ist in nicht wenigen Fällen in gewissem Sinne richtig, wenn man sagt, daß der Berufskiller dem Staatshenker die Arbeit abnimmt.

Die erhebliche Anzahl von Mördern, die als geisteskrank vor dem Urteil, im Urteil selbst und nachher eliminiert werden, können dann als „hingerichtet" gelten, wenn sie innerhalb weniger Jahre in der Anstalt sterben. Dazu gehören die Fälle, in denen ein chronisches Leiden, wie die Tuberkulose, in der Genese der Tat figuriert und zur Einweisung oder Begnadigung beigetragen hat. Wie hoch diese Mortalität ist, wissen wir nicht, wohl aber können wir in die Problematik der geisteskranken Täter hineinsehen:

England.

Mordkriminalität und Psychose[4] 1900—1948.

Wegen Mordes in Haft genommen	4077
Wegen Psychose verhandlungsunfähig	412
Urteil: Schuldig, aber geisteskrank	783
Nach Verurteilung geistig erkrankt	46

Da außerdem 1013 Entlassungen oder Freisprüche vorkamen, bedeutet die Zahl von 1241 geisteskranken Tätern eine äußerst bedeutsame Komplikation. Sie entgehen dem Galgen, nicht aber den Defekten ihrer Natur, noch den Noxen des Anstaltslebens und der engen Einschließung.

III.

Die Redensart, daß ein Selbstmörder „sich selbst gerichtet habe", entbehrt beim Mörder oder Mordverdächtigen weniger der Berechtigung als sonst. In 50 Jahren kamen in England 7454 Morde zur Kenntnis der Polizei. Es wurden 2834 Männer und 1339 Frauen als mutmaßliche Täter verhaftet, die zu 2176 Schwurgerichtsverhandlungen gegen Männer, zu 954 Prozessen gegen Frauen führten. Ohne daß eine Trennung nach Geschlechtern erfolgt, erfahren wir, daß 1674 Mordverdächtige Selbstmord verübten[5]. Mit einem Jahresdurchschnitt von 22—44 übersteigen die Selbstmorde die Zahl der jährlichen Hinrichtungen, die in

[1] Siehe mein Crime, causes and conditions, S. 20. New York 1947.

[2] SQUIRE: a. a. O. S. 60. [3] LAWES: Life and death a. a. O. S. 173.

[4] TEMPLEWOOD, VISCOUNT: a. a. O. S. 76. 50 Jahreszahlen in anderer Aufteilung Royal Commission, S. 311. Hier läßt sich erkennen, daß die Fälle festgestellter Psychosen in den letzten 10 Jahren erheblich zugenommen haben.

[5] Royal Commission S. 298 und 300.

den einzelnen Jahrzehnten zwischen 9 und 16 liegt. Auch hier enthebt die Selbstexekution Richter und Henker ihrer Pflicht.

Es ist nicht nur die Furcht vor Strafe, die diese Täter zum Selbstmord treibt. Nicht wenige Selbstmorde werden aus Furcht vor unbedeutender Strafe begangen. Bei den vielen Soldatenselbstmorden[1] früherer Zeiten stand niemals die Todesstrafe in Frage, ebensowenig bei den zahlreichen Selbstmorden der Polizei. Aus diesem Grunde ist es verwunderlich, wenn bei allen Todeskandidaten die sorgfältigsten Maßregeln ergriffen werden, einen Selbstmord zu verhüten. Fast alle depressiven Typen unter den Verurteilten überlassen es dem Staate, ihnen die Arbeit und die Verantwortung der Selbstvernichtung abzunehmen[2].

Wenn auch praktisch der Selbstmord des Täters strafartig wirkt und den Bereich der offiziellen Todesstrafe einschränkt, so denkt die Mehrzahl der Selbstmörder nicht an diese späten und unsicheren Folgen, will auch keineswegs der gerechten Strafe entgehen. Daß der Selbstmord sich neben einem Delikt wie dem Morde in so weitem Umfange erhält, ist nicht auf Furcht vor Strafe zurückzuführen. Diese Furcht vor Strafe kennen wir wohl aus den Selbstmordstatistiken, aber bei ihnen handelt es sich um Kassierer, die Unterschlagungen begangen, Soldaten, die den Urlaub überschritten, Schutzleute, die eine pflichtgemäße Anzeige unterlassen haben. In keinem dieser Fälle droht Todesstrafe, und doch zieht der Schuldige den Tod der weit gelinderen Bestrafung oder der Entehrung vor.

Die enge Verbindung von Mord und Selbstmord steigt aus dem gemeinsamen Untergrunde stärkster seelischer Spannungen hervor. Diese Aggressivität ist ungerichtet, diffus. Sie gleitet, wie von einem Blitzableiter aufgefangen, häufig auf nahestehende Objekte ab, und wer ist dem Mörder nahestehender, leichter erreichbar, als er selbst? Es ist mit Recht gesagt worden, daß jeder Selbstmord im Grunde ein Mord sei[3]. Sowie also ein Mann einen anderen getötet hat und sich dann das Leben nimmt, handelt es sich psychologisch letzten Endes um einen Doppelmord, der aber infolge der gekuppelten Vernichtung von Täter und Opfer für das staatliche Eingreifen keinen Raum läßt.

Alle die Quasie-Eekutionen, die wir gestreift haben, drücken die Zahl der Hinrichtungen herab, gehören aber irgendwie zu den Methoden und Verfahren, die Mörder oder andere Todeswürdige[4] aus der Welt schaffen und dem amtlichen Scharfrichter die Arbeit abnehmen.

---

[1] WEICHBRODT, R.: Der Selbstmord, S. 115ff. Basel 1937.

[2] Mehrere Fälle bei LAWES: Life and death, S. 171ff.

[3] RINGEL, ERWIN: Der Selbstmord. Abschluß einer krankhaften psychischen Entwicklung, S. 132. Wien u. Düsseldorf 1953. — Beim erweiterten Selbstmord lehne ich, im Gegensatz zu RINGEL „Mordimpulse" ab, obschon die juristische Auffassung dem zuneigt.

[4] In den Südstaaten der USA. z. B. den Notzüchter.

Drittes Kapitel.

Die Prozedur.

A. Der technische Vorgang.

I.

Der mechanische Vorgang kann in 3 Phasen aufgeteilt werden: Die Vorbereitung, den Vernichtungsakt und die Behandlung der Leiche. Es gibt eine Unzahl von alten Erzählungen, von denen die Hinrichtung des Süß-Oppenheimer ein Beispiel ist[1]. Wir wollen uns auf die letzte Zeit und neuere Darstellungen beschränken.

Die Vorbereitungen differieren nach der Todesart, haben aber zahlreiche Vorkehrungen gemeinsam. Die Vielfalt der Todesstrafen ist in der westlichen Welt auf eine kleine Gruppe zusammengeschrumpft, die sich untereinander den Rang abzulaufen suchen[2]. Gehängt wird noch in England, Schottland und den Ländern des Commonwealth, weiter in zehn amerikanischen Staaten[3]. In Frankreich und Belgien hat sich noch die Guillotine behauptet, die damit auch die überseeischen Kolonien erreicht. Die Hinrichtung durch Gas haben 8 Staaten Nordamerikas eingeführt, während der elektrische Stuhl sich 23 Staaten erobert hat. Eine kuriose Ausnahme in diesem vereinfachten Bilde stellt der Staat Utah dar. Hier bleibt dem Verurteilten die Wahl zwischen Hängen, Erschießen und Enthaupten, wobei er meistens der Erschießung zuneigt[4]. Diese Regelungen werden aber aufgegeben, sowie politische oder soziale Unruhen ausbrechen. Alsbald gehen nicht nur Länder, die die Todesstrafe abgeschafft haben, zu Ausnahmegesetzen über[5], es tritt auch die Erschießung in den Vordergrund. Die italienische Diktatur kannte die verschärfte Todesstrafe durch Erschießung von hinten. Lichtbilder, die Revolutionäre im Jahre 1945 machten, zeigen, daß die rebellische Masse dem Beispiel des verhaßten Gegners folgt[6], aber der bloße Wechsel des Objekts ist noch kein Bessermachen, keine Reform.

[1] Nick: a. a. O. S. 334—354.

[2] Selbst verschiedene technische Methoden der gleichen Strafart haben sich bitter bekämpft. Siehe den Wettlauf der Edison- und Westinghouse-Konzerne, von Gleich- und Wechselstrom beim elektrischen Stuhl. Lawes: Life and death, a. a. O. S. 183ff.

[3] In der politischen Justiz drängt sich Hängen immer wieder in den Vordergrund. Siehe Nazideutschland und meinen vergebens warnenden Aufsatz: „Anselm Feuerbach und die Strafe des Stranges" in Monatsschr. für Kriminalpsychologie, Bd. XXIV, S. 362—363, 1933.

[4] Skidmore, R. A.: Penology in early Utah, Utah humanities review 1948, S. 13; diese Regelung wurde 1851 eingeführt und besteht heute noch. — Nur wenige Delinquenten haben sich in einem Jahrhundert hängen lassen, über Enthauptung haben wir keinen Bericht.

[5] So Belgien und Norwegen.

[6] Siehe die Erschießung des faschistischen Generalsekretärs Farinacci.

In alter Zeit schrieben die Urteilsformeln alle wesentlichen Details der Vollstreckung vor. Unter ihnen steht die Überführung vom gewöhnlichen Gefängnis in einen besseren Raum voran. Diese Umquartierung ist bisher wenig beachtet und auf ihre tieferen Gründe untersucht worden; man hat sich mit dem Gedanken größerer Sicherheit begnügt. Schon im alten Nürnberg fand dieser Umzug statt, der eigentlich die Sicherheit nicht erhöhte[1]. In Hamburg wurden die Todeskandidaten vom Kurhaus in das Raboisengefängnis[2] überführt. In Wien kommt der arme Sünder in die Armesünderzelle, „die er nurmehr verließ, um den Weg zur letzten Messe und an seinen allerletzten Gang anzutreten[3]". In Sing Sing kommen die Gefangenen aus den Zellen des Todeshauses in die „pre-execution cells"[4], in San Quentin von der death-row in den Vogelkäfig, hoch im Bodenraum eines Gebäudes[5]. Das britische Home Office hat folgende Beschreibung der Todeszelle gegeben: „Diese Zellen sind nicht nur für die Bewahrung des Gefangenen ausgestattet, sondern tragen auch für die Beamten Sorge, die ihn dauernd zu beobachten haben, solange er unter einem Todesurteil steht. Toilette, Bad und Besuchsraum sind nahe gelegen und Vorbereitungen sind getroffen, daß der Gefangene in nächster Nähe auf- und abgehen kann, denn er muß weder von anderen Gefangenen gesehen werden, noch mit ihnen in Berührung kommen, solange er ein Todeskandidat ist[6]."

Mehr als aus amtlichen Mitteilungen erfahren wir über diese Phase von den Todeskandidaten, die davon berichten können, wenn in letzter Stunde ein Aufschub oder eine Begnadigung erfolgt ist. Aber lassen wir die Äußerungen der Beamten vorangehen; ein nüchternes und ausführliches Bild ist von der Royal Commission gegeben worden[7]:

„Der Henker und sein Gehilfe betreten das Gefängnis am Nachmittag vor der Exekution. Man macht sie mit Größe und Gewicht des Gefangenen vertraut und

---

[1] Knapp: Lochgefängnis, a. a. O. S. 53.

[2] Wosnik: a. a. O. I, S. 120.

[3] Lang, Joseph: Erinnerungen des letzten Scharfrichters im K. K. Österreich, S. 29. Leipzig 1920. Der Verurteilte durfte von der bevorstehenden Exekution erst dann in Kenntnis gesetzt werden, wenn der Scharfrichter im Hause war. S. 27.

[4] Squire: Sing Sing doctor, a. a. O. S. 180.

[5] Ich habe diesen Käfig von San Quentin noch gesehen. Er stand frei in einem großen leeren Saal und war merkwürdigerweise aus Holz gebaut. Neben dem Käfig sitzen Tag und Nacht 2 Wärter. Dem Gefangenen werden alle möglichen Erleichterungen zuteil. Auf seinen Wunsch lassen die Wärter einen Phonographen spielen.

[6] Templewood, Viscount: a. a. O. S. 102. Templewood setzt dem amtlichen Bericht noch eine Reihe von Einzelheiten hinzu. Neben der Zelle ist in der Regel der Hinrichtungsraum. Es dauert gewöhnlich 3 Wochen, ehe die Hinrichtung stattfindet oder ein Termin festgesetzt wird. Der Todeskandidat darf seine Angehörigen nur hinter einer Glaswand sehen. Ebenda S. 107.

[7] Royal Commission 1949—1953 a. a. O. S. 249ff.

man gibt ihm Gelegenheit, ihn von einem Punkte aus zu beobachten, wo der Delinquent sie nicht sehen kann. Sobald der Delinquent einmal seine Zelle verlassen hat, probieren sie den Apparat (des Hängens), um ganz sicher zu sein, daß er arbeitet. Sie verwenden dazu einen Sack, der etwa das gleiche Gewicht wie der Gefangene hat; eine Tabelle sagt ihnen, welches das Verhältnis zwischen Gewicht des Mannes und der Länge des Strickes ist. Abweichungen von den Maßen der Tabelle können mit Rücksicht auf die körperlichen Eigentümlichkeiten des Gefangenen erforderlich sein, also etwa Alter und Körperbau. . .“

. . . „Kurz vor der Exekution treffen sich der Henker und sein Gehilfe mit dem Untersheriff und den Anstaltsbeamten vor der Tür des Verurteilten. Der Untersheriff gibt ein Zeichen; der Henker betritt[1] die Zelle und bindet die Arme des Gefangenen auf dem Rücken fest. Zwei Wärter führen ihn zum Schafott. Auf der geteilten Fallentür ist ein Punkt mit Kreide markiert. Der Gehilfe bindet die Beine. Der Henker streift eine weiße Mütze über den Kopf und befestigt die Schlinge so, daß der Knoten dicht am linken Unterkiefer liegt.“ Dann beginnt die Ausführung.

Nach einer Schilderung LAWES[2] ist bei der Elektrokution außer der Fesselung noch das Aufschlitzen des rechten Hosenbeins erforderlich[3]. Der Henker hat sich genau nach der Stimmung des Gefangenen erkundigt, er möchte wissen, ob Schwierigkeiten zu erwarten sind[4]. Er hört gern, daß ein Geständnis vorliegt. Die elektrische Apparatur ist kompliziert und muß nachgeprüft werden. Ein Scharfrichter verwendete ein großes Stück rohes Rindfleisch[5], um die Stärke des Stromes zu messen.

Bei der öffentlichen Hinrichtung ergeben sich weitere Komplikationen. Das Todesurteil wird verlesen[6]. Als der Gauleiter Frank in Prag öffentlich gehängt wurde, wurde sowohl der tschechische wie der deutsche Text des Urteils zur Verlesung gebracht, eine Prozedur,

---

[1] Bisweilen ist das „Betreten“ so beschleunigt, daß man von Hineinstürzen sprechen könnte. Natürlich soll der Überraschungseffekt den Delinquenten lähmen.

[2] LAWES: Twenty-thousand years in Sing Sing, S. 7. New York 1932. LAWES hat an dieser Stelle viele Dinge übergangen, die er an anderer Stelle berichtet hat und auf die wir noch zurückkommen.

[3] Bei Frauen durch Herabrollen des Strumpfes weniger empfindlich gemacht.

[4] Das Sicherheitselement ist verschiedenen Einschränkungen unterworfen. ELLIOTT (S. 137) erwähnt z. B., daß Temperatur und Luftfeuchtigkeit am Hinrichtungstage eine Rolle spielen, und daß Tuberkulöse einen elektrischen Schock besser aushalten als normale Personen.

[5] Dieses Fleischstück — bisweilen 15 Pfund schwer — wird einmal, nachdem der Scharfrichter mit ihm experimentiert hat, von einem Wärter in den Heizungskessel geworfen, „zur großen Enttäuschung der Gefangenen, die in der Nähe des Maschinenhauses arbeiteten und es gern gegessen hätten“. ELLIOTT: a. a. O. S. 42.

[6] . . . „Dann folgte die Verlesung des Königlichen Erlasses . . . nach welchem Se. Majestät der König entschieden hat, der Gerechtigkeit freien Lauf zu lassen.“ WOSNIK: a. a. O. II, 3, S. 67 (Fall Witt, Altona 1895).

die der französische Beobachter sehr lang nennt[1]. Die packendste Darstellung der letzten Momente hat DOSTOJEWSKI aus eigener Erfahrung gegeben, wenn er die Eindrücke auch dem Fürsten Myschkin in den Mund legt: Da ist das Schafott. Die Beine sind schwach und steif, und ihm ist übel. Das Gesicht ist weiß wie Papier, der Geistliche hält ihm das Kreuz hin, gierig streckt er seine Lippen vor, und sieht und weiß alles. „Ringsum sind Leute. Man schreit und lärmt. Es sind Tausende von Gesichtern und Augen. Er muß das alles ertragen und vor allem den Gedanken: Da sind Tausende, die nicht getötet werden und Du wirst hingerichtet.“ Und der junge, tapfere und starke Mensch merkt plötzlich, daß er in Tränen ausgebrochen ist[2].

Im birdcage von San Quentin kommt der Todeskandidat in ein mürrisches Gespräch mit dem Wärter, der draußen sitzt und ihn nicht nur zu bewachen, sondern auch noch zu unterhalten hat. In England wird es gern gesehen, wenn die Beamten mit dem Gefangenen in der Todeszelle Karten, Domino oder Schach spielen[3], um ihn auf andere Gedanken zu bringen. In San Quentin kennt man direktere Methoden, denen wir mit einem Bericht LAMSONS folgen können. Der Beamte hat seine oft angewandte Technik; er sagt zum Todeskandidaten: „Sei ruhig. Da gibt es nichts, worüber Du dich aufregen könntest. Du weißt, es tut nicht ein bischen weh.“ Der Gefangene sieht ihn ungläubig an: „Woher weißt Du das?“ Verblüfft entgegnet der Beamte: „Na ja, das ist doch, was die Ärzte sagen.“ — „So? und wie wollen die es wissen?“ — „Ich habe keine Ahnung, aber die haben doch studiert.“ Der Gefangene fragt: „Ist je einer von ihnen gehängt worden?“ — „Natürlich nicht[4], kommt es zurück“, und nun ruft der Delinquent dem unruhigen Tröster zurück: „Dann sag mir auch nicht, ob es wehtut oder nicht.“ Es dauert einige Minuten, dann vergeht die leise Verstimmung, und der Wärter kommt mit der Wahrheit heraus: „Ich hab Dich nicht richtig eingeschätzt. Die meisten, die hierher

---

[1] PENCHENIES, GEORGES: Souvenirs de l'exécution de Franck. Le Monde vom 29. November 1952.

[2] DOSTOJEWSKI: Der Idiot, I, Teil 5. DOSTOJEWSKI hat die Erfahrungen, die er kurz vor der sistierten Erschießung machte, nie geschildert. Wohl aber macht seine Tochter (DOSTOJEWSKI, A.: Dostojewski, geschildert von seiner Tochter, S. 72. München 1920) die eigentümliche Bemerkung: „Wahrscheinlich empfand er nach der ersten Welle einer rein animalischen Freude eine tiefe Bitterkeit, eine brennende Entrüstung bei dem Gedanken, daß man mit seinem Herzen ein solches Spiel zu spielen gewagt und ihn so grausam gequält hatte. Seiner reinen Seele, die schon ihren Flug zum Himmel genommen hatte, war es vielleicht schon schmerzlich, wieder auf diese Erde zurückkehren zu müssen.“

[3] TEMPLEWOOD, VISCOUNT: a. a. O. S. 102.

[4] Das ist ein kleiner Irrtum, aber keiner kam zurück, seine Erfahrungen zum besten zu geben.

kommen, hören das gern, auch wenn es nicht ganz stimmt. Wir haben zwei Versionen, die eine käschert auf, die andere ist die Wahrheit, und wir löffeln es den Leuten ein, ganz so wie sie es haben wollen[1]."

II.

Die Schmerzlosigkeit ist viel umstritten. Sie kann bei der Enthauptung kaum geleugnet werden, ist bei der Tötung durch Elektrizität und Giftgas behauptet, aber nicht bewiesen, wenn auch wahrscheinlich. LAWES meint[2], daß die bei der Elektrokution erzielte Temperatur hoch genug ist, Kupfer zum Schmelzen zu bringen und daß die Temperatur im Gehirn den Siedepunkt erreicht. Der Strom erziele eine Geschwindigkeit, die 70mal rascher sei, als das Gehirn Empfindungen registrieren könne. Das alles ist theoretisch wohl richtig, setzt aber voraus, daß die technische Apparatur keine Störung erfährt. Beim Hängen freilich, das auch als schmerzlos gilt, werden die widersprechendsten Erfahrungen berichtet. Wir können an ihnen nicht vorbeigehen, obschon eine vorsichtige Beurteilung geboten ist.

Wir haben aus England, Schottland und den Vereinigten Staaten Meldungen von Leuten, die gehängt wurden, aber auf irgendeine Weise wieder zum Leben kamen. Zwei interessante Fälle kommen aus Schottland aus den Jahren 1724 und 1818[3], wenngleich keine Äußerungen der Wiedererweckten mitgeteilt werden. Dagegen hören wir von einer Reihe von Wiederbelebungen, die für die psychologische Erkenntnis von großem Wert sind, obschon sonderbare Erinnerungslücken eingestreut sind[4]. Ein Delinquent spricht ausdrücklich von großem Schmerz. Er wird durch das Gewicht des Körpers verursacht[5]. Allmählich verging der Schmerz[6]. Sein Leiden begann erst, als er in bewußtlosem Zustande abgeschnitten war. Es war so unerträglich, daß er wünschte, der möge gehängt werden, der ihn abgeschnitten hatte.

[1] LAMSON, DAVID: We who are about to die, S. 251. New York 1935. Das für aufmunternde Rede benutzte Wort ist bull-talk. Die eigentümliche Wendung scheint aus dem Irischen zu kommen, wo „cock-and-bull story" eine wenig wahrscheinliche, übertriebene Geschichte bedeutet. PARTRIDGE, ERIC: A dictionary of slang and unconventional english, S. 164. New York 1950.

[2] Life and death, a. a. O. S. 188, 189.

[3] The Scots Black Calender a. a. O. S. 14.

[4] SCOTT, G. R.: The history of capital punishment, S. 137. London 1950. Eine Frau erinnerte sich nicht mehr, vorher im Gefängnis gewesen zu sein, ein Mann wußte nichts mehr davon, daß er auf dem Wege zur Hinrichtung an der St. Andrews Church vorbeigekommen war.

[5] Ebenda S. 137.

[6] Ein anderer Mann erklärte, daß jeder Schmerz augenblicklich vergangen sei. Ebenda S. 138.

Eigentümlich sind die berichteten optischen Sensationen[1]. In einem Falle sieht der Gehängte ein großes grünes Feld und ein intensives Licht, das plötzlich ausgeht, dann ein Feuer, eine lange Allee von Bäumen, schließlich Ströme und Felder von Blut, die langsam ins Grüne übergehen. Ob mit den grünen Wiesen und Wäldern, die in Gefangenenträumen auftreten, ein physiologischer Zusammenhang besteht, ist schwer zu sagen.

Daß technische Versehen auftreten, können[2] und bisweilen vorkommen, beweist die Sitte des Gnadenschusses bei der Füsilierung. Der Fall Purvis (Missisippi 1894) ist in der amerikanischen Rechtsgeschichte wohlbekannt[3]. Der Knoten der Hängeschlinge zog sich nicht zu, sondern löste sich. Der Mann stürzte in die Tiefe, verletzte sich aber nicht, flehte, seinem Leiden ein Ende zu machen, wurde von der Menge befreit, wieder verhaftet und dann von einem — diesmal freundlichen — Mob aus dem Gefängnis befreit. Später stellte sich seine Unschuld heraus. Unbekannte Tatsachen hören wir von Scharfrichtern, die ihre Methode, den elektrischen Stuhl, gegen die Anhänger des Galgens verteidigen. Elliott spricht von mehreren mißlungenen Hinrichtungen. Ein Indianer braucht eine volle halbe Stunde, um an einem Behelfsgalgen sein Leben auszuhauchen, ein anderer fällt, ehe die Schlinge umgelegt ist, durch die Klappe 4 m nach unten auf den Zementboden. Er muß zusehen, wie die Beamten die Klappe in Ordnung bringen und ausprobieren[4]. Auch Lawes führt einen bösen Fall von Mißerfolg an, dem zufällig Abgeordnete beigewohnt hatten[5]. So kam die Einführung des elektrischen Stuhles erst zustande.

Das alte Rübezahlmotiv gewinnt in diesen Fällen einen realen Hintergrund. Auch Lang, der österreichische Scharfrichter, konnte die Hängemethode seines Prager Kollegen nicht leiden (er selbst strangulierte) und kam mit vielen Fehlschlägen in Böhmen und in anderen Ländern heraus. Man weiß nicht recht, was man mit der Ansicht dieses Sachverständigen anfangen soll, wonach der Genickbruch beim Hängen

---

[1] Thompson: a. a. O. S. 137, 138.

[2] Aus älterer Zeit siehe Maister Frannztzn a. a. O. S. 53; Scots Black Calender, a. a. O. S. 15; Wosnik a. a. O. I, 1, S. 53. Meister Franz weist an einer Stelle (a. a. O. S. 42) auf den ungewöhnlich dicken Hals des Delinquenten hin.

[3] Borchard, Edwin, M.: Convicting the innocent, S. 208ff. New Haven 1932.

[4] Elliott: a. a. O. S. 262ff. Nach Elliott wurde in einer Anzahl von Exekutionen der Kopf vom Rumpf gerissen. So verlor ein Henker in Canada seinen Posten, weil ihm dieses Mißgeschick bei einer Frau zustieß. Andere britische Schwierigkeiten werden in Royal Commission a. a. O. S. 247 erwähnt.

[5] Life and death, a. a. O. S. 185. — Zwei erstaunliche Fälle aus den Jahren 1297 und 1374 finden sich bei Osenbrüggen, Eduard: Studien zur Deutschen und Schweizerischen Rechtsgeschichte, S. 353. Basel 1881.

nur in seltenen Fällen erfolgt[1]. Der britische Coroner, zu dessem Dienstbereich das Pentonville-Gefängnis gehört, ist wesentlich positiver, wenn auch nicht völlig klar. Er vermeidet freilich das Wort Wirbelbruch und spricht von einer Verlagerung oder einer Dislokation der Halswirbel, die die Atemprozesse abschneidet[2]. Es wird sich kaum vermeiden lassen, daß in einzelnen Fällen die „Dislokation" die Nervenbahnen nicht zerreißt und ein langsamer Erstickungstod an die Stelle schneller Bewußtlosigkeit tritt. In weiser Zurückhaltung sagt die British Medical Association, daß „Hängen wahrscheinlich ebenso rasch und sicher wie irgendeine andere Methode ist, an deren Einführung man denken könnte"[3]. Wenige Seiten später erklärt der englische Bericht, daß die intravenöse Einspritzung mit einem Barbiturat, wenn „praktikabel", besser als jede andere Methode wäre[4]. Gerade diese Praktikabilität aber ist von den besten Sachverständigen umstritten[5].

Die blutigen Hinrichtungsarten der Erschießung[6] und der Enthauptung mit der Guillotine[7] erfüllen am wirksamsten den Anspruch auf Zuverlässigkeit. Je komplizierter die Apparatur wird, um so mehr häufen sich die Momente der Unsicherheit. ELLIOTT kann nicht umhin, beim elektrischen Stuhl eine Reihe von Betriebsunfällen zuzugeben[8]. Bei der Elektrokution fallen die physischen Verschiedenheiten der Menschen ins Gewicht. „Freds Herz", schreibt ELLIOTT[9], „größer als das irgendeiner bisher hingerichteten Person, schlug noch, und er war am Leben. Man konnte nur eins tun: ihn wieder in den Stuhl setzen und den Strom durch seinen Körper jagen, bis er wieder tot war".

[1] LANG, JOSEPH: a. a. O. S. 69. — Bei der Hinrichtung von Tom Horn (Cheyenne 1902) hatte der Sheriff aus Furcht vor dem Abreißen des Kopfes den Strick zu kurz bemessen. "His neck was not broken". Erst nach 17 Minuten konnten die Ärzte konstatieren, daß sie den Puls nicht mehr spürten. BOTKEIN, B. A.: A treasury of Western folklore, S. 342, 343. New York 1951. Das Grab des Gehängten ist noch auf dem alten Friedhof von Boulder, Colorado zu sehen.

[2] "Any such dislocation causes immediate unconsciousness since breathing ist no longer possible." Royal Commission S. 250.

[3] Ebenda S. 247. [4] Ebenda S. 257.

[5] Die Association of Anaesthetists nannte 3 Schwierigkeiten: 1. Intravenöse Einspritzung ist nicht in jedem Falle möglich. 2. Das Subjekt muß sich dazu hergeben. 3. Es sind ärztliche Fertigkeiten erfordert, die der Ärztestand für diesen Zweck nicht anwenden möchte. Ebenda S. 258.

[6] Von den politischen Erschießungen haben wir selten Nachricht. (Andreas Hofer: „Ach, wie schießt Ihr schlecht.") Dagegen wird eine Erschießung in Utah geschildert. Hier trinkt der Verurteilte Schnaps mit einigen der Umstehenden, läßt sich dann für seine drei Frauen photographieren und fällt dann, getroffen, in den Sarg, auf dessen Ecke er gesessen hat. SKIDMORE: a. a. O. S. 13ff.

[7] Siehe die ausführliche Darstellung bei EUGÈNE DEGRAVE: Le bagne, S. 256ff. Paris 1901ff. und BELBENOIT, S. 81ff.

[8] ELLIOTT: a. a. O. S. 27, 30, 57.

[9] Ebenda S. 57.

Es handelt sich um einen Mann, der im Sektionsraum deutliche Zeichen des Lebens gegeben hatte und noch einmal endgültig getötet werden mußte. Die Zeitungen sprachen von einem glatten und würdigen Verlauf der Hinrichtung.

Auch die Gaskammer, bei der die Zuschauer sich wie „um den Glasbehälter eines Aquariums drängen[1]" und an die Vernichtung eines gefangenen Tieres denken, ist noch nicht die vollkommene, völlig sichere Todesart, nach der gesucht wird. ELLIOTT führt in Verteidigung seines Faches Zeugen an, die gesehen haben, wie ein Mann in vollem Bewußtsein sich minutenlang gegen die tödlichen Dämpfe wehrte und wie das Herz weiterschlug, als das Leben längst entflohen zu sein schien. Ein anderer Zuschauer will sich mit dem Verurteilten volle 4 Minuten lang in der Taubstummensprache durch die gasdichten Fenster unterhalten haben[2]. Ein Geistlicher sagt von einer Gasexekution, die er in San Diego mitzumachen hatte: „Das war das Schrecklichste, das ich je gesehen habe, und ich habe 52 Hinrichtungen durch Erhängen beigewohnt[3]." Durch ein Rohr ist der Arzt mit einem Stethoskop verbunden, das auf der Brust des Delinquenten befestigt wird. Die Maske aus Leder verbirgt sein Gesicht. Starke Riemen halten ihn auf einem Stuhle fest. Ob die folgende Zeitordnung, die der englische Bericht aus dem amerikanischen Staate Nevada bringt, den tatsächlichen und durchschnittlichen Stand der Dinge wiedergibt, möchte ich bezweifeln[4].

Die Wärter betreten die Zelle	5,56	Uhr morgens
Der Gefangene betritt den Gasraum	5,58	„ „
Wird am Stuhl befestigt	5,59	„ „
Tür wird geschlossen	6,01	„ „
Gas erreicht das Gesicht	6,02	„ „
Offensichtlich bewußtlos	6,02	„ „
Bestimmt bewußtlos	6,03	„ „
Atmung stoppt	6,03	„ „
Herz schlägt nicht mehr	6,04	„ „
Der Entgasungsventilator wird in Gang gesetzt	6,10	„ „
Der Körper wird entfernt	6,40	„ „

In dieser Darstellung ist die qualvolle Länge der letzten Präliminarien auf 6 Minuten zurückgedrängt, Bewußtlosigkeit nach 7 Minuten eingetreten. Es wird exakter wissenschaftlicher Untersuchung an einem größeren Material bedürfen, die aufgestellten Behauptungen zu bestätigen oder zu widerlegen. Es ist sicher, daß die übliche Vernichtung von alten, kranken oder herrenlosen Tieren in Gaskammern unser Gefühlsleben gegen die „trockene" Todesart einnimmt. Dazu kommt der Mißbrauch der Diktaturen. Es ist richtig, daß der Körper äußerlich weder erheblich

[1] JOHNSEN, JULIA, E.: Capital punishment, S. 123. New York 1940.
[2] ELLIOTT: S. 264.
[3] BARNES und TEETERS: a. a. O. S. 420.
[4] Royal Commission, S. 253.

verletzt[1], noch verunstaltet wird. Wenn aber körperliche Verzerrungen uns deshalb einen so tiefen Eindruck machen, weil sie der Ausdruck heftiger Angstzustände oder Schmerzempfindungen sind, so fehlen diese Veränderungen weder bei der elektrischen Hinrichtung noch beim Gastod. Immer wehrt sich der Organismus, so gut er kann, gegen den künstlichen Blitz und die unsichtbare Hand einer würgenden Macht. Aber über dem Gesicht, das den Todeskampf am unverhohlensten widerspiegeln würde, sitzt die Maske, und die von starken Lederriemen zusammengehaltene Rumpfmuskulatur ist relativ unbeweglich gemacht, „dezenter[2]" komponiert.

III.

Wenn das Leben ausgelöscht ist, ist für den Staat noch nicht alles vorbei. Man kann die Leiche sofort aus dem elektrischen Stuhl heben, aber es muß 40—50 Minuten gewartet werden, bis die Gaskammer ausgelüftet ist und wieder betreten werden kann. In England herrscht noch die alte Sitte, die Leiche des Gehängten eine Stunde am Galgen zu lassen[3]. Wir wissen, daß dieses Hängenlassen nach dem Tode eine Nachstrafe ist. In der Schweiz erhängte sich der frühere Abt von Cappel im Jahre 1311. „Man ließ ihn vier Tage lang am Strick unter dem Dachstuhl[4]." Eine alte englische Strafe war das "hanging in chains"[5]. Ein Journalist sah im Jahre 1795, in Bierton, Buckinghamshire, den Galgen, an dem ein Mörder 1773 in Eisen gehängt worden war und seinen mit Eisenbändern festgehaltenen Kopf[6]. In Schottland wurde eine brutale Frau wegen Mordes zum Tode verurteilt; als Nebenstrafe wurde ihr Körper in Surgeans' Hall seziert, das Skelett dort aufgehängt[7].

Trotz aller Versicherungen, daß die Todesstrafen absolut sicher seien, gibt es ein New Yorker Gesetz, wonach die Hinrichtung alsbald durch eine Sektion abzuschließen ist, „um jede Möglichkeit auszuschließen,

[1] Von einem jungen hingerichteten Neger, den er in Alabama sah, sagt Patterson: (Scotsboro boy S. 190, Garden City 1950), daß er im ganzen Gesicht Brandwunden und Verschorfungen hatte. Dr. Squire, der zahlreichen Hinrichtungen im elektrischen Stuhl beiwohnte (Sing Sing doctor, S. 212) teilt mit, „daß der Delinquent sich beim elektrischen Schlage mit furchtbarer Wucht gegen die Riemen wirft". „Was man vom Gesicht sehen kann, vom Mund bis zur Kehle, wird weinrot. Manchmal erhebt sich eine kleine Rauchfahne von dem Scheitel des Kopfes und mit ihr kommt der Geruch des Verbrannten."

[2] Siehe den Abschnitt "decency" in Royal Commission, S. 255.

[3] Templewood, Viscount: a. a. O. S. 104.

[4] Osenbrüggen, E.: Studien zur deutschen und schweizerischen Rechtsgeschichte, S. 339. Basel 1881.

[5] Andrews, William: Bygone punishments, S. 35ff.

[6] Ebenda S. 51. "Where his body swung in chains for many years", S. 46.

[7] Newgate Calender, a. a. O. S. 180.

daß der Mensch wieder ins Leben zurückkehrt[1]". PATTERSON behauptet, daß im Staate Alabama eine Nadel ins Herz gestoßen wird[2].

Im Gegensatz zur milderen Bestimmung der deutschen Strafprozeßordnung, das die Auslieferung der Leiche an die Verwandten zur einfachen Bestattung vorsah, kennt das englische Gesetz von 1868 nur die Beerdigung innerhalb der Anstaltsmauern. Vor der Kommission von 1949—1953 hat der Erzbischof von Canterbury dringlich die Festhaltung dieser Regel befürwortet und sich gegen die Einäscherung gewandt[3]. Wir erfahren bei dieser Gelegenheit, daß neue Lösungen dadurch nahegelegt waren, daß in manchen Anstaltsfriedhöfen die Leichen bereits zu dritt übereinander liegen[4]. Wir denken an WILDES Ballade von Reading, wo der Körper des Hingerichteten mit ungelöschtem Kalk übergossen wird. Der Dichter war während einer Hinrichtung in der Anstalt interniert.

In den Vereinigten Staaten fehlen diese Einschränkungen. Hier aber, wo die Kirchhöfe oft von Erwerbsgesellschaften angelegt werden, weigern sich manche Friedhofsverwaltungen, Exekutierte aufzunehmen. Dies geschah mit dem Frauenmörder Hoch in Chicago[5], dessen Pfarrer und Witwe — eine von vielen — von einem Kirchhof zum andern fuhren und die Leiche nicht loswurden, bis schließlich ein Verwalter erlaubte, daß der Gehängte auf seinem Grund und Boden in die Erde versenkt wurde[6]. Diese Furcht vor der Nähe des Gehängten ist ebenso beim Selbstmörder, ja beim Ermordeten sichtbar; der berühmte, von seinen Komplizen ermordete Einbrecher Howard[7] ruht in einem namenlosen Grab, einer entfernten und ungepflegten Ecke von Locust Grove (New York)[8]. Noch gründlicher wird man die Leiche los, wenn sie seziert und zerstückelt wird.[9]

---

[1] "To prevent any possible chance of the subject ever returning to life."

[2] PATTERSON, HAYWOOD, and EARL CONRAD: Scotsboro boy, S. 190.

[3] Royal Commission, S. 270.

[4] "In some prisons bodies are already buried three deep" TEMPLEWOOD, VISCOUNT: a. a. O. S. 105. Ist das der Grund, daß man 1835 im alten Gefängnis von Inverness (Schottland) einen Gerichteten stehend begrub? Scots Black Calender, a. a. O. S. 48. [5] SMITH: a. a. O. S. 127.

[6] Dieses Zurückweichen vor dem „Befleckten" wird auch auf seine Frau übertragen. WALTER LUZ meldet (Ursachen und Bekämpfung des Verbrechens, S. 211. Heidelberg 1928) „Die Frau des in T. zum Tode verurteilten Mörders ... hat am Abend vor seiner Hinrichtung ihren Mann noch besucht. Sie konnte an jenem Abend nicht mehr nach Hause und mußte sich in T. nach einer Unterkunft für die Nacht umsehen. Sie wurde überall abgewiesen, so daß sie — um nicht im Freien übernachten zu müssen — auf der Polizeiwache übernachtete."

[7] HARLOW, ALVIN F.: Murders not quite solved, S. 89. New York 1938. Der Totenschein lautet: "George Howard. Occupation, burglar. Cause of death, pistol wound."

[8] Der Platz, wo in Kilby die Hingerichteten begraben wurden hieß nach PATTERSON (a. a. O. S. 191) Piss ant Hill.

[9] Scots Black Calender, a. a. O. S. 28, 30, 40. In Guiana werden die Leichen der Sträflinge den Haien vorgeworfen: DELGRAVE a. a. O. S. 291, also auch zerstückelt.

B. Archaische Einsprengungen.

I.

Die mittelalterlichen wie die modernen Formen der Hinrichtung liegen als mechanische Prozedur klar vor uns; wir kennen ihren Zweck und die Mittel, die sie verwenden. Da ist der Galgen, die Guillotine, das Erschießungspeloton, der elektrische Stuhl und die Gaskammer. Sie dienen mit mehr oder weniger vollkommenen Methoden der physischen oder chemischen Auslöschung des Lebens. Ebenso zweckmäßig ist die Überführung in eine besonders sichere Zelle vor der Hinrichtung, schärfere Aufsicht, das verstärkte Interesse von Anstaltsleiter, Geistlichem und Arzt, dazu nach allen Berichten, die wir kennen, eine stille, aber leidenschaftliche Anteilnahme der Mitgefangenen, die nicht nur einen Bruch in der schrecklichen Monotonie der Haft, sondern eine Reizung wunder Flächen in ihrem Seelenleben darstellt. Niemals bleiben die Vorbereitungen verborgen. Nichts ist auffallender als die Vorsichtsmaßnahmen, daß niemand etwas höre oder sehe. Man registriert jedes neue Geräusch, jeden ungewohnten Schritt, jedes Wagenrollen, die gedämpften Stimmen, vom dumpfen Schlag des Fallbeils nicht zu sprechen[1]. Aber alle diese Vorgänge haben ihren Sinn und sind rationeller Erklärung ohne weiteres zugänglich.

Eingesprengt aber in diese Folge von Zweckmäßigkeiten sehen wir allerlei Gebräuche, Riten und Verhaltensweisen, die kein Gesetz erwähnt und keine dienstliche Vorschrift anordnet. Sie sind zum Teil sehr alt. An ihrer Fortdauer nagt die Mechanisierung der Todesstrafe, und trotzdem haben sie sich mit ungeheurer Lebenskraft erhalten. Wer diese atavistischen Reste der Todesstrafe übersehen wollte, würde dem Phänomen nicht gerecht werden, sondern sich einer wissenschaftlichen Unterlassung schuldig machen. Wer leichthin von bloßem Aberglauben oder seltsamen, alten Gewohnheiten spricht, entzieht sich der Pflicht, für irrationelle Lebenserscheinungen Gründe zu finden, die meist auf vergangene Zweckmäßigkeit zurückführen.

Es wird keinem Beobachter entgehen, daß der hassenswerteste und verabscheuteste Delinquent vor seinem Tode und während der Exekution eine Behandlung erfährt, die sonst nur verehrungswürdigen Menschen und Situationen zugebilligt wird. Immer wieder spielt der Priester, spielen quasi-religiöse Gesten und Sonderhaltungen eine Rolle. In der britischen Hinrichtungspraxis treten diese Zusammenhänge stärker heraus als in Deutschland oder den Vereinigten Staaten. Wenn der englische Richter die alte Hinrichtungsformel ausgesprochen und mit

---

[1] „Die ganze Nacht hindurch hörten die Gefangenen, deren Zellen nach dem Krankenhaus zu lagen, das nur selten aussetzende gemeinsame Gebet des Geistlichen und des Verurteilten.“ Hau, Carl: Lebenslänglich, a. a. O. S. 167.

den Worten abgeschlossen hat: „Und möge der Herr sich Deiner Seele erbarmen“, so muß der Geistliche anwesend sein und „Amen“ dazu sagen[1]. Ist die Exekution durchgeführt, so unterschreiben Anstaltsleiter und Geistlicher eine Urkunde über die Tatsache der Hinrichtung, der Arzt bestätigt den Tod, und die Bekanntmachung wird am Anstaltstor angeschlagen[2]. Dem Geistlichen sind bei der britischen Hinrichtung nicht nur seelsorgerische, sondern auch administrative Pflichten auferlegt. Die Beteiligung des Hohepriesters Annas,, vielleicht des Präsidenten oder Vizepräsidenten des Sanhedrin, am Vorverfahren gegen Jesus[3], und des Hohepriesters Kaiphas am kirchlichen Hauptverfahren[4] findet seine Parallele bei zahlreichen anderen Völkern, darunter den Germanen im „heiligen“ Kriege. Bei nationaler Gefahr übernimmt der Priester den Vollzug der Strafen „velut deo imperante”[5]. Bei der Bestrafung der unkeuschen Vestalin und ihres Komplizen hat der Oberpriester Strafgewalt, die den Tod einschließt[6]. Wenn der Sühneakt auf der Wasserscheide von Exekution und Menschenopfer liegt, geht die Vollzugsbefugnis an den Priester über; in dem Begnadigungsrecht hoher geistlicher Würdenträger im Mittelalter und im Gnadebitten von Priestern ist die alte Strafgewalt noch sichtbar[7].

Der englische Richter, der das Todesurteil ausspricht, unterwirft sich heute noch einem eigenartigen Zeremoniell. Er setzt die schwarze Kappe, eine Art dunklen Baretts auf[8]. Für diese Sitte besteht keine Vorschrift; es ist einfach eine sehr alte Übung. Man hat sich darüber Gedanken gemacht, sie abzuschaffen, aber alle englischen Richter haben sich für die Beibehaltung der Geste ausgesprochen. Der Oberste Richter Schottlands hat die Erklärung gegeben, daß der Richter, auch der, der ein Gegner der Todesstrafe wäre, mit diesem Ritus seine Funktion als Vertreter des übergeordneten Staates betonen wolle[9]. Eine solche Deutung erinnert an zahlreiche Inschriften auf Richtschwertern, die sich als dienende Instrumente bezeichnen und die letzte Verantwortung dem Richter und dem Gesetz aufbürden[10].

---

[1] Royal Commission, a. a. O. S. 240.

[2] Ebenda S. 242. [3] Joh. XVIII, 12ff. [4] Matth. XXVI, 57ff.

[5] Germania 7. Die Druiden in Brittanien hatten die volle zivile und kriminelle Gerichtsbarkeit. Caesar, de bello gallico VI, 13.

[6] Plutarch: Numa 11.

[7] Osenbrueggen: Studien, a. a. O. S. 369ff. Über das Begnadigungsrecht des Henkers siehe Angstmann, Else: Der Henker in der Volksmeinung, S. 84—87. Bonn 1928.

[8] Eine Abbildung des Vorgangs findet sich in Scots Black Calender, wo sie dem Text vorangesetzt ist.

[9] Royal Commission, S. 244.

[10] Siehe z. B. das Richtschwert im alten Rathaus von Villingen. Das interessante psychologische Problem ist unbeachtet geblieben.

Wahrscheinlich hat die Geste einen ganz anderen Sinn. Sie gehört wie der Talar des Geistlichen zur Gebetskleidung[1], und kommt aus dem Orient. Als der Henker ELLIOTT einen Mann hinzurichten hatte, der seine Tochter ertränkt hatte, bat ihn der amtierende Rabbiner, seinen Hut aufzubehalten[2]. Er und alle Anwesenden kamen diesem Ersuchen nach. Ein jüdischer Autor kommt unserem Verständnis zu Hilfe. Er schreibt[3]: „Während das Abnehmen des Hutes in westlichen Ländern für ein Zeichen des Respektes gehalten wird, bedecken Araber und andere orientalische Völker ihren Kopf, wenn sie Achtung erweisen wollen, daneben auch beim Gebet... Fromme Juden gehen niemals ohne Hut, weil sie glauben, daß jederzeit Gott zugegen ist." Aus England wird ein Fall berichtet, der wohl nicht richtig verstanden worden ist. Als ein Richter die schwarze Kappe aufsetzte und einen Angeklagten zum Tode verurteilte, setzte auch dieser seinen Hut auf[4]. Man glaubte, darin Trotz zu sehen. Wahrscheinlich war der Mann eher geneigt, auf die feierliche Geste mit gleicher Bewegung zu reagieren, wie der Mensch grüßt und gegrüßt wird[5].

In den Vereinigten Staaten erregte ein schwarzer Geistlicher Aufsehen, der im Gehrock und Zylinder einen Gefangenen trösten kam[6]. Es lassen sich aber aus allen Ländern der Erde eine Reihe von auffälligen Riten anführen, die der Hinrichtung unter allen staatlichen Akten des Zwanges eine Sonderstellung geben. Wenn in Französisch-Guayana ein Sträfling hingerichtet wurde, so mußten die zum Zuschauen kommandierten Gefangenen niederknien[7]. Passierte eine zur Hinrichtung gehende Prozession im alten Hamburg die Torwache, so war es Herkommen, daß die Wache „mittels präziser Presentierung des Gewehres salutierte"[8].

---

[1] NÖTSCHER, FRIEDRICH: Biblische Altertumskunde, S. 349. Bonn 1940. „Daß man beim Gebet, wie bei einer Theophanie ... das Haupt verhüllt, war wohl alte, aber doch nicht allgemeine Sitte... Nach dem Exil galt es als ungewöhnlich, ohne Kopfbedeckung zu beten."

[2] ELLIOTT: a. a. O. S. 134.

[3] EDIDIN, BEN M.: Jewish customs and ceremonies, S. 147. New York 1941.

[4] Newgate Calender, S. 226.

[5] Im übrigen war dieser Mann ein „renitenter Charakter", beschmierte die Zellenwände mit Darstellungen von Räuberüberfällen, nachdem man ihm für andere Zwecke schwarze Kirschen gegeben hatte, lachte, hatte eine Blume im Munde und sein Hemd am Halse offen, alles höchst unziemliche Dinge, als er zur Richtstätte gefahren wurde. Ebenda S. 227.

[6] Er hatte zur Sicherheit auch noch einen gewaltigen Revolver bei sich, der ihm abgenommen wurde. Er hätte ihn beinahe gebraucht, denn er wurde von dem Delinquenten angegriffen. ELLIOTT: a. a. O. S. 177.

[7] DEGRAVE: a. a. O. S. 257, BELBENOIT: a. a. O. S. 88.

[8] BENEKE, O.: Von unehrlichen Leuten, S. 246. Berlin 1889.

Nach WILDES Beobachtung[1] zogen die Beamten bei der Hinrichtung ihre Paradeuniformen an. Deutsche Scharfrichter legten Wert darauf, im Frack, Zylinder und weißer Binde zu amtieren[2] wie viele ihrer Vorgänger[3], bis hinauf zum römischen Magistrat, der nach MOMMSEN Trauertracht anlegte[4]. Der österreichische Henker LANG berichtet mit einer gewissen Selbstgefälligkeit: „Während seiner Amtshandlung war Lang mit einem schwarzen Salonanzug bekleidet, er trug einen Zylinder und an den Händen schwarze Glacéhandschuhe, die er nach vollzogener Hinrichtung unter den Galgen warf. Auch die Gehilfen hatten schwarze Kleider[5]."

1777 wurde der Hofprediger Dodd in Tyburn wegen Urkundenfälschung hingerichtet. Trotzdem es in Strömen regnete, entblößten auf dem langen Wege alle Zuschauer das Haupt[6]. Als der Mörder Timm 1895 in Altona hingerichtet wurde, spielte sich folgender Vorgang ab[7]:

„Nun verliest der Erste Staatsanwalt das Urteil des königlichen Schwurgerichts... Dann folgt die Verlesung des königlichen Erlasses ..., nach welchem Se. Majestät der König entschieden hat, der Gerechtigkeit freien Lauf zu lassen. Während der Verlesung des Erlasses präsentierte das Kommando Soldaten das Gewehr."

---

[1] Ballade von Reading:

"The warders strutted up and down
And kept their herd of brutes;
Their uniforms were spick and span,
And they wore their Sunday suits ..."

[2] Siehe WOSNIK: a. a. O. I, S. 40 (Scharfrichter Birk) und POLKE: Scharfrichter und Hinrichtungen, S. 277, Monatsschrift f. Kriminalpsychologie 1930, (Scharfrichter Schwiez). Der preußische Scharfrichter war gehalten, „bei und nach der Vollstreckung sich in jeder Beziehung einwandfrei zu benehmen und in einer dem Ernst der Handlung entsprechenden Kleidung zu erscheinen."

[3] „Bei Hinrichtungen im alten Hannover waren die Gerichts- und Physikatspersonen durchaus schwarz gekleidet, und der Herr Kriminalrat, die Herren Assessoren und der unterzeichnete Aktuar trugen außerdem noch schwarz beflorte Degen." BISCHOFF: Merkwürdige Kriminalrechtsfälle, I, S. 572. Hannover 1833. Im ersten Drittel des 17. Jahrhunderts kam in Basel die Sitte auf, daß die bei der Exekution Anwesenden „einen Mantel und einen hohen Hut" trugen. Dagegen wurde eingeschritten. OCHS, PETER: Geschichte der Stadt und Landschaft Basel, Bd. IV, S. 804. Basel 1821.

[4] MOMMSEN: Römisches Strafrecht, S. 916, Leipzig 1899. Diese Umkehrung der Kleidung („perversa induenda magistratui vestis", SENECA, de ira, I, 16) ist ursprünglich Schutz gegen Schadenzauber. Gegen Hexen schützt man sich nach deutschem Aberglauben, indem man „das Hemd, den Unterrock oder einen Strumpf verkehrt anzieht." WUTTKE: a. a. O. S. 282. Es ist wie die Maske des Henkers ein Ritus der Unkenntlichmachung.

[5] LANG: Erinnerungen, a. a. O. S. 31 und 32.

[6] Earl OF BIRKENHEAD: Famous trials of history, S. 151. Garden City 1926.

[7] WOSNIK: a. a. O. II, 3, S. 67.

Nachdem im Falle der Engelmacherin Wiese das Urteil vorgelesen war (Hamburg 1905), schloß der Staatsanwalt mit den Worten: „Gott sei Ihnen gnädig. Herr Scharfrichter, das Urteil ist zu vollstrecken, walten Sie Ihres Amtes[1]!“ Alle Anwesenden, erzählt der Bericht, entblößten ihr Haupt. In Frankreich nehmen die Zuschauer vor der Guillotine und dem nahenden Delinquenten den Hut ab; nur der Scharfrichter selbst läßt den Kopf bedeckt. Es sieht so aus, als glaubte der „Umstand“, einem religiösen Akt beizuwohnen[2], als hätten sie mit einer Person zu tun, der sie Reverenz erweisen müßen.

II.

An erster Stelle der kultischen Observanzen, die Unheil abwehren, steht Schweigen. Zum Nichtberühren von Schadenstiftern, zum Nichthinsehen gehört das Nichthören unreiner oder unglückverheißender Laute[3]. Sie können selbst unheilvoll sein oder einen heilbringenden Akt störend unwirksam machen. Bei seiner Schilderung des Hinrichtungsraumes in Sing Sing beschreibt Dr. Squire ein Schild, das „in großen und herrischen Buchstaben“ den Befehl „Schweigen“ enthält[4]. Eine Journalistin, die 1950 in Chicago einer Exekution beiwohnte, erzählt, wie die Beamten herumgehen und jedes laute Sprechen verbieten, auch verlangen, daß die Zigaretten ausgelöscht werden, ehe der „Vorhang[5]“ hochgeht[6]. Unwillkürlich werden bei allen Hinrichtungen die Zuschauer in Schweigen versinken, das uns in Kirchen und an Gräbern zur Gewohnheit geworden ist. Schon im Altertum trat, wenn eine Vestalin zum Tode geführt wurde, jedermann „schweigend aus dem Weg und begleitete sie lautlos in tiefster Trauer“[7].

Bei heiligen Handlungen war die Gefahr, daß ein unbedachtes Wort dem Vorgang die wirkende Kraft nehme. Wenn die Römer am Neujahrstage zu Opfer und Gebet auf das Kapitol zogen, so ist „Stille der Andacht“ die einzig sichere Haltung, weil nur sie störende Laute ausschloß[8]. Schweigen wurde vor dem Tieropfer in Griechenland geboten[9]. Eine Stelle des Euripides[10] führt uns in den Ritus ein:

---

[1] Ebenda I, 2, S. 59. — „Du“ im Zuchthaus, „Sie“ im Tode.

[2] Bei der Hinrichtung des Osbahr (Hamburg 1902) trat der Verurteilte zwischen zwei Geistlichen seinen letzten Gang an. „Auf dem Hofe war ein grünbehangener Tisch, auf dem ein Kruzifix stand. Hinter dem Tisch standen der Staatsanwalt, zwei Landrichter und ein Gerichtsschreiber.“ Wosnik: I, 2, S. 40.

[3] Oldenberg: Religion des Veda, S. 486. Stuttgart 1923.

[4] Squire: Sing Sing doctor, a. a. O. S. 209.

[5] Es ist ein Vorhang aus Glas, der die Zuschauer, nicht aber den Delinquenten durchsehen läßt.

[6] Kansas City Star vom 21. April 1950.

[7] Plutarch: Numa 11. [8] Ovid: Fast I, 71.

[9] Fairbanks, Arthur: Handbook of Greek religion, S. 101. New York 1910.

[10] Euripides: Der Rasende Herakles 925—929.

. . . „aufgereiht mit Vater und mit Mutter stand der schöne Chor der schmucken Söhne; auch war rundherum bereits geschwenkt der Festkorb um den Hausherd, während wir in hehrer Andacht schwiegen.“

Schweigen war der Modus, ominöse Worte und Laute auszuschalten[1], während die Gedanken auf das eine Ziel, den Erfolg der Observanz, gerichtet sind[2].

Schweigen ist aber nur eine Methode, störende Laute fernzuhalten. STENGEL beschreibt die antike Opferhandlung mit folgenden Worten: „Jetzt wurden dem Tier einige Haare vom Kopf abgeschnitten und ins Feuer geworfen[3]. Damit hatte es die Todesweihe erhalten, und der eigentliche Opferakt nahm seinen Anfang. Alle Anwesenden wurden zu frommem Schweigen aufgefordert, und während der Gott angerufen wurde, das Opfer gnädig anzunehmen, ertönte Flötenmusik.“ Den gleichen Ritus des Flötenspiels fand GRIMM beim Opfer der Germanen, Griechen und Römer. Seine geniale Erklärung ist, daß der Schrei des Opfers, eine Art organischen Protestes, erstickt würde, und ebenso wurden die Tränen geopferter Kinder mit Liebkosungen“ abgewischt[4]. Aus Indien hören wir, daß es beim Widderopfer ominös sein würde, wenn das Tier den geringsten Klagelaut äußerte[5]. In der Zeit des Veda wurde das Opfertier durch Ersticken getötet. „Man suchte dabei zu vermeiden, daß das Tier einen Laut von sich gibt[6].“ War aber ein Laut des Schmerzes zu befürchten, so sollte er bei vielen Völkern der Erde durch Flötenspiel übertönt werden.

Flötenklang gehörte zur Trauer, unter Flötenklang[7] wurden die zum Sündenbock bestimmten Opfer mit Zweigen geschlagen und dann in

---

[1] STEMPFLINGER, EDUARD: Antiker Volksglaube, S. 158. Stuttgart 1948.

[2] Andacht ist die auf Göttliches gerichtete Konzentration der Gedanken, eine Sonderform der Aufmerksamkeit, die gleichzeitig nach außen hin absperrt. Siehe KLUGE-GÖTZE: Etymologisches Wörterbuch der deutschen Sprache, S. 22. Berlin 1951. — Über Schweigen beim Zauber im Aberglauben siehe WUTTKE: a. a. O. S. 67, 72, 74, 77, 79, 96, 107, 130, 232, 235, 253.

[3] STENGEL: Die griechischen Sakralaltertümer, S. 77. München 1890.

[4] „ne flebilis hostis immoletur“. GRIMM: Teutonic mythology, I, S. 46. London 1882.

[5] DUBOIS, J. A.: Hindu manners, customs and ceremonies, S. 519. Oxford 1899.

[6] OLDENBERG: a. a. O. S. 358. Während das Opfer geschah, wandten die Hauptpersonen den Rücken, bis der Tod eingetreten war. — Von den Gefängniswärterinnen, die Mrs Creighton zum elektrischen Stuhl begleitet hatten, sahen beide während der Exekution weg (“When I threw the switch, the matrons turned their faces away“). ELLIOTT: a. a. O. S. 209.

[7] EURIPIDES: (Troierinnen 129) spricht vom „Trauerklang der Flöten“. — In Palestina wurde die Flöte (halil) bei allerlei festlichen Gelegenheiten geblasen, hauptsächlich aber bei Totenfeiern. Jeremiah (48, 36) und das Neue Testament erwähnen die Trauerflöten (Matth. 9, 23). „Selbst der ärmste Jude hatte zwei Flötenbläser und eine gemietete Klagefrau bei der Bestattung seiner Frau.“ Encyclopedia Biblica, III, S. 3229. New York 1902.

die Weite getrieben[1]. Unter Flötenklang lassen sich heute noch die Penitentes von New Mexico geißeln und ans Kreuz schlagen[2]. Flötentöne begleiteten das Menschenopfer an Artemis im alten Griechenland[3]. Um so eigentümlicher sind 2 Berichte, in denen Flötenmusik die Hinrichtung umsäumt. Der Biograph der Maria Stuart teilt mit[4]: „Als Marie die Schwelle des Todesraumes überschritt, begannen ein paar Musiker ein trübes Sterbelied, wie man es sonst bei der Hinrichtung der Hexen spielte. Es war eine Variante der alten Melodie ‚Joans Rock ist zerrissen'[5].“ Nach dem Thermidor wurde der Terrorist Carrier öffentlich enthauptet“, als ihm aber der Henker die Hand auf die Schulter legte, ihn auf das Brett zu stoßen, hörte man in Mitte der in feierlichem Schweigen verharrenden zwanzig tausend Menschen eine Klarinette, welche das ‚Ça ira' spielte[6].“ Es war nicht nur eine Verhöhnung, wie der Delinquent glaubte, sondern, wie bei der Exekution der Königin von Schottland, eine Erinnerung an sehr, sehr alte Riten.

In einem alten Störtebekerliede[7], bitten die verurteilten Seeräuber, festlich in den Tod gehen zu dürfen. Ihre Bitte wird gewährt[8]:

„Die Herren von Hamburg taten ihnen die Ehre an,
Sie ließen ihnen Pfeifen und Trummeln vorgahn:
Sie hätten es lieber entbehret...“

Der alte Dichter spricht von der angetanen Ehre. Wir denken an die Hamburger Wache, die vor dem armen Sünder ins Gewehr trat, und können uns des Gedankens nicht erwehren, daß hinter dieser irrationellen Haltung vergangene Bilder der Pietät und längst versunkene Anschauungen lagen.

Für den Trommelwirbel, der bei älteren Hinrichtungen erklang und heute noch zur Anwendung kommt[9], hat man geglaubt, eine rationelle Erklärung gefunden zu haben. König Ludwig XVI. sollte sich nicht mehr an das Volk wenden; darum ließ Santerre seine letzten Worte in einem unaufhörlichen Wirbel der Trommeln ersticken[10]. Vorher hatte

[1] Harrison, Jane Ellen: Prolegomena to the study of Greek religion, S. 100. Cambridge 1903.

[2] Siehe die Zeichnungen von Udell, Isaac L.: The penitentes, Denver o. D.

[3] Pausanias: VII, 19.

[4] Gorman, Herbert: The Scotch Queen, S. 532. New York 1931.

[5] „dismal“, trübe wird die Melodie genannt, weil sie wie bei den orientalischen Mustern eintönig war.

[6] Denkwürdigkeit der Scharfrichterfamilie. Sanson: 1688—1847, Bd. IV, S. 167. Dresden 1861.

[7] Haas, A.: Rügensche Sagen und Märchen, S. 191. Greifswald 1891. Rügen war ein alter Schlupfwinkel der Seeräuber gewesen.

[8] „Clas Störtebeker und Wigman wurden mit 70 Mann in Hamburg enthauptet und ihre Köpfe auf Pfähle gesteckt“. Wosnik: a. a. O. I, 1, S. 25.

[9] Degrave a. a. O. S. 257 beschreibt eine Exekution in Guiana „Le tambour roule“.

[10] Denkwürdigkeiten, Sanson: a. a. O. III, S. 203.

man in Stuttgart befürchtet, Süß-Oppenheimer würde noch Enthüllungen machen: „Allein der Fall war vorausgesehen worden. Der kommandierende Offizier verhinderte es, indem er plötzlich die Trommeln rühren ließ und dem Scharfrichter einen Wink gab[1].“ Wahrscheinlich ist ursprünglich Trommelklang ein apotropäisches Geräusch. Wenn in Sumatra die Pocken ausgebrochen sind, wird zur Heilung der Schwerkranken die ganze Nacht hindurch getrommelt[2]. Mit Trommeln werden auch in Assam die Krankheitsdämonen ausgetrieben und mit Flintenschüssen verjagt[3]. Unwürdige wurden aus der britischen Armee unter Trommelklang entfernt. Daher rührt der alte Ausdruck "drummed out". Im Gegensatz zu diesen drohenden Klängen wurden bei festlichen Gelegenheiten sanftere Instrumente verwandt. Beim mittelalterlichen Ritterschlag erklangen Geige und Gitarre[4].

Trommeln haben die Kraft, böse Geister, Gefahren, Unheil zu vertreiben. In manchen mitteldeutschen Bergwerken wurden früher die Bergleute durch eine Trommel geweckt[5]. Hier ging es gegen die Mächte, die schlagende Wetter und andere Unglücksfälle verursachen. Mäuse verlassen das Haus, wenn man in der Weihnacht trommelt[6]. Man kann mit doppelten Mitteln entfernen, durch die Flöte, die Bedrohliches weglockt wie beim Rattenfänger, oder den hinwegfegenden Schwall der Trommel. Beide Spielarten kommen bei der Hinrichtung vor.

Singen setzt die Furcht herab. Ängstliche singen, wenn sie durch den dunklen Wald gehen. Ist ein Schiff am Sinken, so haben sich oft Gruppen von Menschen zu gemeinsamer Hymne zusammengetan. Auch der arme Sünder singt und fühlt sich entlastet. Meist sind es fromme und tröstliche Lieder. 1557 singt ein Mann: „Kommt her zu mir, spricht Gottes Sohn[7].“ Vier Mädchen von Verdun, wegen Mitarbeit mit dem Feinde[8] vom Revolutionstribunal zum Tode verurteilt, singen unbeirrt während der ganzen Fahrt zur Guillotine. Nr. 6971 von Sing Sing singt, während drei andere ihm im Tode vorangehen, mit fester und klarer Stimme: "Oh, what a pal was Mary", und "Good-bye, boys"[9]. Aber auch die Umstehenden stimmen bei der Exekution einen Choral

[1] Nick: Stuttgarter Chronik, a. a. O. S. 352.

[2] Coty, John: Die Behandlung der Alten und Kranken bei den Naturvölkern, S. 73. Stuttgart 1934.

[3] Ebenda S. 78, bei der Hinrichtung an Bord britischer Kriegsschiffe wurde früher ein Kanonenschuß abgegeben, wenn der Delinquent an der Rahe gehängt wurde. Newgate Calender, S. 235.

[4] Henne van Rhyn, Otto: Geschichte des Rittertums, S. 60. Leipzig ohne Datum.

[5] Wuttke: a. a. O. S. 21. [6] Ebenda S. 614.

[7] Hampe: Nürnberger Malefizbücher, a. a. O. S. 71.

[8] Sanson: Denkwürdigkeiten, a. a. O. IV, S. 124.

[9] Lawes: Life and death, a. a. O. S. 176.

an, in Edinburgh im Jahre 1864 das Kirchenlied: "The hour of my departure's come[1]." Oder eine Hymne wird vom Publikum intoniert, in das der Delinquent „hörbar einstimmt"[2]. In einem modernen amerikanischen Fall fragen Freunde den Verurteilten, ob sie noch einmal für ihn singen sollen, und er sagt erfreut ja[3].

Bisweilen hören wir auch, daß der Geistliche an Stelle der Gebete eine Litanei auf dem letzten Gange anhebt[4]. Die Gebete, der Hinweis auf die Auferstehung und ein künftiges Leben, sollen die Todesqual des armen Sünders lindern und sind in vielen Fällen von stärkster psychologischer Wirkung. Eine eigentümliche Parallele aus dem indischen Opfer drängt sich auf. Hier murmeln der Priester und seine Gehilfen mit lauter Stimme mantrams, hymnenartige Gebete, denen man die Kraft zuschreibt, dem Opfertier raschen und schmerzlosen Tod zu sichern[5]. Gleichzeitig decken diese Litaneien jeden Wehlaut zu, der sich dem Opfer entringen und die Zeremonie entweihen könnte[6].

III.

Der Anstaltsarzt von Sing Sing gibt folgendes Bild der letzten Vorbereitungen:

Sie beginnen am Morgen nach dem Frühstück. Der Mann wird in die Todeszelle gebracht. Dabei fallen ermutigende, manchmal skurrile Worte derer, die im Todeshaus zurückbleiben. Es ist ihre Art, ihn aufzurichten... „Das nächste, was kommt, ist das Bad. Danach wird der Mann mit neuer Kleidung ausgestattet... Der gewöhnliche Anzug ist weißes Hemd, schwarze Hosen und Filzpantoffeln[7]." In San Quentin wird der Delinquent, ehe er in den „Vogelkäfig" kommt, in das Kleidermagazin geführt. Hier erhält er einen völlig neuen Anzug, vom Hemd an. Die Sachen liegen für ihn bereit, sind mit seiner Nummer markiert. Sie sind steif und schlecht geschnitten und riechen nach Mottenpulver. Dann nimmt man ihm die Schuhe weg und gibt ihm graue Tuchpantoffeln.

[1] Scots Black Calender, S. 78.

[2] Ebenda S. 45.

[3] Man sang das etwas komische Lied: "Life is like a mountain railroad", während der Geistliche die Totengebete sprach. Botkin: a. a. O. S. 342.

[4] Scots Black Calender, S. 109.

[5] Dubois: a. a. O. S. 519.

[6] Schmerz ebenso wie Unwillen und Protest. Siehe den Psalm, mit dem die Hexenrichter die Klage der Katharina von Henoth (Köln 1627) und die Empörung der Massen ersticken. Soldan-Heppe: Geschichte der Hexenprozesse, Bd. II, S. 53. München, ohne Datum. Die heilige Litanei duldet keinen Einspruch und keine Unterbrechung.

[7] Squire: a. a. O. S. 204ff. „Hat er Geld und will er Kleidung anziehen, die er für diesen Anlaß bestellt hat, so darf er es tun, aber seine Wahl muß entsprechend sein. Nichts Ungewohntes (outlandish) oder Bizarres ist gestattet."

Der Verurteilte fragt sich, ob er diese Pantoffeln noch anhaben wird, wenn man ihn hängt und ob sie wohl abfallen werden[1]. Dann geht es viele Stufen hinauf in das oberste Stockwerk eines Gebäudes. Hier wird sein Leben ausgelöscht werden.

Alle diese Einzelheiten mögen nebensächlich erscheinen und sind es doch nicht. Denn das Bad, der Kleiderwechsel und das Anziehen von Pantoffeln gehören einem alten Reinigungsritus an, den LODS ausführlich beschrieben hat[2]. Der Gläubige macht Anstalten, sich zu heiligen, d. h. in den Zustand zu versetzen, in dem er würdig ist, vor Gott zu erscheinen. Der weiteren Voraussetzung, sich geschlechtlichen Umgangs zu enthalten, ist schon durch die Isolierung der Haft Genüge getan. Nach LODS handelt es sich nicht nur um eine Kleidung des Respekts, das Aussehen, in dem man vor einem König erscheinen würde, sondern um die Furcht, profane und feindliche Einflüsse in die Feierlichkeit einer religiösen Handlung zu tragen[3].

Das Bad begegnet uns im indischen Ritual „sehr häufig als Reinigung, die vor einer heiligen Handlung vollzogen wird"[4]. Im alten Griechenland wurden Sterilität und Wahnsinn als körperliche Wesenheiten angesehen, die durch Fluß oder Quellwasser weggebadet werden konnten[5], und mit der Schuld ist es nicht anders. Vor dem Opfer spielt das Bad eine Rolle; beim indischen Yagnamopfer[6] wird der Widder gebadet und dann mit gelbem Reis gefärbt[7]. Das Opferroß wird gebadet[8]. Nachdem Alkestis sich entschlossen hat, für den vom Tode bedrohten Gatten zu sterben,

„. . . . da läutert sie in Stromesflut die weißen Glieder"[9]

Sie streift die letzte irdische Unreinheit ab und tritt über die Schwelle einer fleckenlosen Daseinsform.

Dieses Bad vor dem Tod gemahnt an Sitten aller Völker, die nach dem Hinscheiden zur Selbstverständlichkeit geworden sind und heute noch fortdauern. In Indien gehörte es zu den Pflichten der Anverwandten, den Toten vor der Bestattung „zu baden, ihm den Bart zu waschen und dann Haupthaar, Bart, Haare am Körper und Nägel zu schneiden. Sodann wurde ihm eine Fußfessel angebunden[10]. In der

---

[1] LAMSON: a. a. O. S. 251ff. [2] LODS: a. a. O. S. 270.

[3] Ebenda S. 271. [4] OLDENBERG: a. a. O. S. 423.

[5] STEMPFLINGER: a. a. O. S. 108. [6] DUBOIS: a. a. O. S. 519.

[7] Beim Menschenopfer der Maya wird das Opfer blau gefärbt. MORLEY, S. G.: The ancient Maya, S. 237. Stanford 1946.

[8] OLDENBERG: S. 470.

[9] EURI IDES: Alkestis 159, 160.

[10] ZIMMER, HEINRICH: Altindisches Leben, S. 402. Berlin 1879. Woher kommt die Fußfessel des Hingerichteten in OSCAR WILDES Ballade von Reading?

Zeit des Veda liegt — wie vielfach noch heute — der Tote auf dem Fußboden. „Er wird gewaschen; ihm werden Bart, Haare, Nägel geschnitten; er wird gesalbt... und mit einem frischen Gewand bekleidet[1].“ Ähnliche Pflichten oblagen dem Nordgermanen: Man mußte dem Toten Haupt und Hände waschen, die Haare kämmen und die Nägel beschneiden. Das Bad vor der Hinrichtung zieht 2 Wirkungsmotalitäten zusammen. Zur Abwaschung der Schuld tritt eine antizipierte Leichentoilette, freilich im Sinne des religiösen Ritus nur und nicht des Gerichtsmediziners.

Sicherheitsgründe werden auch von LAWES[2] als Grund dafür genannt, daß die gewöhnlichen Schuhe durch Filzpantoffeln ersetzt werden; er meint, daß alle Schuhe ein kleines Stück Stahl unter dem Spann haben, der zu einem Selbstmord oder einem Angriff auf den Wärter benutzt werden könnte. Aber das ist wohl kaum der tiefere Grund, da dieses Stück Eisen ohne weiteres herausgenommen werden könnte. Die Entfernung der Schuhe gehört zum gleichen Ritus wie das Waschen. „Wenn die Hebräer eine geweihte Stätte betraten, war ihre erste Regel, die Sandalen auszuziehen[3].“ Nach LODS[4] konnte man eigentümliche Schuhbekleidung benutzen[5], besser noch war es, alles draußen zu lassen, was mit irdischen Dingen in Berührung gekommen war, und barfuß zu gehen. Es ist das alte Gebot Jehovas, der Moses in sein Bergheiligtum gerufen hat und ihm befiehlt: Komm nicht näher, zieh Deine Schuhe aus, denn der Platz, auf dem Du stehst ist heiliger Boden[6]. Das Ausziehen der Schuhe ist im Orient zur allgemeinen Geste der Ehrerbietung geworden. Wenn dort ein Untergebener auf der Straße einen Vorgesetzten trifft, so muß er die Schuhe abnehmen, bevor er ihn grüßt[7]. NÖTSCHER fügt für Palästina hinzu, daß man die Schuhe ablegt, wenn man einen heiligen Ort betritt[8]. „Daher versehen die Priester ihren Dienst am Heiligtum allem Anschein nach ohne Schuhe[9].“ Berichte

[1] OLDENBERG: a. a. O. S. 573. „Einmal oder zweimal die Woche“, meldet LAWES (Life and death, a. a. O. S. 164) „müssen die zum Tode Verurteilten ihre Hände durch die Eisenstäbe strecken, und ihre Nägel werden von einem Wärter geschnitten“, weil lange Nägel, setzt er hinzu, zu Selbstmordzwecken benutzt werden könnten. Die Vorschrift sieht nach einer nachträglichen Rationalisierung aus, bei anderen Gefangenen wird sie nicht erwähnt.

[2] Life and death, a. a. O. S. 163.

[3] LODS: a. a. O. S. 272.

[4] Ebenda. Wie wir heute noch in Moscheen und Schlössern Filzpantoffeln zugewiesen bekommen.

[5] Etwa leinene Strümpfe bei den Phöniziern. Ebenda S. 273.

[6] 2 Mos. III, 5, ebenso Josua V, 15, wo eine Erscheinung zu Josua spricht.

[7] DUBOIS: a. a. O. S. 333.

[8] NÖTSCHER: S. 57; hier finden sich Hinweise auf Schuheausziehen in der altchristlichen Liturgie.

[9] Nach NÖTSCHER ist nie von Fußbekleidung die Rede.

über Gashinrichtungen in Kalifornien teilen mit, daß der arme Sünder barfuß in die Gaskammer geführt wird[1]. Hier ist der Wechsel der Schuhe[2] zur Bekleidungslosigkeit reduziert[3].

Dem Waschen steht das Scheren nahe; es ist Reinigung des Hauptes[4], daneben Kraft- und Substanzverlust wie der geschlechtliche Umgang[5]. Über Scheren ist im ersten Bande (S. 228—232) einiges gesagt worden. Auffallend ist die Praxis bei der Enthauptung durch die Guillotine, das Haar[6] oder den Bart abzuschneiden[7], obschon von einem wesentlichen Hindernis für das sehr schwere Beil nicht gesprochen werden kann. Geschoren wurden der Kopf bei der englischen Deportation[8] und bei der Überführung nach Französisch-Guayana[9]. Der alte Gedanke, daß die Lebenskraft im Haare sitzt, tauchte nicht nur beim Scheren der Hexen auf, sondern lebt auch noch in den Befürchtungen der Massen. In den Jahren 1779 machte der kannibalistische Mörder Blaize Ferrage die Pyrenäen unsicher. Immer wieder gelang es ihm, der Festnahme zu entgehen. „Jetzt hieß es in der ganzen Gegend, er trage in seinen verwachsenen, struppigen Haaren ein Kraut, welches die geheime Kraft besitze, das stärkste Eisen so mürbe und morsch zu machen, daß man es zerbrechen könne. Die Folge war, daß man, als man ihn wieder ergriff, ihm die Haare zerzauste und beinahe gänzlich ausriß, um ihm dies Rettungsmittel zu verderben[10]. Er mußte das Wunderkraut aber diesmal wohl nicht in den Haaren versteckt haben, denn es gelang ihm wieder, seine Fesseln abzustreifen und zu entfliehen. Der alte Glauben ruht auf der Beobachtung, daß das Haar auch noch im Alter,

---

[1] Siehe JOHNSEN, JULIA E.: Capital punishment, a. a. O. S. 123. New York 1940.

[2] Bei der Hinrichtung trug Frau Creighton ein Crêpe-Nachthemd und einen schwarzen Seiden-Kimono, dazu schwarze Bettschuhe. ELLIOTT: S. 209.

[3] Nebenbei sei hier erwähnt, daß die Hebräer, wenn sie ohne Schuhe das Heiligtum betreten hatten, in nomadischen Zeiten den Kultgegenstand küßten, wie die Araber den Schwarzen Stein der Kaaba küssen (LODS, S. 272). LAWES führt den seltsamen Fall an, daß ein Verurteilter den elektrischen Stuhl küßte, ehe er sich niedersetzte. Er war tuberkulös und lebensmüde (Life and death S. 175). Auch SANSON (a. a. O. IV, S. 23) richtete einen Emigranten hin, der das Schafott mit Inbrunst küßte.

[4] OLDENBERG: a. a. O. S. 425.

[5] Ebenda S. 429.

[6] Siehe das „schöne, lange dunkelblonde Haar der Charlotte Corday, Danton, dessen Haare hart und stark wie eine Pferdemähne waren, und die Haare der Mme Elisabeth, hellbraun, sehr lang und sehr weich". SANSON: Denkwürdigkeiten, a. a. O. S. 48, 115 und 128.

[7] Auf dem Richtplatz bat der Massenmörder Landru, seinen roten Bart nicht abzuschneiden, sondern nur etwas zu kürzen. MACKENZIE, F. A.: Landru, S. 243. London 1928.

[8] LAMBERT, RICHARD S.: The prince of pickpockets, S. 203. London 1930.

[9] BELBENOIT, RÉNÉ: I escaped from devil's island, S. 23. New York 1937.

[10] Geschichten aus dem Neuen Pitaval I, S. 68. Leipzig 1927.

ja selbst nach dem Tode wächst, die stärkste Lebenskraft also verkörpert. Wenn alle Haare wie bei den Hexen und bei manchen Verbrechern, die man zum Geständnis zwingen wollte, abgeschoren wurden, so entstand ein Kältegefühl, das erst einmal schwächte, dann aber auch den psychischen Symptomen der Entkräftung[1] nahestand und als Kraftverlust empfunden wurde.

IV.

Die Gefängniskleidung ist schmucklos, billig und einfach und soll es sein, geht oft mit auffälligen Streifen und grellen Farben ins Narrenhafte über[2]. Um so seltsamer ist die Tatsache, daß es den schlimmsten aller Delinquenten nach der Beurteilung des Gerichts und der Gnadeninstanzen gestattet wird, sich für den Akt der Hinrichtung herauszuputzen. Vor allem wird Wert darauf gelegt, daß das Kleid ungebraucht und frisch gewaschen sei, wie wir bereits gesehen haben. Frau Antonio fertigte in Sing Sing ihr Sterbekleid selbst an. „Eine der Wärterinnen hatte es frisch gewaschen, gestärkt und gebügelt[3].“ Es ist müßig, zu fragen, ob es sich um das Leichengewand oder das Hochzeitskleid handelt. Weiß ist die Farbe der festlichen Reinheit. Sie ist es heute noch im christlichen Ritual, sie war es bei den höchsten Opferfesten der Römer[4]. Herkules will am Fuße des Berges Oeta dem Zeus ein Siegesopfer bringen. „Und da man sich zu den Opfern mit weißen und reinen Kleidern schmückte und seine Kleider im Kriege blutig und schmutzig geworden waren, so schickte er seinen Diener, um reine und weiße Kleider zu holen[5].“ In einem alten weißen Kleide fährt Marie Antoinette durch die Straßen von Paris zum Schafott[6]. Singend und „ganz weiß gekleidet“, wie der Henker meldet, gehen die Mädchen von Verdun, die mit den Preußen getanzt haben, in den Tod[7]. Der Weißdorn, stachliche Abwehr und Farbe zugleich, scheucht allen bösen Zauber weg und wird im alten Rom bei religiösen Akten vor die Tür gehängt[8].

---

[1] Sklaven, auch Sklavinnen wurden geschoren. EURIPIDES: Troierinnen 144 und 285. Ebenso erging es dem germanischen Knecht. WEINHOLD, KARL: Alt nordisches Leben, S. 112, Stuttgart 1938.

[2] Man lese in Herman Adelberg (Übersetzer): Erlebnisse eines zu den Galeeren Frankreichs verurteilten protestantischen Glaubenszeugen, S. 371ff. Erlangen 1867, über die Kleidung des Galeerensklaven nach.

[3] SQUIRE: a. a. O. S. 227.

[4] Siehe die schöne Beschreibung, die OVID (Fast I 71ff.) vom Neujahrsfest in Rom gibt: „Reinen Gewands schon steigt man hinan zur Tarpeischen Höhe.“

[5] NIEBUHRS Griechische Heroengeschichten, S. 71. Gotha 1872.

[6] SANSON: Denkwürdigkeiten IV, S. 67.

[7] Ebenda IV, 124. Mme. Elisabeth freilich trägt ein schwarzes Kleid Ebenda IV, 127.

[8] STEMPFLINGER: a. a. O. S. 145. Im deutschen Aberglauben schlürft der Weißdorn Krankheiten auf und vernichtet sie. WUTTKE: a. a. O. S. 327.

Auf der Männerseite wiegt die schwarze Farbe vor, wenn vornehmeren Leuten nicht eine Sondertracht erlaubt wird[1]. Beim älteren Armensünderhemd wiegt noch die helle Farbe vor, die Handschuhe des Delinquenten, die ihm wie dem Henker zukommen, sind in einzelnen Teilen Deutschlands von weißem Leder[2]. Das lange mit schwarzen Bändern verschlossene Hemd mahnt an das Bußgewand, ist das Gegenstück zur Amtstracht des Geistlichen, ein Talar der Schande[3].

Im schwarzen Frack stirbt der Herzog von Orleans[4], dunkel sind schottische Kriminelle gekleidet, und einmal fiel die Festtracht den Zuschauern so auf, daß eine bekannte Ballade entstand[5]:

"They led him out all clad in black
Black coat and vest so white."

Dr. Pritchard behält im Sterben die gleiche Trauerkleidung an, die er bei der Beerdigung seines Opfers getragen hatte[6], und auch der Gattenmörder Chantrelle (Edinburgh 1878) geht, trauernd um sein Opfer, in stummer Unschuldserklärung in den Tod[7]. Aber auch die Trauertracht unterscheidet sich in nichts von der Sonntags- und der Festkleidung, ist doch eine Beerdigung eine der größten, die Monotonie unterbrechenden Festlichkeit des ländlichen Lebens, von der sich niemand auszuschließen wagt. Dieses Festliche kommt auch in dem alten Störtebekerlied unverhohlen zum Ausdruck, in dem die Räuber eine letzte Gunst verlangen[8]:

„Ihr Herrn von Hamburg, wir haben eine Bitt,
Die wollt Ihr uns versagen nit,
Und bringet Euch auch keine Schande;
Daß wir den traurigen Berg[9] angehn
In unserm allerbesten Gewande."

[1] Ein Bürgermeister von Augsburg wird 1478 in seinen sammtenen Ratskleidern gehängt. STETTN, v.: Geschichte der ... Stadt Augsburg, Bd. I, S. 218. Frankfurt 1743. Ein höherer Offizier wird 1686 in Hamburg in „einem langen Japonischen Schlaff-Rock mit einer schwarzen Binde erschossen." WOSNIK: I, S. 53.

[2] DEICHERT, H.: Hannoversche Geschichtsblätter 1912, S. 164. Siehe auch CHRIST, CARL: Mittelalterliche Kriminaljustiz mit besonderer Rücksicht auf Heidelberg und den Odenwald, S. 4. Heidelberg 1900.

[3] In St. Gallen trugen die armen Sünder ein rotes Hemd (MÄDER: a. a. O. S. 5). „Rot sind die Kleider des zum Tode Verurteilten." OLDENBERG: Religion des Veda, S. 217.

[4] SANSON: IV, S. 87.

[5] Scots Black Calender, a. a. O. S. 52. "dressed in a suit of black with a white necktie".

[6] Ebenda S. 58. [7] Ebenda S. 98.

[8] HAAS, A.: Rügensche Sagen und Märchen, S. 191. Greifswald 1891.

[9] Es wird sich wohl um den „Köppelberg" gehandelt haben, wo die Hinrichtungen mit dem Schwert stattfanden. — Nach dem Volkslied stand der Henker Rosenveld mit seinen geschnürten Schuhen „bis zu den Enkeln in dem Blute". ANGSTMANN, ELSE: Der Henker in der Volksmeinung, a. a. O. S. 106.

In der eben genannten Schottischen Moritat von 1850 wird noch einer anderen ungewöhnlichen Tatsache Erwähnung getan, die zur Sonntagskleidung hinzukam. Von dem Delinquenten heißt es[1]:

"A mocking smile was on his lips,
He wore a nosegay bright".

Er trug wie ein Bräutigam einen Strauß. Wie kommen die kräftigen und lebhaften Farben von Blumen in den düsteren Ablauf der Hinrichtung? Die Geste wäre kaum der Aufmerksamkeit wert, wenn sie nur die seltene Handlung eines Überspannten und in der modernen Welt ausgestorben wäre. Aber noch im Mai 1949 wurden 2 Franzosen wegen Kollaboration mit der Besatzungsmacht erschossen und einer von ihnen, so hören wir, hatte eine Rose im Knopfloch[2]. Der amerikanische Mörder George Swan trat, seine Hüften wiegend, eine Zigarre im Munde in den Hinrichtungsraum von Sing Sing. Im Knopfloch seines Hemdes stak eine kleine rote Blume[3]. Nachrichten von blumengeschmückten Delinquenten strömen uns aus allen Zeiten und allen Ländern zu, selbst aus dem alten Nürnberg. Hier darf eine Zigeunerin vor der eigenen Hinrichtung einen Strauß auf das Rad des Geliebten stecken, der eben den letzten Atemzug getan hat. Und der Wilddieb Veit Flath trägt zum Galgen auf dem Haupte einen Kranz, „den ihm seine Schwester geschickt und ihn damit segnen lassen[4]."

Der Kranz schützt wie das Diadem oder die Krone. Gleiche Wirkung haben Girlanden und umkreisender Halsschmuck. Beim Kranz tritt der unheilvertreibende Geruch hinzu, den wir beim magischen Weißdorn antrafen und bei dem es oft nicht so sehr auf den Wohlgeruch als die Stärke der Ausstrahlung ankommt[5]. Die heftigsten Ingredienzien wie Schwefel bringen das Übel zum Laufen[6], heilen Epilepsie und geistige Störung. Aber auch Blumen „räuchern", verjagen Dämonen, locken zugleich mit Kräften der Sympathie hilfreiche Mächte heran.

Beim mexikanischen Menschenopfer soll der Auserwählte nicht nur dauernd an Blumensträußen riechen, Girlanden umwinden Kopf und Rumpf[7]. Ebenso wird in Indien der Sündenbock in die Tiefe des Dschungels geschickt, nachdem man Blumen um seinen Hals gewunden hat[8]. Kränze gehören zu jedem Opfer[9]. Beim indischen Yagnamopfer

[1] Scots Black Calender, S. 50.

[2] Associated Press vom 5. Mai 1949. Einer ersuchte das Hinrichtungskommando, nicht auf seine Augen zu schießen, da er sie für die medizinische Behandlung eines Blinden zur Verfügung gestellt habe.

[3] Elliott: S. 169. [4] Hampe: a. a. O. S. 69.

[5] Gegen den Pestdämon essen die modernen Griechen Knoblauch. Lops: S. 294.

[6] Odyssee XXII, 481: „Alte", sagt Odysseus, „bring mir Feuer und fluchabwehrenden Schwefel, daß ich den Saal durchräuchere ..."

[7] Frazer, George: The Golden bough (Gekürzte Ausg.) S. 588. London 1950.

[8] Jones, William: Credulities, past and present, S. 307. London 1898.

[9] Siehe Ovid: Fast I, 79.

werden Hörner und Körper des Widders mit Blumen umkleidet[1] und Grasstricke eng um den Körper gelegt[2]. Nicht anders gingen die alten Griechen vor: „Zuerst wurde das Opfertier mit Binden, Schleifen und Kränzen geschmückt, den Rindern wurden bisweilen die Hörner vergoldet[3], bei einigen großen Festen geschah dies sogar regelmäßig.“ Wie Henker und Delinquenten Festtracht anlegten, so setzten sich in der Antike Opfer wie Geopferte Kränze aufs Haupt[4]. Beim Tieropfer hat sich die Sitte bis in die neueste Zeit gehalten. Als in Schwaben bei einer Tierseuche auf Anraten einer Wahrsagerin ein Zuchtstier lebendig begraben wurde, war der „Hummel“ mit Blumen bekränzt. „Dreimal stürmte das starke Tier heraus, dreimal wurde es lebendig eingegraben, bei dem drittenmale erstickte es[5].“

Die Kränze, die dem Sterbenden zuteil werden, stehen dem Toten zu[6]. Noch beim Scheinbegräbnis auf hoher See werden dem Toten in effigie „soviel die Erd' an schönen Blumen trägt“ nachgeschüttet[7]. Von Blumen umkränzt und umgrenzt tritt man vor die Gottheit[8].

V.

Noch muß kurz eines Hinrichtungsritus' gedacht werden, der mit der Öffentlichkeit der Exekution verschwunden ist und sich nur andeutungsweise bei der militärischen Strafvollstreckung erhalten hat. Wir denken an die Umkreisung des Richtplatzes oder des Gerichteten. In einem Gedicht Rudyard Kiplings, das vielleicht indische Erfahrungen wiedergibt, heißt es:

> "They are hangin' Danny Deever, they are marchin' of 'im round,
> They 'ave 'alted Danny Deever by 'is coffin on the ground."

---

[1] Dubois: S. 518.

[2] Grasseile sind primitive Girlanden, s. Oldenberg S. 260, wo sie um den Opferpfahl gewunden werden.

[3] Stengel: Griechische Sakralaltertümer, S. 76. München 1890.

[4] Ebenda. „In homerischer Zeit fehlt der Kranz noch, später ist er so unentbehrlich geworden, daß bei Aristophanes (Tem 447ff.) eine Frau klagen kann, sie habe früher mit Kränzewinden viel Geld verdient, aber seitdem Euripides die Menschen gelehrt habe, es gäbe keine Götter und es sei thöricht, zu opfern, gehe es ihr schlecht.“

[5] Das Pestopfer fand 1796 statt. Heinemann: Der Richter und die Rechtspflege, Abb. 122. Jena 1924. Der Bericht findet sich in Fr. Panzer: Bayerische Sagen und Bräuche II, S. 181. München 1855.

[6] Euripides: Troierinnen, 1149ff.

[7] Euripides: Helena, 1273.

[8] „Nunc decet aut viridi nitidum caput impedire myrto
Aut flore, terrae quem ferunt solutae;
Nunc et in umbrosis Fauno decet immolare lucis.“ Horaz, Oden I, 4.

Die Myrte ist eine Zauberpflanze, bisweilen ein Fetisch, siehe die heilige Myrte zu Troizen. Stempflinger: a. a. O. S. 12.

Ich habe in einer Beschreibung der Hinrichtung von John Brown kurz vor Ausbruch des Bürgerkrieges gelesen, daß das Militär mit Trommeln und Pfeifen dreimal um den Galgen herumzog. Am längsten hat sich der rituelle Umzug dort gehalten, wo symbolische Strafen zu vollstrecken waren. „1494 schleift man einen, der eines Mordes bezichtigt, aber mit Hilfe von 30 Bauern losgeschworen wurde, auf einem Brett zum Galgen und dreimal um denselben, worauf er nach langer Gefangenschaft der Freiheit wiedergegeben wird[1]." In Speyer wurde der Verurteilte vom Henker dreimal um den „Napf" herumgeführt, dann aus der Stadt herausgeprügelt[2]. Unter dem Kardinal Wolsey werden 1527 Ketzerschriften und unerlaubte Bibeln beim Nordtor der St. Paulskirche den Flammen übergeben und 6 Lutheraner dreimal um das Feuer herumgeführt[3].

Die wandelnde Umkreisung ersetzt den festgeschlossenen Kreis, den noch im 18. Jahrhundert die bewaffnete Bürgerschaft um die Richtstätte schloß, und den niemand ohne obrigkeitliche Erlaubnis betreten durfte. Wuttke hat recht gut von einem Einspinnen in den eigenen Machtbereich gesprochen, aber die Umkreisung ist noch viel wörtlicher zu nehmen, ein bewährtes Mittel der Jagd, des Krieges[4], heute noch, mit schwerer Sorge empfunden, eine Methode der internationalen Politik. Dann kommt, wie auch Wuttke bemerkt hat, eine geistigere Stufe, der Zauberkreis, und diese Wirkungen sind zweierlei Art: man übt eine Macht auf das umkreiste Zentrum aus, oder man eignet sich dessen magische, schützende, helfende Macht an[5]. „Man geht dreimal um die Kirche, um den Herd, um ein brennendes Haus, um das Feld, um verdächtige Menschen, um Obstbäume, um Osterfeuer... Die Sitte ist uralt[6]."

Das Material, das uns vorliegt, deutet auf eine Wechselwirkung hin, die zwischen dem umkreisten Zentrum und denen stattfindet, die diesen Kern von Kraftäußerungen umstreifen. Der Hauptfall scheint der zu sein, in dem eine Ansammlung gefährlicher Potenzen aufgenommen, abgegeben und entladen wird. Es war noch die Anschauung des Mittelalters, daß ein Verbrecher, „ein solcher Gottes vergessener und vermessener Mensch[7]" die Luft infiziere, öfters schwere Seuchen gebracht

[1] Knapp: Lochgefängnis, a. a. O. S. 75.

[2] Harster: Das Strafrecht der Freien Reichsstadt Speyer, S. 79. Berlin 1900.

[3] Thornbury, Walter: Old and new London I, S. 243. London 1889.

[4] Siehe Euripides: Iphigenie auf Tauris 323.

[5] Wuttke: a. a. O. S. 184. — In 2 Mos. 19,12 ist es noch eine sakrale Umhegung, in Josua 6, 12ff. handelt es sich bereits um eine magische Schlinge, die akustisch durch Posaunenstöße und die Zahlenmagik von siebenmal sieben verstärkt wird. [6] Ebenda S. 184.

[7] Valentinus, Johannes: Tribunal Nemesis juste judicantes, S. 236. Nürnberg 1706.

und ganze Reiche und Landschaften der Strafe ausgeliefert habe. Strafe allein war keine sichere Therapie solcher Ansteckungskraft. Es mußten andere Prozeduren hinzukommen, die, abgesehen von der Person des Verbrechers, den Umkreis von bösen Energien reinigten.

Hierbei kann entweder schädliche Kraft abgegeben werden, Krankheit, Schuld, Übel jeder Art; oder eine zentrale Potenz strahlt heilsamen Einfluß aus. Vielleicht fallen beide Verfahren im Grunde zusammen, da der, der Gefahr nimmt, Glück und Sicherheit gibt. Natürlich muß der umkreiste Gegenstand fähig sein, schädliche Wesenheiten aufzuschlürfen, zu überwältigen und zu vernichten. Es scheint, daß dem menschlichen oder dem tierischen Opfer mit kleiner, menschlicher Nachhilfe diese Macht zugeschrieben wird. Aber auch der heilige Herd, das Haus (oder Zelt), ein Heiligtum, selbst Galgen und Pranger, die Nachfolger der angebeteten Baumgottheiten, haben diese absorbierende Kraft. Der Volksglaube kennt heute noch in 100 Formen die Übertragung von Krankheiten auf Bäume[1]; Leiden aller Art werden gewaltsam hineingebannt. Auch bei diesem alten Zauber treffen wir auf die dreimalige Umwanderung[2]; die Dreizahl der krankheitabgebenden Riten ist bemerkenswert[3].

Umzüge oder Umritte begegnen uns im Rechtsleben, in der Sphäre des Menschen- und Tieropfers, im religiösen Kult und in den höchsten Festen des Familienlebens. Die kreisende Prozession hat nach der Hinrichtung statt, nicht weniger bei der Aufrichtung eines neuen Galgens oder beim Abreißen des Prangers. Im alten Nürnberg marschieren Meister und Gesellen „mit Trommeln und Pfeifen, nebst einigen Schalmeien“ um das Hohe Gericht, „hernach haben sie zu arbeiten und zu bauen angefangen“[4]. Der tanzenden, reitenden oder marschierenden Umkreisung tritt ein anderer Ritus, der Schlag mit dem Stabe des Richters hinzu, ferner eine religiöse Formel[5]. Der Hamburger Kaak wurde 1811 unter folgendem Zeremoniell abgerissen: „Um 10 Uhr vormittags erschien der damalige Maire . . ., der Präses des Bauhofs, ein Maurermeister, ein Steinmetz und ein Schlossermeister; diese traten an die Säule und gaben ihr 3 Schläge. Dadurch war der Kaak wieder ehrlich geworden und konnte jetzt von den Handwerksgesellen wieder abgebrochen werden[6].“ In ähnlicher Weise geht die marokkanische Braut erst um das Zelt des Mannes herum; dann schlägt sie das angewischte Unheil mit 3 Stockschlägen von der künftigen Wohnstätte

[1] Wuttke: a. a. O. S. 328ff. [2] Ebenda S. 329.
[3] Ebenda S. 328, 329. [4] Hampe: a. a. O. S. 76.
[5] Weiss, Franz: Das Braunauer Blutbuch, S. 121. Trautenau 1921. Der Richter spricht bei dem dreimaligen Schlage: „Im Namen Gottes Vatters, Gottes Sohnes und Gottes des heyligen Geistes, Amen.“
[6] Wosnik: a. a. O. I,1 18.

ab[1]. Erst werden an Galgen, Pranger und Zelt schadenbringende Energien abgestreift. Dann werden sie durch Abschlagen entladen und entfernt. Die indische Braut[2], die germanische[3], die um den Herd dreimal wandeln muß, reinigt sich und ihre Schwächen in der Glut des Feuers. Hier kann sich die Vernichtung des Übels unmittelbar an die Weggabe anschließen, weil die Flamme ergreift und zunichte macht. Aber auch der heilige Meteorstein in der Kaaba, um den die Mekkapilger in feierlichem Umgang ziehen, entsühnt und entsündigt mit der Kraft seiner überirdischen Herkunft[4].

Ob die umkreisende Berührung schädliche Kraft ableitet oder heilsamen Einfluß aufnimmt, ist nicht immer klar. Beim athenischen Thargelienfest hat NILSSON[5] die aufsaugende Wirkung des Verbrechers, der durch die ganze Stadt geführt, getötet, mit dem Holz unfruchtbarer Bäume verbrannt und als Asche ins tiefe Meer geworfen wird, betont. Alle Sündenbockriten deuten in dieser Richtung[6], und NILSSON vergleicht ganz gut die reine Mechanik des Vorgangs mit einem Schwamm, der über einen Tisch geführt wird, alle Unreinheit aufsaugt und den man dann, gefüllt mit allen ominösen Wesenheiten, nicht nur auspreßt, sondern auch wegwirft. Das römische Tieropfer erlaubt die gleiche Deutung. Ein Opfertier wurde im ländlichen Privatgottesdienst um die Stadt herumgeführt, dreimal, sagt VIRGIL ausdrücklich[7], und dann ein Gebet gesprochen, dem man besondere Wirkung zuschrieb. Bei dem eigentümlichen Menschen- und Tieropfer, das St. NILUS aus dem 4. Jahrhundert berichtet hat, ziehen die Araber dreimal um das Opfer herum, um es dann, die letzten Töne des Opferliedes auf den Lippen, zu töten[8]. Hier wird dem Menschen oder dem Tier die Schuld des Stammes aufgeladen. Nachdem ihm diese Last aufgebürdet ist, muß es sterben und mit ihm alle aufgepackte Verfehlung. Wenn die indische Frau vor der Witwenverbrennung dreimal den Holzstoß umwandelt, so wirft sie einmal alle ihre Schwäche in die Glut und bereitet sich vor, als Gefährtin des Toten in einem anderen Dasein weiterzuleben[9].

Es ist noch nicht lange her, daß die bayerischen Bauern jedes Jahr zum Wallfahrtsrot Aigen am Inn kamen, wo der heilige Leonhard sein

---

[1] WESTERMARCK, EDWARD: A short history of marriage, S. 205ff. New York 1926.

[2] OLDENBERG: S. 461.

[3] WUTTKE: S. 373 erwähnt auch die Umwandlung des Misthaufens durch die junge Bauersfrau.

[4] LODS: a. a. O. S. 275, dort die Beispiele rituellen Umtanzens in Palästina, das meist dem Altar oder einem Götterbild — dem Goldenen Kalb zum Beispiel — galt.

[5] NILSSON, MARTIN P.: A history of greek religion, S. 87. Oxford 1925.

[6] Siehe Bd. I, S. 193ff.

[7] PRELLER, L.: Röm. Mythologie, Bd. I, S. 421. Berlin 1888.

[8] HARRISON: a. a. O. S. 487. [9] DUBOIS: a. a. O. S. 367.

Heiligtum hat. „Alle ihre Pferde brachten sie mit und Mannsbilder wie Weibsbilder ritten dreimal um die Kirche herum, indem sie als gute Bauern die Sorge für ihr Seelenheil wie die Gesundheit der Pferde verbanden[1]."

In der modernen Militärjustiz hat der Vorbeimarsch mit Hörnerklang[2] die Umkreisung mit Trommeln und Pfeifen ersetzt.

VI.

Früher wie heute wird vor jeder Hinrichtung der Versuch gemacht, auf den armen Sünder dahin einzuwirken, daß er seinen Frieden mit Gott, aber auch mit den Menschen macht. Er wird, wie es heißt, auf den Tod „vorbereitet". Jede Ablehnung geistlichen Trostes wird mit verletztem Befremden empfunden[3], oft kommt es zu der Ablehnung, weil die Bitte um Bekehrung mit dem Wunsch verbunden ist, daß ein Geständnis abgelegt werde und damit das Gewissen entlastet. Sehr viel tiefer werden Proteste und Anklagen im letzten Augenblick, tätlicher Widerstand, oft Beißen[4], empfunden, am schwersten ein Fluchtversuch, dessen radikalste Spielart der Selbstmord ist. So kommt es, daß allerlei Vorkehrungen getroffen werden, den vorgesehenen Ablauf der Hinrichtung ohne allzu lauten oder allzu heftigen Widerstand zu sichern. Der Selbstmord vor allem wird verhindert, obschon manche Völker der Vergangenheit und der Neuzeit — man denke an den Giftbecher des Sokrates und die seidene Schnur der türkischen Herrscher — den Selbstmord in ihr Strafsystem eingebaut haben.

Von einer Kindsmörderin heißt es, daß sie sich in Nürnberg „willig zum Sterben" erzeigt habe[5]. Immer wieder wird mit Anerkennung berichtet, daß Delinquenten jedes Zeichen von Reue und Zerknirschung gezeigt hätten, auch die Gerechtigkeit des Urteils nicht bestreiten wollten. Wenn ein Delinquent sich allzu hartnäckig verteidigt, wenn er sich betrinkt, wenn eine Frau Schwangerschaft vorgibt und damit einen Aufschub erreicht[6], so ist dieses Verhalten ärgerlich und nicht gehörig. Entsetzt meldet der Prediger Hagedorn, daß ein offensichtlich Geisteskranker auf die Mahnung, an seine Seele zu denken, lachend gesagt habe: „Ha Seele! welches mir so wehe getan, daß ich ihm mit

---

[1] PANZER: Bayerische Sagen und Bräuche, a. a. O. II, S. 32.

[2] Nach der Erschießung und dem coup de grâce marschiert das Peloton an der Leiche vorbei „au son des trompettes". CHAUMEIL, JEAN MARIE: Revue internat. de criminologie, S. 21. Genf 1953.

[3] Scots Black Calender, S. 98.

[4] Die alte Mme. Dubarry versuchte auf dem Schafott, um sich zu beißen. SANSON: a. a. O. IV, S. 103.

[5] HAMPE: Malefizbücher, S. 30.

[6] Newgate, Calender: „sie bekannte, daß sie nicht hätte sagen sollen, sie sei schwanger."

keinem Wort mehr zusprechen konnte[1]." Eine Frau kämpft in London 1763 mit dem Henker und wirft sich, „ehe das Signal gegeben war", aus dem Karren[2]. Auch dieser ordnungswidrige Eifer ist tadelnswert. Es ist nicht erlaubt, dem Galgen zuzueilen, die Delinquenten müssen mit ihrer Begleitung langsam und würdig gehen[3]. Lächeln bei dieser Gelegenheit ist ebenso unkommentmäßig wie possenhafte Bemerkungen[4].

Zur rechten Exekution gehört also die Willigkeit des Delinquenten. Er darf nicht widersprechen, nicht widerstreben. Zum Zeichen dessen, daß er die Strafe annimmt und als gerechte Sühne ansieht, soll er die Umstehenden und vor allem die Richter segnen[5], auch dem Scharfrichter die Bitte um Verzeihung gewähren[6]. Er soll in Frieden, d. h. ohne zu grollen und zu hassen, in den Tod gehen. Er soll geduldig[7], wohl und christlich sterben[8], sich nicht „wild machen oder unnütz stellen"[9].

Die Fiktion oder die echte Haltung der Freiwilligkeit wird durch einen sehr alten strafrechtlichen Brauch unterstrichen. Vor dem Tode werden die Verurteilten ihrer schweren Fesseln entledigt. Wir haben den ausführlichen Bericht DAVID LAMSONs, wie die schwer gefesselten Ausbrecher von St. Quentin, die bisher knappes Essen erhielten, nach der Verurteilung zum Tode plötzlich gute Nahrung bekommen, und ihre Hände nicht mehr an starke Ledergürtel angekettet sind[10]. In

---

[1] HAMPE: S. 21.

[2] Newgate Calender, S. 157. Diese Megäre ärgert die Henker besonders dadurch, daß sie sich vor dem Galgen auszieht und ihre Sachen an das Publikum verteilt.

[3] HAMPE: S. 42 ... „ist eines heftiger als das andere geloffen".

[4] „... Wie wir mit ihm schier zum Gericht gekommen sind, zeigte ich ihm den Galgen, verhoffend, er sollte darob etwas mürbe werden. Gabe er mir zur Antwort, er sei schon gestorben, rufete denen am Galgen zu: ‚Seid getrost ihr Brüder, ich komme auch!'"

[5] HAMPE: Malefizbücher, S. 16. „Haben sich auch gegen die Obrigkeit wegen des gnädigen Urteils bedanket, im Hinausführen jedermann gesegnet und um Verzeihung gebeten."

[6] „Nachdem dieser (der Bannrichter) dem Stadtknecht geboten aufzuläuten und den Armen heraufzubringen, klopft der Nachrichter an dessen Stüblein an, bittet ihn um Verzeihung, bindet ihn dann ‚ordentlich', hängt ihm den Armensündermantel um und bringt ihn in Begleitung zweier Geistlicher vom Loch in das Stadtgericht." KNAPP: Lochgefängnis, S. 53.

[7] HAMPE: S. 100.

[8] Das Gegenteil dieser Haltung zeigt eine Nürnberger Nachricht aus dem Jahre 1577: „Er war ein unbußfertiger Bösewicht bis in den Tod, wollte trotz vielfältigen Vermahnens niemandem verzeihen, auch das Heil. Abendmahl nicht empfangen, wollte auch im Hinausgehen nicht beten, sondern schrie immer fort und fort über Unrecht, und er wollte, daß der Hagel dreinschlüge" (HAMPE: S. 91). Statt zu segnen, geht er mit einem Fluche aus dem Leben.

[9] Maister FRANNTZN: a. a. O. S. 44.

[10] LAMSON: a. a. O. S. 110 „... no more handcuffs, no more guards."

Österreich wurden die Fesseln vor der Hinrichtung durch eine schwarze Seidenschnur und einen Riemen um die Arme ersetzt. Der Henker erzählt ausdrücklich: „Ist ein Mörder dem Tode verfallen, so werden ihm die Ketten abgenommen[1].“ In einem irischen Falle wird hervorgehoben, daß man einen Schmied zur Lösung der Fesseln holen mußte, da sonst das Gesetz verletzt worden wäre[2].

Nach dem Berner Bürgeraufstand von 1749 setzte die Strafjustiz ein. Todesurteile wurden ausgesprochen. „Die Nacht über hören wir, wie diese Unglücklichen von ihren Banden befreit in das sog. Examinantenzimmer gebracht, wo sie einige junge Kandidaten zum Tode vorbereiten sollten[3].“ Genau die gleiche Meldung vom Abnehmen der Eisen kommt aus Schottland (Mordfall Scott 1823)[4]. Man wird nicht fehlgehen, wenn man die weit in älteste Vergangenheit zurückgehende gerichtliche Sitte mit manchen Vorschriften vergleicht, die beim Tieropfer erlassen wurden und auf das Menschenopfer Anwendung fanden. Es war Regel, daß das Opfertier in Griechenland ungebunden vor dem Altar stand[5]. Und als Orestes und Pylades von den Wächtern ergriffen sind und gefesselt einhergebracht werden, gebietet Iphigenie, die Priesterin[6]:

> . . . Laßt der Fremden Hände frei,
> Die heilige Weihe spricht sie von den Banden los.“

Es ist also unheilverheißend, wenn ein Opfer, das zum Sterben bestimmt ist, leben will. Dieser Glaube beherrscht beim Menschen- wie beim Tieropfer die zwingende Kraft der sakralen Handlung. „Gantz frey und gutwillig“ muß der ledige und keusche[7] Jüngling sein, der eingemauert wird, damit die Stadt für alle Zeit sicher und unangefochten sei[8]. Magdeburgs Mauern werden nicht feststehen wenn nicht „ein von seiner Mutter freiwillig gebotenes Knäblein lebendig eingemauert wird[9]“. Vom mexikanischen Menschenopfer hören wir, daß jede Bemühung darauf gewendet wurde, daß das Opfer in höchster Ekstase und Willigkeit in den Tod ging. „Es galt für unglücklich, wenn es jammerte oder schwach wurde[10].“ Beim indischen Opfer tröstete man das Tier und

---

[1] LANG: a. a. O. S. 29.

[2] Chronicles of Crime, herausgegeben von CAMDEN PELHAM, Bd. I, S. 195. London 1887.

[3] TILLIER, ANTON v.: Geschichte des Eidgenössischen Staates Bern, Bd. V, S. 205. Bern 1839.

[4] Scots Black Calender, S. 34.

[5] FAIRBANK, ARTHUR: Handbook of Greek religion, S. 101. New York 1910.

[6] EURIPIDES: Iphigenie auf Tauris, S. 444, 445.

[7] Über diese Unberührtheit siehe Bd. I, S. 147.

[8] KLUSEMANN: Das Bauopfer, S. 7. Graz 1919.

[9] PANZER: a. a. O. II, S. 56.

[10] SPINDEN, HERBERT J.: Ancient civilizations of Mexico and Central America, S. 235. New York 1928.

sprach ihm Mut zu. Man sagte zu ihm: „Du stirbst nicht, dir geschieht kein Leid; zu den Göttern gehst du auf schönen Pfaden[1].“ Man versprach ihm ewiges Leben und den Himmel.

Kein Gefangener stirbt „fröhlich und christlich“[2], bedankt sich für das Urteil und verzeiht dem Henker, der ihm zuvorzukommen, ihn durch Selbstmord um seine Beute zu bringen versucht. Ich wähle diesen Ausdruck, weil er von einem Gefangenen gebraucht wird, der, begnadigt, endlich von unablässiger Beobachtung befreit wird[3]. LAWES hat alle die Vorsichtsmaßnahmen beschrieben, die man in Sing Sing ergreift, um einen Selbstmord unmöglich zu machen. Der Anzug ist aus einem Material gemacht so starr und unbiegsam, daß kein Strick daraus gefertigt werden kann[4]. Die Filzpantoffeln wurden schon erwähnt. Bleistifte sind verboten[5], auch Rasiermesser, Zündhölzer, die Stück für Stück angefordert werden müssen. Alle Birnen liegen außerhalb der Zelle, nirgends ist Glas, das zerbrochen und zum Schneiden benutzt werden könnte.

Dabei haben sich Gefängnisleute gewundert, daß Selbstmord unter denen, die den Tod erwarten, selten ist[6]. LAWES hat viele dieser Todeskandidaten beobachtet[7], die um ihre Gesundheit so besorgt waren, daß sie den Fußboden der Zelle mit Zeitungspapier belegten, um sich nicht zu erkälten[8]. LAMSON, der im Todeshaus saß, hat gemeint, daß jeder, der wirklich wolle, seinem Leben ein Ende machen könne, aber nur, bevor er in die Armesünderzelle überführt würde[9]. Ist er hierher gekommen, so wird er Tag und Nacht überwacht[10] und ist nicht mehr imstande, Hand an sich selbst zu legen, ohne daß sofort eingegriffen wird. In diesen letzten Phasen kann höchstens eingeschmuggeltes und lange aufbewahrtes starkes Gift helfen. Vielleicht wird übersehen, daß manche verzweifelte Ausbruchsversuche psychologisch dem Selbstmord nahestehen und daß es der Henker ist, der den Depressiven unter

[1] OLDENBERG: a. a. O. S. 357. [2] KNAPP: Lochgefängnis, S. 76.

[3] BERKMAN, ALEXANDER: Prison memoirs of an anarchist, S. 58. New York 1912. „Die nächtliche Wache ist zurückgezogen worden. Wie über alle Maßen brutal ist diese Sorge, daß dem Henker die Beute entgehen könnte.“

[4] LAWES: Life and death, a. a. O. S. 163 und 164.

[5] Aus allen Büchern und Zeitschriften werden die Metallklammern entfernt. Ebenda S. 163.

[6] SQUIRE: a. a. O. S. 179. Der Arzt denkt an die Hoffnung auf Begnadigung.

[7] LAWES: Life and death, S. 164.

[8] In den Tagen des Terrors sagte der Henker zu Bailly, der zur Richtstätte gefahren wurde, er solle sich seinen Rock anziehen. Bailly antwortete: „Fürchten Sie, daß ich mich erkälte?“ . SANSON: a. a. O. IV, S. 92.

[9] LAMSON: a. a. O. S. 243, 244.

[10] Eine englische Gefangene schreibt: „Es geht eine seltsame Erregung durchs Gefängnis, wenn eine Frau in der Todeszelle ist. Sie ist eigentlich ein kleines Apartement mit Toilette und Badezimmer, und hinter dem verschlossenen Tor ist das Schaffot.“ HENRY, JOAN: We who lie in goal, S. 83. London 1952.

den Gefangenen die Arbeit der Selbstvernichtung abnimmt. Als Adam Lux von Mainz in Paris aufs Schafott gezerrt wurde, legte er sich selbst auf das Brett und die Gehilfen, die ihn festschnallten, hörten nur das einzige Wort: „Endlich[1].“ „Jetzt bin ich in Sicherheit“, rief der alte Bailly, als er den Kopf unter das Beil schob. Man hatte ihn lange gequält, indem man vor seinen Augen jenes rote, vom Regen durchnäßte Tuch zu verbrennen versuchte, mit dem er den Belagerungszustand erklärt hatte[2]. Wir werden noch mehr von den Depressiven hören[3].

Bei dieser unerwarteten Sachlage ergeben sich paradoxe Situationen. Da wird der berühmte Einbrecher Nickel List, der die Goldene Tafel in Lüneburg gestohlen hatte, von Sachsen nach Lüneburg überführt, wo er einen qualvollen Tod erleiden soll. Der Bericht teilt uns mit, daß ein Gefreiter „den Degen in der Hand und zwei Pistolen im Gürtel“ vor dem Lager des Verbrechers stehen und kein Auge von ihm lassen solle, „damit er sich kein Leid antue“[4]. Er wird also unter Todesdrohungen gezwungen, am Leben zu bleiben. In einem amerikanischen Falle versucht ein Todeskandidat in Sing Sing sich die Pulsadern mit einem kleinen Stück Zinn aufzuschneiden, das der Wärter aus einer Tabakschachtel verloren hat. Ein Arzt arbeitet den ganzen Tag an ihm herum und schließlich gelingt es ihm, ein Leben zu retten, das der Staat in der gleichen Nacht wieder von ihm nimmt[5]. Dabei wird — selbst wenn es sich um hilfreiche ärztliche Eingriffe handelt — nicht an die Schmerzen gedacht, die der arme Sünder bei seiner Rettung erleiden muß.

Die Furcht vor der Selbsttötung eines Mannes, den der Staat gleich danach töten will, führt, meine ich, in Zeiten zurück, in dem ein Opfer nichts galt, wenn nicht Freiwilligkeit, ja freudige Hingabe[6] dazu kam.

---

[1] SANSON: a. a. O. IV, S. 85.

[2] Ebenda IV, S. 98.

[3] Als der verkrüppelte Girondist sein Todesurteil hörte, hob er sich auf seinen Krücken und erklärte: „Dieser Tag ist der schönste meines Lebens.“ SANSON: IV, S. 78.

[4] Geschichten aus dem Neuen Pitaval I, 113. Leipzig 1927. — Von einem anderen Mitglied der Bande, Schwanke, heißt es: „Schwanke sah nach allem diesem, was ihm bevorstand. Er wollte dem zuvorkommen und Hungers sterben. Als man ihn durch magenreizende Medizinen und Androhung empfindlicher Strafen wieder zum Essen brachte, verschlang er die widerstrebendsten Stoffe so hastig, daß auch hier seine Absicht klar war, sich selbst den Tod zu geben. Vergeblich hielt ihm der Geistliche Hosmann seine Sünde vor, durch Selbstmord das Maß seiner Verbrechen zu steigern.“ Ebenda I, S. 94.

[5] LAWES: Life and death, S. 177.

[6] Der lächelnd in den Tod gehende Verbrecher war wie das nickende Opfertier das Ideal früherer Zeiten. — Ein armer Sünder in Sing Sing erbat sich als letzte Gunst die Begleitung eines Wärters aus, der lächeln konnte, anstatt bedrückt auszusehen. LAWES: Death and Life, S. 173.

Selbstmord ist Unwillen, Widerstand, Protest. Er ist, wie ein Psychiater einmal gesagt hat, ein verletzendes Votum des Mißtrauens[1], ein Bruch des „Komments", den der Staat mit Abnahme der Fesseln und der Spende eines Henkermahls, soweit es an ihm liegt, einzuhalten sucht. Wenn der Selbstmord mit allen Mitteln verhindert wird, so bleibt wenigstens die Fiktion der Freiwilligkeit gewahrt.

VII.

In einigen wenigen Fällen kommt es zur Hinrichtung Kranker, Verwundeter oder Sterbender. Dann tobt sich empfindliches Kompetenzgefühl oder politische Leidenschaft aus. So verlangte Celle, als die Bande des List zur Aburteilung kam, die Auslieferung eines Komplizen, des „großen Leopold". Wir lesen[2]:

„Die Bitte kam zu spät. Die Breslauer hatten sich die Exekution eines so berühmten Diebes nicht entgehen lassen wollen. Angeblich, weil er so krank war, daß sie fürchteten, er werde ihnen jeden Augenblick unter den Händen sterben, hatte der Rat ihn schnell zum Tode verurteilt, und, da er nicht mehr gehen konnte, ihn zur Richtstätte tragen lassen. Er war in Ketten an den Galgen gehängt worden."

Am 9. Thermidor wurde Robespierre durch einen Schuß, der seine Kinnlade zerschmetterte, schwer verwundet. Trotz dieser Verletzung wurde er am nächsten Tag hingerichtet, zusammen mit seinen engsten Anhängern, darunter dem Krüppel Couthon[3]. In diesem Fall war die politische Situation so gespannt und unentschieden, daß größte Eile geboten schien.

Im allgemeinen aber ist der Staat sehr besorgt, die Gesundheit eines Mannes wiederherzustellen, bevor er ihm das Leben nimmt. Lawes hat den Widerspruch stark empfunden, daß in einem Teil der Anstalt exekutiert wird, während man in einer anderen Abteilung alles daran setzt, das Leben eines Mannes zu erhalten. „In anderen Fällen", schreibt Lawes[4], „war es nur mit größter Mühe möglich, den Verurteilten so lange am Leben zu erhalten, daß er den Tag der Hinrichtung erlebte. In San Quentin schoß die Wache auf einen Mann, verkrüppelte ihn aber nur; dann wurde er im Krankenhaus wiederhergestellt und von dem einäugigen Henker wieder aus dem Leben befördert[5]. Interessant ist der Fall der Frau Buzzi[6]. Sie wachte

[1] Feudell, Peter: Epikrise zu 700 Selbstmordversuchen. Z. Psychiatr., Neur. u. med. Psychol., Bd. IV, S. 151.

[2] Geschichten aus dem Neuen Pitaval, Bd. I, S. 167.

[3] Sanson: a. a. O. Bd. IV, S. 153. Die Totenmaske mit der Verwundung siehe in v. Hentig: Robespierre. Studien zur Psychopathologie des Machttriebes, S. 160. Stuttgart 1924.

[4] Life and death, S. 165.

[5] Lamson: a. a. O. S. 71.

[6] Squire: a. a. O. S. 232—233. Hier verdient die Bemühung des Priesters in einer ärztlichen Frage Beachtung.

mit heftigen Schmerzen auf und der Arzt stellte Blinddarmentzündung fest. Wir geben den Bericht des Arztes wieder:

„Frau Buzzi weigerte sich strikt, eine Operation zu erlauben. Nachdem ich mein Möglichstes getan hatte, sie auf die Schwere der Erkrankung hinzuweisen, nahm es Vater Cashin auf sich, sie zu überreden.“ Sie blieb fest. „Er gab ihr dann die letzte Ölung, die sie sehr erschreckte, aber sie ließ sich die Erlaubnis nicht entreißen. Wir wachten die Nacht über an ihrem Bett und glaubten, sie würde am Morgen sterben. Aber sie starb nicht. ..“ Kurz ehe die Hinrichtung stattfinden sollte, kam ein Aufschub, eine neue Verhandlung und ein Freispruch.

In wohlbekannten Regeln verlangt das Opferritual aller alten Kulturvölker ein fehlerloses, ein vollkommenes Opfer[1]. Nach PLUTARCH darf man kein Tier, das mit einem Geschwür behaftet ist, zum Opfer nehmen, aber auch der defekte Priester darf den Flug der Vögel nicht beobachten[2]. Das Yagnam-Opfertier muß fleckenlos weiß, in bester Form und wohlgestaltet sein[3]. Auch noch in späterer Zeit war es Vorschrift, daß das Menschenopfer keinerlei körperlichen Fehler zeige[4]. Nach ADAM V. BREMEN opfern die Esthen den Drachen Menschen, die sie käuflich erwerben „diligenter omnino probatos ne maculam in corpore habeant, pro qua refutari dicuntur a draconibus“[5].

Diese alte Forderung blickt heute noch bei der Behandlung der Todeskandidaten durch. Im September 1929 wurde bekannt, daß im Staate Massachusetts drei ausgezeichnete Chirurgen den Kampf um das Leben eines Mannes namens Plaia aufnahmen. Er war zum Tode verurteilt. „Plaia, sagt man, wird wieder gesund und stark sein, wenn für ihn die Zeit gekommen ist, aus dem Leben zu scheiden[6].“ Vor dem Tode bemühen sich regelmäßig Friseure um das gute Aussehen des armen Sünders. Nach LAWES wünscht der Staat nicht, daß die Leute, die auf die Exekution warten, unordentlich erscheinen oder sich nicht wohl fühlen[7]. Und ein angesehener Soziologe schreibt[8]: „Die Wärter päppeln den Mann absichtlich auf[9], damit er bei seinem letzten Erscheinen stattlich[10] aussieht. Zeigt seine Gesundheit die geringste Schwankung, so sind

[1] 5 Mos. 17, 1.

[2] PLUTARCH: Moralische Schriften. Über römische Gebräuche, 73.

[3] DUBOIS: a. a. O. S. 518.

[4] Ebenda S. 654.

[5] GRIMM: Teutonic mythology, IV, S. 1300.

[6] BARNES und TEETERS: a. a. O. S. 425.

[7] 20000 years in Sing Sing, S. 334.

[8] BARNES und TEETERS: a. a. O. S. 425. Als Landru in Paris hingerichtet wurde, bemerkte man, daß die Künste des Coiffeurs ihn um 10 Jahre jünger gemacht hatten. BELIN, J.: L'affaire Landru. Revue internat. de criminol. et de police technique 1953, Nr 3, S. 17.

[9] Der englische Ausdruck ist stärker: „fatten him“, mästen ihn, wie Hänsel im Hexenstall.

[10] Auf englisch kräftiger: „distinguished“.

Ärzte unablässig tätig, seine Diät zu beobachten und ihn, wenn nötig, mit Einspritzungen vollzupumpen, damit er auf seinem letzten Gang einen guten Eindruck[1] macht".

In Sing Sing sorgt ein Zahnarzt für das gesunde Gebiß der Leute, die dem Tode entgegengehen. Nach LAWES[2] verlangte ein besonders penibler Gefangener, daß am Tage vor der Hinrichtung ein defekter Zahn mit einer Goldkrone versehen werde. Wie er sagte, wollte er sich an den Schmerz gewöhnen, aber wahrscheinlich war die Zahnbehandlung ebenso schmerzlos, wie es der elektrische Stuhl sein soll. Er ging nur auf den Brauch zurück, der aus fernen Perioden unserer geistigen Entwicklung stammt. In das gleiche Kapitel gehört die Erzählung, wonach der römische Feldherr Carbo von Pompeius zum Tode verurteilt wurde. Er war schon an der Richtstätte und das Schwert des Henkers war schon aus der Scheide, als der Verurteilte bat, rasch noch einmal austreten zu dürfen[3].

Schließlich sollte die Sitte der Henkersmahlzeit nicht übersehen werden, die, von keinem Gesetz geregelt, in keinem Budget vorgesehen, sich mit unverwüstlicher Zähigkeit erhält. Der alte Brauch ist gestreift[4], aber niemals wirklich von allen Seiten betrachtet und geklärt worden. Selbst dem Verurteilten kommt die Gunst zuweilen mehr wie ein Affront vor, kaum als ein Trost, aber vielleicht müssen wir bedenken, daß es sich bei diesen Beobachtungen um Leute handelt, die nie gehungert haben, nicht den vegetativen Typ des Gefangenen. „Dann erhält er", schreibt DOSTOJEWSKI[5], „sein Frühstück, das aus Wein, Kaffee und Fleisch besteht, — ist das nicht eine Verhöhnung? Wenn man darüber nachdenkt, sieht man, wie grausam das ist..." Auch ein erfahrener Gefängnisarzt, der viele arme Sünder das Henkersmahl essen und genießen sah, hat sich Gedanken über das gemacht, was er den „ironischen Edelmut" des Brauches nennt[6]. Er glaubt, daß die Geste mehr dem Sensationsbedürfnis der Menschen, ihrer im Grausamen noch verborgenen Sentimentalität entgegenkommt als dem Appetit des Verurteilten. Aber hinter allem „Unerklärlichen" stehen Zweckmäßigkeiten, die einmal waren und nicht mehr sind. So fällte nicht nur ein Schottischer Richter aus Gewissensskrupeln 20 Jahre lang kein Todesurteil, er ging wie ein Trauernder niemals in Gesellschaft, solange ein

[1] English "stiffen him up for the performance".
[2] LAWES: 20000 years, a. a. O. S. 335.
[3] PLUTARCH: Sulla 10.
[4] Siehe meine Antrittsvorlesung, Bonn 1935: „Vom Ursprung der Henkersmahlzeit. Schweiz. Z. f. Strafrecht 1937, S. 137ff. Im alten St. Gallen erhält der arme Sünder bessere Kost und die „Verhaft" wird erleichtert. MÄDER: a. a. O. S. 5.
[5] DOSTOJEWSKI: Der Idiot I, 5.
[6] SQUIRE: a. a. O. S. 206.

Angeklagter unter Mordanklage vor ihm stand[1]. Dieser Mann war nicht im landläufigen Sinne sentimental. Für ihn war die physische Vernichtung eines Menschen, die wir heute mit Maschinen, Gasen und elektrischen Strömen vornehmen, noch das, was sie viele Tausende von Jahren hindurch war, ein sakraler Akt[2], vor dessen machtvollem Tabu er zurückschreckte.

VIII.

Die zauberischen Orte sind aus der modernen Hinrichtungspraxis verschwunden[3]. Aber zauberische Tage und zauberische Zahlen sind noch da, obschon sie langsam in Vergessenheit geraten oder sich nur noch in deutlichen Negativismen dartuen. In vorchristlicher Zeit war Freitag ein Glückstag. Etwas von diesem Glauben ist geblieben. Freitagskinder sind Glückskinder wie Sonntagsgeborene[4]. Alte Jäger nennen den Freitag den Jägersonntag. Einstens war der Tag der Istar (Babylon) geweiht, dann der Venus, es war der dies veneris, vendredi. In christlicher Zeit wurde ein Unglückstag daraus, und der Freitag wurde zum „hangmau's day", zum Armesündertag[5]. Noch vor kurzem geschahen die Hinrichtungen in San Quentin an einem Freitag, und in Sing Sing hat man die Exekution auf die Zeit des Donnerstag[6], kurz vor Mitternacht verlegt[7], um den alten Aberglauben loszuwerden. Hinrichtungen wurden im Schottland des 19. Jahrhunderts

---

[1] Scot Black Calender: a. a. O. S. 114. Siehe das Kapitel: Taboos in transition in meinem: Crime, Causes and conditions, S. 37ff. New York 1947.

[2] Bei der Henkersmahlzeit geht dieser Gefühlsüberrest so weit, daß die Gefängnisverwaltung unruhig wird, wenn ein Delinquent nichts ißt. Ein Verurteilter in Sing Sing wollte nur noch Brot und Wasser haben, weil er nichts Besseres verdiene, wie er sagte. Der Wärter, der für diese Dinge zu sorgen hatte, versuchte ihn umzustimmen: „Du solltest besser etwas bestellen. Du brauchst nur zu sagen, was Du willst und Du kriegst es — wenn wir es überhaupt irgendwo auftreiben können." Squire: a. a. O. S. 187. Das Mahl muß also irgend eine Funktion gehabt haben, an der der Staat interessiert war und das er dem Gefangenen aufzudrängen suchte, auch wenn dieser nicht recht wollte.

[3] Noch lassen sich alte Galgen an Kreuzwegen feststellen, wie der bei Bornheim in der Nähe von Bonn.

[4] Wuttke: S. 61.

[5] Panzer: II, S. 185. „Wie bekannt, ist ja seit altersher der Freitag der sog. Armesündertag; die Hinrichtungen wurden altem Glauben gemäß gerade an diesem Wochentag vollzogen." Oberlandesgerichtsrat Pessler im Pitaval der Gegenwart, III, S. 135. In alten Zuchthäusern erhielt der Gefangene bei der Ankunft und bei der Entlassung eine Tracht Prügel, den sogenannten Willkomm und den Abschied. Außerdem gab es wöchentlich regelmäßig 10 Hiebe, die sogenannte Kollation und zwar jeden Freitag. Hentig, v.: Aus der Geschichte des Zuchthauses Hüfingen. Mschr. Kriminalpsychol. 1933, S. 292.

[6] Elliott: a. a. O. S. 109.

[7] Lamson: a. a. O. S. 255.

häufig auf Freitag angesetzt[1]. Noch 1904 wurde eine Exekution in Braunschweig auf Freitag, den 23. September, anberaumt[2].

Die Zahl 13 findet sich am Tag der Hinrichtung[3], oder um den 13. herum. Von 15 Hinrichtungen in St. Gallen (1803—1931) notieren wir folgende Tage: 12. Juni, 12. Mai, 14. Februar und 13. Juni[4]. Man findet sie bei den Stufen des Schafotts[5] oder den Strängen, aus denen der Strick gedreht ist[6]. Die abergläubische Scheu vor der Unglückszahl[7] ist auch aus dem Rechtsbrauch nicht verschwunden. Man kann aus der Tatsache, daß man von der Zahl loszukommen sucht, etwas nicht Unwichtiges schließen: Freitag und die alte Zauberzahl 13 wurden als Strafverschärfungen empfunden.

Viertes Kapitel.

Die Kontroverse.

A. Die emotionelle Konfusion.

Die letzten Jahrzehnte haben sich redlich Mühe gegeben, durch Flut und Ebbe politischer und sozialer Richtungen neues Material zur Frage der Todesstrafe herbeizuschaffen. Aber trotz aller Erfahrungen mit denen, die die Todesstrafe verhängten, und denen, die sie zu erleiden hatten, geht die endlose Diskussion weiter. Ungeachtet Statistik und Kriminalpsychologie widerstrebt das Problem immer noch exakten Maßstäben. Unbekannte Elemente sind geblieben, die jede Partei für sich in Rechnung stellt wie die abschreckende Kraft der Strafe[8]. Das stärkste unserer Gefühle, weil es sich schützend vor unsere Existenz stellt, ist Furcht. Wenn unser Leben bedroht ist, rufen wir ihre kraftgebende Bundesgenossenschaft zu Hilfe und schlagen ohne Besinnen zurück. Diese Furcht hat sich von jeher in der Frage der protektiven Gegentötung eingeschlichen. Heute noch erkennen wir sie bei gegenwärtiger Gefahr für Leib und Leben als allmächtig an, haben sie aber bei vergangener oder künftiger Gefahr aus der Hand des Bedrohten genommen und in ein rechtliches Verfahren versenkt.

[1] Scots Black Calender, S. 21, 98, 136.

[2] Pessler: a. a. O. S. 135.

[3] Hinrichtung Parent, Hamburg 13. Dezember 1860, Hinrichtung Beck, Hamburg 13. Oktober 1877, Hinrichtung Döpcke, Hamburg 13. Dezember 1878. Wosnik: I, S. 113, 124, 143.

[4] Mäder, Paul: Geschichtliches über die Todesstrafe in der Schweiz, S. 16, 17, 19, 36. Berner Diss. 1934.

[5] San Quentin, als noch gehängt wurde. Eigene Beobachtung.

[6] Botkin, B. A.: A treasury of Western folklore, S. 342. New York 1951. ... "the noose formed with the conventional knot of 13 wraps."

[7] Heute noch haben viele amerikanische Hotels die Zimmernummer 13 nicht. Nach deutschem Volksglauben (Wuttke: S. 90) muß der dreizehnte an einem Tisch sterben.

[8] Siehe W. B. Huie: The execution of private Slovik, S. 120, New York 1954.

Der emotionelle Ausbruch ist rationell nur für den einzelnen und eine rasch vorübergehende Gefahrenlage. Er ist in der Konstellation der Notwehr notwendig und damit gerechtfertigt. Sowie aber eine organisierte Gruppe allgemeine Interessen entwickelt hat, wird er zu einer Bedrohung des Zusammenhalts und künftiger sozialer Beziehungen. Eine lange und mühselige Entwicklung hat deshalb Mechanismen der objektiven Beurteilung und Behandlung ausgedacht. Sie werden wiederum von Subjekten gehandhabt, freilich nicht solchen, die die Verletzung übersubjektiv gemacht hat. Alle diese Individuen vom Zeugen, Kriminalbeamten, Staatsanwalt, Richter bis zum Inhaber des Begnadigungsrechtes sind Menschen, die wir freilich, wie beim Staatsanwalt und beim Verteidiger, gegeneinander auszupendeln suchen. Der Mob, der zur Selbsthilfe übergeht, überschlägt daher diese störenden Instanzen, ist Verletzter, Kläger, Richter und Henker zugleich. Urteilend und strafend können lynchende Massen ihre Erregung ohne stauende Hemmungen ausgeben und damit ein Maximum nervöser Entspannung erzielen, das sie — und oft auch wir — befriedigtes Rechtsgefühl nennen.

Zum gerichtlichen Prozeß gehört die schwankende öffentliche Meinung, gehören, oft mit unsichtbaren Mitteln gelenkt, die Menschen, die wählen und Gesetzgeber berufen. Wir sehen die Massen in unablässigem Wechsel die entgegengesetztesten Menschen wählen, zügellos mit Verehrung oder Verdammung um sich werfen, von den verschiedenartigsten Gefühlen umhergejagt, heute die Todesstrafe einführen, aufs äußerste ausdehnen, dann abschaffen, morgen wieder zurückrufen. Daß hier Furcht und Hoffnung, leerer und satter Magen, Festigkeit oder Instabilität des politischen Regimes eine Rolle spielen, wissen wir. Viel deutlicher wird die Situation, wenn wir die tragenden Personen des Strafverfahren betrachten, die uns als der Prototyp der Nichtbefangenheit erscheinen, die Richter. Ein Richter ist ausgeschlossen, wenn er selbst durch die strafbare Handlung verletzt ist, er kann abgelehnt werden, wenn ein Grund vorliegt, der geeignet ist, Mißtrauen gegen seine Unparteilichkeit zu rechtfertigen (§§ 22; 24, II STPO.). Damit ist niemals eine absichtliche Parteilichkeit gemeint, sondern eine durch persönliche Erfahrungen und Temperament geformte Haltung, die ohne Rücksicht auf die Umstände des Einzelfalles zu Strenge oder Milde neigt.

Man hat sich wenig mit der Psychologie des Richters befaßt, und naturgemäß müssen hier die Pseudorichter der Diktaturen und der repressiven Conterphasen außer acht bleiben. Aber selbst im alten Deutschland war ein Berliner Strafrichter wohlbekannt, der wegen seiner „unbeugsamen" Strenge gefürchtet war und später an progressiver Paralyse erkrankte. In einem großen Wiener Mordprozeß wird der Vorsitzende erwähnt, dem dieser erregende Fall anvertraut wurde.

Er war seiner Schroffheit wegen berühmt und beging später Selbstmord[1]. Eine Anzahl Berichte kommen aus Schottland und den Vereinigten Staaten. Ein „hanging judge“ war Lord Deas, vom Volke Lord Death genannt[2]. Er glaubte an exemplarische Strafen und von ihm ist das Wort überliefert, er wolle durch seine Urteile die Stadt Glasgow so ehrlich machen, daß er seine Uhr und Kette an einen Laternenpfahl hängen, spazierengehen und sie bei der Rückkehr unberührt wiederfinden könne. “The Lordship was a terror to the evil doers.” Aber ein Richter soll nicht milde oder streng, er soll gerecht sein, und dazu genügt nicht eine generelle Haltung der Strenge.

In den Annalen der New Yorker Gerichte sind die Strafrichter Hackett, Smyth und Goff noch heute legendär, „deren Namen allen Übeltätern panischen Schrecken einjagten[3].“ Ein irischer Beobachter hielt Recorder Smyth für einen guten Richter, „einen feinen Richter“, leider sei er der Ansicht, daß jeder Mensch zum mindesten einmal in seinem Leben ins Gefängnis gehen sollte[4]. Der englische Richter Hawkins richtete Rechtsbelehrungen an die Geschworenen, die von seinen juristischen Kollegen als „brilliante Plaidoyers eines Staatsanwalts“ bezeichnet wurden[5]. Als der Lord Chief Justice Campbell im Mordprozeß Palmer mit großer Milde sagte: „Man gebe dem Angeklagten einen Stuhl“, meinte der crier des Gerichtshofes: „Er will ihn hängen[6].“ Ein Richter, genannt „Bloody Parker“, verurteilte in einem Gerichtshof 172 Menschen zum Tode; „er hatte reichliches Haar und einen wohlwollenden Sinn[7].“ Jener Smyth zeigte für nichts anderes Interesse als seine Pflicht. Die Mittagspause, die er einlegte, dauerte immer nur 30 Minuten. Dann zog er sich in sein Arbeitszimmer zurück, aß einen Apfel und trank ein Glas Milch[8]. Tutt kannte einen Richter in New York City, der einmal Opfer eines Erpressers geworden war. Seit dieser Zeit war

---

[1] Ehrenfreund: Die Dienstbotenmörder Franz und Rosalie Schneider. Pitaval der Gegenwart, Bd. VII, S. 204ff. Tübingen 1912.

[2] Tod, T. M.: The Scots Black Calender, a. a. O. S. 101. Eine der ältesten Londoner Hafenkneipen „der Prospekt of Witby“ steht bei Shadwell an der Themse. Auf dem Balkon, der den Fluß übersieht, soll im 17. Jahrhundert der „blutige Jeffreys“, ein Richter gesessen haben, um den Hinrichtungen beim „Execution Dock“ zuzusehen. Später mußte der verhaßte Mann als Seemann verkleidet aus dem Lande fliehen. English Inns, S. 20. London 1953.

[3] Rovere, Richard H.: Howe and Hummel, S. 16. New York 1947.

[4] Wellman, Francis E.: Gentlemen of the jury, S. 227. New York 1924.

[5] Ebenda S. 227.

[6] Ebenda S. 228. „Wenn Richter Hawkins seiner Beute sicher war, lächelte alles an ihm, denn er glaubte, es sei seine Mission auf Erden, darauf zu achten, daß kein Schuldiger entkomme.“

[7] Sutton, Fred E.: Hands up, S. 158. Indianapolis 1927. “He had abundant hair and a benevolent spirit.”

[8] Wellman: a. a. O. S. 229.

er in rücksichtsloser Verfolgungswut hinter Sittlichkeitsdelinquenten und Erpressern her[1]. Auch hier, wo wir die äußerste Objektivität nach Ausbildung, Tradition[2] und richterlicher Ethik erwarten, finden wir den Wellenschlag parteiischer Gefühle.

Wenn Richter so unausgeglichen sein können, so wird sich niemand wundern, daß „Gesetzgeber", und hinter ihnen die Massen der hin und her geworfenen Wähler, von Zeit zu Zeit wie Vulkane Feuer und Furcht zu speien beginnen, dann nach wenigen Jahren in die alte Ruhe zurückfallen. Der New Yorker Baumes Act setzte für Gewohnheitsverbrecher lebenslängliche Einschließung fest. Aber noch ehe das Gesetz sich eingespielt hatte, war es schon in Vergessenheit geraten. Nur 108 Leute wurden in den Jahren 1926—1930 zu lebenslänglichem Zuchthaus verurteilt[3]. In 8 Jahren erhielten von 4822 neu aufgenommenen Gefangenen nur 457 die Strafe der Gewohnheitsverbrecher, während 1993 Delinquenten in diese Kategorie hätten eingestuft werden können[4].

Es gibt feste ärztliche Regeln, wie man einen gebrochenen Knochen oder ein entzündetes Auge behandelt. Wenn es um die Therapie des Verbrechens geht, haben wir in der kurzen Spanne von 3 oder 4 Jahren völlig verschiedene Meinungen. Es scheint, daß wir in technischen Dingen ohne weiteres das Gute und das Bessere unterscheiden können und daß wir der Belehrung der Sachverständigen folgen. In den großen Fragen sozialer Kontrolle gibt es keinen festen Boden, keine feste Führung, keine gesicherte Regel. Alles ist Mythos, wechselnder Wunsch, seelischer Ausdruck stimulierter oder retardierter Drüsen.

Dabei zeigen sich — ebenfalls auf emotioneller Basis — Krankheiten der öffentlichen Meinung. Als im Jahre 1859 Daniel E. Sickles, ein Kongreßmitglied von New York, den Staatsanwalt Key erschoß, der seine Frau verführt hatte

„war Sickles bei der Verhandlung wegen Mordes buchstäblich der Liebling der Nation. Der Umstand, daß er Key erschossen hatte, hob ihn auf einen Gipfel der Popularität, die niemand, auch er selbst nicht erwartet hatte. Es war, als ob

---

[1] Tutt, Ephraim: Yankee lawyer, S. 93. New York 1943.

[2] Niemand wird diese Objektivität beim politischen Kampfgericht erwarten. Zur Hinrichtung der Mitglieder des französischen Revolutionstribunals und seines Präsidenten siehe Sanson: a. a. O. S. 154 und 156.

[3] Barnes und Teeters: a. a. O. S. 100.

[4] Taft, Donald R.: Criminology, S. 336 und 337. Über das ewige Hin und Her von Abschaffung und Wiedereinführung der Todesstrafe siehe Arthur Evans, Wood und John Barker: Crime and its treatment, S. 470. New York 1941. Genau so ging es mit den Sterilisationsgesetzen s. Abraham Myerson u. a.: Eugenic sterilization, S. 8—19. New York 1936.

jeder amerikanische Ehemann Sickles als glänzendes Beispiel hochhalten wollte, was geschehen würde, wenn ...“[1].

In jäher Umkehr war er bald darauf ein schlechter Mensch, dann wieder ein Held, und alles derselbe Mann.

B. Argumente zugunsten der Todesstrafe.

I.

Vier Gründe werden aufgeführt, die für die Todesstrafe sprechen. Es sind die Billigkeit der Prozedur, verglichen mit einer langjährigen Einschließung, die Unabänderlichkeit, die vorbeugende Wirkung gegenüber Akten der Volksjustiz und der Abschreckungseffekt. Drei von diesen befürwortenden Argumenten können nicht bestritten werden, sind aber ohne den Blick auf Gegenindikationen nicht beweiskräftig. Bei der Abschreckung, die sich auf eine unbestimmte, unsichtbare und unzählbare Mehrheit von potentiellen Tätern erstreckt, versagt die statistische Methode, haben wir auch noch nicht gewagt, auf sozialem Gebiet und über eine längere Zeit hin zu experimentieren. Nur auf diese Weise könnte Klarheit geschaffen werden.

Daß die Hinrichtung billiger ist als lebenslängliche oder sehr lange Zuchthausstrafe ist richtig, auch wenn man an die hohe Sterblichkeit der Lebenslänglichen denkt. Manche der Gefangenen, die diese lange Zeit überlebt haben, sind erst nach 40 Jahren entlassen worden. Wenn man mit größter Kühle an die Dinge heranträte, würde die Altersfrage eine bedeutende Rolle spielen. Es ist finanziell ein Unterschied, ob ein 20jähriger oder ein 50jähriger hingerichtet oder zu lebenslänglichem Zuchthaus verurteilt wird. Aber wir richten uns in vielen unserer staatlichen Maßnahmen nicht allein nach Gründen der Sparsamkeit. Wir lehnen es ab, unheilbar Geisteskranke und Idioten mit einer Dose Morphium aus dem Leben zu schaffen, um uns materiell zu entlasten. Wir unterhalten Millionen alter Arbeitsunfähiger. Wir tun es einfach, weil wir das Leben auch in seiner mißgestaltetsten oder unproduktivsten Form nicht antasten wollen. Das Prinzip von der Heiligkeit des Lebens, jedes Lebens, ist ein wervolles Stück Fortschritt. In uns lebt noch so viel vom Primitiven, Wilden und Barbaren, daß wir versuchen müssen, gegen diesen Höhlenmenschen in uns feste Schranken aufzurichten. Indem wir das Leben, ohne Rücksicht auf eine Preisangabe, für unantastbar, tabu erklären, stärken wir die lockeren Hemmungen,

---

[1] Bierstadt, Edward H.: Enter murderers S. 167. Garden City 1937. Mit einem Schlage büßte Sickles seine Popularität ein, als er seine Frau wieder zu sich nahm. Als er dann als General bei Gettysburg ein Bein verloren hatte, fand man seine Haltung großartig und er wurde wieder populär. Ebenda S. 172 und 173. Siehe das Publikum bei einem anderen Morde. Ebenda S. 201.

die die Massen zurückhalten, schützen wir mit Kranken, Alten und „Wertlosen" das eigene Leben, das sonst leicht jedem Usurpator wertlos erscheinen könnte, immer als unwert erscheint, wenn wir wagen, ihm Widerstand zu leisten.

Andern scheint die Unwiderruflichkeit der Todesstrafe eine wichtige Tatsache. Wir wissen nicht, ob wir durch die Einschließung bessern oder abschrecken. Wir wissen nicht, ob ein sozialer oder politischer Umsturz nicht die Tore der Anstalten, vielleicht in einem bald erkannten Irrtum öffnet[1]. Kein Wechsel des Regimes, kein politischer Druck kann den Toten befreien. Er kann weder begnadigt, noch rückfällig werden. Die Guillotine, der elektrische Stuhl, die Gaskammer, der Galgen machen ganze Arbeit. Der Delinquent ist ein für allemal ausgelöscht, und keine Macht der Erde kann ihn wieder ins Leben zurückrufen.

Aber diese Endgültigkeit ist Vorteil und Nachteil zugleich. War das Urteil richtig, so bleibt es richtig für alle Zeit. War es falsch —und Menschen irren mehr als wir denken und auch die höchsten Instanzen können irren und sind durch die Beschränkung auf die Rechtsfrage an der sachlichen Korrektur behindert — so haben wir eine Ungerechtigkeit zu ewigem Leben erhoben. In dem amerikanischen Staate Maine darf eine Todesstrafe erst 1 Jahr nach dem Urteilsspruch vollstreckt werden. Dieser Zwischenraum mag eine Qual für den Verurteilten sein, der Gedanke, der hinter der Vorschrift steht, ist, daß 1 Jahr genügen würde, neue Tatsachen und Beweismittel ans Licht zu bringen. Das Argument der absoluten Endgültigkeit, der letzten Unabänderlichkeit will also nicht ganz überzeugen.

Bisweilen wird die Ansicht laut, daß ohne Todesstrafe die erregten, in ihrem Rechtsgefühl verletzten Verwandten des Opfers zur Selbsthilfe greifen würden. Solche Fälle haben sich ereignet, aber die Todesstrafe kann nur an ihren eigenen nützlichen oder schädlichen Wirkungen beurteilt werden. Exzessen, die möglicherweise von der schwachen oder unsicheren Staatsgewalt nicht verhindert werden, muß durch Stabilisierung der Rechtsschutzorgane, nicht durch Nachgeben und Gehenlassen begegnet werden.

---

[1] So die Fehlgriffe der Besatzungsbehörden im Jahre 1945. „Während die Alliierten bei Öffnung der Konzentrationslager zunächst von der Annahme ausgingen, daß der weitaus größte Teil der dort untergebrachten Deutschen aus politischen Gründen festgehalten sei, stellte sich bald heraus, daß ein bedeutender Anteil der KZ-Häftlinge kriminell schwer belastet war.... In vielen Lagern wurden die Kriminellen über die politischen Häftlinge gestellt." BADER, KARL S.: Soziologie der deutschen Nachkriegskriminalität, S. 171 und 172. Tübingen 1949. Massenweise waren Homosexuelle in Konzentrationslager gesteckt worden, von denen sie sich 1945 als „Verfolgte" über das Land ergossen.

In Europa ist die Furcht vor Selbsthilfe kein Problem von einiger Bedeutung. In anderen Kontinenten mag sie größeres Gewicht haben. Als im August 1950 das israelitische Parlament die Frage der Todesstrafe diskutierte[1], wurden die verschiedensten Meinungen geäußert. Die Mehrzahl der Orthodoxen war aus religiösen Gründen abgeneigt. Ein Abgeordneter trat für die Todesstrafe bei Hochverrätern, nicht aber bei Mördern ein, weil die politischen Verbrecher den Triumph ihres Regimes erwarteten und mit ihm zur Freiheit gelangten. Der Polizeiminister befürwortete die Todesstrafe bei Mördern, weil die Lebenslänglichen verzweifelt und eine Gefahr für Wächter und Mitgefangene seien. Das überzeugendste Argument für die Beibehaltung der Todesstrafe holte er aus dem Problemkreis der Selbsthilfe. Araber und manche eingewanderte Juden aus orientalischen Ländern hingen noch der Blutrache an. Die Ehre verlange, daß der Verwandte des Ermordeten das Leben des Täters nimmt. Wollte man Mörder nur zu lebenslänglicher Haft verurteilen, so müsse man für das Leben unschuldiger Familienmitglieder fürchten. Hier, im Orient, ist das Problem der verhinderten Selbsthilfe nicht ohne jede Bedeutung.

Auch in den Vereinigten Staaten ist es zu Schwierigkeiten gekommen[2]:

„Im Jahre 1915 wurde eine weiße Frau in Georgia unter besonders grauenhaften Umständen ermordet und der Verdacht fiel auf ihren jüdischen Arbeitgeber ... obschon ebenso schwere Verdachtsgründe gegen einen ebenfalls dort beschäftigten Neger bestanden. Die Wut der Bevölkerung kam ins Kochen ... und (der Täter) wurde zum Tode verurteilt.... Kurz vor der angesetzten Hinrichtung, hatte der Gouverneur Slaton den Mut, die Todesstrafe umzuwandeln. Dieser Entschluß entlastete den Staat von der Verantwortung für das Blut eines Mannes, der wahrscheinlich unschuldig war, konnte aber nicht das Leben ... (des Mannes) retten. Ein Mob brach das Gefängnis auf und lynchte den Mann mit großer Brutalität.“

Auch in anderen Fällen hat Furcht vor Unruhe und „berechtigten[3]“ Selbsthilfeakten eine Begnadigung verhindert.

---

[1] Bericht der Verhandlung in New York Times vom 6. August 1950. Der Staat Israel hatte von der britischen Mandatsmacht folgende mit Todesstrafe bedrohten Delikte geerbt: Hochverrat, Mord, Tötung um ein anderes Verbrechen oder Flucht zu erleichtern, Tötung von Eltern und Großeltern. Seit der Errichtung des Staates im Jahre 1948 sind keine Hinrichtungen im ordentlichen Verfahren vollzogen worden; 7 Verurteilte erwarteten 1950 eine Entscheidung.

[2] JOHNSEN: a. a. O. S. 112 und 113.

[3] Bei einer anderen Gelegenheit hatte der Gouverneur von Arkansas offen erklärt: „Die Todesstrafe unter diesen Umständen — der Mord war vorher angekündigt worden — umzuwandeln, würde das ganze offene Land in Erregung versetzen und demoralisieren. Das Volk würde sich durchaus berechtigt gefühlt haben, die Rache in die eigene Hand zu nehmen. Der Gouverneur machte den bemerkenswerten Zusatz, es sei höchst wahrscheinlich, daß sich aus dem Verbrechen eine Familienfehde entwickelt hätte und jetzt eine Tötung der andern auf dem Fuße gefolgt wäre.“ Ebenda S. 157. Zu dieser Anschauung siehe das Urteil eines

Man kann es nicht anders als eine private Lynchmentalität nennen, wenn Richter in öffentlicher Verhandlung bedauern, daß die gesetzliche Strafe zu milde sei, und daß es gut gewesen wäre, wenn die Polizei, statt ihn nur anzuschießen, ihn getötet hätte[1]. Vor einem New Yorker Gericht stand im Januar 1947 ein Neger, der vor kleinen Kindern eine Frau genotzüchtigt und beraubt hatte. Mindestens 15 andere Frauen hatten sich geweigert, ähnliche Vorkommnisse zur Anzeige zu bringen. Der 21jährige Angeklagte war also ein höchst gefährliches Subjekt und war im Zuschauerraum einer strafgerichtlichen Verhandlung erkannt worden, hatte zu fliehen versucht, war aber von 2 Kriminalbeamten mit Schüssen niedergestreckt worden. Der Richter erklärte, ehe er den Mann, der um Gnade winselte, zu 30—60 Jahren Zuchthaus verurteilte: „Der elektrische Stuhl würde für Sie zu gut sein... Es ist zu schade, daß die Polizei, der ich meine Anerkennung ausspreche, Sie nicht schwerer verwundet hat. 30—60 Jahre!"

Es mag richtig sein, daß dieser Mann eines der schlimmsten, verdorbensten und schmutzigsten Individuen war, die je vor diesen Richter kamen. Die Kombination von Notzucht und Raub, die er erfolgreich anwandte, ist gefährlich und hassenswert[2]. Trotzdem steht der Richter unter dem Gesetz, und sein Wunsch, daß die Polizei nicht nur die Flucht hindern, sondern mit Erschießung hätte „bestrafen" sollen, kann bei einem Mob auftauchen, ist aber keinem Richter erlaubt.

II.

Jeremy Bentham, Vegetarianer und Antialkoholiker, ein mathematischer Kopf von großer Schärfe und ein Gemüt, den psychologische Variationen wie eine Unart der Natur verletzten[3], war der Klassiker der Abschreckung, wenn man auch sagen muß, daß es oft eine verfeinerte Form war. „Wenn Aufhängen in effigie", so hat er geschrieben[4], „den gleichen heilsamen Effekt des Schreckens auf das Gemüt des Volkes ausüben würde, wie eine wirkliche Hinrichtung, so wäre es grausam oder widersinnig, jemals einen Menschen wirklich zu hängen." In schroffen und knappen Antithesen hat er seine Lehre verkündet: „Der Vorteil des Verbrechens ist die Kraft, die einen Menschen zum Rechts-

Mannes bei Beman: a. a. O. S. 187, 188: "Whenever unusually brutal and atrocious crimes are committed, particularly if they cross racial lines, nothing less than the death penalty will satisfy the general sense of justice that is to be found in the average American community."

[1] Bericht der New York Times vom 8. Januar 1947.

[2] Siehe meine Psychologie der Einzeldelikte (Diebstahl, Einbruch, Raub), S. 187ff. Tübingen 1954.

[3] Siehe meine Abhandlung: Bentham's Kriminalphilosophie, S. 97—110. Groß' Archiv, Bd. 56. 1914.

[4] Ebenda S. 105.

bruch treibt. Der Schmerz der Strafe ist die Kraft, die wir anwenden, um ihn vom Rechtsbruch abzuhalten. Wir müssen deshalb besorgt sein, daß die zweite dieser Kräfte überwiegt, sonst wird das Verbrechen begangen werden[1]."

Bentham sah im menschlichen Wesen einen mit Vernunft begabten „homme-machine", der jeden Schritt überlegt, der sich nach genauem Nachdenken entschließt, wann er atmen, fühlen, lieben soll. Er sieht vollkommen an den Widersprüchen des Gefühls- und Triebwesens vorbei und will auch nicht von den Erscheinungen der Psyche wissen, die einstmals vernünftig waren, heute sinnlos geworden sind und morgen wieder rationell sein können. Gerade dieser unerbittlich logische Verfechter des Abschreckungsgedankens macht seine tiefen Mängel klar. Es wird vergessen, daß zwischen dem, was wir Gesetzgeber, Philosophen, Professoren für abschreckend halten, und was den Verbrecher hemmend aufhält, ein himmelweiter Unterschied besteht. Von William Penn, dem großen Reformator und Gründer eines amerikanischen Staates hören wir, „daß der Tower kein Argument war, und daß die Haft ihn in seinen Ansichten und Überzeugungen nur bestärkt hatte[2].

Alle Versuche, der Frage der Abschreckung mit statistischen Mitteln beizukommen, sind gescheitert. Wood und Waite haben amerikanische Städte mit oder ohne Todesstrafe verglichen[3]. Aber wie kann man Gemeinden verschiedener wirtschaftlicher Struktur, verschiedener Alters- und Geschlechtsverteilung und abweichender rassischer Zusammensetzung vergleichen, die zudem in verschiedenen klimatischen Zonen liegen. Trotzdem sind die nachstehenden Ergebnisse für das Jahr 1930 interessant, wenn auch nicht ausschlaggebend. Sie müßten zudem auf einen längeren Zeitraum ausgedehnt werden.

Der Tötungsindex von Städten, in denen die Todesstrafe zulässig ist		Der Tötungsindex von Städten, in denen die Todesstrafe abgeschafft ist	
Chicago	14,4	Detroit	13,1
Seattle	6,5	Minneapolis	7,1
Louisville	17,5	Providence	3,6
Pittsburgh	9,5	Milwaukee	4,0

[1] Atkinson, Charles M.: Jeremy Bentham, his life and his work, S. 142. London 1905.

[2] Brailsford, M. R.: The making of William Penn, S. 259. London 1930. Gefängnisse schrecken oft die Gangster nicht ab, sondern werden aus Sicherheitsgründen aufgesucht. "Torrio himself was wounded by gun- fire; when he recovered he actually welcomed the jail sentence, and safety." Illionois Crime Survey, S. 917. Chicago 1929. — Ein Denunziant bat im Zuchthaus, ihn nicht in den Hof zu lassen, sondern in einer Schutzzelle zu internieren. Der Direktor weigerte sich. In der folgenden Nacht erhängte sich der Mann. W. Doyle und S. O'Dell: Man alone S. 111, New York 1954.

[3] Wood und Waite: a. a. O. S. 477.

Einzelfälle verdienen Beachtung, können aber die Frage, die in Zehntausenden von Fällen in unübersehbare und dunkle Winkel des sozialen Lebens hineinreicht, nicht beantworten. Drei Fälle positiver Abschreckungswirkung seien genannt[1]:

„Da ist der wohlbekannte Fall von Isaac Swatelle, der sich vornahm, seinen Bruder Hiram zu töten. Aus Furcht vor den Folgen (Todesstrafe) versuchte er, seinen Bruder von Massachusetts durch Vermont und New Hamphsire, Staaten, die alle die Todesstrafe haben, nach Maine zu locken, wo nur lebenslängliches Zuchthaus zu fürchten war. Isaac hatte Pech, verwechselte die Grenze und brachte seinen Bruder im Staate New Hampshire um, wo er alsbald für sein Verbrechen hingerichtet wurde. Vor seinem Tode gestand er, daß Furcht vor der Todesstrafe der unheilvollen Reise von Boston zugrunde lag.“

Am 10. Oktober 1926 beschloß ein Mann namens William Coffe, seine Frau zu ermorden, um einer Anklage wegen Bigamie zu entgehen. Nach seinem eigenen Geständnis brachte er sie vom Staate Iowa, wo es die Todesstrafe gibt, nach Wisconsin, wo lebenslängliche Haft die äußerste Strafe ist, und tötete sie hier.

„Ein Mann namens Meiko Petrovich kam von Pittsburgh, Pennsylvanien, wo der elektrische Stuhl manchmal in Gebrauch ist, nach Detroit, wo es keine Todesstrafe gibt, und tötete seine Frau. Er gestand der Polizei, daß er sie eigentlich in Pennsylvanien umbringen wollte, daß er sie aber nach Michigan brachte, weil es hier sicherer war.“

Solche Fälle kommen vor, solche Geständnisse werden gemacht, aber die Fluchtpläne des Mörders sind in der Regel auf bessere Alternativen eingestellt als Todesstrafe oder lebenslängliches Zuchthaus. Bei manchen Mördern sind Tat und Entwischen sorgsam geplant, so gut, daß sie kaum an Gefaßtwerden und was dahinter liegt, denken. Wenn jeder Mörder wüßte, daß er mit Sicherheit ergriffen, verurteilt und für lange Zeit eingesperrt würde, wäre ein gewaltiger Schritt auf der Bahn zur Bekämpfung des Mordes getan. Die eigentümliche Neigung der meisten Mörder, nach längerer Vernehmung und nach Anwendung altbekannter polizeilicher Tricks zusammenzubrechen und zu gestehen, zeigt ihre geistige Schwäche und ihre primitive Sinnesart. Viele legen ein Geständnis ab, obschon Todesstrafe droht. Es wäre interessant, zu wissen, ob Staaten ohne Todesstrafe mehr Geständnisse erzielen als solche, die hinrichten. An dieser Reaktion des Täters ließen sich vielleicht Abschreckungseffekte ablesen.

Auf der anderen Seite gibt es eine Menge Tatsachen, die die oft behaupteten Wirkungen der Todesstrafe nicht erkennen lassen. Lawes[2] kannte 2 Gefangene: der eine hatte am Bau des Todeshauses mitgearbeitet, der andere hatte in einem Nachbarstaat den elektrischen Stuhl montiert. Beide begingen später einen Mord und wurden hingerichtet. Ein deutscher Mörder wurde zum Tode verurteilt. Er unterwarf sich dem Urteil sofort und legte alsdann ein unumwundenes

[1] Richter Marcus A. Kananagh in Johnsen: Capital punishment, a. a. O. S. 174—175.

[2] Life and death, S. 177.

Geständnis ab. Seine Bitte, ihn nicht zu begnadigen, sondern hinzurichten, denn ihm graue vor der Arbeit im Zuchthaus, wurde nicht erfüllt[1]. In Celle ließ sich nach LEUSS ein Lebenslänglicher beim Direktor vorführen und gab den Antrag zu Protokoll, das vor 7 Jahren gegen ihn verhängte Todesurteil nunmehr vollstrecken zu lassen[2]. Die Antwort war: Unzulässig. Die Fälle sind nicht selten, daß ein Mörder begnadigt wird und später sich das Leben nimmt, das ihm vom König geschenkt wurde[3].

Vierzig Jahre hatte der alte Hausmeister des Weißen Hauses Gelegenheit, den Präsidenten, die Menschen, die zu ihm kamen, und die Beamten, die ihn bewachten, zu beobachten und sich darüber Gedanken zu machen. Das Ergebnis seiner Erfahrung ist lehrreich. „Wie nutzlos", schreibt er[4], „ist die ganze Geschichte mit den Beamten, die den Präsidenten bewachen. Niemals gibt es einen Augenblick, in dem nicht ein Mensch Gelegenheit hätte, den Präsidenten zu verletzen, wenn er es wirklich wollte. In stillen Gesprächen geben das die Männer vom Geheimdienst selbst zu. In den ganzen 40 Jahren habe ich keinen gesehen, der dem Präsidenten hätte Leids antun wollen, obschon ich mit sehr vielen Halbverrückten fertig zu werden hatte." Das Staatsoberhaupt wird also im großen und ganzen durch andere Gefühlslagen beschützt als durch die Furcht vor Strafe. Vor Geisteskranken und Fanatikern gibt es vielleicht die Sicherheit, die reine Mechanik zu liefern vermag, diese kann aber nicht immer und überall wirksam sein.

Gegen die Abschreckungskraft der Todesstrafe sprechen zahlreiche Vorgänge, die von den nüchternsten Beobachtern registriert wurden. Der Direktor von Sing Sing berichtet von einem Mann, der in das Dienstzimmer des Staatsanwalts in Brooklyn trat und mitteilte, er sei wegen Mordes gesucht[5]. Da man nichts über den Fall finden konnte und ihn wohl auch für einen Psychopathen hielt, bedeutete man ihm, morgen wiederzukommen. Am nächsten Tag erschien er pünktlich. Man hatte unterdessen die Akten gefunden, er wurde verhaftet, verurteilt und hingerichtet. Ein Bruder von ihm war in dem gleichen Falle verurteilt, in der Berufungsinstanz aber freigesprochen worden. LAWES kannte einen anderen Mann im Todeshaus, der keinen Verteidiger haben wollte, keine Berufung einlegte und nur sagte, es sei

---

[1] Pitaval der Gegenwart, Bd. III, S. 216. Tübingen 1907.

[2] LEUSS: Aus dem Zuchthause, S. 132. Berlin 1903.

[3] Siehe den Fall Holzwart, der infolge der Revolution von 1848 nicht hingerichtet wurde und 2 Jahre später sich von der Gefängnisgalerie in Halle herabstürzte. Der neue Pitaval, S. 70ff. Leipzig 1858. Dazu WOSNIK: Bd. II, 3, S. 57. — Der Revolutionär Poliwanow erschoß sich, nachdem er glücklich aus Sibirien ins Ausland geflüchtet war. FIGNER, WERA: Nacht über Rußland, S. 339. Berlin 1926.

[4] HOOVER, I. H.: Forty-two years in the White house, S. 235. New York 1934.

[5] Life and death, S. 1181.

sein Wunsch zu sterben[1]. Ein anderer begrüßte den Tod als Befreiung von den Verwüstungen der Tuberkulose[2]. In einem weiteren Falle spricht LAWES von einem Selbstmord, den der Verurteilte mit Hilfe der Staatsgewalt verüben wollte[3]. Die Todesstrafe wurde herbeigewünscht, nicht gefürchtet.

Wenn im Mittelalter und bis in die neuere Zeit hinein bei Hinrichtungen von Dieben ungezählte Taschendiebstähle vorkamen, wenn Ehemänner ihre Frauen in unmittelbarer Nähe des Galgens ermordeten[4] oder ein Gefangener den anderen an der Umfassungsmauer des „Todeshauses“ umbrachte[5], so sehen diese Vorgänge nicht nach Abschreckung aus. Früher wurde dieser Mißerfolg in amtlichen Erlassen zugegeben. So verordnet ein „geschärfftes Edikt wieder die starck einreißende Desertion vom 17. Mai 1711“ Abschneiden der Nase, eines Ohres, Zwangsarbeit[6] an eine Karre geschmiedet, „da die bissherige, wiewohl abscheuliche Todesstrafe des Stranges, gar keine Furcht, Schrecken, noch Beyspiel geben wollen[7].“

Sowie ein Übermaß abschreckender Maßnahmen, vor allem die Todesstrafe, zur Anwendung kommt, tritt seelisch wie beim Körper, der sich irgendeinem Dauerreiz anpaßt, Schwielenbildung ein. Auf dem Höhepunkt des revolutionären Terrors schwang die öffentliche Meinung Frankreichs im Jahre 1794 von Zustimmung zum Abscheu über. Anfangs war die Guillotine ganz populär gewesen. Es wird erzählt, daß zunächst die französischen Kinder mit kleinen Guillotinen und mit Puppen spielten, denen der Kopf abgetrennt war. Winzige Guillotinen wurden auch von den Frauen als Nadeln, Broschen und Kämme getragen. Spiele wurden erfunden, die den Vorgang auf dem Schafott nachahmten, wobei man als Pfand nicht den Kopf verlor, sondern ein Kuß gegeben wurde. Dann, etwa nach dem Tode Dantons, kam die rückläufige Bewegung der übersättigten Gefühle, die von einigen Historikern bemerkt und geschildert worden ist[8]. Einer von ihnen[9] hat vielleicht zu Recht gemeint, daß die Masse für einige Zeit aus Furcht zu blinder Grausamkeit hingerissen werden kann, aber nicht fähig ist, dauernd grausam zu sein. Als am 29. Prairial 1794 in Paris eine Anzahl

---

[1] Ebenda S. 180, “He wanted to go.”

[2] Ebenda S. 175.

[3] Ebenda S. 173. Siehe dort die höchst eigenartige Berufsethik des Kriminellen.

[4] Chronicles of Crime, herausgegeben von PELHAM, Bd. I, S. 87. London 1887.

[5] Twenty thousand years in Sing Sing, a. a. O. S. 292.

[6] MYLIUS: Corpus constitutionum Marchicarum, III. Teil, 1. Abt., S. 281. Berlin und Halle 1737.

[7] „nunmehro und forthin eine dem Tode gleiche Strafe zu statuieren ...“ Ebenda S. 281.

[8] KERR, WILFRED B.: The reign of terror, 1793—1794, S. 426. Toronto 1927.

[9] Ebenda S. 427.

Mädchen, fast noch Kinder, zur Richtstätte gefahren wurden, im ganzen 45 Personen, schrie die Menge: Weg mit den Kindern! SANSON, sagen seine Memoiren, zitterten die Knie[1].

Ein kenntnisreicher Gefängnisarzt, Dr. LEO L. STANLEY, von San Quentin hat geschätzt, daß „Im Augenblick in den Vereinigten Staaten eine Million Mörder leben, von denen die einen gefaßt, die anderen in Freiheit sind.... Nicht einer von hundert wird gehängt[2]." Ohne mich auf die exakten Zahlenverhältnisse einzulassen, möchte ich annehmen, daß die Angaben im großen und ganzen der Wahrheit nahekommen. Fälle sind bekannt, in denen das Individuum einen Freispruch wegen Mordes oder eine leichtere Qualifikation[3] erreichte und dann später wieder einen Mord beging. Dr. Neil Cream hatte eine längere Freiheitsstrafe wegen Mordes in den Vereinigten Staaten verbüßt, beging in England neuerdings Giftmord, wurde verurteilt und hingerichtet[4]. Selbst wenn man an geistige Störung denkt, muß es auffallen, daß der Mann nach einer so schweren Erfahrung das Schicksal von neuem versuchte. Im Jahre 1935 begingen Everett C. Appelgate und Frances Creighton einen Giftmord an der Ehefrau Appelgate. 12 Jahre vorher waren Frau Creighton und ihr Gatte von der Anklage des Giftmordes freigesprochen worden[5]. Ronald John Cheney, 46 Jahre alt, in Neuseeland geboren und in Rußland erzogen, athletisch gebaut, mit Ringen in den Ohren wie die Seeräuber alter Zeiten, war vor längeren Jahren von der Anklage des Muttermordes freigesprochen worden. Im Jahre 1954 tötete er in England seine Frau und Schwiegermutter und beging danach Selbstmord in der Nähe von Köln[6].

Es war also nicht die Strafandrohung des Gesetzes, die sich vorher wie nachher in Gestalt der Todesstrafe vor dem Täter aufrichtete, sondern die Wahrscheinlichkeit der Entdeckung und Bestrafung. Sie erschien nach dem ersten Freispruch oder nach der viel häufigeren Umqualifizierung in ein leichteres Delikt als gering oder vernachlässigenswert. Verbrecher sind schon an und für sich nicht geneigt,

[1] SANSON: a. a. O. IV, S. 132. — "The feeling of uneasiness and disgust ... began to spread to all ranks of the people." KERR: a. a. O. S. 427.

[2] STANLEY, LEO L.: Men at their worst, S. 283. New York 1940.

[3] Ein solcher Fall wird auf S. 321 des Berichts der Royal Commission berichtet.

[4] SCOTT: Capital punishment, a. a. O. S. 276. — Im Jahre 1946 wurde Walter G. Rohland in England hingerichtet. Er war schon einmal zum Tode verurteilt worden, wurde begnadigt und nach etwa 8 Jahren aus dem Zuchthaus entlassen, um in die Armee einzutreten. National Council for the abolition of the death penalty, Bulletin Nr. 23, S. 4. 1947.

[5] HOFFMANN, RICHARD H., und JIM BISHOP: The girl in poison cottage, S. 12. New York 1953.

[6] Bericht des Monde vom 18. Februar 1954.

Strafe als Gewißheit oder Wahrscheinlichkeit in ihre Vorstellungen einzusetzen. Der Freispruch bestärkt ihre Meinung[1].

C. Argumente gegen die Todesstrafe.

I. Der Verherrlichungseffekt.

Mit der Abschreckung, an die viele Menschen glauben, kreuzt sich in eigentümlicher Weise etwas völlig Entgegengesetztes: die Verherrlichung. Das Wort Märtyrer findet auf solche Fälle Anwendung, wenn es auch die Breite des Phänomens nicht erschöpft. Oft hat die Menschheit erst getötet, um dann den Hingerichteten in den Kreis inbrünstiger Verehrung zu ziehen. So ist es gekommen, daß ein römisches Strafinstrument, das Kreuz, zum höchsten Symbol der Christenheit wurde. Wäre der Stifter der christlichen Religion auf andere Weise, etwa mit dem Schwerte, hingerichtet worden, so wären Beil oder Schwert an die Stelle des Kreuzes getreten. Sokrates, von den Athenern hingerichtet, wurde zum Objekt der Verehrung. Die Jungfrau von Orleans, als Hexe und lesbische Unholdin verbrannt, reitet heute, ihr Schwert schwingend, über alle Plätze Frankreichs und ist die Nationalheilige geworden. Savonarola und Johann Hus, schimpflich verbrannt, werden heute in Ehren genannt. Hus' Asche wurde in den Rhein gestreut, um ihn ein für allemal zu vernichten, aber aus der totalen Liquidation erwuchs ihm neues Leben.

In kleinerem Maßstabe ist dieser Umschwung von Abscheu zur Bewunderung allerorten zu bemerken. Man meint, daß die Zeiten sich geändert haben, im Grunde muß man sagen, daß die Todesstrafe, die töten soll, bisweilen zu einem Mittel der Erhöhung, manchmal der Unsterblichkeit, geworden ist.

Am 6. Oktober 1794 marschierten die französischen Revolutionstruppen in Köln ein:

Am 17. September 1796 .... „Abends gegen 5 Uhr begab sich die Munizipalität, die Generale, Stabs- und andere Offiziere nebst einem großen Teil der Beamten und Notablen, unter Jubel und Kanonendonner nach dem Jülichplatz, woselbst sie den in Messing nachgebildeten Kopf des Hochverräters Jülich von der Schandsäule herabnahmen, denselben gleichsam als die Reliquie eines Märtyrers verehrten und ihn im Triumphe nach der Wohnung des Generals Jacobe Tregny brachten. Unbeschreiblich war die Freude aller echten Republikaner an jenem Tag. Dieser Jülich war ein zur Zeit der Revolution im Jahre 1686 durch kaiserliches Urteil enthaupteter Bürger[2]."

---

[1] Insofern liegt im Freispruch, der nicht gut begründet ist, sondern auf Schwächen und Fehlern der Strafverfolgung beruht, eine kriminalpolitische Gefahr, die sich beim Täter wie der Allgemeinheit auswirken kann.

[2] Mering, v.: Geschichte der Stadt Köln am Rhein, Bd. IV, S. 247. Köln 1839. „Er (der Kopf) wurde dann auf ein sammtenes Kissen auf einen Tragsessel gelegt, mit Lorbeerzweigen gekrönt und von den Militär- und Civilautoritäten in großem

In den Vereinigten Staaten wurde John Brown, vom Staate Virginia gehängt, zum Nationalhelden. Ein Vierteljahrhundert später, am 11. November 1887, wurden in Chicago 4 Männer gehängt, die als Anarchisten bekannt waren, und denen man die Verantwortung für die Explosion auf dem Haymarket zuschrieb. Ein Lokalhistoriker gibt uns von dem Epilog dieser Hinrichtung Nachricht; er berichtet, daß nicht allzulange danach auf dem Waldheim-Friedhof ein Denkmal errichtet wurde und daß in den Jahrzehnten, die folgten, beinahe ebenso viel Besucher zu diesem Denkmal kamen wir zur Statue von Abraham Lincoln[1]. Sie waren aus Verbrechern Märtyrer geworden.

Wer darauf achtet, wird auf viele solche Umkehrerscheinungen stoßen. 1952 wurde in der Stadt Herzogenrath, unfern Aachen, ein Bockreiterdenkmal errichtet[2]. Diese Bockreiter waren Räuber, die in den Jahren 1735—1776 nächtliche Streifzüge in das Land zwischen Wurm und Inde vollführten. Es waren Zeiten schlimmster Not, von endlosen Kriegen, die die Gegend verwüsteten, Rinderpest, Mißernten. Die Sympathie des Volkes scheint mit diesen Räubern gewesen sein, von denen in der Zeit von 1762—1776 allein 65 Personen in Herzogenrath gehenkt wurden. In einer Art stillschweigenden Wiederaufnahmeverfahrens hat das Volk diese Hingerichteten rehabilitiert, ja sie mit einem Sagenschein umwoben und jetzt in einem Denkmal gefeiert.

Im Hofe des Berliner Kriegsministeriums in der Bendlerstraße steht ein Denkmal für 5 hingerichtete Offiziere, darunter den Generalobersten Beck. Eine Inschrift sagt:

„Ihr trugt die Schande nicht
Ihr wehrtet Euch,
Ihr gabt das große, ewig wache Zeichen der Umkehr
Opfernd euer heißes Leben
Für Freiheit, Recht und Ehre.“

Es hat freilich nicht lange gedauert bis die Umkehr kam. Es hat der äußeren Niederlage bedurft, um die Schmach der Hinrichtung in Ruhm und Ehre umzuwandeln.

Im Sommer 1953 wurden Julius und Ethel Rosenberg wegen Atomspionage in Sing Sing hingerichtet. Unmittelbar danach bildeten sich in vielen Ländern, vor allem in Paris, Komitees, die in öffentlichen Veranstaltungen ihr Andenken ehrten[3]. Eine ähnliche Bewegung kam nach der Hinrichtung der italienischen Anarchisten Sacco und Vanzetti

---

Gepränge zur Verehrung durch die Straßen getragen; bald darauf auch nach Bonn transportiert, wo die Gassenbuben aber die kölnischen Gesandten, welche die teure Reliquie trugen, mit Steinwürfen begrüßten.“

[1] Lewis, Lloyd: Chicago, S. 166. New York 1929.

[2] Keller, Heinrich: Die Bocksreiter, S. 37ff. Eifel-Kalender 1954.

[3] Le Monde vom 4. Juli 1953.

in Gang[1]. BARNES und TEETERS nennen die Hinrichtung den klassischen Fall eines Justizmordes, aber nach dem Tode der Hauptbeteiligten konnte die umfangreiche wissenschaftliche Literatur nicht alle Dunkelheiten mehr aufhellen[2].

Leichtere Schattierungen dieser Haltung, die von Abscheu und Ablehnung des Täters weit entfernt ist, finden sich überall. Schinderhannes hatte mehr Freunde als Feinde und konnte sich nur deshalb so lange halten genau wie Jesse James. Der später hingerichtete bayerische Räuber Kneißl bekam schwärmerische Liebesbriefe von manchen hochgestellten Damen[3]. Die Giftmörderin Madeleine Smith (Edinburgh 1857), erhielt während der Untersuchungshaft Hunderte von Herrenbriefen, einige, die Trost, andere, die ihr Herz und ihr Vermögen anboten[4]. Ebenso bekam Frau Snyder, die ihren Gatten mit Hilfe ihres Geliebten recht roh ermordet hatte, „viele Heiratsangebote", und LAWES hat die hysterische Erregung und das krankhafte Interesse beschrieben[5], das die Öffentlichkeit an der Mörderin und ihrer Hinrichtung nahm. Hunderte wogten in der Hinrichtungsnacht vor den Anstaltstoren auf und ab. „Es war sicherlich", schreibt LAWES, „keine Methode, von Leidenschafts- oder Dreiecksmorden abzuschrecken."

In der Mitte des 19. Jahrhunderts war das Bild des Mörders Lacenaire an allen Wänden in Paris zu sehen. „Von allen Seiten wurden ausgesuchte Leckerbissen und beste Weine in seine Zelle geschickt; jeden Tag statteten ihm Literaten einen Besuch ab, notierten seine sarkastischen Bemerkungen, alle Phrasen, die er sich in seiner Beschwipstheit ausgedacht hatte und die absichtlich auf Effekt ausgerichtet waren. Junge, schöne und elegant gekleidete Frauen bewarben sich um die Ehre, ihm vorgestellt zu werden, und waren trostlos, wenn er ablehnte[6]." Dem hysterischen Begehren, mit dem Todgeweihten in Berührung zu treten, steht die Sucht gleich, dem Scharfrichter nahe zu kommen, deren drastischste Äußerungen der österreichische Henker LANG vorsichtig in die Vergangenheit verlegt[7]. Man findet hier auch Angaben,

---

[1] Über die Vorgänge bei der Hinrichtung siehe ELLIOTT: a. a. O. S. 179ff.

[2] Siehe die Aufzählung bei BARNES und TEETERS, a. a. O. S. 422.

[3] FRIEDLÄNDER: Interessante Kriminalprozesse, S. 205. Berlin-Grunewald 1922.

[4] The Scots Black Calender, a. a. O. S. 68.

[5] Twenty-thousand years, S. 312. Als der Neger Patterson zum Tode verurteilt war und auf den Ausgang der Berufung wartete, wurde ihm so viel Geld geschickt, daß der Gefängniskoch ihm dasselbe Essen kochen konnte wie dem Anstaltsdirektor und den Beamten. Patterson, Scotsboro Boy, S. 48. New York 1950.

[6] HOPKINS: Dungeons of Old Paris, S. 259.

[7] „Man glaubte, er könne durch Vollzug des Beischlafs ... leidende Frauen gesund machen; an Geschlechtskrankheiten laborierende Männer erschienen bei ihm und baten ihn, gegen Erlag von reichlichen Geschenken, sie zu berühren ...', LANG: a. a. O. S. 82.

welche Körperteile eines Hingerichteten Frauen verlangten, denen Kindersegen versagt geblieben war[1].

Oft ist der Widerspruch zwischen dem Tenor das Urteils und der Meinung der Nachzeit schreiend. James Wilson wurde 1820 wegen revolutionärer Umtriebe in Schottland hingerichtet. Der Richter beschrieb den Verurteilten „as a miserable and sinful creature", der bald vor dem Richterstuhle Gottes zu erscheinen habe, um für alle seine Sünden und Laster Rechenschaft abzulegen. Schon als der Henker sein Haupt hochhielt und den üblichen Ruf tat: „Seht das Haupt eines Hochverräters!" wurden in der Menge Rufe wie „Pfui" und „Mord" laut[2]. 26 Jahre später erstand ein Denkmal, auf dem die Worte zu lesen sind:

1846. Errichtet durch öffentliche Sammlung in liebevoller Erinnerung an James Wilson. Er war ein schottischer Patriot, der in Glasgow am 30. August 1820 den Tod erlitt, weil er die Grundsätze des Fortschritts und der Reform vertrat. Durch Annahme derselben Grundsätze hat Großbritannien sich häuslichen Frieden und Macht unter den Völkern gesichert. Geboren in Strathaven am 5. September 1760.

Der Schritt ist kurz vom umjubelten Reformator zum Galgen, kurz oft auch der Weg vom Schafott zum Monument[3], vom verächtlichen Sünder zum großen Patrioten.

Der Glorifizierungsprozeß beginnt nicht immer mit der Person des Hingerichteten, sondern setzt dort ein, wo wir Mitleid mit Unschuldigen empfinden, zumal bei der Mutter, wenn aber beide, Vater und Mutter, ums Leben gekommen sind wie beim Paar Rosenberg, bei den Kindern. LAWES hat die lange Kette derer geschildert, die zurückbleiben und weiter zu leiden haben[4]. SQUIRE hat beobachtet, daß der Schmerz der Verwandten, wenn die Todesstunde kommt, in der Regel schneidender ist als der des Verurteilten[5]. Zu den Leuten, die kurz nach Ausbruch der französischen Revolution, in den ersten Märztagen 1790 hingerichtet wurden, gehörten die Brüder Agasse. Sie hatten falsches Papiergeld angefertigt, und echtes Geld brauchte auch der neue revolutionäre Staat, der damals noch ziemlich maßvoll war. Gerade vorher hatte die Nationalversammlung ein Gesetz angenommen, wonach der Schimpf der Strafe rein persönlich sei und die Ehre der Verwandten in keiner Weise antaste. Eine Deputation suchte also den Großvater der Hingerichteten auf und setzte ihn als Distriktspräsident wieder ein. Als

[1] Ebenda S. 84.

[2] Scots Black Calender, S. 17.

[3] Der eine Schritt wird erlebt, der andere nicht mehr. Neben der Strafe in effigie (siehe meine Strafe, Bd. I, S. 32ff.) teilt die Menschheit bisweilen auch ihren Lohn in effigie aus.

[4] LAWES: Twenty thousand years, S. 330.

[5] SQUIRE: S. 192.

der bedrückte alte Mann mit seiner Familie wieder an die Öffentlichkeit kam, „begrüßten sie die einmütigsten Beifallsbezeugungen[1]".

„Die Begeisterung ging noch weiter und die Versammlung gab dem Bruder des Verurteilten ein neues Zeichen ihrer Sympathie, indem sie ihn einstimmig zum Leutnant in der Grenadierkompanie des Bataillons ernannte und dafür eintrat, daß der kommandierende General der Nationalgarde, Herr de Lafayette, dem jungen Offizier einen feierlichen Empfang bereitete."

Während das Volk auf dem Wege zum Richtplatz Gnade schrie, brachte die Nationalversammlung ihre Zweifel[2] dadurch zum Ausdruck, daß sie die Verwandten mit Ehren überhäufte.

Dieser Umkehr in positive Gefühlstöne entspricht die Selbstverherrlichung, die sich bei vielen Kriminellen findet. Als im Jahre 1946 Walter G. Rohland in England zum Tode verurteilt war, meldete sich ein Mann, dessen Geständnis offensichtlich falsch war. Er gab später zu, daß seine Angaben Unsinn waren, daß er die Rolle eines Helden habe spielen wollen, daß es früher immer sein Wunsch gewesen wäre, gehängt zu werden. Das Leben sei nicht wirklich wert, gelebt zu werden, darum sei es gut, daß man als Held gehängt sterbe[3].. Es wäre sehr verfehlt, zu glauben, daß manche solche Typen die Komödie nicht bis zu dem Augenblick gespielt haben, an dem eine Berichtigung nicht mehr möglich war. Noch immer wohnt dem Geständnis, wenn einige zufällige Indizien hinzukommen, massive Beweiskraft inne.

Anders ist jene moralische Umschaltung anzusehen, die man bisweilen bei Anarchisten antrifft. Sie nennen die eigene Hinrichtung Mord, die Ermordung des Gegners „Hinrichtung[4]". Bei dieser umgekrempelten Denkweise geht ebenfalls die Abschreckungswirkung verloren, obschon die anarchistische Praxis und Aktion an die Todesstrafe glaubt.

Selbst wenn die erstrebte Abschreckungswirkung sich nicht in offene Verehrung umkehrt, kann sie in andere, sozial unerwünschte Kanäle abfließen. Ich habe in einer früheren Untersuchung[5] auf die verschiedenartigen Reaktionen aufmerksam gemacht, zu denen Tiere und Menschen unter dem Druck der Drohung greifen. Das Ablassen von der geplanten Handlung, der Rückzug und die blockierende Hemmung

---

[1] Sanson: a. a. O. III, 148.

[2] Ebenda S. 147. Sanson meint, das Todesurteil sei kaum zu rechtfertigen gewesen, weil damals „noch die Gesetze ein Volk von Sklaven tyrannisierten". Ebenda S. 149.

[3] Dawtry, Frank: In Bulletin Nr. 23, National Council for the abolition of the death penalty, S. 4. 1947.

[4] Rocker, Rudolf: Johann Most, das Leben eines Rebellen, S. 320. Berlin 1924. Most schreibt von der „freudigen Genugtuung, mit der die ‚Hinrichtung' Rumpfs (eines Kriminalkommissars) in den Kreisen der Revolutionäre aufgenommen wurde".

[5] The limits of deterrence, Journal of Criminal Law and Criminology, Bd. 29, S. 560, 1938.

ist nur eine der beobachteten Verhaltensweisen. Eine Reihe anderer Reaktionen sind möglich: von Gefahr bedroht, sucht der Täter nach Hilfe oder Schutz. Ein geängstigtes Kind ruft nach der Mutter, wie es manche Verurteilte noch im letzten Augenblick tun. Der Kriminelle baut Gruppen oder Kolonnen auf, die nicht nur bei der Begehung, sondern auch im Kampf mit den Verfolgungsbehörden — als Unterschlupfgebende oder Alibizeugen — von Nutzen sind. Er überprüft und verbessert seine Technik und begegnet damit der erhöhten Strafandrohung. „Eine dritte Form des Verhaltens", habe ich gesagt, „ist protektive Aggression[1]." Der Kriminelle, der, bei einem schweren Verbrechen gefaßt, zur Schußwaffe greift, weist nur eine der Reaktionsformen auf, bei denen nicht abgeschreckt, sondern die verbrecherische Energie angefacht wird. Depressive Züge, von Anfang an vorhanden, erleichtern häufig den Prozeß, der die gewollte Wirkung in das nichtgewollte Gegenteil umwandelt und immer den sicheren Ausweg eines Selbstmordes bietet[2].

Ein aktivierender Rückstoß des auf Hemmung abgestellten Mechanismus kann auch bei der näheren Umgebung zur Ausbildung gelangen. Am 1. März 1887 wurde ein Attentat auf Alexander III. von Rußland unternommen. Fünf der Verschwörer wurden gehängt, einer hieß Alexander Ulianow. Der Tod des Bruders brachte Lenins revolutionären Impetus nicht zum Stehen. Die Angriffslust des 17jährigen wurde galvanisiert. „Es ist wahrscheinlich", so lesen wir[3], „daß Lenins konzentrierter und leidenschaftlicher Haß der Bourgeoisie mit diesem vergeblichen Akt der Abschreckung zu tun hatte".

II. Die Alternativen.

Wir haben Fälle erwähnt, seltene Fälle es ist richtig, in denen der Freigesprochene wieder einen Mord beging. Mit allem Nachdruck muß die Frage gestellt werden, wie groß die Erwartung einer Wiederholung ist. Wäre sie nennenswert, so hätten wir ein gewichtiges Argument zugunsten der Todesstrafe gefunden. Denn eine Reform soll die Sicherheit der Gesellschaft erhöhen, wie eine bessere medizinische Methode mehr Menschen am Leben erhalten soll. Keiner wissenschaftlichen Methode ist es erlaubt, sich an diesem Prüfstein vorbeizudrücken. Menschlichkeit allein ist kein Begriff, der von Zweckmäßigkeit

---

[1] Ebenda S. 560.

[2] Hysterische Elemente treten hinzu. Nach dem großen Attentat vom 5. Februar 1880, das im Winterpalast 50 Soldaten tötete oder verstümmelte, schrieb einer der revolutionären Führer: „Das Auge der Welt auf sich gerichtet zu haben, heißt das nicht schon siegen?" FIGNER: a. a. O. S. 124.

[3] CHAMBERLAIN, WILLIAM H.: The Russian Revolution 1917—1920, Bd. I, S. 123 und 127. New York 1935.

abgelöst werden kann. In der englischen Anstalt Maidstone ist der größte Teil der Männer verwahrt, die wegen Mordes verurteilt und zu lebenslänglicher Haft begnadigt worden sind. Es ist die Überzeugung der Anstaltsleitung, daß es „menschlicher" wäre, einen Mann zu hängen, als ihn 10 Jahre lang einzuschließen und den Kräften zu überlassen, die Leib und Seele zerstören[1]. Sowie Menschlichkeit mit Effektivität, d. h. dem Schutz der Gesellschaft in gröblicher Weise kollidiert, sind wir kollektiven Ausbrüchen der Unmenschlichkeit nahegekommen. Zur Wirksamkeit gehört, außer anderem, der Eindruck, den die Strafe, vor allem die Gewißheit oder Wahrscheinlichkeit ihres Eintritts auf die Umwelt macht.

Überall auf der Welt werden Sträflinge entlassen, die einmal zum Tode verurteilt und dann zu lebenslänglichem Zuchthaus begnadigt waren. Trotz der hohen Sterblichkeit[2], die natürlich zu der Altersstruktur in Beziehung gesetzt werden muß, können wir ihr weiteres Leben verfolgen. Die Haftdauer differiert nach Ort und Zeit. 1866 wurde in England ein Minimum von 20 Jahren festgesetzt[3]. Um die Jahrhundertwende wurde aus dem Minimum ein Maximum[4]. Um 1939 war es in England dahin gekommen, daß Lebenslängliche im allgemeinen entlassen wurden, wenn sie 10—13 Jahre verbüßt hatten[5].

Im Kriege ging man bei den meisten Gefangenen auf 6—10 Jahre herunter, die Verbrechenswelle der Nachkriegszeit führte verschärfte Auffassungen herbei. Die amtliche Auskunft, die über verfrühte Entlassungen gegeben wird, ist ein seltenes Maximum von 15 Jahren, „normalerweise aber eine viel kürzere Zeit"[6].

Ein Anhänger der Todesstrafe hat ärgerlich darauf hingewiesen, daß lebenslängliche Verwahrung kein sicherer Ersatz für die Todesstrafe sei, weil sie nur wenige Jahre dauere. Die Einschließung währe in Ohio nur 7 Jahre[7], könne demnach nicht die Sicherheit der Gesellschaft garantieren. Im Jahre 1937 dauerte die Haft der Lebenslänglichen in

---

[1] Turner, G. D.: The alternatives to capital punishment, S. 5. London 1938. Die Meinungen gehen weit auseinander, wann ein Gefangener lebensunfähig geworden ist. Ein Anstaltsleiter nannte 12 Jahre, ein anderer sprach von 20 Jahren als Obergrenze. "After that he is no use in ordinary life." Royal Commission, S. 230.

[2] Von 98 im Jahre 1943 in Wisconsin entlassenen Lebenslänglichen starben 15. Ebenda S. 489. Angaben von Alter, Entlassungszeit oder Todestag fehlen.

[3] Ebenda S. 226.

[4] Ebenda S. 227.

[5] Ebenda S. 227.

[6] Nach der aufschlußreichen Tabelle auf S. 316 und 317 liegt der Höhepunkt der Entlassungen auf dem 15., dem 10. und dem 7. Jahr. Beim 5., 7., 10. und 15. Jahr macht sich der von mir früher beobachtete Zahlenrhythmus bemerkbar.

[7] Staatsanwalt Edward C. Stanton in Beman: a. a. O. S. 78.

den Vereinigten Staaten durchschnittlich nur 78 Monate[1], wobei zu beachten ist, daß die schweren Fälle durch Hinrichtung erledigt werden. KUHLMANN[2] untersuchte eine Gruppe von 138 Gefangenen, die eine Strafe von 25 Jahren und mehr erhalten hatten, zum allergrößten Teil wegen Mordes. Er stellte fest, daß die langen Strafen in folgender Weise durch Begnadigungen zurechtgeschnitten wurden[3]:

Gruppe 25—60 Jahre Zuchthaus auf	8,75 Jahre
Gruppe 99 Jahre Zuchthaus auf	11,19 Jahre
Gruppe der Lebenslänglichen auf	10,89 Jahre
Gruppe der umgewandelten Todesstrafe auf . . .	10,44 Jahre

Die amerikanischen Verhältnisse werden dadurch unübersichtlich, daß manche Lebenslängliche in Irrenanstalten untertauchen, begnadigt, auch deportiert werden, oder, kurz ehe sie sterben, entlassen werden, damit sie zu Hause und nicht im Zuchthaus ihr Leben beenden. Wir haben keine neueren Angaben über Deutschland. Als LEUSS in Celle saß, las er zweimal in 5 Jahren, daß in Preußen einem Mörder nach mehr als 25 Jahren Haft die Freiheit geschenkt wurde[4]. Die Praxis wird unterdessen milder geworden sein.

Mit Recht kann verlangt werden, daß die lebenslängliche Verwahrung, wenn sie der Todesstrafe den Rang ablaufen will, ihr an Sicherheit gleichkommt, ohne ihre schlechten Nebenwirkungen zu haben. Der Täter muß also gebessert oder durch Altersprozesse und andere Umstände unschädlich gemacht sein, ehe an Entlassung gedacht werden kann. Praktisch wird diese Forderung erreicht. Von 129 entlassenen Lebenslänglichen (England 1934—1948) beging nur einer nach der Entlassung wieder einen Mord[5], und es wäre von großer Bedeutung, die Kräfte der Umwelt und die Züge der Persönlichkeit kennenzulernen, die an der neuen Untat beteiligt waren. Wenn wir nach solchen Rückfällen auf dem Gebiet des Mordes suchen, so hören wir, daß sie „außerordentlich selten" sind (Südafrika)[6] oder daß sie zu ungewöhnlich

[1] Siehe meinen Aufsatz: The limits of penal treatment, S. 401, J. of criminal law and criminology 1940.

[2] KUHLMAN, A. F.: Missouri Crime Survey, New York Part XI, S. 68 und 69. 1926.

[3] Von diesen 138 Langjährigen starben 18 im Zuchthaus. Das mittlere Alter zur Zeit des Todes war 34,2 Jahre, sie hatten im Durchschnitt 5,8 Jahre verbüßt, als sie starben. KUHLMANN: a. a. O. Part IX, S. 69. — Nach einem alten Bericht aus dem Zuchthaus Auburn (1818—1868) wurden in diesem Zeitraum 214 Lebenslängliche eingeliefert. Von diesen starben 34 eines natürlichen Todes, 8 wurden geisteskrank, 2 begingen Selbstmord, einer brach aus und 10 kamen in andere Anstalten. Von den restlichen 159 saßen noch 25, 134 wurden begnadigt. BEMAN: S. 193.

[4] LEUSS, HANS: Aus dem Zuchthause, S. 107. Berlin 1903.

[5] Royal Commission, S. 486.

[6] Ebenda S. 488.

sind, um statistisches Interesse zu haben (Schweiz)[1]. Der Rückfall wird von CANADA auf etwa 3% geschätzt[2]. Aber dieser Rückfall bezieht sich fast immer auf Eigentumsdelikte; so trifft man unter 129 englischen Entlassenen 10 Individuen, die später noch wegen Diebstahls, Einbruchs, Sachbeschädigung, Hehlerei und falscher Namensangabe verurteilt wurden[3]. Von dem Rest (3) ist das Vergehen nicht bekannt, kann also kaum schwer gewesen sein.

Trotzdem sind Fälle bekannt, wenige, aber bemerkenswerte Fälle, in denen ein neuer Mord verübt oder versucht wurde. Unter den drei belgischen Beispielen[4] ist ein Krüppel und ein psychisch Schwerbelasteter mit einer langen Vorgeschichte von Alkoholismus, Tuberkulose und moralischer Abstumpfung. Der dritte Vorfall gehört in eine andere Kategorie, den gefährlichen Angriff auf ein Mitglied der Anstalt, in diesem Falle einen Wärter. Mörder aus Leidenschaft weisen bisweilen eine Wiederholungstendenz auf, die durch die Strafe nicht gebrochen wird. CONSTANT teilt den Fall einer Frau mit, die ihren Geliebten umbrachte und eine lebenslängliche Zuchthausstrafe erhielt. Nach einer Reihe von Jahren als gebessert entlassen, tötete sie einen zweiten Geliebten[5]. In Dänemark wurde ein Mann, der seine Braut getötet hatte, zu 16jähriger Zuchthausstrafe verurteilt; das war 1932. 1947 wurde er bedingt entlassen, eine neue kleinere Straftat brachte ihn wieder in Haft (1949). Als ihn seine Frau in der Anstalt besuchte, versuchte er, sie zu ermorden[6]. Die Versuchshandlungen deuten auf Hemmungen hin, die die Einschließung halb errichtet, aber nicht fertiggebaut hat.

Auch die amerikanische Kriminalgeschichte kennt den einen oder den anderen Fall, daß ein Mörder entlassen wurde oder entfloh und dann wieder tötete. M. DUNHAM erzählt[7]:

„Nunn (der Delinquent) brach aus Marquette aus, es mag etwa zwei Jahre her sein. Er war schon damals wegen Mordes zu lebenslänglicher Einschließung verurteilt. Während der Flucht tötete er zwei Jagdbeamte. Er wurde wieder gefaßt und sitzt jetzt seine alte Strafe ab. Er war ein eiskalter, überlegender Krimineller. Er handelte nicht aus Leidenschaft. So stattet dieser dreifache Mörder dem Staat keinen höheren Tribut ab, als er ihm nach dem ersten Opfer schuldete.“

„Diese Farce sollte ein Ende nehmen. Lebenslängliches Zuchthaus bringt weder dem Manne, noch der Gesellschaft Nutzen[1]. Wäre Nunn nach dem ersten

[1] Ebenda S. 491.

[2] Ebenda S. 488.

[3] Ebenda S. 486.

[4] Ebenda S. 489.

[5] Über einen ähnlichen Fall aus Dänemark siehe ebenda S. 490. Diese Frau war so lange gefährlich und durfte nicht entlassen werden, als sie Geliebte finden und hassen konnte.

[6] Ebenda S. 490.

[7] JOHNSEN: a. a. O. S. 198. Auch unter den belgischen Zweitmorden ist ein Förstermord. Royal Commission, S. 490.

Morde gehängt worden, würden die beiden Forstbeamten noch am Leben sein und in der Lage, ihre verwaisten Familien (sic!) zu ernähren."

Mehr als 2 Jahre saß Catherine Kassler in Haft, nachdem sie wegen Anstiftung zum Morde zum Tode verurteilt war und die Berufungsinstanzen über ihrem Falle brüteten. Schon hatten die Verwandten von ihr Abschied genommen, schon hörte man vom Hofe die Hammerschläge der Zimmerleute, die das Gerüst aufstellten, da starb die Hauptzeugin, nahm ein anderer die belastende Aussage zurück, wurde das Verfahren eingestellt. Der Abbruch erfolgte am 29. April 1929. Es dauerte keinen Monat, und Frau Kassler war wieder in Haft. Ihr Mann hatte während ihrer langen Abwesenheit und mit Rücksicht auf das Todesurteil eine hübsche Rollschuhläuferin in sein Herz geschlossen. Das Mädchen wurde in einem Sumpf, unweit eines verfallenen Kirchhofs, aufgefunden. Schüsse hatten das Herz durchbohrt, der Schädel war eingeschlagen, mit dem Kopf nach unten stak der Körper im Morast[1]. Nach Aussagen von Zeugen hatte das junge Ding sich am Todestag zu einer Aussprache in die Wohnung der Konkurrentin begeben, die auch Todesdrohungen ausgestoßen hatte.

Trotz aller dieser Verdachtsmomente konnten sich die Behörden nicht darüber einig werden, ob der Mord im Staate Indiana oder auf dem Gebiete von Chicago verübt war, denn wenn der Tatort Illinois war, so konnte der Ehegatte nicht gegen die Angeklagte aussagen[2]. Sie kam wieder frei.

Bei manchen Morden tauchen in der Vergangenheit des Täters Geschehnisse auf, jähe und unerklärliche Todesfälle, die plötzlich in einem anderen Licht erscheinen. Ein Abschnitt in EDWARD H. SMITHs Buch über Giftmorde heißt: Die Frauen des Dr. Bowers[3]. Der Tod der ersten Frau schien hinterher verdächtig, ebenso das Schicksal der zweiten, eines begabten und schönen Wesens. Beide Todesfälle erfolgten 7 bis 8 Jahre nach Abschluß der Ehe. Die dritte Frau starb schon nach 4 Jahren. Jetzt wurde der Coroner durch eine anonyme Anzeige aufmerksam, der Arzt wurde verhaftet, zum Tode verurteilt, sein Fall aber in der Berufung unter den eigenartigsten Umständen eingestellt. Der Giftmörder Hoch hatte zahlreiche Frauen auf dem Kerbholz, ehe er überführt wurde[4]. Dr. Wilkens (New York 1919) hatte schon 2 Frauen begraben, ehe er seiner dritten den Schädel zertrümmerte und einen Raubüberfall vortäuschte. Wilkins hatte dreimal reiche Frauen geheiratet. Die erste war in einen persönlichen Konflikt mit dem „lieder-

[1] Über diese archaische Vernichtungsform siehe Bd. I, S. 30. Der „umgestürzte" Mensch ist seiner wirksamen Kräfte beraubt.

[2] QUINBY, IONE: Murder for love, S. 233. New York 1931.

[3] Famous poison mysteries, a. a. O. S. 84ff.

[4] Ebenda S. 112ff.

lichen“ Gatten geraten. Kurz nach der Scheidung war die Frau, wie es heißt, „an einem Bienenstich“ gestorben. Jetzt heiratete Wilkins eine Witwe, die zwei „Pensionen“ für Theaterleute besaß. Sie fiel auf unerklärliche Weise die Treppe hinunter. Auf Anweisung des Gatten nahm sie kalte Bäder, die der Sorgsame durch große Eisstücke verstärkte. Die Frau stieg ins Bad und fiel tot um. Dann kam die dritte Frau, der dritte Tod, Verhaftung, Verurteilung zum Tode und Selbstmord, wiederum im Badezimmer des Gefängnisses[1].

Wenn somit die Zahl der rückfälligen Mörder minimal ist und an Urteilsfehler bei der entlassenden Behörde denken läßt, auch an geistige Störung gemahnt, die in der Haft mobilisiert wurde, so enthemmen mangelnde Entdeckung und Einstellungen und machen die Bahn für neue Verbrechen frei.

Ein Beweis für die Richtigkeit dieser Ansicht sind alle Massenmörder, Denke, Haarmann, Kürten in Deutschland, Troppman[2], Landru[3], Pétiot[4] in Frankreich, Smith[5], John George Haigh und der Frauenmörder Christie (1953) in England und H. H. Holmes[6], Earl Nelson und die Belle Gunness[7] in den Vereinigten Staaten, um nur ein paar Namen zu nennen. Der Massenmörder ist ebensosehr das Produkt unserer mangelnden Einsicht, Wachsamkeit und unserer unwissenschaftlichen Verfolgungsmethoden wie seiner eigenen gefährlichen Anlagen, die rechtzeitig erkannt und unwirksam gemacht werden könnten. Zur langen, unter Umständen lebenslangen Verwahrung gehört der rechtzeitige Zugriff. Die Todesstrafe, die wir nach einem Dutzend von Morden verhängen und durchführen, kommt zu spät. Sie rettet Einige, nachdem Viele zugrunde gegangen sind. Es muß im schlimmsten Falle bei einem Opfer sein Bewenden haben. Verfeinerte Methoden der Entdeckung, Überführung und Festhaltung bis zur Ungefährlichkeit sind Alternativen, die der unsicheren Todesstrafe an sichernder Wirkung weit voraus sind. „Ich glaube nicht“, hat ein Krimineller geschrieben, „daß Furcht vor dem Tode unter Verbrechern weit verbreitet ist. Vielleicht fehlt es ihnen an Einbildungskraft. Noch eher, weil sie meinen, daß es ihnen nach dem Tode auch nicht schlechter ergehen kann[8].“ Daß manche vor dem Schafott eine jähe Regung der Furcht empfinden, ändert nichts an der psychologischen Situation zur Zeit der Tat, auf die es allein ankommt.

---

[1] Collins, Ted: New York murders, S. 145ff. New York 1944.
[2] Bolitho, William: Murder for profit. London 1926.
[3] Mackenzie, F. A.: Landru. London 1928.
[4] Stemmle, R. A.: Reise ohne Wiederkehr, der Fall Pétiot. Berlin 1951.
[5] Bolitho, William: The self help of G. J. Smith in Jackson, J. H.: Murder Book, S. 270. New York 1945.
[6] Rowan, R. W.: The Pinkertons, S. 313ff. New York und Boston 1931.
[7] Holbrook, Stewart H.: Belle of Indiana in Murder Book, a. a. O. S. 136ff.
[8] Hapgood, Hutchins: The autobiography of a thief, S. 119. New York 1903.

III. Geisteskranke Mörder.

Die geistige Störung tritt in den verschiedensten Phasen des Verbrechens an die Oberfläche. Vor der Tat, während der Ausführung, in der Verhandlung und in der Haft. Vor der Tat ist sie nur ein Indiz im Gegensatz zum entscheidenden Augenblick der Ausführung. Später kann sie als Verhandlungsunfähigkeit oder Strafvollzugsunfähigkeit in Frage kommen, obschon dies praktisch Fragen sekundärer Art sind. Die Hinrichtung bricht jede weitere Prüfung ab, macht auch dem Zweifel ein Ende, ob sie hätte geschehen dürfen. Mit wenigen Ausnahmen bejaht sie sich selber. Es geht ihr wie dem Hochverräter mit der erfolgreichen Revolution.

Die trefflichen englischen Statistiken zeigen den Umfang des Phänomens. Hier wurden in 50 Jahren 3130 Individuen wegen Mordes in den Anklagezustand versetzt. Davon wurden

vor der Verhandlung als geisteskrank festgestellt . . .	49
im Laufe des Verfahrens als geisteskrank erkannt . . .	428
im Urteil für schuldig, aber geisteskrank erklärt. . . .	1210

Hierzu treten noch 48 wegen Mordes Verurteilte, die von den Ärzten später als psychotisch befunden wurden[1]. Die Belastung mit geistiger Störung[2] ist sehr hoch. Sie beträgt etwa 55% aller wegen Mordes unter Anklage Gestellten. Für mehr als die Hälfte dieser Gruppe kommt also die Todesstrafe nicht in Betracht, weil sie gesetzlich verboten ist.

Es ist wahrscheinlich, daß in vielen Ländern nicht mit der Sorgfalt der britischen Justiz vorgegangen wird. Sowie das Verbrechen besonderes Aufsehen erregt, sich abscheulicher Mittel bedient oder wichtige Personen verletzt hat, wird es schwer sein, sich der emotionellen Flutwelle und des Schreis nach exemplarischer Bestrafung zu erwehren. Der in Schlüsselburg eingeschlossene Revolutionär Minakow trat in den Hungerstreik und griff den Arzt tätlich an. Er wurde kriegsgerichtlich abgeurteilt und erschossen. 1917 wurden Dokumente gefunden, aus denen hervorging, daß Minakow an Geschmackshalluzinationen litt und fürchtete, der Arzt wolle ihn vergiften[3].

Die plastische Beschreibung eines Geisteskranken, der zum Galgen geführt wird, ist schon in den Nürnberger Malefizbüchern zu lesen[4].

„Vor Gericht hat er sich nicht anders erzeiget als ein Lächler und Tor, eine Weil zur rechten, eine Weil zur linken Hand sich gewendet, das Maul gefletscht oder gekrümmet.... Demnach er verurteilt worden, hat er sich bücken und denen Herren eine Reverenz machen wollen; da wär er schier über einen Haufen gefallen. Wie wir nun mit ihm für das Rathaus herunterkamen, sprange er in alle höhe auf, wütete und tobete, als wann er rasend und unsinnig wäre . . .“

---

[1] Zahlen in Report of the Royal Commission, S. 311.

[2] Siehe die konzise Liste der Psychosen, aufgestellt von der Royal Medico-Psychological association. Ebenda S. 396.

[3] Figner, Vera: a. a. O. S. 261.

[4] Hampe, Th.: S. 21.

In Schottland wurde 1843 ein Mann gehängt, der seine 80 Jahre alte Frau ermordet hatte. Er starb im Alter von 80 Jahren und überschüttete Geistliche, Richter, Sheriff und Zeugen mit fürchterlichen Flüchen[1]. An seiner senilen Demenz kann kein Zweifel bestehen[2]. Agnes Johnston war eine geisteskranke Kindsmörderin: sie litt an Anfällen und Halluzinationen. Eine Stimme hatte ihr befohlen, das Kind zu töten. Sie hatte früher einen Selbstmordversuch begangen[3]. Sie wurde 1674 in Edinburg gehängt. Der Ungar F. Czolgosz, der den Präsidenten McKinley ermordete (1901), war enttäuscht, weil bei seiner Hinrichtung so wenig Leute zugegen waren. Wonach er verlangte, war eine große Menge, an die er eine Rede halten konnte. Man ließ ihn, entgegen der Sitte, nicht sprechen[4]. Wir wissen heute, daß er geisteskrank war. Henker und Gefängnisbeamte sprechen oft von simulierter Geistesstörung. Dem Scharfrichter kann man Unkenntnis nicht verdenken, aber selbst ein so ausgezeichneter Anstaltsleiter wie LAWES hat bisweilen die Psychose nicht erkannt[5].

Wenn unsere Theorie und bisweilen auch unsere Praxis den Geisteskranken mit der Todesstrafe verschont, so kann nicht bestritten werden, daß es sich gelegentlich um höchst gefährliche Typen handelt, bei denen die Frage der Festnahme und langen Einschließung mit ebensoviel Einsicht wie Festigkeit gelöst werden muß. Die Gefangenen haben mit diesen Individuen weniger Geduld als das Gesetz. Sie halten die Hinrichtung für die einzig sichere und effektive Prozedur. So finden wir bei dem Neger PATTERSON die folgende, kennzeichnende Bemerkung, die zweifellos von der großen Mehrheit der Mitgefangenen geteilt wurde[6]:

„Der Name eines anderen übergeschnappten Kerls war Blake Ruff. Er kam auf den elektrischen Stuhl. Ruff hatte eine ganze Familie von Negern umgebracht. Das war, weil er ein Mädchen nicht heiraten konnte, das er haben wollte. Dann wurde er verrückt und tötete die ganze Familie, wollte auch alle Katzen und Hunde in der Nähe des Hauses erschlagen. Als es für Blake Ruff Zeit war, vor dem Gouverneur zu erscheinen und sein Gnadengesuch vorzubringen, sprachen die Wärter über ihn im Todeshaus. Einer von ihnen sagte: ‚Ich gehe mit zum Gouverneur und setze mich für den Nigger ein. Wir müssen ihn behalten. Er wird noch eine Masse Neger umbringen, wenn er am Leben bleibt‘.“

---

[1] "Let their days be few", schrie er, "let their children be fatherless, let their weans be continually vagabonds. . ." Scots Black Calender S. 53.

[2] Scots Black Calender, S. 52 und 53.

[3] SCOTT: History of capital pumishment, a. a. O. S. 100.

[4] ELLIOT: a. a. O. S. 81.

[5] „Ohne das Eingreifen der Beamten würde Nr. 72711 sich den Schädel an den Wänden seiner Zelle zertrümmert haben. Er fingierte Geisteskrankheit und schrieb einem Freund, er habe kürzlich zu ‚allen Teufeln‘ gebetet, ‚aber sie verständen kein Polnisch‘. Life and death S. 178.

[6] PATTERSON und CONRAD: Scotsboro boy, a. a. O. S. 33/34. Der Stil ist der des einfachen Mannes.

„Man hatte viel Arbeit Blake Ruff aus seiner Zelle in die Todeskammer zu bringen. Er war verrückt und würde noch mehr Menschen getötet haben, wenn man ihn nicht umgebracht hätte.“

PATTERSON hat mehr solche Typen geschildert[1]. Einen Mann namens Howard sah er „von der Gefängnispsychose gepackt“[2]. Er ging in der Anstalt herum und sagte zu jedem über jeden: „Ich bring den Hund um, ich bring den Hund gewiß um.“ Er hatte seine Braut ermordet, und Mordgedanken waren alles, was an geistigem Leben in ihm übriggeblieben war.

1899 wurde in New York Roland B. Molineux wegen Giftmordes erst zum Tode verurteilt, in erneuter Verhandlung 1902 freigesprochen[3]. 1914 sahen Passanten einen Mann in Long Island mit einem alten Bademantel und nichts weiter bekleidet herumlaufen, Fremde anhalten und sich wie ein Clown aufführen. Es war Molineux. Er wurde in eine Irrenanstalt gebracht. Viele sahen in dem offenen Verfall in Geisteskrankheit einen Beweis seiner Schuld[4], der Freispruch steht dieser Annahme formell entgegen.

IV. Fanatiker.

I.

Im Gegensatz zum geisteskranken Mörder, der mit wissenschaftlichen Mitteln studiert werden kann, wird der Fanatiker in der Regel hingerichtet, wenn er einen Angriff auf das Leben gemacht hat. Er wird damit als Objekt der Forschung vernichtet. Viele der Fanatiker setzen die erregte Phase der Zerstörung in einem Selbstmord fort, der manchesmal, wie bei Brutus[5] erst dann ausgeführt wird, wenn der Täter von allen Seiten umstellt ist.

Fanatismus, eigentlich eine der religiösen Sphäre entnommene Wendung[6], ist das Ergebnis der verschiedensten seelischen Zustände und Prozesse. Die Depression herrscht vor, aber es scheint, als dürfe man weniger an das manisch-depressive Syndrom denken als an depressive Schübe aus dem Umkreis der schizophrenen Erkrankungen.

---

[1] Ebenda S. 117.

[2] „stir-crazy", ebendort S. 12.

[3] SMITH, EDWARD, H.: a. a. O. S. 69.

[4] Es bestand erheblicher Verdacht eines zweiten Giftmordes, siehe auch den auffallenden Vorgang. Ebendort S. 75.

[5] PLUTARCH: Brutus 52. „In der Vaterlinie des Cäsarmörders war jener Brutus, der seine Söhne hatte hinrichten lassen. Seine Mutter war die Schwester des Cato, der nach der Schlacht von Thapsus Selbstmord beging.“ In SHAKESPEARES Julius Cäsar (II, 1) gibt Portia ein gutes Bild des depressiven Gatten, der nicht mehr ißt, spricht oder schläft.

[6] „fanaticus“: von der Gottheit ergriffen, rasend. KLUGE-GÖTZE: Etymologisches Wörterbuch, S. 189. Berlin 1951.

Hier und dort machen sich paranoide und hysterische Züge bemerkbar, daneben dehnt sich das weite Gebiet der psychischen Abweichungen aus, die das Wort „Psychopathie" selbst durch Adjektiva wie gefühlskalt, geltungssüchtig oder skrupellos nuanciert, aber nicht ausschöpft. Es gibt Kriminelle, die im Nebenberuf sozusagen Fanatiker sind, politische und soziale Ziele nur als vornehmeres Alibi tiefsitzender destruktiver Triebhaftigkeit verwenden. Andererseits sieht man Naturen mit angeborener Überempfindlichkeit für die vielen Mängel der Welt. Da sie der ganzen Menschheit nicht zu Leibe gehen können, bürden sie die Verantwortung für Leid und Unrecht einzelnen Personen auf, die sie als schuldige Ursache ansehen. Vor dem Pariser Revolutionstribunal, das Charlotte Corday aburteilte, trug sich folgendes Spiel von Frage und Antwort zu[1]:

Präsident: Was erhofften Sie, als sie ihn (Marat) ermordeten?
Angeklagte: Ich hoffte, meinem Vaterland den Frieden wiederzugeben.
Präsident: Glauben Sie, alle Marat's getötet zu haben?
Angeklagte: Der eine ist tot, vielleicht beginnen die anderen zu fürchten.

Selbst eine flüchtige Durchsicht fanatischer Persönlichkeiten aus den letzten 100 oder 150 Jahren deckt den psychotischen Untergrund auf, der in der Hitze sozialer Defensive gern übersehen oder verkleinert wird. Friedrich Staps, der Sohn eines Geistlichen, der Napoleon ermorden wollte, schreibt zum Abschied an seine Eltern: „Mir war, als sehe ich Gott in seiner Majestät, der mit donnerähnlichen Worten zu mir sprach: Gehe hin und tue was du dir vorgenommen hast; ich will dich leiten, dir behilflich sein; du wirst diesen Zweck erreichen, doch dein Leben zum Opfer bringen müssen, aber dann bei mir ewig froh und selig sein[2]." Sand schreibt auf dem Wege nach Mannheim in das Gastbuch eines Wirtshauses[3]:

„Drück' dir den Speer ins treue Herz hinein,
Der deutschen Freiheit eine Gasse!"

Von Orsini meint ein Freund: „Nichts zeigte auf den ersten Blick, wieviel er gelitten hatte; aber bei längerem Umgang merkte ich, wie oft er geistesabwesend und in sich versunken war. Er litt an langen Fieberanfällen und hatte plötzlich merkwürdige Halluzinationen nebst Anfällen düsterer Stimmung[4]." Der Unteroffizier Sefeloge, der 1850

[1] Sanson: Denkwürdigkeiten IV, S. 45. Die revolutionäre Frau glaubte also an die Abschreckungstheorie. — Von der Menge umtost, im roten Hemd der Vatermörder war sie völlig furchtlos. Sanson berichtet S. 50: „Es waren so viele Menschen auf den Straßen, daß wir nur langsam vorwärts konnten und ich fragte sie: ‚Sie finden es wohl lang, nicht wahr?' Sie entgegnete mir: ‚Bah, wir sind sicher anzukommen'."

[2] Liman, Paul: Der politische Mord im Wandel der Geschichte, S. 152. Berlin 1912, das wenig kritisch ist, aber manches brauchbare Material enthält.

[3] Ebenda S. 155.

[4] Ebenda S. 162.

auf dem Potsdamer Bahnhof auf Friedrich Wilhelm IV. schoß, wurde von den Umstehenden niedergeschlagen. Er rief: „Rührt mich nicht an. Ich bin ein Souverain.[1]“ August Reinsdorf, der die deutschen Fürsten beim Niederwalddenkmal in die Luft sprengen wollte, träumte von einer zweiten Bartholomäusnacht und erklärte in seiner Verteidigung vor Gericht: „Hätte ich noch zehn Köpfe, so würde ich sie mit Freuden für dieselbe Sache auf das Schafott legen[2]“. Caserio meinte 1894, daß Präsident Carnot ja auch getötet habe, wobei er an andere Anarchisten dachte[3], und Luccheni zeigte, als er vom Tode seines Opfers der Kaiserin Elisabeth, hörte, „große Freude[4].“ Selbst wenn die klinische Einordnung in ein Krankheitsbild nicht immer leicht ist, bleibt die psychische Störung unverkennbar.[5]

II.

Schon bei Charlotte Corday schleichen sich leise Anzeichen des Stolzes ein, die Tat wie Tod einschließen. Wera Figner hatte einen Gefängnisbeamten angegriffen und erwartete jeden Augenblick, vor ein Kriegsgericht gestellt zu werden. Sie schrieb: „Mir schien, daß für mich, die zu ewigem Kerker Verurteilte, das beste Ende das Schafott sei. Sterben im Gefängnis . . . den Alterstod sterben, wäre das nicht schrecklich?“ . . . „Und das Leben, das elende, trübe Leben schleppt sich endlos hin . . . bis zum Tod auf der Gefängnispritsche. Nein. Lieber auf dem Schafott! Nicht leidend, sondern handelnd, im Protest für seine Freunde, seine Kameraden . . .[6]“ Mit diesem Gefühl der Unfehlbarkeit und künftiger Rechtfertigung mischt sich eine Philosophie der Tötung, der nicht leicht zu folgen ist und die in ihrer verbalen Logik infantil anmutet[7].

„Das menschliche Leben“, schreibt ein Anarchist, „ist in der Tat heilig und unantastbar. Aber die Tötung eines Tyrannen, eines Feindes des Volkes, kann keinesfalls als Nehmen des Lebens angesehen werden.“

Dieser Revolutionär unterscheidet zwischen Mord und Attentat. Tyrannenmord ist für ihn ein „Akt der Befreiung“. Nur er gibt dem unterdrückten Volke Chance und Leben[8]. Er hält Revolutionärsein für

---

[1] Ebenda S. 200.

[2] Ebenda S. 208.

[3] Ebenda S. 216.

[4] Ebenda S. 216.

[5] Sand und Nobiling versuchten gleich nach der Tat Selbstmord zu begehen. Ebenda S. 155 und 204.

[6] Figner, Wera: a. a. O. S. 377.

[7] Berkman, Alexander: Prison memoirs of an anarchist, S. 7.

[8] Ebenda S. 7 und 8. — „Es ist wahr“ schreibt Berkman an dieser Stelle, „daß die Sache oft dem Revoluionär einen unerfreulichen Akt abverlangt. Aber das ist der Prüfstein des wahren Revolutionärs —, mehr noch sein Stolz, die bloß mensch-

den höchsten aller Berufe. „Man muß ein Mann, ein ganzer Mann sein. Ein Wesen, das weder persönliche Interessen hat, noch irgendwelchen anderen Wünschen folgt als den Imperativen der Sache. Einer, der sich von allen bloß menschlichen Zügen emanzipiert hat und über ihnen steht, bis hinauf zu jener Höhe der Überzeugung, die weder Zweifel, noch Reue kennt.“

Die ersten Regierungsjahre der Königin Victoria von England führen uns in die Psychologie wie die soziologischen Voraussetzungen des politischen Attentats ein. „Ehe sie sechs Jahre auf dem Throne saß, war sie siebenmal das Opfer beunruhigender Haß-Akte gewesen[1].“ Nicht alle glückten oder kamen zur Durchführung, aber die Feindseligkeit lag in der Luft und mobilisierte abartige Charaktere und klinisch Geisteskranke in rascher Folge. Sie sind immer da, werden aber nur in Zeiten der Spannung an die Oberfläche getragen. Damals stockte der britische Handel, seit 1836 folgte eine Mißernte der anderen, Revolten flackerten in vielen Städten Englands auf. In Birmingham steigerten sich die Unruhen derart, daß der Herzog von Wellington erklärte, niemals im Kriege Derartiges gesehen zu haben. Die Lage in Irland, Westindien und China absorbierte die Kräfte des Landes[2]. Die allgemeine Unzufriedenheit aktivierte schlummernde oder zurückgedrängte Triebe der Gewalttätigkeit.

Ein deutscher Bäcker bedrohte 1837 die junge Königin auf der Ausfahrt. Drohungen stieß ein anderer aus, der vor dem Ministerrat ausrief: „Wenn er sie nur erwischen könnte, würde er sie in Stücke reißen[3].“ 1839 nahm man einen Mann im Buckingham Palast fest; er gab an, er sei nur deshalb gekommen, um die Königin umzubringen. Ein fanatischer Oberst schlug 1850 auf Victoria mit einem Stock ein[4]. Der Prinzgemahl hat in seinen Briefen zwei der ernsten Attentate beschrieben. Ein Täter hatte in jeder Hand eine Pistole und blieb nach dem ersten Schuß in theatralischer Pose stehen[5]. Da der Wagen unsinnigerweise

lichen Gefühle zu opfern, wenn es die Sache des Volkes verlangt. Wenn sie sein Leben haben will, um so besser.“ Die *Sache* ist in der modernen Welt zu dem Moloch geworden, denen der Anarchist die „Parasiten“, aber auch sich selbst zum Opfer bringt. Sie duldet keine Götter neben sich, auch nicht die Moral der bürgerlichen Welt und das, was man Menschlichkeit nennt. Siehe bei Wera Figner, S. 156 die Freude und Erregung der Verschwörer, als Alexander II. durch eine Bombe in Stücke gerissen war.

[1] Creston, Dormer: The youthful Queen Victoria, S. 7. London 1952. Diese Attentate mißglückten, wie ernst aber die Lage aber war, kann man daraus sehen, daß ein Angriff 1842 auf Peel, den Ministerpräsidenten, abgesehen war, und aus Versehen seinen Privatsekretär tötete. Bolitho, Hector: The reign of Queen Victoria, S. 79. London 1949.

[2] Bolitho: a. a. O. S. 48.

[3] Creston: a. a. O. S. 7.

[4] Ebenda S. 8.

[5] Bolitho: a. a. O. S. 67.

anhielt (weil die Pferde erschrocken waren, schreibt der Prinz), konnte der Mann einen zweiten Schuß abgeben, der fehlging. Bei dem Attentat von 1842 wurde wieder auf das Paar geschossen. Wie wir hören, „wollte man den Mörder entdecken", deshalb fuhren die Königin und der Prinz noch einmal aus, „um ihn zum Schießen zu verleiten"[1], obschon wenigstens Befehl gegeben wurde, rasch zu fahren. Die maßlose Unvorsichtigkeit trug Früchte, denn der Attentäter schoß noch einmal und wurde gefaßt.

Einige Jahre später kamen gute Ernte und außenpolitische Erfolge. Die sozialen Spannungen ließen nach. Die Angriffe auf ihr Leben, ihre mutige Haltung[2], selbst das große Glück, das ihr lächelte, hatten sie populär gemacht, Attentäter entmutigt. Dazu kam die weise Art, mit der Peel der schmerzsüchtigen Eitelkeit dieser Typen zu Leibe ging. Rein juristisch war bisher der geringste „Angriff" Hochverrat gewesen und mußte dem Attentäter eine sensationelle Verhandlung und die ersehnte Todesstrafe bringen. Wie die Häufung der Angriffe und die Persönlichkeiten einiger Täter zeigte, war die Mehrzahl dieser Leute auf Ruhm und auf Nachruhm aus. Daher ließ Peel mit ausgezeichnetem kriminalpolitischem Instinkt rasch ein Gesetz durchpeitschen, das den Schutz und die Sicherheit der Königin besser gewährleisten sollte als die Todesstrafe. Attentatsversuche wurden „weit unter die Würde des Hochverrats" herabgesetzt und sogar zu einem bloßen Vergehen gesenkt[3]. Im ganzen, hören wir, tat das neue Gesetz seine Schuldigkeit[4].

In dem Dilemma zwischen glorifizierender Todesstrafe und Sicherheitsbedürfnis sind andere Regierungen weniger legale Wege gegangen. In der Regierungszeit Napoleons geschahen mehrere Attentate gegen den Kaiser. Die Köpfe der Verschwörung waren der Royalistenführer Cadoudal und General Pichegru. Cadoudal wurde 1804 ergriffen, verurteilt und erschossen. Vorher war Pichegru in der Normandie gelandet und verhaftet worden. Eines Tages fand man ihn erdrosselt in seiner Zelle[5]. Der Prozeß war vermieden, der Napoleons alten Lehrer im Lichte einer dramatischen Verhandlung gezeigt hätte[6]. Der Selbstmord, den

[1] Ebenda S. 78. "While the thorough scamp was at large he was still a menace; so the queen and the Prince drove out once more, to tempt him into shooting."

[2] Als alte Dame hat die Königin einer Bekannten gestanden "how she dreaded further assaults", (Creston, S. 8) eine höchst natürliche Reaktion auf die ununterbrochenen Zwischenfälle.

[3] Sidney Lee: Queen Victoria. A biography, S. 142, 143. New York 1903.

[4] "On the whole the new law worked with good effect." Ebenda S. 143.

[5] Eger, Rudolf: Berühmte Kriminalfälle aus vier Jahrhunderten, S. 106. Zürich 1842.

[6] Außer den royalistischen Terroristen galten damals die Deutschen für die gefährlichsten, nationalistischen Fanatiker, darunter besonders die Sachsen, siehe meine Untersuchung: Fouché. Ein Beitrag zur Technik der politischen Polizei in nachrevolutionären Perioden, S. 19. Tübingen 1919.

Hitler seinem alten Freunde Röhm nahelegte, kam aus gleicher Absicht. Den Massenerschießungen des 30. Juni 1934 fehlte trotz aller Pseudoargumente[1] die rechtliche Grundlage.

Den schmerzsüchtigen Grundcharakter vieler Fanatiker, den schizoiden Schub der Jugendphase und die Überleitung des Hasses von der Institution auf den menschlichen Träger hat niemand besser als JOHANN MOST beschrieben. Viele seiner Genossen sehnten die Verfolgungen förmlich herbei, denn diese Pubeszenten waren auf der Suche nach einem Rechtfertigungsgrund für motorische Entladung. MOST sagte ausdrücklich, daß ihm heute vieles „fremd und fast unbegreiflich" erscheint, was er in der Krise für selbstverständlich und unvermeidlich hielt. Dazu gehört vor allem die Furchtlosigkeit des Fanatikers, weil die Tragweite aller Dinge verdunkelt und verschoben war.

Ein wesentlicher Unterschied besteht zwischen den Handlungen von Fanatikern in Zeiten politischer und sozialer Stabilität und in prärevolutionären Phasen. Wir haben diese Wertspaltung bei der Besetzung Frankreichs durch deutsche Truppen erlebt und erleben sie stündlich beim Vormarsch der kolonialen Revolution. Die Konsonanz menschlicher Tabus besteht nicht mehr. Der Verbrecher wird zum Helden, Gesetze und Moral schweigen nicht nur, sondern werden zum natürlichen Feind, der dem einzig Wahren und Wirklichen, dem Umbau der Welt, wie etwas Lästiges, ja Schädliches im Wege steht. Unklare, breite Formeln ersetzen die alte Ordnung der menschlichen Beziehungen wie „Nutzen des Volkes" oder „Volkswille" bei den russischen Revolutionären. Der geistige Kunstgriff dieser Wendungen besteht darin, daß der Angreifer sich eine Massenbasis der Zustimmung beilegt, während der Gegenseite dieses approbierende Element abgesprochen wird[2]. Ein zweiter psychologischer Trick verwandelt die Friedensstruktur der Gesellschaft mit Polizei, Richtern, Kriminellen und Henkern in einen Kriegsschauplatz[3], auf dem sich zwei gleichberechtigte Gegner gegenüberstehen und die physische Gewalt und

---

[1] Hitler: „Ich habe die Aufrührer dezimiert, wie dies zu allen Zeiten geschah." Zitiert von FRANÇOIS-PONCET, ANDRÉ: Als Botschafter in Berlin, S. 192. Mainz 1947.

[2] In der Angriffsphase hatte der spätere Diktator St. Just verkündet, daß der größte Feind eines Volkes immer seine Regierung sei. HENTIG, V.: Robespierre, Studien zur Psychopathologie des Machttriebes, S. 94. Stuttgart 1924.

[3] „Diesem Beherrscher des russischen Lebens ... erklärte der revolutionäre ‚Volks-Wille' den Krieg. Er nannte die Regierung in ihrer damaligen Form den Hauptfeind des Volkes." FIGNER, WERA: a. a. O. S. 109 ... „Wir glaubten, diese Beseitigung müsse erfolgen durch eine Staatsumwälzung, die durch eine Verschwörung vorzubereiten sei". Ebenda S. 110. — In dem Tauziehen zwischen Regierung und Opposition sucht sich jede Partei als Vertreter von kollektiver Meinung und Approbation hinzustellen. „War der Jugendliche zur Zeit der Tat sittlich und geistig so entwickelt, sagte § 20 des Jugendgerichtsgesetzes, daß er einem über 18 Jahre alten Täter gleichgestellt werden kann, so wendet der Richter

nichts als sie entscheidet. Brutale Verfolgung erleichtert dem Gehetzten die Aufrichtung dieser täuschenden Kulisse. Vor allem nährt die Todesstrafe, auch eine erlaubte Form der Vernichtung, die Fiktion.

V. Der gerichtliche Irrtum.

„Hos iuxta falso damnati crimine mortis", Virgil, Aeneis VI, 430.

I.

Gefängnis-, Geld- und andere Strafen können bei Irrtum des Richters wieder gutgemacht werden. Die Rehabilitation wird vom Verurteilten erlebt. Die Todesstrafe ist nicht nur unwiderruflich, ihr haftet auch die Eigentümlichkeit an, daß sie durch die Vernichtung der wichtigsten Prozeßpartei der weiteren prozessualen Forschungstätigkeit die Wurzel abschneidet und einer neuen Tatsachenfeststellung im Wege steht. Die tatsächliche „Sperrwirkung[1]" des vollstreckten Todesurteils geht weit über die enge Begrenzung der prozessualen Wiederaufnahmegründe hinaus. Wenn keine „Angehörigen" im Sinne von § 361 II StPO. vorhanden sind, ist überhaupt niemand mehr da, der zur Stellung des Wiederaufnahmeantrags legitimiert wäre.

Uns interessiert der richterliche Irrtum nur insofern, da er zu einem Todesurteil und einer Exekution geführt hat. Der Ausdruck: Justizmord ist irreführend, da er die subjektiven Tatbestandselemente des Mordes voraussetzt, die in der Regel nicht gegeben sind. Zur Gruppe dieser fatalen Fehlgriffe würde auch der Fall gehören, daß nur ein Totschlag oder eine Körperverletzung mit tödlichem Ausgang vorlag, nichtsdestoweniger ein Todesurteil gefällt wurde. Auch wäre es im Sinne dieser Untersuchung ein richterlicher Irrtum gewesen, wenn eine Notwehr- oder Notstandssituation juristisch verkannt wurde oder ein Unzurechnungsfähiger zum Tode verurteilt und hingerichtet wurde. Dagegen sind die rechtlichen Konstruktionen nicht dazu zu rechnen, die den Begriff der Mittäterschaft strecken uud die das anglo-amerikanische Strafrecht felony-murders nennt[2]. Hier liegen weder Überlegung

---

das allgemeine Strafrecht an (einschließlich Todesstrafe), wenn das gesunde Volksempfinden es wegen der besonders verwerflichen Gesinnung des Täters und wegen der Schwere der Tat fordert." Je nach ihrem Standpunkt füllen Revolution und Gegenrevolution das „gesunde" Rechtsempfinden mit einem Inhalt, der ihren Kampfzwecken entspricht.

[1] Beling, Ernst: Deutsches Strafprozeßrecht, S. 430. Berlin 1928.

[2] Siehe die Erörterung in Royal Commission, S. 34. "The principle of constructive malice can be defended only on the basis of a more objective theory of liability, grounded on considerations of public policy." Ebenda S. 35. Holmes spricht von dem „special ban", der auf bestimmte Gefährdungshandlungen gelegt wird. Siehe auch S. 382 und die hier angeführten Fälle und die berechtigte Kritik Stephens. — Nach den Zahlen (Royal Commission, S. 305) sind etwa 20% aller britischen Verurteilungen zum Tode als felony murders zu bezeichnen. In den Vereinigten Staaten ist das Verhältnis höher.

noch malice aforethought noch die subjektiven Voraussetzungen vor, die sonst den Tatbestand des Mordes beherrschen[1]. Es wird eine Gesamthaftung konstruiert[2], glatte Erfolgshaftung, die man mit Absichten der Abschreckung, nicht aber mit dem Schuldprinzip begründen kann. Obschon Kriminelle, und nicht immer nur sie, diese „gedehnte" Verantwortlichkeit nicht anerkennen[3], ist sie im Gesetz und in der Rechtsprechung begründet. Hinrichtungen auf Grund dieser Normen können nicht als richterlicher Irrtum bezeichnet werden.

Bei der Untersuchung von Umfang und Psychologie des gerichtlichen Irrtums müssen somit Fälle wie die von SLATER und BECK[4], zudem Verfahren ausgeschaltet werden, bei denen von ernsthafter, auch richterlicher Seite der Verdacht eines Fehlurteils ausgesprochen wurde, ohne daß greifbare Indizien vorgelegt werden konnten. Die Gnadeninstanz ist berufen und bemüht, letzten Zweifeln auf dem Gebiet der Tatfrage mehr noch Rechnung zu tragen, als mildernden Umständen oder einer nicht völlig gesicherten rechtlichen Qualifikation. Sie ist freilich durch gewisse feste Anschauungen eingeengt, z. B. die Ansicht amerikanischer Gouverneure, daß die Tötung von Schutzleuten und Gefängnisbeamten immer ein schwerer Fall ist und mit aller Entschiedenheit unterdrückt werden muß.

Die Kritik, der die Strafrechtspflege ausgesetzt ist, die Erschütterung der staatlichen Autorität durch Revolutionen, Niederlagen und schwächende Wirtschaftskrisen haben der beunruhigten Gesellschaft eine Trotzhaltung aufgeprägt, deren ruhige und stabile Zeiten nicht bedurften. So soll im Reiche des Veda der „Wächter des Reiches",

---

[1] Mordlust, Geschlechtsgier, Habgier oder sonstige niedere Beweggründe, heimtückische, grausame oder gemeingefährliche Mittel § 211 II StGB. Der neue Text von § 211 StGB. wurde 1941 von der Naziregierung in Anlehnung an die anglo-amerikanische Doktrin eingefügt.

[2] Teils auf dem Wege über die gedehnte Mittäterschaft, teils über eine Vorsatz- und Überlegungsfiktion ("constructive or implied malice"). Dazu siehe Regina versus Sernè, Central Criminal Court 1887 (16 Cox, C. C. 311). KENNY, C. ST.: Outlines of criminal law, S. 156ff. Cambridge 1946 und SEARS-WEIHOFEN: May's law of crimes, S. 266. Boston 1938.

[3] Scharfrichter sind gewiß keine milden Gemüter. Trotzdem hat ELLIOTT a. a. O. S. 240ff. ein Kapitel mit der Überschrift: „Waren sie unschuldig?" geschrieben, in dem z. B. folgender Fall erzählt wird: 1927 wurden 4 Leute in Pennsylvania hingerichtet. Sie hatten einen Bahnraub versucht. Verfolgt, schoß einer von ihnen einen Schutzmann nieder. Mit ihm waren zwei andere, der vierte aber wurde in einem anderen Stadtteil 15 Minuten vor der Schießerei verhaftet. Er wurde mit den anderen hingerichtet. (Ebenda S. 249.) Einen ähnlichen Fall berichtet LAWES (Life and death, S. 175.) Drei waren wiederum bei dem Raub beteiligt, bei dem der tödliche Schuß fiel. Der vierte wartete draußen mit dem Taxifahrer und behauptete, er hatte nicht gewußt, daß die anderen einen Raubüberfall vorhatten, geschweige denn, daß eine Waffe benutzt werden würde.

[4] Diesen Fehler begeht SCOTT: The history of capital punishment, S. 258ff.

der Purohita, an dem Fasten teilnehmen, durch das der König Mißgriffe der Kriminaljustiz zu büßen hatte[1]. Mit Irrtümern rechneten auch die Gesetze und Gewohnheiten der alten jüdischen Rechtspflege, und wenn ein Fehler begangen wurde, so kam das Blut durch die Methode der Steinigung auf das ganze Volk und seine breiten Schultern. Heute sind wir selbstgefälliger geworden. So konnte ein amerikanischer Jurist[2] schreiben, daß die Chance, zwischen Verhaftung und Urteil zu sterben, viel größer ist als die einer ungerechtfertigten Verurteilung. Sie sei nicht größer als die Wahrscheinlichkeit, vom Blitze getroffen zu werden, ja an Krankheit oder Blitzschlag vor der Verhandlung zu sterben. Um diese Behauptung aufzustellen, müßten wir ebenso genaue Kenntnis gerichtlicher Irrtümer haben wie der tödlichen Blitzschläge an einem bestimmten Ort oder der Sterblichkeit von Untersuchungsgefangenen. Diese Daten fehlen uns, und wir werden sie niemals besitzen.

II.

Die Priester und Könige, die ursprünglich das Recht handhabten, waren von „Gottes Gnaden", von Gott mit Weisheit ausgestattet, wie ihre Gesetze (Moses, Numa) vom Himmel kamen, unabänderlich und ewig gerecht. Noch im gerichtlichen Zweikampf entschied die Gottheit, und ihre Allwissenheit sprach im Gottesurteil durch Feuer und Wasser, durch die Macht des Giftes oder des Zufalls. Justizirrtümer waren undenkbar. Der Entscheidung erwuchs auf der Stelle unanfechtbare Rechtskraft. Von diesem Glauben sind noch Reste[3] erhalten geblieben. Noch scheint bei der mißglückten Exekution die Gottheit einzuschreiten und die Unschuld des armen Sünders zu verkünden. Auf der anderen Seite gibt sie stillschweigend der Hinrichtung, die störungslos abläuft, ihre Sanktion.

Als im Jahre 1584 Dr. Anton Leu in Appenzell hingerichtet wurde, weil er einen Priester der widernatürlichen Unzucht geziehen hatte, schlug der Scharfrichter erst daneben, mußte mehrfach ansetzen, „letztlich sagete ihm den Hals Vollendts ab" und erklärte schließlich dem wütenden Volke, einen Schelm könne er richten, einen Biedermann nicht[4]. Hier spielt der Gedanke an das Dazwischentreten höherer Mächte hinein, das die Hand des Scharfrichters lähmt. Er tritt noch deutlicher in einem amerikanischen Falle hervor, der sich vor 60 Jahren

---

[1] Oldenberg: Religion des Veda, S. 377. Berlin 1894.

[2] Cavanagh, Marcus: The criminal and his allies, S. 33. Indianapolis 1928.

[3] Zweifel melden sich zum Wort, wenn in alten Malereien den Richtern das Jüngste Gericht vor Augen gehalten wird, wie in der alten roten Ratsstube zu Wasserburg am Inn.

[4] Juchler, Hans: Das Strafverfahren im Lande Appenzell, S. 139. Berner Diss. Arbon 1905.

ereignete. Ein Mann war im Staate Mississippi zum Tode durch Hängen verurteilt worden, weil er einen Neger aus dem Hinterhalt erschossen haben sollte. Er beteuerte seine Unschuld noch unter dem Galgen mit den Worten:

„Ihr tötet einen unschuldigen Mann. Hier sind Männer, die wissen, wer das Verbrechen begangen hat (es war eine öffentliche Hinrichtung), und wenn sie vortreten und gestehen wollten, werde ich frei sein.

Niemand meldete sich, der Strick wurde umgelegt, die Klappe aufgerissen, der Mann fiel in die Tiefe. Aus irgendeinem Grunde löste sich der Knoten der Schlinge, und Purvis, so hieß er, fiel auf die Erde. Er war unverletzt, die Maske war abgerissen, die Menge erstarrte erst in Entsetzen, tobte dann durcheinander. Ein Geistlicher übernahm die Klärung der verworrenen Situation und forderte die Menge auf, sich für Hängen oder Nichthängen zu entscheiden. Fast alle stimmten für den Abbruch der Hinrichtung. Purvis wurde ins Gefängnis zurückgebracht; der Oberste Gerichtshof befahl, die Exekution zu vollstrecken, vorher aber holte nachts eine Gruppe von Männern den Gefangenen aus der Haft und verbarg ihn so lange, bis er sich stellte und begnadigt wurde. 1917 gestand ein alter Mann vor seinem Tode, die Tat begangen zu haben und gab eine genaue Darstellung des Vorgangs, die sich mit anderen Tatsachen deckte[1]. Der aktenmäßige Bericht des unwahrscheinlichen Vorfalls findet sich bei Edwin M. Borchard[2]. Die Menge war entgegen aller juristischen Konsequenz der alten Anschauung erlegen, daß die Hinrichtung Schuldiger glückt, Unschuldiger mißlingt[3]. Die jähe Umkehr im Wechselstrom des Blutdursts ist nicht nur auf Regungen des Mitleids oder des enttäuschten Vernichtungstriebes, sondern hauptsächlich auf den alten Gedanken göttlicher Intervention zurückzuführen. Es lag nahe, in raschem Zugriff den ungeschickten Henker an die Stelle des Opfers zu setzen, das nicht dargebracht werden

---

[1] Es handelte sich um eine Aktion des Ku-Klux-Klans.

[2] Convicting the Innocent, S. 206ff. New Haven 1932.

[3] Was bei der öffentlichen Hinrichtung noch möglich war, wird beim intramuralen Akt immer schwieriger. Im April 1938 versagte der elektrische Stuhl, als ein Mörder im Zuchthaus von Huntsville (Texas) getötet werden sollte. Der Delinquent, der 3 Stunden zusehen mußte, wie man die Apparatur zu reparieren versuchte, erklärte das Versagen als einen "act of God". Die Gefängnisverwaltung meinte, der Generator sei durchgebrannt. Die Hinrichtung fand 4 Tage später ohne weitere Störung statt. Der Verurteilte hatte einen Schutzmann umgebracht. Sofort nach dem Versagen des elektrischen Stuhl unterzeichneten 8000 Personen ein Gnadengesuch, dem der Gouverneur nicht stattgab. (Denver Post vom 27. April 1938.) — Kurz vorher war in ganz Amerika das Bild eines Hundes erschienen, den eine Frau zärtlich im Arm hielt. Er sollte mit 17 anderen Hunden vergast werden, hatte aber 5 Minuten der tödlichen Dämpfe überlebt. Er war daraufhin von der Behörde „begnadigt" worden. (Chicago Tribune vom 14. April 1938.)

konnte[1]. Die Scharfrichter selbst gingen zu ihrer Rechtfertigung noch weiter zurück. Ihre Entschuldigungen deuten an, daß entweder ihr Schwert „unvertreuet"[2], also, wie ich das Wort deute, „treulos" gemacht, verzaubert worden war. Oder der Delinquent hat sich „festgemacht", wie man schon aus anderen Anzeichen ersehen hatte[3]. In einem Würzburger Fall des Jahres 1739 wendet der Scharfrichter bei einer mißlungenen Exekution ein, „er habe alle Kraft angewendet, auch beide (Sünder) wohl angehauen, es habe sein Schwert aber dermaßen geklungen, als ob es auf Eisen und Stahl schlüge. Wär die Verhängnis Gottes manchmal wunderlich."[4] 1660 hatte der Scharfrichter von Eger wegen schlechter Richtung eine Geldstrafe erhalten. Er bittet flehentlich um Erlaß und sagt in seinem Bittschreiben: „Ob solcher streich aus Verhängnuss oder Schickung Gottes oder anderer Ursachen halber vorbeigegangen und verübet worden, ist allein Gott dem höchsten bekannt[5]." Im kaufmännischen Hamburg scheint die Strafe des kunstlosen Henkers die Form angenommen zu haben, daß man die Fehlhinrichtung nicht bezahlte[6].

III.

Zu den Fragen, die zu allen Zeiten die Phantasie der Menschen gefangen haben, gehört der schuldlos Gerichtete. Viele Sagen kreisen

---

[1] Hamburg 1639: „... der in Verwirrung geratene Scharfrichter hieb zweimal fehl, einmal in die Schulter und dann in den Kopf. Der vor der Volkswut bangende Scharfrichter verkroch sich sofort in dem Keller unter dem Koppelberg. Die Zuschauer erhoben einen greulichen Tumult, warfen mit Steinen, brachen die Brücke ein und hieben alles mit Äxten zusammen. Sie wollten den Scharfrichter massakrieren, der mit genauer Not durch die Reitendiener nach der Stadt gerettet ward." Wosnik: a. a. O. I, 1, S. 33. — Ein Jahr später machten die Regensburger kurzen Prozeß. Der Hieb des Scharfrichters war mißglückt. Als er und sein Sohn vom Blutgerüst stiegen, wurden sie von der empörten Menge gesteinigt, verfolgt, erstochen und erschlagen. Schwab, Ludwig: Regensburg, Spiegel der deutschen Geschichte, S. 79. Regensburg 1952.

[2] Ochs, Peter: Geschichte der Stadt und Landschaft Basel, Bd. IV, S. 774. Basel 1821. „Im Ausführen habe einer gesagt, er werde die zween nicht richten; es sey ihm vor dem Schwibogen eine schwarze Henne über den Strick geflogen, und etwas weiter ein Hahn."

[3] „wäre ja sonst bekannt", meint der Scharfrichter, „daß die beiden Sünder ja öfters mit Kugeln auf sich hatten schießen lassen, worauf sie dann unverletzt dieselben wieder aus dem Körper zögen".

[4] Knapp, Hermann: Zenten des Hochstiftes Würzburg, Bd. II, S. 544—545. Berlin 1907.

[5] Siegl, K.: Über Todesstrafen nach Alt-Egerer Kriminalrecht. Richterzeitung, S. 111. Eger 1931.

[6] Lappenberg, J. M.: Hamburgische Chroniken in niedersächsischer Sprache, S. 126, Hamburg 1861. — Wosnik: a. a. O. I, 1, S. 25. „Dieser hat aber die beiden ersten nicht recht gerichtet und ihnen den Hals nur halb abgeschnitten, weshalb er auch nichts für die beiden Exekutionen erhielt."

um den Widerspruch von „Majestät" des Gesetzes und menschlicher Fehlbarkeit. Wunder verraten den richterlichen Irrtum[1]. Die Natur protestiert, indem kein Rasen mehr wächst oder umgekehrt, eine aufkeimende Pflanze „gleichsam stets von neuem Klage erhebt"[2]. Auch auf andere Weise wird die Unschuld bewiesen[3]:

„Im Burgflecken Gerolstein bestand früher ein eigenes Gericht. Da wurde nun einer für schuldig erklärt und zum Köpfen verurteilt. Der sagte, seine Unschuld würde dadurch bewiesen werden, daß sein Haupt in den Brunnen springen und das Wasser röten würde. Die Unschuld wurde tatsächlich bewiesen. Der Brunnen mußte zugeschüttet werden."

Oder ein böser Ritter verurteilt ein 7jähriges Kind, das ein Kaninchen geschossen hatte, wegen Jagdvergehens zum Tode. Es wird auf wunderbare Weise gerettet, indem das Beil dem Scharfrichter aus der Hand fällt. „Nach dem Volksglauben wird durch diese Mißrichtung das verurteilte Kind frei[4]."

Die „Heilige Brücke" in Leipzig trägt ihren Namen nach einer falschen Identifikation, einem falschen Geständnis, und einem Justizirrtum[5]. In Stuttgart befahl der Magistrat 1443, daß man das Letzhäusle abbrenne und wüst liegen lasse. Es war ein Wirtshaus am Rande der Stadt. In dieser Herberge war ein Gast seines Geldes wegen in der Nacht erschlagen worden. Sein Hund heulte so auf, daß die Wirtsleute aufstanden und nachsahen. Sie fanden den Toten. Um das Haus nicht

---

[1] Eine Bruchsaler Sage erzählt: „Wie das Hochgericht noch vor der Heidelsheimer Vorstadt war, sollte einer hingerichtet werden, der unschuldig war. Der sagte: so wahr ich unschuldig bin, sollen auf dem Platze, soweit mein Blut hinspritzt, nur Binsen wachsen. Gleich, als er geköpft war, sind Binsen aus dem Boden gekommen, die man gar nicht vertilgen kann. Und seitdem heißt der Weg Bensegass." KÜNSSBERG, Frhr. v.: Rechtliche Volkskunde, S. 21. Halle 1936.

[2] Ebenda S. 21. Menschliches Blut wie menschlicher Samen befruchten die Welt der Pflanzen, siehe den Ursprung der Alraune.

[3] Ebenda S. 21.

[4] Ebenda S. 32. Dazu gehört die folgende Basler Vorschrift: „Wenn jemand, Weib oder Mannsperson, mit dem Wasser richten und ertränken will, so soll der Oberstknecht (Ratsdiener) am Abend vorher sorgen, daß die Meister der Gesellschaft zu der Megden vier Fischer abordnen, damit diese am folgenden Tage bei der Rheinbrücke mit zwei Weidlingen (Kähnen) gerüstet warten. Diese sollen den armen Menschen bis zu dem Thomasturm hinab den ‚freien Rhein' rinnen lassen, sobald er aber hier angekommen, sollen sie ungesäumt ihn ans Land bringen und den Totengröbern, die dort am Lande warten, überantworten. Diese haben eiligst den Armen aus den Banden zu erledigen und das Wasser von ihm zu schutten, „damit ob Gott der Herr einen sollichen Armen (wie hiervor auch geschehen) sin Leben bis dahin im Wasser erretten wurd, daß der Arm nit erst uff dem Lande in Banden verderben und so ihm wol geholfen, umbkommen mußte." OSENBRÜGGEN, EDUARD: Studien zur deutschen und schweizerischen Rechtsgeschichte, S. 348, 349. Basel 1881.

[5] BACKHAUS, FERDINAND: Die Sagen der Stadt Leipzig, S. 35 und 36. Leipzig 1844.

in schlechten Ruf zu bringen, verscharrten sie die Leiche und versuchten, auch den Hund zu töten. Er entkam blutend und machte das Verbrechen kund. Als der Vogt und seine Knechte kamen, stürzte sich der Wirt in seinen Brunnen und ertrank. Die Frau wurde am 7. August 1443 auf dem Marktplatz in Stuttgart hingerichtet. Die Wahrheit kam später ans Licht und an die Stelle des Mordhauses wurde später ein Galgen gebaut[1].

Historisch bezeugt ist die Untat des Grafen Arnold V. von Massenhausen, der Nasenlose genannt, der auf Burg Kranzberg bei Freising saß. Er verurteilte kraft seiner richterlichen Gewalt am 5. Dezember 1323 seine Ehefrau Elisabeth aus dem Geschlecht der Greifenberg und einen Knecht zum Tode. Dann errichtete der Graf für die vermeintlichen Ehebrecher in der Burg einen Scheiterhaufen und ließ die beiden verbrennen. Als die heiligsten Versicherungen ihrer Unschuld nichts halfen, stieß die Gräfin in ihrer Verzweiflung einen Fluch aus, daß nie mehr einem Massenhausen ein Sohn solle geboren werden. Am anderen Tag hörte der Gatte und Richter die Messe. Statt der Hostie sah er bei der heiligen Wandlung eine schwörende Hand und erkannte, daß er eine Unschuldige gerichtet hatte. „Alle Reue und Gaben an Klöster nützten nichts, ihm wurden von seiner zweiten Frau nur noch Töchter geboren[2].“ Er verbrannte bei einem Kriegszug im Schlosse Arnbach.

Von einem Justizirrtum berichtet auch die Chronik von Mehlem bei Bonn. Wieder war es eine falsche Identifikation. Der junge Mann wurde auf dem Rodderberg gehängt. Bald danach kehrte die angeblich Ermordete zurück. Wer an dem Sagenhaften Anstoß nimmt, muß am Faschingsdienstag 12 Uhr mittags nach Mehlem kommen. Um diese Zeit wird mit den Kirchenglocken „gebeiert“. Das Läuten war bis zum Jahre 1838 das Servitut eines Weinberggrundstückes und wird jetzt freiwillig durchgeführt[3]. Mit dieser Tatsache gewinnt die alte Erzählung an Wahrscheinlichkeit, auch wurde der Baum, an den der Unglückliche gehängt wurde, noch gezeigt, ehe er dem zweiten Weltkrieg zum Opfer fiel.

Bis zur Aufklärungszeit müssen Hinrichtungen auf Grund eines Fehlurteils schon deshalb häufiger als heute gewesen sein, weil der Anwendungsbereich der Todesstrafe unendlich viel größer war. In den alten Erzählungen fällt eine gewisse sentimentale Sachlichkeit auf, die

---

[1] Nick, Friedrich: Stuttgarter Chronik und Sagenbuch, S. 61 und 62. Stuttgart 1875.

[2] Rückert, Albert Karl: Chronik alter Burgen in Oberbayern, S. 81 und 82. München 1925.

[3] Wiedemann, A.: Geschichte Godesbergs und seiner Umgebung, S. 153 und 154. Bad Godesberg 1930.

viel mehr als heute mit Betriebsunfällen der Justiz rechnete, möglicherweise auch damit zusammenhing, daß das Unglück meistens kleine und unbedeutende Menschen traf. Nach einem alten Frankfurter Volkslied[1] wird eine Bürgerstochter verführt. Ihr Vater geht zur „Weismutter" hin, und sie verspricht Hilfe. Das kleine Wesen wird umgebracht und einer Magd ins Bett gelegt.

„Die Tochter war klug von Sinne,
Sie rief sich den Vater an:
Die Magd hat ein kleines Kind krieget,
Sie hat es umgebracht."

Die Unschuldige wird gehängt, ihr Geliebter kommt von weither geritten und ruft nach seinem Schätzchen; sie hängt so hoch, daß er sie kaum erkennen kann; sie antwortet auf seine Klage:

„Ich hänge fürwahr nicht hoche,
Ich sitze auf Gottes Bank,
Die Engel aus dem Himmel
Sie bringen mir Speis und Trank!"
„Er gab dem Roß die Sporen,
Und ritt nach der Obrigkeit:
Ihr Herren was habt Ihr gerichtet?
Ihr Herren habt Unrecht getan."
„Haben wir Unrecht gerichtet,
Haben wir Unrecht getan,
So wolln wir sie abschneiden
Und hängen eine andre dran[2]."

Hier steht der Abschreckungszweck, nicht die Wiedergutmachung, die himmlischen Instanzen überlassen wird, im Vordergrund richterlichen Denkens.

In den frühen Tagen der Donaustadt kommen sieben schottische Mönche nach Regensburg. Sie sind auf der Fahrt nach Rom. Kaum haben sie die Stadt verlassen, als es finster wird und ein Unwetter sie zwingt, unter einer großen Linde Schutz zu suchen. Ohne es zu wissen, haben sie die alte Gerichtsstätte betreten. Erschöpft schlafen sie ein. „Den Schlafenden zeigte sich ein Traumgesicht, und eine göttliche Stimme gab ihnen ein, daß am Galgen der Gerichtsstätte ein Mann ... vor 5 Tagen unschuldig gehängt worden sei." Die Stimme befiehlt ihnen in Regensburg zu bleiben. Sie nehmen, als die Sonne aufgeht, den Leichnam des Gehängten ab und beten über ihm. An der Stelle gründen die Brüder das berühmte Schottenkloster. Die Sage

[1] Listmann, Georg: Sagenbuch der freien Reichsstadt Frankfurt a. M., S. 86ff.

[2] Der Schlußvers lautet:

„Der Vater kam an den Pranger,
Die Tochter wurde geköpft,
Die Weismutter wurde geradbrecht
Zu Frankfurt am Hohen Gericht."

Die Magd war gehängt worden, die Bürgerstochter wurde enthauptet.

kann den Vorgang um so eher ohne gefühlsmäßige Anteilnahme am Geschicke des Gehängten berichten, weil tiefer Gläubigkeit einfachste Mittel der Wiedergutmachung zur Verfügung stehen. Die Mönche erwecken durch ihre Gebete den schuldlos Gerichtetem zu neuem Leben, er steht auf, dankt und lobt Gott, offenbart der Stadt das Wunder und dient den Mönchen von nun an in dankbarer Treue[1]. So verliert in einer Welt religiöser Inbrunst[2] das Problem des Justizirrtums seine fundamentale Bedeutung.

In den Tagen der Folter konnte die falsche Anschuldigung leicht durch ein Geständnis bekräftigt werden; andererseits sind in Zeiten echten Glaubens die Fälle häufiger gewesen, in denen vor dem Tode ein Bekenntnis der Schuld abgelegt wurde. Das Steinkreuz auf der Eßlinger Steige, das noch vor 80 Jahren zu sehen war, bewahrt seit 300 Jahren nahezu (errichtet 1569) das Gedächtnis eines Fehlurteils. Ein Eßlinger Patrizier, ein Herr von Welz, hatte 1491 seinen Vetter ermordet. Gegen einen armen Postknecht wurde ein Verfahren eingeleitet, weil man bei ihm den kostbaren Goldreif des Ermordeten gefunden hatte. Er gesteht auf der Folter. Der Delinquent bittet auf der Richtstätte, noch einmal in ein Horn stoßen zu dürfen. Er beteuert seine Unschuld und sagt, daß das Horn klingen wird, auch wenn er nicht mehr sei. Wie der Kopf in den Sand fällt, „wars, als ob auf einer fernen Straße, nach Stuttgart gerichtet, ein Reiter trabte, mit lautem Hornesklang, der sich nach und nach hinter den Bergen verlor“[3]. Der wahre Täter geht in die Fremde, verläßt Braut, Freunde und Heimat. In großem Elend kommt er nach Eßlingen 1569 zurück und legt sterbend ein volles Schuldbekenntnis ab, bestimmt auch in seinem Testament, das Steinkreuz auf der Eßlinger Steige zu errichten. So berichtet Hans Marchthaler von Eßlingen in seiner Hauschronik[4].

[1] Färber, Sigfrid: Brücke über dem Zeitenstrom. Geschichten aus einer 1000jährigen Stadt, S. 17. München 1949.

[2] Siehe die drei rheinischen Sagen über richterlichen Fehlspruch und Mißbrauch der Gerichtsgewalt bei Zaunert, Paul: Rheinlandsagen, Bd. I, S. 94 und 95. Jena 1924. Einmal verhindern göttliche Zeichen die bevorstehende Hinrichtung; das andere Mal künden sie die Rache des Himmels an: „Kaum hatte die Frau um den unschuldig hingerichteten Gatten geklagt, da verlor der Baum die Blätter, zum Zeichen, daß unschuldiges Blut vergossen war. Und wie der Baum die Blätter, so verloren hernach die mörderischen Schöffen ihr Hab und Gut und wurden arme Leute.“

[3] Nick, Friedrich: Stuttgarter Chronik, S. 171ff. „Als dies der Nachrichter vernahm, rief er laut: ‚Ach, daß sich Gott meiner Seele erbarme!‘ dieser Mann starb unschuldig durch meine Hand.“

[4] Ebenda S. 174. „Dieses Kreuz, von dem die alte Sage ihren Ursprung hat, daß der Postmichel mit dem Kopf unter dem Arm um Mitternacht durch die Heusteige reite, befand sich in neuester Zeit noch an Ort und Stelle.“ — Mit Hinrichtungen Unschuldiger als einer nicht ungewöhnlichen Angelegenheit rechnet die Sage von den Herren auf der Löwenburg im Siebengebirge. Zaunert: Rheinlandsagen, Bd. II, S. 15.

IV.

Die meisten Sagen, die von einem gerichtlichen Irrtum sprechen, haben trotz späterer Ausschmückung irgendeinen geschichtlichen Hintergrund. Sie genügen freilich nicht, die Frage zu beantworten, ob je Unschuldige hingerichtet worden sind. Wir lassen die unzähligen Exekutionen weg, die Cäsaren, Diktatoren und Revolutionen in mehr oder weniger gerichtlichen Formen durchgeführt haben. Es fällt auch schwer, angesichts der einmütigen Überzeugung von Kirche, Staat, Richtern und Universitäten die Opfer des Hexenglaubens hierher zu zählen, bei denen das Gesetz der Zeit und ihre Verfahrensregeln beobachtet wurden[1]. In die Kategorie der unschuldig Hingerichteten aber gehören die zahlreichen Fälle, in denen offensichtlich Ausschreitungen — auch gegenüber dem allgemeinen Hexenwahn und den üblichen und gesetzlichen Prozeßformen — vorliegen, bisweilen sogar die damalige Justiz den Exzeß festgestellt hat. So amtierte als Hexenrichter der Abtei Fulda bis 1606 der weithin berüchtigte Malefizmeister und Zentgraf Balthasar Voß oder Noß. „Er rühmt sich selbst, während 2 Jahren 250 Hexen verbrannt zu haben. Fast 10 Jahre trieb er sein Unwesen. 700 Menschen soll er hingerichtet haben, trotzdem hoffte er, ‚noch das Tausend voll zu machen'[2]". Voß wurde 1618 in Hanau enthauptet[3].

Aus der allgemeinen Praxis, hie und da eine Hexe zu entdecken und zu verbrennen, heben sich die Massenexekutionen heraus, die auch der damaligen Anschauung rechtswidrig und unsinnig erschienen.

„In dem reichsunmittelbaren Frauenstift Quedlinburg ... zählte man im Jahre 1570 etwa 60, im Jahre 1574 beiläufig 40 Hexenverbrennungen. 1589 wurden an einem Tage 133 Hexen verbrannt[4]."

Im Jahre 1678 richtete man im Erzstift Salzburg 97 der „erschröcklichsten Zauberer und Hechsen", darunter Kinder von 10 bis 14 Jahren[5]. Unter den 1591 vom Herzog in Wolfenbüttel Verurteilten war eine Greisin von 106 Jahren[6]. Schüller[7] teilt mit, daß es in der

---

[1] Man wird an den Prozeß Christi denken müssen, bei dem ein formaler Verstoß gegen das römische und jüdische Gesetz kaum festzustellen ist, die Verurteilung das Ergebnis der religiösen und politischen Atmosphäre war.

[2] Spielmann, Karl H.: Hexenprozesse in Kurhessen, S. 167. Marburg 1932.

[3] Ebenda S. 172. Erst hatte die juristische Fakultät von Würzburg entschieden, daß „Balthasar Voß wegen seines ungebührlichen Prozessierens und angewandter scharfer, übermäßig peinlicher Frage des Stiftes Fulda zu verweisen sei, und daß die Unkosten aus seinen Gütern richtig gemacht und erstattet würden." In Hanau wurde er dann im Armensünderhemd auf einem Karren zur Richtstatt gebracht und enthauptet.

[4] Soldan-Heppe: Geschichte der Hexenprozesse, herausgegeben von Max Bauer, Bd. II, S. 54. München o. D.

[5] Ebenda Bd. II, S. 54.

[6] Ebenda Bd. II, S. 60.

[7] Schüller: Ein Eifeler Hexenprozeß im Jahre 1614. Triersche Chronik 1914, X, S. 129.

Nähe von Trier Dörfer gegeben habe, in denen fast keine Frau mehr zu sehen war. Nach der Mitteilung des geflohenen Rheinbacher Schöffen Hermann Löhr fielen allein im Jahre 1629 in den Orten Rheinbach, Flerzheim und Meckenheim 120—130 Personen einem Hexenrichter zum Opfer[1]. Wenn man den günstigsten Fall annimmt und einen geistigen Notwehrexzeß postuliert, so wird man sagen müssen. daß eine solche, alles Maß überschreitende Form der Abwehr nicht erforderlich war, und Bestürzung, Furcht oder Schrecken vielleicht bei der abergläubischen Menge, nicht aber bei den richterlichen Instanzen vorgelegen haben kann. Wenn wir also eine Unterscheidung versuchen, so sind wir uns bewußt, daß es viele Formen des Hexenwahns gibt und die moderne Menschheit gegen Anfälle kollektiver psychischer Störung ebensowenig immun ist als das Mittelalter. Wie damals sind Systeme und Konstruktionen zur Hand, das Unsinnige zu rationalisieren, und ihm damit einen Impetus zu geben, der weit über seine innere Lebenskraft hinausgeht.

Wer nach klaren und zahlenmäßigen Beweisen für die Schuldlosigkeit Hingerichteter verlangt — eine Forderung, die berechtigt ist —, darf den Begriff der Tötung nicht allzu eng ziehen. Nicht wenige Fälle sind bekanntgeworden, in denen das Todesurteil in lebenslängliche Haft umgewandelt wurde und im Zuchthaus ein früher Tod erfolgte. Die spätere Rehabilitation, die vielleicht durch die Bemühungen eines überlebenden Mittäters erfolgte, kann nichts daran ändern, daß dem schuldlos Verurteilten das Leben nicht gleich, aber doch viel früher, vielleicht unter qualvolleren Umständen genommen wurde. Der Barbier Zieten (Elberfeld 1883) wurde wegen Ermordung seiner Ehefrau zum Tode verurteilt[2], seine Revision verworfen. Zu lebenslänglichem Zuchthaus begnadigt, starb er 1901 in der Haft; er beteuerte bis zum letzten Augenblick seine Unschuld[3]. 1899 wurde ein Mann namens Harter und eine Frau Therese Gietzinger zum Tode verurteilt (Ried, Oberösterreich), das Urteil aber nicht vollstreckt. Beide wurden im Wiederaufnahmeverfahren freigesprochen. 1901 war Harter im Alter von 66 Jahren in der Strafanstalt an Gehirnblutung gestorben[4].

Tragischer ist ein amerikanischer Ausgang. Vier Leute wurden wegen Mordes zu lebenslänglichem Zuchthaus verurteilt (Alabama 1920)[5].

---

[1] Cremer: Eine Hexenverbrennung in der Eifel in den Rheinischen Geschichtsblättern 1904, Nr. 11, S. 346.

[2] Sello, Erich: Die Irrtümer der Strafjustiz, S. 134. Berlin 1911.

[3] Ein Jugendlicher hatte ein Geständnis abgelegt und den Mord zugegeben, von dessen wirklicher Täterschaft die Berliner Kriminalkommissare von Meerscheidt-Hüllessem und von Tausch fest überzeugt waren. Sello: a. a. O. S. 142. Die reichhaltige Literatur zu dem Falle findet sich auf S. 143.

[4] Hellwig, Albert: Justizirrtümer, S. 206. Minden 1914.

[5] Borchardt, Edwin, M.: Convicting the innocent S. 164 und 165. Garden City 1932. Borchard sagt vorsichtig, allzu vorsichtig: „Es ist nicht unrichtig, anzunehmen, daß der frühzeitige Tod von Crutcher, Hudson und Staten in mehr

1926 legte ein Neffe des Ermordeten ein Geständnis ab, griff dann seine frühere Geliebte und ihren Mann mit Revolverschüssen an und wurde dabei selbst getötet. Von den 4 Verurteilten war der eine, 2 Jahre nach der Verhandlung, im Anstaltssteinbruch durch einstürzende Felsen getötet worden, ein zweiter war nach $2^1/_2$ Jahren an Tuberkulose gestorben. Der dritte starb, kurz ehe ihn die Begnadigung erreichte. Der Vierte lebte weiter, hatte aber ein eigenartiges Schicksal. Er wurde auf Wohlverhalten entlassen, aber strafweise nicht begnadigt, weil er, der Unschuldige, sich im Gefängnis „nicht gut geführt“ hatte. Für 7 Jahre Zuchthaus bekam er eine Entschädigung von 750 Dollar.

Es fehlt aber nicht an Fällen, die dokumentiert sind und nicht dem umstrittenen Gebiet religiöser, politischer und sozialer Hexenverfolgungen angehören. Bei der Suche nach der seltsamen Menschenfresserfamilie in Ballantrae, Schottland, wurde eine ganze Reihe Unschuldiger hingerichtet, sowohl Reisende wie Wirte[1]. Manche Wirte, die an der Weststraße nach Schottland lebten, gaben ihren Beruf auf, der zu riskant geworden war. Die summarische Behandlung der Wirte hing teilweise mit dem schlechten Rufe zusammen, den manche von ihnen genossen. Der Newgate Calender allein berichtet 2 Fälle von Gasthausmorden. In einer Wirtschaft in Oxford wurde ein Wirt betroffen, wie er mit einer Blendlaterne in der Hand und einem Messer in der Faust vor dem Bette eines ermordeten Gastes stand. Er wurde von den Geschworenen von Bradford verurteilt und hingerichtet. Der wirkliche Mörder gestand auf dem Totenbette[2]. In einem zweiten Fall, den Scott[3] nach der Ausgabe des Newgate Calender von Knapp und Badwin wiedergibt, war auf der Landstraße ein Raubüberfall verübt und ein Sack voll Gold mitgenommen. Der Täter, ein Wirt, praktizierte

---

oder weniger direkter Beziehung zu ihrer unrechtmäßigen Haft stand.“ (Ebenda S. 165). Wenn jemand bei der Zwangsarbeit von einem Steinblock erschlagen wird, so kann die Beziehung des Todes zum Zuchthaus nicht bezweifelt werden.

[1] “. . . several honest wayfarers were taken and wrongfully hang'd upon bare Circumstances; while divers innocent innkeepers similarly suffered, merely because the missing persons had last lain at their houses.“ Roughhead, William: Murder and more murder, S. 91. New York 1939. — Nach einer Erzählung aus dem 13. Jahrhundert brachte ein berüchtigter Wirt seine reichen Gäste im Straußen von Colnbrook dadurch ums Leben, daß er sie aus dem Bett durch eine Falle in eine Wanne von kochendem Fett im Keller fallen ließ. Ein Modell dieser niederträchtigen Erfindung wurde nach einem Werke aus dem Jahre 1632 angefertigt und in dem Buche: English Inns, S. 23, London 1954, abgebildet.

[2] The Newgate Calender (Ausgabe Henry Savage), S. 87—89. „Die Tatsachen über die schreckliche Tragödie kamen erst in vollem Umfange ans Licht durch ein Geständnis des wahren Mörders, zu einer Zeit, wenn wir alle Frieden mit Gott zu machen versuchen müssen.“ Ebenda S. 89. Es war der Diener des Ermordeten gewesen.

[3] Scott: History of capital punishment, a. a. O. S. 254, 255.

die Börse in die Tasche eines Kellners, der betrunken im Bett lag. Der Wirt meinte, als der Beraubte bei ihm eintraf, daß er immer dem Kellner mißtraut hätte und schlug eine Durchsuchung vor. Die Börse wurde gefunden, der Mann verurteilt und in New York im Jahre 1742 hingerichtet. Als der Wirt später wegen anderer Raubüberfälle in Untersuchung gezogen wurde, gestand er die alte Untat.

Klare Fälle der Hinrichtung Unschuldiger werden aus Schottland (1821 und 1849) mitgeteilt[1]. Das letzte Urteil stellte fest, daß an einem Markttage in Kelso 400 Menschen versucht hatten, einen Gefangenen zu befreien. Ein Hirte war der Polizei zu Hilfe gekommen und war im Tumult irgendwie erschlagen worden. Zwei Seeleute wurden wegen Mordes verurteilt, der eine hingerichtet, der andere zur Deportation verurteilt. Es handelte sich um eine sehr unsichere Form dessen, was man heute felony murder nennt, und die Behörden wünschten offenbar ein Exempel zu statuieren. Später gestand ein wegen Mordes verurteilter Ire, die Tat begangen zu haben. Es ist eine seltsame Einknickung unseres Denkens, daß wir belastenden Geständnissen Gewicht beimessen, das entlastende Geständnis aber mit Mißtrauen behandeln. Der schottische Bericht läßt über diese Spaltung unseres Bewußtseins keinen Zweifel[2].

Die gleiche Antinomie findet sich beim Begriff der Geisteskrankheit. Er erfährt, je nachdem er den Angeklagten zu schützen scheint oder im Tatbestand als erschwerendes Merkmal auftritt (§ 176, I, 2 StGB.) eine verschiedene Auslegung. In einem österreischichen Falle war ein unbeliebter und wenig erfreulicher Mann wegen Brandstiftung und Mordes zu lebenslänglichem schweren Kerker verurteilt[3], die eingelegte Nichtig-

[1] The Scots Black Calender, S. 28 und 56.

[2] „Wenn das Geständnis wahr war", sagt der Bericht (S. 28), „so zeigt er, wie ein schlauer Gauner mehr zufällig ein Verbrechen und die Schuld auf einen anderen schieben kann, wodurch es kam, daß eine tadelnswerte, aber unschuldige Frau den Tod erleidet. Es kann freilich nicht mit absoluter Sicherheit gesagt werden, daß man den tragischen Äußerungen des Landstreichers Glauben schenken kann."

Die verurteilte Ehefrau wie das Opfer, der Ehemann, waren betrunken. Man fand die Mordwaffe, den blutbefleckten Feuerhaken, im Schlafzimmer der Frau. Alle Türen und Fenster waren von innen verschlossen. Der später Geständige gab an: er sei von der Ermordeten in Abwesenheit des Dienstmädchens ins Haus eingelassen worden, man habe zusammen getrunken, es wäre zu Streit gekommen, er habe den Ehemann mit dem Feuerhaken getroffen und das blutige Instrument neben das Bett der schlafenden Frau gelegt. Dann habe er die Tür von innen verschlossen und sei durch den Kamin entkommen. Schornsteine waren damals sehr breit, das Haus einstöckig, so daß ein solcher Fluchtweg durchaus möglich war.

[3] Hellwig, Albert: Justizirrtümer, S. 125. Minden 1914. Zur Todesstrafe kam es nicht aus einem rein formellen Grunde. „Vor der Todesstrafe wurde er nur dadurch bewahrt, daß er im Jahre 1885 wegen eines im Jahre 1884 begangenen Diebstahls zu einer dreimonatlichen schweren Kerkerstrafe verurteilt worden war. Da nun die Brandlegung ... schon im Jahre 1879 begangen war ... mußte von der

keitsbeschwerde zog er zurück[1] und begann die Strafe zu verbüßen. Zwei Jahre später legte ein jüngerer Mann brieflich ein Geständnis ab, schnitt sich die Pulsadern auf, wurde aber noch gerettet. Er gab eine genaue Erklärung des Vorgangs. Die von ihm beschriebene Mordwaffe wurde nach langem Suchen auf dem Grunde einer Senkgrube gefunden. Die Verletzungen waren dem ermordeten Mädchen von einem Linkshändigen zugefügt worden. Der Geständige war linkshändig. Im Wiederaufnahmeverfahren wurde der zu 2 Jahren Verurteilte freigesprochen. Trotzdem schreibt der Richter, der den Fall wiedergibt: „Als vollkommen aufgeklärt wird man den Fall wohl auch nach dem Geständnis des Franz K. noch nicht bezeichnen dürfen, wenngleich wir berechtigt sind, die Verurteilung des Gregor A. für einen Justizirrtum zu halten[2]." In einer Art geistigen Beharrungstriebes setzt sich der Autor über das aufhebende Urteil des Wiederaufnahmegerichts, die zwingende Logik der neuen Indizien und das glaubwürdige, von einer genauen Schilderung der früheren Vorgänge begleitete Geständnis hinweg, das zu jeder Zeit und vor jedem Gericht zu einer Verurteilung geführt hätte.

Die meisten gerichtlichen Irrtümer, die durch ein Geständnis während schwerer Krankheit oder auf dem Totenbett (manchmal auch durch Mitteilung der Frau des verstorbenen, wahren Täters) aufgeklärt werden, lassen noch Raum für Zweifel, weil eine Gegenüberstellung mit dem Hingerichteten und ein Vergleich der Indizienreihen, die zum Geständnis hinzukommen müssen, nicht mehr möglich ist. Ganz selten ist natürlich ein Geständnis zu Lebzeiten des unschuldig Verurteilten und ohne daß der Fluchtweg in den bevorstehenden oder befürchteten Tod sich eröffnet. Wenn dem schuldlos Verurteilten nur Zuchthaus droht, ist nichts Unabänderliches geschehen, stellt sich auch kein menschlich verständlicher Drang zur Rechtfertigung und Selbstverteidigung dem „Neuermessen" des Richters entgegen. Eine geschichtliche Sage, die an den steinernen Männerkopf in Regensburg anknüpft[3], hatte bei aller Sorg-

---

Erkennung der Todesstrafe entsprechend der eigenartigen Rechtssprechung des Kassationshofes Abstand genommen werden, weil gemäß § 34 des Österr. Strafgesetzbuches für Brandlegung und Mord nur die eine absolute Strafe des Todes ausgesprochen werden kann, die am 15. April 1887 angetretene Freiheitsstrafe aber eine Verschärfung der Todesstrafe und somit eine Überschreitung des Strafmaximums zur Folge gehabt hätte." Über eine ähnliche Milderung der gesetzlichen Todesstrafe, siehe ebenda S. 208.

[1] Dieser Schritt schien für seine Schuld zu sprechen.

[2] HELLWIG: a. a. O. S. 143.

[3] FÄRBER, SIGRIED: Brücke über den Zeitenstrom, a. a. O. S. 123ff. — „Seine ungerechte Todesschmach aber ließ Meister Albrecht — allen richtenden Menschen zur dauernden Mahnung! — auch sinnbildlich verewigen: über die Pforte seines Hauses fügte ein Steinmetz das Bild eines Männerhauptes, nach dem der Henker greift. Dies ist noch heute in der Glockengasse in Regensburg zu sehen."

falt[1] des Gerichts zu dem Todesurteil über einen bekannten Glockengießer geführt. Er bittet vor der Hinrichtung, die von ihm gegossene Wetterglocke als Armensünderglocke zu läuten. Es geschieht. „Die Wetterglocke ertönte — sie hatte seit der Mordnacht nicht mehr geläutet — und ihre Stimme weckte ein Gewissen. Vor den Richtern erschien plötzlich ein stadtfremder Mann und bekannte sich des Mordes an Meister Ulrich für schuldig." Er gab ein einleuchtendes Motiv an, einen tiefsitzenden Konflikt mit dem Ermordeten, der ihn um ein Kunstgeheimnis gebracht hatte. Die Unschuld des Verurteilten, der nichts vom Täter und seiner Beziehung zum Getöteten gewußt hatte, war einwandfrei bewiesen, obschon die schwersten Indizien gegen ihn gesprochen hatten.

Es kommt vor, daß die Indizien rein zufällig mit zwingender Logik auf eine bestimmte Person hinweisen. Alle seine Wesenszüge lassen die Tat als möglich erscheinen, es liegt ein ausreichendes Motiv vor und die Tattechnik deutet auf den Beruf des Verdächtigen hin. v. SALOMON lernte im Zuchthaus einen gewissen Trautmann kennen. Er saß wegen Mordes, behauptete aber unschuldig zu sein. v. Salomon, der ihn einen unverträglichen und rohen Gesellen nennt, glaubte ihm nicht, und sagte es ihm ins Gesicht. Bald darauf wurde dieser Mann plötzlich freigelassen.

---

[1] Der Fall ist psychologisch sehr beachtenswert. Eine Wetterglocke reinsten Tones wird von Meister Albrecht gegossen. Sie läßt sich aber schwer ziehen. Ein fremder Meister, Ulrich aus Stuhlfelden im Salzburger Land, kommt in die Stadt. Er erbietet sich, den Schaden zu beheben, obwohl Albrecht klagt, es ginge um seine Meisterehre und um die Zunftehre der heimischen Glockengießer. Trotzdem erhält der Fremde den Auftrag: sein Erfolg ist erstaunlich. Ein Mann kann die schwere Glocke leicht bewegen. In einer Sturmnacht wird der Glockenschall zum „ersten Male dem Unwetter entgegengeworfen". In der gleichen Nacht wird der Mann aus dem Salzburgischen in einer dunklen Gasse erdolcht. Der Sohn des Getöteten meint auf die Frage, ob sein Vater einen Feind gehabt hätte: keinen außer dem Regensburger Konkurrenten. „In der Tat: Albrecht war Meister Ulrich mehr als mißgünstig gesinnt gewesen... Er glaubte sich verleidigt, verspottet von dem Fremden, und seine leicht erregbare Natur, sein hitziges Gemüt mochten ihn zur Mordtat an dem Nebenbuhler hingerissen haben..." Ein Geselle aus Albrechts eigener Werkstatt gab an, aus dem Munde des Meisters rachedrohende Worte gegen den Fremden gehört zu haben, und der Geselle bekräftigte diese schwerwiegende Beschuldigung durch den Eid. Und dann: Wo war Meister Albrecht in der Nacht gewesen, da die Mordtat geschehen war? „Er sagte, er sei in seiner Kammer gewesen. Er hatte sich von allem zurückgezogen, selbst nichts mehr gegessen und sich eingeschlossen." Eben dies nährte wiederum den Verdacht. Wie leicht konnte es sein, daß aus seiner einsamen Verbissenheit der jähe Entschluß zur Mordtat entsprungen war. „Er wurde gefoltert und gestand in seiner Verzweiflung. Das Todesurteil wurde gesprochen. Er widerrief, wurde wieder der Tortur unterworfen und gestand von neuem". Dann kam der Tag der Hinrichtung heran, und im letzten Augenblick gestand der wahre Täter. Niemals wäre nachträglich seine Unschuld zu beweisen gewesen. FÄRBER: a. a. O. S. 124 bis 126.

„Er war aus Münsterberg in Schlesien und war dort Fleischergeselle. Er ging mit einem Mädchen, und eines Tages wurde dies Mädchen ermordet aufgefunden. Ihm war die Kehle durchschnitten worden. In so einem Falle zittern im weiten Umkreis alle Fleischer, denn die Sachverständigen nennen das den ‚Hammelschnitt' und behaupten gern mit apodiktischer Sicherheit, das könne nur ein Fleischer gemacht haben. Trautmann wurde festgenommen und hatte kein Alibi. Auf seinem Rock wurden Haare des Mädchens gefunden. Er leugnete von Anfang an und verteidigte sich mit der Behauptung, bei einer solchen Tat müßten Blutspritzer auf seinem Anzug gefunden werden. Die Leumundszeugen waren alle gegen ihn... Er wurde zum Tode verurteilt und zu lebenslänglicher Haft begnadigt. Er saß 12 Jahre[1]."

Da hängte sich kurz vor der Verhaftung der Gärtner Denke in Münsterberg auf. Man entdeckte ein Tagebuch Denkes, in dem er alle seit 18 Jahren verübten Morde aufgeschrieben hatte. Er hatte auch die Ermordung jenes Mädchens verzeichnet. Es ist eine unwiderlegliche Variante des anfechtbaren „Geständnisses auf dem Totenbett". Wenn mehr Mörder Tagebücher führten, würde auch die Zahl der bewiesenen gerichtlichen Irrtümer größer sein.

Außer älteren Berichten[2], die ich sonst nicht erwähnt finde, und dem Falle Jakubowski[3], an dessen Aufklärung ich mitgewirkt habe, führt Scott die Justiztötungen der Eliza Fenning (1815)[4], des William Shaw (1721)[5] und des James Crow (1727)[6] an. Im Falle William Hebron (1876)[7] wurde das Todesurteil ausgesprochen, da niemand an seiner Schuld zweifelte; es kam nur zu einer Begnadigung, weil der Delinquent gerade 18 Jahre geworden war. Später gestand der bekannte Einbrecher Charles Peace, den fraglichen Schutzmann erschossen zu haben. Es ließ sich feststellen, daß die tödliche Kugel aus der Waffe des Peace abgeschossen war, das Geständnis also auf Wahrheit beruhte.

---

[1] Salomon, Ernst v.: Der Fragebogen, S. 158 und 159. Hamburg 1951.

[2] St. Edme: Dictionaire de la pénalité, Bd. V, S. 54 teilt mit: „Im Jahre 1765 wurde eine Frau als Mitschuldige am Tode ihres Gatten zum Tode durch den Strang verurteilt. Ihr Körper sollte in den Po geworfen werden. Die Unglückliche leugnete die Untat, konnte aber die Abwesenheit ihres Mannes nicht erklären. Sie wird gefoltert, gesteht und wird hingerichtet. Vier Tage danach kommt der Mann zum Vorschein. Er versucht, seine Frau zu rechtfertigen. Man hält ihm entgegen, daß sie gehängt worden ist, da sie ihn getötet habe. Er müsse daher ein Schwindler sein" („il ne peut être qu'un imposteur").

[3] Scott: History, a. a. O. S. 262.

[4] Ebenda S. 255.

[5] Ebenda S. 256.

[6] Ebenda S. 256. Ein Mann, der bis zum letzten Atemzuge behauptete, ein gewisser James Crow und nicht der Räuber Thomas Geddely zu sein, wurde hingerichtet. Der wahre Geddely wurde in Dublin bald danach wegen eines anderen Verbrechens verhaftet und exekutiert.

[7] Ebenda S. 258.

Wie im Falle Purvis handelte es sich um eine Zufallsbegnadigung, nicht um einen Zweifel an der Tatfrage. Es ist wie das Entwischen eines Unschuldigen, der vor der Hinrichtung fliehen, sterben oder Selbstmord verüben kann.

Sir Fitzroy Kelly erklärte nach SCOTT (S. 155) im britischen Unterhaus, ihm seien aus dem 19. Jahrhundert 17 Fälle von Todesurteilen bekannt, in denen die Unschuld der Delinquenten bewiesen war. Von diesen seien 8 gehängt worden. Bei einem kam die Begnadigung nur 4 Stunden vor der Exekution. Ein sehr viel exakteres Material hat LAWES, der Leiter der Anstalt Sing Sing, vorgelegt. Ihm wurden 409 Männer und 6 Frauen zur Hinrichtung eingeliefert. Davon wurden 261, unter ihnen eine Frau exekutiert. Vom Court of Appeals, der höchsten Instanz in Strafsachen im Staate New York, wurde die Verurteilung von 53 Männern und 2 Frauen aufgehoben. Von diesen Personen, die schon im Todeshause saßen, wurden 30 freigesprochen, bei 18 ein milderes Strafgesetz zur Anwendung gebracht. LAWES bemerkt dazu: „Es scheint also, daß Geschworene und Richter in 11% der ursprünglichen Verurteilungen wegen „schweren" Mordes irrten, und daß mehr als die Hälfte dieser Individuen in der erneuten Verhandlung als nichtschuldig freigesprochen wurde[1]."

Diese Verhältniszahlen müssen durch eine rechtliche Überlegung und eine tatsächliche Feststellung ergänzt werden. Zur Einleitung des Berufungsverfahrens gehört ein Antrag. Manche zum Tode Verurteilte weigern sich, einen solchen Antrag zu stellen oder selbst ein Gnadengesuch zu unterzeichnen[2]. „Nr. 77681 wollte in der Verhandlung keinen Verteidiger haben und lehnte ab, einen Antrag auf Berufung zu stellen. Er sagte, er wolle sterben[3]." Nr. 76800 sprach in einer ähnlichen depressiven Stimmungslage LAWES die Hoffnung aus, er möge mit seinen Bemühungen um Abschaffung der Todesstrafe nicht durchdringen. Auch er fürchtete die lange Freiheitsstrafe mehr als einen kurzen Tod[4].

VI.

Die Frage des richterlichen Irrtums stößt besonders da auf inneren Widerstand und theoretische Leugnung, wenn es sich um die Todesstrafe handelt. Ein Richter, ALBERT HELLWIG[5], hat 1914 von der Tatsache gesprochen, daß uns „aus neuerer Zeit kein einziger Fall bekannt ist,

[1] WOOD, ARTHUR EVANS, und JOHN BARKER WAITE: Crime and its treatment, S. 475. New York 1941.

[2] LAWES: Life and death, a. a. O. S. 173. Bisweilen schalten sich hilfsbereite, nicht verwandte Frauen ein.

[3] Ebenda S. 180.

[4] Die Redensart ist: Lieber sterben und es hinter sich bringen ("have it over") als im Zuchthaus „zu verfaulen". Ebenda S. 180.

[5] HELLWIG, ALBERT: Justizirrtümer, S. 112. Minden 1914.

daß die Todesstrafe gegen einen vollkommen Unschuldigen nicht nur verhängt, sondern auch vollstreckt worden ist". An anderer Stelle meint er[1], daß ein Irrtum in der Strafrechtspflege auch dann unvermeidlich ist, wenn es sich um Todesurteile handelt, ein Standpunkt, den man für berechtigt halten wird. Frühere Zeiten haben dem Problem mit größerer Festigkeit ins Auge gesehen. Dazu gehörte Karl V., der in der Vorrede zur PGO schrieb: „daß an viel orten offtermals wider recht und gute vernunft gehandelt und entdweder die unschuldigen gepeinigt[2] und getödt, oder aber die schuldigen durch unordentliche, geverliche und verlengerliche Handlung den peinlichen klegern, und gemeynem nutz zu grossem nachteyl gefristet, wegegeschoben und erledigt werden." Diese innere Unsicherheit, die wesentliche Elemente des Staatsinteresses und der staatlichen Autorität verwechselt, hat auch den Gesetzgeber angekränkelt und ihn zu schwächlichen, ja bedenklichen Gedankengängen verleitet. So kam die Reichstagskommission von 1896 zu folgendem Ergebnis[3]:

„Ein wahnsinniger Arzt, Geistlicher, Lehrer, Zivilrichter, Verwaltungsbeamter könne bis zur Erkennung seiner Geisteskrankheit größeren Schaden anstiften als ein wahnsinniges Mitglied des Strafrichterkollegiums, dem doch immerhin eine genügende Anzahl intakter Richter zur Seite stehen[4]. Auch die ordentlichen Rechtsmittel gäben hinreichend Sicherheit gegen den angeregten Übelstand. Wenn diese wegen Fristablaufs oder aus sonstigen Gründen versagten, und es ersichtlich sei, daß ohne die Mitwirkung des geistesgestörten Richters die Verurteilung wahrscheinlich nicht ausgesprochen sein würde, dann müsse die Gnadeninstanz Abhilfe schaffen."

Neben der Aufzählung der Fälle, die mit einem hohen Grade von Wahrscheinlichkeit fehlerhafte Todesurteile, gefolgt oder nicht gefolgt

---

[1] Ebenda S. 111.

[2] Der tödliche Ausgang der Folter, eine häufige Erscheinung, komplizierte in früherer Zeit die Frage der Justiztötung.

[3] Siehe mein Wiederaufnahmerecht, S. 31. Heidelberg 1930.

[4] Erst nach 1896 kam in Deutschland die weitreichende Kompetenz des Einzelrichters und des Vorsitzenden des Schöffengerichts. — Daß die Gnadeninstanz Abhilfe schaffen wird, klingt gut, entspricht aber nicht immer dem wirklichen Leben. Im Giftmordfall Appelgate-Mrs. Creighton waren beide zum Tode verurteilt worden. An seiner Schuld bestanden Zweifel, und der Gouverneur von New York wollte ihn begnadigen, fürchtete aber die politischen Folgen, wenn die Frau zum elektrischen Stuhl ging und dem Mann das Leben geschenkt wurde. Er ersuchte deshalb den Staatsanwalt um seine Zustimmung, die verweigert wurde. HOFFMANN und BISHOP: a. a. O. S. 164. Über die Hinrichtung siehe ELLIOTT: a. a. O. S. 246. Der Henker schreibt, daß die Art, wie er seine Unschuld beteuerte, die ruhigste war, die er je gehört hatte. „Meine Herren", erklärte er im Hinrichtungsraum, „ehe ich sterbe, will ich noch etwas sagen. Vor Gott und den Menschen erkläre ich, daß ich an diesem Verbrechen absolut unschuldig bin. Möge Gott Barmherzigkeit mit der Seele von Martin W. Littleton haben." Dies ist die angloamerikanische Formel des Todesurteils, und Littleton war der Staatsanwalt, der seine Verurteilung durchgesetzt und seine Begnadigung verhindert hatte.

von Hinrichtungen, waren, stehen wir vor einem ausgedehnten Dunkelfeld. Genaue Feststellungen werden durch den Tod mit rauher Hand abgeschnitten, der dem Grundstaz der Waffengleichheit ein Ende macht. Das im Strafprozeß anerkannte Schutzbedürfnis des Beschuldigten, das schon beim Lebenden die Unfähigkeit anerkennt, seine Rechte sachgemäß wahrzunehmen und das zur Rechtsfigur des Offizialverteidigers geführt hat, wird durch seinen physischen Wegfall negiert und ad absurdum geführt. Die Handhabung von Beweismitteln wird aufs äußerste eingeschränkt. Wenn der Angeklagte auch nicht mehr volles Beweismittel ist wie im Inquisitionsprozeß, so spielt er rechtlich immer noch eine sekundäre Beweismittelrolle[1], ist er tatsächlich der Träger wichtiger sachlicher Aufklärungen, bei seiner „verantwortlichen“ Vernehmung, bei seinen Gegenausführungen wie bei seinem Geständnis. Das Wiederaufnahmeverfahren beim Hingerichteten wird in allen Phasen ein Prozeß „vom Hörensagen“, bei dem sich die Beweislast umgekehrt hat. Mit wenigen seltenen Ausnahmen ist dies ein unmögliches Unterfangen. Wird durch eine besondere Bemühung die Schuld anderer Täter bewiesen, so bleibt der Ausweg einer locker konstruierten Mittäterschaft[2].

Angesichts dieser unüberwindlichen Schwierigkeiten muß, wenn wir mit wissenschaftlicher Genauigkeit ein Bild der Wahrscheinlichkeiten und Möglichkeiten entwerfen wollen, die ganze Breite des Irrtumsproblems im Strafprozeß aufgerollt werden. Wir haben bereits den Fall Purvis erwähnt[3]; hier riß der Strick, wurde der Verurteilte durch den Mob befreit, stellte sich schließlich die Unschuld heraus. Es war Sache des Zufalls, daß die geplante und ins Werk gesetzte Hinrichtung, die vom Obersten Gerichtshof neu angeordnet wurde, nicht zustande kam. 1901 spielte sich ein ganz ähnliches „Wunder“ ab. Hier war ein Mann J. B. Brown im Jahre 1901 in Florida wegen Mordes zum Tode verurteilt worden[4]. Der Mann wurde zum Galgen geführt, die Schlinge um seinen Hals gelegt. Dann wurde das Todesurteil noch einmal vorgelesen, dessen Länge wir früher einmal als unnötige Quälerei bezeichnet haben, die sich hier aber als rettender Engel erwies. Das Schriftstück ordnete nämlich die Hinrichtung, nicht des Verurteilten, sondern des Obmanns der Geschworenen an. Trotzdem der Schreibfehler offensichtlich

[1] Beling: Strafprozeßrecht, S. 309. Berlin 1928.

[2] Im Wiederaufnahmeverfahren zugunsten des hingerichteten Polen Jakubowski war die Annahme einer Mitschuld die Kompromißlösung des Gerichts.

[3] Borchard: a. a. O. S. 206ff.

[4] Ebenda S. 32ff. Erst 1929 erhielt Brown, der „alt, krank und verlassen“ war, eine Entschädigung, die in Monatsraten von 25 $ ausgezahlt werden sollte, und zwar, wie das Sondergesetz sagte: in Anerkennung der „treuen Dienste . . ., die er während der Zeit seiner unrechtmäßigen Inhaftierung geleistet hatte“. Borchard: S. 37.

war, wagte niemand die Exekution auszuführen, und Brown kam ins Gefängnis zurück. Das Todesurteil wurde auf dem Gnadenwege umgewandelt.

1913, 12 Jahre später, gestand ein ebenfalls zu lebenslanger Haft verurteilter Mittäter auf dem Totenbette, die Tat allein ausgeführt zu haben. Man war natürlich mißtrauisch, die Feststellungen ergaben aber, daß der Tote der Alleinschuldige, Brown unschuldig gewesen sei. Der Irrtum war durch einen Meineid und die Erregung über die Scheußlichkeit des Verbrechens herbeigeführt worden. Betrachtet man diesen Fall und die Affäre Purvis, so muß man sagen, daß es nur an der Vorsehung, nicht an menschlichen Einrichtungen lag, wenn die Todesstrafe nicht an einem Unschuldigen zur Vollstreckung kam. Wird sie immer unserer Unvollkommenheit zu Hilfe eilen?

Stellt man den „allgemeinen" richterlichen Irrtum jenen verhängnisvollen Fehlentscheidungen gegenüber, die schließlich zu einer Hinrichtung führen, so wird man finden, daß 2 Tendenzen im Widerstreit stehen. Einmal wird im allgemeinen die Todesstrafe mit größerer Behutsamkeit gefällt werden als eine Zuchthaus- oder gar Gefängnisstrafe. Die Gnadeninstanz tritt alsbald in Aktion. Die öffentliche Meinung erhebt zustimmend oder kritisch ihre Stimme. Auf der anderen Seite pflegt kein Verbrechen heftigere Instinkte der Abwehr zu wecken als der Mord. Beim Gattenmord fühlen sich alle Männer bedroht. Bei der Tötung von Frauen oder Kindern gerät die ganze Bevölkerung in Bewegung. Modalitäten der Ausführung ergreifen uns in sehr verschiedener Weise. Wir sind entsetzt, wenn das Opfer zerstückelt wird, wenn der Kopf abgeschnitten wird, um Verrat durch das Gebiß zu verhindern, die Hände abgehackt werden, um Fingerabdrücke unmöglich zu machen. Der Mißbrauch von Wehrlosigkeit und Vertrauen bringt uns in Harnisch, aggressiven Abscheu empfinden wir gegen den Massenmörder. Was wir vor uns sehen, ist die Tat, uns verlangt aber nach einem Täter, einem lebenden Objekt nervöser Entladung. Die Spannung kann so heftig werden, daß wir uns mit Ersatzfeinden begnügen, wenn wir nur unsere Erbitterung an ihnen abreagieren können[1]. Wir gehen nicht den steilen Pfad des Beweises, sondern den kurzen Weg des Verdachtes, eines Geständnisses ohne Rücksicht auf seine Herkunft, von willfährigen Zeugen und Sachverständigen und von Indizien, die manchmal von erstaunlicher Eindeutigkeit sind. Die politische Atmosphäre begünstigt

---

[1] „Der Sohn wurde an Stelle des Vaters, der Vater für den Sohn hingerichtet, für eine Mme. de Maillé war ein Fräulein Maillet verurteilt worden." Mein Robespierre, a. a. O. S. 169. — Vom 30. Juni 1934 — schreibt FRANÇOIS PONCET: „Manche von ihnen (den Erschossenen) fielen einer Namensverwechslung zum Opfer." Die Aschenurne ging den Angehörigen mit einigen Worten der Entschuldigungen zu. S. 195, 196.

nicht selten Fehlurteile[1], kann je nach dem Wahlausfall ihre Aufklärung erschweren oder erleichtern. An der Spitze aller Irrtumsquellen steht die falsche Identifizierung. Allein die Sammlung BORCHARDs führt 29 solche Fälle[2] auf. Am meisten ist das Opfer Fehlerinnerungen ausgesetzt, ein Risiko, das beim Mord in Wegfall kommt. Am unsichersten ist die Identifizierung von Skeletten[3] und Leichen, ferner die Wiedererkennung nach Lichtbildern. Manchmal ist die Leiche infolge fortgeschrittener Zersetzung nicht wieder zu erkennen, aber sie hat „einen Ring am kleinen Finger der linken Hand"[4] oder der alte Hut, der neben dem Skelett liegt, wird „mit Bestimmtheit wieder erkannt[5]." Zuweilen scheinen der wirkliche und der falsche Täter einigermaßen ähnlich gewesen zu sein, oft sind sie völlig verschieden. Die Wiedererkennung durch Opfer, die einen schweren Schlag über den Kopf erhalten haben[6], oder die, wie die Sektion zeigt, erhebliche Schädigungen der Gehirnsubstanz erlitten haben[7], muß in Frage gezogen werden.

Die irrige Wiedererkennung, die sich in gleicher Weise bei Jungen und Alten, bei Frau und Mann vorfindet, läßt sich in normalen Fällen auf zwei emotionelle Grundlagen zurückführen. An erster Stelle steht der erschreckende Charakter eines Verbrechens. Ungewöhnliche Kühnheit[8] der Ausführung, eine Vielheit von Teilnehmern[9], Höhe der Beute[10], brutale Begleitumstände wirken zusammen, einen lähmenden Schock

[1] Vor Wahlen kann in manchen Demokratien sich kein Staatsanwalt, der kandidiert, leisten, einen Freispruch „zu erleiden". Die Gouverneure müssen bei ihrer Begnadigungspolitik auf die Stimmung der Wählermassen Rücksicht nehmen, die instinktiv für oder gegen einen Verurteilten eingenommen sind. Siehe die Methoden, mit denen Vater O'Callaghan die Begnadigung des wegen Giftmordes zweimal zum Tode verurteilten Billik durchsetzte. SMITH: Famous poison mysteries, a. a. O. S. 141—143. Begnadigt wurde "because of a considerable public sentiment and a feeling of doubt in some quarters."

[2] BORCHARD: a. a. O. S. 367. — Am 14. November 1953 starb ein Mann im Cook County Hopital. Er wurde als James G. Gardiner von seiner Witwe identifiziert. Später glaubte ein Bruder ihn als Paul S. Gardiner zu erkennen. Am 18. Dezember erschien Gardiner wieder auf der Bildfläche. Chicago Tribune vom 9. Januar 1954.

[3] Ebenda S. 289ff.

[4] Ebenda S. 145.

[5] Ebenda S. 291.

[6] Ebenda S. 273.

[7] SELLO: a. a. O. S. 143, Auszug aus dem Obduktionsprotokoll: „Öffnung im Schädel, von oben nach unten 14 cm, von rechts nach links 11 cm. Durch die Öffnung sah man auf einen schmutzigen, grauroten Grund, der zum Teil mit einer Schicht schwarzen geronnenen Blutes, zum Teil mit jauchigem Eiter bedeckt war."

[8] BORCHARD: S. 263.

[9] Auch die Vielheit der Opfer, bei großen Scheckschwindeleien z. B. kann panische Haltungen hervorrufen.

[10] Bei dem Überfall auf ein Postauto wurden 2 Begleiter, darunter ein Motorradschutzmann erschossen, 160000 $ erbeutet. BORCHARD: S. 258.

zu produzieren. Spielt sich ein krimineller Akt auf der Straße, bei Tageslicht und vor zahlreichen Zuschauern ab, so ist eine seelische Massenbildung gegeben. Die individuelle Beobachtung wird von kollektiven Erinnerungsbildern überdeckt. Nicht nur in der mechanischen Abwehr, auch in der Sphäre der Sinneseindrücke und des Urteils wird eine Einheitsfront hergestellt, die ein Optimum von Schutz zu gewähren scheint, selbst wenn sie beim Zuschlagen rechts und links danebenschlägt[1]. Stets wird die Masse auf rasches Handeln drängen. Wer ihr zuerst präsentiert wird, den wird sie wiedererkennen und bei zurückkehrender ruhiger Überlegung sich selbst nicht wiedererkennen.

Das zweite Element in der Genese des Irrtums sind uralte Verdachtsvorstellungen, die noch aus der Zeit des Höhlenmenschen zu stammen scheinen. Vorstrafen, schlechter Ruf, parasitäre Existenzformen[2] genügen, den Mordverdacht zu bestärken. Als ob sie aus einem Buch von LOMBROSO entnommen wären, nur gröber und wahlloser, so lassen wir uns von gewissen Klischees des verdächtigen Aussehens leiten[3], die noch an abgeschwächte, immer wieder auflebende Überreste des „Hexenwahns" erinnern. Wir lassen unseren Verdacht auf tief eingeschliffenen psychischen Bahnen laufen, und alle Bilder der gesehenen Kriminellen folgen diesem Schema[4]: immer sind die Täter dunkel, rothaarig, haben einen stechenden Blick, niedere Stirn, aufgeworfene Lippen, sind vierschrötig, ist bei Zweizahl der eine groß, der andere klein.

Kaum je hat die Massenhysterie höhere Wogen in Amerika geschlagen als im Falle Bender, einer deutschen Familie, die unter Mordverdacht stand, verschwunden war und lange Zeit danach „wiedererkannt" wurde[5]. Eine ähnliche Störung der Perzeption brach nach dem Bankraub von Lamar (Colorado 1928) aus. Vier alte Kriminelle, die nicht das geringste mit der Sache zu tun hatten, wurden von den Bewohnern der kleinen Stadt positiv identifiziert. Die Verhaftung durch die Polizei löste in den Köpfen der Menschen einen Mechanismus des Zurückschlagenwollens aus, der das psychische Gleichgewicht störte[6] und das wiedererkannte, was man zu erledigen wünschte. Hilfsinstrumente der Wiedererkennung

---

[1] Siehe dazu die Psychologie der nervösen Entladung in meiner Strafe Bd. I, S. 10ff. Heidelberg 1954.

[2] Siehe die Fälle in BORCHARD, S. 224ff. und SELLO, S. 483ff.

[3] Ich bin dem Problem des „Verdächtigen" in meinem Aufsatz: The suspect in Amer. J. of Crim Law a. Criminology 1946, S. 19—33 nachgegangen.

[4] In dem von HELLWIG (S. 116—118) erzählten Falle war der als „rücksichtslos und gewalttätig bekannte" Verurteilte schuldlos, während der abscheuliche Mord von einem schwächlichen 16jährigen begangen war, der im ganzen Ort als „sittenrein und bescheiden" bekannt war. Auch die Belastung durch die im Ort „sehr angesehene, achtbare Schwiegermutter" war unzuverlässig.

[5] HARLOW, ALVIN F.: Murders not quite solved, S. 159ff. New York 1938.

[6] Vom Lamar-Falle sagt C. RILEY COOPER (Ten thousand public ennemies, S. 122, New York 1935): "Here was a perfect case of mass hysteria."

sind auch Polizeihunde geworden, wie sich Wiedererkennen auch auf Tiere beziehen kann, die zum Transport zum Tatort dienten[1]. Das Reittier hat diese Funktion an den Kraftwagen abgegeben, der vom Kriminellen, um das Wiedererkennen zu erschweren, auf sehr häufige, vielgebrauchte und dunkle Typen beschränkt wird.

Aber auch beim Polizeihund ist Vorsicht geboten. Bei einem Mordfall, dem ein kleines Mädchen zum Opfer fiel, wurden die Polizeihunde „Harras“ und „Cäsar“ an den Tatort geführt. Der verdächtige Knecht mußte die gleiche Kleidung anziehen, die er am Mordtage getragen hatte. Er mußte sich in die Mitte einer Anzahl anderer Personen stellen. Harras wurde in der Kammer des ermordeten Kindes von seiner Kleidung Witterung gegeben. Der losgelassene Hund ließ alle anderen unbeachtet und stellte den Täter. „Das Experiment wurde mehrmals mit dem gleichen Erfolg wiederholt, zuletzt biß der Hund den X sogar in das Bein[2].“ Der Bericht fügt mit Recht hinzu, daß der Gestellte vorher mehrmals mit der Leiche in Berührung gekommen und bei ihrem Abtransport mitgeholfen hatte. Der Identifizierung unter diesen Umständen kam also Gewicht nicht zu. Man hätte andere Personen, die ebenfalls die Tote angefaßt hatten, neben ihn stellen sollen.

Die Angabe, daß wirklicher Täter und fälschlich Verurteilter sich sehr ähnlich sahen, die gleiche Schrift und die gleiche Stimme hatten, ist oft zur nachträglichen Entschuldigung vorgebracht und nicht näher untersucht worden. Nationale Gruppen und rassische Einheiten weisen freilich gewisse gemeinsame Züge auf. So wurden in einem amerikanischen Falle 2 Ungarn verwechselt[3], beim Fehlurteil gegen Beck (zweite Verurteilung 1904) spielte die Frage der Beschneidung und die ähnliche Schrift eine Rolle[4], ganz schwierig aber werden die Verhältnisse, wenn die Täterschaft von Zwillingen in Frage steht. Von den Kelly-Zwillingen wird berichtet, daß kein Zeuge sie vor Gericht auseinanderhalten konnte und daß ein Polizeibeamter gegen James aussagte, wenn er eigentlich hätte Robert belasten müssen[5]. Es ist vorgekommen, daß diese Unmöglichkeit völlig sicherer Unterscheidung in Vaterschaftsprozessen ausgenützt worden ist.

---

[1] BORCHARD: S. 299.

[2] PESSLER: Der Mädchenmörder ... Duwe, Pitaval der Gegenwart, Bd. III, S. 118. Tübingen 1907.

[3] BORCHARD: a. a. O. S. 281.

[4] TEMPLEWOOD, VISCOUNT: The shadow of the gallows, a. a. O. S. 63.

[5] COOPER, C. R.: Ten thousand public enemies, S. 83. Boston 1935. „Die Kelly-Zwillinge ... haben das gleiche Aussehen, beide haben den gleichen Beruf, den eines Klempners, wenn sie nicht gerade eine andere Beschäftigung haben. Sie haben die gleiche Haar- und Augenfarbe, den gleichen Ausdruck, die gleiche Form der Lippen, der Nase, die gleiche Neigung der Schultern. Sie haben die gleiche Haltung, den gleichen Gang, die gleiche Stimme.“

Neben der unrichtigen Identifizierung tritt das falsche Geständnis immer wieder als irrtumserregender Faktor auf. Jede Verhaftung ist ebenso ein Schlag gegen das Nervensystem wie gegen die bürgerliche Existenz. Manche Personen halten wiederholte, qualvolle Vernehmungen nicht aus und suchen Ruhe und Erleichterung auf Kosten der Zukunft. Frauen streben zu ihren Kindern zurück. Alle Anstrengungen der Polizei und der Staatsanwaltschaft sind auf ein Geständnis gerichtet, und diesem Druck[1] geben nicht nur Schwachsinnige, sondern ganz normale, aber leicht zermürbte Menschen nach[2]. Ungeheuer weit erstreckt sich das Gebiet des pathologischen falschen Geständnisses[3]. Es stellt nicht nur eine indirekte Form der Selbstverstümmelung oder des Selbstmordes dar, sondern findet sich auch bei schizophrenen Erkrankungen, Epilepsie und schweren Formen der Hysterie, auch unter dem Einfluß von Intoxikationen.

Oft wird der falschen Identifikation ein Alibi entgegengesetzt, vom Gericht aber nicht akzeptiert. Es ist ein Unglück für den Angeklagten, wenn nur Verwandte, Freunde, lockere Mädchen oder Mitglieder einer ihm wohlgesinnten Gruppe seine Behauptungen stützen, obwohl ihre Aussagen vollkommen richtig sein können. Meist wird das Alibi in der losen Form polizeilicher Erhebungen festgestellt. Der Unverdächtige wird laufen gelassen. Alibis können gekauft oder sonstwie beschafft werden. Die Zusammengehörigkeit einer Gruppe, etwa eines Gangs, ist von großem Vorteil, benachteiligt ist der Einsame, der Fremde, der Dutzendmensch, der seine Abende zu Hause verbringt und in den kritischen Stunden spazierenging oder im Kino war, statt sich in einer Kneipe zu zeigen oder mit anderen zusammen zu sein. Es kommt vor, daß Alibi und richtige Idenfikation eng verbunden sind[4]. Unerwartete

[1] Ein typisches Beispiel eines solchen unstatthaften Druckes kommt aus den Vereinigten Staaten. Dort hatte ein Mann unter Angabe von genauen Einzelheiten gestanden, ein kleines Mädchen ermordet zu haben (Text des Geständnisses bei Borchard, S. 112 und 113). Später kam heraus, daß er einmal dabei gewesen war, als ein Neger gelyncht wurde. Dieses Erlebnis, wie ein Mann aufgehängt, mit Kugeln durchsiebt, niedergelassen und mit Messerstichen durchbohrt worden war, hatte einen tiefen Eindruck gemacht. Einer der Detektive, den man von einer Privatagentur entliehen hatte, hatte ihm gesagt, daß der Mob draußen erregt seine Herausgabe verlange und er nur gerettet werden könne, wenn er sofort ein Geständnis ablege. Aus Furcht, in Stücke gerissen zu werden, hatte er gestanden, damit man ihn in die Sicherheit einer großen Strafanstalt brächte (Borchard 115).

[2] Solche Typen sind häufiger, als man denkt. Sie lassen sich bis zu den unsinnigsten Aussagen — z. B. Menschenfresserei — verführen. Siehe den Fall Matuscha, Hellwig S. 278ff. und Sello 246, über den Juristen in allem Ernst berichteten, ehe der angebliche Kannibalismus sich als Unsinn herausstellte.

[3] Eine nicht ganz vollständige Zusammenstellung bei Karl Hussmann, Das falsche Geständnis, Bonner Diss. 1935, die zum Teil auf meinen vorhergehenden Untersuchungen basiert.

[4] Siehe Hellwig: S. 244.

Entwicklungen sind möglich, wenn das Alibi einmal behauptet, dann abgestritten wird[1], oder eine Zeugin erst eine Begegnung zu entscheidender Stunde leugnet, dann ihre belastende Aussage zurücknimmt[2].

VII.

Es kommt vor, daß bestimmte, nach Tatort und Ausführung identische Delikte einander folgen[3]. Ein Verdächtiger wird verhaftet und verurteilt. Wenn die gleichen Verbrechen wieder einsetzen, so wird man eher an denselben Täter als an einen Imitator denken dürfen. Häufiger als in Europa ist in den Vereinigten Staaten das Wiederauftauchen eines Mannes, dessen „Leichnam" gefunden und identifiziert war und zu einer Verurteilung geführt hatte. BORCHARD zählt eine ganze Reihe solcher Fälle auf[4], aber auch im Falla Bratuschka hatte ein österreichischer Vater erst einmal die Kleider eines anderen, tot aufgefundenen Mädchens als die seiner weggelaufenen Tochter erkannt und später in sichtlicher Zerknirschung folgendes zu Protokoll gegeben[5]:

„Ich will jetzt noch etwas erzählen, was zu gestehen ich mich bisher geschämt habe. Als wir den Körper meiner Tochter Johanna verbrannten, hatten wir zu Hause für den nächsten Tag nur sehr wenig zu essen. Als ich nun das Fleisch im Ofen braten sah, erinnerte ich mich, daß ich in meiner Jugendzeit in verschiedenen Büchern gelesen habe, daß die Indianer und andere wilde Völkerschichten Menschenfleisch essen.... Ich nahm mir einen irdenen Teller und schnitt von den Oberschenkeln Stücke ab, legte sie auf den Teller und ließ dieselben dort braten. Dann verzehrte ich diese Stücke..."

Drei Jahre später — unterdessen war der Mann auf Grund seines Geständnisses und der Tatsache, daß von dem Kind keine Spur zu finden war, zum Tode verurteilt, dann aber zu lebenslänglichem Kerker begnadigt worden — wurde die „ermordete" Tochter in Krain wegen

[1] Siehe den höchst seltsamen Fall eines angeklagten Richters (Cleveland 1920) in BAYER, OLIVER WELD: Cleveland murders, S. 101ff. New York 1947.

[2] Die Geliebte des Angeklagten, die von ihm schwanger war, hatte als Zeugin erklärt, daß ihr Liebhaber erst zu einer Zeit zu ihr gekommen sei, die kein Alibi für ihn war. Der Präsident des Schwurgerichts hatte den Wert dieser Aussage hervorgehoben, da es dem Mädchen unendlich schwer gefallen sein müsse, gegen den Geliebten auszusagen.... Später ließ sie sich noch einmal in den Gerichtssaal rufen und erklärte mit Bestimmtheit, der Liebhaber habe die ganze Nacht bei ihr zugebracht. Nach Ausschluß der Öffentlichkeit wurde jetzt ein kleines schwarzes Buch verlesen, in dem das Mädchen alle ihre Besucher aufgezeichnet hatte, darunter den Angeklagten. Gerade diesen Besuch hatte sie vergessen. EHRENFREUND: Der Schwestermörder Karl Fukatsch in Pitaval der Gegenwart, Bd. VII, S. 162ff. Tübingen 1912.

[3] Man denke an die Mordtechnik Jack the Rippers, oder an bestimmte Typen des Betruges oder der Scheckfälschung.

[4] BORCHARD: S. 21, 43, 147 und 308.

[5] HELLWIG: S. 283ff.

Diebstahls festgenommen. „Zur Erklärung seines Verhaltens gab Bratuschka an, der Gendarm habe ihm das Geständnis erpreßt. Später habe er es aufrechterhalten, da er bei sich gedacht habe: „Ein Mann, ein Wort.“

Die Schwächen des Zeugenbeweises und die Tücke der Indizien und ihres zufälligen Zusammenspiels sind so wohlbekannt, daß wir uns Argumente und Beispiele ersparen können. Wohl aber muß noch ein Wort über den Richtergehilfen gesagt werden, der sich Sachverständiger nennt und den auch wir Sachverständigen nennen. Oft gehen die Kategorien des Chemikers und des Arztes, des Schriftsachverständigen und des Psychologen, des ballistischen Sachverständigen durcheinander. Bei einem Mordfall waren 2 Schüsse abgegeben worden. Beide befanden sich im Hinterkopf, es waren Nahschüsse. Der gerichtsmedizinische Sachverständige erklärte[1], daß niemand mit einem ersten Schuß im Hinterkopf noch imstande gewesen wäre, auf sich selbst einen zweiten abzugeben, wie die Verteidigung behauptet hatte. Er habe noch nie einen solchen Selbstmord gesehen, „nach Lage der Schußkanäle hätte der Selbstmörder seinen Körper ungewöhnlich verrenken müssen.“ Die Antwort des Verteidigers war, daß der Getötete eine außerordentliche Elastizität der Gliedmaßen besessen habe: „er konnte die Beine über die eigenen Schultern legen, die Arme verrenken usw.“ Für diese Feststellung, die bisher nicht gehört worden war, war es in der Hauptverhandlung zu spät.

Im Falle Breuer bekundete ein Chemiker, nach den Pulverstreustellen müsse der Schuß in einer größeren Entfernung abgegeben sein; in der zweiten Verhandlung milderte er seine Behauptung, er ließ es offen, daß der Schuß aus einer ganz nahen Entfernung abgegeben sein könne[2]. Der beste Schießsachverständige Deutschlands und Leiter der Versuchsanstalt für Feuerwaffen war der Ansicht, daß ein idealer Selbstmörderschuß vorliege[3]. Es wird Fälle geben, in denen solche Differenzen der Meinung verständlich sind. Sind aber für die sorgfältige und unbefangene Begutachtung derartige Variationen möglich, so darf es nicht bei den Sachverständigen der Anklage belassen werden[4]. Eine kontradiktorische Begutachtung ist geboten, über der unter Umständen ein Obergutachten zu stehen hat.

---

[1] FRIEDLÄNDER, HUGO: Interessante Kriminalprozesse, Bd. XII, S. 217. Berlin 1920.

[2] SELLO: S. 487, 488.

[3] Ebenda S. 488.

[4] “The defense did not have an expert who could forcefully contradict the prosecution’s ballistics expert...“ BORCHARD: S. 202. — In einem Lande wie Deutschland, in dem (Durchschnitt der Jahre 1928—1930) 23% aller Mordopfer erschossen wurden, sind die Schießsachverständigen von besonderer Bedeutung, wenn es zur Frage des gerichtlichen Irrtums kommt. Kriminalstatistik für das Jahr 1931, S. 35. Berlin 1934.

Sobald es sich um einen Leichenfund oder ein Skelett handelt, das offensichtlich die vermißte und getötete Person darstellt, muß die Frage des Verschwindens sorgsam geprüft werden. Es wird sich herausstellen, daß in den meisten Fällen des noch lebenden „Ermordeten“ das angebliche Opfer Grund hatte, sich verborgen zu halten und sich nicht auf Zeitungsannoncen usw. zu melden. Eine Hauptrolle spielen das Weglaufen von Jugendlichen, die Strafe fürchten müssen, aber auch andere Besorgnisse. In einem amerikanischen Falle lebten 2 Negerpfarrer in Unfrieden[1]. Einer hatte sogar Todesdrohungen ausgestoßen. Dieser Mann verschwand spurlos, bald danach wurde ein herkulischer Neger aus dem Fluß gezogen „so weit in der Verwesung fortgeschritten, daß man nichts mehr erkennen konnte“. Kleidungsfetzen wurden wiedererkannt, ein Ring schien der gleiche zu sein, den man bei ihm zu Lebzeiten gesehen hatte. Die Geschworenen wurden durch Vorweisung des amputierten Fingers plus Ring zum Gruseln gebracht. Todesstrafe wurde beantragt, schließlich kam es zu einer Zuchthausstrafe von 18 Jahren wegen Totschlags. — Nicht lange danach wurde der „Tote“ in bester Gesundheit aufgefunden. Er hatte Kirchengelder unterschlagen und sich nicht zurückgetraut, auch dann nicht, als er von der Verurteilung eines Schuldlosen las. Am Finger hatte er genau den gleichen Ring, den die Leiche gehabt hatte. Er war aus billigem Kupfer mit einem roten Glasstein, wie ihn eine Unzahl von Menschen trägt.

In einem anderen Falle verschwand ein 14jähriges Mädchen. Vorher wurden in dem Bergwerksort in Kentucky 3 weibliche Wesen und 3 Männer vermißt, und niemand wußte, was aus ihnen geworden war. Eine Mädchenleiche, etwa 12—14 Jahre alt, wurde in einem Minenloch gefunden. Ein Taxifahrer wurde von einer Zeugin belastet, ein Ring bei der Leiche gefunden, den das Mädchen getragen haben sollte, der aber nach Behauptung der Verteidigung durch die Polizei hinpraktiziert worden war. Auch hier wurde, nachdem der Angeklagte zu lebenslänglichem Zuchthaus verurteilt war, das Mädchen lebend entdeckt. Sie war weggelaufen, weil sie sich nicht mit der Stiefmutter vertrug[2].

Die medizinischen Sachverständigen müssen sich oft von den Obergutachtern eine kräftige Zurechtweisung gefallen lassen. Im Falle Braun (Korneuburg 1858) war die Angeklagte wegen Giftmordes zu lebenslänglichem Kerker verurteilt worden. . . „Das Oberlandesgericht forderte ein Gutachten der Wiener Medizinischen Fakultät darüber, ob die Untersuchung der Leiche und die chemische Untersuchung ihrer Teile so vorgenommen sei, daß sie eine hinlängliche Grundlage für den Anspruch böte, es habe sich in der Leiche der Nikl eine zu ihrer Tötung

[1] Borchard: S. 144ff.

[2] Borchard: S. 50ff. „Sie hatte gehört, daß man jemand verurteilt habe, sie ermordet zu haben, und man hatte ihr nahegelegt, nach Hause zu gehen, aber es dauerte einige Zeit, bis sie den Entschluß faßte, es zu tun.“ Borchard: S. 56.

hinreichende Giftmenge vorgefunden. Die Fakultät verneinte diese Frage[1]." Der Arzt hatte die Krankheit als rheumatische Entzündung der Unterleibseingeweide behandelt. In dem Mordfall Gietzinger (Oberösterreich 1898) hatten die ersten Sachverständigen erklärt, die vorgefundene Hacke sei geeignet, die am Schädeldach der Ermordeten wahrnehmbaren Verletzungen herbeizuführen. Dazu gaben die Wiener gerichtsärztlichen Sachverständigen folgende gutachtliche Äußerung ab:

„Ein ‚geradezu auffallendes Hineinpassen der rechten oberen Kante der Hacke' in die Impression im rechten Seitenwandbein kann ärztlicherseits nicht behauptet werden; auch lehrt die Erfahrung und beweisen zahlreiche einschlägige Schädelpräparate des gerichtlich-medizinischen Instituts, daß in Größe und Form der beschriebenen Impression gleichende Schädelverletzungen durch die Kanten ganz verschiedenartiger Werkzeuge (Hammer, Malterschaff, Ziegel u. dgl.) erzeugt werden können[2]."

Ein anderer Mann hatte sich früher einmal in selbstmörderischer Absicht 3 Schußwunden beigebracht. Sie lagen nach ärztlicher Aufzeichnung auf der Brust. Bei dem Verdächtigen wurden 2 Brustwunden und ein weißlicher Fleck festgestellt. Bei der Durchleuchtung fand sich von zwei seinerzeit zurückgebliebenen Kugeln nur eine vor. Die fehlende Kugel konnte nach dem Gutachten der Ärzte sich der Feststellung „bei der Durchleuchtung entzogen oder seitdem irgendwie aus dem Körper abgegangen sein[3]". Überraschenderweise ergab sich, daß der Verdächtige mit der einen Kugel (die er bei einer Rauferei erhalten hatte) eine völlig verschiedene Person von dem Gesuchten war.

Die Sachverständigen auf dem Gebiet der Handschrift haben sich nicht selten geirrt oder völlig widersprechende Meinungen vertreten[4].

Die Möglichkeit eines richterlichen Irrtums besteht also nicht nur bei der Freiheitsstrafe, sondern auch bei der Todesstrafe. Von allen Einwänden ist dies der schwerste. Man könnte die Gefahr nur in Kauf nehmen, wenn es keine Alternativen gäbe, die die Gesellschaft ebenso wirksam zu schützen vermögen. Daß hierbei tief eingewurzelte menschliche Bedürfnisse der Vergeltung zu kurz kommen, ist zuzugeben, weil auch sie ursprünglich rationeller Herkunft sind. Aber diese alte Gefühlswelt muß sich allmählicher, erzieherischer Umbildung unterwerfen, wie es uns gelungen ist, die Blutrache und die rücksichtslose Selbsthilfe zu domestizieren. Letzten Endes gibt es nur ein Kriterium: die Herabsetzung der Mordkriminalität. Das Strafrecht ist nur eines der Gegenmittel. Die anderen Rezepte stammen aus Bereichen, die am Rande unserer Wissenschaft liegen. Wenn die Völker auch weiterhin das summum supplicium abschaffen und einführen, dafür eintreten und dagegen eifern werden, so geht von der wissenschaftlichen Verwerfung mäßigende und hemmende Wirkung aus.

[1] Sello: S. 210. — [2] Hellwig: S. 199. — [3] Ebenda S. 242.

[4] Siehe die Fälle bei Borchard S. 3, 28, 128, wo höchst entgegengesetzte Begutachtungen vorgelegt wurden.

Zweites Buch

Die Freiheitsstrafe.

Fünftes Kapitel.

I. Die Anfänge.

A. Der späte Gedanke.

I.

Die Freiheitsstrafe hat keine lange Geschichte. Sie hat mechanische Vorgänger, die aber aus anderen Gründen zur Einschließung griffen. Als die Wahrheitsfindung sich noch der Folter bediente, lagen die tiefen Verliese der Rathäuser und die Folterstuben nahe beieinander[1], bis sie ihre menschliche Beute auf die Galgenberge und Rabensteine entließen, oft auch einen Toten freigaben, der der Folter oder dem Haftfieber erlegen war. In Türmen wurden im Mittelalter Gefangene festgehalten, die hohes Lösegeld versprachen[2]. Sehr alt ist die Haft vornehmer oder königlicher Personen, die man zu töten Scheu trug. Vom Lebendigbegraben[3] reichen die Verwahrungsformen bis zu den erträglichsten Spielarten der Einschließung. Der nie geklärte Tod im Kerker[4] wird mehr dem Übereifer Untergebener als dem ausdrücklichen Befehl des Herrschers zuzuschreiben sein. Immer war die Haft eine erhöhte Gefahrlage, eine Steigerung der Hilflosigkeit und damit eine Vorstufe physischer Auslöschung. Darüber lassen die Erinnerungen derer, die in der Bastille gefangensaßen, keinen Zweifel[5]. Es ist verständlich, daß die Wirkung der alten Hafttypen wesentlich von dem abweicht, was die moderne Freiheitsstrafe an seelischen Verzerrungen

---

[1] So in den Rathäusern von Nürnberg, Regensburg, Rothenburg, Villingen und Wasserburg.

[2] „Vornehme Gefangene, die man in Ketten schmiedete, gab man nur gegen Lösegeld oder andere Gefangene im Austausch frei.“ HENNE AM RHYN, OTTO: Geschichte des Rittertums, S. 149. Leipzig o. D. Über andere Gründe der Haft siehe LINGUET: Denkwürdigkeiten über die Bastille, mit umfassenden Ergänzungen von ROBERT HABS, S. 282. Leipzig o. D.

[3] Siehe die zweideutigen Worte des Kreon in der Antigone des SOPHOKLES.

[4] Siehe den vielumstrittenen Tod des Don Carlos.

[5] Die Furcht vor heimlichen Hinrichtungen war im Volk wie bei den Gefangenen rege. „Ich wollte mich eben niederlegen“, sagt La Porte in seinen Denkwürdigkeiten, „als ich ein starkes Geräusch vernahm und meine Türen aufschließen hörte, was mich aufs höchste in Erstaunen und zugleich in Schrecken setzte. Ich hatte nämlich verschiedene Personen und sogar meinen Soldaten sagen hören, daß einzelne Gefangene aus Besorgnis vor einem Aufstand des Volkes bei Nacht hingerichtet worden seien: ich glaubte, man wolle mit mir auf die nämliche Weise verfahren.“ LINGUETT: Erinnerungen über die Bastille, S. 292.

produziert, zumal die massenhafte Anwendung und die Länge der Zeit Effekte hervorbringen, die der früheren Praxis fremd waren.

In der zweiten Hälfte des 18. Jahrhunderts war der Bogen der Todesstrafe überspannt worden. Sie hatte weder die Zunahme des Verbrechens noch die Verschärfung der sozialen Spannungen aufzuhalten oder die Sicherheit der oberen Schichten zu gewährleisten vermocht. Bei leichteren Delikten oder gnadewürdigen Fällen hatte der Pranger häufig versagt, weil die Öffentlichkeit des Vollzuges mehr Mitleid und Sympathie als Abscheu erregte. Die Stadtverweisungen und Körperstrafen hatten zur Entwicklung eines höchst bedrohlichen Bandentums beigetragen, das sich mit reißender Schnelle ausbreitete, als Kriege und Revolutionen die alten Gewalten diskreditiert und lahmgelegt hatten. Die Freiheitsstrafe war die große neue soziale Erfindung, immer abschreckend, oft bessernd, die das Verbrechen zurückdrängen, vielleicht ausrotten, auf jeden Fall einkapseln sollte. Die Krise der Todesstrafe hatte damit ihr Ende gefunden, daß eine bessere wirksame Methode, von wenigen schwersten Fällen abgesehen, ihre Stelle einnahm.

Ich habe vor Jahren ausgeführt[1], daß unsere Hoffnungen enttäuscht worden sind. Nach 150 Jahren ist die Krise der neuen Strafart da. Trotz mancher Experimente, die niemals lange genug durchgeführt wurden, um sichere Ergebnisse zu erzielen, trotz Sportplatz, Schule und Arbeitssaal sind wir über mechanische Verwahrung nicht hinausgekommen, ist niemals genügend menschliche Bemühung und genug Geld auf die Ausprobung ernsthafter und nachhaltiger Therapie verwendet worden, die nicht nur Sache des Sozialpädagogen, des Psychiaters und Internisten, sondern auch des Diätetikers und des Zahnarztes wäre. Für diese erwachsenen Stiefkinder haben wir, unter dem Druck der Übervölkerung und der Entwertung des Menschen, niemals so viel Zeit und Geld gehabt wie für die Kultur von Haustieren und Nutzpflanzen. Wir haben uns im großen und ganzen mit dem Abschluß von der Außenwelt zufrieden gegeben. Es gibt keinen besseren Beweis für diese Auffassung als die fundamentale Bedeutung, die wir der Flucht eines Gefangenen beilegen, obschon diese Regung des Freiheitsdranges unsere Sicherheit weniger gefährden mag als die Entlassung eines ungebesserten, vielleicht sogar gefährlicher gewordenen Kriminellen.

Den inneren Schwierigkeiten des Gefängnisproblems treten äußere Entwicklungen zur Seite. Sie sind teils soziologischer, teils biologischer Natur. Zuerst hat die Länge der verhängten Strafen abgenommen. Gleichgültig also, ob eine bessernde Einwirkung gelungen ist, oder nicht, wird der reine Verwahrungseffekt reduziert. Natürlich hatte Kräpelin

[1] The limits of penal treatment, a. a. O. S. 401ff.

recht, als er auf die Abschaffung des Strafmaßes drang[1]. Die unbestimmte Verurteilung hat aber zu neuen Unzuträglichkeiten geführt. Da sie mit einem Minimum und einem Maximum arbeitet, hat sie in den Vereinigten Staaten z. B. aus Gründen der Abschreckung zu gewaltigen Höchstmaßen geführt, die der Kriminelle nicht mehr ernst nimmt, und die in Wirklichkeit kaum zur Anwendung kommen. Urteile von 1—15 oder 10—40 Jahren täuschen eine rücksichtslose Verfolgungsenergie vor. In Wirklichkeit wurden im Jahre 1937, also vor dem zweiten Weltkrieg vom Mörder nur 78 Monate durchschnittlich, vom Räuber 42 Monate und vom Notzüchter 27 Monate verbüßt[2]. Der Kriminelle wird also in immer kürzeren Zwischenräumen der bedingten oder unbedingten Freiheit zurückgegeben. Dagegen wäre nichts zu sagen, wenn es uns gelungen wäre, nicht nur die seelischen Mechanismen, sondern auch die Umwelt, in die er wieder hinaustritt, zu verbessern. Für die eine Aufgabe reicht unsere Zeit, aber auch unser bisheriges Wissen nicht aus, das andere haben wir nicht in der Hand oder können nur leichte äußerliche Korrekturen vornehmen.

Wir vergessen, daß es nicht genügt, genau den gleichen Menschen, der einmal gestrauchelt ist, dem Leben in Freiheit zurückzugeben. Jeder Gefangene steht nach der Entlassung vor einer schwereren Aufgabe als zuvor. Sein Selbstgefühl hat gelitten, seine Arbeitskraft ist erlahmt, schwer lastet auf ihm die Bürde des Vorbestraftseins, der Abfall der Freunde und Bekannten, die eigene Unsicherheit und Überempfindlichkeit. Diese Situation hat eigentümlicherweise dadurch in Deutschland eine Milderung erfahren, daß die Diktatur und die Maßnahmen, die der Niederlage folgten, die Freiheitsentziehung zu einem Normalzustand gemacht haben. Wenn Millionen sitzen, hat die Strafanstalt ihren wesentlichen Schadensgehalt, die moralische Diskriminierung, verloren.

Mit der Verkürzung der Haftdauer — die nur bei „Besserung" unbedenklich, ja erwünscht ist — kombiniert sich eine andere weitreichende Erscheinung. Das Problem der wachsenden Lebensdauer kann den Kriminalpolitiker nicht unberührt lassen. Unbereinigte Zahlen zeichnen das Bild vielleicht mit allzu starken Strichen:

---

[1] „Diese präzise, ziffernmäßige Darstellung der Schwere jeden einzelnen Reates in Mark, Gefängnismonaten, Zuchthausjahren . . . ist kaum weniger naiv als jene auf ähnlichem Boden erwachsene, aber lukrativere Idee, die Vergebung der Sünden durch Emission von verschiedenwertigen Anteilscheinen an dem Stammkapital überschüssiger guter Werke zu regulieren." Aus KRÄPELINS „Abschaffung des Strafmaßes", zitiert von ASCHAFFENBURG, GUSTAV: Das Verbrechen und seine Bekämpfung, S. 288. Heidelberg 1923.

[2] The limits of penal treatment, a. a. O. S. 401.

Mittlere Lebenserwartung der Neugeborenen in Schweden 1755—1940 in Jahren[1].

Zeitraum	Männer	Frauen
1755—1775	33,2	35,7
1841—1845	41,9	46,6
1871—1880	45,3	48,6
1901—1910	54,5	57,0
1936—1940	64,3	66,9

Gefangene aber sind keine Kinder, und wir müssen den Versuch machen, den Zuwachs an Lebensdauer festzustellen, der dem jugendlichen erwachsenen Mann zugeflossen ist. Hier stehen uns amerikanische Zahlen zur Verfügung:

Durchschnittliche künftige Lebenszeit. Männer (Weiße)[2].

	Bei der Geburt	Im Alter von 20 Jahren
1900—1902	48,2	42,2
1919—1921	56,3	45,6
1929—1931	59,1	46,0
1930—1939	60,6	46,8
1139—1941	62,8	47,8

In 40 Jahren haben also Männer von 20 Jahren ihre Lebensdauer um 5,6 Jahre ausdehnen können. Sie können ihre Kenntniss des Lebens, der kriminellen Technik und des Umgangs mit Polizei und Gericht länger zur Anwendung bringen als zu Beginn des Jahrhunderts. Auch ohne daß das Gesetz und unsere Anschauung sich gewandelt haben, ist die Freiheitsstrafe ein viel schwierigeres und weitreichendes Problem geworden.

Einige amerikanische Zahlen lassen in die Zusammenhänge hineinsehen, die Hafterfahrung und Haftschädigung in das Leben der Nation hineintragen. Sie erlauben eine Schätzung, die natürlich nicht sämtliche Elemente des Zugangs und des Abgangs erfaßt. Ehe die Vereinigten Staaten große Heere im Lande und auf fremdem Boden unterhielten und damit der zivilen Justiz entzogen, auch Millionen von jungen Leuten auf eine nie gekannte Stufe wirtschaftlicher Sicherheit erhoben, im Jahre 1940, wurden jährlich ungefähr 90000 Sträflinge aus amerikanischen Anstalten entlassen. Manche kehrten bald wieder zurück, die Mehrzahl[3] hielt sich im freien Leben. Selbstmord, Krankheit,

[1] Zahlen nach FINDINGS in MACKENROTH, GERHARD: Bevölkerungslehre, Theorie, Soziologie und Statistik der Bevölkerung S. 84. Heidelberg 1953.

[2] SMITH, T. LYNN: Population analysis, S. 272. New York 1948. Die Lebenszeit der 45jährigen Männer hat nur um 1,7 Jahre, die der Frauen gleichen Alters um 3,4 Jahre zugenommen, vor allem leben die Städter länger als früher. Ebenda S. 274.

[3] Einschließlich der kleinen Kriminalität gibt EDWIN H. SUTHERLAND (Principles of criminology, S. 585, Chicago 1947) die Rückfallszahlen als 48% an. DONALD CLEMMER (The prison community, S. 58, Boston 1940) fand 37,32% echten Rückfall in seiner Strafanstalt.

Unfälle forderten ihr Opfer. Andere wurden deportiert, wieder andere verschwanden in Irrenanstalten. Wie viele frühere Gefangene sammeln sich in einem Zeitraum von 20 Jahren in der Bevölkerung an? Da das Durchschnittsalter der Einlieferung in einem Zuchthaus etwa 30 Jahre ist, werden die meisten der Gefangenen mit 50 Jahren ihre Strafe verbüßt haben und noch leben. Bei vorsichtigster Schätzung müssen in einer Bevölkerung von 150 Millionen und unter rund 50 Millionen Männern von mehr als 20 Jahren 1 Million frühere Sträflinge angehäuft sein, mindestens 300—400000 aktiv in unserer Mitte leben.

Ein Teil dieser Individuen war Gelegenheits- oder Zufallsdelinquenten und nie wirklich antisozial. Ein anderer Teil ist durch Altersprozesse lahmgelegt worden und hat sich zur Ruhe gesetzt oder bewegt sich in dem schattenhaften Niemandsland zwischen aktivem Verbrechen und mehr oder weniger anrüchigen Tätigkeiten, das in unruhigen Zeiten an die Stelle des normalen und legalen Wirtschaftslebens tritt. Jeder Staat hat somit ein Interesse daran, daß die Methoden der Freiheitsstrafe nach Möglichkeit reformiert und umgebildet werden, damit Rechtsbruch und rechtverachtende Gesinnung sich nicht „wie eine ewige Krankheit" fortschleppen. Im Gegensatz zur Todesstrafe handelt es sich hier um Massenwirkungen und Wirkungen, die sich in langer Kettenreaktion in die Zukunft fortsetzen.

B. Urform des Kerkers.

I.

In Frankfurt a. M. stand das Bornheimer Loch, nicht allzuweit davon das Mainzer Loch. In Braunau in Böhmen gab es das Lästerloch, das Diebsloch und das Backofenloch[1]. Ins Maintal hinab blickt heute noch das Schnatterloch von Miltenberg. Es wird nur wenige geben, denen bei dieser sprachlichen Sammlung nicht das Lochgefängnis von Nürnberg einfällt[2]. Das Kölner Petersloch war ein Gefängnis der Inquisition „zwei Stockwerke tief, und hatte oberhalb nur in der Decke eine Öffnung, wo ein starker eiserner Haken angebracht, vermittels dessen die Gefangenen ... (da keine Stiege hinabführte) an Stricken auf und niedergelassen und auch mit den nötigen Bedürfnissen versehen wurden"[3]. Hier deutet nicht nur der Name, sondern die Konstruktion auf den alten Ursprung, die Grube, in die man hineinstürzte oder geworfen wurde, und die man ohne äußere Hilfe nicht verlassen konnte. Nicht nur die Burgverliese waren so gebaut, sondern auch die Ver-

[1] Weiss, Franz: Das Braunauer Blutbuch, S. 26. Trautenau 1927.

[2] Knapp, Hermann: Das Lochgefängnis, Tortur und Richtung in Alt-Nürnberg. Nürnberg 1907.

[3] Mering, F. E. v.: Zur Geschichte der Stadt Köln am Rhein, Bd. III, S. 43. Köln 1839. — Das Gefängnis konnte zu Merings Zeiten noch besichtigt werden.

wahrungsorte der Städte, die sich leicht hätten eine Treppe leisten können. In Michelstadt im Odenwald, einer uralten Siedlung, steht der Diebsturm. Er war Gefängnis der Zehnt. „Er war unten vollständig geschlossen. Die Gefangenen wurden in Stockwerkshöhe durch eine Falltür vermittels Seil in den Gewahrsam gebracht[1]." Es war die künstliche, ummauerte, mit einem Dach geschützte Grube primitiverer Kulturen.

Im alten Testament wird der Prophet Jeremias von seinen Landsleuten beschuldigt, ein Miesmacher oder Defätist zu sein. Zur Strafe wird er im Hofe des Gefängnisses an Stricken in eine Grube gelassen. Hier sitzt er ohne Brot im Schlamm und sieht dem Hungertode entgegen[2].

Wie tief die Grube im Gefängnis des Königs Sedecia war, oder wie tief der Prophet im Schlamm steckte, kann man daraus ersehen, daß 30 Mann abkommandiert wurden, Jeremias herauszuziehen und besondere Maßnahmen getroffen werden mußten, ihn bei der Rettung nicht zu verletzen[3]. Es ist KRAUSS daher beizupflichten, wenn er daran denkt, daß in der Urzeit der Menschheit Gruben dazu gedient haben, Menschen und Tiere zu fangen und zu verwahren[4]. Noch erinnern die Worte Gefängnis und prison an den Vorgang des Festlegens und der Immobilisierung und stehen mit einer altindischen Wurzel in Verbindung, die „Käfig"[5] bedeutet, auch auf einen indischen Stamm „Strick" hinweist. Die Grube ist in der Tat eine indirekte Form der Fesselung, da sie die Fortbewegung behindert und auf einen nahrungslosen, daher schwächenden oder tötenden Umkreis beschränkt. "To be in a hole" hat im Englischen den Sinn von auswegloser Schwierigkeit. Der Sturz in die Grube gibt dem Außenstehenden die Vorteile der Überhöhung. Es ist daher vertretbar, wenn behauptet worden ist, daß Gruben wie heute bei der Jagd auf Tiger und Elefanten, Opfer für die Götter oder dem Kannibalen Nahrung geliefert haben[6], besonders da das „Loch"

---

[1] BUXBAUM, PH.: Michelstadt in Wort und Bild, S. 28. Darmstadt o. D.

[2] Jeremias XXXVIII, 3ff. Im Gefängnishof wurde man offenbar verpflegt, im „Loch" war man auf mildtätige Gaben angewiesen. Der hebräische Ausdruck für diesen Gefängnis„flügel" ist nach F. A. KARL KRAUSS, Im Kerker vor und nach Christus, S. 44, Freiburg 1895, „beth habbor", „Haus der Grube".

[3] Jeremias XXXVIII, 10 und 12.

[4] KRAUSS: a. a. O. S. 1.

[5] KLUGE-GÖTZE: a. a. O. S. 190. Das englische Jail kommt wahrscheinlich vom lateinischen caveola, Grube, ebenso das deutsche „Kittchen von Kute, Grube, Loch". KLUGE-GÖTZE: S. 385.

[6] Ansicht von P. A. PARSON, zitiert in BARNES: The evolution of penology in Pennsylvania, S. 53. Indianapolis 1927. — Maine sparte im Anfang des 19. Jahrhunderts Disziplinarzellen, „statt dessen grub man Löcher 10 Fuß tief in den Boden, in die der Gefangene mit einer Leiter herabgelassen wurde ... worauf man die Grube mit einem zwei Fuß breiten Stein verschloß". WILSON, D. P.: My six convicts, S. 141. New York 1951.

nicht nur wehrlos machte, sondern auch auf beliebige Zeit festhielt. Das Sprichwort: Wer andern eine Grube gräbt, fällt selbst hinein, führt in die Zeiten dieser Jagdmethoden zurück.

Soweit klare Vorstellungen sich gebildet haben, liegt die Hölle unter der Erde[1], ist feucht und dunkel[2]. Es ist ein Tophet, eine Grube, ein tiefer Pfuhl. Moderner, von Stahl gebaut und von Wächtern behütet, ist schon die Unterwelt des Virgil[3]. Jetzt muß die Schwelle schon vom Türhüter bewacht werden, schlaflos, im blutigroten Kleide. Die Hölle hütet sich wie die einstens tiefe Grube nicht mehr selber.

In allen trockenen Ländern sind Brunnen von größter Bedeutung und werden tief in den Boden, oft in den Fels getrieben[4]. Die enge Öffnung wurde durch einen Stein verschlossen[5] und lud, wenn das Wasser versiegt war und die Brunnensohle trocken lag, zur Einschließung ein. Josephs Brüder einigen sich schließlich auf den Vorschlag Reubens, ihn, den verhaßten „Träumer", nicht zu erschlagen, sondern in einen wasserleeren Brunnen zu werfen[6]. Alte, unbrauchbar gewordene Brunnenstuben, tief in den Fels gebohrt, lichtlos, feucht, sind im alten Rom die untersten Verliese alter Gefängnisse gewesen, über denen man in ein oder zwei Stockwerken Überbauten und Erweiterungen errichtete. Der Carcer Mamertinus, oder das Tullianum ist nach der Hypothese des Archäologen FORCHHAMMER ein Brunnenhaus gewesen[7], ein Wassersammler. Als neue Brunnen gebohrt wurden, sei dieser Behälter in einen Kerker umgewandelt worden, „ähnlich wie auch die griechischen thesauroi . . . vielfach in Gefängnisse umgewandelt worden seien"[8]. Im Tullianum wurden die Komplizen Cartilinas

[1] Daher werden beim Totenopfer Gruben gegraben und schwarze Tiere geopfert, wird den Unterirdischen abends oder nachts dargebracht. STENGERL, PAUL: Die griechischen Sakralaltertümer, S. 96ff. München 1890.

[2] LANDAU, MARCUS: Hölle und Fegfeuer in Volksglaube, Dichtung und Kirchenlehre, S. 87. Heidelberg 1909. — „Tiefer als Scheol (die Hölle)", sagt Hiob XI, 8.

[3] Aeneis VI, 548ff.

[4] Der Schacht des Hiobsbrunnens bei Jerusalem ist 38 m tief. NÖTSCHER, FRIEDRICH: Biblische Altertumskunde, S. 166. Bonn 1940.

[5] „und ein großer Stein lag auf des Brunnens Öffnung" 1 Mos. 29, 2. Daher konnte man sich auch im Brunnen verstecken, wie es Absalom tat, indem man auf den Stein ein Tuch und Getreide legte, 2 Sam. 17, 19.

[6] 1 Mos. 37, 11ff.

[7] Erwähnt bei KRAUSS: a. a. O. S. 57. „Tullianum" . . . bedeute nichts anderes als Brunnenhaus. Das Tullianum sei in der Vorzeit allerdings schon ein „carcer", ein Gewahrsam gewesen, aber nicht ad coercendos „malificos", nicht zur Einsperrung der Verbrecher, sondern „ad coercendam aquam", zur Sammlung von Wasser. An der Stelle des späteren carcer habe sich ein wasserreicher Brunnen befunden. . . Nach FESTUS bedeutet „tullius" (von tolli in die Höhe getrieben werden) s. v. a. Quelle oder Springbrunnen und „tullianum" s. v. a. Brunnenhaus.

[8] Der Überbau hat nach FORCHHAMMER ursprünglich dem Schutz gegen Hitze gedient. „Mamers" war der etruskische und sabinische Name für Mars, den funkelnden Gott der Hitze. KRAUSS: S. 57.

erdrosselt, starb der Numidenkönig den Hungertod. Ein von PLUTARCH berichtetes Wort zeigt, wie wassertriefend der tiefste Kerker gewesen sein muß[1].

Auch in Sizilien müssen alte Wassersammler als Gefängnisse gedient haben[2]. Noch aus dem 13. Jahrhundert hören wir, daß Rusudan, die Königin von Georgien im Kaukasus, ihren Neffen David in einem Steinbrunnen, der von Ungeziefer und Schlangen wimmelte, gefangenhielt[3]. In den 70er Jahren des 19. Jahrhunderts schließlich kommt folgende Mitteilung aus Dodge City im Staate Kansas: „Unser erstes Kittchen[4] war ein Brunnen, 15 Fuß tief, in das Trunkenbolde heruntergelassen wurden, bis sie wieder nüchtern waren. Manchmal waren es mehrere zu gleicher Zeit. Eine Zeitlang erfüllte der Brunnen seinen Zweck[5].

Wenn man an das hervorquellende Wasser denkt, mit dem Petrus im carcer Mameritinus seine Leidensgefährten taufte, wenn man weiter sich die Anschauungen ins Gedächtnis zurückruft, nach denen Wasser magisch von Sünde reinigt und erlöst[6], so muß die Frage aufgeworfen werden, ob der enge räumliche Zusammenhang von „lebendigem" Wasser[7] und Gefängnis nicht einstmals einen tieferen Sinn gehabt hat. BARNES führt aus einem alten Buch[8] die folgende Erklärung für das Londoner Gefängnis Bridewell an[9]:

---

[1] PLUTARCH: Marius 12. Der Numidenkönig wurde erst seiner Kleider und seines Schmuckes beraubt und dann in das feuchte Dunkel gestoßen, wobei er verwirrt und verzerrten Gesichts ausgerufen haben soll: Mein Gott, wie kalt ist euer Bad." — Auf die philologische Diskussion, ob das Tullianum und der Carcer Mamertinus, den man heute noch zeigt, die gleichen oder verschiedene Gefängnisse waren, lassen wir uns nicht ein. Interessant ist nur die Legende, daß der Apostel Petrus hier eine Quelle aus dem Boden hervorgezaubert haben soll, ein Phänomen, bei dem der alte Brunnen wieder in Erscheinung trat. PIATTI, TOMMASO P.: Il carcere Mamertino, S. 5—10. Roma 1925. Mit Photographien der unterirdischen Gelasse.

[2] In dem alten Enna auf Sizilien gab es solche Wassersammler, von denen einer noch fossa de'dannati (Grube der armen Sünder) heißt. KRAUSS: S. 58.

[3] LAMB, HAROLD: The march of the barbarians, S. 209. New York 1940.

[4] Der amerikanische Ausdruck ist „calaboose" und bedeutet ein kleines Haftlokal. Es stammt aus der spanischen Schiffssprache („calabozo") und muß über Mexiko eingewandert sein.

[5] WRIGHT, ROBERT M.: Dodge City, S. 141. Wichita 1913.

[6] „Neben dem Blut ... und dem Feuer ... spielt das Wasser in verschiedener Anwendung als kultisches Reinigungsmittel die weitaus wichtigste Rolle." NÖTSCHER: a. a. O. S. 340.

[7] Über aqua viva vgl. 1 Mos. 26, 19 „springendes, fließendes Wasser. Siehe auch Jeremias II, 13, wo das zauberkräftige lebendige Wasser (Joh. IV, 11) mit dem schalen Wasser der Zisternen verglichen wird. — Zur Reinigung von befleckten Menschen ist nur fließendes oder Meereswasser geeignet. STENGEL: Sakralaltertümer, a. a. O. S. 110. In Wasserburg am Inn stand das alte Leprosenhaus neben der heilkräftigen Achatiusquelle.

[8] BARNES und TEETERS: New horizons, a. a. O. S. 477.

[9] Aus MEYHEW und BINNY: The criminal prisons of London. London 1892.

„Wo heute das Bridewell der Stadt steht, soll einstmals eine heilige Heilquelle gewesen sein, mit dem Namen St. Bride-Brunnen... Nach der Reformation verwandelte Eduard VI. das Krankenhaus (das zuerst dort stand) in ein Gefängnis und ein „penitentiary als Zuchtort für unruhige Gesellen und Störer der Ordnung, auch für gesunde Bettler und Landstreicher."

Die Entscheidung über eine solche Verbindung muß künftiger Forschung überlassen bleiben.

II.

Neben der Natur, die in steilen Schluchten Schuttablagerungsstätten schuf und sie auch der Strafjustiz zur Verfügung stellte[1], hat Menschenhand in Steinbrüchen hohe und unübersteigliche Mauern geschaffen, die nur am Eingang verrammelt werden mußten, um feste Orte der Aufbewahrung zu ergeben. Der römische carcer publicus Lautumniarum ist wahrscheinlich eine Nachahmung syrakusanischer Modelle gewesen, vielleicht weil in unvordenklichen Zeiten hier einmal Steinbrüche gewesen waren[2]. Die Latomien der Stadt Syrakus wurden zuerst zur Festhaltung von Kriegsgefangenen benutzt. Thukydides hat beschrieben, wie die Heere des Nikias erst unter der Hitze, dann unter Kälte litten, von Wasser und Durst gequält wurden und wie die Fliegen dahinstarben[3]. Unter dem Tyrannen Dionys I. wurden die Steinbrüche zu regelmäßigen Gefängnissen ausgebaut. Dort befand sich auch die erste Abhörvorrichtung, die je erfunden wurde, das „Ohr des Dionys". Hier wurden die Gespräche der Gefangenen belauscht[4].

Es ist beinahe eine Tradition, daß viele amerikanische Gefängnisse wie Sing Sing[5], San Quentin, Canon City, Clemmers Anstalt[6] an Steinbrüchen angebaut sind. Als die Vereinigten Staaten nach dem Bürgerkrieg mit den bedrohlichsten Rechtsbrechern fertig werden wollten, errichteten sie bei Yuma, Arizona eine Verwahranstalt zwischen glühenden Felswänden und unterirdischen Höhlen in einer Felsformation, die man in Deutschland eine Klamm nennen würde. Das natürliche Felsgefängnis wurde Amerikas Teufelsinsel genannt und 1871 wieder aufgegeben.

Einfachere Festhaltungsmechanismen haben wandernde Völker entwickelt und auf ihre seßhafteren Nachkommen übertragen. Im altindischen Prozeß wird der Missetäter einfach an eine Holzsäule

---

[1] Siehe das Barathron in Athen und die Kaiadas in Sparta. THUKYDIDES: I, 134.

[2] KRAUSS: S. 62 nach VARRO.

[3] THUKYDIDES VII, 87.

[4] KRAUSS: S. 55.

[5] Erst war Sing Sing eine Silbergrube. LAWES: Life and death, a. a. O. S. 191, 192.

[6] Von 1200 Mann arbeiteten 650 im Steinbruch. „Die Arbeit ist schwer und schmutzig.... Ein Viertel bis ein Drittel der 6 Steinbruchsabteilungen besteht aus Negern. Gewöhnlich werden die gefährlichsten und unruhigsten Typen für diese Art der Arbeit ausgesucht. CLEMMER: a. a. O. S. 77 und 78.

angebunden. Zahlreiche dichterische Bilder spielen um diese Haft der Sünden und die Auflösung der Stricke[1]. Auch vom Verschließen in einen Block oder Stock ist schon die Rede, und diese Art der Fesselung hat einem Flügel des Nürnberger Lochgefängnisses den Namen gegeben[2]. Wenn zur Belastung mit Ketten die Blendung hinzukam, wie es bei den Persern[3] und den Philistern geschah[4], so konnte man des Gefangenen sicher sein, auch ohne daß ihn hohe Mauern umschlossen oder zahlreiche Wächter umgaben. Von der Fesselung nahm das athenische Gefängnis Desmoterion, Haus der Ketten, seine ursprüngliche Bedeutung. „δεῖν" binden, fesseln, war der gewöhnliche, ja amtliche Ausdruck für „ins Gefängnis werfen"[5]. Das gleiche Wort findet sich im Neuen Testament[6], daneben auch Phylake[7], die Wache, wie wir heute davon sprechen, daß einer auf die Wache gebracht wird. Bei den alten Indern wurde der Schuldner gefesselt abgeführt[8] und damit vom Gläubiger in Haft genommen. Nicht anders ist es nach Tacitus bei den alten Germanen gewesen[9].

Noch im ersten Weltkrieg wurden Arreststrafen durch Anbinden vollstreckt. Die marschierende Armee fiel auf die ambulante alte Haftform zurück. Verbindungen laufen zur Prangerstrafe, wobei sich das Element der Ausstellung in den Vordergrund drängte, die sichernde Festhaltung zurücktrat.

III.

Der Name Zwinger, französisch Bastille, hat sich aus einem tiefen Grabenstück zum Gewahrsam für Tiere und Menschen entwickelt. Es gab früher Bärenzwinger, mehr Käfige als Gruben, und im Stadtbild Münchens findet sich heute noch die Löwengrube. In Landau in der Pfalz hieß das Gefängnis der Landauer Käfig, und es existieren Bilder aus dem Jahre 1944, wonach die Mitglieder der Pariser Widerstandsbewegung Mädchen in Raubtierkäfige einsperrten, die sich mit der deutschen Besatzung eingelassen hatten. Käfige oder käfigartige Behälter haben auch in der Geschichte des Gefängnisses eine Rolle gespielt, und wer die

[1] Zimmer, Heinrich: Altindisches Leben, S. 182. Berlin 1879.
[2] Knapp: Lochgefängnis, S. 11, siehe dazu den Danziger Stockturm.
[3] Krauss: a. a. O. S. 31 und 32.
[4] Richter: XVI, 21.
[5] Krauss: S. 50.
[6] Zum Beispiel Apostelgeschichte V, 22.
[7] Apostelgeschichte V, 20 und an vielen anderen Stellen.
[8] Krauss: S. 23.
[9] Tacitus: Germania 24. „Dabei sind sie in bezug auf Gewinn oder Verlust von einer so blinden Leidenschaft besessen, daß sie, wenn sie alles andere verspielt haben, mit dem letzten entscheidenden Wurfe um ihre Freiheit und um ihren eigenen Leib kämpfen. Wer verliert, geht willig in die Knechtschaft; mag er auch jünger, mag er auch kräftiger sein, er läßt sich binden und verkaufen."

Stahlzellen moderner amerikanischer Anstalten ansieht, kann sich des Eindrucks von veritablen Käfigen nicht erwehren[1]. So ist es auch zu erklären, daß Gefangene, so oft sich Gelegenheit bot, Teile der Anstalt, die besonders gesichert waren, als Käfige bezeichneten. Im Newgate Jail Londons konnte der zum Tode Verurteilte sich in einem gitterüberdeckten Steingang Bewegung machen, der Birdcage Walk oder Dead Man's Walk hieß[2]. In San Quentin, Kalifornien, wurde die freistehende, käfigartige Todeszelle ebenfalls Birdcage genannt[3]. SHAKESPEARE kennt schon das Wort cage für Gefängnis[4], und deutsche Philologen haben für Käfig, eigentlich Umfriedung (cavea) eine Verwandtschaft mit dem Stamm des französischen geôle und des englischen goal oder jail finden wollen[5]. Die Kriminellen haben ebenso an einen Vogelkäfig gedacht wie man von „lockerem Vogel“, im Englischen vom gallows-bird, von einem „Schmutzfinken“ spricht oder in Alt-Hamburg den Kaakstein oder den „ehrlosen Finkenblock“ kannte[6].

Es lag in der Natur der Sache, daß Käfige nicht für Massenverwahrung, sondern für Einzelhaft verwendet wurden und nicht nur den Lebenden, sondern auch den Toten festhielten[7]. Manche dieser Berichte stehen an der Grenze der Sage[8], in anderen Fällen aber war viel später noch der Käfig vorhanden. Nach MERINGS Bericht stiegen zu seiner Zeit 2 Kölner in das Petersloch hinab und fanden beim Eingang zu der kleinen Vorhalle einen großen eisernen Käfig, „worin die Unglücklichen vor der Exekution eingesperrt worden sein sollen“[9]. Ebenso wurde vor über 100 Jahren in der Sakristei der Kirche zu Nideggen „noch dermalen“ ein großer eiserner Behälter gezeigt. Es soll der Käfig gewesen sein, in dem der Graf von Jülich 1268 den Kölner Erzbischof an der äußeren Mauer des Schlosses aufhängte und dem Gespötte des

---

[1] Siehe das Bild des D. Blocks von Alcatraz in JOHNSTON, JAMES A.: Alcatraz Prison Island, S. 215. New York 1949. John Howard will in der Bastille „Käfige“ gesehen haben. Charpentier bestreitet es. LINGUET: Denkwürdigkeiten, S. 49.

[2] HOOPER, W. EDEN: History of Newgate and the old Bailey, S. 88 (Bild). London 1935.

[3] LAMSON, DAVID: We who are about to die, S. 240ff. New York 1935.

[4] Zweiter Teil King Henry VI, 6, 2 ... "there was he born, under a hedge, for his father had never a house but the cage."

[5] KLUGE-GÖTZE: a. a. O. S. 351.

[6] WOSNIK: I, 1, S. 22. "bird" ist ein englisches Verbum für stehlen, das sehr weit zurückgeht. PARTRIDGE: a. a. O. S. 54.

[7] Siehe die Käfige an dem Turm der Lambertikirche in Münster und die chinesische Sitte, die Köpfe Enthaupteter in kleinen Bambusvogelbauern aufzubewahren.

[8] Siehe die von Sébillot berichtete Geschichte aus Korsika in meiner Strafe, Bd. I, S. 413. In Asien kam auch die Verbrennung in einem Käfig vor. BASTIAN: Reisen im südöstlichen Asien, Bd. V, S. 119.

[9] MERING, v.: Geschichte der Stadt Cöln, Bd. II, S. 44.

Volkes aussetzte[1]. „Der unglückliche Erzbischof saß mehrere Jahre in dieser schmachvollen Gefangenschaft.“ Ein anderer Eisenkäfig soll noch zum Andenken im Turme der Pfarrkirche von Nideggen stehen[2]:

... „die Gräfin ließ er (der Graf von Jülich) nicht bloß einkerkern, er ließ sie eines Tages mit Honig bestreichen, in einen Eisenkorb sperren und an einem Turm des Schlosses aufstellen, damit die Bienen und Wespen sie zerstachen. Dann ritt er nach Köln und meinte, wenn er zurückkäme, wäre sie tot. Aber kaum hatte man in den Nachbardörfern von der greulichen Tat gehört, da kamen die Weiber aus dem ganzen Kirchspiel Drove nach Nideggen und befreiten die unglückliche Gräfin.“

Die gleiche Behandlung wurde 1540 einem geistesschwachenBrandstifter in Einbeck zuteil: „Er wurde nackend ausgezogen, mit glühenden Zangen gerissen und mit Honig bestrichen in einem eisernen Käfig am Benser Tor aufgehängt. Drei Tage lebte der Unglückliche noch ... von zahlreichen Wespen und Fliegen umschwärmt[3].“ Der Käfig wird oder wurde noch in Einbeck gezeigt.

In Verwischung von Einschließung Lebender und Toter griff 1738 württembergische Justiz noch einmal auf den Käfig zurück. Mit jenem alten Zeremoniell, das von der Herstellung der Strafwerkzeuge bekannt ist und auf einen sehr alten Ursprung hindeutet[4], wurde an die Anfertigung des Käfigs herangegangen. Er sollte die Leiche des Josef Süß-Oppenheimer bergen, an einem beweglichen Übergalgen hoch oben in der Luft schaukeln und die Reste der raschen Vernichtung anheimgeben. Die Konstruktion des Käfigs wird nicht ohne einen gewissen Stolz beschrieben. Er war „eine ausgezeichnete Arbeit, war sechs Fuß hoch und zwei Fuß weit, hatte 14 Reife in der Rundung und in der Höhe 17 Stangen, alles von gutem Schmiedeeisen... Überdies war jede Schraube durch ein eigenes Schloß verdeckt, so daß das Öffnen ohne einen Schlüssel rein unmöglich war... Um einem etwaigen Diebstahl des Käfigs und seines Inhalts vorzubeugen, ging durch dasselbe eine starke eiserne Kette, welche zweifach um den Arm des Galgens geschlungen und wieder mit einem kunstreichen Schloß verwahrt war[5].“ Um sich mit den neuen Methoden vertraut zu machen, umstanden neben dem Scharfrichter Frank aus Straßburg 20 andere Henker mit

---

[1] Ebenda Bd. II, S. 131.

[2] Zaunert, Paul: Deutscher Sagenschatz, Rheinlandsagen, Bd. I, S. 105. Jena 1924.

[3] Die Strafe, Bd. I, S. 251.

[4] Siehe die Errichtung und den Abbruch von Galgen und Pranger. Die Strafe, Bd. I, S. 197. — Zwei Stuttgarter Schlossermeister und Bürger erhielten den Auftrag, den Käfig zu bauen ... „diese beiden wackern Meister gingen mit ihren Gesellen frisch ans Werk, an dem sich sämtliche Mitglieder der Schlosserzunft beteiligten und jeder Lehrling wenigstens einen Streich an den ‚Judenkäfig‘ tun mußte.“ Nick, Friedrich: Chronik, a. a. O. S. 347.

[5] Ebenda S. 350.

ihren Knechten aus aller Herren Länder den Galgen[1]. Die Ansicht von NICK, daß der Zweck des Käfigs gewesen sei, die Vögel abzuhalten, wird durch die Theorie des Hängens und eine Zeichnung des Vorgangs widerlegt, die das Germanische Museum in Nürnberg aufbewahrt[2]. Hier ist die Galgenspitze und der Käfig von Raben dicht umschwärmt, die durch die Gitterstäbe hacken[3].

Wenn der Käfig bei ein oder zwei Spielarten des Prangers sich lang erhielt, so kommen wir auf eine andere Ähnlichkeit mit dem „Schandpfahl" zurück, der uns aus den Anfängen des Gefängnisses vertraut ist. Irgendwann muß die Abspaltung stattgefunden haben. Am Beginn der Entwicklung wird der stationäre Käfig gestanden haben[4]. Ihn repräsentierte noch das Regensburger Narrenhäusel, das seit 1550 unter dem Erker des Alten Rathauses gelegen war[5]. Der Hamburger Kaak war, „ein bedeckter Käfig auf hohem Holzpfahl, einem Taubenschlag vergleichbar"[6]. Mehr oder weniger beweglich, also zum Drehen eingerichtet war das Drillhäuschen. Eines stand auf dem alten Markt von Köln[7]. Die Umgebung von Bonn (Bornheim, Geistingen, Friesheim) war voll davon. Die Berner Trülle war noch kurz vor der Französischen Revolution in Gebrauch[8]. Hierhin gehört auch der „Käfig nach Maß", wie man die Eisengestelle nennen könnte, die den zum Hängen in Ketten Verurteilten in England umschlossen[9].

v. KÜNSSBERG hat gewiß recht, wenn er das Käfiggestell bei der Wassertauche wieder findet[10]. Ummauerte Käfige sind die Narrenhäusl von Nördlingen und Ochsenfurt und anderen Orten.

---

[1] Ebenda S. 347.

[2] HEINEMANN, FRANZ: Der Richter und die Rechtspflege in der deutschen Vergangenheit, Abb. 105. Jena 1924.

[3] HEINEMANN nennt den Käfig ganz zutreffend eine Art Vereinigung von Haftzelle und Galgen. Im Falle Süß ist die Kombination bereits zu einem symbolischen Hängen abgeschwächt wie beim Verbrennen, denn Süß wurde im Käfig erwürgt. NICK: S. 352. „Den Leichnam drehte man so, daß er das Gesicht Stuttgart zukehrte. Dann wurde der Käfig geschlossen und alles war vorbei. — Käfige waren auch noch bis vor kurzem in den Arrestzellen preußischer Zuchthäuser zu sehen. Der Ordensbruder sagte: „Da kamen die ganz schlimmen hinein. Es war ganz dunkel drinnen, und drinnen ist noch ein Käfig, in den wurden sie hineingesteckt bei Wasser und Brot." SALOMON, ERNST v.: Der Fragebogen, S. 171. Hamburg 1951.

[4] HORNA, RICHARD: Pranyr, Abb. 68, C 6, C 8a, C 9, C 10. Praze 1941.

[5] SCHWAB, LUDWIG: Regensburg, a. a. O. S. 79, 80.

[6] WOSNIK: I, 1, S. 21.

[7] MERING, v.: Bd. II, S. 262.

[8] HEINMANN, FRANZ: Abb. 118.

[9] Abbildungen bei ANDREWS, WILLIAM: Bygone punishments, S. 45 und 66. London 1931.

[10] KÜNSSBERG, v.: a. a. O. S. 170.

Wir sagen heute noch, daß einer „in den Kasten" mußte. Es gab früher Torenkasten, Domkasten, Narrenkasten. Wie solche Gefängnisse ursprünglich aussahen, lassen Abbildungen aus der Schweiz erkennen. Ein Bild stammt aus Bern, wo der Kasten Blockhaus heißt[1]. Bedrohlicher wirkt ein „Blockgefängnis aus Neuenburg: es ist ein holzgebauter Raubtierkäfig[2], eine schwere aus Balken gezimmerte Kiste, in die kein Lichtstrahl dringt.

C. Klöster, Burgen, Städte.

I.

Wer eine geschichtliche Einleitung der modernen Strafart schreibt, kann nur den Einschließungsmethoden Beachtung schenken, die im Gefängnisbau und im Gefängnisleben der Gegenwart Spuren hinterlassen haben oder zur Erklärung lebender Bezeichnungen dienen. Wir übergehen daher die Freiheitsentziehung des Mittelalters, gleichzeitig Untersuchungshaft, Zwangsmittel und eine der Methoden, der Todesstrafe, der Verbannung und Körperstrafen auszuweichen[3]. Der Kerker[4] des Mittelalters war Sache fürstlicher oder städtischer Willkür, nach sozialer Herkunft geordnet, eine sekundäre Maßnahme, die durch Geld oder andere Leistungen abgelöst werden konnte. Die Kerkerstrafe findet sich dort, wo Todesstrafe oder Verstümmelung für den Vornehmen zu viel, Verbannung für den Fremden zu wenig war. Jahrelange Haft war im allgemeinen zu kostspielig, wie die Versuche zeigen, durch Hausarrest oder Einmauerung die Kosten von Ernährung und Bewachung auf die Sippe abzuwälzen. Mit dem modernen Gefängnis und seinen Problemen haben diese ersten Gehversuche wenig gemein.

Vom Klostergefängnis dagegen sind baulich und psychologisch Wirkungen ausgegangen, die heute noch andauern.

Zur Einsperrung eignete sich die Klosterzelle[5], besser ein Zellflügel

---

[1] Fehr, Hans: Das Recht im Bilde, Abb. 143 Erlenbach. — Zürich 1923. — Der alte Sinn für Kasten ist Behälter oder, wie unser Strafgesetzbuch sagt, Behältnis. Kluge-Götze: S. 369.

[2] Heinemann, Franz: Abb. 100. — "Case" (wie hole und pit), mit obscöner Nebenbedeutung für pudendum muliebre, bedeutet im englischen Gefängnisjargon "punish with solitary confinement". Partridge a. a. O. S. 130. Es ist genau unser In-den-Kasten-Stecken.

[3] His, Rudolf: Deutsches Strafrecht bis zur Carolina, S. 93. München 1928.

[4] Krauss (S. 2) behauptet sowohl einen semitischen wie einen indogermanischen Ursprung des Wortes „Kar oder Kir bedeutet im Semitischen s. v. a. Zwinger, Mauer, Burg, Festum (umschlossene Stadt)... Aber auch die Wurzel Arx (Zwinger, Feste), weiter ἕρκος (Umfriedung, Einzäunung) wird verteidigt.

[5] Siehe die vielen Gefängnisse der Revolution in früheren Klöstern. Von deutschen Anstalten nenne ich Ebrach. Untermaßfeld und Celle. — Das Zuchthaus Striegau war früher ein Benediktinerinnenkloster. Nach der Säkularisation wurde es Strafanstalt; dann verkaufte es der Staat an die Oblatenbrüder. Salomon, Ernst v.:

oder ein eigenes kleines Zellhaus, carcer oder ergastulum genannt[1]. Die Absonderung der Zellenwand wurde also durch räumlichen Abstand verstärkt. Es kam zur domus semota[2]. Um das Jahr 1000 wird der Klosterkerker der Clugniazenser als ein unterirdisches Gemach geschildert, ohne Türen und Fenster, in das nur eine Leiter hinabführte[3]. Bei anderen Orden kamen Schließblöcke, Handschellen und Ketten hinzu. Licht mußte in den Kerker fallen, damit die fehlbaren Brüder das Brevier und geistliche Bücher lesen konnten[4].

Wenn man näher hinsieht, mischen sich beim Klosterkerker alte magische Methoden der räumlichen Absonderung und der Reinigung mit den gewöhnlichen Regeln der Haft. Dazu gehören die körperliche Züchtigung[5], die Dunkelheit[6] und das Fasten[7], daneben die „separatio", die vor dem moralisch Ansteckendem schützt. Die Fesseln werden wegen der zahlreichen geistig Gestörten notwendig gewesen sein. Nach einem Bericht, der in Avignon im Jahre 1350 dem französischen König vom Generalvikar des Erzbischofs Stefan von Toulouse erstattet wurde[8], gab es in manchen Mönchsklöstern finstere und verborgene Kerker, die den Namen: Vade in pace hatten. „Wer dieser Strafe verfalle", so berichtete der Generalvikar, „der beschließe sein Leben in Verzweiflung." Der König ordnete eine Untersuchung und Maßnahmen der Abhilfe an.

Von bleibender Bedeutung ist der kirchliche Gedanke gewesen, daß Gebet, Reue und Zerknirschung mehr als die reine mechanische Zwangsgewalt eine Besserung herbeizuführen vermöchten. Über den psychologischen Mechanismus der Buße wissen wir wenig. Es mag aber richtig sein, daß „Einkehr", in der Einsamkeit der Zelle erkämpft, in der relativen

---

Der Fragebogen, S. 168. Hamburg 1951. — Siehe FUCHS, Beschreibung des prächtigen Kreuzganges von Ebrach, der als Speiseraum dient und wo unter den „edel geschwungenen Bogen" uniformierte Aufseher, den scharfgeladenen Karabiner in der Hand, sitzen. FUCHS, GEORG: Wir Zuchthäusler, S. 11. München 1931.

[1] KRAUSS: S. 208.

[2] Ebenda S. 213 „domuncula ... longe a ceteris habitaculis parata", S. 206.

[3] Ebenda „carcer est talis, in quem cum scala descenditur, nec ostenditur ostium nec fenestram habet", S. 214.

[4] Ebenda S. 215 und 233ff.

[5] Zum Abschlagen der Sünde siehe die Strafe, Bd. I, S. 387ff.

[6] Dunkelheit galt noch in SHAEKESPEARES Zeiten als Heilmittel gegen Wahnsnin.

[7] „Als hauptsächlichste Vorsichtsmaßregel gegen schädliche und feindliche Mächte erscheint Fasten. . . ." OLDENBERG, HERMANN: Religion des Veda, S. 411ff. Stuttgart 1923.

[8] KRAUSS: S. 217. Hierher gehört die Beschreibung des bischöflichen Kerkers von Sens in Frankreich: „. . . Der andere Raum, wo man die peinliche Frage ... anwendete, ist schwer zu bestimmen. Wahrscheinlich war es der ... fürchterliche Kerker: „Vade in pace." Dorthin verbrachte man die zu den härtesten Strafen Verurteilten. Durch eine Falltür ließ man sie hinab mit den Worten: „Gehe in Frieden, vade in pace". „Der Friede war der Tod, der nicht lange auf sich warten ließ." Ebenda S. 292.

Einsamkeit des Klosters leichter „neubildete" (reformierte), als im Strom der Welt. Hier im Kloster mußten auch Ehrenstrafen wie Ausschluß vom gemeinsamen Tisch und gemeinsamen Gebet viel tiefer in das Leben des Bestraften eingreifen, eine fühlbarere Realität sein als draußen in der Vielfalt des Lebens. Wie man freilich im Mönchskloster wirksam gegen die Homosexualität ankämpfen konnte[1], ist schwer zu sehen.

Von den großen Staatsgefängnissen, die zwischen dem Mittelalter und der neueren Zeit ihre Funktion erfüllten, seien nur der Tower, die Engelsburg, die Bastille, Newgate und die Schlüsselburg genannt. Architektonisch so verschieden wie möglich[2], haben diese festen Plätze zugleich der Abwehr nach außen wie der Verteidigung gegen den inneren Feind gedient. Das Verhältnis erinnert an die Käfigform der alten Verliese und die Käfigform modernster amerikanischer Gefängnisse, mit der sich die Aufsichtsbeamten gegen Angriffe der Gefangenen schützen[3]. Was fest und sicher ist, schützt vor denen, die außen sind, und verwahrt die, die innen sitzen. Das war das Grundprinzip der großen alten Staatsgefängnisse.

Älter als die Engelsburg ist der Tower, denn schon die alten Chroniken berichten von dem Cäsarenturm oder dem Königlichen Turm, der auf einer jetzt abgeflachten Klippe über der Themse stand. Anfang und Mittelpunkt der Baulichkeiten war das große Normannische Bollwerk, das man jetzt den „Weißen Turm" nennt. Er steht heute noch, ist 90 Fuß hoch und seine Mauern sind 12—15 Fuß dick. Um ihn herum haben sich Gebäude, Kapellen und andere mächtige Türme gelagert.

Dieser wuchtige Turm bestand aus 4 Stockwerken, zuunterst waren die Gewölbe. Sie lagen unter dem gewachsenen Boden und hatten nach altem Muster weder Türen noch Treppen. Wenig Luft und noch weniger Licht drang durch die tiefen Mauerscharten. Einer dieser Räume, dunkler und feuchter als alle anderen, trug den Namen „Little Ease", was man am besten mit „gemütliches Eckchen" übersetzt[4]. Außer diesem Hauptturm umschloß der Tower noch ein weiteres Gefängnis (the keep), die Räume des Königs, die Münze, den Garten der Königin, die Kirche von St. Peter und Türme wie Quartiere für die

[1] Der Bischof Braga von Galizien (gest. 675) befahl päderastisch gesinnte Mönche total kahl zu scheren, ihrer Tonsur zu berauben und zum öffentlichen Spott und Hohn sie anzuspeien. Krauss: S. 195. Über Scheren und Anspeien siehe die Strafe, Bd. I, S. 228ff. und 370.

[2] Siehe die Überraschung Vera Figners, als sie in die Schlüsselburg eingeliefert wird. „Es erschien als ein Idyll." Nacht über Rußland, S. 252. Berlin 1926.

[3] "Three guards were locked at all times in a central control station, a steel cage..." Wilson, D. P.: My six convicts, a psychologists three years in Fort Leavenworth, S. 33. New York 1951.

[4] Dixon, William Hepworth: Her Majesty's Tower, S. 2. New York 1869

Bogenschützen[1]. Hier bewahrte der König sein kostbarstes Eigentum auf: seine Frau, seine Schätze und die gefürchtetsten seiner Feinde. Wenn man liest, daß hier auch das Schatzhaus stand, so wird man an altgriechische Gefängnisse erinnert, die Thesauroi hießen, wie das berüchtigte Gefängnis von Messene, in dem Philopoemen den Giftbecher trank. Es war nach PLUTARCH[2] ein unterirdisches Gemach, das nicht durch eine Türe, sondern einen gewaltigen, mit einer Maschine beweglichen Stein verschlossen wurde, ähnlich der Höhle des Polyphem. Der Archäologe FORCHHAMMER[3] hat den Nachweis versucht, daß die Thesauroi von Hellas nur Schutzgebäude über Wasserbehältern gewesen seien, mit denen man die Flüssigkeit kühl erhalten wollte, gelegentlich nur, wenn sie ausgetrocknet waren, Gefängnisse. Die Kriminalgeschichte sagt uns aber, daß nicht nur im Tower die Schätze des Königs aufbewahrt wurden, sondern auch einer der beiden ersten, sehr alten Türme der Bastille „Schatzturm", Tour du Trésor, hieß[4]. Die griechischen Thesauroi werden wahrscheinlich die Funktion eines königlichen Safes mit der sicherer Verliese verbunden haben. Mauern, Gitter und Wächter erfüllten beide Aufgaben.

Der Tower[5] ist in Shakespeares Richard III. die Stätte einer langen Kette von Hinrichtungen und Morden. Die beiden Meuchelmörder, die schließlich den Herzog von Clarence erstechen und in einem Weinbottich ertränken, weisen sogar einen schriftlichen Mordauftrag vor; der Wächter liefert den prinzlichen Gefangenen aus, um dem König zu melden, daß sein Befehl ausgeführt sei[6]. Auch die ermordeten jungen Prinzen treten bei Shakespeare als anklagende Geister am Morgen der Schlacht auf[7].

[1] DIXON: a. a. O. S. 19. Wie die Bastille den Zugang zur Hauptstadt beherrschte, so standen der Blutige Turm und das Verrätertor auf der Wasserseite des Tower, wo der Fluß die sicherste Fluchtroute bot.

[2] PLUTARCH: Philopoemen 19.

[3] KRAUSS: S. 52.

[4] LINGUET: Denkwürdigkeiten, S.41. Beschreibung der Bastille nach CHARPENTIER. Die Bastille bestand ursprünglich nur aus 2 Türmen, die den Zugang zu Paris deckten, dem Schatzturm und dem Kapellenturm. — In Hall (Tirol) gibt es einen Turm, der die Münze heißt.

[5] Schon SHAKESPEARE erwähnt den alten Cäsarenturm Richard III. 3, 1.

[6] Ebenda 1,4.

[7] Ebenda 5, 3. "Dream of thy cousins smother'd in the Tower." — Die Orte, wo er Verbrechen beging oder begangen haben soll, werden noch gezeigt. Er erstach König Heinrich im Hall Tower, jetzt dem Schatzhaus (Jewel Tower). Im Beratungszimmer klagte er Lord Hastings an und schlug seinen Kopf auf der Terrasse unter dem Verlies ab. Er sprach zu den Bürgern von der Terrasse, die heute Raleighs Gang heißt. Brankenbury kniete in der Johanneskapelle, als er vom König den Befehl erhielt, die Prinzessin umzubringen ... sie wurde in dem Durchgang getötet, am Fuß einer geheimen Treppe. Die Knochen der jungen Prinzen wurden später hinter einer Treppe des Verlieses ausgegraben." DIXON: a. a. O. S. 29.

Die Atmosphäre der Hinrichtungen liegt heute noch über dem Tower. Hier wurden in 2 Weltkriegen die Spione und Hochverräter erschossen.

Wie der Tower die Themse sperrte, so war die Bastille ursprünglich ein Bollwerk, das die Seine „gegen die Angriffe der Engländer und der Piraten verteidigte", die den Fluß heraufsegelten[1]. Allmählich entstanden 8 Türme, die mit Mauern verbunden und durch einen tiefen Graben geschützt wurden. In jedem der gewaltigen Türme konnten 32 Gefangene untergebracht werden. Die Durchschnittszahl war 50, zuzeiten stand das Gefängnis beinahe leer. Im Jahre 1764 sollen es nur 4 Insassen gewesen sein. Der Mob, der den heroischen Sturm erst begann, als die Festung übergeben war, fand noch 7 Gefangene vor: Vier waren wegen Urkundenfälschung interniert, eine war auf Verlangen der Familie eingeschlossen worden, zwei waren Geisteskranke[2]. Wenn man T. Hopkins glauben darf, gab es in Paris 1789 32 Gefängnisse[3]. Bingham zählt 23 Kerker für Männer und 10 für Frauen in ganz Frankreich auf, in denen der König seine Gefangenen verwahrte[4]. Die Kriminalität der Frau muß viel höher gewesen sein als heute. Aber das waren Zeiten, in denen Hexerei, Giftmord und Kindestötung florierten.

Die Berichte über die Bastille sind widerspruchsvoll, variieren nach Epoche und Person des Internierten. Die Berühmtheit des Schlosses hat seinen Grund darin, daß viele Schriftsteller und Gebildete interniert wurden und über ihre Haft schrieben und sprachen. Diese fortschrittlichen Elemente interessierten die Bevölkerung von Paris mehr als die Adligen und Geistlichen, die in Vincennes verwahrt wurden und die volksfeindliche Beharrung darstellten. Zudem waren die veralteten Kanonen der Bastille auf die Arbeitervorstadt St. Antoine gerichtet und waren ein Sinnbild königlicher Zwangsgewalt über den kleinen Mann. Daher der Haß, der die Massen beseelte und die Bastille zum Symbol der Unterdrückung und Tyrannei machte.

Es ist wahr, daß es in der Bastille Disziplinarzellen, „oubliettes", gegeben hat, die in jedem Gefängnis zu finden waren. Es leidet keinen Zweifel, daß die Haft mancher Gefangener sehr lange, bis an ihr Lebensende dauerte und im allgemeinen der Verkehr der Gefangenen behindert wurde. Über die Beköstigung geben die Mitteilungen in Linguets Merkwürdigkeiten Auskunft[5]. Sie war nach Rang, Anordnung des Ministers und Vermögen verschieden. Ein Mißvergnügter schreibt:

„Sonntags gibt es zu Mittag eine schlechte Suppe, eine Schnitte gekochtes Fleisch (sog. Rindfleisch) und vier kleine Pastetchen, abends ein Schnittchen

---

[1] Bingham, D.: The Bastille, Bd. I, S. 37. New York 1901.

[2] Ebenda I, S. 39.

[3] Hopkins, Tighe: The dungeons of old Paris, S. 118. New York 1879.

[4] Bingham: a. a. O. I, S. 40.

[5] Linguet: Merkwürdigkeiten, a. a. O. S. 300 und 301.

Braten, es sei nun Rinder-, Kalbs- oder Hammelbraten, ein kleines Schüsselchen Ragout von Hammelfleisch mit Bohnen (haricots) ... und einen Teller mit Salat. Nach dem Öl, welches aufgesetzt wird, kehrte sich das Herz im Leibe um, höchstens möchte es zur inneren Erleuchtung eines Hauses gut sein... An den Tagen des heiligen Ludwig, des heiligen Martin und der heiligen 3 Könige bekommen alle Gefangenen ein Gericht mehr, und dieses besteht in der Hälfte eines gebratenen Huhns oder in einer gebratenen Taube. Montags an den Fleischtagen gibt man ihnen auch wohl ein Törtchen."

„Jeder Gefangene erhält täglich 1 Pfund Brot und 1 Flasche Wein, letzterer aber ist schal und elend. Der Nachtisch besteht aus einem Apfel, etwas Gebackenem und einigen Rosinen und Mandeln, die ganz dünne auf den Tellern gesät sind, im Sommer auch aus einigen Kirschen, Johannisbeeren oder Pflaumen. Gewöhnlich ißt man von Zinn. Einige wenige erhalten auch die Erlaubnis, von Porzellan ... zu essen."

Andere Gefangene waren besser dran. De Renneville hatte zu jedem Mittagessen 2 Flaschen Burgunder oder Champagner und eine dritte Flasche, damit er am übrigen Tag nicht verdurstete; die Internierten, die den Wein nicht austrinken konnten, hatten einen Keller. Später pries Marmontel in seinen Memoiren die gute Verpflegung. „Dichter pflegten damals nicht so reichlich zu essen[1]." Im Jahre 1760 wurde der Abbé Morellet, Verfasser eines anfechtbaren Buches, in die Bastille geworfen. Er wurde gut behandelt und, nachdem er versprochen hatte, die Regierung nicht mehr anzugreifen, wieder entlassen. Delort schildert das, was danach kam: „Der junge Abbé war begeistert, daß man ihn in die Bastille geschickt hatte, weil er hoffte, daß seine Verhaftung die Aufmerksamkeit auf ihn lenken würde. Er irrte nicht, denn sein kurzes ‚Martyrium' brachte ihm die Freundschaft der Philosophen und solcher Damen ein wie der Mme. Necker und der Gräfin des Boufflers, das zweimalige Diner im Hause des Barons von Holbach nicht zu vergessen." Die Bastille war also zuletzt kein bourbonisches Alcatraz, sondern eine Verwahranstalt für politische Delinquenten, rebellionpredigende Schriftsteller, radikale Philosophen, Degenerierte, schwarze Schafe von Adelsfamilien und Geisteskranke. Viele der anderen Gefängnisse von Paris waren viel weniger milde.

Das älteste Haftlokal war die Conciergerie, „ein Loch, das die Flösser in die Mitte ihrer Insel gruben"[2]. Hier saß einstmals die Marquise de Brinvilliers. Ein anderes bekanntes Gefängnis war das Châtelet. Wer an den unterirdischen Verliesen vorbeiging, „glaubte, ein Schuß habe ihn getroffen"[3], so schlimm war der Gestank. Wir stoßen auf das alte Loch:

„Es scheint", sagt ein Geschichtsschreiber, „daß die Gefangenen in einen Kerker, La Fosse genannt, herabgelassen würden, wie man einen Eimer in einen Brunnen

[1] Bingham: Bd. I, 57.
[2] Hopkins: a. a. O. S. 9.
[3] Ich übersetze anders als Hopkins, S. 79.

fallen läßt: hier saßen sie, mit den Füßen im Wasser, außerstande zu stehen oder zu liegen, und blieben selten länger als 15 Tage am Leben"[1].

II.

Die großen Städte des Mittelalters, an ihrer Spitze das hochurbanisierte Italien, hatten ihre Gefängnisse. In Deutschland waren es vor allem Köln, Frankfurt, Straßburg, Basel, Nürnberg, Regensburg und Augsburg. Zwei Gesichtspunkte waren maßgebend: die unmittelbare Nähe von Gerichtsstube, Folterkammer und Haftlokal, die im alten Rathaus zustande gebracht werden konnte. Die gleichen festen Mauern umschlossen den Sitz der Regierung, Kassenräume, Waffenkammer und Gerichtswesen. Dem Rathaus war der Sitz des Gerichts zugewandert und drückte sich bisweilen noch in seiner Architektur aus. Als man nicht mehr „unter heiterem Himmel an offnem fryem Platze[2]" tagen konnte, entstanden die offenen Vorbauten der Rathäuser, wie sie das Rathaus in Gießen zeigte und das Rathaus von Michelstadt heute noch aufweist. Es gab auch Ersatzformen für den freien Himmel. Wenn der Hamburger Rat im Rathaussaal ein Todesurteil zu verkünden hatte, „so hob sich in dem Augenblicke, wo die Sentenz gehört wurde, in der Decke eine Luke, denn das Urteil sollte, . . . in des lichten Tages Sonne und Luft ertönen, auf dem Dache aber saß der Fron und hielt den Strick, damit die Luke nicht vorzeitig zufalle"[3]. So oft sich, wie in Köln, das Volk gegen den Rat erhob, zog sich die Obrigkeit auf das Rathaus zurück, galt der Ansturm der Massen dieser höchsten baulichen Autorität[4], deren Besitz wie eine Krone oder ein Siegel Macht zu verleihen schien. Das Rathaus der mittelalterlichen Stadt war die „Burg" der herrschenden Aristokratie mit seinen festen Mauern, Stadtknechten, der Ratskapelle (wie in Köln), der Gerichtsstube und seinen tiefen Verliesen. Wenn es irgend anging, wurde nicht im

[1] Andere Gefängnisse waren der „Temple", ein gewaltiger Wolkenkratzer, einstmals Burg und Schatzhaus der Templer, die 1307 aufgelöst wurden, und Vincennes mit seinem „Teufelsturm", wo der Hochadel, die hohe Geistlichkeit und die Prinzen nachzudenken Zeit fanden. Niemand dachte daran, Vincennes zu stürmen und die Insassen zu befreien, als die Revolution ausbrach. So wurde die Bastille bis auf den letzten Stein geschleift, während Vincennes noch steht. Wie England im Tower, so erschießt die französische Republik hier heute noch Verräter und Spione.

[2] Malefizordnung von Zug. Osenbrüggen: Studien zur deutschen und schweizerischen Rechtsgeschichte, S. 394. Basel 1881.

[3] Wosnik: a. a. O. I, 1, S. 15.

[4] Siehe den Putsch des Hilger von der Stessen vom 4. Januar 1396 in Köln. Rademacher und Schewe: Bilder aus der Geschichte der Stadt Köln, S. 230. Köln 1900.

Rathaus hingerichtet. Vom Turm in den Rathauskerker zu kommen, hatte stets eine ominöse Bedeutung[1].

Obschon unnötige Empfindlichkeit und quälende Erinnerungen der Forschung zunehmende Schwierigkeiten bereiten und Folterkammern und Kerker als Archive und Vorratsräume der Besichtigung entzogen, Folterinstrumente weggeschlossen werden, haben wir genug ältere Untersuchungen, die einen Einblick gewähren. HERMANN KNAPP hat eine Beschreibung des Nürnberger Lochgefängnisses gegeben und selbst den Grundriß des Rathauskellerraumes veröffentlicht[2]. Begütigend fügt selbst dieser Forscher hinzu, daß das Nürnberger Loch im Vergleich zu anderen Stadtgefängnissen „durchaus auf der Höhe der Zeit" stand[3]. Dieses Loch, das sich stolz des „heiligen Reichs Gefängnis" nannte, war ein „kleines Labyrinth... In diese Kreuzgänge aber mündeten die geheimen unterirdischen Pfade, die sich, 70 Türen in sich schließend, bis zum Dutzendteich erstreckten; hinter der vierzigsten büßte dereinst der Patrizier Seifried Koler, lebendig eingemauert, seinen Verrat an der Stadt"[4].

Der erhöhte und gewölbte Folterraum war die „Kapelle" genannt[5]; es gab eine Schmiede, die der Herstellung von Ketten und Folterwerkzeugen diente. Wie heute setzten sich die Gefangenen durch Klopfzeichen miteinander in Verbindung. Für den, der bezahlen konnte, scheint die Verpflegung nicht allzu kümmerlich gewesen zu sein, denn ein Erlaß von 1541 untersagt dem Lochwirt, täglich mehr als 1 Maß Wein gegen Entgelt abzugeben. Selbstmord war nicht selten; man suchte ihn durch besondere Wächter zu verhindern. Man hört von Ausbrüchen, die auf die geschickteste Weise — Graben eines unterirdischen Ganges bis zu einer nahe gelegenen Kapelle — bewerkstelligt wurden. Im Winter litten die Gefangenen, wie noch ein ärztlicher Bericht von 1799 ausführt, an tödlicher Kälte. „Für den geistig und seelisch Kranken geschieht nichts zu seiner Heilung, während der Gesunde durch die Vorzüge dieses Kerkers der Schwermut und dem Stumpfsinn verfällt[6]."

---

[1] So in Nürnberg bei der Hinrichtung des Hans Völckla (1588). Maister FRANNTZN, S. 26, und in Regensburg bei der Enthauptung des Grafen Schaffgotsch 1635, S. 105. FÄRBER: a. a. O. Die Umquartierung fand immer nachts statt. Dem Schlafenden wurde befohlen, sich anzukleiden, „um ein anderes Quartier zu beziehen".

[2] KNAPP, HERMANN: Das Lochgefängnis, Tortur und Richtung in Alt-Nürnberg S. 9. Nürnberg 1907. Das Rathaus wurde 1340 etwa erbaut.

[3] Ebenda S. 8.

[4] Ebenda S. 10.

[5] Ebenda S. 12. Eine Tafel an der Wand sagte: „Male patratis sund atra theatra parata." „Wer frevle Taten begangen, den grause Spiele empfangen."

[6] Ebenda S. 21. Das war kurz ehe die Reichsstadt an Bayern überging.

Im übrigen dienten die Stadttürme der Verwahrung von Gefangenen. Sie standen meist an strategischen Punkten, sicherten vor allem die Stadteingänge oder deckten, ähnlich den Türmen der Bastille, dem Weißen Turm des Tower und dem Kölner Bayenturm die Durchfahrt zu Wasser. Eine Geschichte der Turmnamen würde kultur- und kriminalgeschichtlich sehr ergiebig sein. Warum hieß ein Gefängnis der Stadt Zug „Timpis[1]", wie kam ein Stuttgarter Gefängnisturm zu dem Namen „Katze[2]"? Der Peinlichfragturm in Stuttgart läßt ebenso an die Folter denken wie das „Schnatterloch" zu Miltenberg. Der Ochsenfurter „Taubenturm" ist leicht gedeutet; hier wie im Pulverturm[3] war ein unterirdisches Gefängnis, in das die Gefangenen an Stricken herabgelassen wurden. Was sollen wir aber mit dem Eselsturm, in dem sich die größte Folterkammer Basels befand, anfangen? Einen Diebsturm gibt es heute noch in Michelstadt im Odenwald und in Heilbronn, ein Diebsloch in Braunau in Böhmen. Der Nürnberger Fröschturm läßt nicht gerade an trockene Verliese denken. Was der Henkersturm von Rothenburg, der Schinderturm von Ochsenfurt bedeutet, ist klar, ebenso der Zuger „Chaibenturm", das „Backofenloch" von Braunau, der Kölner Barfüßerturm. Die Kölner Ehrenpforte[4] ist die alte römische Porta honoris, durch die die siegreichen römischen Feldherrn in das befestigte Lager, später die Stadt, einzogen[5]. Es gab Rote Türme in Wasserburg am Inn, Wien, Halle und in Friedberg (Hessen). Sie waren wohl weniger nach dem Anstrich so benannt (wie der Weiße Turm in Rothenburg) als nach ihrer blutigen Funktion. Die Hexentürme von Gelnhausen, Schweinsberg, Marburg, Idstein, Walberberg bei Bonn, Rheinbach, Unkel und schließlich in Bonn selbst[6] verraten uns alles, was wir wissen wollen, dagegen habe ich für den

---

[1] Stutz, Emil: Das Strafrecht von Stadt und Amt Zug, S. 114. Berner Diss. Zürich 1917.

[2] Nick: Chronik, S. 460. „Auch mit Gefängnissen war die Stadt wohl versehen. In der Nähe der Vogtei (beim Bebenhäuser Hof) standen drei Gefängnistürme; der eine hatte einen Kerker ohne Luft und Licht, in welchen man nur mit Hilfe eines Haspels gelangte, der zweite hieß die Katze: er hatte im Oberstock Raum für zehn Personen und wenigstens ein Luftloch; der dritte war das ‚Frauenkätzlein', in den man böse und ungeberdige Weiber sperrte. Hiezu kam noch der Schellenturm..." — In Feldkirch steht noch der wuchtige Katzenturm.

[3] Einen Pulverturm gab es auch in Rothenburg o. d. Tauber; die sorgfältige Verwahrung in einem sehr festen Turm ist von selbst gegeben.

[4] Das „Ehrentor" wurde 1882 niedergelegt. Abb. bei Rademacher und Scheve: S. 240. Die Römische Urform wurde schon 1805 abgebrochen. Ebenda S. 14.

[5] Der Kölner Ausdruck „Ehrepohz" ist noch im Schwange.

[6] Der Bonner Hexenturm steht nicht mehr. In seiner Nähe war die Bäckerwippe. — Im Schloß zu Merode gab es das „Hexenloch"; die Speisen reichte man ihnen durch ein viereckiges Loch der Kerkertür auf einer langen Gabel durch. Zaunert: Rheinlandsagen I, 127.

„Wellenberg", das Hauptgefängnis bei Zürich, keine Erklärung. Auch der „Ötenbach" war ein Züricher Kerker[1].

In Hamburg stieß das Raboisengefängnis an das alte Zucht- und Spinnhaus[2]. Im Hamburger Gefängnismuseum findet sich eine Tafel folgenden Inhalts:

Detentionshaus
Raboisengefängnis
1829/32 bis 1905
Zweck
Ersatzbau für die abgebrochene Roggenkiste als
Untersuchungsgefängnis
ab 1842 Untersuchungs- und Strafgefängnis für
schwere Verbrecher
Zuchthaus.

Nach einer älteren Arbeit war die „Roggenkiste" ein alter, aus dem 14. Jahrhundert stammender, am Maßberg gelegener und zu den Fortifikationen des Winserbaums gehöriger Turm, welcher bald als Gefängnis, dann mehrere Jahrhunderte lang als Kornmagazin, dann wieder bis zu seinem Abbruch als Gefängnis benutzt worden war[3]. Auf dem inneren Hofe wurden die Hamburger Hinrichtungen vollzogen[4]. Dieser Gefängnisturm wies die Eigentümlichkeit auf, daß das Dach ummauert war, die Gefangenen daher auf dem Dach spazierengehen konnten. Der Name soll von einem Dorf und einer Burg Raboisen bei Elmshorn stammen; die Familie wird frühzeitig als Vasallen der Schauenburger erwähnt. Türme wurden auch nach berühmten Gefangenen benannt. In Moskau nannte der Volksmund das Gefängnis für Deportierte „Butirki". Es war ein gewaltiger Steinbau und sah „wie ein riesiger Brunnen" aus. Vier Türme standen an den Ecken einer gewaltigen Steinmauer... „Die zu Zwangsarbeit Verurteilten kommen in den ‚Putgatschefftturm', der seinen Namen dem berühmten Widersacher Katharinas II. verdankt, jenem Pugatscheff, der Moskau ‚durcheinanderrütteln'

[1] Wassertürme gab es in Basel und Regensburg; sie waren Hauptgefängnisse, in Basel ferner das Rheintor. Wellenberg und Ötenbach erinnern an die Nähe von Wasser, die genaue Deutung muß den Philologen überlassen werden.

[2] Mitteilung von Herrn Rechtsanwalt Harald Hansen, Hamburg.

[3] Föhring, H.: Die Reform und der heutige Stand des Gefängniswesens in Hamburg, S. 45. Hamburg 1883.

[4] Mordprozeß Parent, Hamburg 1860: „Das Endurteil wurde dem Verbrecher, der bis dahin im Kurhause untergebracht war, am Freitag, den 7. Dezember 1860 bekannt gegeben. Nach der Verlesung des Urteils wurde er nach dem Raboisengefängnis gebracht." Wosnik: I, 1, S. 112. Bei der Hinrichtung ereigneten sich unerwartete Dinge. Der Kriminalaktuar Dr. Hudtwalker fiel in Krämpfe und mußte vom Platz getragen werden. „Als der Physikus Gernet das Haupt des Delinquenten am Haar emporhob, schnappte der Mund noch zweimal auf und zu, und ebenso öffneten und schlossen sich die Augen noch zwei oder dreimal." Ebenda S. 115.

wollte, und dann in eisernem Käfig zur Schau gestellt wurde, bis die Zarin ihn aufs Schafott schickte." Es gab in dieser Moskauer Bastille genau wie in der Pariser Bastille einen Kapellenturm[1].

Genau wie bei der Bastille und beim Tower standen am Rhein die stärksten Türme in der Nähe des Stroms, „Eisbrecher" im physischen und im militärischen Sinne. In Mainz war es der Holzturm mit seinen meterdicken Mauern, die kein Klopfsignal durchließen und der Schinderhannes und seine Bande verwahrte[2]. Noch imposanter war der Kölner Bayenturm. Dieses gewaltige Bollwerk, das oft nach dem Muster des Brückentors der Londoner Bridge mit den Köpfen Hingerichteter verziert war, wurde 1262 von der Bürgerschaft im Sturm genommen und mit ihren „Hausmarken" versehen[3]. Die Gelasse des Turms wurden Kerker der Stadt, und diese Funktion hat der mächtige Bau noch lange Zeit behalten:

„Unter preußischer Herrschaft wurde der Bayenturm als Gefängnis eingerichtet für die nach französischem Strafrecht zur Zwangsarbeit Verurteilten, die, weil sie Ketten, manche auch über dem Kopf eine Schelle trugen, im Volksmunde Kettenmänner hießen[4]".

Newgate, das alte Londoner Gefängnis, war, wie der Name sagt und ein alter Stich von 1750 erweist[5], ursprünglich ebenfalls ein Torturm; Stow erwähnt dieses feste Tor in seinem Survey of London, der 1598 veröffentlicht wurde[6]. Beim Abriß des Gefängnisses im Jahre 1904 kamen die uralten römischen Torfundamente wieder zum Vorschein. Jahrhundertelang hatte der Ursprung nur im Namen weitergelebt.

Über dem mittelalterlichen Verlies, dem Rathauskerker oder dem „Turm" liegt der Schatten strengster Isolierung und zermalmender Wehrlosigkeit. Wir brauchten den Umstand nicht zu erwähnen, wenn die moderne Diktatur nicht das „Verschwinden" wieder zum Leben erweckt hätte. Die Mauern des Kerkers nehmen den Schutz der öffentlichen Meinung, die dem Gefangenen beispringen könnte, nachdem sie in ihren gedruckten und gesprochenen Erscheinungs-

---

[1] Deutsch, L. G.: 16 Jahre in Sibirien, S. 105. Stuttgart 1921.

[2] Elwenspök, Curt: Schinderhannes, S. 207. Stuttgart 1925.

[3] „Hoch an den vier Seiten ließ der Rat Wappenschilder einmauern und versah sie mit den weit in die Gegend hinaus glänzenden Kronen als unangreifbare Beurkundung des Städtischen Eigentums. Die goldenen Kronen erlagen der Zerstörungssucht durch die französische Besatzung. Heute . . . tragen die Wappenschilder die Krone wieder." Rademacher und Scheve: Bilder aus der Geschichte der Stadt Köln, S. 158. Köln 1900.

[4] Ebenda S. 159.

[5] Hooper, W. Eden: History of Newgate and the Old Bailey, S. 24. London 1935.

[6] Ebenda S. 5ff.: "This gate hath long time been a jaol or prison for felons and trespassers, as appeareth by records in the reign of King John and other kings." Ebenda S. 6, wo Stow eine Anordnung König Heinrichs III. aus dem Jahre 1218 erwähnt, der Newgate zu reparieren befiehlt.

formen bereits in die Hand der unbeschränkten Macht übergegangen ist. Wie verbreitet der plötzliche Tod in mittelalterlichen Gefängnissen gewesen sein muß, beweist die Institution des englischen coroners, der verdächtige Todesfälle, zumal in Kerkern, untersuchen sollte[1]. Unter Kaiser Rudolf II. wurde die Herzogin Jacobe von Jülich von ihrer Schwägerin und den Landständen des üppigen, zuchtlosen Lebens und der Zauberei angeklagt. Sie wurde in Haft genommen: „Bei alledem sah man am Kaiserlichen Hof, daß ... an eine Überführung der Angeklagten nicht zu denken war.... Da fand man eines Morgens die Herzogin, die abends zuvor bei vollkommener Gesundheit schlafen gegangen war, tot in ihrem Bett. Alsbald gingen in Düsseldorf wie im ganzen Lande und Reiche Gerüchte um einen Meuchelmord, den die Widersacher der Jacobe begangen[2]."

In einer ähnlichen Richtung deuten die Erzählungen vom Kölner „Weckschnapp". „Nahe bei der Kunibertskirche ... hat der Weckschnappturm gestanden. Dieser war durch eine Falltür mit dem Rhein in Verbindung gesetzt. Jeder, der die Tür betrat, stürzte in den Abgrund des Wassers, vorher aber töteten ihn die angebrachten Messer. Der Rhein führte nun jede Spur des Unglücklichen mit sich fort[3]."

Sechstes Kapitel.

II. Die Phase der Experimente.

A. Holland.

Die religiösen Unruhen, die langen Kriege und zerstörenden Kriegszüge des 17. Jahrhunderts, die Verwüstung des Landes und die Ausdehnung des Urbanismus, die Krise der feudalen Lebensformen und der landwirtschaftlichen Produktion hatten um die Wende des 17. und des

---

[1] Siehe SHAKESPEARES Richard III, 1, 4 und 5,3 "Dream on thy cousins smothered in the Tower".

[2] „Dagegen verbreiteten nun diese unter der Hand, als ein Geheimnis, die Herzogin sei im Schwanenzimmer der Burg auf Befehl der kaiserlichen Kommissarien (auch die 2 Mörder in Richard III. weisen auf ihre ‚commission' hin I, 4) durch den Scharfrichter Alexander enthauptet worden, der mit verbundenen Augen von Mannheim herbeigeholt und erst am Orte der Hinrichtung der Binde vor den Augen entledigt worden sei. Das wurde auch ziemlich allgemein geglaubt, wiewohl schon REIDANUS in den Belgischen Annalen geradezu sagte, sie sei nachts erdrosselt, und nur die, in deren Gewalt und Haft sie gewesen sei, könnten es getan haben." ZAUNERT: a. a. O. I, S. 231.

[3] RADEMACHER und SCHEVE: a. a. O. S. 290, wo sich Einzelheiten finden. „Hierher kamen nur Verbrecher, die den Geschlechtern angehörten und heimlich gerichtet werden sollten. Wer in den Turm gesetzt wurde, bekam weder Speise noch Trank und mußte verhungern, wenn er nicht nach einem Weck (Weißbrot) springen wollte, der an der Decke hing; doch das konnte er nicht, ohne auf die Falltüre zu treten und in die Tiefe zu stürzen." ZAUNERT: Bd. I, S. 178. Das Geschichtliche und das Sagenhafte läßt sich bei diesen geheimen Verfahrensformen schwer auseinanderhalten.

18. Jahrhunderts das Verbrechen gewaltig anschwellen lassen. Dazu kam die Aufhebung der Klöster, das Zerbröckeln der Zünfte und der weitverbreitete Zweifel an jeder Art der Autorität. Die Sicherheit war abhanden gekommen, mit der eine geistig geschlossene Welt gegen Ungläubige, Ketzer und Rebellen vorgegangen war. Man hatte mit Heeren von Landstreichern und Bettlern zu tun. Ihre Herkunft ließ sich verfolgen: sie kamen aus verbrannten Dörfern und geplünderten Städten, waren Opfer ihres Glaubens, die man auf die Straßen Europas geworfen hatte. Man mußte sich gegen diese soziale Last oder Gefahr wehren, konnte aber nicht umhin, religiöse oder nationale Sympathie in einer Zeit zu empfinden, in der fremde Heere jeden anderen Schrecken in den Schatten gestellt hatten. Diese Legionen kleiner Krimineller irrten in Rudeln durch das Land und schlichen sich heimlich in die großen Städte. Sie wurden in regelmäßigen Säuberungsaktionen ausgetrieben, ausgepeitscht, gebrandmarkt, der Ohren beraubt. Da sie irgendwo bleiben mußten, zogen sie von einer Stadt zur andern. Es waren ihrer zu viele, um sie am Galgen loszuwerden, und ihr Elend war, jedem erkennbar, größer als ihr böser Wille. In Europa, das in zahlreiche kleine Staatsgebilde und unabhängige Stadtstaaten aufgesplittert war, drohten sie, allein durch ihre anwachsende Masse, die schwache Staatsgewalt zu überwältigen.

In dieser Übergangszeit beginnt auch sich jene Betrugskriminalität zu entwickeln, die Pike in seiner Geschichte des Verbrechens in England geschildert hat[1] und die sich bis zu den großen hoffähigen Hochstaplern im letzten Drittel des 18. Jahrhunderts fortsetzt. Gegen den Schwindler haben sich noch nicht die heftigen Abwehrinstinkte herausgebildet, wie sie seit Jahrtausenden den Dieb treffen und verfolgen.

Die großen Handelsstädte des europäischen Nordwestens gingen voran. 1596 errichtete Amsterdam die erste Korrektionsanstalt auf kontinentalem Boden. Andere Städte folgten, Bremen 1609, Lübeck 1613, Hamburg 1622. 1609 war in Hamburg der neue Rabenstein, der „Koppelberg" errichtet worden[2]. Die Enthauptung fing an, den Galgen, an den man die Diebe hängte, zu verdrängen, obschon er keineswegs außer Gebrauch kam. Die Arbeitshäuser unterschieden sich in wesentlichen Zügen von den heutigen Strafanstalten. Arbeitsfähige Bettler, Nichtstuer, Vagabunden, kleine Diebe wurden von den Behörden eingewiesen. Zuerst war eine Anordnung des Gerichts benötigt. Später kam die administrative Einweisung, ja Aufnahme und Verwahrung

---

[1] Zitiert in Barnes und Teeters: a. a. O. S. 478. Darunter finden sich zahlreiche entwurzelte „scholars", Intellektuelle, Wahrsager und ähnliche Typen.

[2] Wosnik: a. a. O. I, 1, S. 32.

auf bloßen Antrag der Familie hinzu[1]. Eine Art Arbeitstherapie mischte sich in eigenartiger Form mit Prügelstrafe und anderen Zwangsmitteln. Weberei brachte nicht die erwünschten Resultate. Man wandte sich tropischen Hölzern von größter Härte zu und der Staat gewährte der Anstalt eine Art Monopol, das allen anderen Stellen untersagte, diese Holzart zu bearbeiten. Da diese Stämme hart wie Stein waren, gestaltete sich die Arbeit höchst mühselig. Unablässig wurde die Säge stumpf und mußte neu geschärft werden. Wie zeitgenössische Bilder zeigen, wurde halbnackt gearbeitet; trotzdem, hören wir, lief der Schweiß in Strömen herab. Zwei Mann arbeiteten zusammen; sie mußten jeden zweiten Tag ein bestimmtes Pensum abliefern. Gelang es ihnen nicht, so wurden sie körperlich gezüchtigt oder mit Kostentzug bestraft.

Es konnte nicht ausbleiben, daß unter den „Müßiggängern“ und Bettlern Geisteskranke waren. Wir hören von einem Schuhmacher Franz Roß, der von einer „melancholischen und phrenetischen Pestilenz“ befallen war und die Arbeit verweigerte, weil, sagte er, „Sankt Labor“ nicht sein Freund sei. Er versuchte schließlich auszubrechen, wurde gefaßt und ins Gefängnis gebracht und dann durch den „Doktor von Harlem“ endgültig kuriert, worunter man wohl den Henker zu verstehen hat.

Manche therapeutische Neuerungen des Rasphauses[2] würden kaum unsere Billigung finden. Ein Mann, der nicht arbeiten will, wird in ein Bassin getan, das innen und außen mit einer Pumpe versehen ist. Er will nicht arbeiten. Wasser wird eingelassen. Es reicht ihm an die Knie, an die Arme, schließlich bis zum Halse. Jetzt fürchtet der faule Strick, er könnte ertrinken. Er beginnt zu pumpen und muß arbeiten, bis alles Wasser verschwunden ist. Mit solchen Mitteln wurden auch falsche Krüppel und lügenhafte Bettler behandelt. Eine Wand der Anstalt war mit Stöcken und Krücken bedeckt, die von den „kurierten“ Insassen aufgehängt waren. Obschon deutlich neue Anschauungen ans Licht drängen, behaupten sich zäh die Regeln der Familienzucht. Es gab eine geheime Abteilung, in die Besucher nicht zugelassen wurden. Hier wurden in Zellen und einem engen Hofraum die schwarzen Schafe vornehmer Familien „ad vitam“ oder für einige Jahre verwahrt, bis sie „ausgeschwermet“. In dieser Sonderabteilung fand 1611 ein Reisender einen deutschen Prinzen; die Ähnlichkeit mit einzelnen Funktionen der Bastille ist bei dieser Festhaltung von degenerierten Angehörigen der oberen Stände unverkennbar.

---

[1] Die grundlegende Arbeit über das Amsterdamer Arbeitshaus hat Robert v. Hippel geschrieben. Z. f. d. ges. Strafrechtswissenschaft Bd. XVIII, S. 419ff. und 608ff. Neuerdings ist von Thorsten Sellin eine Untersuchung: Pioneering in penology. The Amsterdam house of correction, Philadelphia 1944, erschienen.

[2] Ein Bild des Rasphauses bei Hippel a. a. O. Bd. XVIII, S. 482.

Die Frauenanstalt hieß Spinnhaus. Hierhin brachte man Prostituierte, Säuferinnen und kleine Ladendiebinnen, wie sie in Paris einstmals nach St. Pelagie kamen und heute nach St. Lazare kommen. Besucher klagen über den üblen Geruch, der ihnen entgegenschlug, wenn sie „diese hübschen Tierlein" anzusehen kamen. Im Hofe des Männerhauses stand ein Schandpfahl, nicht ohne künstlerischen Geschmack wie beide Gebäude, gekrönt von einer Figur. Dieser „Schutzgeist" hielt eine Peitsche in der Rechten, in der Linken trug er zwei eiserne Fesseln. Es war ein Anfang neuer Behandlungsmethoden, aber nicht mehr als ein Anfang[1].

B. England.

Newgate in London ist über tausend Jahre lang ein fester Platz gewesen, in dem Untersuchungsgefangene und andere Häftlinge festgehalten wurden. Es wurde 1666 und dann wieder 1770 völlig umgebaut, erstand im ganzen viermal in neuer Gestalt. Wir haben Kenntnis vom Betrieb der Anstalt nach dem großen Feuer (1167) aus einer Schrift, die 1724 erschien und von einem B. L. aus Twickenham geschrieben wurde[2]. Es gab 4 Hauptabteilungen: je einen Flügel für Schuldner und für Kriminelle, beide nach Herrschaften und gemeinem Volk eingeteilt. Erwähnt werden ferner die Zellen der zum Tode Verurteilten, die Henkersküche[3] und die Trinkkeller. Wer zahlen konnte, wurde nicht gefesselt und kam auf die „Herrenseite". Der Trinkkeller war nur gegen Eintrittsgeld zugänglich; hier wurden für eine Gebühr Freunde zugelassen. Die Herrenseite wurde geheizt; hier konnte auch die magere Gefängniskost durch Bestellungen bei den Wärtern ergänzt werden. Alle Räume waren dunkel und stickig. Auf dem Dach des Gefängnisses stand eine Windmühle, die in der Art der heutigen Ventilatoren Erleichterung zu bringen suchte[4]. Männer und Frauen

[1] Über dem Eingang der Anstalt standen die Worte: „Fürchte Dich nicht. Ich räche nicht böse Tat, sondern zwinge Euch nur, gut zu werden. Hart ist meine Hand, aber milde ist mein Sinn." — Da es noch keine Kriminalstatistik gab, wissen wir nichts über den Erfolg des Experiments. Es muß aber tiefen Eindruck gemacht haben, weil es in vielen Städten Nachahmung fand.

[2] Hooper, W. Eden: History of Newgate and the Old Bailey, S. 26. London 1935.

[3] In seiner Lebensgeschichte erzählt J. Ellwood (1670), daß er in Newgate auf die gevierteilten Körper von 3 Hingerichteten stieß, um deren Herausgabe die Angehörigen sich bemühten. Man gab die Leichen heraus, nicht aber die Köpfe: „Ich sah die Köpfe, als man sie zum Brühen brachte. . . . Der Henker tat sie in einen Kessel und kochte sie mit Meersalz und Kümmel ab, um sie vor der Verwesung zu bewahren und sie für die Vögel ungenießbar zu machen." Die Köpfe wurden dann irgendwo in London aufgesteckt. Ebenda S. 34 und 35.

[4] Eine Abbildung dieser „Windmühle" auf dem Dache siehe ebenda S. 24. Das Bild, das den „Propeller" zeigt, stammt aus dem Jahre 1750.

waren nicht getrennt, und es kam vor, daß Kinder im Gefängnis geboren wurden [1].

Geisteskranke wankten durch die Räume. Häufig kam es vor, daß die Wärter Prostituierte in den aristokratischen Flügel der Anstalt einließen. Berühmte Gefangene empfingen Besuch und bekannte Räuberhauptleute hielten Gelage ab, zu denen Damen und Herren der feinen Gesellschaft kamen. Die Sterblichkeit war hoch, vor allem grassierte das sog. Kerkerfieber, das bis in die Räume des Gerichts geschleppt wurde. Im Jahre 1750 starben die Richter und alle Personen, die im Gericht zu tun hatten, mehr als 50 Personen, an der Ansteckung [2]. Selbst im neuen Gefängnis (nach 1777) war die Überfüllung grauenerregend. 1785 warteten 49 Personen in Newgate auf ihre Hinrichtung, hunderte auf Deportation. Die Gefangenen konnten so viel trinken, wie sie wollten, sie lagen in schweren Ketten, wenn sie sich nicht loskaufen konnten. Das Gefängnis "was an abominable sink of beastliness and corruption" [3].

Aber schon war dem Gefängnis, das immer wieder durch Hinrichtungen und gewaltige Sterblichkeit entleert wurde, ein Konkurrent erwachsen. 1597 war das englische Gesetz erlassen worden, das Deportation zuließ. 22 Jahre später begann der Mechanismus zu spielen, der Männer und Frauen am Leben ließ und in fremden Erdteilen nutzbar zu machen suchte. Es ist wohl richtig, wenn BARNES und TEETERS auf den Niedergang der Ruderschiffe hinweisen [4], obschon diese Verhältnisse eher auf das Mittelmeer als den Atlantischen Ozean zutreffen. Galeerensklaven wurden überflüssig, und es lag nahe, sie nicht mehr auf Schiffen festzuschmieden, sondern mit Schiffen nach Kontinenten zu transportieren, von denen die Rückkehr äußerst schwierig war. Diese Transportschiffe warteten Monate, bis alle Gefangenen eingetroffen waren. Man mußte die Sträflinge so lange bewahren und beschäftigen. Als die amerikanische Revolution im Jahre 1776 weitere Transporte unmöglich machte, kam es zu einer Stockung. Die Verurteilten sammelten sich an, und immer neue Schiffe mußten in Dienst gestellt werden, um sie aufzunehmen. Aus dieser aufgezwungenen Stillegung der Transportschiffe entwickelte sich eine eigene Gefängnisform, die erst 1858 wieder aus dem britischen Strafanstaltssystem ausschied. Es wird an dieser Zwischenform von Hinrichtung und altem Kerker liegen, daß die großen englischen Reformer wie Howard, Bentham und Romilly andere Länder mehr beeinflußten als ihre Heimat [5].

---

[1] Damals galten die Frauen als viel verdorbener als die Männer (ebenda S. 38). und wurden ihrer Widerspenstigkeit halber auch viel roher behandelt (ebenda S. 70).

[2] Ebenda S. 43.

[3] Sir STEPHEN JANSEN in einem Brief von 1767. Ebenda S. 43.

[4] BARNES und TEETERS: a. a. O. S. 437.

[5] John Howard 1725—1790; Jeremy Bentham 1748—1832; Samuel Romilly 1757—1818.

Auf den Hulks wurden Mauern, Gitter und ein Teil der menschlichen Bewachung dadurch gespart, daß Wasser den Gefängnisraum umgab. Sie ähnelten dadurch den Inseln[1], die seit ältesten Zeiten zu Einsperrungsorten ebenso benutzt wurden wie Oasen der Wüste. Aus der vorläufigen und notgedrungenen Verwahrung auf Transportschiffen wuchs eine reguläre Haftform heraus, die sich wegen ihrer Billigkeit und Bequemlichkeit selbständig machte. Nach MAYHEW und BINNEY[2] befanden sich noch im Jahre 1841 3552 Sträflinge an Bord dieser schwimmenden Zuchthäuser, und heute noch wird der Vorschlag gemacht, ja durchgeführt, jugendliche Delinquenten auf Segel- und Schulschiffen zu verwahren und einer strikten Disziplin zu unterwerfen. Einer der berühmtesten Taschendiebe von London, George Barrington, hat uns seine persönlichen Eindrücke des Lebens auf diesen Hulks hinterlassen[3]. Nach seiner Erzählung lagen 5 Meilen themseabwärts im letzten Viertel des 18. Jahrhunderts einige zum Abbruch bestimmte Schiffe. Einstmals Kriegsschiffe, hatte die Regierung sie zu Spottpreisen verkauft. Ein schottischer Kaufmann, mit Namen Dundan Campbell, hatte sie für die Fahrt nach Westindien, besonders nach Jamaika angekauft. Von 1758 bis zum Ausbruch des amerikanischen Unabhängigkeitskrieges hatte Campbell für die Regierung Sträflinge nach Maryland und Virginia transportiert. Selbst ungelernte Arbeiter brachten 10 Pfund, Frauen 8—9 Pfund, ein Schmied oder ein Tischler konnte 15—25 Pfund eintragen. „Im Durchschnitt brachte Campbell jährlich 473 Sträflinge über den Atlantik. Die Reise dauerte zwei Monate und der Verlust an Menschenleben belief sich auf 14% während der Überfahrt und der zwei Wartemonate, ehe die Fahrt begann. Als Amerika rebellierte, mußte die britische Regierung daran denken, für etwa 1000 Zuchthäusler jährlich neue Unterkunft zu finden. Ein Gesetz von 1776 sah vor, daß diese Kriminellen in Flußmündungen und Häfen auf alten Segelschiffen zu verwahren seien und daß sie zu Zwangsarbeit verwendet werden sollten. Noch 1841 gab es elf solche Schiffskerker.“

Es war ausdrücklich vorgesehen, daß die Nahrung „minderwertig[4]“ sein sollte. Das Trinkwasser kam aus der Themse und war reichlich durch die Abwässer der großen Stadt gewürzt[5]. In Ketten hatten die Sträflinge der Hulks Sand und Kies aus dem Fluß zu graben. Die Unterhaltungskosten wurden durch die große Sterblichkeit vermindert.

---

[1] Auf einer Insel im Bodensee wurde Huß vor der Verbrennung verwahrt; die Vereinigten Staaten kennen heute noch Inselgefängnisse (Alcatraz z. B.) und Dänemark hat sie wieder eingeführt.

[2] BARNES und TEETERS: a. a. O. S. 441.

[3] LAMBERT, RICHARD S.: The prince of pickpockets, S. 71ff. London 1930.

[4] “They were to be fed with coarse inferior food, water and small beer”. LAMBERT: a. a. O. S. 73.

[5] “plentifully flavoured with London sewage”. Ebenda S. 75.

Nach Barrington starben in der Zeit von August 1776 bis zum 26. März 1778 25% der Sträflinge, die in diesem Zeitraum auf die Strafschiffe geschickt waren[1]. Diese hohe Mortalität erklärte man mit fieberhaften Erkrankungen, die aus anderen Gefängnissen eingeschleppt waren, und den „disordered constitutions[2]" der Delinquenten, die damit gleichsam die Hauptschuld an ihrem Tode trugen. Es wurde damals beobachtet und vermerkt, daß Zustände einer schweren Depression[3] zum schnellen Absterben beitrugen, besonders bei den Gefangenen, die vom Lande stammten. Diese Leute gingen ein, ohne daß Anzeichen von Fieber oder sonstiger Erkrankung sich zeigten. Es ist schwer, heute festzustellen, um welche Störungen es sich gehandelt haben mag. Jedenfalls gab es kein Gegenmittel und keine rettende Behandlung.

Im Fort Greene Park von Brooklyn, New York, steht ein Denkmal, das zerfallen war und vor einigen Jahren wiederhergestellt wurde. Es ist eine Art Turm aus Granit; auf einer Anhöhe mitten im Park gelegen und vor dem ersten Weltkriege erbaut, enthält das Denkmal ein unterirdisches Gewölbe. Hier stehen 22 Bleisärge, die die Überreste von 12000 „Märtyrern" umschließen. Wer weiter fragt, erfährt, daß es sich um Kriegsgefangene handelt, die während des Revolutionskrieges auf britischen Schiffen interniert waren. Diese schwimmenden Gefangenenlager waren in Wallabout Bay in der Nähe der heutigen Marinewerften verankert[4]. Wie viele „Insurgenten" hier eingeschlossen waren und wie lange, ist schwer festzustellen. Auf jeden Fall muß die Mortalität außerordentlich hoch gewesen sein. Wahrscheinlich spielt bei solchen Formen der Verwahrung das Element der Enge eine noch größere Rolle als bei Landbauten und hat zur Abschaffung dieses Gefängnistyps mitgewirkt. Seeleute gehörten damals zu den rauhesten Bevölkerungsschichten und hatten als Aufsichtspersonal wenig pädagogische Eignung.

C. Amerika.

I.

Wenn Newgate in London als „Hölle über der Erde" galt[5], wenn während des 18. Jahrhunderts ein Skandal dem anderen folgte[6], so wird man sich nicht wundern, daß die Gefängnisse der britischen

---

[1] Ebenda S. 82.

[2] „geschwächter Gesundheit".

[3] "lowness of spirit".

[4] Walt Whitman hat über diese Toten das Gedicht "The Wallabout Martyrs" geschrieben.

[5] Newgate Calender, a. a. O. S. 5.

[6] 1713 wurde der Henker John Price wegen Lustmordes zum Tode verurteilt (ebenda S. 11—14) und 10 Jahre später wurde der Leiter des Fleetprisons verhaftet und wegen Mordes angeklagt. Hooper: S. 145. Im Jahre 1727 wurden die Gefängniszustände für schlimmer angesehen als im Jahre 1586. Hooper: S. 143.

Kolonien vom Hauch der Reform unberührt blieben. So stand in der Stadt Williamsburg in Virginia das Stadtgefängnis, das heute noch zu sehen ist[1]. Es war Untersuchungsgefängnis, bewahrte die zum Tode Verurteilten bis zur Hinrichtung und hatte die junge Kolonie gegen Indianer, Piraten, Deportierte und Geisteskranke zu schützen:

„Völlig verschieden von den Staatsanstalten moderner Zeiten", sagt ein Bericht, „wurde dieser Kerker selten zur längeren Festhaltung verurteilter Verbrecher benutzt. Im 18. Jahrhundert bestand die Bevölkerung von Virginia aus den gewöhnlichen verbrecherischen Elementen. Hinzu kamen neu eingetroffene und halbwilde Sklaven, deportierte und widerspenstige Zwangsdienstboten, reisende Abenteurer, Piraten und plündernde Indianer. Um mit der zu erwartenden Gewalttätigkeit fertig zu werden, und die Kosten langdauernder Internierung zu sparen, verlangten die Gesetze von Virginia, oft klugerweise mit Milde durchsetzt, harte Strafen und einträgliche Bußen."

Von 1704—1773 funktionierte der Kerker gleichzeitig als militärische Haftanstalt, Irrenhaus und Verwahrungsort für Schuldner. In heftigen Schwankungen füllten und entleerten sich die Gebäude[2]. Nach jeder Sitzungsperiode der Strafkammer wurden die Zellen von Insassen frei gemacht, und nur so kann man den geringen Umfang des Gebäudes erklären. Die wirtschaftliche Unterentwicklung der Kolonie ist daraus zu ersehen, daß die Fenstergitter und die Schlösser noch aus England eingeführt werden mußten. Die Gefangenen waren gefesselt, durften sich aber bei Tage im Hof aufhalten. Die Sterblichkeit war hoch und traf am härtesten Indianer und Neger. Das Essen war schlecht. In dem wildreichen Land wurde ihnen das verdorbene Salzfleisch endloser Schiffsreisen verabreicht.

Ähnlich wie in Europa war der Winter völlige Umkehr der Lebensverhältnisse im Gefängnis. Die Fenster hatten kein Glas und die Zellen, waren, mit wenigen Ausnahmen, unheizbar. Die Wintermonate waren gefürchtet. Wir hören, daß eine Gruppe von Indianern, die wegen Mordverdacht im Winter 1704/05 in Haft saß, von der Landesversammlung Decken bewilligt bekam, weil sie nackt waren[3]. Starb ein freier Mann, so war der Fall erledigt. Starb ein Sklave, so mußte

---

[1] Die ganze Stadt, einschließlich des Gefängnisses und des Prangers ist durch die Mittel reicher Leute wieder aufgebaut worden. Ein Stich der Anstalt, wie sie 1740 aussah, ist dem „Handbook for the exhibition buildings", kein Autor, The public goal, Williamsburg 1935, beigegeben.

[2] The public goal, a. a. O. S. 28. — Der merkantilistische Zug der Zeit trug zu einer gewissen Schonung mancher Kategorien von Gefangenen bei. Sklaven, zwangsverschickte Dienstboten und Schuldner mußten am Leben gehalten werden, wenn sie wirtschaftlich aktiv bleiben sollten.

[3] Public goal S. 34. — Im November 1474 erstickten und erfroren 300 polnische Gefangene in den Kerkern von Breslau (wahrscheinlich den Verliesen unter dem Rathaus). Bericht des Nikolaus Pol in den Jahrbüchern der Stadt Breslau ed Büsching, Bd. II, S. 106. Breslau 1915.

der Besitzer entschädigt werden[1]. Es spricht für den ungesunden Zustand des Kerkers, daß weggelaufene Sklaven schnellstens abgeholt wurden, ehe sie durch Krankheit an Wert verloren hatten[2]. Die Jahre der Unabhängigkeitsbewegung erzeugten eine Verbrechenswelle. Jetzt kamen zu den gewöhnlichen Gefangenen Soldaten, politische Gefangene, Hochverräter, Tories, Deserteure und Spione hinzu.

Zur Vergeltung für die grausame Behandlung gefangener Amerikaner wurden gefangene Engländer mit äußerster Strenge behandelt[3]. Ein englischer Gouverneur des Nordwestens, Henry Hamilton, war unter dem Spitznamen der „Haarhöker" (Hair-Buyer) bekannt, weil er den Indianern Prämien für abgelieferte feindliche Skalpe ausgesetzt hatte. Er saß vom Juni 1779 bis Juli 1780 in Williamsburg. Er hat später seine Leidensgeschichte erzählt, die man nicht ohne Mitleid lesen kann[4].

Virginien war ein Staat des Südens feudaler Grundstruktur. Zwangsverschickte, Deportierte, Kriminelle, Neger, Indianer waren soziale Probleme, die mit den Mitteln der britischen Oligarchie gelöst wurden. Im Norden lag Pennsylvanien. Es war von einer religiösen Sekte besiedelt worden, ihr Führer Penn hatte selbst Bekanntschaft mit europäischen Gefängnissen gemacht. Mit diesen Verfolgten kam die Abneigung gegen die Todesstrafe und die Körperstrafen. Zuerst dachte man an ein Zusammespiel von nächtlicher Haft und harter, aber produktiver Arbeit bei Tage. Es war die Rückkehr zu dem, was die Römer „vincula publica" genannt hatten. Um aber Straßen reinigen, Keller ausheben, Gräben ziehen zu können, mußten die Gefangenen an die frische Luft gebracht werden. Sie hatten in Ketten zu arbeiten. Wir hören nichts von Disziplin oder Anzeichen der Besserung. 1776, dem gleichen Jahr, in dem sich der Staat eine freiheitliche Verfassung gab, wurde das Walnut Street Jail eröffnet. Daß neben der mechanischen Schale rege geistige Kräfte am Werke waren, zeigt die Gründung der Gefängnisgesellschaft von Philadelphia 11 Jahre später. Die ersten Berichte verwerfen die Zwangsarbeit auf öffentlichen Straßen. Der Mißerfolg der Methode ließ die Gesellschaft in das andere Extrem fallen. Sie forderte Arbeit bei striktester Absonderung. Um ihr Reformprogramm

[1] Im Jahre 1736 wurde von der Landesversammlung dem Eigentümer eines an den Folgen der Erfrierung im Kerker verstorbenen Sklaven 30 Pfund Entschädigung bewilligt. Public goal, a. a. O. S. 34.

[2] Der Gefängnisvorstand forderte in einem Falle den Eigentümer eines wiedereingefangenen und internierten Sklaven auf, ihn schleunigst abzuholen "that he may not suffer from the inclemency of the season". Ebenda S. 35.

[3] Ebenda S. 37.

[4] Er schreibt in seinen Memoiren: „In einer Ecke dieser eleganten Behausung war eine Art Thron, der während der letzten 60 Jahre für solche Ungeheuer (wie wir) gedient hatte und der, wenn der Wind gerade so wehte, einen wirklich mephitischen Gestank von sich gab." Ebenda S. 38.

begründen zu können, gaben die Verfasser des Berichts zuerst ein Bild der Lage. Mit rücksichtsloser Offenheit nahmen diese Reformer die Übel der Zeit aufs Korn, die sich in den ersten 12 Jahren entwickelt hatten[1].

Im Walnut Street Jail lebten im letzten Viertel des 18. Jahrhunderts je 20—30 Gefangene in einem Raum. Altersstufen und Geschlechter waren nicht getrennt. Die Strafgefangenen hatten im großen und ganzen ausreichende Bekleidung. Den Untersuchungsgefangenen fehlte es an Hemden, Strümpfen und warmen Decken, einmal weil die Haft sehr lange dauerte, dann weil die Untersuchungsgefangenen den letzten Rest ihrer Kleider gegen Rum eintauschten. Wenn die Gefängnisgesellschaft Kleidung verteilte, so war sie in kurzer Zeit ebenfalls diesen Weg gegangen.

Die Vertreter der Gefängnisgesellschaft fanden bei ihrem Besuch, daß Männer und Frauen ungestört miteinander, auch bei Nacht, verkehrten; zahlreiche Mädchen ließen sich für angebliche Schulden in Haft bringen, um zu Männern zu gelangen. Alkohol kam ungehindert in die Anstalt, obschon es keinen eigentlichen tap room, am besten mit Bar übersetzt, gab wie in Newgate. Dieser Rumgenuß scheint zu den homosexuellen Praktiken beigetragen zu haben, die der Bericht in gewundenen Wendungen andeutet. Das, was man heute Kangaroo Courts in Amerika nennt, stand schon damals in Blüte wie im Mutterland[2]. Gewalttätige Gefangene spielten den Richter nach „Zellenrecht[3]", erpreßten Geld und zwangen die Neuankömmlinge, den Gefängnisjargon anzunehmen und unzüchtige Lieder mitzusingen. Das abgenommene Geld[4] wurde alsbald in Alkohol verwandelt. Wer sich widersetzte, wurde von der Gefängnisgemeinschaft seiner Kleider beraubt oder schwer mißhandelt.

Angesichts dieser Mißbräuche ging die Forderung der einflußreichen Gesellschaft auf völlige Abstinenz von alkoholischen Getränken und Zwangsarbeit in strenger Einzelhaft. Es dauerte aber bis 1829, bevor die Sträflinge von der Straße verschwanden und ein neuer Zellenbau, das Eastern Penitentiary, fertiggestellt und bezogen war. Jetzt kam die totale Isolierung des Gefangenen, mit Arbeit, die oft sinnlos und

---

[1] Barnes, H. E.: The evolution of penology in Pennsylvania, S. 88ff. Indianapolis. Hier findet sich der Text der Denkschrift von 1788.

[2] Hooper (a. a. O. S. 61) schildert die Praxis. — Der Ausdruck, für den Partridge (S. 449) keine Erklärung hat, ist zweifellos mit australischen Sträflingen nach der amerikanischen Westküste gekommen.

[3] Ward law. Es ist etwa das, was die russischen Sträflinge in Sibirien Artelrecht genannt haben.

[4] Die englischen Kriminellen nennen es „chummage". In Philadelphia hieß es „garnish", ein sehr altes Wort für illegale Aufnahmegebühren in der Haft.

unwirtschaftlich war, aber auch ohne jede Arbeit, denn seltsamerweise begann die Meinung sich auszubreiten, daß Arbeit ein Widersacher wirklicher Einkehr und Reue sei. Man glaubte mit beinahe fanatischer Inbrunst an die innere Umwandlung durch die Kräfte der Selbstbetrachtung und der Buße. Abgesperrt von allen schlimmen Einflüssen der Außenwelt, von dem Wunsche beseelt, ein neuer und besserer Mensch zu werden, mußte der Gefangene sich zur Läuterung hindurchdenken, hindurchwünschen und hindurchschweigen.

Das System der Einzelhaft suchte mit baulichen Mitteln — absoluter Trennung — Sicherheit der Verwahrung und erzieherische Einsamkeit zu erreichen. Vollständige Isolierung schaltete schlechte Einflüsse aus, soweit sie nicht im Gefangenen selbst, der Phantasie des Sträflings, seinem Triebleben und seinen masturbatorischen Exzessen verwurzelt waren. Die Folge war, daß die normalen Mechanismen der Anpassung blutleer und kraftlos wurden. Alle Fragen der Disziplin schienen vereinfacht. In Hunderten von Zellen saßen die Gefangenen und kamen nur für einen kurzen Spaziergang, der schweigend zu absolvieren war, an die Luft. Es war, als ob jeder Gefangene auf einem anderen Planeten lebte. Gemeinschaftsleben, die Grundlage aller menschlichen Beziehungen und aller Zivilisation, wurde in Hunderte von kleinen Stücken zerbrochen, der Mensch wurde auf die Stufe eines reglosen, in einen steinernen Käfig eingesperrten Zwangseremiten herabgedrückt. Hier sollte die „Sammlung" zustande kommen, die bloße Sinnesänderung, die hoch über dem Druck der Kausalitäten stehen, ja in sich selbst die einzige wirksame Ursache sein sollte.

Besucher kamen von allen Teilen der Welt, im Jahre 1832 die Franzosen Gustave de Beaumont und Alexis de Tocqueville, im gleichen Jahre der Engländer William Crawford, 3 Jahre später der deutsche Professor Heinrich Julius, der 1833 Beaumonts und Tocquevilles Beobachtungen herausgab. Mit wenigen Einschränkungen hießen sie das neue System gut[1]. Was ihnen gefiel, war die Stille der Anstalt, die, wie immer bei solchen Besichtigungen geschieht, künstlich vertieft war, und die eindrucksvolle äußere Ordnung der Anstalt. Man stellte ihnen vor, daß die Einsamkeit des Gefangenen durch Besucher erleichtert werde[2], darunter der Gouverneur des Staates, die Abgeordneten, die Richter, die Bürgermeister der Städte Philadelphia, Pittsburgh und Lancaster, die Sheriffs und die Mitglieder der Gesellschaft zur Linderung des Elends in den Gefängnissen. Wie dieser Kontakt aussah, wissen wir: Die Mitglieder der Gefängnisgesellschaft konnten vier und eine

[1] Wood, A. E., und J. B. Waite: Crime and its treatment, S. 504. New York 1941.

[2] Erwähnt in Sutherland, a. a. O. S. 416.

halbe Stunde je Jahr auf jeden Gefangenen verwenden und ihre geistige Hilfe beschränkte sich auf theologische Ermahnungen[1].

Es ist nicht leicht, sich heute einen Begriff von der Begeisterung zu machen, die das System der strengen Einzelhaft in Europa hervorrief. Deutschland, England, Belgien, die skandinavischen Länder glaubten, das Heilmittel für alle ihre Nöte gefunden zu haben. Die Isolierung wurde so weit getrieben, daß englische und deutsche Gefangene auf den kurzen Spaziergängen Masken zu tragen hatten[2]. Natürlich verlagerte sich die Wiedererkennung auf Körperform, Gang und Sprache. Die Anhänger der Einzelhaft entwerfen ein Bild des Zellenlebens, das es in Wirklichkeit nicht gibt, und berauschen sich an seinen Vorzügen; SCHLATTER[3], der politischer Gefangener im Zuchthaus Bruchsal gewesen war, schreibt:

„... Die relativ kleinen Zellen haben gleichwohl einen für den Aufenthalt einer einzelnen Person hinreichenden Umfang, und berechnet man den Raum einer Zelle nebst der darin befindlichen Luft nach dem Kubikmaße, so wird sich ergeben, daß jeder Gefangene hier dreimal mehr Luft und Raum für sich hat, als in einem gemeinschaftlichen Arbeitssaale auf jedes Individuum kommt. Bei einem gutentworfenen und ausgeführten Plane kann den Zellen eine solche Konstruktion gegeben werden, daß sie trocken, gesund, heiter, für frische Luft und Sonne zugänglich, weder einer zu großen Kälte, noch einer drückenden Hitze ausgesetzt und gegen schädliche Zugluft geschützt sind... Keine schädlichen Dünste verpesten die Luft, die er einatmet, kein widerwärtiger Geruch, kein ekelhafter Anblick verderben ihm den Genuß seiner Speisen; kein Ungeziefer, wie es in Unzahl in den gemeinschaftlichen Schlafsälen zu finden ist, stört seine nächtliche Ruhe[4]; er ist unbelästigt von übelwollenden und übelgewöhnten Nachbarn, Herr über seine Person, seine arbeitsfreie Zeit und den ihn umgebenden Raum ..."

Als 1840 der französische Innenminister eine Reform des Gefängniswesens vorschlug, verkündete er eine wahre Philosophie der Einzelhaft. Die Isolierung sollte eine erdrückende Langweile erzeugen, die den Gefangenen zwingen würde „mit Neugier, mit Interesse, selbst mit Lust auf die tröstlichen Lehren der Moral und der Religion zu lauschen[5]."

---

[1] „Die Einsamkeit war daher nicht oft unterbrochen. Aber man glaubte, daß Alleinsein ein Gefühl der Dankbarkeit für jeden Besuch dieser guten Menschen erwecke." Ebenda S. 416.

[2] Siehe HAU: Lebenslänglich, S. 28: „Die Gesichtsmaske gab dem Aussehen der Leute etwas Groteskes."

[3] SCHLATTER, G. F.: Das System der Einzelhaft in besonderer Beziehung auf die neue Strafanstalt in Bruchsal, S. 59. Mannheim 1856.

[4] HAU in Einzelhaft: „Durch das Fenster kam etwas Licht herein ... gerade Licht genug, um die Invasion einer Armee von Wanzen beobachten zu können." S. 23.

[5] MARQUET DE VASSELOT, L. A. A.: Ethnographie des prisons, S. 52 und 53. Paris 1854. Es lohnt, die ganze Stelle zu zitieren: «Nos placerons ces criminels endurcis en présence de leurs crimes; nous courberons ces caractères qui semblent inflexibles sous le poids d'une solitude accablante. Dans leur isolement, le travail

Aber diese Annahmen gehen an der wirklichen Natur des Menschen vorbei, treffen höchstens auf eine kleine Minderheit und hier nur Abartige und Intellektuelle zu. Aus den Menschen, denen völlige Einsamkeit nichts antut, oder die sie sogar aufsuchen, ließe sich keine Gesellschaft und kein Staat bilden. Vom Standpunkt der wichtigsten seelischen Ausrüstung, des sozialen Zusammenhalts und der um ihn herum liegenden Gefühle, sind diese Menschen regressive Typen, zählen wir doch die Neigung zur Einsamkeit und der Abkapselung zu den präpsychotischen Symptomen und begegnen wir der brüsken und radikalen „Bekehrung" mit Zurückhaltung. Sie kommt auf religiösem Gebiet häufiger vor als im Bereiche der menschlichen Beziehungen. Anders sind langsame Heilungsvorgänge unter dem Einfluß erkennbarer körperlicher oder umweltbedingter Ursachen zu beurteilen. Die einsame Zelle gehört in der Regel nicht dazu.

Die Erziehungs- und Besserungsarbeit wird beim Zellensystem auf den Gefangenen abgewälzt. Nach der Härte der Zwangsarbeit wird die aufgezwungene Arbeitslosigkeit ohne Scheu zum neuen Zwangsmittel erklärt[1]. Die Tortur ist verfeinert und den Augen der Welt entzogen, bleibt aber eine unerträgliche Mißhandlung, auch wenn niemand den Gefangenen anrührt[2]. Ruhe und Ordnung sind Anfangsstadien der Verödung und des Todes.

---

deviendra pour eux une consolation et une espérance. Peut-être, en effet, faudra-t-il le leur laisser désirer, avant de le leur permettre. La privation du travail pourra, devenir un châtiment, le travail une recompense .... la conscience se réveillera sour l'empire du désespoir. Dans tous les cas, du moins, la perversité ne s'accroîtera plus au contact de la perversité, les passions ne s'exciteront plus par d'irritantes confidences. l'emprisonement solitaire doit tant qu' il dure engendrer un regret profond lorsqu'il cesse enfin, un effroi durable.» Wie es mit den Qualen der Arbeitslosigkeit aussieht, läßt sich aus folgender Bemerkung eines wirklichen Sachkenners, eines Gefangenen, ersehen: „Für 8, 14 Tage und länger könnte sich der Zellenbewohner das Gespenst der Langeweile schon vom Halse halten, aber wie? Er kann dem Nachbarn klopfen, mit ihm zu reden suchen, an den Wänden oder auf dem Tisch herumtrommeln, pfeifen oder singen, zum Fenster hinausschauen, Fliegen fangen, mit Brotkügelchen Kunststücke einexerzieren, gymnastische Übungen vornehmen, zur Kurzweil den Aufseher ärgern, schimpfen und — Onanie treiben." Hägele, J. M.: Erfahrungen in einsamer und gemeinsamer Haft, S. 83. Altona 1862.

[1] Siehe die vorhin erwähnte Rede des französischen Innenministers in der Sitzung der Deputiertenkammer vom 9. Mai 1840.

[2] Dostojewski schreibt über die Arbeit (Memoiren aus einem Totenhause S. 31, Leipzig, Ausgabe Reklam). „Mir fiel einmal ein, daß, wenn man den Menschen vollkommen ersticken und vernichten, ihn mit einer so schrecklichen Strafe belegen wollte, daß selbst der entsetzlichste Mörder vor ihr erbebte und vor ihr wiche, es nur darauf ankomme, seiner Arbeit den Charakter reiner, absoluter Zwecklosigkeit und Bedeutungslosigkeit zu verleihen." Schlimmer und sinnloser als sinnlose Arbeit ist keinerlei Möglichkeit, zu arbeiten, überhaupt.

Eastern Penitentiary hatte 1842 einen berühmten Besucher. Er war nicht nur Jurist[1], sondern er hatte sich sein Leben lang für Verbrecher und Verbrechen interessiert. Im Gegensatz zu anderen Besuchern ging er von Zelle zu Zelle. Wenn er vom Mittelpunkt die Galerien hinabblickte, so ergriff ihn Grauen angesichts der Stille, die manche andere so bewundert hatten. Matte Geräusche, die aus den Zellen eines Webers oder Schuhmachers durch die dicken Wände und Türen drangen, machten das Schweigen noch bedrückender. Der Gefangene, so berichtet er, bekommt beim Eintritt eine dunkle Haube über den Kopf gezogen. So betritt er seine Zelle, die er nicht wieder verläßt, bevor seine Strafe abgelaufen ist. Niemals hört er von Frauen und Kindern, Heim oder Freunden, von dem Leben oder dem Tod, der draußen seinen Gang geht. Außer dem Wärter sieht er kein menschliches Gesicht, hört er keine menschliche Stimme. Er ist lebendig begraben[2] und wird erst langsam im Ablauf der Jahre wieder ans Licht geholt. In der Zwischenzeit sind die einzigen lebenden Dinge um ihn herum qualvolle Angstzustände und bodenlose Verzweiflung.

Dickens behauptet, daß — entgegen der ursprünglichen Idee 1842 — keinerlei Beziehung zwischen Wärter und Sträfling bestand. Name wie Strafdauer sind dem Beamten unbekannt, der ihm täglich sein Essen bringt. Über der Zelle steht eine Nummer und dieselbe Nummer findet sich in einem Buch des Direktors und des „moral instructors". Nur diese Zahl führt zu seiner Geschichte. Von den Fällen, die der Dichter beschreibt, verdient das Bild eines Seemanns Erwähnung, weil es erklärt, warum das ganze System schließlich zum Erliegen kam[3]:

„Da war ein Seemann, der etwa 11 Jahre dort gesessen hatte, und der in wenigen Monaten entlassen werden sollte. Elf Jahre Einzelhaft!"

„Ich bin froh, zu hören, daß ihre Zeit bald vorbei ist" „Was entgegnet er? Nichts. Warum starrt er auf seine Hände, zerrt er an der Haut über seinen Fingern, blickt er dann und wann einen Augenblick auf zu jenen kahlen Wänden, die seinen Kopf ergrauen sahen? Das ist bisweilen seine Art. Sieht er niemals Menschen ins Gesicht und zupft er immer an seinen Händen herum, als wolle er Knochen und Haut voneinander trennen? Das ist bisweilen seine Art so. Es ist auch seine stille Art, zu sagen, daß er sich nicht auf die Entlassung freut, die näher kommt. Daß ihm alles gleichgültig geworden ist. Er fühlt sich als ein hilfloser, gebrochener und nutzloser Mensch. Und der Himmel ist sein Zeuge, seine verzweifelte Stimmung hat guten Grund."

Angesichts dieser lautlosen, verlängerten Grausamkeit bricht Dickens in die Bemerkung aus: „Es wäre besser gewesen, wenn man ihn gleich gehängt hätte, als ihn in diesen Zustand zu versetzen und ihn dann

[1] Dickens, Charles: American Notes, S. 87. London 1903. — Eine ähnliche Figur war Sir Walter Scott, der die Freisprechung eines bekannten Wilddiebes durchsetzte, worauf dieser noch im Gerichtssaal den Verteidiger fragte, ob er als Extrahonorar am Morgen einen Hasen haben wolle. Tod: The Scots Black Calender, a. a. O. S. 56.

[2] American notes, a. a. O. S. 88—90.

[3] Ebenda S. 90.

in eine Welt hinauszuschicken, mit der er nichts mehr gemein hat[1]." Die Ansicht DICKENS berührt sich mit der Ansicht von TOLSTOI, dessen Sprecher nur zwei vernünftige Strafarten gelten lassen wollte, die Todesstrafe und die Prügelstrafe[2]; lange ehe ein Jahrhundert vergangen war, hatte das neue Strafmittel der Haft neue Enttäuschung gebracht.

DICKENS sah mit großer Schärfe den geistigen Verfall des Gefangenen, der jedes Tier in Mitleidenschaft ziehen würde[3]. Er wies auf die hohe Sterblichkeit und die noch höhere Rate der geistigen Störungen hin. Er erinnerte daran, daß viele Menschen, auch solche mit hohem Intellekt, nach einem Leben völliger Einsamkeit geistiger Unordnung und düsterer Halluzinationen sich selbst und die Welt ins Unglück gestürzt hätten[4]. Daß zahlreiche Psychosen in Einzelhaft zur Beobachtung kommen, haben bereits die ersten amerikanischen Ärzte in Cherry Hill beobachtet[5]. Die veraltete Methode der Straßenarbeit in Ketten war bessere geistige Hygiene, obschon sie die Menschenwürde nicht hochhielt.

II.

Das strenge Zellensystem war, außer in den Augen europäischer Bewunderer, kein Erfolg. Von 8 Gefangenen, die dauernd in Einzelhaft gehalten wurden, waren alle mit Ausnahme von zweien innerhalb von 2 Jahren wieder draußen als Tote, Wahnsinnige oder Begnadigte[6]. Diese Erfahrungen und reger wirtschaftlicher Erwerbssinn halfen mehr als reine Menschenliebe das System von Auburn schaffen. Gefängnisse, die nur die bedenklichsten Typen in Einzelhaft behielten, sonst aber die völlige Isolierung auf 1—3 Tage beschränkten und die Sträflinge in großen Arbeitssälen zusammenführten, waren billiger zu bauen und billiger im Betrieb. Die mechanische Absonderung durch dicke Wände wich der Abtrennung durch menschliche Aufsicht. Noch wurde Stillschweigen auferlegt. Aber alle anderen Sinne konnten frei umherschweifen. Erlaubt war das Fragment einer flüchtigen Gruppe, wenn auch lange nicht eine echte menschliche Gemeinschaft. Aber die neue Lösung, die an die menschliche Arbeitskraft herantrat und aus ihr erzieherische Wirkungen und Dollars herauszuholen suchte, brachte unerwartete Kollisionen. Die Interessen der freien Handwerker und Arbeiter wurden verletzt. Sie waren Wähler.

---

[1] American Notes, S. 94.

[2] Auferstehung II, cap. 33.

[3] "It seems to me that ... even a dog or any of the more intelligent among beasts would pine, and mope and rust away." Ebenda S. 96.

[4] ... "What monstrous phantoms, bred by despondency and doubt, and born and reared in solitude, have stalked upon the earth, making creation ugly, and darkening the face of heaven." Ebenda S. 95.

[5] BARNES and TEETERS: a. a. O. S. 608. „Ich habe mehr Fälle von Geisteskrankheit in Cherry Hill (the Eastern Penitentiary) gesehen als in Walnut Street Jail." Dr. Franklin Bache im Jahre 1837.

[6] SUTHERLAND, Principles a. a. O. S. 417.

Ihre Wünsche vertrat das Parlament, nicht die Forderungen der wenigen Reformer. Wir kennen diesen Konflikt besser aus der Geschichte von Sing Sing als der Auburns.

Sing Sing wurde im Jahre 1827 bezogen. Dort war ein Steinbruch, der Material für die umliegenden öffentlichen Gebäude lieferte[1]. Schmiedearbeiten wurden gemacht. Sing Sing schloß einen Vertrag, nach dem ein Kessel nach „Mexico in Südamerika“[2] geliefert werden sollte. Bald fand der Wettbewerbsneid wohlklingende Formeln. Der gebrochene Marmor hatte angeblich keine hohe Qualität, man lehnte sich gegen die Schande und die Demütigung derer auf, die, wie dumpfe Tiere an Karren gespannt, Steinblöcke ziehen mußten[3].

Aufrichtiger war die Beschwerde, daß die Anstalt die Preise unterbiete. Man erklärte, daß das Gefängnis einem Museum nur 500 Dollar für eine Quantität Marmor in Rechnung stelle, die im freien Markt 7—8000 Dollar koste[4]. Man ging so weit zu verlangen, daß den Gefangenen in der Haft keine neuen Fertigkeiten beigebracht werden sollten. In einem Gesetz von 1835 steht folgender Paragraph[5]:

„In Industriezweigen, die hauptsächlich auf heimischer Arbeit beruhen (im Gegensatz zu Importwaren), soll die Zahl der beschäftigten Sträflinge auf diejenigen beschränkt bleiben, die dieses Handwerk vor der Einweisung in die Anstalt erlernt hatten.“

Die Arbeiter griffen die Idee der Besserung heftig an[6], aber die hohe Moralität ihrer Argumente[7] konnte die Furcht vor Wettbewerb nicht ganz verdecken. Das Publikum ergriff die Partei der Arbeiter, und eine Petition gegen Gefängnisarbeit fand 200000 Unterschriften[8]. Die wirtschaftliche Produktivität der Anstalt wurde ihr Feind und ihr Verderben[9]. Es fand sich der Einwand, daß anständige Bürger mit ent-

---

[1] Lawes: Life and death in Sing Sing, S. 188. — Der Name Sing Sing ist indianisch und lautet genauer Ossine Ossine, „Stein auf Stein“. Später nannte man den Punkt „Marble Hill“.

[2] Ebenda S. 188.

[3] Ebenda S. 208. Die Klagen gingen, wie man vermuten darf, von den Besitzern anderer Steinbrüche aus.

[4] Ebenda S. 205.

[5] Ebenda S. 215.

[6] „Das Eindringen entlassener Gefangener in die Fabriken würde zur Folge haben, daß die Arbeiter in diesen Berufen mit Mißtrauen angesehen würden. Man würde nicht gern entlassene Gefangene in seiner Nähe haben.“ Ebenda S. 221 und 212.

[7] „Meister würden, ohne eine Ahnung zu haben, entlassene Sträflinge in ihr Haus nehmen, mitten unter ihre Frauen und Töchter.“ Ebenda S. 212. In der Zeit der Hausarbeit könnte dieses Argument bei gewissen Gefangenen Gewicht haben. Die jetzige industrielle Struktur hat dieser Gefahr ein Ende gemacht.

[8] Ebenda S. 213.

[9] White, der Direktor von Mount Pleasant (später Sing Sing) meldete im Jahre 1840, daß diese Anstalt in den beiden vorangehenden Jahren einen reinen Überschuß von 111773 Dollar hatte. Dies war damals eine recht erhebliche Summe.

lassenen Sträflingen nicht zusammen arbeiten wollten[1]. Entfesselte Selbstsucht fiel, ohne an das Ganze zu denken, den größeren Zwecken des Staates in die Zügel.

Die alte Schwierigkeit plagt uns noch heute. Nur in Notfällen, wenn Krieg ausbricht und die Arbeitskräfte sich verknappen, werden die Bedenken zur Seite gelegt. In einem ganzen Kapitel zeigt WARDEN JOHNSTON[2], wie der Krieg plötzlich dem Dasein und der Arbeitskraft der Sträflinge Wert verleiht. Mit einem Schlage sind die Gefangenen nicht mehr die Außenseiter der Gesellschaft, sondern geistig und mechanisch Glieder einer gemeinsamen Front. Jetzt, wo die Not drängt, werden die Gefangenen als nützlich und daher gleichberechtigt akzeptiert. Was eint, ist der Haß eines neuen Minderwertigen und Mehrgefürchteten, des Feindes. Jetzt wird jedes Atom Kraft zusammengerafft, nach seiner Herkunft wird nicht gefragt. Mit Sieg[3] und Niederlage ist gleichzeitig die zage Hoffnung auf Begnadigung verknüpft.

In Sing Sing wurde in Gemeinschaft gearbeitet. Noch mußte völliges Schweigen bewahrt werden. Alle Arbeit wurde unter den Mündungen der Gewehre geleistet, die auf die lautlos hantierenden Männer gerichtet waren. Kapitän Lynds, der berühmteste Pönologe dieser Tage, bestand auf Schweigen bis zum Tollpunkt als dem Rückgrat aller Gefängnisverwaltung. Eines seiner ersten Gesetze war[4]:

„Die Gefangenen sind verpflichtet, unverbrüchliches Schweigen zu bewahren. Sie dürfen kein Wort miteinander tauschen, was auch der Vorwand sei. Sie dürfen sich keine schriftliche Mitteilung machen. Sie sollen keine Blicke wechseln, sich anblinzeln, anlachen oder gestikulieren. Sie dürfen nicht singen, pfeifen, tanzen, laufen, springen oder irgend etwas tun, das im geringsten Grade den gleichmäßigen Ablauf der Dinge stören oder die Regeln und Vorschriften des Gefängnisses verletzen könnte."

Dieses Tabu auf schnellem Gehen, das an Flucht und mangelnde Zucht erinnert, hat sich noch in amerikanischen Anstalten wie in St. Quentin erhalten. „Gehe niemals zu schnell. Du hast viel Zeit. Der Mann mit dem Gewehr (im Wachtturm) kann die schnelle Bewegung mißverstehen[5]." Laut in der Zelle lesen ist heute noch in manchen Strafanstalten verboten[6]. Dabei haben manche Gefangene das Bedürfnis,

---

[1] "A second serious objection", sagten die Arbeiter, "was that honest citizens would not associate with the discharged prisoners." Ebenda S. 211.

[2] Alcatraz Island prison, a. a. O. S. 187ff.

[3] Der Direktor in Bruchsal wandte sich zu Kriegsbeginn an die Häftlinge und sagte: „Er erwarte, daß jeder Gefangene an seinem Teil dazu beitrage, daß der Krieg gewonnen würde, in welchem Falle sicher auf seine Amnestie zu rechnen wäre." HAU: Lebenslänglich, a. a. O. S. 104.

[4] LAWES: Twenty thousand years, a. a. O. S. 72.

[5] LAMSON: We who are about to die, S. 62 und 63.

[6] BARNES und TEETERS: a. a. O. S. 605.

laut zu lesen oder laut mit sich selbst zu sprechen, um die einrostende Stimme zu üben und die erdrückende Stille zu unterbrechen.

Trotz dieser drakonischen Disziplin war die Unordnung erschreckend. Geprügelt wurde ohne Unterlaß noch in der Mitte des 19. Jahrhunderts. Die Kaltwasserbehandlung[1], die keine äußeren Spuren hinterläßt, drängte sich mehr in den Vordergrund, je stärker Widerspruch gegen Schläge laut wurde. Da war die eiserne Maske[2], das „Joch". Wir hören, daß Warden Lynds einem Insassen 500 Schläge verabreichte. „Er prügelte die Geisteskranken und die, die Anfälle hatten[3]."

Das Ideal der erzieherischen Einwirkung war das Auswendiglernen einer großen Anzahl Verse aus dem ersten Buch Mosis und anderen Abschnitten der Bibel. Ein Geistlicher rühmte, daß in der Zeit von 18 Wochen 770 Kapitel mit 19328 Versen von den Sträflingen rezitiert und daß 42 ganze Bücher auswendig gelernt worden waren. „Ein einzelner Mann lernte in 17 Wochen 49 Kapitel oder 1605 Verse auswendig, ein anderer 1296 Verse[4]. Trotz dieser Gedächtnisstärkung stieg die Kriminalität unablässig an.

Warden Lawes gibt folgendes Bild administrativer Unordnung inmitten einer unzähligen Fülle von strikten Vorschriften[5]:

„Bei einer Zählung der weiblichen Gefangenen wurden 82 anwesende Häftlinge gefunden. Keine Erklärung konnte für den Umstand gefunden werden, daß 20 Gefangene fehlten.

Auch im Flügel für Männer war das Ergebnis betrübend. Nach den Akten mußten 795 Gefangene da sein. In Wirklichkeit waren es nur 762. Das Minus war 33 Mann. Wie und wann diese Gefangenen die Haft verlassen hatten, ließ sich nicht feststellen.

Eine besonders interessante Notiz spricht von einem Gefangenen, der 5 Jahre in Sing Sing gewesen war. Für seine Aufnahme oder seine Festhaltung war kein richterlicher Befehl zu finden. Man kam schließlich zu dem Ergebnis, daß er ein ‚Freiwilliger' gewesen sei, und schickte ihn nach Hause."

Siebentes Kapitel.

III. Die Psychologie der Haft.

A. Die Isolierung.

Von allen Formen der Umwelt ist die Haft die unnatürlichste. Tiere oder Menschen, die sich in einer Grube gefangen haben, würden

---

[1] Lawes: 20000 years, S. 89. — Über dieses und ähnliche Disziplinarmittel siehe Elliot, Mabel A.: Coercion in penal treatment, Ithaca 1946, S. 46 und Shaw: Natural history of a delinquent S. 202. Philadelphia 1931. Der Druck des Wasserstrahls „würde alle meine Knochen zerbrochen haben, wenn er länger auf mich gerichtet worden wäre".

[2] Ebenda S. 86.

[3] Barnes und Teeters: S. 523

[4] Lawes: Life and death, S. 196 und 197.

[5] Lawes: 20000 years, S. 83.

Qualen erleiden, schließlich den Unbilden der Natur, dem Hunger, dem Durst erliegen. Der Staat, der strafen will, bürdet dem Gefangenen künstliche Isolierung auf. Um aber der Absonderung Dauer geben zu können, mildert er die Wirkungen, die im regelmäßigen Lauf der Dinge den Tod und das Ende der Einschließung herbeiführen würden. Er schützt den Gefangenen gegen Hitze und Kälte. Er schützt ihn gegen seine Feinde[1], hält ihn sogar im Kriege am Leben, wenn alle anderen den Zwecken des Staates dienen müssen. Er bewahrt ihn vor Krankheit, Selbstmord, den eigenen lebenverkürzenden Neigungen. Er gibt ihm eine Ruhestätte, zu essen und zu trinken. Auf einen engen Raum zusammengedrängt, werden die physiologischen Funktionen so weit in Gang gehalten, daß die verhängte Absonderung lange, oft sehr lange Zeit durchgeführt werden kann.

Wenn wir genauer hinsehen, so wird der Zusammenhang von menschlichem Triebleben und körperlichem Fortbestand zerrissen, die Synchronisierung getrennt. Diese Spaltung wird durch mechanische Vorrichtungen und die Übermacht wohlorganisierter und wohlausgerüsteter Menschen, genannt Wärter, erzwungen. Die einfachen und großen Motive des freien Lebens verlieren angesichts der Freiheit von Hunger, von Sorge für sich selbst, Sorge für andere, Sorge für die Zukunft ihre Geltung. Eine neue Reihe von Handlungsmotiven taucht auf, roh, primitiv, der Wertskala nahestehend, die wir für Haustiere aufgestellt haben. Es ist die reibungslose Nützlichkeit des Gehorsams oder irgendeine andere Form der Ergiebigkeit. Die Haft ist das radikalste Experiment, das wir tagtäglich an Tausenden von Menschen vornehmen; es gibt keine dunkle Ecke in der Variationsbreite ihrer seelischen Reaktionen, die nicht von der Gefangenschaft in Anspruch genommen

[1] Im Manuskript eines Vortrags, den ich 1937 in Berkeley, Kalifornien, hielt, finde ich den Text eines Briefes. Er ist von einem Gefangenen an den Richter geschrieben und besagt: „Glauben Sie, daß ich mich vor der Strafe fürchte? Darauf antwortete ich, daß jede Strafe für mich ein Trost voll himmlischer Freude sein wird, da ich meiner Unschuld bewußt bin, und dies um so mehr, je strenger die Strafe ausfallen sollte.... Es erscheint unglaublich und ist doch wahr, daß sofortige Entlassung für mich eine schwere Strafe sein würde. Seit meiner Jugend meide ich Kirchhöfe und gehe um Gefängnisse in großem Bogen herum. Ich sehe nun meinen Aufenthalt im Gefängnis als wohlbehütet, schön und ruhig an. Überall muß der Mensch gehorchen und arbeiten. Die Mahlzeiten sind gut und ausreichend, wenn ich mein bisheriges Leben vergleiche. Ich kenne weder Alkohol, noch Nikotin, weder Theater noch Spiel, Musik oder irgend ein anderes Vergnügen. Das regelmäßige Anstaltsleben ist höchst hygienisch, und ich bin daran gewöhnt. Auch habe ich es gern, eingesperrt zu sein. Ich bin hier in Sicherheit, kann nicht überfahren werden und niemand kann mich überfallen. Bewaffnete Wärter schützen mich, die liebenswürdigerweise die ganze Nacht hindurch nachsehen, ob ich noch am Leben bin, ob ich auch gesund schlafe, oder irgend einen Wunsch habe. Schließlich ist es ein wahres Geschenk des Himmels für mich, allein zu sein.“ — Die Quelle habe ich nicht mehr feststellen können.

würde. Durch lange Jahre fixiert[1] können diese neuen Anpassungen in Freiheit andauern. Der Mensch ist auf Lebenszeit ein Produkt der Gefangenschaft geworden.

Die Psychologie des Gefangenen läßt sich ohne Vereinfachungen nicht schreiben. Es gibt ungezählte Varianten der Haft, nach Zeiten, nach Ländern, nach den verschiedenen Zwecken der Einschließung und den Systemen, die zur Anwendung kommen. Das Gefängnis existiert nicht. Die Eigenart und die Druckstärke der absondernden Kräfte wechselt. Was gestern war, kann heute anders sein, und es wäre ein Irrtum, zu glauben, daß sich Anschauungen und Einrichtungen immer nur zum Besseren wendeten. Der Einwand ist daher nur halb überzeugend, daß alte Zustände deshalb nicht erwähnt werden sollten, weil seitdem alles in Ordnung gebracht sei. Auch umgekehrt läßt sich sagen, daß die Schilderung der Gegenwart irreführe, weil in der guten alten Zeit Menschen und Institutionen gerechter und maßvoller gewesen seien. Wir kommen um den vereinfachenden Querschnitt nicht herum.

Es ist ein Unterschied, ob wir ein modernes schwedisches Gefängnis (Bjerre), deutsche Zuchthäuser der Vorkriegszeit (Leuss, Hau, Fuchs), San Quentin (Lamson), Folsom (Jack Black), Leavenworth (Wilson), ein kanadisches Gefängnis (Jack Black), das Eastern Penitentiary in Pennsylvanien (Berkmann), die englischen Anstalten in Reading, Portland und Holloway (Oscar Wilde, Spenser, Joan Henry) oder gar Saint Laurent in Französisch-Guyana (Delgrave, Belbenoit), den alten Spielberg bei Brünn oder die Bleidächer von Venedig (Silvio Pellico) aufsuchen. Aber trotz aller Abweichungen scheinen starke gemeinsame Züge durch. Sie sind durch die Zusammenwirkung von Kräften gegeben, die sich verschärfen oder abmildern lassen, mit jeder Freiheitsentziehung aber unvermeidlich verbunden sind. Daß jedes Gefängnis schließlich eine komplizierte Struktur darstellt, in der die Mächte des Zwanges ungleich verteilt sind, werden wir sehen.

Wenn ich in einer früheren Arbeit[2] den Hafteinfluß mit einer Riesenwalze, besser einem Dampfhammer verglichen habe, dem die mannigfachsten menschlichen Formelemente unterworfen werden, so möchte ich diese Anschauung modifizieren. Es ist nicht immer die gleich-

---

[1] Georg Fuchs (Wir Zuchthäusler, a. a. O. S. 184) kannte einen alten Sträfling, der krank wurde und sich erbrechen mußte, wenn er richtiges Essen bekam; er konnte nur noch Zuchthauskost vertragen. — Als Jack Black nach langen Jahren der Haft ausbrach, machte er eine ungewöhnliche Erfahrung: die frische Nachtluft wirkte auf ihn wie die schädlichen Gase einer Kloake. "I was not able to walk at first", und er mußte von seinem Befreier gestützt werden. Jack Black: You can't win, S. 370. New York 1926.

[2] „Zur Psychologie des Gefangenen." Schweiz. Z. f. Strafrecht, 1930, S. 452. Zu diesen Vorarbeiten gehört auch mein Aufsatz: "The limits of penal treatment." Amer. Journal of criminal law and criminology, 1941, S. 401—410.

bleibende „Gerechtigkeit" eines Dampfhammers, sondern ein Bündel von Kräften, die teils alle treffen, teils einige stärker, andere schwächer berühren. Das Anstaltsmilieu ist nicht wie die Sonne, die mit gleicher Majestät über Gerechte und Ungerechte, über Kluge und Dumme, Geschickte und Unbeholfene, Bequeme und Lästige scheint. Das Gefängnis ist ein Mikrokosmus, der zwar alle Delinquenten von der Außenwelt abschließt, für sie aber die allerverschiedensten Lebenslagen von der Küche des Direktors bis zur verdunkelten Disziplinarzelle bereit hält.

Diesem Haftdruck, der leicht sein kann und unerträglich schwer, aber immer Druck bleibt, werden die verschiedensten Menschen ausgesetzt. Sie sind jung oder alt, Männer oder Frauen, Seeleute oder Bauern, Erstbestrafte oder alte Kunden. Einzelne sind hochintelligent, viele andere schwachsinnig oder nur mit jener physiologischen Dummheit bedacht, die für die meisten Lebenssituationen in normaler Zeit ausreicht. Da sind Menschen mit lebhaftem, selbst überreiztem sexuellem Appetit, Impotente, Homosexuelle, Perverse aller Spielarten. Da sind gesellige Naturen und Einsiedler, ewige Knechte[1] und Tatmenschen, Freiheitsdurstige und solche, denen Fügen und Gehorchen ein Genuß ist. Manche sind krank und gesunden im Gefängnis. Andere werden krank und siechen dahin. Eine Anzahl der Gefangenen steht im Anfangsstadium einer Psychose oder zeigt Spuren eines alten, leicht ausgeheilten Schubs. Die Haft selbst holt latente Störungen an die Oberfläche, die ausbrechen und abklingen, meist aber so lange verkannt werden, als sie sich in den disziplinären Kategorien der „Faulheit", der Unsauberkeit oder der „Renitenz" unterbringen lassen[2].

Die politische und soziale Unruhe der letzten 40 Jahre hat den alten Hafttypen, unter denen nur die Festung[3] nichtkriminelle Insassen beherbergte, neue Spielarten hinzugefügt. Millionen von Menschen sind durch solche „Lager" als Kriegsgefangene gegangen. Diese Haftform war von unbestimmter Dauer und entbehrte des Schutzes von Rechtsnormen, besonders wenn sie nach dem Ende der Feindseligkeiten fortgesetzt wurde. Die Behandlung in diesen Lagern war häufig nur aus den emotionellen Spannungen des Krieges zu erklären, und betraf Menschen, die sich keiner Schuld bewußt waren. Außer manchen

---

[1] Solchen „von Natur verprügelten" Knechtstyp hat DOSTOJEWSKI: Memoiren aus einem Totenhause, a. a. O., S. 96 geschildert. „Er gehörte zu jenen, die nie reich werden können oder sich verbessern." ... „Er mußte jemand dienen."

[2] Siehe den von HANS LEUSS berichteten Fall des Gefangenen F., der auffälliges Benehmen zeigte, 10 Tage Dunkelarrest erhielt, zur Besserung seiner anscheinenden Geistesverwirrung eine kalte Dusche erhielt, am 8. März nochmals mit einer Dusche behandelt wurde, am 9. März ins Lazarett aufgenommen wurde und am 10. März tot war. Ursache nach ärztlichem Vermerk: Akute Gehirnerkrankung." Aus dem Zuchthause, S. 207—211. Berlin 1903.

[3] Dazu Ut mine Festungstid in REUTER, FRITZ: Sämtliche Werke, Bd. X, S. 1—244. Leipzig o. D.

Übereinstimmungen gab es andersartige Reaktionen der Lagerinsassen, die wir gerade zu studieren begonnen haben[1].

Blutige und „kalte" Bürgerkriege haben die Einschließung oppositioneller Elemente zur repressiven Hauptwaffe entwickelt. Obschon die mechanischen Mittel der Niederhaltung nicht wesentlich voneinander abweichen, ist das immobilisierte Menschenmaterial homogener, aktiver, intellektuell und emotionell frischer als die durchschnittliche Gefängnisbevölkerung. Es sind alles Erstbestrafte mit der Ungebrochenheit, dem Mangel an Hafterfahrung und dem guten Gewissen, das solchen Neulingen eigen ist. Nichtsdestoweniger weisen auch sie nach einiger Zeit allgemeine Haftsymptome auf, ist die soziale Struktur der Lagerbevölkerung der defensiven Organisation des echten Gefängnisses nicht allzu unähnlich[2].

Das Material der Beobachtung fließt freilich aus Quellen zu, die von subjektiven Elementen nicht frei sind. Auf der Seite der Bewachenden werden Pfarrer und Arzt noch einigermaßen außerhalb der scharf abgegrenzten Kampffronten stehen (LEPPMANN in Deutschland, STANLEY, SQUIRE, WILSON in den Vereinigten Staaten). Die Anstaltsleiter sind schon deutlich Partei, wenn auch kluge Anstaltsleiter wie KRONE und LAWES sich einen kühlen Kopf bewahren konnten, während JOHNSTON eine reine Verteidigungsschrift geschrieben hat. Richter haben sich für das Schicksal derer, die sie zu Gefängnis oder Zuchthaus verurteilten, wenig interessiert. Als ein Richter von Rang ausnahmsweise einen Gefangenen besuchen mußte und das Anstaltstor durchschritt, gab er seiner Abscheu in starken Worten Ausdruck[3]. Die Erfahrungen des Richters enden mit dem Urteil, obschon der lange Prozeß sozialer Therapie hier erst begonnen hat.

Das größte Manko der Gefangenenbücher ist ihre Einengung auf Intellektuelle oder solche, die reden wollen und schreiben können. Eine

[1] Da die Sieger ihre Gefangenen länger zurückhalten als die Besiegten, sind von ihnen die besten Untersuchungen gemacht worden. So konnten Amerikaner jene Störung besser beobachten, die ein englischer Offizier „Gefängenitis" genannt hat. LUNDEN, WALTER A.: Captivity psychoses among prisoners of war, Amer. J. of Criminal law a. criminology XXXIX, S. 721, 1949, wo auch die jüngste Literatur angeführt ist.

[2] Aus dem ersten Weltkrieg seien PAUL BLUM: Menschen im Zwinger, Leipzig ohne Datum, aus der Zeit der Hitlerdiktatur EUGEN KOGON: Der SS- Staat, Das System der deutschen Konzentrationslager, LUISE RINSER: Gefängnistagebuch, München 1946, JOHANNES BERBIG: Knast, Oberursel 1947, WERNER EGGERATH: Nur ein Mensch, Weimar 1947, aus der russischen Lagersphäre HELMUT GOLLWITZER: ... Und führen, wohin du nicht willst, Bericht einer Gefangenschaft, München 1952, genannt. Hier geht die Kriegsgefangenschaft in die politische Detention über und entwickelt interessante Mischzüge.

[3] Sir PATRICK HASTINGS: Cases in Court, S. 228. London 1953. "It was a thoroughly unpleasant experience. To pass through a prison gate, even as a visitor, is a horror".

Anzahl Einbrecher, Taschendiebe und Betrüger sind aus der englischen und amerikanischen Literatur hinzugekommen, auch in Deutschland hat hie und da ein Krimineller sich geäußert. Man braucht aber nur die Delikte der Leute anzusehen, die sich in der Sammlung von JOHANNES JÄGER oder für FRITZ AUER[1] geäußert haben. Unterschlagung, Hehlerei, Urkundenfälschung stehen selbst bei diesen kurzen Äußerungen im Vordergrund, von den Sittlichkeitsdelinquenten spricht sich nur ein Homosexueller und ein Mann aus, der sich gegen Kinder vergangen hatte. Die große Mehrheit der kleinen Diebe und Betrüger ist stumm.

Wir kennen die Umbildungen, die lange Berufsausübung erzeugt. Wir wissen, daß menschliche Rassen ihre Gleichförmigkeit der Anpassung an identische Umweltkräfte verdanken. Diese Übereinstimmung legt sich wie eine Uniform über die individuellen Verschiedenheiten, die sie nicht auslöschen kann, aber doch irgendwie hierin und dorthin ausrichtet. So prägt auch das Gefängnis Muster geistiger Haltung aus, durch die angeborene Züge verwischt oder verstärkt werden. Wir sehen die Endprodukte dieser Anpassung, wenn die Jahre der Haft vorbei sind und die künstlich verkrüppelten Menschen ohne Übergang dem ungewohnten Milieu der Freiheit ausgeliefert werden. Als der Anarchist BERKMANN entlassen wurde, war er betäubt, von Straßengeräuschen überwältigt, entsetzt[2]. Inmitten teilnahmsvoller Freunde sehnte er sich nach der Zelle zurück, fürchtete er sich vor geschlossenen Räumen, Worten der Sympathie und der Gegenwart von Menschen[3]. VERA FIGNER verläßt ihr steinernes Grab in der Schlüsselburg voll „Verzweiflung über den unersetzlichen Verlust" ihrer zurückbleibenden Freunde[4]. HAU verlangt, daß seine Mutter komme, ihn nach 18jähriger Haft abzuholen, oder sonst ein Führer in die Freiheit[5]. Er traut sich nicht hinaus, und bittet vergebens, noch 2 Tage dableiben zu dürfen. FUCHS[6] beschreibt den Kannibalentanz amnestierter alter Sträflinge: sie lachten, weinten, redeten wie im Fieber, tanzten, rollten auf dem Boden herum. Einer betete, ein anderer kündigte, Schaum am Munde, die wildesten sexuellen Exzesse an. Gleichgültig, ob diese Leute abgeschreckt, gebessert oder bekehrt waren, oder nicht: sie konnten nicht mehr das sein, was sie früher gewesen waren.

---

[1] AUER, FRITZ: Zur Psychologie der Gefangenschaft. München 1905. JÄGER, JOHANNES: Hinter Kerkermauern, Ein Beitrag zur Kriminalpsychologie. Berlin 1906.

[2] BERKMAN, ALEXANDER: Prison memoirs of an anarchist, S. 486. New York 1912.

[3] Ebenda S. 487.

[4] FIGNER, VERA: Nacht über Rußland, S. 395. Berlin 1926.

[5] HAU: Lebenslänglich, a. a. O. S. 177.

[6] FUCHS, GEORG: Wir Zuchthäusler, S. 311, 312. München 1931.

Manchmal kommt es vor, daß die Natur in einer seltsamen Mutation einem oder dem anderen Menschen typische Häftlingseigenschaften eingepflanzt hat. Im Zuchthaus oder in irgendeiner anderen Art der Haft sind an den bereits vorgebildeten Zügen nur geringe Korrekturen vorzunehmen, um den „Mustergefangenen" zu ergeben. Es liegt nahe, daß diese Typen von den Vorgesetzten wohlgelitten sind und in der Anstalt bald in Regionen aufsteigen, in denen die Haftschädlichkeiten stark abgemildert sind. Als Beispiel für die sonstige misera plebs des Gefängnisses sind diese Gestalten von der Verwaltung sehr geschätzt, obgleich ihre unsolidare Haltung wie die erreichte Distinktion ihnen den heftigen Neid und Haß der anderen Gefangenen zuzieht. Man kann zwei Spielarten des Menschen unterscheiden, der für die Umwelt der Gefangenschaft vorgeprägt ist. Das eine sind infantile Menschen, die nie erwachsen, nur groß geworden sind und von einer „Kindersituation" in die andere hineinfallen. Bjerre[1] hat sehr feinsinnig auf diese chronische „totale Abhängigkeit eines absolut Schwachen von absolut Starken" hingedeutet, die sowohl den willenlosen Gefangenen wie den autoritären Wärter befriedigt und dem unnatürlichen Verhältnis eine gewisse Stabilität sichert. Sehr hübsch ist auch jener Mann in einem französischen Interniertenlager geschildert, der unter der Devise „Man ist Gefangener, oder man ist es nicht" die Internierung als eine gradlinige Fortsetzung seiner Pflichten als Bürger und Kassierer auffaßte und bestrebt war, Vorbild und Ideal eines Gefangenen zu sein[2]. Bei diesen seltenen Gestalten kann von einer Psychologie des Gefangenen im Sinne einer Umbildung nicht die Rede sein. Es gibt, wie es scheint, Produkte der spielerischen Natur, die auf die unnatürlichsten Lebenslagen zugeschnitten sind und hier erst ihre Erfüllung finden[3].

In der Zeit langer Freiheitsstrafen und kürzerer Lebensdauer konnte der Zustand, in dem der Gefangene die Anstalt verließ, unbeachtet bleiben, denn Armenhaus, Tuberkuloseheim und Tod machten dem sozialen Problem des menschlichen Wracks ein Ende. Heute leben langjährige Gefangene jahrzehntelang in einer Freiheit, deren sie entwöhnt

---

[1] Bjerre, Andreas: Zur Psychologie des Mordes, S. 75. Heidelberg 1925.

[2] Blum, Paul: Menschen im Zwinger, S. 38—41. „Wer sprang um 7 Uhr morgens beim ersten Trompetenstoß mit beiden solid behaarten Beinen von seinem Lager auf? Griepenkerl. Wer hatte längst vor der festgesetzten Zeit seine Decken ausgeschüttelt, sein Bett in Ordnung gebracht und seinen Platz gekehrt? Griepenkerl. Wer verlöschte sein Licht um 9 und schnarchte um $^1/_4$10, keine Minute später, keine früher? Griepenkerl."

[3] „Je näher der Zeitpunkt des Abtransports rückte, desto deutlichere Zeichen innerer Unruhe, ja seelischer Bedrücktheit waren an dem sonst so Gefestigten zu bemerken ... der Zwang, die geregelte, alles Denkens entbindende Stellung eines Internierten gegen die verwirrenden Möglichkeiten einer unberechenbaren Zukunft einzutauschen, lastete ... auf seinem Gemüt." Ebenda S. 40, 41.

sind. In Leavenworth war es nicht selten, daß Gefangene nicht mehr weg wollten, inständig baten, nicht weggeschickt zu werden, und, wenn nichts half, einen Fluchtversuch anstellten, um eine neue Strafe zu erhalten[1]. Zwischen dem Gefangenen und „seiner Zelle" entwickelt sich ein Besitz- und Heimatverhältnis[2]. Selbst ein alter Zellbau wächst den Insassen ans Herz, und Unzufriedenheit ergreift sie, wenn sie in ein neues und moderneres Gebäude verlegt werden sollen. So weit kann der Prozeß der Anpassung an das unnatürliche Milieu fortschreiten. Es hat wilde Tiere gegeben, die sich nur noch in ihrem Käfig sicher fühlten, und wenn sie zufällig entsprungen waren, immer wieder in die Enge flüchteten. Der Gefangene, der nachts läutet und im Zuchthaus wieder eingelassen werden will, ist eine Figur der Wirklichkeit[3].

Noch in anderer Beziehung kann lange Haft den Menschen lebensunfähig machen, wenn Alter und widrige Umstände hinzukommen. Wir richten nicht nur einen musterhaften Gefangenen her[4], dem Initiative und innere Widerstandskraft verlorengegangen ist, sondern wir vermehren die Zahl der Opfer, von denen sich der Typ des menschlichen Raubtiers nährt, um ein neues hilfloses Exemplar. Ein alter Bankräuber, 70 Jahre alt, der mehr als die Hälfte seines erwachsenen Lebens in Haft verbracht hatte, wurde als ungefährlich entlassen. Man sagte ihm nach, daß er Banken um Millionen erleichtert hätte. Jetzt besaß er nichts als drei junge Hunde und einen Zehn-Dollarschein. In seiner ersten freien Nacht fiel er in New York unter die Diebe. Als er erwachte, war sein Geld, waren seine Hündchen, Rock, Hut und Schuhe weg. „Hunderte von Menschen, vielleicht Tausende sind ebenso hilflos, wenn sie die Gefängnismauern hinter sich lassen. Wir sind nicht imstande, etwas für sie zu tun[5]." Wir haben die Kriminalität mühsam

---

[1] Wilson, Donald Powell: My six convicts. A psychologist's three years in Fort Leavenworth, S. 74. New York 1951.

[2] ... "The cell ... was in many instances the only place in the world that was theirs." Ebenda S. 74.

[3] Squire, Amos O.: Sing Sing doctor, S. 25. Garden City 1935. — Am 19. Oktober 1950 klopfte der 65jährige J. D. Rhodes am Tor des Gefängnisses von Kilby im Staate Alabama an und wollte wieder in seine Zelle zurückgenommen werden. Er war vorläufig aus lebenslänglicher Haft entlassen worden. Seine Bitte wurde gewährt. Der Anstaltsleiter meinte, daß der Mann wegen seines Alters sich wahrscheinlich an das Leben in Freiheit nicht habe anpassen können. Kansas City Times vom 20. Oktober 1950.

[4] „Hugo ist das Muster eines Gefangenen. In den langen Jahren seiner Haft ist niemals etwas gegen ihn vorgebracht worden... Als Gefangener ist er etwas Besonderes in seiner Art. Junge Gefangene sehen ihn mit Ehrfurcht und einer Spur von Respekt an. Er ist ein ‚Alteingesessener', ein Gefängnisaristokrat. ... Ob er auf eigenen Füßen stehen kann, wenn er entlassen ist, ist fraglich." Lawes: Twenty thousand years, a. a. O. S. 267.

[5] Lawes: Ebenda S. 267.

zurückgedrängt, und dem Rechtsbruch auf dem Wege über ein neues, entwaffnetes Opfer Vorschub geleistet.

Die amerikanischen Gefängniskenner haben für die Tatsache, daß wir den Gefangenen für die Härten und Versuchungen des wirklichen Lebens „abrüsten“ emotionell verschlammen und verschlacken, nach einem passenden Ausdruck gesucht. CLEMMER hat von „Prisonization“ gesprochen[1], LAWES im Anschluß an soziologische Vorbilder von „Institutionalization[2]“. Es sind die „Verwerfungs“-Erscheinungen, die die Umwelt der Anstalt hervorruft. Sie können so stark ausgeprägt sein, daß sie für die Freiheit und ihre härteren Anforderungen verkrüppeln. Wir haben den Sträfling gebogen und gezerrt, bis er in das Prokrustesbett der Anstalt paßte. Jetzt paßt er nicht mehr in das Leben hinein. Der Entlassene kann, zumal wenn Alterserscheinungen hinzugekommen sind, den Mitmenschen nicht mehr schaden. Wir haben vergessen, ihn so zurechtzumachen, daß andere ihm nicht mühelos Schaden antun können. Wir haben nicht einmal Systeme des Übergangs von einem Milieu zum anderen gefunden.

Kluge Gefangene sehen der Krise mit Bangen entgegen. BERKMAN spricht in seinem Tagebuch von den Fesseln eines aufgezwungenen Parasitismus, die der alte Sträfling erst einmal abschütteln muß, bevor er mit atrophierten „Beinen“ die ersten Gehversuche in Freiheit unternimmt[3]. Um diese Menschen in großen Mengen und mit relativer Sicherheit verwahren zu können, mußten sie wirtschaftlich und persönlich zu Parasiten werden; sie in die Freiheit, die wir in tausend Liedern feiern, unversehens zurückzuwerfen, würde ein neues, unverzeihliches Verkennen sein.

Die Psychiater haben zahlreiche Haftstörungen beschrieben und unter klinische Bilder eingereiht. Sie gehören nicht mehr zur Psychologie der Gefangenschaft, der körperlichen und seelischen Umstellung auf die von menschlicher Willkür geschaffenen und aufrechterhaltenen Verhältnisse der Haft. Wie dem Entlassenen schwindelt, wenn er zum ersten Male wieder an die frische Luft tritt, so sind alle seine Reaktionen auf Bedingungen ausgerichtet, die das normale Leben nicht kennt. CHARLES DICKENS stellte in Philadelphia die Frage, ob die Entlassenen an der Pforte der Anstalt sehr zittern. „Nun“, war die Antwort, „es ist eigentlich kein Zittern. Sie schütteln sich, weil ihr Nervensystem vollkommen in Unordnung ist. Sie können ihren Namen nicht mehr in das Register schreiben. Sie können bisweilen nicht einmal die Feder halten. Sie blicken um sich, ohne zu wissen, warum oder wo sie eigentlich

[1] CLEMMER: a. a. O. S. 298. Der Ausdruck ist nicht schön, aber er bezeichnet einen bestimmten Prozeß.

[2] LAWES: Twenty thousand years, S. 275.

[3] BERKMAN: Memoirs S. 477 und 478.

sind. Manchmal stehen sie auf und setzen sich wieder, zwanzigmal in der Minute.... Wenn sie aus dem Tor herausgehen, halten sie inne. Zuerst sehen sie hierhin, dann dorthin, ohne zu wissen, wohin sie gehen sollen. Bisweilen taumeln sie, als ob sie betrunken wären, oder müssen sich an einen Zaun lehnen, so schlimm steht es mit ihnen. Aber dann kommen sie darüber hinweg[1]."

Häufig sind die Symptome nicht so schwer und so kraß[2]. Die seelischen Veränderungen werden sich erst dann bemerkbar machen, wenn im freien Leben Schwierigkeiten auftreten und feinere Anpassungen an Menschen und Lebenslagen erfordert sind. Zu diesen erhöhten Ansprüchen der Umwelt an ein geschwächtes Menschenkind gehört das Faktum des Vorbestraftseins. Wenn sie mit dieser Verfinsterung der Umwelt fertig werden müßten, die sich vor allem im Berufsleben geltend macht, so würden viele niemals Bestrafte scheitern.

II.

Tiere und Menschen haben sich dadurch vor der Vernichtung und dem Aussterben bewahrt, daß sie die verschiedensten Mittel der Abwehr entwickelten: Stärke, Schnelligkeit, giftige Stoffe, beizenden Geruch, nächtliches Leben. Neben unerschöpflicher Vermehrung und Intelligenz haben manche Tiere und die Menschen organisiertes Zusammenleben zum Instrument des Überlebens ausgebildet. Menschen treten aber nur zu Gruppen zusammen, wenn starke soziale Instinkte sie zusammenführen und zusammenhalten. Diese Triebe sind irgendwo in unserm Gehirn lokalisiert. Sie sind beim moral insane verkrüppelt, beim Heiligen hypertrophiert, beim sog. normalen Menschen in mäßigem Umfange anzutreffen, obwohl sie, oft überdeckt und verschüttet, in jeder allgemeinen Notlage mit Macht hervorbrechen. Es ist immer wieder beobachtet worden, daß beim Brande eines Zuchthauses die Gefangenen instinktiv zugreifen und ein Gebäude zu löschen suchen, das ihnen aufs höchste verhaßt ist.

Diese sozialen Instinkte sind beim einfachen Menschen stärker entwickelt, weil er, des Eigentumsschutzes entblößt, mehr auf die Hilfe des Nebenmenschen angewiesen ist, um existieren zu können. In den Tiefen der Gesellschaft werden nur die Eigenschaften geschätzt, die

[1] American notes and pictures from Italy, S. 91 und 92. London 1903.

[2] Von ihrer Entlassung berichtet FIGNER, VERA: „Doch kaum habe ich die gewohnten Grenzen überschritten und bin in die Wachstube eingetreten, da erfaßt mich ein Schwindel. Der Körper verliert sein Gleichgewicht, der Boden schwankt unter meinen Füßen, und die Wand, nach welcher ich vergeblich greifen will, flieht vor mir. Unter Tränen rufe ich: ‚Ich kann nicht gehen, die Wand bewegt sich! — ich kann nicht gehen.' Die mich begleitenden Gendarmen stützen mich mit der Erklärung, das komme von der frischen Luft ..." FIGNER: a. a. O. S. 396.

den anderen aufs engste berühren, seine Hilfsbereitschaft, seine Verbundenheit mit der Gruppe, in der er lebt, sein Mitgefühl und seine Solidarität. Stark und klug ist der Mensch nur für sich selbst. Ein Krimineller hat einen anderen Dieb einen ehrlichen Kerl genannt. Was er meinte, war nicht die allgemeine Ehrlichkeit, sondern die Zuverlässigkeit im Einstehen für seine Gruppe.

Sind einmal Instinkte im Menschen angelegt, d. h. irgendwo im Gehirn organisch verankert, so verlangen sie nach Betätigung. Wird ihnen die lustvolle Funktion versagt, so tritt die Stillegung im Bewußtsein als Schmerz auf. Kinder und junge Tiere, die hilflos sind, empfinden die Einsamkeit als eine Bedrohung und suchen durch Weinen, Bellen und heftige Klagelaute Anschluß an die Gemeinschaft. Ihr soziales Gefühl ist noch nicht durch eigene Strebungen überwucht. Sie hängen vom Schutz der Gruppe ab, wissen, daß Alleinsein tödlich ist.

Die ungeheure Fülle der Außenreize, die Tag für Tag auf den Menschen niederregnen, kommt ihm erst dann zum Bewußtsein, wenn er isoliert wird. In der Strafanstalt geht diese Absperrung von den milderen Graden der Gemeinschaftshaft zum Extrem des Dunkelarrestes, wo wir nicht nur von anderen Gefangenen, sondern auch von Licht, Luft und Nahrung weitgehend isoliert sind. Dazu treten Komplikationen: es gibt gewisse, auch vom Gefangenen verabscheute Delikte, die Einsamkeit verbreiten. Der Beruf des Gefangenen kann ein isolierendes Moment sein, oder seine Herkunft aus einer verhaßten Gesellschaftsschicht oder Gruppe. Neben der Absperrung, die der Staat verhängt, kann die Gesamtheit der Gefangenen eine Zone der Verachtung um den Mitgefangenen legen und ihm das Leben aufs äußerste erschweren. So geht es dem Spitzel, wenn ihm nicht Schlimmeres zustößt. Auch gibt es psychologische Kategorien des Vereinsamten, die ihr Alleinsein in die Isolierung der Anstalt hineintragen, der verwitwete Mann z. B., das schwarze Schaf der Familie, der schwerblütige Bauer, der seiner Kirche entfremdete Geistliche, der Einwanderer, der politische Verräter und andere Entwurzelte. Wir hören zuweilen, daß Verurteilte nicht unter der Einsamkeit des Anstaltslebens gelitten haben, aber der Dichter Oscar Wilde oder der Rechtsanwalt Karl Hau sind keine normalen Typen, wie ihr Ende lehrt. Der einfache Mensch ist auf die hilfreiche Kraft menschlicher Beziehungen angewiesen. Diese Sehnsucht nach Gemeinschaft[1] ist elementar und von naiver Unerschöpflichkeit.

[1] Der englische Ausdruck companionship ist weit besser, aber unübersetzbar. Dieses Bedürfnis nach menschlicher Nähe ist die Ursache vieler neuen Schwierigkeiten. Siehe Squire, a. a. O. S. 25 und Lawes, Twenty thousand years S. 275. Von Dartmoor, einer technisch ausgezeichnet geleiteten Anstalt sagt James Spenser (Limey breaks in, S. 277, London 1934): „Für die meisten war Dartmoor ein schrecklicher Traum. Gesellige und anschlußfreudige Menschen, die nie in

Das Gefängnis zerhackt alle menschlichen Beziehungen, hat ihren völligen Abbruch als Disziplinarstrafe entwickelt. Selbst bei der Abendmahlsfeier, deren tiefster Sinn „Kommunion" ist, werden die Häftlinge in manchen Anstalten streng getrennt[1].

Die Isolierung hat nicht in allen Phasen der Haft die gleiche Wirkung. Sie ist am schmerzlichsten in Augenblicken größter menschlicher Schwäche, wenn die Mutter gestorben ist, wenn das Scheidungsurteil zugestellt wird, wenn ein Wiederaufnahmeantrag oder ein Gnadengesuch abgelehnt ist. Sie trifft den Gefangenen am härtesten in den ersten Monaten der Haft, und wenn der Tod kommt. STADE spricht hier vom Fehlen einer mitfühlenden Hand und des letzten Liebesdienstes[2]. Man möchte eher meinen, daß der Wegfall aller, das Sterben erleichternden, teilweise abergläubischen Hantierungen und Vorkehrungen den todkranken Gefangenen bedrückt, vielleicht auch das Ende aller Hoffnungen auf Freiheit, die jetzt seine höchste Sehnsucht geworden ist. Der Sterbende will nicht in das himmlische Leben eingehen, ohne vorher noch einen Blick auf das irdische getan zu haben, das man ihm, aber auch er sich vorenthalten hat. Die blitzende, weißgekachelte Helle des Anstaltskrankenhauses, die schon den gesunden Sträfling als übersachlich und teilnahmslos irritiert, scheint das Sterben schwerer zu machen, als es in der engsten und ärmsten Behausung nichtamtlicher Menschen sein würde.

Wenn die Isolierung nicht zu lange dauert und junge, in ihrem kriminellen Dasein ruhelose und aktive Männer diesem Einschluß unterworfen werden, so kann es vorkommen, daß kurze Isolierung genossen wird. SPENSER hatte in Dartmoor 16 Stunden des Tages von 24 in seiner Zelle zu verbringen. „Lange Stunden enger Haft", schreibt er, „waren für mich keine Härte, eher eine Freude[3]." BLACK berichtet, daß er nach seiner Entlassung aus einem kanadischen Gefängnis „in vollkommenem physischem Zustand war. Das hatte ich regelmäßigem Schlafe,

ihrem früheren Leben ohne die Gemeinschaft ihrer Genossen gewesen sind und für die Lesen und Denken eine Tortur war, duldeten Qualen ob dieser aufgezwungenen Einsamkeit." Diese Isolierung ist Sonnabend nachmittags und Sonntags besonders verschärft. — „Heute ist wieder Sonntag, der tödlichste Tag für Gefangene und Einsame." LUXEMBURG, ROSA: Briefe aus dem Gefängnis, S. 20. Berlin 1950.

[1] SCHLATTER, G. F. (Das System der Einzelhaft, S. 146, Mannheim 1856), verteidigt die Regel mit folgendem Sophismus: ... „Es haben nicht nur sämtliche Sträflinge, die für sie gemeinschaftlich bestimmten und auf dem Altar aufgestellten Zeichen des Brotes und Weines im Auge, sondern das Brot wird auch immer je zweien gemeinschaftlich gebrochen und dargereicht, wodurch alle wesentlichen Bedingungen einer Communion erfüllt sind."

[2] STADE, REINHOLD: Gefängnisbilder, S. 192. Leipzig 1902.

[3] Limey breaks in, a. a. O. S. 277. Er ging langsam um sein Bett herum und träumte von den Genüssen der Zukunft.

regelmäßiger Arbeit und der knappen Kost zu verdanken[1]". Er war geradezu in dieses Gefängnis und die Kur, der er unterworfen wurde, verliebt. Nur gebessert wurde er nicht.

Unser ganzes Leben spielt sich im Rahmen von Gruppen ab, besonders der einfache Mensch wandert im Laufe des Tages von einer Gemeinschaft zur anderen, zu den Kollegen in der Fabrik, der Gewerkschaft, der Partei, der Nachbarschaft, den Bekannten des Stammtisches, des Gesangvereins oder des Kegelklubs. Da ist die Familie, ein paar Freunde, die Gruppen, die sich zu Geburtstagen, Hochzeiten, Begräbnissen, zum Jahrmarkt und andern Gelegenheiten zusammenfinden, bei denen man in der Anziehungskraft der Masse untertaucht. Wir feiern, wir trauern gemeinsam, wir essen, wir arbeiten zusammen, tuen Gutes zusammen und begehen gemeinsam Dummheiten. Abgesehen von ein paar Sonderlingen sind wir mehr Mitmenschen als Individuen. Und plötzlich sind wir allein. „Es ist eine schöne Sache um das Alleinsein", sagt Fritz Reuter aus gründlicher Erfahrung... „Aber das Herz muß frei sein und das alte Unglück verwunden. — Mein Herz war nicht frei, mein Herz war schwerer in Ketten und Banden als meine Knochen; Jahr und Tag dasselbe! Und heute das gleiche seit Jahr und Tag! — Nichts war verwunden, und in der Zukunft lagen 30 Jahre Gefängnis. Träume sich einer durch eine 30jährige Nacht in den hellen Morgen hinein[2]." Dabei hatte Reuter nur die relativ milde Festungshaft der Reaktionszeit zu verbüßen.

Neben der mechanischen Isolierung gibt es eine psychologische Absonderung, die viel schwerer wiegt. Um sich gegenüber der physischen und organisatorischen Übermacht des Staates retten zu können, muß er zu täuschen verstehen. Zur Täuschung gehört enger Zusammenhalt der Gefangenen, Einhaltung einer verbindlichen Moral. Aus diesem Grunde sind autistische, zum Verrat neigende Häftlinge größere Feinde der Gefangenengemeinschaft als die Wärter, weil sie sich — allerdings gegen ihren Willen — in die Bastille der Gefangenengeheimnisse eingeschlichen haben. Sie werden bald entdeckt und lahmgelegt. Weil sie diesen Haß spüren, schlägt ihre Furcht, die mit Abneigung gemischt ist, zurück. Sie gehen zum Feinde, zur Staatsgewalt, über. Jetzt legt sich der Ausstoßungsmechanismus der Mitgefangenen auf sie. Um sie moralisch und physisch am Leben zu erhalten, müssen sie in andere Flügel oder andere Anstalten verlegt werden[3].

Dostojewski hat einen Gefängnisspion beschrieben, einen Adeligen und Vatermörder, dem sein äußerster Haß galt[4]. Er erwähnt dabei

---

[1] Black: a. a. O. S. 277.

[2] Gesammelte Werke: Ut mine Festungstid, Bd. X, S. 16.

[3] In New York gab es vor wenigen Jahren noch eine besondere Haftanstalt für State's witnesses mit dem Namen Singing School.

[4] Dostojewski: S. 105.

die seltsame Tatsache, daß die Gefangenen sich über Verräter dieser Art nicht sonderlich aufregten, ja ihn wegen seiner Macht und seiner Stellung bei den Vorgesetzten höflicher behandelten als die anderen politischen Gefangenen. Es ist schwer zu sagen, worin der Unterschied östlicher und westlicher Anschauungen begründet liegt. In den Strafanstalten des Westens werden Typen, die ihrer Natur nach zum „Feinde" neigen, oder auch nur neutral bleiben wollen, mit dem größten Abscheu angesehen und als „Verbrecher" behandelt. Sie werden erst vom Staate, dann von der Gefängnisgesellschaft zur Isolierung verurteilt. BJERRE hat einen Mörder gezeichnet, der einfach dadurch sündigte, daß er für niemand und nichts Mitgefühl empfand[1]:

„Indessen lag es in der Natur der Sache, daß Gunnarson, ebenso wie die meisten anderen Verbrecher seines psychologischen Typs, allmählich bis zu einem gewissen Grade wirklich objektiv berechtigt wurde, sich von den Kameraden im Gefängnis ausgestoßen, gebrandmarkt, verabscheut und sogar verfolgt zu fühlen. Die große Mehrzahl seiner Mitgefangenen, die Hauptmasse in der gemeinsamen Abteilung des Gefängnisses, merkte bald, daß er nicht ein einziges ihrer täglichen Interessen teilte, und das allein machte ihn natürlich in ihren Augen verdächtig, weil sie ihn nicht begreifen konnten; ferner sahen sie auch, daß er niemals einen Funken von Mitgefühl oder Hilfsbereitschaft für einen Kameraden übrig hatte, und wie unendlich wenig auch Verbrecher in dieser Richtung voneinander erwarten mögen, so machte ihn das doch auch auf die Dauer verhaßt. Auf diese Weise wurde er binnen kurzem eine Zielscheibe für die allgemeine Unlust oder Zerquältheit im Gefängnis, die natürlich beständig nach einem Objekt zur Entladung sucht. Seine Angst trennte ihn von seiner ganzen Umgebung und zog ihm dadurch ihren Unwillen zu, der natürlich wiederum diese Angst aufpeitschte usw. in typischem circulus vitiosus."

Nie darf außer acht gelassen werden, daß es Stufen der Isolation gibt und damit Grade der Schädigung[2]. Der Meistereinbrecher Emil Strauß behauptete in seiner Verteidigungsrede, beinahe 14 Jahre von 15 in strenger Einzelhaft zugebracht zu haben. Er hob die lähmende Wirkung langer Isolierung hervor und verglich die Freiheitsstrafe mit einem starken Narkotikum wie etwa Opium, Kokain oder Morphium, das die Kampfkraft ums Dasein entscheidend schwäche und den Rückfall vorbereite[3].

III.

Mit Unrecht hat man unter „Isolierung" nur den Abschluß vom selbstgewählten menschlichen Umgang verstanden. Der Mensch ist noch fester nach uralten Gesetzen mit anderen Formen des Lebens

[1] BJERRE: S. 75.

[2] „Ich habe auch keinen einzigen gekannt, dem die Gefangenschaft ein Segen gewesen wäre, einige wenige, die sie ohne Schaden überstanden haben." HAU: S. 75. Er wies einem Besucher, der ihn an die Ähnlichkeit mit einem Trappistenkloster erinnerte, auf den Unterschied von freiwilliger und erzwungener Einsamkeit hin.

[3] OTTEN, KARL: Der Fall Strauß, S. 43, 44. Berlin 1925.

verbunden, von denen er abgesperrt wird. Ganz ohne kurze menschliche Berührung wird er nicht sein, auch im Dunkel der Disziplinarzelle muß einmal ein Arzt oder ein Wärter auftauchen. Vollkommen wird die Absonderung von der Welt der Pflanzen durchgeführt, Bäumen, Blumen, Büschen. Ohne daß der Kulturmensch es weiß, ist er mit diesen Lebenserscheinungen aufs engste verknüpft. Wir drängen aus Asphaltwüsten sonntags ins Grüne, werden lustig und belebt, weil wir zu primären Kräften zurückkehren. Parks und Anlagen sind ein Versuch, uns die verlorene Natur wieder vorzuzaubern. Blumen stimmen uns festlich, dienen als Vermittler freundlicher Gefühle, sind eine Gabe, die wir den Toten nicht verweigern mögen.

Die Zelle ist grau, lichtlos, aus Stein oder Zement. Sie schließt den Anblick, die Geräusche und Gerüche der Natur aus und läßt von allen Bewegungen und wechselnden Farben nur noch ein Stückchen Himmel übrig[1]. Ein Zusammenhang wird zerrissen, dessen Stärke erst dann empfunden wird, wenn der entlassene Sträfling wieder mit Partikeln der Natur in Kontakt kommt. Nach 11jähriger Haft geht Jack Black in einen kleinen Park, wo es still ist, und legt sich ins Gras. „Es tat so wohl, es zu berühren und das Gras wieder zu riechen, daß ich nicht genug davon bekommen konnte. Mir schien, als sei das Gras das Allerschönste in der Welt. Mir war zumute, als ob ich es essen könnte[2].“ Mit einem Male erwachte der gemißhandelte Geruchssinn und entdeckte neue Wunder. Wenn das Heu auf den Wiesen um Dartmoor zu riechen anfing[3], war eine Verbindung mit dem Leben wiederhergestellt. Es tat den Menschen unendlich gut, „die krank vom Anblick und Geruch von Stein waren“. Hier setzte sich das Dasein zyklisch fort, dort in der Zelle war der Geruch des Todes[4].

Aber es ist nicht nur das Duften und Blühen der Pflanzen, das nur in Bruchstücken an die Sinnenwelt des Gefangenen herantritt, sondern noch andere Vorgänge, die uns selbstverständlich geworden sind wie die Bewegungen von Sonne, Mond und Sternen, der Umlauf der Jahres-

[1] Die Arrestzelle nimmt auch diesen letzten Rest weg und betont die „Beraubung“, indem sie Kleidung und Essen entzieht. Vera Figner schreibt (S. 278): ... „Die Tür fiel zu und ich war allein. Die enge Zelle war kalt und unsauber: die Wände schmutzig, der angestrichene Asphaltboden löchrig, ein unbeweglicher kleiner Tisch und eine kalte eiserne Pritsche, weder Matratze, noch Strohsack.... Stille ringsum. Umsonst warte ich darauf, daß die Gendarmen mit einem Strohsack und einer Decke zurückkommen würden. Ich hatte nichts als das Hemd, einen dünnen Baumwollrock und den Arrestantenmantel an und begann vor Kälte zu zittern...“

[2] Black: a. a. O. S. 375.

[3] Spenser: a. a. O. S. 288.

[4] „Nicht nur Menschen, auch die Natur, die Farben, Töne, alles war für uns verschwunden. An Stelle dessen blieb ein düsteres Grabgewölbe mit geheimnisvoll vermauerten Zellen.“ Figner, Vera: S. 265.

zeiten, Flut und Ebbe der Tageszeiten, die der Häftling entbehrt, oder nur flüchtig erhaschen kann[1]. Manche Menschen wie Jäger, Seeleute und Bauern sind mit der Natur enger verwachsen als andere. HAU[2] hat berichtet, daß die ziemlich zahlreichen Bauern aus dem Schwarzwald, die in Bruchsal wegen Blutschande saßen, die Einzelhaft sehr schwer trugen. Umgeben von Vorgängen der Fruchtbarkeit, eingespannt in den Rhythmus der Jahreszeiten müssen Bauern die Dürre und Einöde der Haft besonders stark empfinden. Daß die Trennung hier nicht Mann und Frau, sondern Vater und Tochter betraf, ändert nichts an der emotionellen Bindung, die, wie wir wissen, häufig sehr leidenschaftlich ist. Beim Bauern ist neben der Frühjahrsunruhe die Rastlosigkeit der Erntezeit zu beobachten, die ihm seit zahllosen Generationen im Blute sitzt und ihn an Flucht denken ließe, wenn Bauern überhaupt flüchten wollten oder könnten. Selbst in Sibirien überfallen eigenartige Regungen die Sträflinge[3]:

„Wieder hat der April begonnen, die Osterwoche kommt heran.... Mit jedem Tag wird die Sonne heißer und stechender und die Luft duftet nach dem Frühling, und wirkt belebend auf den Organismus. Die nahenden schönen Tage erregen auch den eingeschmiedeten Gefangenen und erzeugen in ihm ein gewisses Wünschen, Streben und Sehnen. Es scheint, als ob man unter den hellen Sonnenstrahlen noch tiefer um die Freiheit trauere, als an unwirtlichen Tagen im Winter oder im Herbst, und das bemerkt man bei allen Sträflingen. Sie scheinen sich zu freuen über die lichten Tage, aber zugleich damit wächst in ihnen eine gewisse Unruhe und Gereiztheit."

Mit der Frühlingsluft, die alle Mauern übersteigt, werden die Gefangenen erst dessen bewußt, was sie verloren haben, allen voran die Landbewohner, die jungen Menschen und die Gesunden.

Zur Natur, die uns mit ihrer Lebensfülle umgibt, gehören auch die Tiere. Ich meine nicht die Tiere, die einem praktischen Zwecke dienen wie jene Tauben der Bastille. Ein Tier war in ein Zimmer geschlüpft,

---

[1] „Über dem mit Obstbäumen bestandenen Hügel, der sich jenseits der Mauer erhebt, ist die Sonne aufgegangen. Manch sehnsüchtiger Blick schweift hinüber nach dem kleinen Stück freier Natur, mit tiefen Zügen wird die würzige Morgenluft eingeatmet in die sich weitende Brust. Welch eine Wohltat nach langem Hocken in enger Zelle. Aber auch welch ein Schmerz beim Anblick der schönen Welt, von der man ausgeschlossen ist." HAU: a. a. O. S. 62. — Eine Phase der Abstumpfung nach langen Jahren beschreibt VERA, FIGNER: „Vorn sieht man die dunkle Newa, ihre Gewässer, auf denen sich kleine Wellen bilden, glänzen bleiern. Mitten im Strom steht unbeweglich der Dampfer, auf dem anderen Ufer sieht man in rosarotem Schimmer die trüben Umrisse einer Ortschaft. Alles ist schön; ich bin mir dieser Schönheit bewußt, aber ich fühle sie nicht, ich freue mich ihrer nicht, ich bin nicht hingerissen, und ich wundere mich selbst, daß ich so kalt bleibe und nur beobachte." FIGNER: a. a. O. S. 397, 398.

[2] HAU: S. 43.

[3] DOSTOJEWSKI: a. a. O. S. 297. — „Ich habe tatsächlich bemerkt, daß es im Frühling viel häufiger Streit im Ostrog gab. Häufiger hörte man Lärm, Geschrei und Toben, wurden Intrigen gesponnen..."

der Gefangene hatte eine Mitteilung unter ihren Flügeln befestigt, die vielleicht seine Freunde erreichen könnte. Daraufhin ließ Bernaville, der Gouverneur der Bastille, sofort alle Tauben und Vögel töten, die um die Bastille nisteten[1]. Aber immer wieder gelingt es Tieren, in eine Zelle einzudringen, einer Spinne[2], einer Fliege[3], Küchenschaben[4], Mäusen, Sperlingen. Manchmal sind dem einsamen Untersuchungsgefangenen schon die Schatten der Tauben Trost und Ablenkung, die von den Frauentürmen her vor sein abgeschirmtes Fenster fliegen[5]. Die seltsamsten Widersprüche werden beobachtet. In Sing Sing wirft sich ein Gefangener, der 3 Menschen getötet hatte, in größter Lebensgefahr unter einen Lastwagen, um einen kleinen häßlichen Pinscher zu retten[6]. Ein anderer Mörder, ein Italiener, der für die Kühe sorgte, sollte auf tierärztliche Anordnung ein altes Tier zum Schlachten abliefern. Tränenüberströmt kommt er zum Direktor und bittet um das Leben des unnützen Tieres, für das er schließlich bis an sein Lebensende treulich sorgt[7]. Bei den Vögeln, die von Gefangenen versorgt werden, kommt es nach LAWES niemals vor, daß sie in Käfigen verwahrt werden, so verhaßt scheint ihnen jede Form des Zwanges geworden zu sein[8].

DOSTOJEWSKIS Mitgefangene hätten am liebsten die Baracken mit Vögeln und Haustieren angefüllt, aber, obschon die Tierhaltung eine gute Übung im Austausch feinerer Gefühle gewesen wäre, obschon sie dem Fürsorgetrieb des isolierten Menschen ein Objekt gegeben hätte, war sie verboten. Aus Ordnungsgründen war diese indirekte Form der Resozialisierung nicht erlaubt[9]. Dafür hatte DOSTOJEWSKI das Erlebnis mit dem Hunde Scharik. Jeder trat ihn und verachtete ihn. Als er aber zum ersten Male seit Jahren freundlich gestreichelt worden war,

---

[1] LINGUET: Memoiren, S. 80.

[2] LINGUET: S. 80, wo sich in der Zitadelle von Pignerol folgendes zutrug: Ein Graf hatte eine Spinne mit unendlicher Geduld so zugerichtet, daß sie ihm aus der Hand fraß. Der Gouverneur zertrat die Spinne, weil ein Verbrecher wie der Graf der geringsten Zerstreuung unwürdig sei.

[3] „Nach meiner Ansicht führt sie (die Langweile) bei langer Dauer zum Wahnsinn, erfreut man sich doch manchmal an einer Fliege, die gelegentlich in die Zelle kommt.“ AUER: a. a. O. S. 80.

[4] LAWES: Life and death, S. 85. Die Skala der Tiere in Sing Sing geht vom Zaunkönig zum 500 Dollar-Papagei, den ein Lebenslänglicher von einem Gönner zum Geschenk bekam.

[5] FUCHS (a. a. O. S. 13) empfand im Stupor der Verhaftung die Tauben, die er mit Brotkrumen fütterte, als „freundliche Gefährten“, obschon er die Tiere nur als Schatten an der Wand sehen konnte.

[6] LAWES: Life and death, S. 84.

[7] „She gooda friend“, flehte er. Ebenda S. 84.

[8] Ebenda S. 85.

[9] DOSTOJEWSKI: a. a. O. S. 292.

stürzte er von jetzt an, wenn DOSTOJEWSKI in die Anstalt einrückte, heulend auf ihn los, leckte ihn ab, und wurde von ihm geküßt[1].

Nach LAWES' Meinung sind Katzen in Sing Sing nicht beliebt[2]. Vielleicht ist es der ungebrochene Freiheitsdrang der Katze, der den Gefangenen verletzt, weil er, der ewig Beherrschte, auch einmal herrschen will, ohne auf Widerstand zu stoßen. Aber da ist die Geschichte des Katers Pompon aus einem Gefangenenlager des ersten Weltkrieges. Pompon war ein französischer Kater, der „unberührt vom Gifthauch menschlicher Zwietracht und Gehässigkeit, dem Fremdling, dem Feinde, in vorurteilsloser Liebe anhing[3]", ein echter, seltener Europäer.

Die Verurteilung, die den Gefangenen getroffen hat, lautet nicht nur auf ein paar Jahre der Haft; sie ist auch eine moralische Verwerfung In dieser Welt der Werte stellt das Tier ein wirklich unbefangenes Element dar. In höchster Unparteilichkeit fragt es nur nach den Relationen des Augenblicks, nicht nach der Vergangenheit, dem Strafregister und dem, was einmal war. Das Tier wird herangelockt, gepflegt, seine Scheu wird langsam mit reellen Mitteln überwunden. Die wirkliche Wohltat erwidert das Tier mit wirklicher Anhänglichkeit, die dem verlassenen Menschen in tiefster Seele wohltut. In der Beziehung des Nehmens und Gebens liegt etwas wie Gleichgewicht der Kräfte, deutlicher gesagt wie „Gerechtigkeit". Es ist ein freiwilliges und natürliches Verhältnis, dazu völlige Neutralität gegenüber der sozialen Krise der Verurteilung und der persönlichen Niederlage, und damit eine gewaltige Entspannung.

Das, was wir „verroht" nennen, ist wahrscheinlich angeborene Stumpfheit, daneben aber auch spätere seelische Schwielenbildung. Sie tritt als Reaktion gegen langen und harten Druck auf und ist, wenn wir die geeignete Therapie entwickeln wollten, allmählichem Abbau zugänglich. Das Alltagsleben der Durchschnittsanstalt bringt in der Roheit der Sprache und der Schroffheit der Umgangsformen mehr verrohende als verfeinernde Einflüsse zur Geltung. Die Liebe zu Blumen und Tieren ist eine Flucht aus der Atmosphäre des Mißtrauens,

---

[1] Ebenda S. 129.

[2] Life and death, S. 85. Eichkätzchen dagegen leben lange in der Anstalt. Katzen finden sich in deutschen Frauenanstalten. HOFF, MARIE: Drei Jahre im Weiberzuchthaus, S. 167 und 169. Dresden 1905. — Mit der eigentümlichen Abneigung des Gefangenen gegen Katzen mag es zusammenhängen, daß die Häftlinge in Sibirien einen verhaßten Kommandanten der Strafkolonie den „Kater" nannten. DEUTSCH, L. G.: 16 Jahre in Sibirien, S. 224. Stuttgart 1921.

[3] BLUM, PAUL: Menschen im Zwinger, S. 15—17. — Über die Katze Blanche, die nichts von einem Erbfeinde weiß, siehe THEODOR FONTANE: Lebenszeugnis aus 70 Jahren. Kriegsgefangen, Bd. III, S. 94—96, Leipzig o. J.; über den Hund Phoebus, der „nicht verrät, nicht demütigt", siehe MALAPARTE: Die Haut, S. 152, Karlsruhe 1950.

der unablässigen Enttäuschungen, eines räuberischen Anstaltsrealismus. Das Verlangen nach einem Zärtlichkeitserweis z. B., den das Tier unbefangen aufnimmt und dankbar zurückgibt, würde beim emotionell ausgehungerten Gefangenen nicht so elementar sein, wenn hier nicht ein tiefes Trauma vorläge. „Manchmal“, schreibt ein Zuchthausgefangener[1], „kam ein Fuhrwerk auf den Hof, um irgendwelche Sachen zu bringen oder zu holen. Wenn dann in der Freistunde die Gefangenen im Kreis herumschlürften, je 3 Meter Abstand voneinander, dann war es interessant, zu beobachten, wie jeder schnell versuchte, dieses Pferd zu streicheln.“ In der gleichen Anstalt nistete auf einem Grasstreifen ein Lerchenpärchen. Alle Gefangenen, die vorbeimarschierten, waren bemüht, leise aufzutreten, wenn sie in die Nähe des Nestes kamen. „Alles war tieftraurig (auch die Mörder wahrscheinlich), als eines Tages die Katze das Nest und die Eier zerstört hatte.“

Im Zuchthaus ist das Leben auf sein langsamstes Tempo und das tiefste Niveau herabgeschraubt. Die Vorgänge der Fortpflanzung sind unterdrückt oder pervertiert. So läßt sich begreifen, daß die Eier im Nest, das Brüten der Mutter und die Fürsorge der Tiereltern an die ungebrochenen Kräfte der goldenen Freiheit gemahnen, die sich ohne Unterlaß erneuern und die Essenz des Lebens überhaupt bedeuten.

Manche Gefängnisse der amerikanischen Südstaaten haben wohltrainierte Bluthunde, bestimmt, auf einen flüchtigen Sträfling losgelassen zu werden. Sie werden von einer besonderen Gruppe von Gefangenen ausgebildet und geführt, die eigene Uniform tragen und manche Privilegien genießen. Gelingt es ihnen, einen Flüchtling zurückzubringen, so erhalten sie wie die Hunde die Belohnung eines besseren Essens[2]. Sie sind sehr verhaßt. In diesen Kreis der Abneigung werden auch die Hunde einbezogen, die sich sozusagen auf die Seite der Unterdrücker gestellt haben und die gefaßten Gefangenen oft schwer verletzen[3]. Ein Vertrauensverhältnis von Hund und Mensch kann sich hier nicht entwickeln. Für den Gefangenen sind alle Hunde Feinde, und selbst, wenn ihnen ein unschuldiges Exemplar über den Weg laufen sollte, kann sich eine Beziehung des Verlasses und der Kameradschaft nicht entwickeln.

---

[1] Eggerath, Werner: Nur ein Mensch, S. 131. Weimar 1947. — Die Zutraulichkeit und Dankbarkeit des Tieres hat bei Silvio Pellico (Le mie prigioni, S. 14, Leipzig 1833) ein taubstummes Kind, das seine Anhänglichkeit nicht nach den Antezedenzien des Gefangenen, sondern nur nach der Größe der zugeworfenen Brotscheibe bemißt.

[2] Patterson, Haywood und Earl Conrad: Scotsboro boy, S. 381. New York 1950.

[3] “One guy, he goes through life today, his privates all eaten out by the dogs.” Ebenda S. 139.

IV.

Auf manchen Bildern amerikanischer Anstalten sehen wir enggedrängte Massen von Sträflingen die Höfe der Anstalt erfüllen. Während die Mehrzahl der Gefangenen die Isolierung nicht vertragen können, leiden andere darunter, daß sie zwangsweise mit Menschen zusammengedrängt werden, die sie nicht mögen. Es gibt also außer der Qual des Alleinseins eine Qual des Zusammenseins. Ein prägnantes Wort für diese Lage der unerwünschten Enge fehlt noch. Die Amerikaner sprechen negativ von einem Mangel an privacy.

Da es sich hier nicht um das Individuum handelt, sondern andere Menschen den Pfad des Gefangenen kreuzen, gehört die Frage dieser Zusammendrängung in das Gebiet der Soziologie des Gefangenenlebens. Männer scheinen diese aufgedrungene Gemeinschaft mehr zu hassen als Frauen[1]. Wir finden unter ihnen die verschiedensten menschlichen Typen, vor allem Menschen, die schon in der Freiheit einsam lebten wie manche Gebildete, aber auch die berufsmäßigen Kriminellen, die menschlichen Kontakt aus Gründen der Sicherheit einschränken müssen[2], sich, wenn es brenzlich wird, in Schlupfwinkeln isolieren und nach verschiedenen Richtungen auseinandergehen.

Dostojewski klagte über die furchtbare Last, 10 Jahre lang nicht 1 Minute lang allein sein zu können[3]. Ehe er völlig anderen Sinnes wurde, wies Leuss einen Mitgefangenen mit harten Worten zurück[4]. Martin konnte es mit einem Farmer in der Zelle nicht mehr aushalten, der unablässig sein Leid klagte und ihn am Lesen hinderte[5]. Blum rief die vorenthaltene Einsamkeit „mit allen Fasern seines zitternden Nervensystems" an[6], und Black hat geschildert, warum er Alleinsein in seinem kanadischen Gefängnis so genoß[7]. Menschen wollen fast stets Geselligkeit, aber sie wollen wählen, mit einem anderen Menschen ebenso beginnen wie aufhören können. Wie das Bett, die Kleidung, die Tagesordnung, das Essen, der Spaziergang ist auch der menschliche

---

[1] Die erste Zuchthauszeit ist voll von den Aufregungen und Anstrengungen der Anpassung. Gesellschaft wird nicht vermißt. Das Bedürfnis macht sich geltend, sowie der Prozeß der Gewöhnung zum Stillstand gekommen ist.

[2] .... "the professional thief lives largely in a world of his own and is rather completely isolated from general society." The Professional thief ed. by Edwin H. Sutherland, S. 165. Chicago 1937.

[3] Dostojewski: S. 16.

[4] „Sie haben", sagte er pharisäerhaft zu einem Sittlichkeitsverbrecher, „wohl schon gemerkt, daß ich es vermeide, mit Ihnen zu sprechen; bitte machen Sie es auch so mit mir." Leuss: a. a. O. S. 104. — Mit großem Mute bemerkt Leuss später (S. 106), daß er seine „tief ins Gefühl eingebetteten Anmaßungen" ablegte.

[5] „Das ist es, was diesen Ort so unerträglich macht. Die andern Gefangenen." Martin: a. a. O. S. 156.

[6] Blum: S. 32ff.

[7] Black: a. a. O. S. 276.

Verkehr in der Anstalt vorgeschrieben, angeordnet und mechanisiert. Der Gefangene hat zu den Beamten Sie und Herr Aufseher zu sagen. Er selbst wurde noch bis vor kurzem mit Du angeredet, durfte aber nach der Dienstvorschrift der Frauenzuchthäuser nicht Du zu anderen Gefangenen sagen[1], wenn man nicht verwandt war, was schwerlich vorgekommen sein wird. Auch die menschliche Beziehung, eine der feinsten und zartesten Beziehungen, die es gibt, ist reglementiert. Man wird zu ihr kommandiert, und viele wenden sich von der unpersönlichen, aufgedrängten und nicht ausgesuchten Form der Gemeinschaft ab.

Diese Zellenkrankheit, die Allergie gegen den Mitgefangenen, ist ein eigentümliches Phänomen. Es tritt zu andern Spannungen hinzu und verschärft sie, zumal Gefangene selbst beobachtet haben, daß sie in der Haft niemals ganz normal sind[2]. Sie sind gereizt und empfindlich wie eingesperrte oder an die Kette gelegte Tiere. Der unbedeutendste Umstand vermag heftige, unadäquate Gefühlsausbrüche hervorzurufen. „Ein gefangener Mensch", sagt Eggerath[3], „ist weit empfindlicher als ein Tier, und eine Kleinigkeit kann genügen, um offene Feindseligkeiten ausbrechen zu lassen. Wer schläft auf der Pritsche und wer auf dem Fußboden? Wer baut die Betten, damit keine Beanstandungen erfolgen? Wer erhält die Schnitte Brot, die um 1 mm dicker ist als die anderen? Wer setzt den Abortkübel heraus? Wer bohnert den Fußboden? Das sind alles Fragen, die Anlaß zu Streit und Zwistigkeiten geben."

Die Isolierung führt zur Übersättigung an der kleinen Gruppe von Menschen, mit denen die Haft zwangsweise zusammenwirft, und die, im Gegensatz zum wirklichen Leben, trotz engster Fühlung kaum wechseln. So wenig wie der verschlossenen Zelle kann der Sträfling dieser Gemeinschaft entfliehen; Deutsch hat sie aufs lebhafteste geschildert[4]:

„Man kannte alle Manieren, Gewohnheiten und Neigungen der Leidensgenossen, man wußte im voraus, was jeder von ihnen bei dieser oder jener Gelegenheit sagen oder tun werde.... Schon längst ist jeder dem anderen zuwider geworden, man mag nicht einmal die Gesichter mehr sehen, man möchte davonlaufen und sich vor allen verstecken. Aber es gibt eben kein Entrinnen. Jahr um Jahr ist man gezwungen, jeden Augenblick die Gegenwart der anderen zu ertragen, und sie mit der eigenen zu belästigen, es gibt hier nicht 1 Minute, in der man allein sein könnte."

Die lange Einzelhaft zerstört das Zoon politikon. Auch die Gemeinschaft, die sich kaum erneut, die den Einzelnen mit ihren Polypenarmen umfängt und nicht eine Sekunde losläßt, die eintönig und unentrinnbar ihn erdrückt, ist eine Schädlichkeit und zerrt an dem Nervensystem des

---

[1] Hoff, Marie: Drei Jahre im Weiberzuchthaus, S. 81. Dresden 1905.

[2] Eggerath: a. a. O. S. 119. „Weit drückender und schwerer als die Einsamkeit des einzelnen Gefangenen in einer eigenen Zelle kann die Gemeinschaft sein."

[3] Ebenda S. 120.

[4] Deutsch: a. a. O. S. 233ff.

Sträflings. Das echte Leben liegt zwischen den beiden Extremen. Es ist nicht leicht, Freiheit zu nehmen und gleichzeitig Ebenbilder der Freiheit in der Anstalt zu errichten.

B. Die Immobilität.

Um Schaden zu entgehen, Nutzen aufsuchen zu können, müssen Menschen und Tiere, zum Teil auch Pflanzen beweglich sein. Mit Mobilität ist besonders der männliche Partner ausgerüstet, der in der freien Natur das Weibchen über die größten Hindernisse hinweg[1] erreichen und gewinnen muß. Daher muß zwangsweise Einschränkung der Beweglichkeit für den Mann eine besondere Noxe sein, mehr für den jungen als den alten Mann[2], mehr für den Seemann, den Bauern, den Sportsmenschen als für den Kassenbeamten oder den Professor. Von Zigeunern ist gesagt worden, daß sie keine Haft lebend überstehen, die länger als 2 Jahre dauert, und Nomadennaturen finden sich in nicht geringer Zahl auch noch in der Bevölkerung des modernen Industriestaates. Bjerre hat in schwedischen Anstalten „unruhige Vagantennaturen" gefunden, für die der Zwang der Zuchthäuser ein millionenfach schlimmeres Übel bedeutete als Hunger und Kälte und allerlei Entbehrungen in der Freiheit auf der Landstraße[3]. Er hat auch zutreffend auf den Zusammenhang dieser „stündlich und täglich erneuten Qual" und häufiger Übertretungen der Anstaltsdisziplin hingewiesen. Wie Tiere, die festgemacht sind, müssen sie, ob sie es wollen oder nicht, an der Kette zerren und sich dabei wundreiben.

In der drangvollen Enge der Strafzelle[4] und der Zwangsjacke findet die mechanische Lahmlegung ihre äußerste Ausbildung. Hier tritt auch der Strafcharakter der Immobilisierung deutlich hervor. Die Fesselung ist nicht nur etwas Schimpfliches, sie verletzt auch, weil sie mit technischen Mitteln hilflos macht, den Selbsterhaltungstrieb aufs tiefste. Sie hat bei der Frau noch die intimere Nebenbedeutung[5], daß

[1] Etwa Hero und Leander.

[2] Ein Student der Rechte berichtet: „Gesellschaftliche Neigungen hatte ich nicht. Mir fehlte nur Luft, Licht und Platz. Als eifriger Spaziergänger war mir die Zelle ein Greuel und der beim Gehen dröhnend schallende Schritt brachte mich fast zur Verzweiflung." Auer, S. 45.

[3] Bjerre: a. a. O. S. 139.

[4] „Die zu ‚engem Arrest' Verurteilten werden in eine Art Käfig eingeschlossen, der den einen Fensterwinkel einnimmt, knapp 2 Schritt im Quadrat mißt und ringsum mit starken Eisenstangen vergittert ist. In diesem engen Arrest saß ich nun auf einer hölzernen Wasserkanne, die mit ein wenig Karbollösung gefüllt, die Stelle des Abortkübels vertritt und zugleich das einzige Mobiliar ... bildet." Hoff, Marie: a. a. O. S. 141.

[5] „Und wieder sagte der Inspektor: ‚Geben Sie die Hand'. Gleichzeitig wandte sich das Individuum mir zu und in seinen Händen klirrte eine Kette. Das Entsetzen vor der Ungewißheit wich der Wut vor der Wirklichkeit." Figner: a. a. O. S. 249.

sie die Abwehr von Angriffen auf ihre sexuelle Selbstbestimmung ebenso lähmt wie rohe muskuläre Überlegenheit. Die Reichsgerichtsentscheidung, daß Fesselung die Frau nicht willenlos mache, weil die Möglichkeit der Willensäußerung noch gegeben sei[1], trifft vielleicht auf die Freiheit, nicht aber die Gefängniszelle zu. Im tiefsten Bewußtsein einer Frau ist mit der Fesselung die vis ingrata nähergerückt, auch wenn es sich in Wirklichkeit nur um eine Maßnahme der Sicherheit handelt[2].

Langsamkeit oder Immobilität ist so sehr Quintessenz des Gefängnislebens geworden, daß schnelle Gangart in der Vorstellung der Wärter zum Fluchtvorgang gehört und auf Eilfertige nach Anruf geschossen wird[3]. Die Bewegung schließt Wechsel von Farben[4], Formen, Gesichtern und Geräuschen in sich. Wie monotones Essen kann die ewig gleiche menschliche Umgebung Gefühle des Ekels und der Abstoßung hervorrufen. Diese Phobie erzeugt eine Nervosität, die vom Standpunkt normaler gesunder Menschen kaum begreiflich erscheint. DEUTSCH[5] weist auf einen Fall hin, wo gute alte Freunde sich einer Eierschale wegen für immer überwarfen. Die nichtigsten Gründe genügen, freundschaftlichste Beziehungen zu zerreißen. Es ist wohl richtiger, wenn man sagt, daß der innere Zusammenhalt schon längst untergraben war und es nur noch eines winzigen Anstoßes bedurfte, die erkaltete, in Haß übergehende Freundschaft auseinanderfallen zu lassen. Jeder Bruch dieser Art ist deshalb so schlimm, weil die neuen Feinde des anderen Geheimnisse mit sich nehmen.

Wir glauben, daß wir gerecht sind, wenn wir einem Holzhauer die gleiche Strafe wie einem Büromenschen geben[6], psychologisch aber

---

[1] SCHÖNKE, ADOLF: Strafgesetzbuch, S. 506. München 1952.

[2] „Die Ketten sind ihr am Rasttag abgenommen worden. Als nun heute früh die Aufseherin die Ketten wieder schließen will, bückt sich die H. blitzschnell nieder und beißt die Beamtin ... heftig in die Hand." HOFF: a. a. O. S. 75. — Über die Verwendung der Zwangsjacke bei Frauen siehe HOFF, S. 245, bei Männern im Gefängnis Folsom, BLACK, S. 368. Die Methode ist jetzt abgeschafft, die Riemen konnten so fest angezogen werden, daß der Delinquent nicht mehr atmen konnte oder das Blut nicht mehr zirkulierte.

[3] LAMSON: a. a. O. S.. 64.

[4] „Mir ist die schöne Welt der Farbe und der Bewegung genommen." WILDE, OSCAR: Epistola in carcere et vinculis, S. 4. Berlin 1925.

[5] DEUTSCH: S. 234.

[6] „Wenn Einzelhaft ohne Arbeit für einen Gebildeten schwer ist, so ist sie unendlich viel schwerer für einen Bauern, der an körperliche Arbeit gewöhnt ist und keineswegs gesonnen ist, seine Jahre mit Lektüre zu verbringen." KROPOTKIN, P.: Memoirs of a revolutionist, S. 359. New York 1899. — Die gleiche Beobachtung machte SPENSER in Dartmoor. In diesem britischen Musterzuchthaus waren Sonnabend Nachmittag und Sonntag vielen aktiven Gefangenen unerträglich, weil sie das Alleinsein nicht vertragen konnten. Sie meldeten sich freiwillig zu jeder Art von Arbeit, säuberten die Toiletten, wischten die Fußböden, putzten die Metallgriffe. „Männer, die niemals aus freien Stücken draußen

denken und handeln wir daneben. Die Welt ist unendlich viel beweglicher geworden, als sie vor 30 oder 40 Jahren war. Von den Beinen der Menschen und Tiere ist die Fortbewegung auf die Maschine übergegangen, auf Autos und Flugzeuge. Hunderttausende von Lastwagenführern sind unablässig unterwegs. Die Jugend nimmt das Motorrad, um ihrem Drang nach der betäubenden Wirkung des raschen Ortswechsels zu frönen. Eine Manie der Schnelligkeit hat sich entwickelt und ist zu einer der Grundtatsachen des Lebens geworden. Die Immobilität der Strafanstalt ist diesen Tendenzen aufs schroffste entgegengesetzt. Die Strafe hat sich damit ohne unser Zutun verschärft. Schon früher haben energische Häftlinge sich gegen die Schäden der erzwungenen körperlichen Stillegung aufgebäumt. Fürst KROPOTKIN rechnete sich aus, wie viele Schritte er in seiner Zelle machen müsse, um sich 10 Meilen weit zu bewegen[1]. Aber irgend etwas in ihm gab nach. Er wollte täglich seinen eichenen Stuhl als eine Art Keule benutzen, aber diese „Keule" wurde jeden Tag schwerer in seiner Hand. Erst ließ der Wille nach, dann die physische Kraft.

In modernen Anstalten, besonders in Amerika, gibt es Spielplätze. Aber die sportliche Aktivität macht bei einer kleinen Minderzahl halt. CLEMMER klagt, daß in seinem Zuchthaus selten „mehr als 20 Mann spielen und die übrigen 2300 dasitzen und zusehen". Die Gefangenen litten an dem, was er „spectoritis", die Leidenschaft des bloßen Zusehens, nennt. Im übrigen sind die sportlichen Veranstaltungen beliebt, weil die Gefangenen hier jede Art verbotenen Verkehrs unbeobachtet von den sportbegeisterten Beamten durchführen können.

C. Andere Mittel der Absonderung.

I.

Aus praktischen Gründen muß der Staat den Gefangenen einer Reihe von Maßnahmen unterwerfen, die ihn als Häftling kenntlich machen und damit von der Masse der anderen Menschen, auch der ärmsten unter ihnen, abgrenzen. Dieser Prozeß des Beiseitesetzens

gearbeitet hätten, sahen es als ein Vergnügen und einen Vorzug an, schlecht riechende Kübel von Zelle zu Zelle zu schleppen, oder schwere Lasten wie die Eßgefäße zu tragen." Der Wettbewerb um diese Arbeiten war so heftig, daß es oft zu Prügeleien und Feindschaft kam. SPENSER, JAMES: Limey breaks in, S. 277 und 278. London 1934.

[1] KROPOTKIN, P.: S. 346. „Die Hauptsache", sagte ich mir, „ist meine körperliche Kraft zu bewahren.... Ich will mich ordentlich bewegen, Turnübungen machen und mich nicht durch meine Umgebung niederkriegen lassen. Zehn Schritte von einer Ecke zur anderen ist schon etwas. Wenn ich das 150mal wiederhole, habe ich einen Werst hinter mir. Ich beschloß, jeden Tag 7 Werst zu gehen — ungefähr 10 Meilen. ... Zweimal am Tage will ich mit meinem schweren Stuhl Übungen machen."

beginnt schon mit der Verurteilung. Nicht jeder Angeklagte wird die starke Empfindung haben, daß alle Zusammenhänge zwischen Mensch und Mensch abgeschnitten werden, wie LAMSON, der wegen Mordes verurteilte und später freigesprochene Insasse des Todeshauses. Er macht den bemerkenswerten Unterschied zwischen hinsehen und anstarren, und was ihn beim Anstarren erzittern machte, ist wahrscheinlich die Feindseligkeit, die aggressive Furcht der menschlichen Umgebung[1]. Der Angeklagte oder Verurteilte scheint gewisse mimische Veränderungen zu bemerken, die uns entgehen[2]. LAMSON spricht von den Teufelsmasken der Zuschauer, in deren Starrheit der Ausbruch der Massenaktion und der Lynchjustiz lauert. Diese Mimik wird in andern als Mordfällen nicht so stark zum Ausdruck kommen.

LAMSON spricht von eigener Erfahrung, wenn er erwähnt, daß die meisten Sträflinge von denen wegblicken, die, zum Tode verurteilt, weggeführt werden. Das Anstarren und seine erschreckende Wirkung kennt er von der Zeit des Urteils her. Plötzlich fällt, so erzählt er, eine Einsamkeit über uns her, verglichen mit der die Verlassenheit der Wüste oder eines Berges nichts ist. Man fühlt, als ob man auf einem andern Planeten wäre, in der Gewalt „von menschengestaltigen, aber untermenschlichen Bestien, die jede andere Empfindung als affenartige Neugier verloren haben[3].“ Man ist — und hier werden wir an den Denk- und Sprachgebrauch der Bibel erinnert — von seinesgleichen „abgeschnitten[4]“.

Der Transport in Fesseln vermittelt dem Publikum den Eindruck besonderer Gefährlichkeit. Mit begreiflicher Erbitterung haben OSCAR WILDE und in Deutschland ein jüdischer Kaufmann[5] das Gefühl beschrieben, in Fesseln und ohne wichtigen Grund der Öffentlichkeit preisgegeben zu sein. Genaue Vorschriften scheinen vielerorts nicht zu bestehen; in San Quentin kamen manche Eingelieferte so schwer gefesselt an, daß sie getragen werden mußten[6]. Manchen der Sträflinge, die nach Guyana eingeschifft wurden, gab die schwere Fesselung und die Hecke von Soldaten das Gefühl, etwas Bedeutsames

[1] LAMSON: S. 155.

[2] „Wenn Menschen auf einen Angeklagten oder Verurteilten starren, so wirkt es schrecklich, weil es keine geistige Regung verrät. Dieses Anstarren ist stupide, bestialisch, unmenschlich. In weißen, schon schwammigen Gesichtern sitzen glasige Augen und unter den Augen Mäuler, die etwas offen stehen. Die Augen blinken nicht, regen, bewegen sich nicht. In ihnen ist kein Licht. Weder in Augen noch Gesichtern ist der Glanz irgend einer Belebung.“ Ebenda S. 155.

[3] „Es ist eine böse Sache, wenn einen die Masse anstarrt.“ Ebenda S. 156.

[4] Zum Beispiel Mos XX, 18 und viele andere Stellen.

[5] „Als ich auf der Hauptstraße einen guten Bekannten traf, der mich mit Erstaunen gefesselt erblickte, da war es mir gleichsam, als ob ich moralisch hingerichtet werde.“ AUER: S. 58.

[6] LAMSON: S. 20.

und Furchterregendes zu sein[1]. Ähnlich war der Marsch in die Konzentrationslager, obschon wir nicht wissen, was die Häftlinge in ihrer Erschöpfung empfanden. „Waren von einem Gefängnis zur Bahnstation oder umgekehrt Straßen und Plätze auf kurze Entfernung zu überqueren, so wurde man aneinandergefesselt und in Verbrecherreihen durch Schwerbewaffnete eskortiert[2].“ Welch ein Weg von der schwammigen Diskussion über den Überzeugungsverbrecher und dem jähen Umschlag in Überzeugungen der Supergefährlichkeit.

Der gefesselte und der freie Mensch zerlegt die Menschheit in zwei Welten. Schon die Bewachung durch einen bewaffneten Mann erregt im Zuschauer Gefühle der Abwehr und des Grauens, das die verschiedensten phantastischen Formen annehmen kann. Als REUTER in einem Wagen von Festung zu Festung transportiert wurde und ein Gendarm nebenher ritt, waren die Leute in den kleinen Städten, wo man einkehren mußte, ganz freundlich. Ihr letztes besorgtes Wort aber war: „Unsern König haben Sie doch umbringen wollen[3]“, dabei war der „Schwerverbrecher“ verurteilt worden, weil er am hellichten Tage an einer Universität die Farben der deutschen Einheit getragen hatte[4].

Man pflegt die Absonderung der Haft auf Türen und Mauern einzuschränken. Es gibt eine Fülle anderer Praktiken, die den Gefangenen abseits stellen. Nirgends im freien Leben, auch in größter Armut, hausen die Menschen in einer Kombination von Schlafraum, Arbeitsraum, Eßraum und Klosett. Nirgends wandeln, von dem Chor der griechischen Tragödie abgesehen, Menschen im Kreise, genau 5 Schritte Abstand[5] haltend. Das Haarschneiden wird noch als Maßnahme der Hygiene hingehen, aber die halbe Rasur des Kopfes, wie sie an russischen Sträflingen geübt wurde, deutet schon mehr auf jene alte Strafe hin, die neuere Bewegungen wieder ins Leben zurückgerufen haben[6]. Die Abnahme des Bartes dagegen (soweit er noch zeitgemäß und landesüblich, vielleicht sogar religiöser Ritus ist) entfremdet den Sträfling in ganz anderer Weise sich selbst[7] und den Verwandten, die ihn besuchen. Besonders wird der körperlich Überlegene von dieser Art des zwangsweisen körperlichen Eingriffs in Mitleidenschaft

[1] DEGRAVE, EUGÈNE: Le bagne, S. 199. Paris 1901.

[2] KOGON: a. a. O. S. 72.

[3] „Je äwer unsern König hevven Sei dich dodmaken wult.“ Ges. Werke, X, S. 51.

[4] Ebenda X, S. 31.

[5] FALLADA, HANS: Wer einmal aus dem Blechnapf frißt, S. 7. Berlin 1934.

[6] DEUTSCH: S. 119. Über den kulturhistorischen Hintergrund siehe Bd. I, S. 12 und 228ff.

[7] Der Massenmörder Landru bat vor der Hinrichtung, seinen Bart, auf den er sehr stolz war, nicht abzuschneiden, sondern nur leicht zu kürzen. MACKENZIE, F. A.: Landru, S. 243. London 1928.

gezogen. Ein wegen Körperverletzung verurteilter, als Original bezeichneter Schwimmlehrer klagt[1]:

„Ich bin ein herkulisch gebauter Mann, leicht erregt und nahm es auch in meinen jungen Jahren mit jedem auf. Derselbe, der mich eingekleidet hatte (er mußte sich bei großer Kälte vollständig in einem ungeheizten Raum umziehen) war zugleich Gefängnisbarbier. Ich trug einen starken Schnurr- und Knebelbart. Laut Hausordnung mußten diese verschwinden. Dieser Aufseher schmierte mir die Seife auf den Bart und mit vier qualvollen Strichen war die „Manneszierde" verschwunden. Vor Wut über diese scheußliche Behandlung liefen mir die Tränen aus den Augen."

Wenn dieser Mann empört davon spricht, daß ihm „wegen ein paar Hiebe", der ganze Bart ausgerissen[2] und er in zwilchene Kleidung gesteckt wurde, so hat er schwerlich gewußt, daß Bart-„Ausreißen" eine alte schimpfliche Strafe war und gegenüber diesen tief im Gefühlsleben sitzenden dunklen Erinnerungen ist es kein Argument, wenn ein anderer Gefangener die Bartabnahme wegen des reichlichen Blutvergießens zwar ablehnt, gelehrt aber hinzufügt, „daß bekanntlich Bartlosigkeit seit langem kein Zeichen der Unfreiheit mehr ist[3].

Der Mann, den die Abnahme seiner „Manneszierde" so verletzte, daß er weinte, spricht von einer anderen Demütigung, die er schwer empfand und die ihn ebenfalls von der Welt der freien Menschen absondert: der Ablegung der eigenen Kleider[4]. Es gibt noch keine Psychologie der Kleidung, der Entkleidung, Verkleidung und Maskierung. Trotzdem besteht unzweifelhaft ein Zusammenhang zwischen menschlicher Stimmung oder Haltung und den schmückenden Objekten, die er um- oder anlegt. Niemand ist ein Held im Badeanzug oder den Lumpen des Bettlers. Uniformen haben auf manche Frauen erregende Wirkung, der Krönungsornat läßt jeden Fürsten imposant erscheinen, Nacktheit ist Demütigung, weil der entblößte Mensch unterscheidender Attribute ermangelt. Nacktheit ist „Entwaffnung", Schwäche und Unterwerfung und daher Bestandteil vieler alter Strafprozeduren[5]. Gleichförmige und minderwertige Kleidung steht der Entblößung, dem Auslöschen der Persönlichkeit nahe.

Frauen empfinden die Umwandlung am tiefsten. Schon vor über 100 Jahren hat ein französischer Schriftsteller[6] bemerkt, daß Frauen der oberen Stände, wenn sie Anstaltskleider anlegen sollen, unter

---

[1] Auer: a. a. O. S. 54.

[2] Ebenda S. 55.

[3] Hägele: a. a. O. S. 107.

[4] Auer: S. 67. — Eggerath: a. a. O. S. 107 und 117.

[5] Siehe Die Strafe, Bd. I, S. 45 und 413.

[6] Schlatter: System der Einzelhaft, S. 103. „Übrigens habe ich männliche Sträflinge gekannt, die bei ihrer Einkleidung ebenso außer sich gerieten und sich ebenso sträubten, ihre Kleider von feinem Tuche und ihre modischen Westen und Halstücher abzulegen."

Flehen und Weinen Widerstand leisten. „Ihre schönen Sachen nicht mehr tragen zu können, in grobe Stoffe gekleidet gehen zu müssen, ist für sie schrecklicher als alle übrigen Unannehmlichkeiten des Gefängnisses."

JOAN HENRY hat eine Einkleidungsszene beschrieben[1]. Einen Spiegel gibt es nicht in dem Raume; Rock und Jacke sind zu weit. Sie sind sauber, aber offensichtlich vorher von Hunderten von Gefangenen getragen worden. Das Nachthemd, offenbar aus dem gleichen Stoffe gefertigt wie das Bettlaken, scheint für die Figur von King Kong[2] gemacht zu sein und der Halsausschnitt reicht nahezu bis zum Magen. Das ist der Eindruck einer jüngeren Frau. Bei älteren weiblichen Wesen, besonders bei Revolutionärinnen sollte man mehr Gleichgültigkeit gegenüber nichtigem Tand und Äußerlichkeiten erwarten. Aber MARIE HOFF hält die Umkleidung für demoralisierend[3], und VERA FIGNER spricht von einer ungeheuerlichen Umwandlung, als sie, zum Aschenbrödel verwandelt, in ihre Zelle zurückkehrt. „Die Veränderung", schreibt sie[4], „war so ungeheuer, der Kontrast so stark, daß ich Lust hatte, wild, unnatürlich aufzulachen", eine emotionelle Entladung, die an die Tränen des Schwimmlehrers und Herkules erinnert.

HAU[5] und FUCHS[6], beides Gebildete, empfanden die Zuchthaustracht als verletzend. Verletzend *soll* sie auch nach älteren Autoren

---

[1] HENRY, JOAN: We who lie in goal, S. 19ff. London 1952 s. auch KOGON: S. 76, 77.

[2] Es ist die Kinofigur eines Riesengorillas.

[3] HOFF: S. 25. Im Arrest wird die Entkleidung fortgesetzt: „Der Käfig wurde aufgeschlossen. Nachdem ich meine Sachen hinausgelegt und die Schlafdecke hereingenommen hatte, ward die Außentür verschlossen. Ich mußte mich nun in der kahlen Zelle in einer bitteren Dezembernacht auf den harten Fußboden legen, einzig mit Hemd und Unterrock bekleidet, in bloßen Füßen und nur mit einer leichten Decke bedeckt..." Ebenda S. 145, 146.

[4] FIGNER, VERA: S. 242: „Ich trug ein elegantes blaues Tuchkleid... Ich zog das und alles übrige bis auf den letzten Faden aus; ich nahm auch das Heiligenbildchen ab, mit dem mich die Mutter gesegnet hatte. Auf der Matratze lag ein Haufen Lumpen. Die Frau warf mir ein grobes, noch ungewaschenes Bauernhemd über und ein eben solches Kopftuch; um die Füße wickelte sie mir grobe Lappen und schob mir dann ungeheuer große Pantoffeln hin; dann gab sie mir einen Rock aus grauem Soldatentuch. Ich schaute verwundert diesen Rock an; er war ganz zerfressen, nicht von Motten, sondern von irgendeiner großen gefräßigen Raupe, die ganz lange Streifen ausgefressen hatte. Dann gab sie mir einen langen Arrestantenmantel mit dem gelben Fleck auf dem Rücken. Das Futter war durchtränkt von Schmutz, Schweiß und Fett.... Er war mir viel zu groß, fiel weit über die Schultern, und die Ärmel fielen über die Hände." Ebenda S. 241.

[5] HAU: S. 21. „Eine widerwärtige Prozedur, die entsetzlich lange dauerte."

[6] FUCHS, S. 73, erwähnt die Mißachtung, die im Zuchthaus schlecht sitzende Monturen genießen. Erst erhält er einen solchen schlecht sitzenden „Spenzer". „Es war eine von jenen ausrangierten Schützengrabengarnituren, von denen es im Zuchthaus hieß, sie stammten von den aus Massengräbern exhumierten Gefallenen."

sein[1], von denen einer auf das Gemüt durch die mit der Tracht verbundene Demütigung wirken will, ja annimmt, mancher sei allein durch die Erinnerung an den Zuchthauskittel von einem Verbrechen abgehalten worden. Man wird diese Wirkung bezweifeln dürfen.

In einer Weise sind die Entkleidungen bis auf die Haut, denen sich weibliche und männliche Gefangene zu unterwerfen haben, weil hinter ihnen bestimmte Gründe stehen, weniger verletzend als die generellen Umkleidungen. Vor Antritt der Haft oder einer Arreststrafe müssen Maßnahmen gegen Flucht oder Selbstmord ergriffen werden. Obschon ein Arzt es ist, der besondere Merkmale an ihrem Körper feststellen will, ist Vera Figner voll Empörung[2], während Marie Hoff ohne großes Gefühl feststellt, daß sie, ehe sie in die Arrestzelle kam, sich entkleiden mußte, ihr Haar aufgelöst wurde und der nackte Körper gründlich untersucht wurde[3]. Die mit einem Gummifinger ausgeführten Prozeduren an Sträflingen beschreibt Belbenoit[4]; zu diesem Zwecke muß der Gefangene sich nach vorn beugen und wird zum Husten angehalten. Professor Fuchs spricht von „äußerst peinlichen Manipulationen[5]", d. h. der Untersuchung aller Körperöffnungen auf etwa eingeschmuggelte Uhrfedersägen. Alle diese Schritte zielen nicht auf Demütigung, sondern sind mit den notwendigen vorbeugenden Maßnahmen der Haft vereinbar, sind auch keine wiederkehrende Praxis, sondern einmalige Akte.

II.

Eine Tatsache, die auch für Europa Geltung hat, hat Clemmer zahlenmäßig in seinem Zuchthaus festgestellt: die Mehrzahl der Insassen hat einstmals von irgendeiner Art von körperlicher Arbeit gelebt.

---

[1] Schlatter: a. a. O. S. 102ff. „Eine Haustracht schließt alles in sich, was man von einem Strafmittel erwartet, insofern sie einen sinnlichen und zugleich einen gemütlichen Eindruck auf die Strafgefangenen macht. Sinnlich berührt wird derselbe durch den groben Stoff und die gemeine Form des Gewandes, gegenüber den Bequemlichkeiten, die ihm seine frühere Kleidung gewährte.... Um so empfindlicher eine sinnliche Entbehrung ist, um so mehr ist zu hoffen, daß sich erwünschte Folgen an sie knüpfen werden. Aber auch das Gemüt empfängt einen Eindruck durch die mit diesem Kleide verbundene Demütigung."

[2] „Der Doktor sitzt mit dem Rücken mir zugewandt am Tisch, und die Frau entkleidet mich. Nach einigen Minuten stand ich nackt da. Ob ich gelitten habe? — Nein. Ob ich mich schämte? — Nein. Mir war alles gleichgültig.... Der Arzt stand auf, trat an mich heran, betrachtete mich von allen Seiten. Dann schrieb er etwas auf und verließ das Zimmer.... Ich sollte nie mehr dieses Gebäude verlassen, aber trotzdem hatte man es für nötig gehalten, mich auszuziehen und im Buche zu vermerken, ob ich an meinem Körper besondere Merkmale habe!" Figner: S. 253.

[3] Hoff: S. 141.

[4] Belbenoit: S. 22.

[5] Fuchs: S. 73.

Diese Arbeit wird zumeist gemeinschaftlich ausgeführt, es gibt keine einsamen Fabrikarbeiter, Bergleute und Autoschlosser; selbst Bauern arbeiten mit ihren Knechten und den Familienmitgliedern zusammen nach einem bestimmten Plan. „Mit“-Menschen kommen ins Zuchthaus:

Berufsstruktur eines Zuchthauses. Nach Rasse. Prozentzahlen[1].

	Weiße	Neger
Arbeiter	24	30
Bergleute	6	6
Landarbeiter	14	13
Facharbeiter	28	25
Selbständiges Geschäft	3	2
Eigene Farm	2	2
Angestellter, Reisender	7	6
Arbeitslos	11	11

Diese Menschen, die in Gruppen lebten und arbeiteten, werden den verschiedensten Schweigegeboten unterworfen.

Medium des Umgangs mit Menschen ist die Sprache. Sie leidet in langer Haft durch Stillegung. Wesen, die dadurch ihren Lebensunterhalt verdienen, daß sie anderen Bedürfnisse und Waren aufschwatzen, werden durch die Wirkungen langen Schweigens, bloßen Flüsterns, ohne daß die Lippen sich merklich bewegen, ebenso lahmgelegt wie ein Zimmermann, dem der Arm abgeschlagen wird. So wirkt das auferlegte Schweigen[2] bis in die Zeit der Entlassung hinein. Die Stimme verändert sich, klingt nach mangelnder Zuversicht und flößt Mißtrauen ein[3]. Sie steht wie eine Wand zwischen dem langjährigen Gefangenen und der Außenwelt, ist ein Brandmal langen strafweisen Schweigens.

Das Sprechverbot wird fast überall während des gemeinschaftlichen Essens durchgeführt. Der Eßsaal ist freilich eine der wenigen Situationen, in denen Massen in der Haft zusammenkommen und trotz aller Gasejektoren im Dach ist es immer eine gefährliche Situation. In Zuchthäusern der Vereinigten Staaten besteht die Vorschrift, daß

[1] CLEMMER: a. a. O. S. 52.

[2] „Stille und Schweigen, des Weisen, des Beters höchste Labung, sind dem Großstadtmenschen Folterqualen.“ FUCHS: S. 79. „Er bricht im Gefängnis oft schon nach wenigen Tagen in Weinkrämpfe aus, ißt nichts mehr und beginnt zu rasen, wenn man ihn nicht alsbald aus der Einzelhaft in die Gemeinschaftsräume überführt.“

[3] .... „Ich kann meine eigene Stimme nicht mehr hören.... In den 20 Monaten der Einzelhaft, wo ich nur einmal in zwei Wochen mit Mutter und Schwester sprach, hat sich diese unglückliche Stimme so verändert, sie klingt so dünn .... sie klingt verräterisch.“ FIGNER: S. 251.

Wünsche der Speisenden durch Gesten kenntlich gemacht werden. Durch Bewegungen soll der Gefangene zu erkennen geben, ob er mehr Brot, Gemüse oder Sauce haben möchte. Ein Insasse, der sich über die Eßgewohnheiten äußern sollte, machte eine treffende Bemerkung: „Gezwungen, sich in der Sprache von Taubstummen zu unterhalten, verlernen die Gefangenen alle guten Manieren, sagen niemals „bitte", „danke", „Verzeihung" u. dgl.[1]. Sie werden auch in dieser Beziehung für das Leben in Freiheit, in dem noch gewisse Formen herrschen, untauglich gemacht[2]. Bei anderen Gelegenheiten und in anderen Anstalten ist Zeichensprache nicht erlaubt und wird disziplinarisch bestraft[3].

Die Umbildung der Stimme, die Lahmlegung des Sprechzentrums scheint mit Tendenzen der Selbstisolierung einherzugehen[4]. Therapeutisch günstig ist das gemeinschaftliche Singen der Gefangenen, wie es der musikbegeisterte, selbst mitsingende Leiter der Anstalt Ebrach durchgeführt hat[5]. Der Gefangene wird in eine harmlose Form der Gemeinschaft zurückgeführt, die keinen Unterschied kennt und die Mitwirkung aller erfordert. Die pädagogische Wirkung steht hoch über dem bloßen Zuschauertum von Filmen und sportlichen Wettkämpfen, weil der bewußte Einsatz des einzelnen notwendig ist, dazu der Erfolg allen gehört.

D. Das atrophierte Sinnesleben.

I.

Wir treten mit der Außenwelt durch die weitreichenden Tentakel der Sinne in Berührung. Isolierung sperrt von der Umwelt ab oder reduziert das normale Maß der Kontakte. Wir kennen die Störungen, die auftreten, wenn einzelne Sinne ausfallen. Es ist aber fast immer nur *ein*

[1] CLEMMER, DONALD: The prison Community, S. 165. — Im Arrest erhielt der Räuberhauptmann kein Eßbesteck, wie begreiflich, sondern nur einen Holzlöffel, „so daß er Fleischbrocken mit Nägeln und Zähnen zerreißen mußte". FUCHS: S. 129.

[2] Beim Hochstapler sind ungelenke Manieren eher ein Schutz des Publikums.

[3] ELLIOTT, MABEL A.: Coercion in penal treatment, past and present, S. 40. Ithaka 1946 „communicating by signs" ist strafbar.

[4] „Meine Stimmbänder wurden immer schwächer, die Stimme brach und verschwand dann ganz, meine tiefe Altstimme wurde dünn vibrierend wie nach einer langen Krankheit. . . . Ich wollte immer schweigen, und wenn es doch notwendig wurde, zu sprechen . . . so war dazu eine ungeheure Willensanstrengung und große Selbstüberwindung erforderlich." FIGNER: S. 217. — „Es ist erstaunlich", bemerkt EGGERATH (Nur ein Mensch, S. 137, Weimar 1947), „wie schnell der Mensch das Sprechen verlernt. . . . Nur die dauernde Übung hält die Sprechwerkzeuge so geschmeidig, daß die Übertragung von Gedanken auf die an der Wortformung beteiligten Organe reibungslos verläuft. Doch mußte ich schon nach wenigen Monaten feststellen, daß mein Sprechen holprig wurde, wenn ich einmal Gelegenheit hatte, mich mit einem anderen Menschen zu unterhalten."

[5] FUCHS: S. 107ff.

Sinn, der uns draußen im Stiche läßt. Die Haft blockiert die verschiedensten Wahrnehmungen. Durch lange „Unterernährung" leiden die Sinnesorgane selbst wie die Muskulatur, die, niemals ausreichend beansprucht, atrophiert. Durch Sinneseindrücke aber werden Vorstellungen und Beziehungen vermittelt, wird das Affektleben bewegt und bereichert. GOLLWITZER macht auf die verheerende Wirkung sensorieller und sozialer Reizlosigkeit aufmerksam, die die Fähigkeit zur Freude an Kleinigkeiten, ersterben läßt[1]. Noch ist das Mitteilungsbedürfnis da, aber es tritt auf der Stelle[2]: der eine spricht laut vor sich hin, nur um eine menschliche Stimme zu hören[3], und wenn sie spazierengehen, so heben sie die Hand und strecken die Finger aus, ganz als ob ein Kamerad mit ihnen marschierte und spräche[4]. Einen fortgeschrittenen Grad dieser Erstarrung wies der russische Revolutionär auf, der nach langen Jahren sich nicht einmal mehr auf die Entlassung freute und sagte: „Ich fühle nichts, ich bin wie aus Holz[5]." Das psychische Leben mit der Unzahl seiner Reaktionen ist ausgebrannt und von allem ist nur noch „ein Häufchen Asche" übriggeblieben[6].

BERKMAN[7] hat diese innere Versteinerung mit verzweifelten Worten beschrieben:

„Der Anblick menschlicher Wesen stößt mich ab", schrieb er nach seiner Entlassung, „der Klang ihrer Stimme ist eine Qual für mich. Ich will allein sein, immer allein, um Ruhe und Frieden zu haben, um ein einfaches Leben in enger Gemeinschaft mit der Natur zu führen. Aber ach die Natur! Auch sie habe ich probiert und sie noch unmöglicher gefunden als den Wirrwarr der Stadt. Das Schweigen der Wälder macht mich verrückt, wie einstmals die Einsamkeit des Kerkers. Verflucht seien die Mächte, die mich lebensunfähig gemacht haben, die Einsamkeit ebenso unausstehlich machten wie die Gesichter der Menschen; die mir das Leben unmöglich gemacht haben."

Die optischen Eindrücke, die einem Gefangenen zukommen, unterscheiden sich nach der Lage der Anstalt, der Gemeinschafts- oder der Einzelhaft und der Arbeit, die dem Häftling zugewiesen ist. Immer bleibt der frühe Einschluß. Die Nachtruhe ist weit über das Maß hinaus ausgedehnt, das sie im Leben des Normalmenschen einnimmt. Die Beleuchtung kann weder am Tage noch bei Nacht allzu gut sein.

---

[1] GOLLWITZER: S. 93. GOLLWITZER weist feinsinnig auf die minimalen Freuden hin, die auch das Leben des Ärmsten in Spannung erhalten: „ein lustiger Abend, eine Illustrierte, eine leckere Speise, ein kleines Geschenk, ein Spaziergang, eine Feier, eine Umarmung, alle die unauffälligen kleinen Freuden des Alltags, die den wenigsten Menschen ganz fehlen."

[2] „Schon längst ist jeder dem anderen zuwider geworden. . ." DEUTSCH: S. 233.

[3] AUER: S. 46.

[4] SPENSER: S. 278.

[5] FIGNER: S. 389.

[6] Ebenda S. 394.

[7] BERKMAN: S. 501.

So kommt es, daß zahlreiche Gefangene klagen, sich in der Zelle die Augen verdorben zu haben[1]. Sicher ist, daß, verglichen mit dem freien Leben, optische Eindrücke nach Zahl und Wechsel verringert sind. Besonders sind es die fern liegenden Objekte, die dem Auge des Gefangenen fehlen. Offenbar sind sie eine Erholung von der Nähe der Zellwand und der Anstaltsmauer. Im Zuchthaus Ebrach werden Bussarde, die hoch oben am Himmel kreisen, mit „fieberhafter Spannung“ von den Gefangenen verfolgt[2]. ROSA LUXENBURG schildert einen Sonnenuntergang wie ein unerhörtes Erlebnis[3], und VERA FIGNER gibt ihrem Entzücken über den Sternenhimmel Ausdruck; seit 5 Jahren hatten ihre Augen den nächtlichen Himmel nicht mehr gesehen[4]. Stets wird die Nacht, und oft mehr als die Nacht, in der Zelle verdämmert. Von der Nacht, die „meistens schlimmer zu überstehen ist als der Tag[5]“ ist der Häftling abgesperrt.

Fürst KROPOTKIN erwähnt diesen Durst nach optischen Reizen. Dabei kommt es auf die Bewegung an, die uns anlockt, nicht das, was feststeht und fixiert ist. KROPOTKIN blickte bei seinen Spaziergängen[6] immer nach der hohen vergoldeten Spitze der Festungskirche. Nur sie wechselte, leuchtete wie Gold bei Sonnenschein, sah verzaubert aus, wenn blauer Nebel über der Stadt lag, oder wurde stahlgrau, wenn dunkle Wolken den Himmel überzogen[7].

Man wird im allgemeinen geneigt sein, optische Störungen erst nach langer Haft zu erwarten. Dem widerspricht die Erfahrung von CHRISTOPHER BURNEY. 18 Monate hat er in Einzelhaft im Zuchthaus von Fresnes verbracht. Dann wird er in einen Bus verladen, um nach Deutschland gebracht zu werden. Die Welt, die er zu sehen bekommt, erregt ihn aufs tiefste, die braunen Felder, der bleierne Winterhimmel und die

---

[1] AUER: S. 111. — In CHESSMANS Zelle brannte das Licht 24 Stunden (CHESSMAN, CARYL: Cell 2455 Death Row, S. 310, New York 1954). Aber das war die Todeszelle, in der er jahrelang saß, und man wird sagen, daß einer, der hingerichtet wird, seine Augen nicht mehr braucht. Manche von den Todeskandidaten aber werden begnadigt und werden später einmal wieder entlassen.

[2] FUCHS: S. 112.

[3] Briefe aus dem Gefängnis, S. 42 und 43. „Ich sog mich mit den Blicken fest an das leuchtende Bild und verschlang jeden rosigen Strahl aus ihm....“

[4] FIGNER: S. 278.

[5] AUER: S. 78.

[6] Eine halbe Stunde war nicht sehr viel für den früheren Kosakenoffizier, der durch die Steppen Sibiriens galoppiert war und dabei ein System der Gefängnisreform ausgedacht hatte. KROPOTKIN, P.: Memoirs of a revolutionist, S. 170. New York 1899.

[7] Ebenda S. 353. — SILVIO PELLICO (Le mie prigioni, S. 136, Leipzig 1833) beschreibt sein wildes Verlangen nach einem neuen Gesicht. Er wünschte, daß der Wachtposten einen Augenblick haltmachte, daß er seine Züge sehen könnte. Er hustete, um ihn zum Stehen zu bringen.

schwarze Kontur der Bäume erscheinen ihm über die Maßen schön. Aber seine Augen sind noch nicht imstande, sich an die großen Entfernungen zu gewöhnen. Das Land erscheint ihm wie eine chinesische Landschaft, voll wunderschönen Nebels, den nur einzelne lebendige Details durchbrechen[1]. Beim ersten Spaziergang ist ihm aufgefallen, daß das Licht von allen Seiten kommt und die Objekte mit seinem Glanz von allen Seiten umfaßt, statt von der Seite her durch eine Luke zu fallen[2]. Er weiß nicht, welchen Eindruck er mit in die Zelle nehmen soll, das Gras oder den Himmel, von dem er ein winziges Stück in der Zelle sehen konnte und das ihm das Verständnis dafür gab, warum wir den Himmel da oben hin versetzt haben[3].

II.

Die Gehöreindrücke treten im Gefängnis aus 2 Gründen in den Vordergrund: der akustische Sinn vermittelt während der langen Stunden des Einschlusses[4] die Verbindung mit der Außenwelt. Durch Klopfen verständigen sich nächtlicherweise die Gefangenen. Aber die Gehöreindrücke, die vielfach nur abgedämpft oder verzerrt den Häftling erreichen, sind mehrdeutig. Der Gefangene erklärt sie im Sinne seiner Zwangslage. Er projiziert in sie seine Hilflosigkeit[5], sein Mißtrauen und seinen Protest.

Zwischen Wachen und Traum hört Vera Figner Geräusche in der Nacht. Sie kommen und gehen. Immer sind sie drohend[6]. „Irgendwo hörst Du ein Zischen, als ob eine große Schlange sich unter der Erde hervorwinde, um dich mit ihrem kalten, schlüpfrigen Leib zu umringeln...

[1] Burney, Christopher: Solitary confinement S. 152. London 1952.

[2] Ebenda S. 108.

[3] Ebenda S. 91.

[4] Es ist Sonnabend und Joan Henry schreibt: „Wie sich die Zelltüre hinter mir schließt, denke ich daran, daß es erst 4 Uhr nachmittags ist. Abgesehen von dem Hereingeben eines Bechers Kakao wird sie erst wieder um 6,45 Morgen früh geöffnet werden“ (S. 34). — Im Winter beginnt der Gehörsinn viel früher als im Sommer, dem optischen Apparat den Schutz des Individuums abzunehmen. Der taube oder sehr schwerhörige Gefangene versinkt von diesem Augenblick an in völlige Wehrlosigkeit. Alle diese Verhältnisse sind noch nicht mit exakten Mitteln untersucht worden.

[5] Aber auch die Hilflosigkeit der anderen, an die er bei jedem lauten und heftigen Geräusch zuerst denkt. Diese Blickrichtung kehrt auch in den Träumen der Gefangenen wieder, über die wir später sprechen.

[6] „Und die Töne! Diese verfluchten Töne, die plötzlich unerwartet hörbar werden, dich erschrecken und wieder ersterben.“ S. 254. — Fuchs streckt sich auf seiner Seegrasmatratze bei Nacht aus, als sich „draußen in den alten Klostergewölben seltsame Geräusche erhuben; ein eigentümliches fast unheimliches Schlürfen, wie wenn ganze Scharen von Mönchsgespenstern auf Geistersohlen einherschlürften. Denn es war kein Gehen, wie von Menschenfüßen, sondern wie von etwas, das aufgehört hat, Mensch zu sein.“ Fuchs: S. 66.

Aber es ist nur das Wasser, das da unten in den Wasserröhren zischt... Man hört einen leisen, leisen, erstickten Schrei ... und hat das Gefühl: ein Mensch erstickt unter einem Berg von Steinen... Oh nein, das ist nur das leise, ganz leise Husten eines Tuberkulösen... Wenn irgend ein Geschirr klirrt ... die Phantasie zeichnet sogleich Ketten und gefesselte Menschen[1]." Oft sagen langjährige Gefangene, daß die Stille „lebt", daß sie mit den langsamen abgemessenen Zügen eines Monstrums „atmet". „Sie steigt und fällt, kommt und geht. Es ist das Elend selbst, das im Schlafe liegt. Jetzt lehnt es sich schwer gegen die Türe. Ich höre sein rascheres Atmen[2]." In der Bastille entsetzen ungewohnte Geräusche, Auf- und Zuschließen der Türen immer wieder die Insassen, die eine geheime Hinrichtung fürchten. Einmal beginnt ein stampfendes, unerklärliches Geräusch: es ist höchst eigentümlich und erschreckend. Der Gefangene entdeckt in der Folge, daß die Maschine, die, wie er fürchtete, ihn zu Staub zermahlen sollte, ein Bratenwender war, der friedlich in der Küche seinen Dienst tut[3].

Der überreizte, durch die Kontrolle anderer Sinne nicht geleitete Gehörapparat entwickelt akustische Idiosynkrasien. Fürst KROPOTKIN kann als Freidenker und Revolutionär das Lied nicht mehr hören, das das Glockenspiel der Peter-und-Pauls-Festung in die Gegend schmettert[4]. Eine Glocke im Gefängnis von Fresnes bringt BURNEY zur hellen Verzweiflung[5], aber von der Außenseite her hätte die Glocke wahrscheinlich ganz melodisch geklungen. DEUTSCH erzählt, daß das Kreischen der schweren Schlösser ihn und seine Genossen beinahe zur Raserei brachte[6], und ein deutscher Gefangener ist durch das Klirren von Ketten so irritiert, daß er meint, ähnliches nur beim Militär in einem Pferdestall zur Zeit des Futterausteilens gehört zu haben[7]. Es ist, als ob die isolierten optischen Eindrücke den Menschen mit besonderer Wucht träfen und emotionell als Zündung seiner psychischen Spannungen wirkten. Ein Gefangener hörte aus Zufall, wie für einen Lustmörder in der Nebenzelle eine kirchliche Handlung vor der Hinrichtung abgehalten wurde.

[1] Ebenda S. 254 und 255. — PELLICO glaubte (Le mei prigioni, S. 98 und 99) Seufzer und unterdrücktes Kichern in seiner Zelle zu hören. Er ist entsetzt und fürchtet, der Spielball „d'incognite maligne potenze" zu sein.

[2] BERKMANN: S. 302.

[3] LINGUET: S. 293.

[4] KROPOTKIN: S. 362. Es waren die Lieder: „Gott rette mich" und „Gott segne den Zaren".

[5] "The bell was cracked and made a dreadful sound of pain and ugliness, a note without rhythmic frequency, against all the laws of nature". BURNEY, S. 102.

[6] DEUTSCH: S. 234. — „Ich wachte vom Schlüsselklirren auf — davon wacht jeder Gefangene auf, auch wenn er tausend Jahre alt wird." REUTER: Ut mine Festungstid. Ges. Werke, Bd. X, S. 16.

[7] AUER: S. 81.

„Diese Zeremonie übte eine derartige Wirkung auf mein Nervensystem aus, daß ich die nächsten 8 Tage fast nichts gegessen und nicht geschlafen habe. Bis dahin hatte ich die Haft noch einigermaßen ertragen, aber als meine Frau mich hierauf besuchte, weinte sie über meinen plötzlichen Körperverfall. Es war mir eine lange Zeit nicht möglich, die Gedanken von dem Verbrecher und dem Scharfrichter abzulenken. Sollte ich noch einmal im Leben in solche Lage versetzt werden, so würde ich mich derselben durch Selbstmord entziehen[1]."

Bisweilen hören die Gefangenen, daß im Hof Zimmerleute arbeiten und das Schafott bauen. Oder sie hören den dumpfen Schlag des Fallbeils, es mag im Ernst niedergehen oder nur ausprobiert werden[2]. Oder sie vernehmen das zischende Geräusch des eingeschalteten Stroms, den der Henker einstellt und wieder einströmen läßt[3]. Aus allen diesen sorgsam abgedämpften Geräuschen kommt jene gefährliche Erregbarkeit der Gefangenen, die jedem Anstaltsdirektor und vor allem dem Scharfrichter selbst[4] wohlbekannt ist. Die Gefangenen werden finster-erregt und explosiv. Viele können, sagt der Henker ELLIOTT, nicht arbeiten, ehe nicht die Exekution vorbei ist. Es müssen besondere Vorkehrungen getroffen werden, damit die Stromleitung von der Zentrale zum Hinrichtungsraum nicht durchschnitten wird. Die Erregung kehrt sich selbst gegen die völlig unbeteiligten Soldaten, die den Absperrdienst versehen[5].

Tumulte im Zellenhause, lautes Geschrei der zur Arrestzelle fortgeschleppten Gefangenen, Kommandos und Flüche der Beamten haben Doppelwirkung. Sie erzeugen mitleidige Wut, werden aber gleichzeitig als Erholung von dem dumpfen Einerlei empfunden. Sie sind für viele Stunden Gesprächsstoff[6], greifen aber bei Nacht die Nerven der Häftlinge mehr an als am Tage. In der Schlüsselburg wollen sich VERA FIGNER und ein Mitgefangener im Arrest durch Klopfen unterhalten. Die wütenden Gendarmen nehmen Holzscheite und bombardieren die Türen der Gefangenen. Es entsteht ein unbeschreiblicher Lärm[7]:

„Man kann sich unmöglich einen Begriff davon machen, welche Qualen einem ein solcher Lärm bereiten kann, wenn man durch die jahrelange Grabesstille des Gefängnisses aller Geräusche entwöhnt ist. Unfähig, diese wahnsinnige Klopferei

---

[1] AUER: S. 79.

[2] HAU: S. 168; BELBENOIT: S. 88.

[3] HAYWOOD: S. 25.

[4] ELLIOTT: S. 71.

[5] „Als sich das Militär auf der Mauer gezeigt hatte, war es von den Gefangenen mit Wutschreien und Verwünschungen begrüßt worden. Bluthunde! Mörder! Staatsbestien!..." HAU: S. 164.

[6] HOFF, MARIE: S. 158.

[7] FIGNER, VERA: S. 279. Diese Überreizung steigerte sich nach einem längeren Hungerstreik; „Die Gehörreflexe nahmen eine unglaubliche Heftigkeit an. Bei jedem unerwarteten Laut entrang sich meiner Brust ein Schrei, dem unaufhaltsames Schluchzen folgte." FIGNER: S. 302.

aufzuhalten, geriet ich in rasende Wut und begann ebenfalls mit den Fäusten an die Tür zu schlagen, hinter welcher die Gendarmen tobten."

Der Anblick von Szenen der Gewaltsamkeit, mehr noch ihr akustisches „Schattenbild", löst imitativ starke motorische Reaktionen aus. Der Zuchthausknall ist da. Dr. SQUIRE hat einen solchen Vorgang geschildert: Eine Hinrichtung ist vorbei und die Autopsie ist im Gange. Das Geräusch der Knochensäge bringt die Männer, die im gleichen Gebäude auf ihren Tod warten, zu einem Erregungsanfall, in dem sie kreischend alles zerschlagen und zerreißen[1].

Scharfe, peitschende und zugleich bedrohliche Geräusche gehen dem Gefangenen besonders auf die Nerven. Bisweilen schossen in St. Quentin zu LAMSONs Zeiten[2] die bewaffneten Wärter in den Türmen mit Maschinengewehren auf Planken oder Baumstämme, die in der Bay schwimmen. Sie üben sich im Schießen und sie geben eine Warnung ab, zumal wenn dichter Nebel die Ausbruchsgefahr steigert. Böse Spannung legt sich über die Gefangenen[3]. Gröber geht es nach BARNES[4] in Alcatraz zu. Hier werden nach Einschluß der Sträflinge von den Beamten Schießübungen vorgenommen. Am nächsten Morgen, liegen die Zielpuppen im Hofe umher, reglos, starr, erledigt. Mit geistiger Hygiene hat die Methode nichts zu tun.

III.

Die italienischen Kriminalanthropologen haben feststellen wollen, daß der Geruchssinn beim „Verbrecher" weniger entwickelt ist als beim normalen Menschen und bei der Frau eher zurückbleibt als beim Manne[5]. Diese Versuche sind an einem kleinen Menschenmaterial ausgeführt worden. Sollten sie sich aber bestätigen, so würde eine Erklärung dafür gewonnen sein, daß Gefangene selten ihre Geruchseindrücke erörtern. Sie variieren nach den Stockwerken der Anstalt, nach der Jahreszeit, nach der früheren Lebenslage des Gefangenen. Daß ein verwöhnter Ästhet wie OSCAR WILDE unter den mannigfachen Gerüchen litt, ist verständlich[6]. OSBORN fand bei einem kurzen Gefängnisexperiment, daß der Geruch im untersten und ersten Stock erträglich schien, daß im Sommer aber furchtbar war, was aus einzelnen Zellen hervordrang[7]. NELSON, der so viele Anstalten kannte, fand den Marsch der Kübel-

[1] SQUIRE: S. 157. ... "All at once pandemonium broke out„. ...

[2] LAMSON: S. 62.

[3] Ebenda S. 79.

[4] BARNES und TEETERS: a. a. O. S. 636, 637. BARNES nennt die Gewohnheit eine „mental torture". Auf Bildern von Alcatraz (JOHNSTON, S. 215) liegt die Schießbahn neben den Arrestzellen.

[5] ELLIS, HAVELOCK: The criminal, S. 130. London 1910.

[6] HARRIS, FRANK: Oscar Wilde, Bd. II, S. 596. New York 1916.

[7] OSBORN, MOTT: Within prison walls, S. 69. New York 1914.

brigade im Winter nicht so schlimm, in den heißen Sommermonaten mahnte ihn aber der Gestank an Zersetzung, Krankheit und Tod[1]. Diese Assoziation verdient Interesse, weil oft Schweigen und Tod verbunden werden und die Zelle mit einem Sarg verglichen wird[2].

Deutsche Gefangene gehen der Sache auf den Grund. Die schwerverdaulichen Hülsenfrüchte wie Erbsen, Bohnen und Linsen verursachen „unbeschreibliche Blähungen. Es ist unmöglich sie zurückzuhalten, dadurch wird die Luft vollkommen verpestet[3].“ Die schlimmste Zeit ist der frühe Morgen. Gefangene sprechen von einer „Gefängnisluft“, die den ganzen Körper durchdringt. Man wird sie erst in Freiheit wieder los[4]. Gegen die italienischen Beobachtungen spricht die Tatsache, daß gerade weibliche Gefangene ihre Geruchssensationen mitteilen. Sie finden, daß die wohlgewaschenen Besucher überaus herrlich riechen[5], ja, sie machen eine Bemerkung über die Atmosphäre in der kalten, stickigen Kirche, die „mit dem säuerlichen und dabei süßlichen Geruch der vielen Frauen“ erfüllt ist[6].

Auf der anderen Seite ist die Leidenschaft männlicher Gefangener für feine Toilettenseife auffallend[7]. Gewisse Geruchshalluzinationen stellen sich im Anschluß an starke Affekte wie Furcht oder sexuelle Spannungen ein. In der Bastille fürchtet ein Gefangener, daß ein Leidensgenosse unter ihm auf natürliche oder „andere“ Weise gestorben ist. Seltsame Geräusche sind an sein Ohr gedrungen. „Eines Nachts, gegen zwei Uhr morgens, hörte ich ein starkes Getöse auf der Treppe: eine große Anzahl Menschen steigt geräuschvoll herauf, vor jener Tür wurde halt gemacht, dann hörte man reden, streiten, hin- und herlaufen, ich vernahm ganz deutlich das Geräusch heftiger Kraftanstrengungen und leises Gewimmer[8].“ Am nächsten Tag kommt es ihm so vor, als ob man eine Bahre heraufbrächte, niedersetzte, belade und in Ordnung brächte, und diese unbestimmte Vorstellung von Tod oder Hinrichtung wird dadurch bekräftigt, daß er plötzlich den starken Geruch von Wacholderbranntwein zu bemerken glaubt. Ganz ähnlich liegt ein jugendlicher Gefangener im Halbschlaf in eine stinkende alte Decke

---

[1] Nelson, Victor: Prison days and nights, S. 11. Boston 1933.

[2] Figner: S. 256. — „Als die schwere Tür der Zelle hinter mir zuschlug, da war es mir, als wenn ich in eine tiefe Gruft versunken wäre und der Deckel des Sarges sei über mir zugeschlagen.“ Eggerath: a. a. O. S. 105.

[3] Auer: S. 76. — Stärkere Einzelheiten aus der Sphäre der Gerüche finden sich bei Eugène Degrave (Le bagne, S. 95).

[4] Ebenda S. 77.

[5] Henry, Joan: S. 152. “How lovely you smell!” “I remember saying to my visitor at Holloway.”

[6] Ebenda S. 39.

[7] Fallada: a. a. O. S. 19.

[8] Linguet: Memoiren, S. 187.

gehüllt. Er hört in diesem Elend die Stimme seines Mädchens, sieht ihre Augen und zieht den Geruch des guten Parfüms ein, der nach ihrem letzten Besuch zurückblieb[1].

Der Geruchssinn ist also im Anfang geschärft, ehe er „krank vom Anblick und dem Geruch von Steinen"[2], sich in sensorieller „Schwielenbildung" abkapselt. Joan Henrys Verwandte haben sich, ehe sie sich zum Gefängnisbesuch entschließen, etwas Mut angetrunken. Es ist nur ein bischen Sherry gewesen. Aber die Gefangene riecht es über den Zwischenraum hinweg und meint, daß die Verwandten, die ihr tröstlich zu der gut sitzenden Gefängnistracht gratulieren, überwältigend nach Alkohol röchen[3].

IV.

Störungen des gemißhandelten Geschmacksinnes führen schon zur Frage des Essens. Der Schock und die Depression der Einlieferung macht es erklärlich, daß alle Wärter bösartig aussehen[4] und der Tee wie „warmes Heu" schmeckt[5]. Junge und kräftige Häftlinge weisen so energische Hungergefühle auf, daß differenzierende Geschmackssensationen kaum zur Geltung kommen[6]. Ein besonderes Kapitel sind Geschmackshalluzinationen. Wie sich nach der Revolution von 1917 aktenmäßig feststellen ließ, hatte der russische Strafgefangene Minakow an dem Wahn gelitten, daß der Arzt Gift in seine Nahrung mische. Dieser Verdacht führte erst zum Hungerstreik, dann zu einem tätlichen Angriff auf den Arzt, angeblich, um sich künstlicher Ernährung zu widersetzen. Er wurde nach russischem Recht dem Kriegsgericht übergeben und binnen 24 Stunden erschossen. Ein Gnadengesuch lehnte er ab[7].

Wie es zu Vergiftungsideen kommen kann, wird verständlich, wenn man von einer gut verwalteten Anstalt hört, daß die zwar reichliche, „aber monotone Dampfkost periodisch einen unbezwingbaren Abscheu hervorrief. Man fastete dann lieber bei Wasser und Brot, als daß man die

---

[1] Salomon, Ernst v.: S. 406.

[2] Spenser: S. 288.

[3] Henry, Joan: S. 99. "I suppose this was due to my heightened sense of smell."

[4] „Nun meinte er (der Oberaufseher) mit einem Basiliskenblick. . ." Hau: S. 22.

[5] Henry, Joan: S. 18.

[6] Burney, S. 27ff., beschreibt diesen Zustand und die ewigen Hungergefühle, für die die Suppe nur eine "amuse gueule" ist.

[7] Figner: S. 261. — Linguet (S. 90) führt einen Bericht von Renneville an. Hier wurde ein Mann in der Bastille wahnsinnig. Er bedachte alle die, die ihm sein Essen brachten, mit Schmähungen. Schließlich schüttete man die Speisen einfach auf den Fußboden und nahm die Schüsseln mit, so daß er wie ein Hund die Nahrung auflecken mußte. Es ist wohl möglich, daß es sich auch hier um Vergiftungsideen gehandelt hat.

scheußlich dünstenden, muffigen Inhalte der Kostschüssel angerührt hätte"[1]. Der Gefangene meint, daß allein der Geruch in solchen Zeiten Übelkeit verursacht habe, es muß aber in erster Linie die Unschmackhaftigkeit gewesen sein, die die Nahrung ungenießbar machte. FUCHS führt die Abhandlung eines Anstaltsleiters an, wonach der Sträfling ausreichend ernährt werden, aber an den Speisen keinen Genuß haben solle. Er schließt daraus, daß das Essen absichtlich unschmackhaft zubereitet worden sei. Es gibt aber eine einfachere Erklärung. Verfolgungsideen wie Vergiftungsfurcht müssen in ferner Vorzeit Bestandteil des normalen Weltbildes gewesen sein, als nichts als Feinde, menschliche, tierische, geisterhafte, um den Höhlenmenschen herum waren und sich unter die Früchte des Waldes viele giftige Pflanzen mischten. In der Psychose oder ihren Grenzzuständen tauchen diese uralten Vorstellungsmuster wieder auf. Sie treten auch wieder ins Bewußtsein, wenn der Gefangene dahinsiecht und die entfernte Möglichkeit besteht, daß er nach der Entlassung hochgestellte Personen belasten könnte. FUCHS hat dieser Furcht offenen Ausdruck gegeben, obschon sie sich als falsch erwies: „Ich fühlte ein Tag um Tag, Nacht um Nacht fortschleichendes Absterben der Körperlichkeit, ganz wie wenn ich an einem langsam wirkenden teuflichen Gifte hinsiechte, an einem jener Gifte, mit denen die Borgia und andere Staatsgewaltige der Renaissance ihre politischen Gegner unauffällig hinzumorden pflegten. Wer weiß, ob nicht auch in bezug auf mich manche hohe Herren hofften, die Zuchthausvergiftung werde in mir den Mitwisser ihrer Geheimnisse zum ewigen Schweigen bringen?" Daß die häufigen Störungen der Magentätigkeit und der Verdauung den Verdacht der Nachstellung nahelegen, mehr oder weniger berechtigte Befürchtungen, Geschmacksumdeutungen und physiologische Dysfunktion zusammenwirken, erklärt das Auftreten ausgeprägter Vergiftungsideen.

E. Vom Essen und Essensfolgen.

Das Problem der Nahrung in der Haft reicht weit in das Gebiet der Psychologie hinein. Das Nahrungsbedürfnis ist verschieden nach Körpergröße, Alter, Geschlecht und Beruf. Der Massenbetrieb einer großen Anstalt verbietet, von Krankheit abgesehen, individuelle Berücksichtigung. Menschen, die im freien Leben zu viel gegessen haben, können an magerer Kost wie einer nützlichen Diät gesunden[2]. Mit

[1] FUCHS: S. 200.

[2] Als Kriminalkommissar v. TRESKOW die freigesprochene Gräfin Kwilecki wegen der langen Untersuchungshaft bedauerte, entgegnete sie: „Jedes Ding hat seine zwei Seiten, eine gute und eine schlechte. Vor dem Prozeß litt ich stark an Gicht, und meine Hände waren stets geschwollen. Durch die magere Gefängniskost ist meine Gicht ganz geschwunden und meine Hände sind wieder schlank geworden." TRESKOW, HANS v.: Von Fürsten und anderen Sterblichen, S. 228. Berlin 1922.

echter Begeisterung berichtet ein bekannter Krimineller, wie er in einem kanadischen Gefängnis niemals ganz satt wurde, immer Appetit hatte, keinen Tabak, keinen Kaffee, wenig Fleisch und viel Schlaf bekam, dazu eine Menge Gemüse, und wie er sich nie in seinem Leben so wohl fühlte wie bei der Entlassung. „Ich war, schreibt er[1], in bestem körperlichem Zustand.“ Als politische Gefangene noch gut behandelt wurden, machten manche die gleiche Erfahrung.

Wenn man Gefangenenmenüs durchliest[2], so muß man zwischen dem Alltagsessen[3] und den dekorativen Speisekarten unterscheiden, die Besuchern vorgelegt werden. Ein solches Menü hat Direktor JOHNSTON wiedergegeben, als er eine Gruppe durch seine Anstalt führte. Es bringt[4]:

Suppe à la Milanaise
Überbackener Fleischauflauf   Gewürzte rote Rüben
Schweizer Mangold
Brot   Tee

Die älteren Berichte lauten anders[5]. Es ist noch nicht allzulange her, da schilderte BERKMAN[6] das Sonntagsessen, das allerdings immer einfacher ist als sonst: zuerst das Frühstück als eine kleine Portion Brot und einen Becher schwarzen, ungesüßten Kaffees, „das Mittagessen als eine Wiederholung des Morgenmahles, mit der einzigen Ausnahme, daß der Kaffee dünner und der Becher rostiger aussah.“ SANFORD BATES[7] hat noch vor kurzem von Rüsselkäfern im Haferschleim, verdorbenem Fleisch und mulmigem Brot als auslösenden Momenten der Gefängnismeuterei gesprochen. Er meint, daß schlechtes Essen häufig auch bei armen Leuten vorkommt, übersieht dabei aber, daß Gefangene an den Staat höhere Ansprüche stellen. Die Hauptklage, auch in Amerika, ist Einförmigkeit[8].

Der Normalmensch, auf den eine Massenkost notwendigerweise zugeschnitten ist, existiert nicht. Körperliche Arbeit, mangelhafte Kleidung und fehlende Heizung steigern den Durchschnittsbedarf. Große

---

[1] BLACK, JACK: S. 272.

[2] Siehe die alte amerikanische Aufstellung bei BARNES und TEETERS, S. 531. Über die Nahrung auf den britischen Gefängnisschiffen siehe LAMBERT: The prince of pickpockets, a. a. O. S. 75, wo sich interessante Vergleiche der Eßtabellen von 1782, 1862 und 1930 finden.

[3] „Bohnen (in San Quentin) werden dreimal am Tag verabreicht. Jeden zweiten Tag gibt es dazu gekochtes Fleisch, selten Frikandellen, genannt Jute-Bälle, und Würstchen.“ LAMSON: S. 92.

[4] JOHNSTON: Alcatraz, S. 245.

[5] PATTERSON behauptet, daß die Schweine in seiner Anstalt das weggeschüttete Essen beschnupperten und dann mit erhobener Nase den Rücken wandten. S. 91.

[6] BERKMAN: S. 65.

[7] BATES: Prisons and beyond, S. 79.

[8] „Die Monotonie der Nahrung, sowie die unappetitliche Zubereitung und Servierung sind der Anlaß zu vielen Klagen.“ CLEMMER: S. 75.

Menschen brauchen mehr Nahrung[1]. Junge Menschen haben einen unstillbaren Appetit[2]. „Ich war hungrig", sagt ein jugendlicher Krimineller, „und aß mit Gier das schlecht gekochte Essen. Ich bekam nicht genug und war ewig hungrig. So ging es den anderen." Wenn russische Sträflinge einen Hungerstreik begannen, so war zu beobachten, daß immer die jungen und die kräftigen Männer nicht durchhielten[3]. Sie hatten einfach mit schwereren Erscheinungen des physiologischen Defizits zu kämpfen[4].

Es gibt 3 Gruppen von Essern: solche, die immer weniger essen; andere, die durchaus zufrieden sind, und die Gruppe der pathologischen Vielfraße. Fürst KROPOTKIN konnte bei versagender Verdauung bald nichts mehr essen als ein kleines Stück Brot und 1 oder 2 Eier. Seine Kräfte nahmen rapid ab[5]. Deutsche Gefangene haben den Herbst und den Winter für die bedrohlichen Zeiten erklärt, in denen der Magen mit Sauerkraut, gelben Rüben, Graupen, Reis und Hülsenfrüchten nicht mehr fertig wird und der chronische Magenkatarrh einsetzt[6]. Ein russischer Revolutionär gehörte zu jenen Intellektuellen, die, im Gegensatz zu OSCAR WILDE[7], nicht von dieser Welt sind. „Ich glaube", schreibt VERA FIGNER, „er hätte Essen und Trinken überhaupt vergessen, wenn nicht zu gegebener Stunde die Gendarmen ihm das Essen hineingereicht hätten." Der Rechtsanwalt HAU fand im Gegensatz zu den meisten Sträflingen in Bruchsal die Speisen genießbar zubereitet. Er sagt, daß er nicht die geringste Schwierigkeit hatte, sich an die Kost zu gewöhnen[8]. Auch DOSTOJEWSKI erschien das Essen völlig hinreichend, wenn ihn

[1] LEUSS: S. 99.

[2] SHAW, CLIFFORD R.: The natural history of a delinquent career, S. 200, Philadelphia 1931: „Als der Sommer kam, stank der Eßsaal und ich hatte keinen Appetit. Wenn ich draußen war, kam er mit voller Wucht zurück und zerrte an meinen Eingeweiden.... Das Essen war ungenießbar, und nur Hunger konnte mich dazu bringen, es zu essen. Es gab nur so viel Nahrung, daß die Jungen am Leben blieben."

[3] „Martynow, ein gesunder kräftiger Mensch, hielt es von Anfang an nicht aus und begann schon am dritten Tag zu essen. Ich, in meiner Strenge, brach jede Beziehung zu ihm ab." FIGNER: S. 297.

[4] „Da nun kräftige und junge Menschen mit der Anstaltskost nicht reichen, so kaufen diese sich gern etwas Brot von solchen, die ihre Kost nicht aufessen ... damit half ich mir im Anfang ebenfalls." AUER: S. 113.

[5] KROPOTKIN: S. 364.

[6] AUER: S. 121.

[7] „Die Nahrung drehte meinen Magen um, Geruch und Anblick waren genug. Ich aß nichts viele Tage lang.... Nach einiger Zeit wurde ich so hungrig, daß ich ein wenig zu mir nahm und etwas Flüssigkeit trank.... Die Folge war ein heftiger Durchfall und ich war 24 Stunden krank." HARRIS: a. a. O. Bd. II, S. 331 und 332.

[8] HAU: S. 32 „... wofür nach der Meinung des Arztes der Hauptgrund der war, daß ich der Essenfrage keine Wichtigkeit beimaß."

auch eine große Käferart in der Suppe erschreckte, denen die anderen Sträflinge keine Beachtung schenkten[1].

Ein Bankier, den LEUSS in Celle sah, war zum Tier geworden. „Er verschlang alles, was man ihm gab, Eimer voll Linsen, Heringsköpfe[2], weggeworfene Brotrinden[3].“ Gleiche krankhafte Gefräßigkeit wies der „Knödelwanst“ in Ebrach auf; er hatte nach FUCHS' Beobachtung den größten Genuß an absichtlich unschmackhaft zubereiteten Nahrungsmengen und bedauerte nur, daß er nicht gleich „eine Badewanne voll“ haben könne[4]. Das klinische Bild dieser schweren Störungen ist dunkel.

Nichts wäre unrichtiger als die Annahme, daß Gefangene, wie es nach den Anstaltsberechnungen scheinen könnte, die gleiche Portion essen. Die Unterschiede sind auch nicht amtlich vorgesehen, in der Skala der Verabreichungen etwa, die von der Henkersmahlzeit bis zum Dunkelarrest geht. Ich meine auch nicht Kranke, die keinen Hunger haben[5], oder Sträflinge, die aus irgendwelchen Gründen große Portionen verschlingen[6]. Manche Gefangene sind schon im freien Leben ohne Fleisch und Gemüse ausgekommen[7], rauchen nicht, haben keinen Alkohol genossen, werden also von „Entbehrungen“ nicht betroffen, wie jener Homosexuelle, der die Anstaltskost ausreichend und schmackhaft fand und die Anstalt in voller Gesundheit — vielleicht auch Zufriedenheit — verließ. Ich denke an jene Gefangenen, die irgendwie im Anstaltsdienst verwendet werden und trotz aller Vorschriften und Verbote Gelegenheit haben, ihre Ernährungslage zu verbessern, manchmal in kaum glaublichem Ausmaße[8]. HAU gehörte zeitweise zu diesen Privilegierten, die er so schildert[9].

---

[1] DOSTOJEWSKI: S. 32 und 33.

[2] Bei AUER (S. 113) findet sich die Bemerkung, daß viele kräftige junge Leute sich Wursthäute und Heringsköpfe erbettelten, wenn sie kein Brot auf Umwegen kaufen können. [3] LEUSS: S. 101.

[4] FUCHS: S. 200. Die anderen Gefangenen sahen in der Mästung eine Liebedienerei vor der Anstaltsleitung, weil der Mann bei Besuchen von Ministern, Abgeordneten und Journalisten als bestgepflegter Renommiergefangener vorgeführt wurde. Damit ist aber die Lähmung des Zentrums für Sattheitsempfindungen nicht erklärt.

[5] „... Fleisch bekommen nur Kranke, die es nicht mehr genießen können; dieselben bekommen auch noch andere Zulagen, die sie aber nur ansehen, nicht mehr verwerten können, weil der Organismus nichts mehr aufnimmt.“ AUER: S. 119. — BELBENOIT (S. 31) erwähnt Seekrankheit der französischen Sträflinge, die nach Guayana transportiert werden, als Grund der Ersparnisse der Schiffskapitäne. [6] LEUSS: S. 99. [7] AUER: S. 91.

[8] Über die Funktion des Gefängnisschwarzmarktes berichtet ein anderer Sträfling: „Einen Gefangenen lernte ich kennen, der immer so viel Fleischportionen, Butter, Milch usw. in Vorrat hatte, daß er dieselben gar nicht essen konnte. Bei seinem Abgang hatte er ... das Aussehen eines wohlgenährten Braumeisters.“ AUER: S. 113.

[9] HAU: S. 142.

Er geht abends in die Küche. „Um einen Kübel saßen auf Bänken sechs Gefangene und schälten Kartoffeln. Überall herum standen Kübel, große und kleine, Körbe, Säcke, Bänke, Schemel, in einer Ecke ein langer schmutziger Tisch, in einer anderen Ecke die Kartoffelmaschine, der Boden war naß, es stank nach allem möglichen[1]. Nebenan war ein Gang, in dem die Hauskatzen ihr Lager hatten, die eine gerade im Wochenbett, und daneben lagen zwei Magazine, das Brotmagazin und ein anderes. Nachdem wir ein bischen beim Kartoffelschälen[2] mitgeholfen hatten, brachte der Koch von oben einen Topf mit Essen herunter — kein gewöhnliches Essen, sondern Überreste von der Aufseher- und Krankenkost. Die Fütterung der Raubtiere begann. So sah die Sache wirklich aus; die Verteilung ging nicht ab ohne neidisches Knurren und Fauchen. Mir blieben die Bissen im Halse stecken beim Anblick dieser schmierigen, schmatzenden, schimpfenden Gesellschaft."

Und HAU fügt hinzu, daß sie hier unten alle Dreck am Stecken haben: „dieser stiehlt Brot, jener stiehlt Fett, der eine stiehlt Heringe, der andere stiehlt Zucker, wieder ein anderer treibt Schmuggel mit Tabak[3]."

Wie eine Komödie klingt FUCHS' Geschichte vom „Hausl", dem Gefangenen, der Herr der Arrestzellen war, eine „allgemein hochgeachtete Respektsperson[4]", ein „treuer, braver, frommer Mensch ohne eine einzige falsche Faser, bei den Beamten wie beim Anstaltsgeistlichen, beim Lehrer und Arzt hochangesehen", der sich allerlei kleine Kunstgriffe erlauben durfte[5]. Wenn der Aufsichtsbeamte wegsah, „hielt der Hausl seine mächtige Schürze auf, und die Köche warfen ihm hinein, was gerade Gutes da war: gekochte Kartoffeln, Fettstückchen, Sellerie- und Gemüsehäupter, Suppengrün, gelbe Rüben, Lauch, Zwiebeln." Alles das zusammen mit etwas gemaustem Pfeffer und anderem Gewürz wurde zum köstlichsten Irish Stew verkocht. Von dem ausgezeichneten „Bier", das dazu gebraut wurde, werden wir später hören. Aber das war eine kleine Gruppe, und die Mehrzahl der Gefangenen mußte sichs mit der vorgeschriebenen Kost genug sein lassen, ganz abgesehen von den Gefangenen, die ihr Arbeitspensum nicht geleistet haben und darum bei der Brotausteilung gekürzt werden[6]. Die Kalfaktoren — in Frauen-

[1] MITTERMAIERS (Gefängniskunde, S. 113, Berlin 1954) Feststellung: „Die Anstalten haben heute alle einwandfreie, modern eingerichtete Küchen", traf auf jene Anstalt nicht zu.

[2] Ein Gefangener klagt, daß beim Putzen der Gemüse alte Leute von 60 bis 80 Jahren verwendet wurden, denen außer anderen körperlichen Eigenheiten immer die Nase tropfte." AUER: S. 113.

[3] HAU: S. 144.

[4] FUCHS: S. 211.

[5] Wenn der Mann mit dem Brotsack über der Schulter in der Küche stand, sagte er zum Aufseher: „Jetzt müssen S' aber schon recht notwendig amal zum Fenster 'nausschaun." „Ich? — Zum Fenster 'naus? — Warum denn?' „darum halt! Zwegn 'm Wetter! Schauen S' doch bloß, wie trüb's da wieder hereinkommt!" FUCHS: S. 214.

[6] HOFF, MARIE: S. 135.

anstalten die Ältesten — bekommen von den Beamten, denen sie zur Seite stehen, manchen Leckerbissen zugesteckt[1]. Essen aber ist eine der Währungen, die im Gefängnis Geld ersetzen und Macht verschaffen. Die Besserstellung ist der Gegenstand von viel Neid und Abneigung[2].

Diese Ernährung, die für die körperlich Arbeitenden unzureichend ist, gibt dem entlassenen Strafgefangenen keine Reserve mit, wenn er anfangs draußen schwer zu kämpfen hat. Diese Erscheinung trat zutage, als im ersten Weltkrieg die Rationen der freien Bevölkerung, mehr noch die der Gefangenen, vermindert wurden. Man sah sie zu jeder Arbeit unfähig gegen die Wände lehnen, Gras hing aus ihrem Munde, als wären sie Vieh[3]. Sie starben wie die Fliegen.

II.

In den Riten aller Völker wird durch Festmähler Ehre erwiesen, wird bei erfreulichen Gelegenheiten besser und reichlicher gegessen[4]. Um so mehr wird kärgliche Nahrung als Mißachtung, ja als Ausdruck der Abneigung empfunden. Nur so läßt es sich verstehen, daß Äußerungen von Anstaltsleitern und Ärzten kolpotiert werden und Glauben finden, die in ihrer Rohheit nicht gefallen sein können. Wie bei den Erscheinungen der Vergiftungsfurcht tauchen hier unter dem Einfluß des Hungers Verfolgungsideen auf, gehen von Mund zu Mund und nehmen die handliche Gestalt massiver Formeln an. „Je mehr von der Bande krepieren, desto besser für den Staat“, soll ein Direktor während der Hungerblockade in der Konferenz gesagt haben, als einige Mitglieder meinten, es könne so nicht weitergehen[5]. Daß ein Kreisphysikus einen Gefangenen, der um eine Milchzulage bat, mit einer unmenschlichen Phrase abgespeist haben soll[6], ist höchst unwahrscheinlich, wird auch durch die Persönlichkeit des Erzählers, eines

---

[1] Ebenda S. 187.

[2] Clemmer: S. 76.

[3] „So sehr der Aufseher anfangs wetterte gegen das verdammte Grasfressen, der Hunger war stärker.... So war es denn auch stillschweigend erlaubt, daß man von dem Gras mit auf die Zelle nahm und dem Gemüse beimischte“.... Als die alten Matratzen herausgebracht wurden zum Füllen, mußte man sich darüber wundern, wie leer sie waren; das fehlende Seegras hatte den Weg in die Schüsseln gefunden.“ Hau: S. 118 und 119. Siehe auch den „tierischen Heißhunger der Gefangenen im Kriege“ bei Eggerath: S. 114.

[4] Siehe die Weihnachtsfeier bei Dostojewski, S. 176, bei der es sogar Spanferkel und Gänse gab. Der Kommandant ging durch alle Räume, wünschte Glück zum Feiertag und kostete das Festtagsessen, bei dem auf jeden Sträfling beinahe 1 Pfund Fleisch fiel und die Grütze in Butter schwamm. In Chelmsford Prison gab es Weihnachten mehr Plumpudding je Person, als die Gefangenen essen konnten. Benney, Mark: Low company, S. 336. London 1937.

[5] Hau: S. 117.

[6] Jäger, Johannes: Hinter Kerkermauern, S. 120. Berlin 1906.

homosexuellen Erpressers, nicht gestützt[1]. Schlechtes und unzureichendes Essen wird aber um so mehr als ein feindlicher Akt der übermächtigen Verwaltung betrachtet, als in den Köpfen der Gefangenen alte Geschichten vom langsamen Hungertod in dunklen Verliessen umgehen. So wird die Essensfrage zu einem schnöde verletzten „Recht" des Gefangenen und zu einer der bedrohlichsten Ursachen des Massenaufruhrs.

In uralten Eßgewohnheiten fügen wir den leckeren Speisen und den guten Getränken eine Reihe von Riten zu, die offenbar geeignet sind, den Genuß zu erhöhen, ja den Verdauungsprozeß anzuregen. Blumen stehen auf dem Tisch, Lichter; Musik ertönt, Freunde sind gebeten, das Gespräch ist lebhaft und heiter. In CLEMMERs Anstalt thront ein Beamter über der Eßhalle, jederzeit bereit, den Gasejektor auf die Masse zu richten oder zur Schußwaffe zu greifen[2]. Die Gefangenen dürfen nicht sprechen; der Anblick von 1000 Mann, die in völligem Schweigen speisen, ist bedrückend[3]. Dabei bekommt jeder Mann 2675 Kalorien. Es gibt reichlich Fleisch, oft auch zum Frühstück[4]. Nur der Sonntag ist weniger gut bedacht. Hier erhält jeder Gefangene nach dem Mittagessen nur ein belegtes Brot für den Abend.

Obschon in Amerika besondere Ernährungssachverständige der Bundesregierung eine billige und doch ausreichende Eßformel ausgearbeitet haben[5], spielen andere Momente eine Rolle. OSBORN fand die Essenszeit zu kurz[6]. CLEMMER hat ausgerechnet, daß mit An- und Abmarsch und unausbleiblichen Verzögerungen durchschnittlich nur 13 Minuten zum Essen übrigbleiben[7]. Bisweilen ist das Essen heiß und kann gar nicht in der vorgesehenen Zeit hinuntergeschlungen werden. Kein Wunder, daß SCHLATTER vor hundert Jahren 50 Pfund abnahm[8]. Er rechnet zu den unzweckmäßigsten Gemüsen des Zuchthauses das Sauerkraut, „weil bei keinem Gemüse das Fleisch weniger entbehrlich ist."[9]

Besucher tragen zur Verbesserung der Diät bei. OSBORN ging probeweise als „Gefangener" nach dem Zuchthaus von Auburn. Er fand aus

---

[1] „Vor allem sind Sie nicht hier, um gemästet zu werden, sondern um langsam abzusterben", soll der Arzt gesagt haben (JÄGER: S. 120). Vom Erpreßten meinte der Erpresser: „. . . war dieser Päderast nicht ein viel größerer Verbrecher als ich?" Ebenda S. 117.

[2] CLEMMER, S. 75.

[3] Ebenda S. 75.

[4] Ebenda S. 8.

[5] BATES: S. 153.

[6] OSBORN: S. 148.

[7] CLEMMER: S. 72.

[8] SCHLATTER: S. 114.

[9] Ebenda S. 113.

begreiflichen Gründen Schweine- und Rindfleisch gut zubereitet. Beim Essen waren die Köche noch im Bilde, beim Tee hatten sie den einflußreichen „Gast-Häftling" vergessen[1].

Obwohl die Forderung nach reiner Theorie klingt und die Hindernisse offensichtlich sind, sollten die Physiologen eine besondere Gefangenenkost zusammenstellen, die nicht nur auf Kalorien beruht. Wie es eine Diät für Diabetiker gibt, so gibt es eine Diät für isolierte, wenig bewegliche, deprimierte Menschen[2].

F. Alkohol, Tabak, Genußgifte.

Dostojewski hat den Branntweinhandel geschildert, der im Ostrog vor sich geht, wie die Gefangenen eine Art Ordnungspolizei aufrechterhalten, und wie sich die Sympathie des russischen Volkes für Trunkenheit, ja seine Verehrung für Verschwender, bis in die Mauern der Anstalt erstreckt[3]. Der Beschwipste geht über den Kasernenhof, um zu zeigen, daß er betrunken sei und „bummeln gehe", um so die allgemeine Beachtung auf sich zu ziehen[4]. Es ist erstaunlich, wie die Zustände in Baracken der Teufelsinsel dem russischen Nachtleben ähneln, das sich nach Einschluß in den Gemeinschaftsräumen entwickelt[5] die gleiche Spielwut, der gleiche Aufbau einer wirtschaftlichen Struktur von solchen, die besitzen, und solchen, die die niedrigsten Dienste verrichten, um karge Brosamen von der Herren Tische zu erwischen[6]. Nur entspricht der tropischen Hitze eine andere Auswahl der Genußmittel: Kaffee wird verlangt, Tabak natürlich, aber auch Salz, Pfeffer, Öl, Essig und Zwiebeln. In den Gefängnissen von Alabama wiederum tritt von neuem der Alkohol in den Vordergrund. Neger trinken Julep[7], die Weißen Schuhpolitur oder Schellack[8]. „Sie waren eine heruntergekommene Bande", schreibt Patterson, „und wir hatten wenig Respekt vor ihnen."

Man kann sagen, daß in allen Anstalten der nördlichen Erde Alkohol produziert wird. Lawes hat unverhohlen und mit der ihm eigenen Ehrlichkeit davon gesprochen[9]. Da stolpert ab und zu ein Gefangener

[1] „Wir haben heute Thee statt Kaffee; ich kann wenig Unterschied bei diesen Getränken finden." Osborn: S. 116.

[2] Ein Hinweis liegt in der Begeisterung, mit der die Frauen im Zuchthaus Salat essen. „Dieser Salat ... wird ... von sämtlichen Gefangenen mit strahlendem Lächeln in Empfang genommen." Hoff: S. 62 und 63. Billig kann eine richtige Diät freilich niemals sein.

[3] Dostojewski: S. 55ff., 190ff.

[4] Ebenda S. 56.

[5] Belbenoit: S. 117ff.

[6] Ebenda S. 120.

[7] Patterson: S. 111. Aus dem Arabischen, „Rosenwasser" bedeutend.

[8] "They fell far lower than us blacks." Ebenda S. 111.

[9] Lawes: Thousand years, S. 199, 200.

über den Hof. Man nimmt ihn fest und ruft den Arzt. Die Diagnose ist „Suff[1]". Alkohol wird von außen eingeführt, in der Regel aber wird das „Kartoffelwasser" in der Anstalt hergestellt, das den Mann für 24 Stunden außer Gefecht setzt. Unablässig finden Durchsuchungen statt, unablässig ist das Zeug wieder da.

Die ausführlichste Beschreibung der Alkoholfrage im Zuchthaus verdanken wir WILSON[2]. Er wurde in regelmäßigen Abständen ins Lazarett gerufen, wo ein Gefangener im Schellack-Delir lag. Der Stoff bringt vehemente Euphorie, ist aber tödlich. Manchmal brechen Gefangene im Magazin ein und trinken Methylalkohol. Blindheit oder Lähmung ist die Folge. Auch in der Küche wurde, soweit man erfahren konnte, aus Rosinen, Kartoffelschalen, Hefe und einer geheimgehaltenen Chemikalie Alkohol bereitet. Genau wie in DOSTOJEWSKIs Katorga[3] war Weihnachten ein Tag wehmütiger und peinvoller Erinnerungen. In Leavenworth konnten die Gefangenen diesen Druck und diese Spannung nicht länger als 14 Tage ertragen. Neujahr kam es dann unter dem Einfluß der starken Gifte zu einer Art Bachanalien, die ursprünglich von der Verwaltung unterdrückt, später aber mit weiserer Zurückhaltung behandelt wurden. Die ungewöhnliche Friedfertigkeit der Gefangenen während dieser Tänze, Gesänge und reichlichen Tränengüsse führte zu der Vermutung, daß das „unbekannte Gift", das den übrigen Ingredienzien zugefügt wurde, liebestrankähnliche Wirkung hatte und die Adrenalinzufuhr in die Blutbahn neutralisierte[4].

Alkohol wird auch in deutschen Anstalten zusammengebraut. „Schnaps wird ... aus Politur destilliert", berichtet ein deutscher Zuchthausgefangener[5], „und von einigen täglich bis zu einem halben Liter und mehr getrunken. Andere trinken die reine Politur". Von dem köstlichen Met in Ebrach haben wir bereits gesprochen. „Es schmeckte herrlich[6]." Den minderen „Jahrgang" verkaufen die Gefangenen, das gelungene Getränk konsumieren sie selber. In den Frauenanstalten hören wir nichts von alkoholischen Genüssen. Dafür tritt wie in den Tropen[7] das Bedürfnis nach Süßigkeiten auf[8].

Die ältere Literatur kennt noch den Schnupftabak, dessen strafweiser Entzug gelegentlich zum Selbstmord führen konnte[9]. Die modernen Strafvollzugssysteme sind dazu übergegangen, das Rauchen in

---

[1] „Booze", sehr altes Slangwort, schon 1300 vorkommend. PARTRIDGE: S. 81.
[2] WILSON: S. 147ff.
[3] DOSTOJEWSKI: S. 187.
[4] WILSON: S. 148.
[5] AUER: S. 111.
[6] FUCHS: S. 205.
[7] BELBENOIT: S. 120.
[8] HENRY: S. 84.
[9] HÄGELE: S. 80.

bestimmten Grenzen zu gestatten. Den Rauchern wurde die Abstinenz sehr schwer. Daher war Tabak in geruchloser Prisenform sehr begehrt und schärfsten Verboten zum Trotz bei allen Gefangenen zu finden. Ein Sträfling meldet, daß der Drang nach dem Genußmittel so groß war, daß die Gefangenen dafür ihr Brot und Sonntagsfleisch in Tausch gaben[1]. Rauchen ist heute noch in Frauenanstalten untersagt. Zigaretten werden zur Kostbarkeit und zum Machtmittel. Nach JOAN HENRY[2] geraten nicht wenige Frauen unter dem Einfluß der Haft in einen Zustand, in dem sie ihre „Seelen, Körper, Hochzeitsringe und Eßportionen für Zigaretten, Süßigkeiten und Toilettengegenstände verkaufen.“ Die jüngere Generation — Männer wie Frauen — haben ein stärkeres Bedürfnis nach Zigaretten. In den Taschen alter gleichgeschlechtlicher Schürzenjäger wird Tabak zu einem Instrument der Annäherung und Verführung. Dort, wo man Tabak verarbeitet, wird in die Hand der Tabakarbeiter ein kostbares Tauschmittel gelegt. Abends, wenn die Zellen verschlossen sind, liegt der glückliche Erwerber auf dem Bauche vor dem Luftschacht und qualmt[3].

Alle Arten von Genußgiften finden ihren Weg in die Zellen. Sie kommen aus den Apotheken der Anstalten[4] und werden durch Gefangene oder Beamte weitergeleitet. PATTERSON behauptet, daß in seinem Gefängnis die weißen Mädchen und Frauen an den Besuchstagen Rauschgifte zusteckten, die sie dort verborgen hatten, wo die Abtastung nicht hinkam[5]. Die Gefangenen nahmen die Narkotika entweder selbst oder verhökerten sie; überall waren Einstichnarben zu sehen.

Die Mode der Genußmittel ist in raschem Fluß. BLACK genoß in den 20er Jahren nur Opium, das von schlecht bezahlten Wärtern von Sacramento nach Folsom eingeschmuggelt wurde. Er will wissen, daß 300 Gefangene die Droge regelmäßig nahmen[6]. Er nennt Opium den „Judas“ der Rauschmittel, der küßt und gleichzeitig verrät[7]. Nur mit großer Anstrengung halten sich nach einem gelungenen Coup die Opiumesser den Höllen fern, die die Polizei absucht. In Sing Sing wurde nach Dr. SQUIRE (1935) hauptsächlich Heroin, am wenigsten Kokain, benutzt[8]. Er meint — wohl kaum ganz mit Recht —, daß zu seiner Zeit Rausch-

[1] AUER: S. 78.

[2] HENRY: S. 84.

[3] HAU: S. 58.

[4] „Am schlimmsten sah es in Joliet aus, wo angeblich mehr als 1400 ‚grain‘ Morphin gestohlen und durch die Wärter an die Gefangenen weiterverschoben waren.“ MONAHAN, FLORENCE: Women in crime, S. 143. New York 1941.

[5] “The stuck it in their privates and brought it in that way.” PATTERSON: S. 210.

[6] BLACK: S. 357.

[7] Ebenda S. 371.

[8] SQUIRE: S. 87.

gifte nicht eingeschmuggelt wurden[1]. Nach Dr. WILSONS ausführlicher Darstellung (1951)[2] nahmen 70% seiner Patienten in Leawenworth Morphium, 20% Heroin, 5% Opium und der Rest von 5% andere Rauschgifte[3]. Aber schon bei PATTERSON (1950) taucht Pervitin, auf englisch Benzedrine, auf, das von den Negern bevorzugt wird[4]. Die Droge führt bei schwächlichen Menschen zu großer Abmagerung und bisweilen zum Tode. Die Wirkung ist erregend und ähnelt der des Kokains. In Amerika konnten noch vor kurzem Inhalationsapparate gegen Asthma usw. frei gekauft werden, deren Ampullen Pervitin enthielten. Die Masse wurde entweder ohne weiteres geschluckt oder in Kaffee aufgelöst oder so verkocht, daß von der Mischung nur das Gift übrigbleibt. Für den Zustand hat sich schon das geeignete Wort gebildet: man möchte sich an Benny (Benzedrine) aufputschen[5].

Eigentümlicherweise erwähnen die Berichte aus Guayana keine Genußgifte[6]. Dagegen scheint Salzwasser auf manche Menschen stimulierend zu wirken[7], die Entziehung Abstinenzerscheinungen hervorzurufen.

G. Die Träume der Gefangenen.

I.

Wir wissen nichts über die Träume der freilebenden Verbrecher, obwohl DE SANCTIS seine Untersuchung so nennt[8]. Dagegen lassen sich einige Tatsachen aus der Traumwelt der Gefangenen feststellen. Hier kommt zur Traum-„Anlage" des kriminellen Individuums das Hafterlebnis. Frauen sollen häufiger träumen als Männer[9], jüngere mehr als ältere Menschen[10], Verheiratete seltener als Unverheiratete; wobei nicht zu vergessen ist, daß es im Zuchthaus nur „Unverheiratete" in der physiologischen Bedeutung der Ehe gibt. Wahrscheinlich variieren

---

[1] SQUIRE: S. 87.

[2] WILSON: S. 325ff.

[3] Ebenda S. 336.

[4] PATTERSON: S. 111.

[5] „Have a benny" heißt eine nächtliche Ejakulation haben, benny ist die Abkürzung für Benjamin. PARTRIDGE: S. 988. Ein Zusammenhang ist möglich.

[6] Im Arrest der Insel Saint Joseph ist sogar jede Zigarette verboten und von ihrer Einschmuggelung ist die Rede. BELBENOIT: S. 136.

[7] HAU: S. 123. „Je mehr Salz er in seinen Wasserkrug hineintun konnte, desto glücklicher war er." ... „Der Alte hat noch manchen Liter Alkoholersatz gesoffen, da ihm von jetzt an (nach schwerem Kollaps) so viel Salz wie er wollte, geliefert wurde." Ebenda S. 124.

[8] Das Wesentlichste aus S. DE SANCTIS Aufsatz: I sogni nei delinquenti (1896) hat HAVELOCK, ELLIS (The criminal, S. 150—153, London 1910) wiedergegeben.

[9] WINTERSTEIN, H.: Schlaf und Traum, S. 91. Heidelberg 1953.

[10] Das Maximum soll zwischen 20 und 25 Jahren erreicht werden, dem Kulminationspunkt der Kriminalität. Ebenda S. 91.

die Träume nach Jahreszeiten in einem unbekannten Rhythmus[1], gibt es Träume der sexuell Aktiven und der Impotenten, vor und nach Briefen und Besuchen, von Romantikern und Realisten, am Anfang und am Ende der Haft. Wir sollten auch die Träume der Untersuchungsgefangenen, der Strafgefangenen, der im Dunkelarrest Hungernden und Frierenden[2], der zum Tode Verurteilten[3], studieren. Man muß Träume der Schuldigen und derer, die unschuldig sind oder sich für unschuldig halten, verschieden ansehen. Aber alles das liegt noch vor uns. Aus einer verlorenen Kunst der Beobachtung, die glaubte, daß die Träume von Zeus gesandt werden[4], ist noch keine Wissenschaft geworden. Die Träume der Gefangenschaft sind ein besonders entlegenes Kapitel. Einige Schritte sollen gewagt werden.

Wir sprechen vom Traum„bild“ und meinen damit, daß die Traumerlebnisse meistens optischer Natur sind, wenn auch akustische Eindrücke an der Auslösung teilhaben[5], ja sich mit dem Sehtraum verweben. Götter erscheinen im Traum, aber sie treten nicht nur auf, sie reden, ganz wie Jacob im Traume die Leiter zum Himmel sieht und Gottes Stimme hört[6]. Bei der Überreizung des Gehörsinnes im Gefängnis[7] ist es begreiflich, daß Hörträume stärker vertreten sind als in der Freiheit. Sie werden eigenartigerweise besonders von weiblichen

---

[1] „Die Träume in der Morgenfrühe galten besonders viel. . . . PLUTARCH erläutert eingehend, warum die Träume im Spätherbst am unzuverlässigsten sind, weil der Träumer zu dieser Zeit durch atmosphärische und meteorologische Erscheinungen oder veränderte Lebensweise (vermehrten Obst- und Weingenuß) besonders beeinflußt wird.“ STEMPFLINGER, EDUARD: Antiker Volksglaube, S. 37. Stuttgart 1948. — Die Griechen kannten Traumdämonen, mit denen Rede und Gegenrede gewechselt werden konnte. STENGEL, PAUL: Die griechischen Sakralaltertümer, S. 40. München 1890. — Dazu siehe den Traum einer Frau, der der ermordete Mann erscheint, lächelt und entlastende Papiere auf den Tisch legt. LINDA MURRI: Das Verhängnis meines Lebens S. 436, Wien 1906.

[2] In den kalten Wintermonaten auf der Insel Saint-Martin-de-Ré haben die Sträflinge immer den gleichen Traum: „Man sitzt vor einem warmen Feuer, oder man ist in einem tropischen Lande, in dem sich die heißen Strahlen der Sonne kaum ertragen lassen. Dann wacht man auf und leidet doppelt.“ DEGRAVE: Le bagne, S. 197. Paris 1901.

[3] Dieses Aufschrecken erwähnt PATTERSON, S. 30.

[4] Ilias I, 63. — Es gibt aber zu HOMERS Zeiten auch täuschende Träume, die durch die Zelte der Achäer gehen und im Auftrage des Zeus Verderben bringen. Ilias II, 6ff. Der „göttliche“ Traum nimmt die Gestalt eines bewährten Beraters, des Nestor, an.

[5] WINTERSTEIN: a. a. O. S. 95.

[6] 1 Mos. 28, 13ff. Rein akustisch sind die 1 Mos. 40, 5ff. und 1 Mos. 41, 1ff. erzählten Träume.

[7] „In der Disziplinarzelle müssen sich Gefangene einzig und allein auf das Gehör verlassen, um zu erfahren, was vor sich geht. Jedes Geräusch hat seine besondere Bedeutung. Kein Ton entgeht ihnen und jeder neue oder ungewohnte Klang muß sofort überlegt und eingeordnet werden.“ BLACK: S. 116.

Häftlingen berichtet. Joan Henry hört im Traum die ersten Klopfzeichen an der Wand, die sie zuerst so erschreckt haben. Sie hört im Traum das Rasseln der Schlüssel und das scharfe Zuschlagen der Türen[1]. Gesche Gottfried sieht „ihre sterbende Adelheid im Sarg. Sie richtet sich hoch auf, mit dem Worte: das ist gut.“ Einmal träumt sie, wie jemand laut zu schreien anfängt und vor ihr wegläuft. Die Leute im Hause wollen sie wegjagen. „Darauf sag ich: Ach, ich will gern weggehen, lassen Sie mich doch zufrieden[2].“ Vera Figner sieht eine Verhaftung und hört eine Schießerei[3]. Zwischen Schlaf und Wachen hört sie eine Schlange zischen, verkennt den Singsang des Dampfes in den Heizröhren[4]. Dostojewski fand, daß fast alle Sträflinge im Traume sprachen und phantasierten. „Schmähungen, Diebesausdrücke, Messer und Äxte kamen ihnen besonders häufig im Traume über die Lippen[5].“ Man kann annehmen, daß die Beschimpfungen nicht nur der optischen Erscheinung eines Feindes galten, sondern mit ihm ausgetauscht wurden, Antwort auf seine Drohungen waren[6].

Die italienischen Kriminalanthropologen wollen gefunden haben, daß der Geruchssinn beim Verbrecher weniger entwickelt ist als beim normalen Menschen und bei der Frau schwächer funktioniert als beim Manne[7]. Riechträume werden selten berichtet. Einmal träumt ein Halbblutneger von der freien Welt, frischen Düften und grünen Feldern[8]. Ein junger deutscher Gefangener sitzt in der Arrestzelle und hat nichts, sich zuzudecken als eine muffige alte Decke. Er träumt von dem guten Parfüm, das sein Mädchen bei ihrem letzten Besuch hinterließ, hört ihre Stimme und sieht ihre Augen[9]. Ein andermal ist der gleiche junge Mann wieder im Arrest. Es soll 7 Tage und 7 Nächte dauern. So lange dauert eine Reise über den Atlantik. Er träumt, daß er elegant gekleidet ist, er hört Musik und die Wogen, die gegen den Bug klatschen, und er spricht mit gutgekleideten Frauen und klugen Männern. Plötzlich rutschen seine Hosen, deren Träger man genommen hat, und er ist

[1] Henry: S. 175.

[2] Scholz, L.: Die Gesche Gottfried, eine kriminalpsychologische Studie, S. 72. Berlin 1913.

[3] Figner: S. 255.

[4] Ebenda S. 254.

[5] Dostojewski: S. 24.

[6] Einen Vatermörder hörten die anderen Sträflinge einmal im Schlafe schreien: „Halt ihn, Halt ihn! Schneide den Kopf ab, den Kopf, den Kopf.“ Dostojewski: S. 24. Dieser Mörder befand sich, solange ihn Dostojewski kannte, in „der vortrefflichsten, heitersten Gemütsstimmung“, nur im Traume kam der Mord zu ihm zurück. Er hatte den grauen abgeschnittenen Kopf des Vaters auf ein besonderes Ruhekissen gelegt. Ebenda S. 23.

[7] Ellis, Havelock: S. 130.

[8] Patterson: S. 137.

[9] Salomon, Ernst v.: Die Geächteten S. 406.

wieder einsam, vergessen und hilflos[1], sitzt im schweigenden und kalten Dunkel, und denkt an Selbstmord. Im allgemeinen stehen die Sehträume[2] allen anderen Erscheinungsformen voran, obschon man im Gefängnis solche, die mit Geruch, Geschmack, Wärme und Schmerz zu tun haben, nicht als sehr selten bezeichnen darf[3]. Charakteristisch ist für OSCAR WILDE die Klage, daß man ihm die wundervolle Welt der Farbe und der Bewegung genommen habe[4]. Dabei litt er unter Anstaltsgerüchen. Er erzählt, daß nicht selten Wärter, die aus der frischen Luft in die Zelle treten, um sie zu inspizieren, von heftigem Übelsein ergriffen werden[5].

Die besondere Lage des Gefangenen bringt es mit sich, daß Angstträume die Wunschträume überwiegen[6], obschon sie bisweilen gekuppelt sein mögen. Es gibt viel mehr Dinge, die der Häftling fürchten und hassen muß, als die er lieben oder auf die er hoffen kann. Die absolute Schwäche, die durch das Zupacken des Staates und seiner mechanischen Übermacht entsteht, führt zu Infantilismen der Hilflosigkeit und der kindlichen Anschmiegung, die mit echten Sexualträumen nichts oder kaum etwas zu tun haben. Im Augenblick größter Verlassenheit träumt VERA FIGNER diesen Kleinkindertraum[7]:

„Mir träumte, ich sei wieder mit der Mutter zusammen, schmiegte mich an sie und sagte ihr wie einst: Mutterchen, wie schön bist du; wirklich zum Verlieben[8]. ... Oder ich sehe die Schwester, die mir einen Strauß Theerosen gebracht hat, noch zarter und duftiger als die früheren.“

---

[1] Ebenda S. 398. — Solche Luxusträume scheinen bei jungen Männern häufig zu sein und auch als Wachträume aufzutreten: Man hat eine Million gewonnen, ißt Kaviar, trinkt Sekt, kauft sich einen teuren Wagen mit einem Neger als Chauffeur, Zigarren in Glasröhrchen, das Stück 1 Mark, macht eine Reise nach Ägypten, gibt jedem Kind 20 Mark usw. Siehe EGGERATH: S. 125—127.

[2] Siehe das Nibelungenlied, Buch 1, 16, 25 und WOLFRAM V. ESCHENBACHS Parzival, Buch II, Traum der Herzeloyde.

[3] WINTERSTEIN: S. 95.

[4] Epistola in carcere et vinculis, S. 4. Berlin 1925.

[5] HARRIS, FRANK: Oscar Wilde, Bd. II, S. 396. New York 1916.

[6] Die Angst dehnt sich von Flucht, Verhaftung, Gefangenschaft, Mißhandlung auf Krieg, Messerstecherei, Autounfall aus, tritt auch in der Maske der Eifersucht (Frau liegt mit anderem im Bett) auf. Zu wünschen gibt es für niemand mehr als für den Gefangenen.

[7] FIGNER: S. 240. Auch die enge Schwester-Beziehung ist infantil. — Auch SILVIO PELLICO (Le mie prigioni, S. 98) sieht im Traum Vater und Mutter, hört sie schluchzen und zur Resignation mahnen.

[8] Siehe dazu VERA FIGNERS Freundschaft mit Ludmilla Wolkenstein: „Gleich nach meiner Rückkehr vom Spaziergang begann ich von neuen Wiedersehen mit ihr zu träumen.... In solchen Tagen war allein schon die körperliche Nähe, die Möglichkeit, sich an die Schulter des anderen zu lehnen, eine Erquickung. .. Wir küßten und umarmten uns und gingen schweigend den schmalen Pfad auf und nieder....“ Ebenda S. 267. — Jäher Ausbruch eines infantilen Mechanismus ist es auch, wenn zur Hinrichtung geführte starke Männer bisweilen nach der Mutter rufen.

Die erotischen „Normal"träume werden von Gefangenen nur angedeutet: „Vielleicht", schreibt Hau, „schenkt mir die Nacht wieder einen solchen Traum. Alles Erotische hat sich in das Traumleben zurückgezogen, im Wachen darf es sich nicht hervorwagen, es ist oft schwer. Aber dafür entschädigen dann die Träume, Träume von einer Farbenpracht und Intensität, wie sie draußen nicht vorkommen[1]."

Von den Träumen homosexueller, inzestuöser, transvestitischer oder sadistischer Gefangener erfahren wir kaum etwas, weil die Häftlinge darüber schweigen[2]. Es kann sein, daß Homosexuelle nicht zu träumen brauchen, weil die Anstalt ihre Ziele nicht allzu hoch hängt. Auch ist es für Transvestiten, wie wir sehen werden, nicht ganz unmöglich, sich in der Haft gelegentlich auszuleben, und nicht anders ist es mit sadistischen Instinkten. Beim Inzest treten seelische Komplikationen hinzu, machtlose Eifersucht, das Vater-Tochter-Verhältnis, gekreuzt von der Mann-Frau-Beziehung, und der Sorge um das Kind, jenes Kind, das durch sein Erscheinen das Unheil äußerlich ins Rollen gebracht hat[3]. Ihrer ganzen introvertierten Art nach müßte man annehmen, daß die menschlichen Typen, die Inzest begehen[4], zu starkem Phantasieleben und Träumen neigen. Unter Hinweis auf Herodot[5] habe ich vor 30 Jahren geschrieben: „Die Träume solcher Väter sind im höheren Alter von der Gestalt der Tochter angefüllt."

II.

Träume sind potenziertes Innenleben. Ein Kinderschänder, der später in Geisteskrankheit verfiel, träumte viel von Kindern[6]. Ein Lustmörder sah im Traum einen Wald von Kruzifixen, von denen Blut

---

[1] Hau: S. 47 und 48.

[2] Die Alten trugen keine Bedenken, über solche Träume zu berichten, allerdings sind die Auslegungen, die die Traumdeuter geben, höchst gewagt. Sueton, Cäsar 7 (Inzesttraum), Sueton, Augustus 99 (homosexueller Traum), Plutarch, Alkibiades 39 (transvestitischer Traum), Plutarch, Alexander 51 („Lustmord" an seinem besten Freunde, durch Traum angekündigt oder besser als verborgener Trieb verraten). — Über Träume, die den Fetisch umfassen, siehe Emile Laurent: Fétichistes et érotomanes, S. 60, 65, 91 und 114, Paris 1905. — „Böse Träume darf man nicht früh nüchtern erzählen, sonst gehen sie in Erfüllung." Wuttke, Adolf: Der deutsche Volksaberglaube der Gegenwart, S. 229. Berlin 1900.

[3] Siehe v. Hentig-Viernstein, Untersuchungen über den Inzest, Heidelberg 1925, an zahlreichen Stellen.

[4] Vielleicht wird man den sexuellen Traum als eine psychische Ausdrucksform des Autismus ansehen können, mit der der sexuelle Bastler und Einsiedler sich so lange abfindet, als ihm nicht alkoholische Stimulation und Umweltdruck zu Hilfe kommen.

[5] Hentig-Viernstein, v.: a. a. O. S. 191. Die erotisch angehauchten Briefe der Töchter (Ebenda S. 82 und 90) sind dazu angetan, solche Träume zu provozieren.

[6] Leppmann, F.: Der Sittlichkeitsverbrecher. Z. f. gerichtliche Medizin, Bd. XXIV, S. 57.

tropfte[1]. Man könnte an die Idee des Altertums denken, daß Träume sich warnend in den Weg stellen[2]. Hier sind Träume eher Prodromalstadien eines Spannungszustandes, der erst in losen Bildern der Vorstellung auftritt und dann zum motorischen Ausbruch fortschreitet. Vielleicht hatte der Tyrann so unrecht nicht, der einen Mann hinrichten ließ, der von seiner Ermordung geträumt hatte[3].

Dem „Ausbruch" im Traum[4], manchmal als Reise oder weite Autofahrt[5], wozu man ihres unemotionellen Charakters wegen auch die Erinnerung an Tatdetails rechnen muß[6], stehen Schreck- und Verfolgungsträume gegenüber. Dem Kriminellen setzen Schutzleute nach[7]. „Jeder hat schreckliche Träume in der Haft", schreibt JOAN HENRY, „vielleicht ist das Teil seiner Strafe[8]." Und daß seelische Erschütterungen den Menschen im Schlafe tief mitnehmen, von denen man überhaupt keine Erinnerung hat, zeigt ihre Beobachtung, wonach sie oft aufwachte, das Kopfkissen und ihre Augen voller Tränen. Es muß sich um psychische und physiologische Prozesse handeln, die die Stufe des Bewußtseins nicht erreichen. JOAN HENRY hat wahrscheinlich auch recht, wenn sie diese furchtbaren Träume den überlangen Nächten zur Last legt, die dem eingeschlossenen Häftling aufgezwungen werden.

Gegen Ende der langen Gefangenschaft erwacht bei VERA FIGNER das Traumleben wieder. Wieder sind die furchtbaren Täume da, die sie in den ersten Jahren so gequält haben[9]. Sie sieht beständig Aufruhr und Empörung im Gefängnis. Sie sieht deutlich, wie dem Beamten ein Schlag versetzt wird.... Ein Freund, den sie liebt, stürzt sich auf

[1] Die Strafe, Bd. I, S. 193.

[2] Siehe den Traum der Calpurnia vor Cäsars Ermordung, SUETON. Cäsar 81.

[3] PLUTARCH, Dion 9. — Noch realere Verführungsqualität schrieben 2 Pfarrer der Katharina von Henoth, einem sehr schönen Mädchen (Köln 1627) zu. Sie bekannten im Inquisitionsprozeß, daß sie an den geheimsten Teilen ihrer Leiber litten, daß eine Zauberin es ihnen angetan haben müsse und daß diese Hexe ihnen im Traume wie in wachendem Zustande fortwährend erscheine. SOLDAN-HEPPE: Geschichte der Hexenprozesse II, S. 52 (ed MAX BAUER) München o. D.

[4] PATTERSON: S. 137.

[5] Der jugendliche Gefangene träumt von einem Befreiungswunder und wie er aus der Hölle der Haft auf Packards und Rolls Royces wegfährt. SHAW, CLIFFORD R.: The natural history of a delinquent career, S. 198. Philadelphia 1931.

[6] Auf diesen gefühlsleeren Abstand von der Tat hat schon de SANCTIS hingewiesen. ELLIS: S. 152. Die Gesche Gottfried empfand sogar eine Beruhigung, wenn sie von ihren Opfern träumte; sie drohten ihr nicht und klagten sie nicht an. Dieser eigenartige Mechanismus muß noch studiert werden. SCHOLZ: a. a. O. S. 72. Eine Art Chinese oder Kosake schießt auf die träumende LUISE RINSER, die Schüsse gehen durch sie durch, „ganz leicht, als wäre ich ohne Körper". RINSER: a. a. O. S. 205.

[7] LEPPMANN: XXIV, S. 57.

[8] HENRY: S. 41.

[9] FIGNER: S. 375 und 376.

seine Gegner, man wirft ihn zur Erde, tritt ihn mit Füßen, „diesen schönen starken Menschen. Ich erwache voll Entsetzen. Es ist mir, als steckte in meiner Kehle eine spitze Nadel“. Immer wieder in kommenden Jahren stellt sich, wenn etwas sie erregt, der Halskrampf ein.

VERA FIGNER deutet auf die Intensität der Traumempfindungen hin, die zur Farblosigkeit des Tages in Gegensatz stehen[1]:

„Der lange, graue, einförmige Tag, erschöpfend in seiner Tatenlosigkeit wird dem traumlosen Schlaf ähnlich[2]... und nachts träumt man ... so grell, so brennend, daß man Mühe hat sich zu überzeugen, daß das nur Träume sind.... Und so lebt man dahin in einem Zustand, wo der Traum Leben scheint und das Leben ein Traum.“

Nachts, wenn das Gehirn von den vielfachen Eindrücken des Tages entlastet ist, kommen aber auch die ersten Anzeichen krankhafter Vorgänge zum Vorschein. In einem Brief vom 27. August 1857 klagt DOSTOJEWSKI über seine Gesundheit. Seine Nervosität nimmt nachts zu: „Ich glaube, daß der Boden unter meinen Füßen schwankt, als wäre ich in einer Schiffskabine[3].“ In endlosen bedrückenden Träumen kommt die epileptische Anlage ans Licht.

Eigenartig sind die Träume des Erdrücktwerdens, die vielleicht uralte latente Empfindungsreste aus dem Leben des Höhlenmenschen beleben. JOAN HENRY spricht von „Holloway Träumen[4]“. Sie wird nachts langsam erstickt. Sie kann sich nicht mehr rühren und kann keinen Ton herausbringen. HAU träumt, daß die peine forte et dure an ihm vollzogen wird; ein Gewicht nach dem anderen wird auf den Körper gelegt. „Als ich aufwachte, war ich in Schweiß gebadet, jedes Glied wie zerschlagen.[5]“ Die beste Darstellung dieser Sensationen verdanken wir VERA FIGNER. „Oder mir träumt, daß ich sterbe; die schwere Grabplatte beklemmt meine Brust; die Kälte des Steins erfaßt mich von allen Seiten. Ich fühle deutlich, wie allmählich meine einzelnen Organe absterben und langsam mein Inneres erstarrt. Ich erwache endlich mit einem Schrei, und ein unaufhaltsamer Tränenstrom bricht aus meinen Augen.... So sind diese schweren Tage und qualvollen Nächte[6].“ Die Nächte sind eine Zusatzstrafe, die das Strafgesetzbuch nicht kennt.

---

[1] FIGNER: S. 254.

[2] Die Schutzaura von phantastischen, rechtfertigenden „Träumen“, die zwischen normalen Phantasien, Träumen und echten Halluzinationen liegen, hat FUCHS ausgezeichnet geschildert (S. 78). Er spricht von einer geistigen „Schutzhülle, die vor dem inneren Zusammenbruch bewahrt“.

[3] TROYAT, HENRY: Firebrand. The life of Dostojewski, S. 124. New York 1946.

[4] HENRY: S. 175.

[5] HAU, CARL: Das Todesurteil. Die Geschichte meines Prozesses, S. 36. Berlin 1925.

[6] FIGNER: S. 376. — Viele Gefangene haben in der Zelle das Gefühl, begraben zu sein. „Dopo“, schreibt SILVIO PELLICO (S. 69) „tornò la prigione ad essere per me una tomba.“

Tortur und Schläge sind häufig Inhalt der Angstträume. In PATTERSONS Anstalt konnte man einen vielgeprügelten Neger im Schlaf aufschreien hören: „O Herr, schlagt mich nicht. Um Himmels willen, schlagt mich nicht!“ Die anderen Insassen der Zellen riefen ihm zu, die Schnauze zu halten oder eine Tracht zu beziehen[1] — echte Prügel gegen geträumte Prügel. Handgemenge, Schläge, klirrendes Geschirr, Getrampel gehen durch VERA FIGNERS Träume, und sie glaubt den Schrei zu vernehmen: „Schlagt mich nicht, schlagt mich nicht. Tötet mich, aber schlagt mich nicht[2].“ Dann sieht sie eine erregte Menschenmenge, wutverzerrte Gesichter, noch öfter aber die Folter. „Man foltert mit heißem Dampf, der durch feine Röhrchen aus den Wänden dringt, aus dem Fußboden und aus der Decke: er brennt, er peitscht. Es ist furchtbar, es gibt keine Rettung, die Zelle ist verschlossen[3].“ Die Polizei, die Gendarmen kommen nur selten vor, sind also nicht Objekte der heftigsten Furcht. Dem Mädchenmörder Wilhelm Duwe träumte in der Nacht vor der Hinrichtung von den Polizeihunden, die ihn gestellt und zum Geständnis gebracht hatten. „Ich habe einen furchtbaren Traum gehabt; immer wieder sind mir die Hunde erschienen, und der eine ist immer auf mich losgekommen und hat vor mir gestanden[4].“ Er zitterte noch, als ihn die Wärter zum letzten Gang weckten: vor dem Hund, nicht vor dem Beil. Daß die Rachegöttinnen, die Erynien, oft als Hunde gedacht, mit ihren Spürinstinkten ausgestattet wurden, lehrt die klassische Literatur.

In der Haft wird mehr geträumt als im freien Leben[5], offenbar auch mehr im Traum gesprochen[6]. Das ist auch die Feststellung DE SANCTIS[7], aber die Zahl seiner Versuchspersonen (125) kann nicht

[1] PATTERSON: S. 173. — „Ihr wißt“, sagte ein russischer Sträfling, der sein Leben lang geprügelt worden war . . . „daß ich auch jetzt noch, wenn ich des Nachts träume, nichts weiter sehe, als daß man mich prügelt? Andere Träume kenne ich gar nicht.“ . . . „In der Tat schrie er oft des Nachts auf, aus voller Kehle.“ DOSTOJEWSKI: S. 251.

[2] FIGNER: S. 375.

[3] Ebenda S. 255. — Der Gedanke, bei einem Brande eingesperrt umkommen zu müssen, scheint bei manchen Gefangenen dunkel umzugehen, in neuester Zeit auch beim Bombenangriff. Siehe die Beschreibung bei EGGERATH, S. 153ff. „Wir saßen im brennenden Haus eingeschlossen, die Fenster vergittert, die schweren Türen verriegelt, keine Möglichkeit uns zu befreien. . . . Über uns beginnt es zu prasseln. . .“

[4] PESSLER: Der Mädchenmörder Kuhknecht Wilhelm Duwe aus Hagenhof. Pitaval der Gegenwart, Bd. III, S. 138. 1907.

[5] Natürlich gibt es freie Haftformen und haftähnliche Lebensbedingungen der Freiheit.

[6] „Fast alle Sträflinge träumten laut.“ DOSTOJEWSKI: S. 24. Die Sträflinge haben eine Erklärung, die nicht ohne psychologische Feinheit ist. „Wir sind ein gequältes Volk . . . wir dürfen kein Gefühl zeigen und deshalb schreien wir auf in der Nacht.“

[7] ELLIS, HAVELOCK: S. 151.

als ausreichend angesehen werden. 23% seiner Kriminellen träumten niemals, 51% selten, 26% öfter. Vergleichszahlen der nichtinternierten Bevölkerung fehlen. Wir wissen aber z. B., daß der berühmte britische Philosoph Jeremy Bentham schlecht schlief und „oft lange Zeit hindurch keine Nacht ohne Traum hatte[1]". Drei Mörderinnen DE SANCTIS' erklärten, daß sie niemals geträumt hatten, bevor sie in Haft kamen[2].

Es ist nicht leicht, von diesen Angstträumen[3], die sich bald vom Polizeihund auf den Lügenmesser (lie detector) ausdehnen werden, eine sichere Brücke zur Genese des Gewissens zu schlagen. Je nach der Persönlichkeit liegen die Verhältnisse verschieden. Die Giftmischerin Gesche Gottfried soll noch in der vorletzten Nacht vor der Hinrichtung vom Paradise geträumt haben, „wo die gemordeten Angehörigen sie huldreich empfingen."[4] Nach DE SANCTIS waren viele von den Kriminellen, die ihre Tat im Traum ohne Gefühlsregung Revue passieren ließen, Mörder[5]. Es ist möglich, daß manche Typen von Mördern die gewaltsame Erledigung eines langen schwelenden Konfliktes im Innersten der Seele mit Befriedigung erleben, auch wenn sie mit dem Kopfe für die Tat einstehen müssen. In dieser Richtung könnte die gefühlsleere optische Rekonstruktion des Verbrechens im Traume gedeutet werden. Sicher ist dieser Schluß nicht, und ein weites Arbeitsgebiet liegt noch vor uns.

Neben den Qualträumen, den Angriffsträumen und den Wunschträumen spielen Zustände eine Rolle, in denen es neben irdischen Paradiesvorstellungen[6] zur rechtfertigenden Selbsterhöhung kommt. In der Haft verwischt sich die Grenze zwischen Schlaf- und Wachtraum, besser vielleicht Nacht- und Tagtraum. Wie ein schützender Reflex legen sich umfärbende, fälschende Gedankengebilde zwischen Bewußtsein und Wirklichkeit. Man ist manchmal versucht an „lokale Betäubung" im Umkreis der seelischen Abläufe zu denken. FUCHS hat diesen Umdeutungsprozeß, der in der Hypertrophierung normaler Mechanismen besteht, gut geschildert:

„Es ist für solche, die nicht selbst längere Zeit als Bestrafte im Zuchthaus waren, nicht leicht, herauszubekommen, was das eigentlich Quälende ist, das manchen zum Wahnsinn, zum Selbstmord treibt. Keinesfalls ist es das ‚Gewissen'

---

[1] HENTIG, v.: Benthams Kriminalphilosophie, Groß' Archiv Bd. 56, S. 98, 1914. Bentham war frauenscheu. „Er war", sagt ein Biograph, „nicht nur niemals verliebt, sondern er sieht so aus, als hätte er niemals mit einem weiblichen Wesen außer seiner Köchin oder seinem Dienstmädchen jemals gesprochen". Ebenda S. 98.

[2] ELLIS: S. 151.

[3] Zu diesen Angstträumen, die wohl mit körperlicher Beklemmung einhergehen, gehören Verzweiflungszustände auf der Grenze von Wachsein und Schlaf, wie sie EGGERATH S. 138 vermittelt.

[4] SCHOLZ: a. a. O. S. 72.

[5] ELLIS: S. 152.

[6] "So I slept that night, dreaming of banquets and homecomings." BURNEY, CHRISTOPHER: Solitary confinement, S. 43. London 1952.

und noch weniger das Bewußtsein der Ehrlosigkeit. Wie schon Dostojewski geschildert hat, schützt sich das Bewußtsein des Verdammten automatisch meist selbst gegen die Qualen der ‚Ehrlosigkeit', Verachtung und Schande durch eine ausschweifende phantastische Wolke von Träumen, in denen jeder sich, wenn auch gerade nicht als ein unschuldig Verfolgter, so doch als ein ‚leider schwacher' oder durch die Tücke anderer in Versuchung und Elend geführter, ja allein zum Verbrechen gezwungener Mensch vorkommt[1]."

Feinsinnig hat Bjerre auf einen Umdenkungsprozeß — im Wachen oder im Träumen sich verknäulend — hingewiesen, der sich in der Reibungslosigkeit einer modernen Anstalt bei rohen und daher rohe Behandlung erwartenden Häftlingen entwickelt. Diese gefühllosen Typen können sich den Gang der Welt nur so vorstellen, wie sie selbst auf eine Verletzung reagieren würden, mit rücksichtsloser, mitleidsloser Gewalt[2]. Die äußere Schmerzlosigkeit der modernen Haft verführt diese Gefangenen zu einer phantastischen seelischen Umgruppierung. Sie folgern daraus, daß ihre Schuld gering sein muß, weil die mechanische Schonung, selbst die Einhaltung formaler Korrektheit durch die Verwaltung sonst unnatürlich und unverständlich wäre[3]. Der Tagtraum stellt die Kulissen der wahren Situation um und wird in ein System gebracht. Bei Nacht können groteske Verzerrungen nicht ausbleiben. Wie häufig Frauen im Zuchthaus träumen und wie sehr sie bemüht sind, in der Verworrenheit dieser Erscheinungen einen Sinn zu suchen, läßt sich daraus ermessen, daß alte Kartenschlägerinnen in der Anstalt zu Traumdeuterinnen werden. Wir hören, daß dies mit besonderer Feierlichkeit geschah und „mit unbedingtem Glauben aufgenommen wurde."[4]

[1] Fuchs: S. 78. „Nach wenigen Jahren schon haben diese Träumereien, die der Ärmste sich selbst und anderen unzählige Mal vorerzählt hat, jede reale Vorstellung des wirklichen Sachverhalts völlig verdrängt und umgeben ihn als eine wohlige, leuchtende Schutzaura ... diese Schutzhülle zerreißen, wäre augenblicklicher Zusammenbruch." — Die unerbittlichste Form einer solchen Illusionszerreißung ist die Hinrichtung.

[2] Bjerre, Psychologie des Mordes, S. 31. „In ihnen allen lebt nämlich eine aus Defekten ... erwachsende Menge unendlich primitiver, brutaler Vergeltungsinstinkte, weshalb sie, wenn sie nach verübten Verbrechen ergriffen worden sind, Schläge, Hunger und härteste Sklavenarbeit im Gefängnis erwarten, und, wenn sie in Wirklichkeit nichts von alledem finden, sich rehabilitiert oder wenigstens relativ schuldlos vorkommen."

[3] Ursprünglich dachte Bjerre, wenn er diese Zufriedenheit mit Haftbedingungen sah, an die wohlbekannte Liebkind-Technik.... „Aber sie erwies sich auf die Dauer als ganz echt und leistete ihm als solche in seinem Phantasieleben größere Dienste als es Heuchelei in Wirklichkeit getan hätte; denn so glaubte er, einen unumstößlichen Beweis dafür zu sehen, daß das, was er begangen hatte, unmöglich ein großes Verbrechen sein könne, wie er sich während der Gerichtsverhandlung und besonders nach dem Todesurteil hatte einreden lassen. Wie hätte wohl schon das ganze Gefängnispersonal, von den Wärtern an bis zum Chef, so freundlich gegen ihn sein können, wenn er wirklich ein so verabscheuungswürdiger Verbrecher gewesen wäre?" Bjerre: a. a. O. S. 31.

[4] Hoff: a. a. O. S. 130, 133.

H. Kontakt mit außen.

I.

Die Haft, selbst die Einzelhaft, unterbricht nicht allen Kontakt mit der Welt der freien Menschen. Nicht jeder darf besuchen, nicht immer darf besucht werden, die Essenz des Besuches, die ungestörte Intimität der Aussprache und der körperlichen Annäherung, fehlt. Experimente, die hie und da gemacht worden sind, scheitern immer wieder an den Erfordernissen der Sicherheit. Selbst wenn Verwandte sich in der Anstalt besuchen, wird mit Drahtmaschen, Glasscheiben und Zwischenraum die Isolierung fortgesetzt[1], hört ein Beamter zu. Nicht anders steht es mit den übrigen Erleichterungen der strengen abschließenden Haft. Nicht jedes Buch, nicht jede Zeitung darf gelesen werden. Briefe werden zensiert und sind nur in längeren Abständen gestattet. Es handelt sich also um Ersatzformen dieser Beziehungen zu Menschen und Situationen. Aber selbst in dieser mageren und rationierten Gestalt tragen sie in die Gefangenschaft abgeschwächte Klänge des freien Lebens und helfen bisweilen, illegale Verbindungen zu ersetzen, geistige Spannungen herabzusetzen und durch eine kleine Luke Licht und Luft hereinzulassen.

Die Frage des Besuches kann nicht dadurch gefördert werden, daß man einfach die erlassenen Vorschriften sammelt[2]. Die Regeln weichen voneinander ab, Praxis und Vorschriften stimmen nicht überein, es bestehen die größten Unterschiede, was Besucher und Besuchte anlangt. Bei Sträflingen mit langer Haftzeit haben sich die Beziehungen zwischen nahen Verwandten oder Freunden so weit verändert, daß die erloschenen Gefühle zu schmerzhaften Erkenntnissen führen. „Der Anblick deines Gesichts, „schrieb Berkman einer alten Freundin“, hat mich nach all diesen Jahren völlig aus dem Häuschen gebracht. Ich konnte weder denken, noch sprechen. . . . Vielleicht wäre es besser für uns gewesen, wenn wir unter diesen Umständen uns überhaupt nicht gesehen hätten.“ Es kann für keinen Mann erträglich sein, in der Ohnmacht der Haft der Geliebten zu begegnen und innerlich meilenweit von ihr entfernt zu sein, hilflos, erledigt, geschlagen.

Vera Figner darf nach 20 Jahren ihre nächsten Verwandten wiedersehen. Es ist ein grausames Erlebnis, die Worte, die gewechselt werden, haben keinen Inhalt, sie klingen „wie falsche Münzen, die man auf einen Marmortisch wirft.“[3] In der folgenden Nacht fühlt sie sich dem Wahnsinn nahe. Das ist der Besuch, auf den sie sich seit Jahren gefreut hat:

[1] „Ein kahler Raum, in der Mitte ein breiter Tisch, am Kopfende saß der überwachende Beamte und dahinter stand der Besuch. „Das Händereichen ist verboten. . .“ Eggerath: S. 117.

[2] Siehe Barnes und Teeters: S. 751. Mittermaier: a. a. O. S. 110.

[3] Figner: S. 403.

„Da saßen der Bruder und die Schwestern. Da saß ein breitschultriger Herr in mittleren Jahren, ein schöner Ingenieur, der seinen Weg im Leben machte — mein Bruder, der in meiner Erinnerung als rotbackiger bartloser Jüngling lebte."

„Da saßen stattliche Damen, Familienmütter, die Jahrzehnte voll lebendiger Erlebnisse hinter sich hatten — meine Schwestern, die ich als zarte junge Mädchen gekannt."

„Und hier stand ich, wie im Dickenschen Roman die irre Alte gestanden in Brautkleidern, die ihre Uhr vor vielen Jahren auf der Zahl XII stehen ließ, als am vereinbarten Trauungstage der Bräutigam sie treulos im Stich gelassen und zur Trauung nicht erschienen war[1]."

Die sehr lange Haft ist zur Seltenheit geworden. Heute tragen andere Momente dazu bei, daß Besuche häufig die Entfremdung eher verstärken statt Gefangene, Verwandte und Freunde näherzubringen. Zuerst muß gesagt werden, daß zahlreiche Gefangene in ihren Büchern und Veröffentlichungen Besuche überhaupt nicht erwähnen. Der Grund kann darin liegen, daß die Familienbeziehungen abgebrochen sind[2].

Die regulären Besuchszeiten sind kurz: 10 Minuten in manchen amerikanischen Staaten[3], 30 Minuten in England. Joan Henry hat von dem Horror der Situation gesprochen, wenn Männer, Frauen und Kinder Mütter, Ehefrauen und Töchter in der eintönigen Gefangenenkleidung erblicken, und wie tief die Erregung des Häftlings ist, der die gewohnten Gesichter, Kleider und Gerüche bemerkt. „Der ersehnte Besuch ist eine Stütze für die Frauen, und die, welche keinen empfangen, werden sehr bedauert, aber die Zusammenkunft ist schmerzlich für beide, Besucher und Besuchte[4]." Zehn Jahre, ehe sie davon schrieb[5], empfing Rosa Luxemburg in der Warschauer Zitadelle den Besuch ihrer Geschwister. Das Wiedersehen fand in einem Doppelkäfig aus Draht statt. Rosa Luxemburg war gerade sehr schwach von einem sechstägigen Hungerstreik. Sie mußte sich, um nicht umzufallen, mit beiden Händen am Gitter festhalten und glaubte später noch nach Jahren, wie ein Affe im Zoo ausgesehen zu haben. Ihr Bruder konnte sie, trotzdem er das Gesicht an den Draht preßte, nicht erkennen, weil ihn die Tränen am Sehen hinderten[6].

Es ist nicht nur die Gefängnistracht, deren sich der Gefangene beim Wiedersehen schämt. Manchmal ist ihm der Bart abgenommen worden,

---

[1] Ebenda S. 402.

[2] „Meiner Familie bin ich gänzlich entfremdet, nur mit meiner alten Mutter stehe ich noch in Verbindung." Auer: S. 63.

[3] Barnes und Teeters: S. 751. — Es waren fünfzehn Minuten in deutschen Zuchthäusern. Eggerath: S. 117.

[4] Henry: S. 47 ff. — Oscar Wilde war schwerhörig. Er mußte seinem Besucher, Lord Douglas, intime Dinge zuschreien. H. M. Hyde: Trials of Oscar Wilde, S. 68, London 1952.

[5] Briefe aus dem Gefängnis, S. 19.

[6] „Kein Wunder, daß beim Besucher wie beim Besuchten die dicken Tränen kommen, und viele ganz zusammenbrechen." Henry: S. 48.

der der Stolz des Gefangenen, vielleicht der ganzen Familie war[1]. Andere Häftlinge lehnen einen Besuch ab, um den Verwandten „hinter einem Gitter, im Beisein eines Aufsehers und in Gefangenenkleidung[2]" nicht zu sehr zu erschüttern. Manche Beziehungen werden durch die Haft zerstört; Verlobungen werden aus Rücksicht auf das Mädchen vom Gefangenen abgebrochen[3]. Wenn die Bemühungen des Häftlings um ein Wiederaufnahmeverfahren keinen Erfolg haben, so ziehen sich Freunde und Bekannte, aber auch Verwandte, die sich nicht kompromittieren wollen, vom Gefangenen zurück. Es wird einsam um ihn. Schließlich bleibt auch der Anwalt, immer ein tröstlicher Besucher, weg, wenn die letzten Instanzen erschöpft sind[4].

Neben der Gefangenenkleidung macht sich bei Besuchen auch die sprachliche Einrostung[5] und die Gewöhnung an Flüstern störend bemerkbar, von der Abmagerung oder Aufschwemmung[6], der mißtrauischen Scheu und dem „stieren Blick" gar nicht zu sprechen[7]. Der Versuch, erotische Ersatzhandlungen vorzunehmen, wird mehrfach erwähnt[8] und mischt sich mit den verschiedensten anderen Gefühlslagen. Wenn der Aufsichtsbeamte nichts bemerkt, so sehen es doch die andern Besucher. Mikrophonanlagen suchen in manchen Anstalten nahe Berührung zu verhindern, geben aber damit der Zusammenkunft, bei der man sich kaum sieht und nur indirekt hört, einen kalten und mechanischen Charakter.

Direktor LAWES von Sing Sing kann von seinem Dienstzimmer auf die Straße sehen, die vom Bahnhof zur Anstalt führt. Nicht gar so

---

[1] AUER: S. 54ff.

[2] Ebenda S. 59. — „Am andern Morgen stand ich zur festgesetzten Zeit am Lagerturm. Nach der sog. Lagerordnung hatte man uns alle vollständig kahl geschoren und mein Äußeres war auch wenig bestechend. Mit meinen abgelaufenen Trittchen, einfachen Pantoffeln mit Holzsohlen, watete ich durch den Sand zu der Baracke hin, wo der Besuch stattfinden sollte." EGGERATH: S. 152.

[3] Ebenda S. 63.

[4] HAU: S. 45. „Es war ein allmählicher Übergang, eine lange Dämmerung, ehe es Nacht wurde."

[5] „Es durfte am Tage zweimal eine halbe Stunde gesprochen werden", schreibt ein Gefangener. AUER: S. 54.

[6] HENRY: S. 164. „Die meisten Frauen verlieren entweder Gewicht in der Haft oder werden sehr dick."

[7] AUER: S. 52. — Es gibt auch eine typische im Gefängnis entstandene oder verschärfte Kurzsichtigkeit, das „Zuchthausauge", das auf nächste Entfernungen eingestellt ist.

[8] Eine Französin, die eine Gefangene besuchte, beobachtete im Nebenkäfig folgende Szene: „La femme retrousse ses jupes. Elle les a retroussées très haut." CHOISY, MARYSE: L'amour dans les prisons, S. 30. Paris 1930. — Ein Brief wurde durch den amerikanischen Zensor zurückgehalten, in dem ein Gefangener gebeten hatte, beim nächsten Besuch durch ein ausgeschnittenes Kleid den Busen sehen zu lassen. BARNES und TEETERS: S. 751.

selten fährt ein Auto am Eingang vor. Eine elegante Frau steigt aus; sie will ihren Mann besuchen, ihm einiges bringen, Kleider, oder etwas zu essen. Ein Herr wartet im Wagen. „Er wartet", wie LAWES sagt, voll Geduld „und sein Warten wird belohnt": nach tränenreichem Abschied erscheint sie wieder, und die Rückfahrt beginnt. So ist das Leben, denn der, der zurückgelassen wird, hat noch 5 Jahre abzumachen[1]. Das Fragmentarische und Unvollkommene eines Besuches von Mann und Frau kommt hier zum Vorschein. Es ist ein Wiedersehen und Wiedersprechen und weiter nichts; die eheliche Beziehung ist bis auf „theoretische" Reste verdünnt, nur angedeutet und auch in der Andeutung kontrolliert und verkürzt. Vielleicht dient der Besuch nur dem Zweck, ihm die Scheidungspapiere vorzulegen[2].

Bei diesen Besuchen kommt es vor, daß Kinder sich verplappern[3], so daß Streit entsteht und Beschimpfungen umherfliegen. Oder der Direktor muß entscheiden, welche Frau einen Bigamisten besuchen darf. Beide lieben ihn noch, beide wollen treu zu ihm halten. Der Gefangene hat ein gesetzliches Recht, seine Frau zu sehen, die Frage ist nur, wer gesetzlich seine Frau ist. In einem Zweifelsfalle entschied sich der Direktor für die ältere Dame, weil die jüngere noch andere Heiratschancen habe, und der Gefangene war damit einverstanden[4]. Nach LAWES sind Bigamisten in der Regel Leute „mit Kragenweite 38", die sich gern fügen[5].

Es ist mit Besuchen wie mit den meisten Einrichtungen der Haft. Sie sind oft ehrlich und in guter Absicht auf eine Menschheit gleichförmigster Art ausgerichtet, die es nicht gibt. In Wirklichkeit bekommen viele Gefangene überhaupt keinen Besuch, teils weil keine Verwandten da sind, teils weil die Häftlinge nicht wollen oder die Besucher abgeneigt sind. Manchmal täte irgend eine Art der Vermittlung gut, der Vorbereitung oder der sachten ausgleichenden Behandlung. Amtliche Bilder aus Amerika zeigen solche Idylle der unbehinderten Aussprache, freundliche Privaträume mit Blumen und Strohsesseln und behaglich plaudernden Gruppen[6]. Außer den Verwandten dürfen hier Personen einen Besuch machen, von denen „konstruktiver" Einfluß zu erwarten

[1] LAWES: Twenty thousand years, S. 249.

[2] Ebenda S. 250.

[3] Ein kleiner Junge wird beim Gefängnisbesuch von der Mutter aufgefordert, dem Papa die Hand zu geben. Er lehnt ab: „Der Papa sitzt doch zu Hause." LAWES: S. 252.

[4] Ebenda S. 252.

[5] Ebenda S. 254. Siehe dort den Vorgang mit der Pseudofrau des Bigamisten, die sich versehentlich auf einen Beamten stürzt, ihn an ihren nicht unerheblichen Busen drückt und mit Wiedersehensküssen überschüttet, weil sie ihn mit dem Gatten verwechselt.

[6] Federal Prisons 1939. LEAVENWORTH 1940, S. 20.

ist[1]. Hier wird Fortschritt sichtbar, denn was die Anstalt prüft, sind nur die Papiere, nicht die problematische Natur legaler Beziehungen, die höchst unkonstruktiv sein können. Wir stehen hier noch am Anfang echter Resozialisierung und sollten unverdrossen weiterexperimentieren, bis wir die annehmbarste Lösung gefunden haben. Vor allem sollte gegen das Ende der Strafzeit der Kontakt vertieft werden. Wenn in England Gefangene für einen Nachmittag in die Stadt gehen dürfen und diesen Schluck freien Lebens auf tiefste genießen[2], so müßte es möglich sein, in ausgesuchten Fällen den Besuch aus der Anstalt weg ins Freie zu verlegen und ihm damit den Charakter einer unverfälschten menschlichen Beziehung zu geben.

Noch andere Besucher kommen und gehen. Ich denke dabei nicht an die Kurzfristigen, die von draußen Nachrichten mitbringen und nicht immer nur Nachrichten nach draußen mitnehmen. Auch nicht an die Darstellungen[3], die mit neuen Gesichtern die Monotonie unterbrechen[4], ja nicht einmal die freiwilligen Gefängnisbesucher der britischen Praxis[5], oder die Führungen junger Juristen und Soziologen durch Anstalten[6], sondern die „Besuche" höherer Beamter, die von den Gefangenen mit Spannung erwartet werden und mehrfach geschildert worden sind. Irgendwie erfüllt der Gedanke, daß über der gestrengen Anstaltsleitung noch eine höhere, mächtigere Instanz steht, mit Genugtuung und leiser Hoffnung. Die Sträflinge genießen die unruhigen Vorbereitungen, die Nervosität der Beamten, das bessere[7] Essen mit der Freude des Unterdrückten, für den die Misere der Unterdrücker eine hohe Befriedigung ist. Diese Besuche sind daher, auch wenn sie zu gar keiner Änderung führen, vom Standpunkt geistiger Hygiene nützlich.

---

[1] Ebenda S. 20.

[2] Henry: S. 158 und 159.

[3] In der freien Anstalt Askham gab es sogar eine gelegentliche Vorstellung von Mannequins ... „an unbelivably welcome sight". Henry, S. 152.

[4] Die Eindrücke eines Konzertes (Henry, S. 44ff.) werden an anderer Stelle erörtert.

[5] Das Schönste an einem charmante „prison visitor" (der den Fall des Gefangenen nicht diskutieren soll, woran dem Gefangenen vor allem liegt) war der Umstand, daß man mit jemand in Zivil sprechen konnte. Henry: S. 91.

[6] Über diese Führung und das Verhalten von Studentinnen berichtet Dr. Wilson (S. 233) die merkwürdigsten Dinge. In der Zelle einer männlichen Schönheit ließen die Mädchen ihre sorority pins zurück. Sie sandten Briefe an den Gefangenen, die in den Händen des Zensors „brannten". Sie enthielten Einladungen, die unzweideutig und dringlich waren. — Hier spielt die Verherrlichung des großen Kriminellen durch Kriminalromane, Film und Radio mit, die ein sozial negatives, psychologisch positives Mannesideal aufgerichtet hat.

[7] ... „wir hatten den Verdacht, daß unser Essen viel sorgfältiger beaufsichtigt und zubereitet war, wenn Besucher oder Mitglieder der Gefängniskommission erwartet wurden..." Henry: S. 144.

Vielleicht sind Frauen eher geneigt, auf Gnadenakte zu hoffen, weil die Persönlichkeiten, die diese Macht haben, Männer sind. Um so größer ist die Enttäuschung, wenn sie sich älteren Herren und großen Aktenstößen gegenübersehen und die gefürchtete Anstaltsleiterin daneben sitzt. Das Moment der unterbrochenen Eintönigkeit und der psychischen Aufstöberung aber bleibt, das bei der ersten Nachricht um sich gegriffen hat:

„Eines Tages herrschte große Aufregung im Hause. Es ging ein Flüstern und Raunen durch alle Räume, und lange schon bevor es offiziell verkündet wurde[1], wußten sämtliche Sträflinge die hochwichtige Neuigkeit, daß nun wirklich ein Revisor der Justizbehörde die Anstalt besuchen und sich die Anliegen und Beschwerden der Gefangenen vortragen lassen würde.“[2]

Meisterhaft ist DOSTOJEWSKIs Darstellung von jenem hochangesehenen General, der aus Petersburg kommt, um ganz Sibirien zu besichtigen[3], „Furcht und Sorge“ vor sich verbreitend. Erdhaufen werden abgetragen, alles wird angestrichen, getüncht, und die Gefangenen sind wütend, daß man dem Besucher Sand in die Augen streut. Dann endlich erscheint der Große. Das Gebäude ist gescheuert und geputzt, die Sträflinge sind frisch rasiert, in sauberen weißen Anzügen und genau instruiert, was sie zu sagen hätten, wenn der General geruhen sollte, sie anzureden. „Eine Stunde vor dem Erscheinen des Generals standen alle wie Götzenbilder auf ihren Plätzen und hielten die Hände an die Hosennaht.“ Jeder wußte oder ahnte es, dieser General war so mächtig, daß alle Behörden des westlichen Sibiriens vor ihm erzitterten.

Ernst und hoheitsvoll geht der Große mit seiner Suite durch die Anstalten. Den Gefangenen fällt ein „großer und schöner Herr in Frack und Halbschuhen“ auf, ungezwungen und unabhängig in seiner Haltung, an den sich der General häufig mit großer Höflichkeit wendet. Es soll ein Staatsrat aus Petersburg sein, und daß ein General ihn so ehrerbietig behandelt, imponiert den Gefangenen ungeheuer. Um so mehr freuen sie sich, daß ihr Major, der in „steifer Haltung, mit orangegelbem Halskragen, blutunterlaufenen Augen und purpurfarbenem, finnigem Gesicht“ den Augenblick erwartet, seine Devotion zu zeigen, unbeachtet bleibt, ja, wie sie meinen und hoffen, keinen besonders angenehmen Eindruck macht. Geblendet, verdutzt, betreten und doch angenehm erregt,

[1] Die Ankündigung geschah in folgender Weise: „Bald darauf hörte man die Stentorstimme der Gestrengen (sie war gar nicht so schlecht) zunächst im unteren Flur: ‚Es wird ein Regierungsbeamter kommen vom Justizministerium, da könnt Ihr euch melden. Wer also glaubt, daß er ungerecht oder zu hart bestraft worden sei, kann seine Beschwerde anbringen. Aber wohl verstanden! — nur Eure Strafsachen, nichts von der Verwaltung — da kommt ein anderer her vom Ministerium des Innern‘.“ HOFF: S. 230.

[2] Das ganze Kapitel bei HOFF, S. 227 „Revision“ ist sehr lesenswert. Angeblich wurden über 100 Fälle in einer knappen Stunde erledigt. HOFF: S. 233.

[3] DOSTOJEWSKI: S. 313ff.

bleiben die Sträflinge zurück, als der General mit einem Kopfnicken nach 2 Minuten seine Inspektion vollendet hatte.

In 20 Jahren der Haft hat VERA FIGNER den Besuch zahlreicher Würdenträger erlebt und ein ganzes Kapitel darüber geschrieben[1]. Der erste dieser Besucher war der stellvertretende Innenminister, der nichts gegen ihre Beschwerden tat. Später kam, im warmen Halbpelz, der Direktor des Polizeidepartements, „glänzend von Zufriedenheit" und fragte die Gefangene, warum sie einen Halbpelz trüge. Ihr sei kalt, sagt sie. Er fand nicht, daß es kalt sei.

„Seine Wangen glühten, der Geruch von Portwein ging von ihm aus. Man merkte, er hatte gut und reichlich beim Kommandanten gefrühstückt[2]."

Dann kamen Generale, die mit dem gleichen Abscheu auf die Revolutionäre blickten wie diese auf sie; sie fanden sich gegenseitig herausfordernd[3]. Die weiblichen Gefangenen verbargen ihre Abneigung nicht. Als ein General Ludmilla Wolkenstein, vielleicht in freundlicher Absicht, eine Mitteilung von ihrer Mutter machen wollte, die erste Nachricht nach langer Zeit, entgegnete die Revolutionärin: „Von Ihnen will ich gar nichts hören, sogar über meine Mutter nicht[4]." Von Haß beeinflußt und daher nicht immer gerecht ist VERA FIGNERs Ansicht, daß diese Besucher sich keinen Zwang antaten, schlechte Nachrichten zu überbringen. Einem Häftling wurde nach fünfjähriger Haft der Tod von sieben nahen Verwandten mitgeteilt. Einem anderen erzählte der polizeiliche Besucher, daß seine Frau sich wieder verheiratet habe[5]. Die üblichen Fragen waren: „Haben Sie Beschwerde zu führen? Wie ist der Gesundheitszustand?" Dann schlug die Türe wieder zu. Einer Amtspflicht war Genüge getan. Wenn Groll und Erbitterung zurückblieb, so war die psychologische Funktion des Besuches unerkannt und unerfüllt geblieben. Besser hat sich ein alter aufsichtführender Amtsrichter im Zuchthaus Bruchsal seiner Aufgabe entledigt[6] und der Ministerialreferent verdient kaum HAUs Spott[7], weil er „die ganze Macht und Hoheit des Staates verkörpernd und doch wieder voll Huld und Gnade" in seine Zelle kam „ein Gott, der zu dem Paria niederstieg".

[1] FIGNER: S. 345ff.

[2] Ebenda S. 347.

[3] S. 348.

[4] S. 349.

[5] Ebenda S. 348.

[6] HAU: S. 48.

[7] Ebenda S. 95. Es ist eine der undankbarsten Seiten in HAUs Buch, weil der Besucher ihm eine Bitte erfüllt, die ungewöhnlich und von der Anstaltskonferenz abgelehnt war. Interessant ist, daß sich die Bezeichnung „Würdenträger" bei FIGNER und bei HAU findet. Beide verraten damit eine bestimmte innere Einstellung.

II.

Eine entferntere Form des Gedankenaustausches ist der Brief. Dieser Kontakt mit anderen Menschen ist in der Haft zeitlich und damit auch inhaltlich nach der Menge des verfügbaren Papiers beschränkt. Es herrscht Zensur, und keine Struktur vorheriger „Zustimmung“[1] hilft über die einfache und klare Sachlage hinweg. Die Generalformel der gefährdeten Ordnung und Sicherheit, aus der Politik wohlbekannt, deckt jeden Eingriff und ist bei weiser Zurückhaltung berechtigt. Im übrigen sollen ausgehende Briefe nicht „beleidigende, strafbare oder unwahre Angaben machen“ oder den Anstand verletzen[2]. Auch hier sind die Grenzen weit gezogen, denn für eine strenge Auffassung ist jeder Liebesbrief anstandverletzend, obschon für Ehepaare diese Verletzungen, auch ihr privater verbaler Ausdruck, zu den ehelichen Rechten und Pflichten gehören. Das ganze Gebiet ist voller Untiefen und stellt an den Zensor die höchsten Ansprüche.

Für den, der nicht schreiben kann, gibt es keinen Briefwechsel, auch nicht für den Einsamen, oder den, der keine Familie hat oder haben will[3]. In amerikanischen Anstalten und wohl auch in Europa ist der Kreis der Adressaten eingeengt. Dort sind Briefe an Zeitungen nicht erlaubt[4], auch nicht Briefe an Unbekannte[5]. Briefe, die nach fremden Ländern geschickt werden oder von dort kommen, gehen nicht ab oder werden nicht ausgeliefert, wenn sie nicht ins Englische übersetzt sind, was bei dem Völkergemisch der Vereinigten Staaten (Mexikaner, Indianer, Japaner, Philippinos) oft schwerfällt. Beamte, auch der Anstaltsbetrieb, dürfen nicht kritisiert werden[6]. Eine Neuerung besteht für Briefe, die an die Gefängniszentrale des Bundes in Washington gerichtet sind. Für solche Beschwerden gibt es in jeder Anstalt einen

[1] „Da Briefe oft verdeckt Andeutungen über Fluchtversuche oder unwahre, kränkende und störende Angaben über das Anstaltsleben, oder von außen Aufreizungen enthalten, werden sie zensiert. Das ist ein Eingriff in das Briefgeheimnis. Daher muß der Gefangene zustimmen, daß seine Briefe geöffnet und gelesen werden. Er muß seine Briefe offen abgeben und erlauben, daß die an ihn gerichteten gelesen werden; will er das nicht, gehen die Briefe ungeöffnet zurück“... MITTERMAIER: S. 110.

[2] Ebenda S. 110.

[3] „Eine Bitterkeit brachte mir der Verkehr mit der Außenwelt, ein Briefwechsel mit einem nahen Verwandten.“ AUER: S. 68. — Auch der, der nicht schnell schreiben kann, ist im Nachteil. In CLEMMERS Anstalt wird ein Bogen Papier gegeben; 90 Minuten später werden die Briefe unweigerlich eingesammelt. CLEMMER: S. 223.

[4] Ebenda S. 223. Das Schreibprivileg ist auch nach Verhaltensgraden abgestuft. Stufe A und B dürfen wöchentlich schreiben, Stufe C alle 14 Tage, D und E nur am ersten Sonntag jedes Monats.

[5] Sträflinge dürfen nicht an Personen schreiben, bei denen nicht frühere Bekanntschaft festgestellt ist. Ebenda S. 223.

[6] CLEMMER: S. 224.

verschlossenen Kasten, dessen Inhalt direkt nach Washington geht[1]. Daß die Gefangenen von dieser Einrichtung mit Mißtrauen Gebrauch machen, ergibt sich aus der Feststellung, daß von 1523 Briefen nur 8,3% die gegenwärtige Lage des Gefangenen betrafen[2]. Es wäre instruktiv, zu wissen, auf welchem Gebiet die Eingaben der Gefangenen sich eigentlich bewegt haben. Das Experiment als solches verdient Anerkennung; schon die Existenz einer solchen Einrichtung hat vorbeugende Wirkung.

Die Briefe der Gefangenen, auch die und gerade die, die von der Zensur zurückgehalten werden, sind eine Fundgrube zur Psychologie des einzelnen und der Haft. Eine wissenschaftliche Bearbeitung dieses Materials hat, soweit ich weiß, niemals stattgefunden trotzdem es in Strömen dauernd zufließt und mühelos zur Persönlichkeit des Briefschreibers und seines Milieus in Beziehung gebracht werden kann. Auch wenn sich keine Andeutung von Ausbruchsabsichten u. dgl. findet, müssen Spannungen frühzeitig erkennbar werden. Schreibendürfen und Briefelesendürfen ist zweifellos ein Vorgang, der die Psyche des Gefangenen stark berührt. CLEMMER hat darauf hingewiesen, daß Briefe Verwandter oder Bekannter oft voller Vorwürfe sind, oder die ersten Spuren jenes Entfremdungsprozesses zeigen, von dem langjährige Gefangene bedroht sind. Solche Briefe werden durchgelassen, weil der Zensor eine erzieherische Wirkung erwartet. Ohne den Gefangenen zu „verbessern", vertiefen diese Klagen und Mahnungen die Depression des Häftlings. Seine eigenen Briefe sind, solange er nicht gebrochen ist, leicht offensiv. Wenn er aufhört, über sein klägliches Dasein zu klagen, ist in ihm eine Feder gesprungen. Der Zensor mag die Wandlung begrüßen, für das freie Leben ist nur noch ein Wrack übriggeblieben.

III.

Auch die Frage der Lektüre erfährt in den einzelnen Ländern und in den verschiedensten Zeiten abweichende Behandlung. Die Bemerkung eines Gefangenen, daß er an 2 Sonntagen das gleiche Buch erhalten habe[3], wird als überholt gelten und nur für kleinere Gefängnisse Geltung haben. Andere Klagen, daß für die ganze Woche ein Buch geliefert wurde, das in wenigen Stunden ausgelesen ist[4], werden nicht für alle Zuchthäuser zutreffen. In anderen Gefängnissen war früher Lesestoff nur an Feiertagen erhältlich[5]. Ob ein Buch, das die Geschichte der Märtyrer

---

[1] BATES, SANFORD: Prisons and beyond, S. 224. New York 1936.
[2] Ebenda S. 225.
[3] AUER: S. 21.
[4] Ebenda S. 126.
[5] Ebenda S. 89.

behandelt, sich für die trübe Situation des Untersuchungsgefangenen eignet[1], möchte ich bezweifeln.

In amerikanischen Anstalten dürfen Zeitungen und Zeitschriften gelesen werden. CLEMMER hat die hübsche Idee gehabt, den Interessenkreis der Leser zu untersuchen. Die Skala fällt von Verbrechen, Polizei, vorläufiger Entlassung und Gefängnismeutereien steil zu internationalen Geschehnissen ab[2]. CLEMMER will beobachtet haben, daß sich bei der Zeitungslektüre das Profitsystem dem Gefangenen allzu stark aufdrängt. Er liest vom Gesellschaftsleben, Geschäftsleben und von dem Reichtum, der eine soziale Stellung gibt. Diese wohlhabenden Kreise stehen bei der Zeitung im Vordergrund. Kein Mensch schreibt über die Vergnügungen armer und erfolgloser Leute. Im freien Leben kommt es oft vor, daß tägliche Erfahrung die Meinung korrigiert, Geld sei das allerwichtigste. In der Freiheit gibt es Leidenschaften, Vorlieben, einfache und wenig kostspielige Marotten. Im Gefängnis aber, wo so viele Dinge fehlen, ist die Sehnsucht nach den luxuriösen Genüssen des Lebens gesteigert. Die Reklame stürmt auf uns mit hübschen Mädchen und gutaussehenden Männern ein. Sie alle lächeln unaufhörlich und sind ohne Unterlaß glücklich. Eine Assoziation von edlen Gefühlen und Erfolg wird suggeriert. Der Widerspruch zwischen der Wirklichkeit der Haft und der Traumwelt, die aus der Presse hervorscheint[3], erregt Wünsche. Die Unmöglichkeit, diese ersehnten Dinge zu besitzen, gibt den Wünschen abnorme Intensität.

Der Häftling betrachtet innere und äußere Politik ausschließlich von seinem Interesse aus. Wahlkampagnen erregen seine Aufmerksamkeit, weil er hofft, daß die Partei, die am Ruder ist, geschlagen und der Beamtenapparat umbesetzt wird[4]. Wenn äußere Verwicklungen drohen, so denkt er daran, er könnte zur Armee entlassen werden und ist deshalb lebhaft interessiert. Während eines Krieges wird die Behandlung besser und der Arbeitsverdienst höher. Als man während des zweiten Weltkrieges in Alcatraz ein neues Gehaltssystem einführte, wurden die Gefangenen mit freudiger Hoffnung erfüllt, ihr Arbeitseifer stieg an[5]. Gefangene sind keine Pazifisten, ihre nationalen Gefühle folgen den Strömungen der Außenwelt, kreisen aber um Verkürzung der Haft und vorzeitige Entlassung[6].

---

[1] Ebenda S. 35.

[2] CLEMMER: S. 228.

[3] „Reklame und Artikel betonen Reise, schöne Kleider, teure Autos und überhaupt Wohlhabenheit." Ebenda S. 228, 229.

[4] CLEMMER: S. 229.

[5] JOHNSTON: S. 197.

[6] Der Direktor von Bruchsal spricht bei Kriegsausbruch zu den Gefangenen: „Er erwarte, daß jeder Gefangene an seinem Teil dazu beitrage, daß der Krieg gewonnen würde, in welchem Falle sicher auf eine Amnestie zu rechnen sei." HAU: S. 104.

Bücher tragen einen Hauch des freien Lebens in die Enge der Zelle. Man kann verstehen, daß Reisebücher besonders beliebt sind, nicht nur wegen der unbekleideten Frauenbilder, die bisweilen anzutreffen sind[1]. Sie erlauben dem Gefangenen Reisen in fernste Länder anzutreten, Abenteuer gefährlichster Art zu bestehen[2], ohne daß er die Sicherheit der Anstalt zu verlassen braucht. Wie die Patienten der Krankenhäuser und Krüppel lesen — wenigstens in Amerika — Gefangene mehr als der gewöhnliche Bürger[3]. Manche Häftlinge wollen einen soliden und vertrauenerweckenden Eindruck machen und lassen sich zum Beweis dieser Besserung seriöse Bücher kommen. Einige nehmen Lernen ernst[4], andere ermatten bald[5]. Im grauen Einerlei des Anstaltslebens greifen andere wieder zur Aufregung des Wildwestromans, zumal dem ewigen Karl May.

Aber die Lektüre ist nicht ohne Gefahren. Ein begabter gewerbsmäßiger Verbrecher fand in einem kanadischen Gefängnis ein Konversationslexikon. Langsam las er sich durch sämtliche Bände hindurch, und er erzählt uns, wie er die Geschichte des Schlosses und der Schloßfabrikation las, aller möglichen Kombinationen und Öffnungsmöglichkeiten. Dann wandte er sich der Chemie der Explosivstoffe, den Bohrern, Sägen und Feilen zu, Pistolen und Revolvern, Giften, Kräutern und betäubenden Substanzen[6]. Revolutionäre sind von Büchern über soziale Umwälzungen fasziniert, und es war eine furchtbare Strafe für einen Insassen der Schlüsselburg, als ein Band von MIGNETs großer französischer Revolution gefunden und beschlagnahmt wurde[7]. VERA FIGNER war begeistert, daß ihr ein Buch über englische soziale Verhältnisse in ihre Hände fiel. Da waren Streiks, der Anstieg der Arbeiterbewegung und der Radikalismus einer fortschrittlichen oberen Schicht. Wie eine frische Brise wehte dieses rebellische Leben in die unbewegliche Schwere der Zelle hinein[8].

---

[1] FALLADA: S. 508. „Er wird sehen, daß er erst mal 'ne Reisebeschreibung kriegt. Hedin ist immer so schön dick, und manchmal ist auf den Photos eine nackte Frauenbrust oder ein Bein."

[2] BJERRE: S. 33.

[3] Nach BARNES und TEETERS (S. 729) werden in Bundesgefängnissen jährlich 41,4 Bände je Kopf ausgeliehen ... das Maximum der Ausleihungen je Kopf in Städten über 200000 Einwohnern ist nur 10,9.

[4] Siehe BERKMANS Leseplan (Memoirs S. 414). Er las auch Bücher über Kriminalwissenschaft.

[5] „Ich ging nach dem Thee um 4 Uhr zu Bett. Ich hatte zwei Bücher aus der Bibliothek bekommen.... Schließlich blätterte ich die Seiten in regelmäßigen Abständen um. Ich wußte aber nicht mehr, was sie bedeuteten. Ich konnte mich nicht mehr konzentrieren." HENRY: S. 41. — Siehe auch HAU: S. 58.

[6] BLACK: S. 275.

[7] FIGNER: S. 295.

[8] Ebenda S. 305.

Die soziologische Struktur einer Strafanstalt macht sich beim Lesen bemerkbar. Die vielen geistig Stumpfen oder Zurückgebliebenen tragen die Schuld daran, daß in den Vereinigten Staaten nur etwa die Hälfte der Insassen Interesse an Büchern hat[1]. Es fehlt an Untersuchungen über das Alter der Lesebegierigen, Beruf, Straftat, Strafdauer und über die Art der Bücher, die sie bevorzugen. Eine bestimmte Gruppe von Anstalts-„Gelehrten“ verlangt nach immer den gleichen Philosophen, vor allem Nietzsche[2]. Diesen Naturen fliegt die Zeit davon. Den anderen werden 16 Stunden in der Einsamkeit der weißgetünchten Zelle zur Qual. Wir werden noch jener exklusiven Gruppe von Snobs begegnen, die in Dartmoor sich versammelte und Bücher und Zeitfragen diskutierte[3]. Kleine solche Minderheiten wird es in allen Zuchthäusern geben. In Dartmoor umfaßte die Clique etwa 30 Mann bei einer Belegschaft von 600. Sie ist bei Mitgefangenen wie den wenig gebildeten Beamten gleich unbeliebt. Praktisch ist sie ohne Bedeutung, denn diese Anwälte, Offiziere und Lehrer reden zwar viel, lernen aber wenig hinzu. Einfache Gefangene dagegen erzielen bisweilen bemerkenswerte Leistungen[4].

Mit der Einführung des Radios sind neue Probleme in den amerikanischen Anstaltsbetrieb eingedrungen. Das Programm mußte bei den ersten Gehversuchen dem ganzen Zellhaus aufgedrängt werden. Wer das Gebotene nicht mochte, mußte es mit anhören[5]. Eine neue Form der Tyrannei tritt zu den vielen Situationen des Zwanges, gegen die es keinen Widerstand gibt. CLEMMER hat die folgenden Schwierigkeiten beobachtet:

„Die Größe des Zellhauses verlangt, daß das Radio auf erhebliche Tonstärke eingestellt ist. Die, welche das Programm nicht leiden können, sind wehrlos, obschon sie den Versuch machen können, sich auf andere Dinge zu konzentrieren. Die ewigen Darbietungen werden für alle die Leute unerträglich, die eine positive Abneigung gegen das Radio haben. Heftige Reaktionen, eine vorübergehende Form der Psychose hatten ihre Ursache in dem grellen Plärren des Radios. Für die Leute, die kein Interesse für Baseball haben, ist der Wortschwall des Sprechers, der täglich zwei Stunden lang auf die Dauer von sechs Monaten die genauen Taten von 18 Spielern beschreibt, unleidlich. Viele Leute haben sich so weit dressiert, daß sie das Radio überhaupt nicht mehr hören“[6]. . . .Andere folgen gierig dem Programm.“

---

[1] CLEMMER: S. 233. [2] Ebenda S. 234. [3] SPENSER: S. 279.

[4] HAU (S. 44) sah in Bruchsal einen jungen Kaufmann, dem 10 Jahre Einzelhaft so wenig anhaben konnten, „daß er nach seiner Entlassung in kurzer Zeit zum vermögenden Mann wurde. Mit eisernem Fleiß erlernte er im Haus mehrere neuere Sprachen und zwar . . . in einer Vollkommenheit, die ich nicht für möglich gehalten hätte. Er war von Hunderten, die ich kannte, der einzige, der ein solches Studium durchzuführen die Energie besaß“. [5] CLEMMER: S. 222.

[6] „Wenngleich der Lautsprecher, aus dem Witze, Dramas und Annoncen zwei Stunden lang quellen, nur ein paar Fuß von ihnen entfernt sein mag, wissen sie nichts vom Inhalt und merken nur eine Veränderung, wenn abgedreht wird.“ Ebenda S. 222.

Gewöhnlich wird das Programm aufgesucht, das die gelangweilten Beamten gern hören, also Lokalnachrichten, Sport und „Schrammelmusik“. Nach BARNES[1] müssen die Gefangenen, wenn sie wollen, einen Kopfhörer kaufen oder herstellen.

Mit dem neuen Genuß entstehen neue Möglichkeiten des disziplinären Entzuges. Wird zur Strafe ein besonders beliebtes Programmstück abgeschaltet, so antworten die in ihrer Gesamtheit betroffenen Gefangenen mit Gegenmaßnahmen[2]. Eine ernste Lage entsteht. Im Todeshaus von St. Quentin dürfen die Gefangenen, die nicht schlafen können, die ganze Nacht hindurch mit Kopfhörern den Programmen folgen[3]. Die Folge kann sein, daß sie im Nachrichtenteil von der Ablehnung ihres Gnadengesuchs vernehmen, längst ehe ihnen die amtliche Mitteilung zugedacht war[4].

Mit dem Radio erfährt die akustische Isolierung eine erhebliche Durchbrechung. Mit dem Film werden neue Gesichtseindrücke zugeleitet. Die richtige Auswahl ist entscheidend, vor allem kann der Farbfilm von wohltätiger Wirkung sein, auch könnte man einen der vergötterten Radiolieblinge bei schweren Unruhen als beschwichtigende und vermittelnde Kraft einsetzen.

I. Sexuelle Abarten und Schrullen.

I.

Die sexuelle Konstitution, unter normalen Verhältnissen einseitig fixiert, ist, wie die Erfahrungen der Gefangenschaft zeigen, bei vielen Menschen locker gelagert. Ihre Variationsbreite verrät sich, sowie sie ungewöhnlich starkem oder lang andauerndem Druck ausgesetzt ist. Die Wahl milder, von Gefühlsakzenten unbelasteter Ausdrücke soll andeuten, daß wir uns nicht mit der unmoralischen oder unhygienischen Seite befassen, sondern eine wissenschaftliche Beschreibung geben wollen[5]. Erst aus der Kenntnis der Tatsachen können Gegenmaßnahmen entwickelt werden. Das Phänomen geht weit über das hinaus, was sich Laster oder strafbare Handlung nennt. Die aus ihrer Bahn geworfene, unterdrückte, versiegende oder wild aufflammende Sexualität muß sich keineswegs immer in physischer Betätigung äußern. Sie legt

---

[1] BARNES und TEETERS: S. 544.

[2] Dr. WILSON hat einen solchen Streik geschildert, S. 141ff.

[3] CHESSMAN, CARYL: Cell 2455 Death Row, S. 309. New York 1954.

[4] Ebenda S. 337.

[5] Diese atypischen oder pervertierten Betätigungen des Sexualtriebes verstoßen gegen die Moral, die Hausordnung und zum Teil gegen das Strafgesetz. Aber schon LOMBROSO (Der Verbrecher, Bd. I, S. 20 und 21, Hamburg 1887) hat aus der zoologischen Literatur Fälle angeführt, in denen der Geschlechtstrieb vom Normalziel abrutschte, wenn Weibchen nicht verfügbar waren.

sich wie ein Nebel über alle menschlichen Beziehungen des Anstaltslebens, kann, etwa als sadistische oder masochistische Tendenz, legal, ja moralisch neutral bleiben und verdient beim „strengen" Beamten oder beim Mustergefangenen kaum die Bezeichnung Perversität. Ohne irgendwelchen sexuellen Hintergrund ist die Neigung ganzer Anstalten zu ihren Leitern oder auch ihr bodenloser Haß nicht erklärlich, obschon die Triebhaftigkeit zu rein seelischen Reaktionen verdünnt ist. DOSTOJEWSKI beschreibt den außergewöhnlichen Eindruck, den ein Oberleutnant unter den Sträflingen hinterließ: „Nicht daß diese ihn liebten, nein man vergötterte ihn, wenn dieses Wort angebracht ist. Wie er dies ermöglichte, weiß ich nicht, aber er gewann alle vom ersten Augenblick an ... das ganze Gesicht des Sträflings hellte sich auf, wenn er mit diesem Kommandeur zusammentraf, und, den Hut abnehmend, schaute er schon lächelnd, wenn jener sich näherte[1]." Dieser Mann wurde immer der „Vater" genannt. Ganz ähnliche Gefühlsbeziehungen werden bei Frauen herausgeholt. Eine beliebte Aufseherin kommt ins Zuchthaus zurück[2]:

„Man umringte sie, streichelte ihre Hände, nannte sie mit Schmeichelnamen und fragte nach ihrem Ergehen; eine suchte die andere wegzudrängen, um selbst recht nahe bei unserer guten Mutter zu sein[2]."

Mit der großartigen Intuition, die DOSTOJEWSKI auszeichnete, hat er herausgefunden, daß unter den beliebten, ja geliebten Vorgesetzten solche waren, die nicht einmal gut sind. Sein Leutnant Smekaloff strafte hart, aber man faßte keinen Groll gegen ihn, ja man erinnerte sich einzelner Episoden, wo er das Prügeln überwachte, mit Vergnügen. Er gibt den Befehl zum Zuschlagen, „wobei er in Gelächter ausbricht. Die im Kreis umherstehenden Leute lächeln ebenfalls, es lächelt der Schlagende und es lächelt fast auch der Delinquent."[3] Zufrieden verläßt der Leutnant den Platz der Exekution, fast ebenso zufrieden mit dem Vorgesetzten und sich selbst marschiert der Delinquent nach Hause. Nach einer halben Stunde erzählt er im Ostrog: „Mit einem Wort! Es ist eine Seele dieser Mensch! Und ein Spaßvogel[4]!" Welcher Art ist das Fluidum, das diese Typen ausstrahlen. Wir wissen es nicht. Aber irgendein „Strom" muß zwischen Strafendem und Bestraften laufen und ihre Beziehung aus unbekannten Quellen erwärmen.

Diese unwägbaren Sympathien sind nicht immer eine Hilfe für den Häftling. HAU schildert einen Geistlichen, der ihm mit solchem Wohl-

[1] DOSTOJEWSKI: S. 368. „Hätte er tausend Rubel verloren — der größte Dieb unter uns würde sie ihm wiedergebracht haben..." Ebenda S. 369.

[2] „Draußen wußte sich die Gefeierte kaum der mehr oder minder zudringlichen Anhänglichkeiten zu erwehren, die ihr in stürmischer Freude über ihre Rückkehr entgegengebracht wurden." HOFF: S. 107ff.

[3] DOSTOJEWSKI: S. 260.

[4] Ebenda S. 260.

wollen entgegenkam, daß er ihm rückhaltloses Vertrauen schenkte. „In langen Gesprächen unterrichtete er sich über den Verlauf des Prozesses, und als ich ihm alles klargelegt hatte, schüttelte er mir die Hand und sagte, er glaube an meine Unschuld und wolle mir, soweit es in seinen Kräften stehe, helfen zur Rehabilitation. Ja, mit der Zeit ergriff er für mich mit einem übermäßigen Eifer Partei und gab seiner Überzeugung von meiner Unschuld Leuten gegenüber Ausdruck, vor denen er besser geschwiegen hätte[1]."

In all diesen Fällen wirken Sympathien, Fluida oder wie man es nennen mag. Das gleiche Fluidum, kaum sexuell, höchstens erotisch zu nennen, im zartesten Sinne des Wortes, verbindet Mitgefangene. Da war Ludmila Wolkenstein, die Freundin Vera Figners. Von ihr sagt die Gefangene: „Schon ihr Lächeln und der Anblick ihres lieben Gesichts verscheuchten die Schwermut und schufen Freude. Nach jedem Zusammentreffen mit ihr war ich beruhigt, wie neugeboren.... Gleich nach meiner Rückkehr vom Spaziergang begann ich, von neuem Wiedersehen mit ihr zu träumen[2]."

Die Veränderungen, oft Verwüstungen, die lange Haft auf dem Gebiet der sexuellen Wunschvorstellungen hervorruft, kommen erst ans Licht, wenn er die Anstalt verläßt und in die Welt der Frauen, Jugendlichen und Kinder zurückkehrt. Aber schon in der Haft treten gerade für den Konflikte auf[3], der nicht imstande ist, diese Spannungen durch irgendeine Form der Reflexauslösung abzureagieren. An erster Stelle steht hier die Masturbation. Über sie wird nicht viel gesprochen, aber die Beamten wissen einiges davon, während die Gefangenen unter einander keinen Hehl daraus machen[4]. Weibliche Gefangene erwähnen die Unart nicht. Mit der mutuellen Masturbation[5] ist bereits der Übergang zur homosexuellen Beziehung gegeben. Sowie ein Zweiter in den Kreis dieser Strebungen hineingezogen wird, beginnt die Soziologie der Gefangenschaft.

Daß auch sodomistische Neigungen und Handlungen auftreten, wird in der europäischen Literatur nicht erwähnt. Patterson erörtert die Frage in aller Offenheit. Mit Strafen von 5 oder 10 Jahren kommen diese Delinquenten in die Anstalt. Sie setzen ihre Tätigkeit in der Anstalt fort, und Gefangene, die mit Kühen, Schafen, vor allem aber Maultieren zu tun haben, verschaffen sich aus dieser Art der „Kuppelei" einen

[1] Hau: S. 36.

[2] Figner: S. 267.

[3] „Aus den seelischen Tiefen des Erotischen entspringen für den langfristig Eingekerkerten viel größere Qualen als aus der verkümmernden oder irgendwie unnormal abgelenkten Sexualität." Fuchs: S. 281.

[4] Auer: S. 111. Hau: S. 44, 45.

[5] Auer: S. 110.

Nebenverdienst[1]. Die Motorisierung der Landwirtschaft wird für diese Perversität immer weniger Objekte übrig lassen. Während die Masturbation nicht strafbar ist, höchstens mit Disziplinarmitteln geahndet werden kann, haben wir mit der Sodomie bereits das Gebiet strafbarer Handlungen betreten. Damit geht eine bessere Technik der Verheimlichung einher, kristallisiert sich aber auch ein Rattenschwanz von Erpressungen und Erwerbsmöglichkeiten an, die durch Mitwisserschaft entstanden sind. Darüber soll bei der Erörterung der Gefängniskriminalität gesprochen werden.

Haft ist Trennung. Das normale Sexualleben verlangt Zusammenkommen. Beide Dinge sind nicht vereinbar, und der Vorschlag, den BARNES und TEETERS gemacht haben, in gewissem Umfang wie in Rußland und Mexiko intimen Verkehr zuzulassen, ist nicht leicht zu verwirklichen, ohne daß der Charakter der Gefangenschaft, möglicherweise sogar eugenische Rücksichten, leiden. Aber wenn auch diese Vorbehalte gemacht werden müssen, so setzt sich das Leben mit ungeheurer Wucht über die amtlichen Umhegungen hinweg. Die Dauer der Haft führt teils zur Stillegung der mäßig entwickelten sexuellen Funktionen, teils zur heftigen Überreizung[2]. Sie wird auch durch masturbatorische Akte nicht gemildert[3], und schreitet von normalen und harmlosen erotischen Vorstellungen zu aggressiven Träumen[4] fort, in denen gewaltsame Überwältigung die Phantasie beschäftigt. Hier kündigt sich für die Zeit nach der Entlassung eine höchst bedenkliche Entwicklung an.

Bisweilen können die Gefangenen bei Festlichkeiten und gelegentlichen Darbietungen optisch einen Zipfel der Welt, die aus mehr als einem Geschlecht besteht, erhaschen. Der Grad der Spannung wird dadurch erkennbar, daß die persönlichen Eigenschaften der Frau oder der Männer, die gelegentlich in eine Anstalt kommen, hinter der Zugehörigkeit zu dem anderen Geschlecht zurücktreten und Schönheitsbegriffe sich verwischen. JOAN HENRY fiel auf, daß Frauen bei einem Konzert Sänger, die im letzten Stadium der Schwindsucht zu sein schienen, „entzückend" oder „großartig" fanden. Der wilde Beifall galt dem dünnsten und blässesten der Darbieter, und sie macht die richtige Bemerkung, daß an der Verschiedenheit des Urteils der Umstand schuld trug, daß sie gerade aus der Freiheit hereingekommen war. Vielleicht, meint sie,

---

[1] ... "in Atmore it became a legitimate racket. The same guy could go to the mule barn and he could have a she-mule for fifty cents. He paid the mulekeeper four bits and went into the stable. The mule, she seemed to like it." PATTERSON: S. 112.

[2] AUER: S. 111.

[3] „Sie treiben wohl alle Onanie! Ich habe es wenigstens selbst getrieben." Ein Gefangener bei AUER, S. 44.

[4] NELSON, VICTOR F.: Prison days and nights, S. 194, 195. Boston 1935.

würden nach einiger Zeit alle Männer, selbst die kümmerlichsten Spielarten, wie griechische Götter aussehen[1]. In gleicher Weise findet Fritz Reuter, der von seinem Festungswall herabblickt und in der Ferne Frauen sieht, „all hübsch, all[2]!"

Kalfaktoren, trustees nach amerikanischem Sprachgebrauch, Leute, die auf landwirtschaftlichen Außenstationen arbeiten, können unschwer zu flüchtigen Berührungen kommen[3]. Amerikanische Untersuchungen haben eine Menge kleiner Tricks festgestellt, Verbindung aufzunehmen, wenn der Männer- und der Frauenflügel baulich nahe sind[4]. Es soll eine wohlbekannte Übung sein, daß weibliche Gefangene, die Männerhemden oder Unterhosen nähen, Liebesbriefe mitschicken[5]. Geht aus der Männerabteilung Wäsche zur Reinigung nach dem Frauenflügel, so wandern Männerbotschaften mit. Eine Frau hatte einen Freund im Hühnerhof der Männerabteilung. Die Hühner gingen frei hin und her, und so wurde das „Briefhuhn" erfunden, unter dessen Flügeln wie bei der Brieftaube Zettel hingen[6]. Exhibitionistische Akte sind häufig. Wenn sie gesehen werden können, so stehen die Frauen am Fenster und heben ihre Röcke hoch. Das gleiche tun die Männer[7]. Dabei kommt es zur Masturbation. Die sexuelle Spannung erreicht oft solche Höhe, daß männliche Häftlinge, ohne Rücksicht auf die unmittelbare Gefahr, erschossen zu werden, am hellichten Tage eine Mauer zu erklettern beginnen[8]. In einem Falle konnte die stählerne Gittertür intime Annäherung nicht hindern[9].

Es mag nicht allzu verwunderlich erscheinen, daß die jungen Frauen älterer Wärter in den Tropen junge oder robuste Gefangene verführen. Es kommt dann zu Rache- und Eifersuchtsakten, wenn der männliche Liebhaber des Gefangenen Einspruch erhebt. Ein ganzes Kapitel im Buche BELBENOITS handelt von einer solchen Tragödie[10]. Diese Frau, eine üppige Erscheinung, hatte schon lange Zeit die Sträflinge gequält, indem sie in dünnem und kurzem Kleide in der Meeresbrise auf und ab ging. BELBENOIT will uns glauben machen, daß solche Verführungsakte in den Baracken und Lagern von Guayana ganz gewöhnlich sind.

---

[1] HENRY: S. 44 und 45.

[2] „Ick wüßt nich ein, de mi häßlich vörkamen wir." Ges. Werke, Bd. X, S. 20.

[3] FISHMAN, JOSEPH F.: Sex in prison, S. 42. New York 1934.

[4] Es ist gang und gäbe, daß „Frauen in Anstalten absichtlich Rohrleitungen beschädigen oder die Toiletten verstopfen oder ähnliche Dinge tun, nur damit Männer geholt werden müssen, die die schwierigen Reparaturarbeiten durchführen können..." Trotz der Anwesenheit von Aufsicht "instances in which they have managed to have intercourse are not all uncommon." Ebenda S. 41 und 42.

[5] Ebenda S. 44.

[6] Ebenda S. 44.

[7] Ebenda S. 45.

[8] S. 39.

[9] Ebenda S. 42. [10] BELBENOIT: S. 144—147.

II.

Um sehr verschiedene Vorgänge handelt es sich, wenn wir hören, daß in zwei amerikanischen Anstalten Frauen eingeschmuggelt wurden. Dr. Wilson gibt zuerst eine psychologisch ausgezeichnete Schilderung der Komplikationen[1], die entstehen, wenn vier Schwestern und eine Physiologin in die Männeranstalt einrücken[2]. Dann aber stürzt sich die verzweifelte Frau eines Sträflings in das große Wagnis: sie steigt heimlich auf einen Lastwagen, der mit Kolonialwaren und Gemüse für die Anstalt beladen wird, läßt sich von all diesen schweren Gegenständen bedecken und gelangt ins Gefängnis. Während die anderen Gefangenen den Wärter ablenken, kriecht sie hervor, wird in einem Lagerraum versteckt und findet schließlich Kontakt mit ihrem Manne. Schon nach einer Stunde ist sie wieder draußen. Niemals war derartiges nach Erinnerung der ältesten Männer geglückt, und sofort ist die Erfindungsgabe der Gefangenen angeregt[3]. Schwerere Probleme waren zuerst zu lösen als ein 200000 Dollar Bankeinbruch. Das richtige Mädchen mußte gefunden werden, still wie das Grab, wagehalsig, mit niemand im Innern bekannt, dem man bei der Entdeckung an den Kragen gehen konnte. Der richtige Wochentag war bedeutsam. Kisten und Behälter wurden bereitgestellt, verschiedene Verstecke zum Auswechseln hergerichtet. Geld mußte für den Fahrer des Lastwagens beschafft werden, denn er hatte ein schweres Risiko zu übernehmen. Das Mädchen kam glücklich in die Anstalt, aber man konnte sie nicht gleich wieder hinausbringen. Sie mußte die Nacht bleiben. Schwierigkeiten erhoben sich. Prioritäten waren zu berücksichtigen, man mußte an die Gruppe denken, die sich mit der Herstellung falschen Geldes befaßte, um die hohen Unkosten zu decken. Es glückte schließlich, das Mädchen wieder herauszubringen, aber sie hatte genug an der Aufregung, den Schrecken und den Anstrengungen einer Erfahrung. Bei einem neuen Mädchen sollten vervollkommnete Methoden zur Anwendung kommen.

Jetzt wird ein Lastwagen absichtlich schwer beschädigt. In der Reparaturwerkstätte der Anstalt wird ein Geheimbehälter unter und neben dem Führersitz eingebaut. Zum Erfolg gehört ein ganz kleines und leichtes Mädchen, das aber „immer noch wie eine Frau aussehen mußte". Sie ist, wie die Gefangenen voll Stolz erklären, das bestbezahlte Mädchen, das es je auf der Welt gab, entrichtete dazu keine Einkommensteuern[4]. Interessant ist, daß die Gefangenen über die Hosen und das kurzgeschnittene Haar des Mädchens etwas enttäuscht sind. Ihr Fetisch wären hohe Haken, schwarze Seidenstrümpfe, langes Haar

---

[1] Wilson: a. a. O. S. 227.

[2] Ebenda S. 224ff.

[3] Ebenda S. 243ff.

[4] Wilson: S. 246. Über die Kostenbeschaffung siehe die gleiche Seite.

gewesen[1]. Dieses tausendmal geträumte Wunschbild wäre ihrer Schwäche auf diesem Gebiet zu Hilfe gekommen. Schließlich passiert bei der dritten Fahrt ein tödlicher Unfall. Die Liebesexpeditionen haben ein Ende.

Roher ging es im Zuchthaus Atmore, im Süden der Vereinigten Staaten zu. PATTERSON behauptet:

„Einmal wöchentlich, am Sonntag ließen die Wärter Prostituierte in die Anstalt kommen und ein paar Dollar auflesen.... Drei kamen etwa am Sonntag, und jede Frau nahm so viele Männer, als sie aushalten konnte.... Wenn eine aus der Zelle kam, taumelte sie, als ob sie betrunken wäre. Einige stellten sich ein, ohne Geld zu nehmen, sie taten es aus Liebe zur Sache.... Einige Gefangene hatten Besuch von ihren Frauen oder Geliebten und niemand sonst tat ihnen etwas an[2]...“

PATTERSON fügt die Bemerkung hinzu, daß die Behörden alles das gern sahen. Die Beamten waren „sex-sick“. Sie saßen in ihren Büros und stellten sich das vor, was in den Zellen vor sich ging. Einige pflegten vor der Zelle auf- und abzuwandern und einen Blick hinein zu tun. Ob in gewissen Zuchthäusern sich ein solches Voyeurtum entwickelt, kann nicht entschieden werden. Ein schwarzer Geistlicher schrieb an den Gouverneur. Es gab eine Untersuchung und Verbote. Danach hatte er keine gute Minute mehr in der Anstalt[3].

III.

Das große Problem der Gefangenschaft, die Homosexualität[4], ist von ihr selbst geschaffen, aus der Latenz herausgehoben oder begünstigt. Strafanstalten sind große, zwangsweise zusammengebrachte Gruppen eines Geschlechts. Es ist richtig, daß unter den eingelieferten Sträflingen eine Anzahl echter Homosexueller ist, zumal homosexuelle Betätigung in den meisten Kulturländern strafbar ist. Ein Deutscher, selbst homosexuell, hat berichtet, daß auf seinem Schlafsaal etwa sechs von hundert gleichgeschlechtlich veranlagt waren. Er unterscheidet zwischen diesen fixierten Typen und den Mitgefangenen, „welche nicht pervers waren“, aber den verschiedenen Ausdrucksformen dieses Geschlechtsumgangs

[1] Ebenda S. 247.

[2] PATTERSON: S. 111.

[3] Ebenda S. 111. Über ähnliche Verhältnisse in den Arbeitslagern siehe S. 195, in Amtsgerichtsgefängnissen S. 47., wo technische Einzelheiten gegeben werden und Voyeurtypen unter den Beamten auftreten.

[4] Das Problem wird von K. KROHNE: Lehrbuch der Gefängniskunde, Stuttgart 1889 flüchtig, von F. LEPPMAN (Der Gefängnisarzt, Berlin 1909) mit einigen Absätzen, von MARIA REUSS (Strafvollzug an Frauen, Hamburg 1927) gar nicht, am ausführlichsten von R. SIEVERTS (Die Wirkungen der Freiheitsstrafe und der Untersuchungshaft, S. 128—130, Mannheim 1929) behandelt.

„zugänglich“ waren[1]. In den Vereinigten Staaten schätzen Gefangene und Anstaltsärzte, daß etwa 10% der Gefängnisbevölkerung „sexual inverts“, Homosexuelle, sind[2]. Die große Problematik der Gefangenschaft ist aber nicht die relativ kleine Gruppe der echten Homosexuellen, sondern der Prozeß der psychosexuellen Umwandlung, die eine viel größere Anzahl von Sträflingen erfährt. Wer in Anstalten gearbeitet hat, bringt den Eindruck zurück, daß die Atmosphäre mit diesen Spannungen gesättigt ist, daß die Vorstellungen, Gespräche und persönlichen Beziehungen um diesen Komplex kreisen[3], ja daß er in das Verhältnis von Wärter und Gefangenen eindringt.

Es ist verhältnismäßig leicht, ausgesprochene sexuelle Grenzfälle zu verstehen. CLEMMER hat diese männlichen schönen Helenas beschrieben, deren Gegenstück weibliche Achillestypen sind. Sie kommen aus der kapriziösen Schöpferhand der Natur, sind Hermaphroditen und somatisch viel weiter verschoben als die Homosexuellen. Von einem Gefangenen stammt die Schilderung, wie ein solcher Typ seinen Einzug in die Anstalt hält und auch unter den normalen Delinquenten tiefe Unruhe erzeugt:

„Bisweilen kommen Gefangene, denen eine Art weiblicher Schönheit zu eigen ist, Körperbau und Züge in gleicher Weise umfassend, in den Bau. Das Unheil, das sie anrichten, ist unübersehbar. Ich denke hier an einen bestimmten jungen Mann.“ ...

... „Daß dieser Junge nach männlichen Schönheitsbegriffen reizend war, hieße es nur milde ausdrücken. Er war eine Art vollerblühter weibliche Beauté, die viele von den Ganoven nur starren und wundern ließ. Er war nicht sehr groß. Seine großen, klaren und sprechenden Augen zeigten ein violettes Blau, eine Farbe, die man kaum bei Männern antrifft. Sein blonder Kopf strahlte weibliche Wärme und Anziehung aus und machte die Gefangenen, die auf ihn starrten, ein bißchen schwindlig.... Viele Freundschaften der Insassen wurden durch die schwankenden Launen und Gelüste dieser männlichen Sirene zerstört, von Faustkämpfen und Messerstechereien gar nicht erst zu reden[4].“

Kommt solche menschliche Spielart hereingeweht, hat sie außer den üppigen und schwellenden Formen eines Weibchens noch nymphomane Neigungen[5], so müssen auch Gefangene mit wohlverankerten heterosexuellen Anlagen unsicher werden. Die Armut an Reizen, die den Gefangenen umgibt, schärft sein Bedürfnis nach dem Außer-

---

[1] AUER: a. a. O. S. 91. „Ich hatte daher Gelegenheit genug, meinen perversen Neigungen zu huldigen.“

[2] CLEMMER: S. 265.

[3] Ausführlich behandelten die Frage VICTOR F. NELSON (Prison days and nights S. 140—169, Boston 1935) und CLEMMER (S. 264—275). — THOMAS MOTT OSBORNE (Within prison walls, S. 324, New York 1937) teilt mit, daß in einem Nachbarstaat die Anstaltskirche mit einem kräftig leuchtenden Transparent versehen ist, dessen Inschrift lautet: „Liebet Euch untereinander.“ Daß eine solche Mahnung zu unzähligen Scherzreden Anlaß gab, war unausbleiblich.

[4] CLEMMER: a. a. O. S. 271.

[5] Siehe den vollständigen Bericht. Ebenda S. 271—273.

gewöhnlichen und Neuen. Wir haben die Anpassung zum biologischen, ja zum soziologischen Ideal erhoben und definieren Kriminalität bisweilen als Anpassungsschwäche, nicht immer mit Recht. Wir sollen uns nicht wundern, daß der isolierte erwachsene Mensch auf dem Gebiet der sexuellen Äußerungen und Entspannungen zu unerwünschten Anpassungen schreitet, zumal dieser physische wie psychische Ausweg in der Anstalt eine „Tradition“ hat und vom Ehrenkodex des Sträflings nicht tabuiert ist.

Die Polarität der geschlechtlichen Vielfalt wird hier durch Unterschiede ersetzt, die sich auch in der Anstalt vorfinden: Jung und alt, groß und klein, blond und schwarz, naiv und wohlerfahren, „Held“ und Heldenverehrer. Diese Gegensätze werden im Laufe der Beziehungen weiterentwickelt. Der aktive Partner wird immer herrischer und kriegerischer, der passive immer koketter und mädchenhafter, bis er an keinem Gefangenen vorübergehen kann, ohne ihm den aufmunternden Blick eines Straßenmädchens zuzuwerfen[1]. Diese Umbildungen einer locker gelagerten Sexualkonstitution sind viel zu wenig untersucht worden[2].

Zwischen den echten Homosexuellen[3] und den „kalten“ Formen[4], die beschrieben worden sind, stehen die Anstaltsprodukte. Unser Bemühen, den Sträfling zu bessern, ihn, wenn notwendig physisch zu reparieren[5] und für einen Beruf vorzubereiten, steht in krassem Widerspruch zu der unausbleiblichen Verschlechterung und Pervertierung auf

[1] Fuchs, Georg: a. a. O. S. 269—275 „Liebchen“. — „Es war unausbleiblich, daß dieser Junge der Zielpunkt der homosexuellen Begehrlichkeit wurde. Er war, wenigstens in der Phantasie, das Liebchen des ganzen Zuchthauses...“ Damit ist der masturbatorische Vorstellungsinhalt angedeutet.

[2] Siehe die Rassenpolarität lesbischer Gefangener, S. 281.

[3] Lamson (a. a. O. S. 294) stellte 1934 fest, daß von 6389 Insassen von St. Quentin 607 für Verbrechen verurteilt waren, die mit Homosexualität oder Perversionen zu tun hatten. Er hörte von „Hochzeiten“ und dem Familienleben unter diesen „queans“. Das Wort, aus Australien stammend, bedeutet einen Homosexuellen mit mädchenhaften Manierismen; queanie ist ein effeminierter Mann, eine Miss Nancy, „a catamite“ vom griechischen Stamm Ganymedes. Partridge: a. a. O. S. 550 und 676.

[4] «Des femmes exploitent commercialement ce besoin d'amour des prisonnières de Saint-Lazare. Il y a des tapins speciaux pour Saint-Lazare. Elles se font enfermer pendant trois jours pour un delit mineur. Elles y retrouvent une clientèle fidèle et généreuse.» Choisy, Maryse: L'amour dans les prisons, S. 146. Paris 1930.

[5] Frank Harris schreibt an Oscar Wilde nach 2 Jahren Haft: „Du bist in besserer Gesundheit und kräftiger herausgekommen als ich Dich je gesehen habe. Das rauhe Leben, die Regelmäßigkeit, die erzwungene Keuschheit haben Dir äußerst gut getan.... Eigentlich sollte der Staat Dich wieder einliefern und im Gefängnis behalten.“ Harris, Frank: Oscar Wilde, Bd. II, S. 490. New York 1916.

sexuellem Gebiete[1], Triebverbiegungen, die Folge der Absperrung sind. Man könnte diese Dinge leichter nehmen, wenn sie nicht in das freie Leben verschleppt würden und auch bei längerer Haft die mit sich rissen, die sich anfangs gegen diese Schädlichkeiten gewehrt haben.

Der Anarchist BERKMAN war 22 Jahre alt, als er eingeliefert wurde. Ihm nahte sich nach einiger Zeit ein anderer Gefangener, mit Spitznamen der „Rote", und erklärte, daß er in eine Nebenzelle übersiedeln werde, da BERKMAN jetzt sein „Junge" sei. Der gebildete, aber harmlose BERKMAN war bestürzt. In seiner Ahnungslosigkeit schrieb er folgende Zeilen in sein Tagebuch: „Seine (des „Roten") zynische Haltung gegenüber Frauen und Moral hat mich aufgebracht. . . . Ich tröste mich in dem Gedanken, daß die Behauptungen des „Roten" reine Erfindungen sind. . . . Der Mensch, ein denkendes Wesen, kann nicht so tief sinken. Ich sollte die Sache wirklich ruhiger aufnehmen. Ich glaube nicht, daß so etwas überhaupt denkbar oder möglich ist[2]." Gegen das Ende seiner langen Gefangenschaft war BERKMAN nicht mehr so sicher wie in seiner Jugend, ob solche Sachen möglich sind und der Mensch nur ein denkendes Wesen ist.

Lange Jahren waren vergangen. Schmerzhafte, beschämende Erfahrungen mit sich und andern hatte seine Ungläubigkeit unterhöhlt. Da war das Erlebnis mit dem „Wilden Willem". Er tritt in Erscheinung als wohlbekannter Invertierter und Favorit des Direktors[3]. Aber auch Selbständigkeitsregungen sind diesem Typ nicht fremd, denn er läßt „Fat Bobby" nicht in Ruhe und eine andere ähnliche Figur, die sich „Fräulein Sally" nennt. Dann aber erlebt BERKMAN in der Dunkelheit und der Verlassenheit der Arrestzelle die größte Bestürzung, die Freundschaft mit Johnny[4]. Der ältere Mann wird „Saschenka" genannt, der jüngere „Jungchen[5]" und die Spannung des Verhältnisses erhebt sich zu einer scheuen Liebeserklärung. BERKMAN, der denkende, abweisende Mensch, nimmt das Bekenntnis mit „unaussprechlicher Freude[6]" auf, und weiß von jetzt ab, daß diese seltsamen Abwege der Natur keine bloße Fabrikation wüster Einbildung sind. Später trifft der Gefangene einen Arzt, der seine eigene Entwicklung in der Haft schildert: Ein Prozeß geht vor sich. Langsam verblaßt das Bild seiner Frau. Ein

---

[1] „Als er aus der Haft heraus war", schreibt OSCAR WILDES intimster Freund von ihm, „hatte er buchstäblich kein anderes Lebensinteresse mehr. Alles was er träumte und sann, war die Befriedigung seines Lasters", und wie er sich auf die unanständigste und unehrenhafteste Weise dafür Geld beschaffen könnte. HYDE, a. a. O. S. 372.

[2] BERKMAN: S. 175.

[3] BERKMAN: S. 256 und 257.

[4] Ebenda S. 319ff.

[5] „kiddie". Ebenda S. 322 und 323.

[6] Ebenda S. 324.

Junge wächst in seiner Vorstellung hoch und verdrängt sie. Dieses Wesen beherrscht ihn von nun an mit einer dämonischen Gewalt, die der Selbstvernichtung nahe kommt. Die Erzählung ist vielleicht das Ehrlichste und Unbefangenste, was je über das heikle Thema gesagt worden ist.

Ganz schlicht erzählte der Arzt: „Ich gab ihm alles, was ich erlangen konnte. Ich hatte einen netten Wärter, und er brachte mir Früchte und andere Dinge. Manchmal hatte ich schreckliche Sehnsucht danach, aber immer gab ich sie Floyd. Und erinnern Sie sich, wie ich im Loch saß und den ganzen Salat auf mich nahm? Und das letzte Mal — man hielt mich neun Tage in Ketten. Ich schlug einen Kerl, weil er ihn beschimpft hatte. Er war so klein und konnte sich nicht selbst verteidigen[1].“ Hier ist aus dem Laster in der Öde der Haft eine neue soziale Beziehung geworden.

Die unverhohlensten Berichte kommen aus amerikanischen Gefängnissen, obschon Dr. WILSON kaum recht hat, wenn er meint, daß der geschminkte und räuberische „Wolf“ hauptsächlich ein heimisches Phänomen und nicht älter als 50 Jahre sei[2]. Die amerikanischen Gefangenen machen einen deutlichen Unterschied zwischen den „punks,“[3] den passiven Homosexuellen und den gewerbsmäßigen Prostituierten[4]. Die aktiven Typen, „jokers“ oder „daddies“[5] genannt, „verlieren nicht die Hochachtung der Kameraden ... sie können selbst an Ansehen gewinnen.“[6] Sie sind nicht unwürdig, in der Hierarchie des Gefangenen hoch aufzusteigen. Der Besitz eines „Liebchens“, um den ihn viele beneiden, ist eine der Erscheinungsformen der Macht.

Das Familienleben, das sich hier entwickelt, weist die schlimmsten und die besten Züge der Gemeinschaft auf. Da ist leidenschaftliche Hingabe und wilde Eifersucht, Streit und Wiederversöhnung. Die Beziehung wird durch die Entlassung abgebrochen, durch Einlieferung eröffnet. Für viele dieser Paare ist die Trennung ein seelischer Schmerz, besonders dann, wenn der eine Partner zu seiner Frau oder den normalen Versuchungen der Freiheit zurückkehrt, wenn sich nicht nur Entfernung,

---

[1] Ebenda S. 430—440. — Psychologisch mehr auf der krankhaften Seite stehen Typen wie der Gefängnispfarrer (HAU: a. a. O. S. 89), der uneheliche Sohn eines Barons, der anfangs LEUSS (a. a. O. S. 105) solchen Abscheu einjagte, der Diakon bei FUCHS (a. a. O. S. 275), der seine Tätigkeit im Zuchthaus fortsetzte, ein wirklich frommer Mensch war, „auf den Knien nach Erlösung schrie“ und sich lange nicht erlösen konnte.

[2] WILSON: S. 150.

[3] punk ist ein altes Wort für Hure.

[4] ... “some carried on like real prostitutes“. PATTERSON: S. 82. — “Men could use such a boy and get diseased by being used in the rectum”. Ebenda S. 94.

[5] Joker = Kerl, daddie, Vater, „Onkel“.

[6] CLEMMER: S. 261.

sondern eine veränderte sexuelle Einstellung zwischen den Entlassenen und den Zurückbleibenden stellt. Wir wissen aber wenig darüber, ob und wie die Normalisierung vor sich geht. Ein Gefangener hat von einer zeitweiligen Fixation gesprochen, die wieder abgleite, sowie das Anstaltstor hinter dem Entlassenen zugefallen sei[1]. Er macht wohlweislich den Unterschied zwischen erworbener und angeborener homosexueller Neigung. Anfangs, meint er, möchte man es nicht glauben, wenn man aber lange Zeit im Kasten ist, schwenkt man über, man geht einfach diesen Weg und denkt nichts Arges dabei.[2] „Ich weiß nicht, wie ich es klarmachen soll, es ist einfach da.“

Dr. Wilson weist auf den Kinsey Report hin, der bei 37% der normalen Männer homosexuelle Beziehungen festgestellt haben will. Er spricht davon, daß viele Individuen nicht zur vollen heterosexuellen Reife gelangen[3] und daß viele Haftliaisons zerfallen, sowie die Entlassung und der Normalverkehr näher rückt. Aber es gibt amerikanische und französische Darstellungen, die die Situation in einem anderen, düsteren Lichte erscheinen lassen. Hier spielen altbewährte Methoden gestufter Verführung eine Rolle, Lebensmittel, Geschenke, Zigaretten, dann aber auch die Sicherheit vor unablässiger Belästigung, die durch den Eintritt in die Schutzzone eines Protektors erreicht wird, schließlich sogar eine Art Stolz auf das Begehrtsein und den neuen Eigenwert. Die Schilderung Pattersons[4] mag nur für eine Negeranstalt Geltung haben; sie ist in ihrer Rückhaltlosigkeit wissenschaftlich von größter Bedeutung.

Hier in Atmore und in anderen Gefängnissen gibt es die Älteren, die „Wölfe“ und die gal-boys. Nur eine Minderheit machte nicht mit. Der Wolf hat seine alte Technik: er gibt dem Jungen Geld, er kauft ihm in der Kantine, was sein Herz begehrt. Er nimmt sich Zeit. Er sagt ihm, daß er sein Freund ist, und er sich vor den Anstaltsrowdies nicht zu fürchten brauche. Mit keinem Wort deutet er an, worauf er hinaus will. Wenn die Schuld angewachsen ist, kommt er mit der Sprache heraus. Der Junge ist bestürzt, sagt, er wolle das Geld zurückzahlen. Der Alte lehnt ab. Er sucht den Direktor auf und beklagt sich, daß der Junge Schulden habe und ihm, dem Älteren, keinen Respekt zeige. Der Direktor fährt den Jungen an, befiehlt ihm, zu dem Alten nett zu sein, denn der werde ihn schützen und er werde wahrhaftig bald Schutz brauchen[5]. Jetzt kommt der Junge in seine Zelle zurück und wird

---

[1] Martin, J. B.: My life in crime, S. 138, 139. New York 1953.

[2] "They'll get wrapped up in something like that same way they would with a woman outside." — Martin nennt die echten Homosexuellen „fruits“. „Old fruit“ ist eine scherzhafte Anrede, aber die Ableitung ist unsicher.

[3] Wilson: S. 152.

[4] Patterson: S. 79—85.

[5] "You go back there and be good to the old man. He going to give you good protection out there and you going to need it". Ebenda S. 82.

vom Alten unbarmherzig geschlagen. Die anderen sehen zu, „wie eine junge Frau geboren wird“[1]. Sowie einer wagen würde, dazwischen zu treten, wäre der Totschlag da. Dann packt der alte Wolf den Jungen, der auf dem Boden liegt, schleppt ihn in sein Bett und zieht die Decke über sich und seine Beute.

IV.

Zustände, wie sie hier in allen Einzelheiten geschildert werden, sind nur möglich, wenn die Gefängnispolitik sie stillschweigend duldet. Nach PATTERSON waren die Anstaltsbehörden aus praktischen Gründen jedem Einschreiten abgeneigt[2]. Das Laster half ihnen, die Gefangenen zu kontrollieren, besonders die erregten Typen, die dort die „Teufel“ hießen. Die Beamten glaubten, daß ein solcher „Teufel“ ruhig sei, wenn man ihm den gal-boy ließe, daß er ein guter Arbeiter würde, Wärter und Mitgefangene nicht angreife und auch keine Scherereien verursachte, indem er auszurücken versuchte. Besonders den landwirtschaftlichen Arbeitern wies man geradezu „Liebchen“ zu und empfand eine gewisse perverse Befriedigung, den Kuppler zu spielen[3]. Auch kam es vor, daß die Beamten aus Spaß „Hochzeiten“ arrangierten. Der Junge bekam einen Rock, der „Gatte“ einen Querbinder und einen eleganten Hut, dann wurden sie angekettet herumgeführt. Wenn das Paar Streit bekam und zum Direktor ging, ließ er beide durchprügeln[4]. Als PATTERSON seinem Jungen Leckerbissen brachte, waren die Wärter des Lobes voll und meinten: „Dieser Kerl sorgt wirklich für seine Weiber[5].“ Jede mögliche Kombination wird vorgeschlagen. Ein älterer Wolf ist hinter PATTERSON her. Aber PATTERSON hat selbst eine „Frau“. Der Alte argumentiert, daß PATTERSON zu jung für einen gal-boy sei und daß er beide unter seine Fittiche nehmen und für sie sorgen wolle[6]. Es kommt eines Nachts zu einem blutigen Zusammenstoß, der Alte wird zusammengeschlagen und -getreten und triumphierend verkündet PATTERSON: „Der wird mir nie wieder meinen Jungen wegnehmen. Der wird nie wieder versuchen, aus mir ein Mädchen zu machen[7].“ Was uns hier entgegentritt, ist ein sexuelles Inferno.

---

[1] PATTERSON gibt die Bemerkung eines Vizedirektors wieder, wonach 50% der schwarzen Häftlinge in Atmore „gal-boys“ seien, 70% unter den Weißen. Die Zahlen klingen übertrieben. — “I saw men learn to love boys harder than they could any woman.” Ebenda S. 83.

[2] PATTERSON: S. 80. “The prison authorities, they were for it.”

[3] Ebenda S. 80. “The guards they even matched up gal-boys with wolves. They like to watch these goings on.”

[4] Ebenda S. 199, 200.

[5] Ebenda S. 110.

[6] Ebenda S. 84. — “I'll take care of you both.”

[7] Ebenda S. 85. “I had taken a gal-boy, whipped a wolf, and set myself up as a devil”, schreibt PATTERSON in höchstem Stolz.

Die krassen Berichte, die aus dem Süden der Vereinigten Staaten kommen, die in russischen Hafterzählungen ganz fehlen und in Westeuropa sich auf kurze Bemerkungen beschränken[1], werden durch Mitteilungen von Häftlingen bestätigt, die in tropischen Strafkolonien interniert waren. DEGRAVE ist kurz und zurückhaltend in seinen Beobachtungen. Er erzählt, wie ein Wärter einen Sträfling als Burschen aufnimmt und mit ihm zusammenlebt; eines Tages lädt er seine Freunde unter den Wärtern ein. Ein Platz ist leer. Er ruft seinen Freund herein und alle trinken auf das Wohl der „Frau Carnavaggio". Ein Toast wird ausgebracht und der Wunsch ausgesprochen, daß aller Not unter den Armen durch solche Ehen ein Ende bereitet würde[2]. Auch DEGRAVE erwähnt, daß diese Beziehungen gern gesehen würden, weil der Arbeitseifer wächst und die Fluchtgefahr abnimmt. Sie bestünden auch unter einer großen Anzahl der unverheirateten Beamten[3].

Deutlicher ist BELBENOIT. Er gibt ein dramatisches Bild der starken Männer unter den Bestraften. Sie heißen im Zuchthaus forts-à-bras. Sie sind in allen Lastern voran. Sie unterwerfen sich die jungen Gefangenen. Sie wollen meist nicht weglaufen, denn sie haben ein Monopol der Gefängnisämter und sie leben ungestört, ewig mit Nachwuchs bedacht, in einer perversen Gemeinschaft, die sie mit aller Leidenschaft und äußerster Eifersucht bewachen[4]. Sie überschütten ihren „môme" mit Süßigkeiten, mit Tabak und anderen Leckereien. Nachts, wenn die anderen zu schnarchen oder zu spielen beginnen, hebt im Dunkel ein geheimnisvolles Leben an[5]. Nur wer diese Dinge miterlebt hat, kann Vorgänge, die unserer Schulweisheit völlig fremd sind, so stark und realistisch zeichnen[6].

Die Haftsituation ist voller Entbehrungen in Essen, Genußmitteln, Anlehnung. Dieses Vakuum kommt dem erfahrenen und älteren Gefangenen zugute. Er ist in seiner Art „Kapitalist", er kann Protektion

[1] MITTERMAIER (a. a. O. S. 115) widmet dem Problem nur einen Absatz. In den Memoiren über die Bastille findet sich nur eine Stelle, die in dieser Richtung deutet: La Beaumelle stellte sich in seinem Briefe an Allègre als Frau hin und Allègre verliebte sich leidenschaftlich in das weibliche Phantom. BINGHAM, D.: La Bastille, Bd. II, S. 120. New York 1901. JÄGER (a. a. O. S. 337) spricht vom Schlafraum der jüngeren Gefangenen, der bei den Alten der Damensaal heißt.

[2] DEGRAVE: S. 227.

[3] Ebenda S. 226.

[4] BELBENOIT: S. 121.

[5] "This is the hour of whisperings, the hour of vice among the convicts." BELBENOIT: S. 120.

[6] „Schon auf der Überfahrt haben sich diese Veteranen des Lasters und der ungezügelten Triebe zusammengefunden und bilden eine Gemeinschaft, die sich wie ein Igel gegen alle Außenstehenden zusammenrollt. Sie sind die 'leaders and relentless bullies of the cage.' Wie Brocken von Stahl stehen ihre Muskeln unter den Schultern hervor, ihre Köpfe sind voll von Narben, ihre dicken Lippen spucken

geben, menschliche Intimität anbieten, er kann aber auch, wenn er abgewiesen wird, das Leben herzlich sauer machen. Zudem fehlt im Zuchthaus der ablehnende Akzent, der auf der Unsitte liegt, ja grobe und unwiderlegliche Fälle kommen nur disziplinarisch oder gar nicht zur Ahndung. Es fehlen also Hemmungen, während die verlockenden oder zwingenden Elemente eine erhebliche Verstärkung erfahren haben. So schleichen sich Gewohnheiten in westliche Strafanstalten ein, deren schlimmste Ausprägung wir aus Alabama und Guayana kennengelernt haben[1]. Barnes meint, daß viele junge Gefangene dauernd verdorben werden[2], während Dr. Wilson die Entwicklung günstiger beurteilt und an den Seemann erinnert, der an Bord des Schiffes homosexuell agiert, an Land wieder heterosexuell wird[3].

Wir kennen nicht genügend Tatsachen, um diese Dinge beurteilen zu können. Die Annahme, daß es sich nur um einen Rückfall in Jugendstadien handle, aus der man einfach in Reife zurückführen könne[4], wird, wie ich glaube, der Ambivalenz vieler sexueller Konstitutionen nicht gerecht. Sie lassen sich, wenn sie einmal schief gewachsen sind, schwer wieder ganz geraderichten.

V.

Homosexualität schließt trotz Gleichheit des Geschlechts Differenzierungen nicht aus, die offenbar der echten sexuellen Polarität vikariierend zugrunde liegen. Beim Manne steht der Altersunterschied obenan[5], können aber auch andere Gegensätzlichkeiten wie Körpergröße, Haarfarbe, Temperament, selbst soziale Distanz wirksam sein. Bei den homosexuellen Gefangenen treten noch andere polare Momente hinzu. In den Vereinigten Staaten leben weiße und schwarze Gefangene in der Anstalt zusammen. Eine Reihe von Beobachtungen zeigen, daß lesbische Verhältnisse von großer Heftigkeit auftreten und daß sie an Leidenschaftlichkeit die Beziehungen weit übertreffen, die zwischen

---

unzüchtige Worte aus. Ihr finsteres Auge liegt prüfend und abwägend auf den jüngeren Gefangenen. Von den halbnackten Körpern sprechen schamlose Bilder die anderen Gefangenen an, und wer nicht gleich versteht, liest die Inschrift: ‚es geht schon mein Püppchen‘ (‚Ca va! poupée)“. Belbenoit: S. 32. Sie sind verzerrte Anpassungen an eine unnatürliche Welt. Sie werden zu Köchen gemacht, und niemand wagt, sich über das Essen zu beschweren. Obschon äußerlich gefangen, leben sie gegenüber den anderen Gefangenen in einer Atmosphäre der Gewalt, die ihnen Essen, Herrschaft und Liebe sichert, und fühlen sich zu Hause.

[1] Siehe Fishman, J. F.: Sex in prison, S. 84. New York 1934.

[2] Barnes und Teeters: a. a. O. S. 619.

[3] Wilson: a. a. O. S. 153.

[4] Ebenda S. 153, jedenfalls nicht allein durch psychotherapeutische Mittel, sonst wären wir schon viel weiter.

[5] Siehe die Zärtlichkeitsbezeichnungen kid und daddie.

weißen Frauen allein zur Entfaltung kommen[1]. Nicht alle berichteten Tatsachen stimmen überein. MORENO schreibt, daß weiße Mädchen schwarze um so mehr lieben, je dunkler ihre Haut ist, und zwar wird die Werbung um so eher gelingen, je blonder das Mädchen ist[2]. Liebesbriefe werden abgesandt, Stelldicheine verabredet, das weiße Mädchen fühlt sich in eine Art Trance hinein. Die Negermädchen, sonst wenig beachtet, genießen den sexuellen Triumph und reagieren oft mit der Herablassung eines spröden und rabauzigen jungen Mannes, der sich lieben läßt, aber gleichzeitig zu erkennen gibt, daß er sich nicht viel daraus macht. Nach MORENO spielt bei der Entwicklung der lesbischen Beziehung die Empfindung des weißen Mädchens eine Rolle, daß die Schwarze fremdartig, kühn, unerschrocken und sprunghaft ist und muskulär mehr entwickelt erscheint als sie selbst[3].

Ich habe im Anschluß an den Illinois Crime Survey auf die Tatsache hingewiesen, daß bei Gefängnisliebschaften das dunkle Mädchen die Führung übernimmt, wahrscheinlich weil ihm eher jungenartige Züge innewohnen[4]. Dagegen meint FISHMAN[5], im Gegensatz zu MORENO, daß gewöhnlich nicht die sehr schwarzen, sondern die leichter getönten Negermädchen für solche Liaisons gesucht werden, und unter ihnen die lustigsten, nettesten, frischesten und jene, die am saubersten angezogen sind. Die Männerrolle des schwarzen Mädchens wird von einigen Beobachtern damit erklärt, daß weiße Frauen Kraft und Stärke mit dunkler Farbe assoziieren, wie ja die mittelalterlichen Maler die nackten Männergestalten der mythischen Bilder immer bräunlich gemalt haben.

Wir besitzen keinen europäischen Bericht, in dem auf Subjekte und Objekte lesbischer Neigung oder Betätigung eingegangen wird. Manchmal verraten sprachliche Superlative eine leichte Tendenz[6], aber weiter können wir nicht gehen. Bisweilen ist der Entspannungsdrang ungerichtet und muß eher als mutuelle oder instrumentelle Masturbation bezeichnet werden[7]. Wenn die ältere Frau Hoff verbotenerweise einem

---

[1] MORENO, J. L.: Who shall survive, S. 229—230. Washington 1934.

[2] Ebenda S. 230.

[3] Ebenda S. 231.

[4] Crime, causes and conditions, S. 177.

[5] FISHMAN, JOSEPH F.: Sex in prison, S. 29.

[6] Siehe VERA FIGNERS Beschreibung von Ludmila Wolkenstein. Sowie der gemeinsame Spaziergang zu Ende ist, ersehnt sie das nächste Beisammensein a. a. O. S. 267.

[7] „Schließlich erzählte Mariechen, die inzwischen eine Woche in der Schmiedezelle gewohnt hatte, was sie dort erlebt hatte. An den Abenden, wenn sie sich langweilten, ‚bekamen sie Sehnsucht', so drückte sich Mariechen aus, d. h., sie hatten Verlangen nach Liebe, genau gesagt, nach sexuellem Vergnügen. Sie befriedigten es ungeniert, jede mit sich selbst oder paarweise, wie es gerade kam. Sie hatten auch einige primitive Hilfsmittel dazu." RINSER, LUISE: Gefängnistagebuch, S. 163. München 1922.

kleinen Mädchen Brot zusteckt[1], und dafür unbekümmert in den Arrest wandert, wenn die „schöne, schlanke Münchnerin" ihr wegen dieses Verhältnisses ihre Sympathie entzieht[2], wenn im Frauenzuchthaus die Häftlinge nicht „Du" zueinander sagen dürfen[3], so umgibt uns schon eine leichte lesbische Atmosphäre. Der Pfarrer darf mit weiblichen Gefangenen nicht sprechen, ohne daß die Zellentüre offen bleibt und eine Wärterin daneben steht[4]. Über Umfang und Ausdruck lesbischer Neigung herrscht Schweigen, zumal es sich in Deutschland nicht um strafbare Betätigungen handelt. Nur eine amerikanische Anstaltsleiterin lüftet einmal den Schleier und schreibt von einem lesbischen Mädchen: „Betty bespricht mit besonderem Vergnügen ihre eigentümliche Veranlagung. Wie viele andere ihrer Art sorgt sie absichtlich dafür, in die Strafanstalt zu kommen und verhehlt ihre Absichten in keiner Weise. Ein Frauengefängnis ist für sie einer der glücklichen Jagdgründe[5]." Von diesen lesbischen Naturen heben sich die Zwitter ab, bei denen der Gefängnisarzt nicht recht weiß, ob sie in eine Frauen- oder eine Männeranstalt gehören[6]. Bei Kostümfesten der Frauengefängnisse treten auch die leichteren Typen deutlich hervor.

Wertvolles Material hat kürzlich das Gefängnisbuch einer Engländerin beigebracht. Joan Henry denkt, daß in England Bestechung das Hauptproblem der Männergefängnisse ist, Homosexualität das der Frauenanstalten[7]. Man kann aus den mitgeteilten Gesprächen einzelne Typen herauslesen, die der Unsitte verfallen: Da ist ein hübsches Mädchen, zum Tode verurteilt, weil sie „ihren Alten um die Ecke gebracht hat;"[8] sie hat sich immer ein Kind gewünscht, konnte aber nicht ertragen, daß ein Mann sie berührte. Es machte sie ganz verrückt. „Einige Mädchen sind eben nicht wie andere geschaffen[9]." Manche Mädchen, denen der Verkehr mit Männern keine Befriedigung gab, lernen in der Anstalt zum ersten Male wirkliche Liebe kennen[10], und die Verbindung wird oft fortgesetzt, wenn die Strafe vorbei ist[11]. Auch hier entwickeln sich Liaisons zwischen Jungen und Älteren, Langhaarigen

[1] Hoff: a. a. O. S. 135ff.
[2] Ebenda S. 161.
[3] Ebenda S. 81.
[4] Ebenda S. 113, 114.
[5] Monahan, Florence: Women in crime, S. 226. New York 1941.
[6] Siehe die Fälle in meinem The criminal and his victim, S. 173, New Haven 1947. — Eines der Mädchen war mit einer Frau verheiratet gewesen; die Partnerin hatte nicht gemerkt, daß sie kein Mann war, ehe die Zeitungen davon sprachen.
[7] Henry, Joan: S. 51.
[8] "for bumping off the old man." Ebenda S. 87.
[9] "... some girls ain't just made like other women." Ebenda S. 87.
[10] Ebenda S. 85.
[11] Ganz im Gegensatz zu dem, was Dr. Wilson (a. a. O. S. 153) von homosexuellen Männern nach der Haft gesagt hat.

und Bubiköpfen. In der Kirche sitzen sie Hand in Hand und schmiegen sich aneinander[1]. Die Eifersucht ist heftig und aus den Szenen, die sie sich machen, spricht wilde Leidenschaft.

JOAN HENRY geht aber noch weiter. Nach ihren Erfahrungen werden nur wenige der Wärterinnen durch reine Berufsfreude in ihre Stellung geführt; eine große Anzahl sind zum mindesten psychisch homosexuell[2], d. h. ihre Interessen und Gefühle kreisen um andere Frauen. Die Gefangenen bemerken diese Züge sehr schnell und machen sich in bitteren, spöttischen Worten Luft[3]. Die Wärterin wird freilich entlassen, die zu ungewohnter Stunde in einer Zelle betroffen wird, aber besser wäre es, wenn die Justizverwaltung vorbeugend bei der Anstellung Vorsicht walten ließe. Wir hören von Wärterinnen, die „wie ein Mann aussehen und über 180 cm groß sind“[4] und die den jüngeren Mädchen absolut „keine Ruhe lassen.“[5]

Auf der anderen Seite müssen renitente Gefangene überwältigt und in die Arrestzellen geschleppt werden. Lehrreich ist die Beobachtung, daß in der offenen Anstalt, in die JOAN HENRY schließlich kam und in der es weniger „Domina“-Haltung und Zwang gab, die homosexuellen Beamtinnen im großen und ganzen fehlten[6]. Beachtenswert ist auch die Bemerkung, daß es mehr homosexuelle Frauen gibt, als man weiß und sie selbst wissen, und daß die Hingabe für Süßigkeiten und Zigaretten auch in der Frauenanstalt blüht[7].

Ist die visita conyugal Mexikos eine Lösung? Sie würde neue, schwere Konflikte aufwerfen. Im Staate Mississippi entläßt das Zuchthaus jährlich gegen Weihnachten eine Anzahl von Insassen. Sie gehen auf 10 Tage „Urlaub“ nach Hause. Von 1679 Gefangenen, die von 1944—1950 zu ihrer Familie gehen durften, sind nur 11 nicht zurückgekehrt, nur zwei gänzlich verschwunden[8]. Vielleicht ist dieser Weg gangbar. Nur gute Gefangene werden des Privilegs teilhaftig. Sind aber die Mustergefangenen und die Häftlinge dasselbe, deren sexuelle

---

[1] „So schlecht würden Jim und ich uns niemals in der Kirche benommen haben“, sagt eine Gefangene. Ebenda S. 86.

[2] Ebenda S. 142.

[3] „Du weißt“, sagt eine andere Gefangene zu HENRY, „wie die rothaarige Wärterin in diesem Zellflügel Mary O'Connor die Cour machte? Dirty old bitch.“ Ebenda S. 42.

[4] Ebenda S. 86.

[5] “Oh, she's a devil with the young ones.” Ebenda S. 87. „Beamte sollten nicht so sein.“

[6] Ebenda S. 142.

[7] Außer den echten Lesbierinnen und solchen, die dem Druck der Lage nachgeben, gibt es einen hohen Prozentsatz von Frauen, „die ihre Seele, ihren Körper, ihre Hochzeitsringe oder ihren letzten Happen für Zigaretten, Süßigkeiten oder Parfüm hergeben würden“, wie bereits auf S. 248 ausgeführt ist.

[8] Federal Probation, Bd. XIV, S. 64, 1950.

Triebhaftigkeit am meisten der Pflege, Leitung und Korrektur bedarf? Ohne eine Reihe sorgsam und nüchtern überwachter Versuche werden wir weiter im Dunkeln tappen.

Achtes Kapitel.

IV. Die soziale Dynamik der Gefangenschaft.

A. Der Alltag.

I. Die Singularität der Gruppe.

Die Gefängnisgemeinschaft unterscheidet sich in vielfacher Hinsicht von allen anderen sozialen Organisationen, die wir im Kampf ums Dasein ausgebildet haben. Wir sind gewohnt, daß der Staat die feindseligen Tendenzen und Reaktionen abschwächt und niederhält, sie aber in bewaffneter Macht und Propaganda für Notfälle des nationalen Existenzkampfes bereit hält. Im Gefängnis begegnen wir der einzigen, soziologischen Gruppe, die sich ausschließlich aus Vertretern physischen Zwanges und Gewaltunterworfenen zusammensetzt und die in einer eigenartigen Gesellschaftsform zusammengefaßt ist. Es reicht nicht aus, die Regeln aufzuzählen, die für diese künstliche Daseinsform aufgestellt sind. Denn das Gefängnisleben besteht aus Oberfläche und verdunkelten oder unsichtbaren Partien, die alle den Vorschriften widerstreiten, ja wie der Schwarzmarkt und der Schmuggel oder das Verbot des Alkoholgenusses ihre innerste Kraft aus der Strenge der Verbote ziehen. Wenn es eine Unterwelt gibt, so lebt sie in der Strafanstalt.

Die Gefängnisgemeinschaft besteht aus zwei feindlichen Lagern. Auf der einen Seite stehen, straff zusammengefaßt, einheitlichem Befehl untertan, aufs beste bewaffnet, die Kräfte der Aufsicht. Die Gefängnisse sind so gebaut, daß diese Gruppe der Wächter geschlossen auf jeden bedrohten Punkt geworfen werden kann. Ihr steht ein ausgezeichnetes Signalsystem zur Verfügung. Sollte sie Hilfe, Munition, neue Vorräte an Tränengas brauchen, so kommen ihr Polizei, im Notfalle Truppen zu Hilfe. Die Beamten eines modernen Gefängnisses sind nicht überaltert. Sie sind meist körperlich robust, mit Waffengebrauch vertraut, von Gefühlen der Autorität gestärkt. Wenn wir nur die mechanische Überlegenheit betrachten, so ist in einer durchschnittlichen Anstalt alles geschehen, das unbedingte Übergewicht der Wächtergruppe über die Gruppe der Bewachten zu sichern. Die Beamten sind mit klaren Vorschriften für den Notfall versehen; niemand kommandiert als der Direktor. Die Bedeutung dieser straffen Unterordnung tritt zutage, wenn es den Sträflingen gelingt, den Anstaltsleiter gefangenzunehmen und damit die Gegenaktion zu desorganisieren.

Die Gefangenen sind entwaffnet, und die Unruhe ist bekannt, die sich in jeder Anstalt breitmacht, wenn Schußwaffen eingeschmuggelt oder auf irgendeine andere Art in die Hand der Gefangenen gekommen sind[1]. Die große Zahl der Gefangenen ist auf einzelne Flügel, Stockwerke und Zellen verteilt. Sowie Gefahr droht, ergeht als erstes der Befehl, jeden Mann einzuschließen und dadurch die Masse in kleinste Partikel aufzusplittern. Wenn Gefangene in größeren Haufen zusammenkommen wie beim Essen oder in der Kirche, werden besondere Vorsichtsmaßnahmen getroffen, liegt in den Vereinigten Staaten der Fuß der Aufsichtsbeamten auf dem Gashebel. Schon aus Furcht vor Verrat ist es in der Anstalt nicht möglich, mehr als kleinere Gruppen zu gemeinsamer Aktion zusammenzubringen. Viele Gefangene sind körperlich dem Wachpersonal unterlegen. Sie müssen, wenn sie an Ausbruch und Flucht denken, erst wieder trainieren, und aufmerksame Beamte sollten auf solch ein Ertüchtigungsprogramm langjährig Verurteilter ihr Augenmerk richten.

Diese beiden Gruppen, Wächter und Bewachte, werden von der gleichen Mauer umschlossen, sind sozusagen für lange Stunden des Tages oder der Nacht Mitgefangene. Sie sind an die gleiche Routine gebunden, atmen die gleiche schlechte Luft, sprechen das gleiche Rotwelsch der Anstalt, sind, wenn sie nicht gänzlich unerfahren sind und unendlichen Ärger haben wollen, in vielen Dingen aufeinander angewiesen. Neben Haß und Erbitterung entwickeln sich Gefühle, die von Gleichgültigkeit bis zu einem freundschaftlichen Verhältnis laufen. Daß Zuchthäusler einfach aus Klugheitsgründen gegen Mitgefangene einschreiten, die einem anständigen Wärter das Leben unnötig sauer machen, kommt in Anstalten für Langfristige vor.[2] Auch in Dostojewskis Ostrog verstecken die Sträflinge die Betrunkenen, um den wachhabenden Offizier am Weihnachtsabend nicht zu ärgern[3]. Dem chronischen Kriegszustand sind Episoden der Waffenruhe eingesprengt.

Die Gefängniswelt ist ein reines Kunstprodukt, und zwar handelt es sich nicht wie bei Waisenhäusern und Irrenanstalten um Unmündige und Kranke, sondern um erwachsene, selbständige Menschen. Das Zuchthaus ist von der Welt abgesperrt, aus allen normalen wirtschaftlichen und persönlichen Beziehungen abgelöst. Es lebt parasitär von den Zuschüssen des Staates. Es kann sich daher leisten, unökonomisch zu sein und bewußt jede Art individueller Begabung zu mißachten: der

---

[1] Lawes: Twenty thousand years, S. 278.

[2] Spenser: a. a. O. S. 287. "If a bad warder gets too bad his fellow-warders will check him", ist die andere Seite der Medaille.

[3] Dostojewski: S. 186. Ein Unruhestifter wird von den Mitgefangenen so geschlagen, bis er wie tot daliegt und völlig empfindungslos „zur Erholung" auf seine Pritsche getragen wird. Ebenda S. 67.. — Das sehr hübsche Beispiel eines Gefangenen, der einen anderen Häftling hindert, einem anständigen Direktor Schaden zuzufügen, findet sich bei Salomon, Ernst v.: Fragebogen, S. 164. Hamburg 1951.

Jurist HAU fegt den Hof, der Reichstagsabgeordnete LEUSS flicht Sitze für Rohrstühle, DOSTOJEWSKI muß ein altes Boot in Stücke schlagen, der Dichter WILDE wird mit irgendeiner Handarbeit beschäftigt. Die Gefangenen werden wie Schuljungen morgens aus den Betten gejagt[1], sie gehen wie Kinder am frühen Abend zu Bett. Kirchgang, Spaziergang, Arbeit, Freizeit wird ihnen zugeteilt.

Es bleibt somit für Entwicklung und Stärkung der Initiative kein Raum. Nur in der Sphäre des Verbotenen und Heimlichen kann der eigene Wille regsam sein. Alle Sorgen, die den freien Menschen erfüllen und antreiben, um Arbeit, Brot, Wohnung, die Regulierung der Beziehungen zu Frauen, Freunden, Bekannten und Unbekannten, sind dem Häftling abgenommen. Die wohltuende Wirkung der Unsicherheit, der Überraschung, der plötzlichen Konfrontierung mit neuen Lebenslagen, ist aus seinem Dasein gestrichen. Eines der wichtigsten Mittel der Tiere und Menschen, durch das sie Schädlichkeiten entkommen können, ist das Fortgehen, die Ortsveränderung. Gerade diese Hilfe und Erleichterung ist dem Gefangenen abgeschnitten, obschon bekannt ist, daß in schwierigen und festgefahrenen Fällen die Überführung des Sträflings in eine andere Anstalt Wunder gewirkt hat. So werden Impulse lahmgelegt, die der Wettbewerb und das Tempo des freien Lebens verlangen. Affekte verkümmern, die das Überleben des Menschen im modernen Industriestaat sichern. Jene Langsamkeit kommt zur vollen Entfaltung, die ebenso eine motorische Sparmethode wie eine schwache und widerwillige Zündung des Willens ist[2].

[1] Siehe die Beschreibung der Stimmung beim Aufstehen bei PATTERSON, S. 87. "Some men got up mean. Most unwilling. All cussing and complaining."

[2] DOSTOJEWSKI hat diese Erstarrung ausgezeichnet dargestellt: „Die Sträflinge sind langsam zum Fluß gegangen, ‚kaum die Füße vom Fleck bringend'. Lange Reden werden geführt. Der Aufseher brüllt und brüllt. Keiner will anfangen. Träge, lässig und ungeschickt begann man endlich an das Werk zu gehen, ein altes Boot auseinanderzunehmen. Die allgemeine Unlust macht ungeschickt und manche Teile zerbrechen, ‚von selbst', wie die Gefangenen dem Aufseher sagen. Man setzt sich erst wieder hin und verhandelt, was zu tun sei. Endlich kommt ein anderer Beamter und verspricht eine Freizeit; wenn alles sauber herausgenommen würde, könnten sie nach Hause gehen. Die Aufgabe war groß, aber Himmel! wie faßten sie sie jetzt an.... Die Arbeit ging nur so. Alle waren mit einem Schlage merkwürdig anstellig geworden.... Eine halbe Stunde vor dem Trommelwirbel war die Arbeit beendet und die Arrestanten kehrten ermüdet, aber vollständig zufrieden heim, obwohl sie im ganzen nur eine halbe Stunde von der gesetzlichen Arbeitszeit profitiert hatten." DOSTOJEWSKI: a. a. O. S. 124—126. Intelligente Gefangene beobachten selbst diese Erstarrung. EGGERATH (S. 171, 172) schreibt: „Ich sah das Ende nahen und fürchtete, daß man vor dem Ende noch einmal unter den politischen Gegnern aufräumen würde ... Doch gab es noch etwas, was schwer zu erklären war. Es fehlte einfach der Mut, sich in die Ungewißheit zu stürzen. Zehn Jahre Unselbständigkeit, zehn Jahre auf Schritt und Tritt bewacht gewesen zu sein, gingen an einem Menschen nicht spurlos vorüber."

Von allen Motiven, die normalerweise menschliches Verhalten bestimmen und leiten, bleibt in der Anstalt nur ein magerer Rest übrig. Strafe und Lohn sind die Folge von Gehorsam. Die Monotonie von Befehl und Fügsamkeit hat das bunte und wechselvolle Gewirr der sozialen Beziehungen ersetzt. Abgesperrt nicht nur von der Kontrolle der Außenwelt, sondern auch — beim Nachtdienst und anderen Gelegenheiten — von der mäßigenden Aufsicht der Vorgesetzten, entwickelt sich dieses Herrschaftsverhältnis zu einer Höhe, der schwache oder erregbare Naturen unter den Wärtern nicht gewachsen sind[1]. Außer dieser Unterordnung, die in zahllosen Fällen nur eine scheinbare ist, wird es gern gesehen, daß der Gefangene sich gegen die neue Welt abkapselt, die ihn von allen Seiten umgibt. Der stellvertretende Direktor rät Hau in Bruchsal, jeden Verkehr mit den anderen zu vermeiden[2]; er empfiehlt, den Verkehr mit dem Aufsichtspersonal auf ein Minimum einzuschränken. Er legt dem Juristen nahe, sich ein Handwerk auszusuchen und es darin möglichst weit zu bringen. Diese Regeln, die nicht nur für den Gebildeten im Zuchthaus gelten, sind wohlgemeint. Sie verkennen die elementare Kraft des Herdentriebes, eines Instinktes, auf dessen gesunder Funktion der gesellschaftliche und staatliche Zusammenhalt beruht. Wer sich wie ein Eremit des Besserseins von jeder Gemeinschaft abschließt, bleibt nicht nur von schlechten Einflüssen ungeschoren, er verdammt seine sozialen Gefühle zur Atrophie[3].

Macht hat in der Öde und Nivellierung der Anstalt besonders viel zu sagen. Sie läßt sich in Geld oder andere Vorteile ausmünzen. Selbstsucht ist es auch, die die harten Fronten der feindlichen Lager einknickt, manchmal Gutmütigkeit des Beamten oder unbändiger Freiheitsdrang des Gefangenen. Jeder aber, der sich einmal auf diese abschüssige Bahn begeben hat, gerät in die Hand von Mitwissern und Erpressern. Sie treiben ihn weiter und verstricken ihn tiefer, als er wollte. Der Gefangene hat nicht viel, was sich beobachten ließe, aber das, was er sieht, beobachtet er scharf und mit äußerstem Mißtrauen. Das Gefühl des Neides ist rege, und wer gern einen kleinen oder großen Vorteil erhaschte, ist äußerst strikt in seinem Urteil über den, der ihm zuvorkommt.

[1] Mehr noch scheint dieses Machtgefühl bei Wärterinnen aufzutreten; selbst die „Ältesten" unter den weiblichen Gefangenen werden leicht herrisch und anmaßend, und sind deshalb häufig verhaßt. Hoff, S. 188.

[2] Hau: S. 33.

[3] Autistische Naturen werden bis zur Unerträglichkeit verhärtet. Chessman sieht, wie einer nach dem anderen von seinen Kameraden in San Quentin zur Hinrichtung abgeführt wird. Er ist unberührt. Andere Gefangene werfen ihm seine Gefühlskälte vor. Er gibt eine charakteristische Antwort: „Ihr Knaben", sagt er (Cell 2455 Death Row), „solltet Euch um Euch selbst kümmern. Ich sorge für Chessman. Und schreibt Euch hinter die Ohren. Ich habe weder Zeit noch Lust, Chessman zu bedauern. . . . Darum habe ich, Teufel auch, keine Lust, mit andern Mitleid zu haben." S. 311.

Es läßt sich nie verhindern, daß Briefe nach außen geschmuggelt werden. Unregelmäßigkeiten werden von Gefangenen beobachtet. Sie dienen während der Haftzeit als stilles Erpressungsmittel und werden nach der Entlassung angezeigt[1]. Die Versuchung ist groß, die Kontrolle schwach, und wenn die Vergehen nicht gerade in der Anstalt geschähen, würden wir sie milde beurteilen. So muß von Zeit zu Zeit ein Exempel statuiert werden, das weit über die Bedeutung des Falles hinaus tragische Folgen hat[2].

Mitwisserschaft ist ein Kapital des ärmsten Gefangenen, der diesen Verrat an seiner Gruppe in Belohnung und vorzeitige Entlassung ummünzen kann[3]. Ebenso treten bei Revolten Gefangene auf die Seite der Wärtergruppe. Sie haben sich dadurch erhebliche Vorteile verschafft, selbst, wenn sie ursprünglich entschlossen waren, bei dem Ausbruch mitzumachen. Davon wird noch zu sprechen sein. Jedenfalls laufen zwischen den Lagern, die so streng voneinander abgeschlossen scheinen, unsichtbare Querverbindungen. Sie werden noch durch persönliche Gefühle kompliziert. Auch die soziale Stellung des Häftlings reicht in die Zelle hinein und hat, ohne daß eine Anordnung ergangen ist, Einfluß auf seine Behandlung. Nicht weniger geht jedem Beamten in der Fama der Anstalt ein bestimmter Ruf voran, der sein Verhältnis zu den Gefangenen bestimmt. Er ist ehrlich oder anfechtbar, bösartig oder gutmütig, ein selbständiger Charakter oder eine servile Natur, der seine Karriere auf dem Eindruck strikten Drills und strammer Disziplin aufbaut. Unendlich verwickelt ist der Mikrokosmos der Anstalt.

Wir haben gesehen, daß selbst erotische Beziehungen die scharfe Abgrenzung von Wächter- und Bewachtengruppe durchbrechen. Manche dieser unterirdischen Verästelungen entstehen dadurch, daß im Lager der Beamten wie der Gefangenen innere Spannungen herrschen, die sich in Abfall und Untreue äußern. Wir können in diese komplexen Verhältnisse nicht hineinsehen, ohne jede der antagonistischen Einheiten

---

[1] Dort, wo sich ein Parolesystem entwickelt hat, werden Entlassungen bisweilen aus diesem Grunde verzögert.

[2] „Ich wurde bisweilen als Hilfsarbeiter auf der Kammer beschäftigt, und es traf sich, daß ich einige Tage, nachdem der Blitzstrahl eingeschlagen hatte, mit dem Aufseher im Zimmer allein war. Der Unglückliche saß ganz gebrochen an seinem Schreibtisch und stierte vor sich hin. Von Zeit zu Zeit entfuhr ihm ein Stöhnen. Am nächsten Tage sollte er verhört werden. Ich sprach ihm Mut zu und mahnte ihn, das Gesicht zu wahren. Er sagte nichts, sondern sah mich an wie ein waidwundes Tier. Mechanisch verrichtete er an dem Tag seine Geschäfte, machte dann noch zum letzten Male Nachtdienst, und am Morgen ging er heim und schoß sich eine Kugel in den Kopf.“ Hau: S. 158.

[3] Es kommt vor, daß die Spitzel- und Angebertypen ihrer eigenen Sicherheit wegen entlassen oder in eine andere Anstalt verlegt werden müssen, eine Maßnahme, die sie nicht immer rettet.

aufzuspalten. Sie haben ein Eigenleben, das sich neben den äußeren Vorschriften nach eigenen Gesetzen regelt.

Warum Gefangene in aller Heimlichkeit[1] zum Gegner überlaufen, ist verständlich. Der Schritt liegt in dem heißen Wunsch begründet, sich Erleichterung der gedrückten Lage zu verschaffen, vielleicht den Tag der Freiheit näherzubringen. Daß aber auch bei den Beamten, die die Staatstreue selbst zu sein scheinen und dem rebellischen Gefangenen mit aller Schärfe entgegentreten, latente Protestneigungen nicht fremd sind, zeigt sich, wenn die alte Ordnung ins Wanken kommt. „Einige Aufseher ergingen sich in wilden Brandreden" berichtet HAU[2] aus seinem Zuchthause, als die Revolution von 1918 ausbrach. Ein anderer alter Beamte meinte, die Revolution müsse damit anfangen, daß alle studierten Leute einen Kopf kürzer gemacht würden[3]. Trotz der gleichen Uniform, der gleichen Aufgabe und der gleichen Amtsfront klaffen in unruhigen Zeiten Risse auf, die tief im Innern vorgebildet sind.

II. Die Welt der Wächter.

1. Der Direktor.

I.

Von Direktoren berichten Gefangene, Ärzte, einzelne Anstaltsleiter selber. Das Bild ist verwirrend. Einen Typ gibt es nicht, sondern zahlreiche Spielarten, die aber selbst unter dem Einfluß schlechter Erfahrungen, der Machtfülle und der Altersprozesse Wandlungen erfahren. Der Gefangene ist geneigt, gute oder schroffe Behandlung, schrullige Eigentümlichkeiten, häßliches Äußeres seinem Urteil zugrunde zu legen. Er berichtigt seine Meinung über den „Feind", wenn es zu Waffenstillstand und tieferem Verständnis kommt. Vorher aber hat Abneigung und flüchtiger Eindruck die Beziehungen so weit vergiftet, daß die

---

[1] Daher der Ausdruck „Ratte" für diese Typen beim amerikanischen Gefangenen. Der verächtliche Vergleich mit den Eigenschaften eines Tieres findet sich auch beim Spitzel, der offenbar vom aufpassenden Spitzhund abgeleitet ist. KLUGE-GÖTZE: S. 745.

[2] S. 128.

[3] Der alte Beamte verrät unterdrückten Haß, wenn er sich plötzlich auf die Seite der Unordnung wirft, nachdem er jahrzehntelang für Ordnung gesorgt hat. „Mein alter Gönner berichtete in freudiger Erregung, daß jetzt die Roten das Heft in der Hand hätten, jetzt werde reiner Tisch gemacht. Wie schade, daß der Saukerl von Geheimrat (der alte Direktor) nicht mehr am Leben sei, den hätte man zuerst aufgehängt." Dafür fraternisierten in Verkehrung aller Fronten Aufseher und Gefangene miteinander. Ebenda S. 128. Mit der gleichen bösen Abneigung und den gleichen Worten spricht ein Wachtmeister der Anstalt Coswig von seinem Anstaltsleiter. BERBIG, JOHANNES: Knast, Schatten und Gestalten einer Leidenszeit. S. 239. Oberursel 1947.

Rückkehr zur Gerechtigkeit lange dauert und Mühe macht. So ging es ERNST V. SALOMON:

„Als ich zum ersten Male dem Strafanstaltsdirektor Dronsch in Striegau gegenübertrat, erschrak ich. Ich glaubte ganz unmißverständlich zu spüren, daß dieser Mann mein Feind sein müsse. Er war ein kleiner dicker Mann[1] mit rotem Gesicht und einem Specknacken, der ihm kaum erlaubte, seinen Kopf zu drehen. Er trug eine kleine komische Stahlbrille mit sehr dicken Gläsern. Wenn er durch die Anstalt ging, war er in einen schwarzen Mantel mit Samtkragen gewandet, dessen Knöpfe er über dem Bauch nicht zu schließen vermochte.... Ich habe den Mann nie laut werden hören. Er hatte bei aller Komik seiner Erscheinung eine unnachahmliche Art eine Anordnung zu geben und den steifen Hut abschließend mit einem leichten Knall auf den dicken Schädel zu klappen[2]."

Den Direktor und den einzelnen Sträfling trennt in jedem Falle ein Abgrund, der in der Natur der Anstaltsordnung liegt. Darüber aber legen sich weitere Konfliktssituationen: der Gegensatz von weißem und schwarzem Mann[3], von Polizeichef oder General[4] und dem Revolutionär, von Korsen und Franzosen[5], krank[6] und gesund, alt und jung, Moralisten und Sittlichkeitsverbrecher. Uns ist die Klage OSCAR WILDES überliefert, daß der Direktor von Reading, Major Isaacson, ihn für nichts und wieder nichts bestrafe[7], und das Wort dieses Beamten, daß er dem Dichter alle dummen Ideen austreiben wolle[8]. Wir müssen uns hüten, mit unseren Alltagsbegriffen an die Maßstäbe heranzugehen, nach denen Gefangene den Anstaltsleiter beurteilen. Die genauere Prüfung stößt auf eigenartige Abweichungen, die nur der paradox nennen darf, dem vorgefaßte Meinungen lieber sind als nüchterne Tatsachen.

In vielen Berichten ist von Alkoholismus der Leiter die Rede. Es ist möglich, daß diese Beobachtungen vom geschärften Blick des Alkohol-

---

[1] Ob kleine Männer sich nach der Machtfülle drängen, die das Gefängnis gibt? LEUSS (S. 74) beschreibt einen Aufsichtsbeamten: „Auf einem sehr kleinen Körper saß ein Kopf, dessen starke, aber bittere Physiognomie mit der Kleinheit der Gestalt in einem eigenen Kontrast wirkte." DOSTOJEWSKI stellt einen sehr beliebten Leiter der Arbeitsabteilung vor: „Er war ein außerordentlicher Prasser, klein von Gestalt, mit verwegenem, sicherem Blick" (S. 368). Der Anstaltsleiter, Oberst Masjukoff war „ein Mann von kleinem Wuchse ... er sprach mit unangenehmer Fistelstimme und machte den Eindruck eines gerupften Huhns..." DEUTSCH: S. 240.

[2] SALOMON, v.: a. a. O. S. 162. Zu diesem Direktor entwickelt sich im Laufe der Zeit ein menschlich besonders gutes Verhältnis. — Genau so erging es SILVIO PELLICO (I mei prigioni, S. 127) mit seinem Wärter auf dem Spielberg, der den Namen Schiller führte und den er zuerst völlig falsch beurteilt.

[3] PATTERSON: S. 19, 32, 59.

[4] FIGNER: S. 345ff.

[5] BELBENOIT: S. 103.

[6] NELSON: S. 53.

[7] HARRIS, FRANK: Oscar Wilde. His life and confessions, Bd. II, S. 350. New York 1916.

[8] Ebenda Bd. II, S. 357.

freien aufgenommen worden sind, daß auch der erhöhte Geruchsinn des Gefangenen eine Rolle spielt, der VERA FIGNER[1] bei einem Besuch des obersten Polizeichefs in ihrem Tagebuch notieren ließ: „Seine Wangen glühten, der Geruch von Portwein ging von ihm aus.“ Trotzdem kann die Häufigkeit solcher Beobachtungen nicht übersehen werden. Alle diese Alkoholiker aber werden von den Gefangenen nicht ungünstig beurteilt, wenn sie die Schwäche auch deutlich erkennen[2].

Bemerkenswert ist der Entwicklungsgang zweier Anstaltsleiter, einer in Deutschland, der andere in Amerika. Beides sind ursprünglich Reformer. „Nachdem er aber gesehen hatte“, schreibt NELSON, „wie es anderen Leuten erging, die für ihre Überzeugung eintraten, verlor er den Mut und wurde ein Spießer wie die anderen[3].“ FALLADAS Anstaltsleiter geht den gleichen Weg: „Ein herrlicher Mann ... zu gut vielleicht, zu gut sicher. Er hat schon viel Böses durch seine Güte erfahren, darum hat er den rechten Mumm nicht mehr, etwas gegen seine Beamten durchzudrücken. Aber immer noch gut[4].“

Kann der Leiter einer großen Anstalt zu gut sein und darum den Respekt der Gefangenen einbüßen? Was steckt hinter der Bemerkung von DEUTSCH, daß die Gefangenen „unter den schlimmsten Wüterichen nicht so viel gelitten haben als unter dem gutmütigen Bonvivant Oberst Masjukoff“[5] DOSTOJEWSKI hat auf eine seltsame Erscheinung hingewiesen. Sträflinge mögen keine allzu familiäre, allzu wohlwollende Behandlung durch den Vorgesetzten. Sie wollen den Direktor streng und ernst, gerecht und würdig, am liebsten mit einem Orden[6]. NELSON hat Thomas Mott Osborn, den Reformer, als Direktor erlebt. Er nennt ihn einen „edlen Menschen“. Er sei in vieler Beziehung der vollkommene Anstaltsleiter gewesen[7]. Trotzdem fehlte ihm der Abstand und jene

[1] FIGNER, S. 347.

[2] Von Major Krywtsow, DOSTOJEWSKIS Anstaltsdirektor in Omsk, schreibt ein Biograph: „Stupide, eingebildet und grausam, war er ebenso von Machtgefühlen wie von Alkohol betrunken.“ TROYAT, HENRI: Firebrand, The life of DOSTOJEWSKI, S. 146, New York 1946. LINSER spricht von dem „alkoholgeröteten Professengesicht“ des französischen Lagerleiters, ohne Schlimmes von ihm zu melden (S. 34), DOSTOJEWSKI von dem menschlichen Empfinden des trunk- und streitsüchtigen, charakterlosen Ostrogleiters (S. 373). Einer von Nelsons Direktoren trank erst mäßig, dann im Übermaß, war aber „ausgesprochen ehrlich und anständig“ (Prison days and nights, S. 53) siehe auch DEUTSCH, S. 240, wo er von einem recht braven Leiter spricht, der nur zu viel trinkt.

[3] NELSON: S. 59.

[4] FALLADA: Wer einmal aus dem Blechnapf frißt, S. 60.

[5] S. 241.

[6] DOSTOJEWSKI: S. 153. — Es ist eine alte Indianerregel, eingefangene wilde Pferde zuerst „fest“, wenn auch nicht hart zu behandeln. Hat das Pferd sich an den Herren gewöhnt, so ist der Augenblick gekommen, gut zu sein. B. A. BOTKIN: A treasury of Westen folklore, S. 130, New York 1951.

[7] NELSON: S. 56. Auf dem Bilde Osborns, das BARNES und TEETERS bringen, trägt er die Züge eines mittelalterlichen Mönches (S. 797).

„Hoheit", die erst das Geschenk der Herablassung ermöglicht und den „menschenwürdigen[1] Umgang" mit Gefangenen zu einer Gunst macht[2].

Frühere Offiziere sind selten sehr unbeliebt, selbst wenn sie bisweilen despotische Gelüste haben[3] und mehr geneigt sind, sich in Akten zu vertiefen, als mit dem lebenden Menschen umzugehen[4]. Ein gewisses Ehrgefühl dient als Regulativ für Temperamentschwächen und ihre polternde Art hat ein amerikanischer Gefangener sehr richtig als Maske der Schüchternheit und der Hilflosigkeit gegenüber Zuständen und Menschen angesehen[5]. Diejenigen, die — wie es in den Vereinigten Staaten möglich ist — vom einfachen Aufsichtsbeamten zum Direktor aufsteigen, haben sich oft bewährt[6], wie das Beispiel von LEWIS E. LAWES erweist. Juristen haben oft versagt, besonders wenn sie gefühlskalt oder krank und alt waren. Ihr Verhältnis zum Verbrechen und dem Verbrecher ist auch bei großer Pflichttreue ein richterliches, ein im Strafmaß ausgedrücktes Werturteil, das mit der psychologischen Valenz keinesfalls zusammenfällt und daher in der Behandlungsphase fehlgeht, wenn der Jurist, auch der Geistliche, nicht ein außergewöhnlicher Mensch ist.

Jeder Leiter des Gefängnisses ist einem seelischen Abnutzungsprozeß unterworfen. Immer, wenn neue Direktoren ernannt werden, geht ein Aufatmen durch das Zuchthaus. Der neue Mann ist da und das ewige Meckern über Essen und andere Dinge legt sich. Man hofft, und wie bei einem neuen Herrscher gibt man ihm Zeit, seine besseren Eigenschaften zu zeigen. In BERKMANs Zuchthaus ist das Weihnachtsessen daneben gegangen[7]:

> „Ich wunderte mich über das tolerante Stillschweigen", schreibt er (S. 419), „als das Festessen nicht gut geraten war. Die Leute unterdrücken ein gelegentliches Großmaul. Der Direktor ist neu, sagen sie. . . . Er wird es schon besser machen. Gebt ihm Zeit."

---

[1] Das ist der Ausdruck von DOSTOJEWSKI (S. 153).

[2] Wenn die Haltung nicht unsere Psychologie zufrieden stellt, so hat sie doch einen rationellen Hintergrund. Wer milde aus Schwäche ist, mag angenehm sein, kann aber die Schutzbefohlenen nicht in Schutz nehmen, wenn kämpferische Eigenschaften verlangt werden. Ein mutiger Mensch wird auch die Sträflinge nicht als seine natürlichen Feinde betrachten, sie nicht fürchten und deshalb nicht von ihnen gehaßt und gefürchtet werden. Sein Verständnis und seine Gerechtigkeit kann nur durch Festigkeit für die Gefangenen nutzbar werden.

[3] . . . „Ganz anders sein Nachfolger, ein früherer Oberst; der führte das Regiment als unumschränkter Despot, duldete keine Autorität neben sich." HAU: S. 31.

[4] NELSON: S. 61.

[5] „Er war eine ganz harmlose Natur, meist gutmütig, aber mit einer Neigung heftig aufzubrausen, die so einen timiden Mann kennzeichnet." NELSON: S. 59.

[6] NELSON, S. 53, präsentiert, einen solchen Typ, der 15 Jahre lang Wärter gewesen war, stellvertretender Anstaltsleiter und Direktor wurde, als der Vorgänger starb. „Er war vollkommen ungebildet, aber ausgesprochen anständig und ehrlich, wenn auch etwas streng", wie wir gesehen haben.

[7] BERKMAN: S. 419.

Aber auch der Direktor wird zum Gefangenen seiner Umgebung, des alten Trotts und der Untergebenen, die viele sind, mehr Erfahrung haben und die Routine kennen. Akte der Täuschung und der Undankbarkeit auf Seiten der Gefangenen untergraben seinen Optimismus und seine Autorität. Es kommt zu einem Umschlag des Reformeifers und zu einer richtigen Panik, wenn ein Ausbruch etwa seine Stellung gefährdet[1]. Der çi-devant Reformator wird zum rigorosen Erfinder neuer Strafmittel. Die Kräfte des Anstaltslebens und der eigene Fehlschlag haben ihn erst erschüttert, dann bekehrt. Er flüchtet sich in die alte bequeme Gangart, die ihm den wirksamen Schutz der strengen und unbeugsamen Moralisten gewährt.

Irgendwie erleichtert der Anblick fremder Mängel das Gewissen der Gefangenen. So ist es mit dem Direktor DOSTOJEWSKIs, der schwankend, mit zerzaustem Haar und völlig betrunken im Schlafsaal der Sträflinge steht und ihnen Trunksucht vorwirft[2]. Noch mehr muß der Anstaltsleiter Selbstvorwürfe der Gefangenen beruhigt haben, der unter den Gefangenen einen Intimus, genannt der tolle Willy (Wild Bill), hatte. Ihm wagten die Wärter kein Wort zu sagen. Als sein Magen verdorben war, bekam er vom Direktor Delikatessen zugesandt. „Von des Direktors Tafel", schreibt BERKMAN mit Augenzwinkern[3]. DOSTOJEWSKI, der alle diese peinlichen Dinge verschweigt, sagt von Major Akimitsch: „Sein Gesicht sah blau und tückisch aus, und alle wußten, daß er sich völlig in der Hand seines Burschen Fjodka befand." Hier bleibt allerdings unsicher, auf welcher Basis dieses Abhängigkeitsverhältnis ruht. Merkwürdig ist dagegen die unsinnige Liebe dieses Tyrannen zu seinem Pudel. DOSTOJEWSKI bemerkt, daß er vor Schmerz fast von Sinnen war, als das Tier einmal erkrankte[4]. Um sich an dem Bösewicht zu rächen, läßt der Gefangene, der viel von Tierheilkunde versteht und dem der Anstaltsleiter einen Haufen Gold versprochen hat, den Pudel eingehen[5].

Dieser Akimitsch leitet auf eine seelische Entwicklung hin, die aus der Machtfülle des Anstaltsleiters entspringt. Sie ist durch den hermetischen Abschluß von der Außenwelt und ihrer Kontrolle gegeben, sie erfaßt auch die Beamtenschaft, die straff diszipliniert sein muß. LEUSS

[1] Ein Vertrauensmann (trusty) bewerkstelligte seine Flucht aus der Krankenabteilung. „Der Direktor verlor vollkommen seinen Kopf."

[2] TROYAT: S. 146.

[3] BERKMAN: S. 243.

[4] DOSTOJEWSKI: S. 44. „Unduldsam wild, brach er bisweilen mitten in der Nacht in unsern Ostrog und wenn er bemerkte, daß ein Sträfling auf der linken Seite oder auf dem Rücken liegend schlief, so sagte er ihm am anderen Morgen: ‚Schlaf, sag ich Dir, auf der Rechten, wie ich befohlen habe.'

[5] Ebenda S. 45.

hat sich Gedanken über diesen deletären Einfluß gemacht und gesagt[1]: "Alle Macht neigt dazu, Verderberin dessen zu werden, der sie ausübt.

„Die Macht eines Strafanstaltsdirektors, des einzigen Mannes in unserem Kulturstaate, der noch die Geißel schwingen lassen darf[2], ist innerhalb ihres Reiches größer als die irgend eines anderen Mannes; sie ist eine nahezu vollkommene, denn selbst das Leben der Gefangenen kann ein Zuchthausdirektor durch Dunkelarrest und Schmälerung der ohnehin ungenügenden Kost abkürzen. Sie ist weit vollkommener als die Disziplinargewalt des militärischen Vorgesetzten; jeder Augenblick des Gefangenen wird von ihr bestimmt und gestempelt."

... „Alle Macht ist eine Gefahr für ihren Träger; die des Zuchthausdirektors ist die schwerste Prüfung für einen Mann. Freundliche, liebenswürdige, ernste Männer unterliegen vielleicht der Gefahr des Jähzorns, kalte Naturen erstarren in diesen Ämtern zu Zerrbildern eines Übermenschen ... walten und schalten wie Schicksalsgötter."

Darum ist die Frage BERBIGS[3] rhetorisch und leicht zu beantworten, warum eigentlich der Direktor von Coswig „von seiner Gottähnlichkeit vollkommen überzeugt war. Der Teufel weiß, wie er zu dieser Überzeugung gelangt ist". Der Ostrogleiter, der in der Wut ausruft: „Ich bin der Zar hier, ich bin Gott hier",[4] ist dem Gift der Macht verfallen. Es wäre falsch, anzunehmen, daß dieser Wahn der Allmacht nur auf die Gefangenen fiele und sich an ihnen austobte. Er ist expansiv und erfaßt auch die Untergebenen, die nicht durch eine Zellentür und die lange Nachtruhe geschützt werden, sondern wehrlos Tag und Nacht der Befehlsgewalt ausgeliefert sind[5].

II.

Aber wirken nicht übergeordnete Instanzen der Entfaltung solcher Allmachtideen entgegen? Wir hören nicht selten von solchen Revisoren. Ihr Erscheinen belebt die Welt der Gefangenen in eigentümlicher Weise. Sie sehen plötzlich, daß ihre Abgeschlossenheit aufhört. Sie genießen die Unruhe und die Herabsetzung des Direktors, der plötzlich nicht mehr

[1] LEUSS: S. 120ff.

[2] Das Buch erschien 1903.

[3] BERBIG, JOHANNES: Knast, S. 233, Oberursel 1947.

[4] DOSTOJEWSKI: S. 150. — Auf die disziplinschädliche Wirkung dieser Haltung weist DOSTOJEWSKI an anderer Stelle (S. 152) hin: „Die Aufgeblasenheit der Selbsterhöhung, die hohe Meinung eigener Verantwortungslosigkeit gebiert den Haß selbst im gehorsamsten Menschen und läßt ihn auch die letzte Geduld verlieren." „Zum Glück sind alle diese Zustände fast beseitigt", fügt der vorsichtige Dichter hinzu, denn sonst hätte er sein Buch in Rußland nicht veröffentlichen können.

[5] „W. war auf Grund gewisser gesellschaftlicher Talente und dienstlichen Wohlverhaltens aus der Sphäre mittleren Beamtentums in die des Regierungsrats befördert worden. Solche Männer pflegen eine gewisse Verbundenheit mit Bildung und Geist herauszukehren, um den Eindruck der Herkunft aus der Familie der Zwölfender zu verwischen.... Seinen Unterbeamten gegenüber fühlte er sich als Gottvater in eigener Person." BERBIG: a. a. O. S. 207.

der erste ist. Sie freuen sich an der Existenz höherer Mächte, die es irgendwo noch gibt. Es tut ihnen wohl, den großen Mann, ihren „Gott", für kurze Augenblicke klein zu sehen[1].

Aber fast immer sind diese Besuche mehr symbolisch als effektiv. Leuss hat den Eindruck gut geschildert, den die Gefangenen im Zuchthaus empfangen. Von Zeit zu Zeit erscheint ein Regierungsrat, „aber diese Visiten dauern nur einige Stunden, welche der erstaunenden Welt hinter den Mauern die mit Unglauben aufgenommene Versicherung geben wollen, daß über der Gewalt des Direktors noch eine andere stehe. Der Unglaube an diese Versicherung wird sehr unterstützt durch den Eindruck. Ein Zettel geht umher; den Gefangenen wird zugerufen, daß diejenigen, die den ‚Herrn Oberregierungsrat' sprechen wollen, sich melden sollen. Es melden sich auch allemal einige; es wird auch zuweilen eine Disziplinarstrafe gerügt, aber der Gefangene erfährt davon selten oder nie etwas[2]." Die Hoffnungen und Enttäuschungen, die mit einer Revision — in diesem Falle eines Beamten des Justizministeriums — einhergehen, hat Marie Hoff in einem ganzen Kapitel[3] beschrieben. Sie behauptet, daß in einer knappen Stunde etwa 100 Rechtsfälle endgültig erledigt wurden, und man möchte hoffen, daß sie übertreibt. Die Folge war, daß sich bei dem folgenden Revisor der Aufsichtsbehörde, des Ministeriums des Innern, keine Gefangenen mehr meldeten.

Es gibt kein einheitliches Bild „des" Direktors. Ich habe Sadisten kennengelernt, die die Prügelstrafe eigenhändig vollzogen, Männer, die bei einem kurzen Besuch nicht durchsichtig waren, obschon sie sich von ihrer besten Seite zeigten. Wir hören einzelne Anstaltsleiter zu viel von sich selbst sprechen[4], andere wieder werden als autoritär-weise gezeichnet[5], oder von den Gefangenen maßvoll-ausgleichend genannt[6]. Die schwärzesten Bilder kommen von Negern über weiße Direktoren,

[1] Der Besuch dauerte 2 Minuten, wie wir S. 265 gesehen haben. Der fieberhaft erregte Direktor wurde zu allgemeinem Entzücken nicht beachtet.

[2] In dieser Anstalt vermißten die Sträflinge das äußerlich erkennbare Untergebenenverhältnis. Leuss, S. 121 „... wenn der Direktor mit dem Vorgesetzten durch das Haus geht, sind die Mienen, und die Haltung der beiden nicht so, wie sonst in preußischen Diensten das Verhältnis zwischen Vorgesetzten und Untergebenen sich im Äußeren abzuzeichnen pflegt."

[3] Hoff: S. 227—235 ... „Jetzt ertönte die Klingel aus dem Expeditionszimmer, und sofort führte die Ordonnanzaufseherin die erste Petentin hinein. Aber kaum hatte sich die Türe hinter ihr geschlossen, da ertönte die Klingel von neuem. Die Ordonnanzaufseherin winkte der Nächsten." S. 231.

[4] Johnston, James A.: Alcatraz prison. Siehe das Kapitel „The prisoners talk", S. 173f und „the warden talks", S. 259ff.

[5] Spenser: S. 291. „Ich weiß nicht, wer eingriff und die gefährliche Situation in die Hand nahm. Ich glaube, es war der Direktor." "He was a very level-headed man."

[6] Siehe die Begegnung Wilsons (S. 6ff.) mit dem Direktor von Leavenworth. Es war ein alter Schutzmann, der langsam aufgestiegen war. Er sagte zu dem Arzt. „Ich bin offen genug, nach 40 Jahren Gefängnisarbeit zu sagen, daß ich

aber auch sie machen Ausnahmen[1]. Bei den russischen Revolutionären vermengt sich der Haß gegen den „Unterdrücker" mit ästhetischem Abscheu[2]:

„Bald nach meiner Ankunft bekam ich den Mann zu sehen.... Er mochte gegen 55 Jahre alt sein, war mittelgroß, untersetzt, mit einem stattlichen Schmerbauch, das Gesicht rund und fett, hatte kleine hinterlistige Augen und einen borstigen Bart; er machte den Eindruck eines alten, fetten bissigen Katers und wurde auch allgemein mit diesem Spitznamen bezeichnet. Besonders katzenartig aber war sein Blick, er machte stets den Eindruck, als bereite er sich vor zum Sprunge gegen ein Opfer, dem er die Krallen einschlagen würde. Er sprach immer mit leiser Stimme und schnalzte dabei mit der Zunge. Sein ganzes Benehmen war abstoßend, widerwärtig."

Oft liegen kraftvolle und blutwarme Persönlichkeit mit den Regeln des modernen Strafvollzugs in Widerstreit. Der Direktor in Ebrach[3] war „ein kleiner, breitschultriger, wohlbeleibter typischer Altbayer mit grauem Schnauz- und Knebelbart und einer von der ‚alten Sorte', der sich in die neuzeitlichen, der Theorie nach auf ‚Humanität', ‚Individualisierung' und erzieherische Ertüchtigung eingestellten Grundsätze des Strafvollzugs nicht recht hineinfinden konnte." Er war ein alterfahrener Praktiker und tiefblickender Menschenkenner, führte eine „urwüchsige Paschawirtschaft", hatte Launen, übereilte sich und ließ seine Löwenstimme durch die Anstalt schallen. Erst als er wegging und sein Nachfolger kam, ein wohlwollender Mann, der sein Temperament beherrschte und das Persönliche hinter dem Dienstlichen zurückstellte, erwachte die Sehnsucht der Sträflinge nach der spannunglösenden Subjektivität des Alten, nach dem aufbrausenden, blindlings wütenden, dann aber „ebenso ungeahnt auch wieder milden, nachsichtigen und fürsorglichen Tyrannen". Es war ein Vollmensch, mit seinem Widerspruch, hitzig danebenhauend, warmherzig wiedergutmachend, kein eiskaltes System[4]. Die Gefangenen fühlten sich wohler, ja relativ sicherer dabei.

immer noch nicht viel über das Innenleben des Sträflings weiß. Noch mehr. Ich traue keinem Polizisten, der mir sagt, er weiß es. Der Schritt vom Schutzmann zum Kriminellen ist oft nicht allzu weit." Die englische Formulierung ist viel knapper und besser "It's not much of a step from cop to con sometimes."

[1] Siehe die geradezu liebevolle Beschreibung PATTERSONS, S. 103. „Er war ein Kerl, der herumgekommen war, bis nach New York. Vielerfahren war er. Ein ‚regular guy'. Er wußte viel, wußte, wie man einen schwarzen Mann, einen weißen Mann behandelt. Er ließ bei Regen nicht draußen arbeiten. Ließ heizen, wenn es kalt wurde, sogar die ganze Nacht hindurch."

[2] DEUTSCH: S. 224. [3] FUCHS: S. 100ff.

[4] FUCHS meint, daß die urwüchsige Paschawirtschaft den Gefangenen viel lieber war als „der blut- und herzlose Intellektualismus, der ihnen wie ein eisiger Gedankennebel aus den vernunftgemäßen, ethisch-exakt abgewogenen neuzeitlichen Vorschriften entgegenhauchte, die theoretisch alles wunderbar verbessern, praktisch aber das Schlimmste ungebessert lassen: das seelische Elend der Gefangenen." Ebenda S. 100. Über die Abneigung der Sträflinge gegen die vorschriftsmäßige Objektivität des Chefs siehe ebenda S. 101 und 102.

Der Schluß drängt sich auf, daß die Wertungen: guter oder schlechter Direktor gar nicht in die Schemata hineinpassen, die wir Außenstehenden nach ganz anderen Kriterien — unserer Moral, nicht nach den seelischen Bedürfnissen des Sträflings — aufgestellt haben. Verwundert oder bekümmert bemerkt DOSTOJEWSKI, daß unter den Vorgesetzten solche sich großer Beliebtheit erfreuen, die gar nicht gut waren, und daß man sich eines Leutnants und seiner Art, die Prügelstrafe zu vollziehen, beinahe mit Wohlwollen erinnerte, so groß war seine Popularität[1]. Der Haß anderer Persönlichkeiten, die gar nicht einmal viel Böses getan haben, übersteigt wiederum alles Maß. Er bricht hervor[2], wenn der Allmächtige teils durch Entlassung, teils durch Tod machtlos geworden ist. Als gegen den Anstaltsleiter in Sibirien Anklage erhoben wird und die Entlassung erfolgt, herrschte im Ostrog die unbändigste Freude. „Das war ein Festtag, eine Triumphfeier[3]!" Noch größer ist das Entzücken der Gefangenen, dem Weggejagten, Verarmten in einem abgetragenen Militärmantel zu begegnen, wie er böse und erniedrigt die Straße entlang schlich.

Haß, den bestimmte, nicht immer schlimme Anstaltsleiter erzeugen, beschränkt sich nicht auf die Gefangenen. Die Aufseher speichern ihn um so mehr in sich auf, als sie nicht nach ein paar Jahren fortgehen können wie die Gefangenen und ihre Stellung Widerspruch oder passive Resistenz beinahe noch weniger gestattet als den Sträflingen. Erschreckend ist der Gefühlsausbruch eines Beamten, den HAU berichtet[4]. Ein anderer Direktor war ein verschlossener, kalter Mann gewesen. Die Kürze seines Wesens hatte beinahe mehr noch auf den Beamten gelastet als auf den Gefangenen[5]. So war es unausbleiblich, daß sich Spannungen entwickelten, böse Wünsche, die dem Toten und Entthronten nachgeschleudert wurden. Aber sie schwelten schon vorher

[1] DOSTOJEWSKI: S. 258. Der Dichter führt an, daß nicht nur gute, sondern auch großherzige Vorgesetzte bisweilen von der Seite angesehen, ja einfach verlacht werden. Siehe die Beliebtheit des Strengeren. AUER: S. 89.

[2] Direkte Angriffe auf den Direktor sind sehr selten.

[3] DOSTOJEWSKI: S. 373 und 374.

[4] „Früh am nächsten Morgen kam einer von den Aufsehern ... in meine Zelle und rief freudestrahlend: ‚Wissen sie's schon, er ist verreckt, der Hund. Gestern Abend um neun Uhr. — Wer? — Nun, wer denn sonst als der Alte, der Menschenschinder, endlich hat ihn der Teufel geholt, jetzt brät er in der Hölle, wo sie am tiefsten ist." HAU wendet ein, der Mann habe auch seine guten Seiten gehabt... „Aber damit fand ich keinen Anklang. Eine Flut von Schimpfwörtern ergoß sich über den Verhaßten; das ganze Haus, Beamte, Aufseher, Gefangene hatten zu leiden gehabt unter der Tyrannei dieses Gewaltmenschen; keinen habe er in Ruhe gelassen; Unzählige habe er auf dem Gewissen, ein Bluthund sei er gewesen, ein Seelenmörder, wenn es noch keine Hölle gäbe, so müßte eine geschaffen werden für diesen Teufel." HAU: S. 126, 127.

[5] AUER: S. 88.

unter der Decke. Als bekannt wurde, daß dieser Anstaltsleiter, ein alter Oberst, wieder einberufen war, „ging ein Aufatmen durchs Haus.“[1] „Nun mußten bessere Zeiten anbrechen. Hoffentlich würde man ihn nicht wiedersehen, den Herrn Oberst. Am Ende kam er gar noch an die Front, und die Franzosen hatten ein Einsehen und schossen ihn tot.“

Der Tod des Direktors, auffallend häufig noch im Dienst, deckt mit einem Schlage verborgene Gefühlslagen auf. JACK BLACK[2] sieht, wie die Sträflinge beim Tode des Anstaltsleiters die Mützen in die Luft werfen und laut aufjubeln. Und in Bruchsal, wo der unbeliebte Direktor plötzlich gestorben ist, kommt es zu einem spontanen Ausbruch der Erleichterung[3]:

„Als die Suppe verzehrt und alles im Hause ruhig geworden war, brach plötzlich ein wildes Triumphgeschrei los. Ein Tohuwabohu von Jauchzen und Fluchen hallte durch das Haus, schaudererregend, unbeschreiblich. Minutenlang dauerte der Aufruhr, ungestört durch die Wachen. Das war der Nekrolog, den die Gefangenen ihrem Kerkermeister hielten.“

Die Sträflinge leben weiter. Sie feiern ihren Sieg über den toten, abgesetzten Tyrannen. Sie sind trotz aller gesammelten Macht, die sich im Hingegangenen zusammengeballt hatte, die Stärkeren geblieben. Solche Vorgänge lassen tiefer in die seelischen Beziehungen zwischen Wächtern und Bewachten hineinsehen als alle Bücher, die Anstaltsleiter oder Anstaltsinsassen über einander geschrieben haben.

2. Der Geistliche.

Auch unter den Anstaltsgeistlichen finden sich die allerverschiedensten Typen. Eine Mitteilung bei AUER[4], der einen Gefangenen sprechen läßt, zeigt diese Gegensätzlichkeit: „Der erste Anstaltsgeistliche, schreibt der Sträfling, machte auf mich einen sehr schlechten Eindruck.... Seine beliebtesten Schimpfworte waren, ‚Hurer, Ehebrecher, Mörder, Dieb, Kanaille, Zuchthausbruder, Schurke.‘ Mich

---

[1] HAU: S. 118.

[2] BLACK: S. 359.

[3] HAU: S. 127. — Das war ein alter Oberst gewesen. Stellen wir ihm einen preußischen Festungskommandanten gegenüber, der zu FRITZ REUTER sagte: „Quälen Sie sich nicht mit schweren Gedanken. Solange Sie hier sind, haben Sie es hauptsächlich mit mir zu tun, und ich werde, soweit es meine Pflicht erlaubt, Ihr Los zu erleichtern suchen.“ Ut mine Festungstid. Ges. Werke, Bd. X, S. 17. Und der Festungskommandant von Graudenz, ein General, empfing den zum Tode Verurteilten und dann Begnadigten mit folgenden Worten: „Ich sehe aus Ihren Papieren, daß Sie ordentliche Leute sind, und Sie sollen's hier auch gut haben, denn meine Sache ist es nicht, Leute, die im Unglück sind, noch mehr hinunterzutreten.“ Ut mine Festungstid, Bd. X, S. 119. Aufschlußreich ist die zensierte Gefangenenmitteilung bei AUER (S. 53): „Der Anstaltsdirektor war (darf nicht wiedergegeben werden. AUER).“

[4] AUER: S. 53.

selbst nannte er einen Erzhalunken, weil ich ihm abstritt, meiner Mutter Schande gemacht zu haben. Er kam in eine Nervenheilanstalt [1]... Der Geistliche, welcher nun folgte, war ... das gerade Gegenteil." Ein anderer Häftling meint, daß sein Geistlicher sicher ein guter Herr war, der das Beste wollte, aber es war ihm nicht gegeben, beliebt zu sein. „Er strömte keine Wärme aus, er war kurz und trocken.... Wirklich beliebt waren die Klostergeistlichen — Franziskaner, wenn ich nicht irre – nie hörte ich ein Spott- oder Schimpfwort über dieselben [2]."

Aus der Vergangenheit [3] wie aus modernen russischen und amerikanischen Mitteilungen lesen wir wenig über die Arbeit des Anstaltsgeistlichen, der nur bei der Hinrichtung auftritt. Von den seelsorgerischen Methoden eines schwarzen Geistlichen erfahren wir interessante Einzelheiten von PATTERSON [4]: „Er sang vor den Zellentüren des Todeshauses, rief zur Buße auf: Reinigt Eure Seelen! Reinigt Eure Seelen! und war bemüht, ein Geständnis abzuringen und dem Gouverneur zu überbringen, um dessen Gewissen zu beschwichtigen. Obschon er manchmal seiner Überzeugung Ausdruck gab, daß der Mann unschuldig sei, brachte er Unruhe unter die Todeskandidaten genau wie der weiße Pfarrer, der auch auf Geständnisse drang. Wenn ein Mann den Mord gestand, so sagte er die Wahrheit. Sagte er nicht nach Wunsch aus, so war es unwahr." Man hielt ihn für einen anständigen Kerl (regular guy), weil er mit den Todeskandidaten über Baseball sprach.

Von einem Heiligen im Zuchthaus spricht ein kritischer und gebildeter Sträfling. „Er sah nicht wie ein Pastor, auch nicht wie ein Schwärmer aus, aber wie ein Mann, dessen Milde so groß ist wie die Rüstigkeit seines Geistes.... Sein mächtiges, aber gesundes Gefühl trug den unendlichen Jammer dieses Hauses mit sich umher... Fromm war er, doch wunderbar frei, gewillt und imstande, jeder wissenschaftlichen Wahrheit ins Gesicht zu sehen. Hinter ihm lagen Dogmen und Satzungen.... Jedenfalls war der Mann, der eines Tages in meine Zelle trat, ein geistig vollkommen gesunder, harmonischer Mensch, in dem alle drei Bestandteile der geistigen Persönlichkeit: Wille, Verstand

[1] Von einem andern, offenbar nervenkranken Anstaltsgeistlichen, der sich an einem Gefangenen verging, berichtet HAU, S. 86—89. Die Auswahl des Nachfolgers war dazu angetan, den Schaden wieder gutzumachen. „In erster Linie: er war ein Mann. Ein gerader, tapferer Mann. Kriegsfreiwilliger, später Divisionspfarrer. Eifriger, gewissenhafter Seelsorger, aber nicht engherzig; kein Kirchenlicht, aber mit viel gesundem Menschenverstand begabt. Dazu von einer grenzenlosen Güte, durch die schlimmsten Enttäuschungen nicht abzubringen von dem unverwüstlichen Optimismus, mit dem er seinen Dienst tat." HAU: S. 89 und 90.

[2] AUER: S. 89.

[3] LINGUET: Bastille S. 291 erzählt, daß die im Schloß angestellten Geistlichen niemals der Hinrichtung beiwohnten und daß der Beichtvater selten ein Jesuit war, „da dieser Orden immer einen Widerwillen gegen dergleichen traurige Ämter hatte".

[4] PATTERSON, S. 30.

und Gefühl groß und stark ausgeprägt waren[1]." Dieser hagere Riese mit langem dunklem Vollbart war eine Erscheinung aus einer anderen, besseren Welt.

Gebildete weichen in ihren Mitteilungen weit voneinander ab. ERNST v. SALOMON, ein Offizier, stieß im Zuchthaus auf einen Geistlichen, der ihm der kälteste aller Pharisäer zu sein schien, den er je getroffen hatte[2]. OSCAR WILDE machte abfällige Bemerkungen über den Gottesdienst in Reading[3]. Der Anarchist BERKMAN dagegen fand warme Worte der Anerkennung für den Mann, der trotz 30 Jahren der Enttäuschung und Undankbarkeit immer hilfreich sein Amt versah[4]. Die Gefangenen, deren Gespräche überliefert werden, drücken vor allem ihre Enttäuschung darüber aus, daß der Geistliche auf seiten der Verwaltung steht und einer der „soliden" Beamten ist[5], wie sie meinen. In diesem Tadel liegt hohe Erwartung. Sie blicken zu dem Geistlichen auf und hoffen, daß er als wahrer Christ gegen alle Ungerechtigkeit und Grausamkeit aufstehen würde. Dann aber sehen sie, daß er sein Amt nicht aufs Spiel setzt und trotz des priesterlichen Gewandes auch nur ein Mensch ist. Die aufrichtigen Gefangenen wenden sich ab, während die Schieber sich an den Pfarrer heranmachen, im Kirchenchor singen, allerlei Vorteile erhoffen und dafür die Verachtung der „besseren Gefangenen einheimsen."[6] Trotz aller kritischen Kraftworte sind Gefangene höchst eifersüchtig, wenn der Geistliche einem Sträfling zu viel Zeit widmet[7]. Daneben gibt es wirkliche religiöse Naturen, oder solche, die durch eine religiöse Phase gehen. Für sie ist der Geistliche der Mittelpunkt einer tiefgreifenden Entwicklung.

BJERRE[8] hat in höchst anregender Weise die „Zellenreligiosität" seiner Verbrecher diskutiert.

---

[1] LEUSS, S. 81, 82.

[2] SALOMON, ERNST v.: Die Geächteten, S. 361. Berlin 1935.

[3] „Und dann", meinte WILDE zu einem Besucher, „mußte ich mit allen andern in die Kirche gehen, wo sie Kirchenlieder singen, schreckliche Hymnen, falsch gesungen, zum Preis ihres erbarmungslosen Gottes." HARRIS, FRANK: Oscar Wilde, a. a. O. Bd. II, S. 335. — Später schrieb WILDE an eine Londoner Zeitung und forderte Reformen: Die Direktoren sollten menschlich gemacht, die Beamten zivilisiert und die Geistlichen christianisiert werden. Ebenda Bd. II, S. 397.

[4] BERKMAN: S. 464. — Einige interessante Bemerkungen über die religiösen Schwestern, die im Gefängnis von Saint-Lazare die Aufsicht führen, finden sich bei MARYSE CHOISY, a. a. O. S. 147—149.

[5] NELSON: S. 33. Der Sträfling endet seine Tirade mit den Worten: "I guess, the whole story is, they are afraid of their jobs, the poor bastards."

[6] Bei NELSON, S. 123 werden alle Kategorien dieser Schmuser aufgeführt.

[7] LAMSON: S. 153.

[8] BJERRE, ANDREAS: Zur Psychologie des Mordes, S. 34—42. BJERRE meint bei Gefangenen religiöse Vorstellungskomplexe gefunden zu haben, die an die primitiven Anfänge aller Religion bei niedrigen Menschenrassen erinnern. Diese Andeutung bedarf der Nachprüfung.

Bjerre behauptet, unter allen der Religion zugewandten Verbrechern, die er beobachten konnte, nicht einen einzigen getroffen zu haben, dessen Religiosität er als gesund und echt bezeichnen konnte. Er fand das grenzenlose Bedürfnis nach einer Stütze, zumal als Ergebnis der seelischen Zersetzung in der Einzelhaft. „In wortlosen Angstgebeten“, sagt Bjerre, „schuf der Verzweifelte in solchen Augenblicken ein heimliches Schutzwesen. Es verblaßte wieder, wenn der Gefangene rechtzeitig in Gemeinschaftshaft überführt wurde. Es konnte aber auch sich befestigen und zu einem wunderlichen Dogmensystem auswachsen, das nur sehr notdürftig mit der Bibel im Einklang stand. Bisweilen war der Kern dieser Religiosität eine Verlagerung aller Hoffnungen von dieser Welt auf ein Jenseits. Der Gott, an den sie glaubten, war hart wie sie selbst, voll Rache und Vergeltung, hatte aber eine Schwäche: man konnte ihm durch Unterwerfung und Verehrung die grausame Vergeltung abkaufen. Man konnte auf diesem Weg ohne Gesinnungsänderung schuldfrei werden. Das (die Zweckhaftigkeit dieser Wandlung) ging schon aus der Tatsache hervor, daß diese Verbrecher in all ihrer Verzweiflung niemals einen Gedanken auf das Schicksal ihrer Opfer verwandten; was sie beschäftigte war einzig und allein ihr eigenes Wohl und Wehe[1].“ Bjerres Material waren meistens Mörder. Wir dürfen nicht vergessen, daß bestimmte Abstufungen der Religiosität mit einzelnen Delikten einhergehen. „Sittlichkeitsdelinquenten, Mörder und solche, die Unterschlagungen begangen haben, sind bei jedem Gottesdienst in größerer Anzahl zu finden, als die übrige Anstaltsbevölkerung[2].“ Oft bietet die Kirche die Möglichkeit zu verbotenen Kontakten oder auch nur eine Abwechslung von tödlicher Monotonie. Die meisten Gefangenen begnügen sich nicht mit einem „Butterbrot im Himmel“[3], sondern sehnen sich nach den Genüssen dieser Welt, die ihnen von der verschlossenen Zelle aus besonders begehrenswert erscheinen[4].

Geistlicher und Arzt haben eine ganz andere Funktion als die Beamten, die für Strafe und sichere Verwahrung zu sorgen haben. Ihre Aufgabe kann aber nicht vom vorgeschriebenen Gang des Gefängnislebens abgelöst werden. Selbst in der Kirche und in der Krankenabteilung wächst Geistlichem und Arzt nur eine beschränkte Autonomie

---

1 Bjerre: S. 38.

2 Clemmer: S. 234.

3 Ebenda S. 237. Der englische Ausdruck ist prägnanter: "a pie in the sky".

4 Solche Gelüste schildert Blum (S. 80) aus dem Gefangenenlager. Hier malt unter schlecht brennender Petroleumlampe ein Insasse einen Schiffsball im Hafen von Triest aus. Er malt das glanzreiche Gewühl schöner, in duftigen Seidenwolken schwebender Frauen, goldbetreßter Seeoffiziere, ordensgeschmückter Frackträger. Ein anderer träumt davon, „wieder einmal auf Parkettboden gehen zu dürfen, in Lack und Frack und zementharter Hemdbrust, eine hübsche Frau am Arm und ringsherum lauter gutangezogene Menschen. . . .“

zu. Der Gefangene erwartet Unmögliches, obschon die Befugnisse des Arztes bei der Prügelstrafe, der Fortsetzung des Dunkelarrestes, der Arbeit und der Verpflegung erheblich weiter gehen als die des Geistlichen. Trotzdem kann auch er psychotherapeutisch,[1] zudem in Fragen der Entlassung und des Gnadenverfahrens, wirksam sein.

Bei der Hinrichtung und den vorbereitenden Phasen ist der Geistliche eine wichtige Person[2], weniger in der Strafzelle, wo das Fehlen tröstender Einflüsse und menschlichen Ausgleichs ein Teil des Strafzwecks zu sein scheint. An diesem Punkt erhebt sich eine Frage, die schon die alte Praxis der Bastille beantwortet hat: Soll der Anstaltsgeistliche den letzten Trost spenden, oder soll diese letzte seelische Hilfe von einem Außenstehenden gewährt werden? Ein kluger Gefängnisarzt, Dr. SQUIRE von Sing Sing, hat beobachtet[3], daß manche Sträflinge ihm mit tiefer, unüberwindlicher Abneigung begegneten, wenn er gerade davorstand, an einer Hinrichtung teilzunehmen oder wenn er einen solchen Akt hinter sich hatte. Er empfand den Widerspruch zwischen Lebensvernichtung und Lebenserhaltung, die die eigentliche Aufgabe des Arztes ist, und kam zu der Überzeugung, daß sich eine Hinrichtung zwischen ihn und das Vertrauen der Gefangenen gestellt hatte. Es sollte daher überlegt werden, wie Dr. SQUIRE vorschlägt, ob Gefängnisarzt, aber auch Anstaltspfarrer, von der Teilnahme an einer Exekution auszunehmen seien.

3. Der Arzt.

In langer Reihe ziehen die Anstaltsärzte an uns vorbei, gelobt, getadelt, kein Typ, sondern eine Vielfalt ungleicher Menschen, verschiedener Ausbildungsstufen und abweichender Einstellung zum Sträfling[4]. Neben ausgesprochener Zurückhaltung, selbst Gleichgültigkeit, verraten eine Anzahl Bücher, die Anstaltsärzte geschrieben haben, warmes Interesse und tiefe Einfühlung[5]. Bisweilen tut sich ein Gegensatz zwischen beruflicher Tüchtigkeit und menschlicher Anteilnahme auf.

[1] Wie der erfahrene katholische Priester in Wandworth. SPENSER: S. 194.

[2] Bei DOSTOJEWSKIS Hinrichtung (die im letzten Augenblick abgebrochen wurde) kam nach dem Staatsanwalt der orthodoxe Priester, der erst mit gepreßter Stimme über den Text: „Der Tod ist der Sünde Lohn" predigte, dann aber darauf hinwies, daß nichts in dieser Welt ein Ende hat und den Reuigen ewige Wonne im Jenseits erwartete. TROYAT: S. 131.

[3] SQUIRE: Sing Sing doctor, a. a. O. S. 200.

[4] Der Gefangene ist geneigt, die Grade des Interesses an der Zeit abzumessen, die auf ihn verwandt wird. In Alabama stand morgens nach PATTERSON (S. 93) eine Schlange von 75—80 Mann vor dem Doktor. Um halb sechs waren sie alle untersucht, und er ging.

[5] Beispiele sind JOSEPH G. WILSON und M. J. PRESCOR: Problems in prison psychiatry, Caldwell 1939; die Bücher von Dr. LEO STANLEY und Dr. SQUIRE und FRIEDRICH LEPPMANNS immer noch nicht veralteter „Gefängnisarzt", Berlin 1909.

„Der behandelnde Arzt", schreibt ein Gefangener bei AUER[1], „scheint ein sehr tüchtiger Mann in seinem Beruf zu sein ... aber die Behandlung der Gefangenen ... war nichts weniger als liebenswürdig, ich hätte nach jedem seiner Besuche weinen können wie ein Kind[2]." Eine Gefangene, die Nierenschmerzen zu haben behauptet, gibt folgenden Bericht[3]:

„Das Sprechzimmer ist gut eingerichtet. ... Der Arzt, sehr alt, verschrumpelt, hinkend, kurzsichtig, forderte mich mit einer Kopfbewegung auf, zu sprechen, während er, ohne mich anzusehen, auf dem Schreibtisch hantierte. Ich sagte in aller Kürze meine Beschwerden. Ehe ich ausgesprochen hatte, sagte er zu der Oberwachtmeisterin: ‚Hustentropfen. Die Nächste'!"

Frauen scheinen besonders für mangelnde Beachtung empfindlich zu sein. JOAN HENRY beschreibt Krankenbesuche, bei denen sie auf die Frage, ob es einem gut gehe, stereotyp mit: Ja, danke, Herr Doktor, zu antworten hatte[4], auch wenn man sich sterbenskrank fühle. Manchmal sagen die Patientinnen in dieser Anstalt bereits: „Ja, danke, Herr Doktor", ehe sie gefragt sind. Besonders sensibel scheint OSCAR WILDE gewesen zu sein; es wird berichtet, daß WILDE sich nicht wohl fühlte und im Bett liegen blieb. Der Doktor kam, sah zur Tür herein und rief: „Auf, Sie Drückeberger. Ihnen fehlt nichts, Sie werden bestraft, wenn Sie nicht aufstehen[5]." Es wird für alle Zeit ungeklärt bleiben, ob WILDE damals wirklich etwas fehlte oder nicht[6].

Der Arzt verfügt im Gegensatz zum Pfarrer über die Macht, ausgedehnte Vorteile zu geben. Als WILDE durch eine Ohrenerkrankung endlich in die Krankenabteilung gekommen war, wachte er trotz seiner Schmerzen in dem neuen luxuriösen Milieu des Hospitals auf. „Meine Hand ruhte auf sauberem weißem Leinen: ich war im Himmel. Ich mußte meine Zehen gegen die Leinwand stemmen, sie war so weich und kühl und sauber. Der Pfleger sagte zu mir: Essen Sie etwas! und gab mir dünnes weißes Brot mit Butter darauf. ... Ich werde es niemals vergessen. Das Wasser kam in Strömen in meinem Mund zusammen. Ich war so schrecklich hungrig und das Brot war so köstlich[7]." Diese Genüsse kann eine Anordnung des Arztes hervorzaubern. Er kann leichte Arbeit verschaffen, zu Posten verhelfen, wo es besseres Essen

---

[1] AUER: S. 131.

[2] „Ich hatte von einem Tag auf den anderen Angst vor seinem Besuche, während der Arzt in der Anstalt Str. mit den Gefangenen nicht liebevoller hätte umgehen können, als wenn er einen Krösus vor sich gehabt hätte."

[3] RINSER, LUISE: a. a. O. S. 80.

[4] HENRY, JOAN: a. a. O. S. 55 und 56.

[5] HARRIS, FRANK: Bd. II, S. 335.

[6] Über eine andere Form der Vernachlässigung klagt WILDE ebenda II, S. 337. Es scheint festzustehen, daß die ärztliche Untersuchung in Reading WILDES luetische Erkrankung nicht erkannt hat.

[7] HARRIS: Bd. II, S. 335 und 336.

gibt, er hat bei der vorzeitigen Entlassung mitzureden[1]. Auch hier kollidiert der allzu gute Mensch bisweilen mit der Kunst des guten Arztes. Einen Doktor in der Strafkolonie nennt BELBENOIT[2] „zu gut". Er wagt nicht, die Simulanten herauszuwerfen, er gibt den Sträflingen „monumentale" Essensportionen, er war eine Seele von Mensch. BELBENOIT aber wurde nach eigenem Geständnis nur dadurch vor dem Tode gerettet, daß der schärfere Nachfolger alles Übermaß abschaffte und ihn auf knappe Diät setzte. Ihm, nicht dem Herzensguten, gaben die Sträflinge einen mächtigen Blumenstrauß, als er abfuhr, und vergaßen ihn nie.

Wie beim Direktor wünschen die Sträflinge sich ein ärztliches Ideal, das ihre zahllosen Tricks durchschaut und trotzdem ihre Nöte versteht. Auf diesen strengen Ernst, dessentwegen man einen älteren Arzt besonders achtete, hat schon DOSTOJEWSKI hingewiesen[3]. Die größte Gefahr für eine seelische Verhärtung des Arztes sind die Gefangenen, die mit unzähligen Kniffen nach Vergünstigungen haschen und den wohlmeinenden Arzt von einer Enttäuschung zur anderen jagen, ja durch Seifeessen und andere wohlbekannte Methoden[4] Krankheitserscheinungen hervorrufen. Bei den Kriegsgefangenen führten brutale Hunger- und Schlaflosigkeitskuren zu extremer Magerkeit und zur Entlassung in ein neutrales Land[5]. Ein alter Hausarzt in Bruchsal[6] durchschaute alle diese Simulanten und sagte es ihnen in ruhiger und wohlwollender Weise. Im Zweifelsfalle gab er ohne Zögern. „Er wollte lieber von 99 Simulanten hintergangen werden, als daß er den hundertsten, der

---

[1] Auf dem Spielberg konnte der Arzt anordnen, daß dem kranken Gefangenen die Fußfesseln abgenommen würden. PELLICO, SILVIO: I mei prigioni, S. 147.

[2] BELBENOIT: S. 114 und 115.

[3] DOSTOJEWSKI: S. 246.

[4] In Guayana reiben sich die Sträflinge Sperma in die Augen, um Entzündung zu verursachen; Erblindungen kommen vor. BELBENOIT: S. 102.

[5] „Der Erfolg aller dieser Bemühungen war eine gespenstisch wirkende Magerkeit. . ." BLUM: S. 108. — Gegenüber der Haft bedeuten ganz im Gegensatz zur Freiheit lebengefährdende Veränderungen einen erwünschten Vorteil. Die Zuchthäusler sind froh, aus der Anstalt heraus zu den gefährlichen Sprengkommandos zu kommen. EGGERATH: S. 157ff. Krankheit bringt Hoffnung, Gesundheit Fortdauer der Gefangenschaft. Im französischen Gefangenenlager trifft eine Kommission ein; die Kranken sollen nach der Schweiz und in die Heimat. BLUM (S. 110 und 111) berichtet: „Den Tag über drängt sich . . . ein vor Hitze und Erregung schwitzender, dunstender Haufe mehr oder minder zuversichtlicher Spitalsrekruten. Zu ersteren gehören etliche mit einem Lungenklapps Behaftete, deren anmaßende Sicherheit auf die hoffnungslos Gesunden geradezu aufreizend wirkte: so daß mancher unter diesen im stillen den Tuberkelprotzen die eigene gottverdammte Gesundheit an den Hals wünschte."

[6] HAU: S. 30. „Im Ausklügeln immer neuer Tricks . . . ist man sehr erfinderisch. Der Arzt weiß das natürlich und wird gewöhnlich mit der Zeit zum Skeptiker, der schließlich immer nein sagt, um nicht immer wieder hereinzufallen."

wirklich krank, als Simulanten zurückwies.“ Einen Anstaltsarzt der gleichen Art hatte Ebrach[1].

„Er ließ blutarme oder ausgehungerte Leute als Helfer in die Küche versetzen, wo sie sich an Fett und Milch wieder aufpäppeln konnten und nahm hinfällige, auch wenn sie nicht eigentlich krank waren, in die Krankenabteilung auf, damit sie durch Ruhe und bessere Kost wieder zu Kräften kämen.“

Andere Ärzte hat LEUSS gekannt, die Simulanten und solche, die sie dafür hielten, dem Direktor zur Bestrafung meldeten[2]. LEUSS führt aus den Akten Fälle an, in denen eine irrige Diagnose unterlief[3]. Hier erfährt das Verhältnis zwischen Arzt und Gefangenen eine bedenkliche Störung. Es kann sich unter günstigen Umständen zu tiefer Neigung steigern: Als der Pfarrer in Bruchsal das Ableben des alten Arztes bekanntgab, „brachen die Gefangenen in ein Weinen und Schluchzen aus, das minutenlang andauerte[4]“.

4. Die Wärter.

I.

Auf der untersten Stufe in der Hierarchie des Aufsichtspersonals steht der Wärter[5]. Zwei Faktoren bestimmen die Qualität dieser Gruppe. Zuerst kommen Auswahl und Ausbildung. Dieses Menschenmaterial wird den Einflüssen einer verwickelten Umwelt, des Gefängnislebens, unterworfen. Denn es ist richtig, was manche klügere Gefangene bemerken: Auch der Wärter ist für lange Stunden des Dienstes „eingeschlossen“, untersteht einer strikten Disziplin, wird irgendwie von den Kräften, die sichtbar oder unsichtbar den grauen Bau umwittern, erfaßt und umgestaltet. Nur starke Naturen nehmen die Situation in ihre Hand und formen sie nach ihrem Bilde um, dominieren sie, selbst die überaus schwierigen Abteilungen der Arrestzellen oder des Todeshauses. Diese geborenen „Herrschertypen“ finden sich hie und da. Glücklich ist der Anstaltsleiter, der sie herausfindet und gewähren läßt. LAMSON traf eine solche Persönlichkeit in San Quentin[6], FUCHS in Ebrach. Fast immer sind es keine jungen Leute. Sie sind nicht laut, eher ruhig und einsilbig, und hinter der verschlossenen Miene bricht am richtigen Ort und zur richtigen Zeit, nicht zu selten und nicht zu oft,

---

[1] FUCHS: S. 74.

[2] LEUSS: S. 123.

[3] Ebenda S. 207ff.

[4] HAU: S. 31. — DOSTOJEWSKI spricht in 2 Kapiteln von der Krankenabteilung und den Ärzten; manche von ihnen merkten wohl, daß der Mann sich nur krank gemeldet habe, um sich ein bischen zu erholen. Sie verschrieben ihm dann etwas für febris catarrhalis und ließen ihn bisweilen eine Woche ruhig liegen.“ Ebenda S. 245.

[5] Die Zwischenstufen werden nicht gesondert behandelt.

[6] LAMSON: S. 34ff.

eine feste, selbstsichere Freundlichkeit hervor. FUCHS' Aufseher, ein Fünfziger, brachte das Wunder fertig, seine Arrestantenabteilung „ohne Schelten und Fluchen, ohne Kommandieren und Lärm" zu leiten[1]. Die unruhigen Geister gehorchten ihm nicht nur, sie hatten ihn aufrichtig gern. „Ihm durch Unbotmäßigkeit, Unreinlichkeit oder sonstwie Ärger oder gar Unannehmlichkeiten zu bereiten, galt im ganzen Zuchthause für eine Schande, und Neulinge oder Rowdies, die es dennoch taten, riskierten von ihren Kameraden im Schlafsaale dafür empfindliche Hiebe zu beziehen." Er wickelte die allerschwierigsten Fälle um den Finger. Sie hatten ihn nun einmal gern.

Frühzeitig hat sich in vielen Kulturländern das Bedürfnis geltend gemacht, durch anständige Bezahlung und Ausbildung einen Wärtertyp heranzuziehen, der über die alten „Schließergestalten" hinausgeht. Die amerikanischen Ziele und Methoden hat BATES geschildert[2], und neuere Kriminelle haben, vielleicht nicht ohne Nebenabsicht, den Typ des modernen Aufsehers in den Bundesanstalten warm gelobt[3]. Sie sind gut bezahlt, sagt MARTIN, und diese Bemerkung mag für die Bundesanstalten zutreffen. Vor wenigen Jahren noch war die Besoldung an den Strafanstalten der Staaten unzureichend. In CLEMMERs Zuchthaus erhielten 170 Aufseher 112,50 Dollar monatlich, eine andere Gruppe von 32 Leuten nur 103,50 Dollars[4]. In Canon City, Colorado, betrug das Gehalt der Aufseher 1929 100—105 Dollars im Monat[5]. Die Verhältnisse werden sich seitdem gebessert haben, sie haben sich kaum soweit verändert, daß ausgezeichnete Leute angezogen werden. Die Untersuchungskommission von 1929 sprach unverhohlen ihre Verwunderung aus, daß mit so wenig Geld noch einigermaßen erträgliche Aufseher zu erhalten sind. Die miserablen Gehälter hätten den Anstaltsleiter gezwungen, Leute einzustellen, die in anderen Berufen nicht mitkommen konnten und im Hafen der Anstalt einen Ruheplatz für ihr Alter suchten. Angesichts dieser Zustände habe bei der großen Meuterei vom Oktober 1929 jeder nur an sich selbst, keiner an eine geschlossene Abwehr gedacht. Von einem Oberaufseher, der geflohen war, wird

---

[1] FUCHS: S. 70. — Die automatische Selbstdisziplin der Gefangenen haben wir bereits erwähnt. SPENSER: S. 287; SALOMON, v.: Fragebogen, S. 164. In guten Anstalten eliminieren Mitbeamte über den Direktor ungeeignete Aufseher, die nach LAMSON (S. 69) eine Gefahr für sich selbst, die anderen Beamten, die Sträflinge und die ganze Anstalt sind. „Stern, but fair", ist wie überall auf der Welt das Ideal eines Wärters für den Gefangenen. LAMSON: S. 68.

[2] BATES, SANFORD: Prisons and beyond, a. a. O. S. 165—175, wo ein ganzes Kapitel: „Wärter oder Führer?" überschrieben ist.

[3] MARTIN: S. 135.

[4] CLEMMER: S. 63.

[5] Report of the Governor's Special Committee to investigate the State penitentiary, S. 18. Denver 1929.

gesagt, er habe soviel Mut gezeigt, wie man bei einem Monatsgehalt von 125 Dollar verlangen könne[1].

Die ungenügende Besoldung greift aber noch tiefer in das Leben der Anstalt ein. Beamte können der Versuchung nicht widerstehen, sich unerlaubte Vorteile zu verschaffen, Briefe zu schmuggeln, Zwischenträger für den Absatz von Alkohol und Rauschgiften zu werden. Es gibt wenige Bücher von Gefangenen, die diese Dinge nicht erwähnen. Oft sind die Folgen tragisch[2].

Eine andere Versuchung ist noch viel bedenklicher. Es ist die Macht, die wir einem mittelmäßig bezahlten, nicht immer altbewährten Menschen in die Hand geben. Diese Autorität ist Kompensation für vieles, was er entbehren muß, für eine letzte Spur jenes populären Mißtrauens, das im Mittelalter so unverhohlen ausgeprägt war, und für die Disziplin, der er sich selbst beugen muß. Der untere Beamte ist an die Vorschriften gekettet, die für den Gefangenen bestimmt sind, an dessen Tagesordnung, dessen dumpfes Zellenhaus, ja an dessen Anschauungen und Sprache. Er soll Abstand halten, teils weil es die Vorschriften verlangen[3], teils weil die Gefangenenethik Intimität mit dem „Feinde" verurteilt[4]. Es ist nicht ratsam, als Spitzel beargwöhnt zu werden. Nur bei DOSTOJEWSKI liest man die erstaunliche Bemerkung, daß im Ostrog Spionage und Zwischenträgerei blühte, ohne daß die Häftlinge sich besonders darüber aufregten[5]. Der Dichter selbst findet über ein solches Individuum die stärksten Worte[6].

Die Gruppe der Aufseher ist selten fest geschlossen. Jene, die sehr beliebt sind, werden von den anderen beneidet[7]. Wärter haben ihre

---

[1] Ebenda S. 20.

[2] HAU, S. 159. „Der Vorsteher der Kanzlei des Direktors, ein Oberjustizsekretär, und sein Gehilfe, wurden verhaftet. Ein entlassener Gefangener hatte Verrat geübt." — Bestochene Wärter brachten in Sibirien Frauen dorthin, wo Sträflinge sie treffen konnten. CARR, E. H.: Dostojewski, S. 63. London 1949.

[3] BERKMAN: S. 272. Der Direktor sieht nicht gern, daß ein Wärter zu lange mit dem Sträfling spricht, oder ihm die Hälfte seiner Banane abgibt. — Wenn ein Mann seine Probezeit im Strafanstaltsdienst der Bundesverwaltung durchmacht, so disqualifizieren ihn Haltungen wie: „Fraternisieren mit Gefangenen, Erörterung von Anstaltssachen mit Außenstehenden in einer Weise, die dem Dienst schädlich sein muß". BATES: S. 172.

[4] „Es gilt", meint NELSON (S. 115), „für einen Verstoß gegen den Gefangenenkodex, mit einem Wärter oder einem anderen Beamten anders als in folgenden beiden Fällen zu sprechen: einmal um einen persönlichen Vorteil auf Kosten des Staates zu erlangen oder die Interessen der Gefangenen als Gruppe zu fördern".

[5] DOSTOJEWSKI: S. 105.

[6] „Fügt man hinzu, daß er (außer seinen nichtswürdigen Eigenschaften) auch listig und klug war, an sich hübsch, selbst ziemlich gebildet und Fähigkeiten besaß, nein, dann war es wohl besser, wenn eine Feuersbrunst, Pest und Hungersnot ausbrach, als daß solch ein Mensch in der Gesellschaft weilte." Ebenda S. 105.

[7] „Man findet viel Eifersucht und Mangel an Selbstbewußtsein unter ihnen", Report of the Special Committee, a. a. O. S. 19.

Lieblinge unter den Häftlingen, die sie gegen andere Beamte in Schutz nehmen. Unter der sauberen und glatten Oberfläche spielen sich die wortlosen oder gedämpften Kämpfe derer ab, die sich bei illegalen Geschäften in die Quere gekommen sind oder zuviel voneinander wissen. Erpresserischer Druck geht um, von Sträflingen gegenüber Beamten, von Wärtern gegenüber anderen Wärtern. Dort, wo die Sucht am stärksten ist, wo die höchsten Gewinne locken, bei den Genußgiften, ist auch die Gefahr am größten. Immer wieder haben amerikanische Kriminelle dargestellt, wie sie durch Beamte sich Heroin, Kokain oder Pervitin verschafften[1]. Ein Einbrecher nimmt seine Rache an der Anstalt Folsom dadurch, daß er nach der Entlassung das Zuchthaus mit Rauschgiften überschwemmt[2]. Der Stoff kann nur durch das Mitwissen oder die Mitwirkung der Aufseher hineingelangen. Die Materie hat ein so geringes Volumen, daß sie leicht versteckt werden kann. Es sind größte Werte[3] in handlichster Form, mehr als alles andere zu heimlichem Absatz geeignet und dabei notwendiger als Essen, Schlaf und Liebe.

Groß ist die gesetzliche Amtsbefugnis des Aufsehers, unendlich viel größer seine tatsächliche Macht. Körperliche Gewalt soll im Regelfalle nicht angewendet werden. Gewalt aber ergibt sich als sein Recht aus einer Reihe von Situationen: er darf die Flucht, selbst den Anfang der Ausführung verhindern, muß das Eigentum schützen, Ruhe und Ordnung aufrechterhalten, tätlichen Angriff abwehren. Er ist in zahlreichen Fällen mit dem Delinquenten allein; aus praktischen Gründen muß zuerst dem Beamten Glauben geschenkt werden[4], wenn die Aussagen sich widersprechen und die Zeugen fehlen. Neben der Zelle gibt es Zeiten und Orte erhöhter und beinahe absoluter Abgeschlossenheit. Es ist die Nacht und die verdunkelte, schalldichte Strafzelle. Aus dieser Leere des Kampfplatzes erwächst dem Beamten, zu Recht oder zu Unrecht, Immunität.

Dieser ungünstigen Konstellation gesellen sich andere Konflikte bei. Es ist beobachtet worden, daß der Anstaltsaufseher den Unterschied zwischen autoritärer Gehobenheit und dem Absinken in die Niederung bedrückter Privatverhältnisse bitter empfindet, besonders wenn Frau

---

[1] „Es ist eine Tatsache“, meint NELSON, ein ausgezeichneter Kenner (S. 188), „daß Wärter und Werkmeister die tödliche Ware ins Gefängnis bringen, gewöhnlich für 25 Dollar und mehr den Ausflug. Der ‚richtige‘ Gefangene nimmt Fühlung mit dem ‚richtigen‘ Aufseher auf. Dieser geht zu einer Adresse, die man ihm gibt. Er geht gewöhnlich an seinem freien Tage hin, empfängt das Paket und bringt es ins Gefängnis, wenn er sich zurückmeldet, gewöhnlich zum Nachtdienst.“

[2] BLACK: S. 365.

[3] Anfang der 50er Jahre brauchte eine mäßige Konsumentin Morphium für 7—8 Dollar am Tag. MARTIN: S. 26.

[4] NELSON sagt einsichtigerweise: „Man muß dieser Aussage glauben, sonst gerät das ganze Ordnungssystem der Anstalt ins Wanken“ (S. 125 und 126).

und Kinder hinzukommen. Dieser Widerspruch zwischen Allmacht und Machtlosigkeit, etwa der Frau gegenüber, aber auch den Tatsachen geringer Bezahlung und mühseliger persönlicher Umstände, ist eine neue Quelle innerer Reibung. Nur wenige können durch äußerstes Wohlverhalten aufsteigen. Diese elenden Kerls aber, die jeden Befehl widerspruchslos zu befolgen haben, gehen nach einiger Zeit wieder in die Freiheit, in das gleiche unbekümmerte und rauschende Leben, das sie hereinschwemmte. Es ist sicher, daß die Phantasie des Aufsehers und die Rühmereien des Gefangenen die Herrlichkeit ihres Daseins ohne Geldsorgen und Hemmungen übertreiben. Von außen kommen Gerüchte über viel Geld und sexuelle Erfolge und erreichen das Ohr des schlecht bezahlten, in Liebessachen nicht immer glücklichen Beamten. Von Zeit zu Zeit rauschen, einen Strom von Parfüm verbreitend, hübsche junge Frauen in die Anstalt, ihren Mann zu besuchen. Sie tragen einen Hauch von Genüssen in die Monotonie der Anstalt, die dem Beamten fremd sind. Die Aufseher vergessen, daß große Kriminelle über ein Aphrodisiakum verfügen, dem mehr Verführungskraft innewohnt als Schönheit und selbst Reichtum. Es ist das starke Stimulans des Abenteuers und der Erregung, das manche Frauen in allen Fasern ihres Wesens aufwühlt.

Diese hübschen Frauen, darunter aufgeputzte und geschminkte Mädchen leichten Lebenswandels, sind das Ereignis des Zuchthauses. Es mag fraglich erscheinen, ob diese Frauen alle so hübsch sind, aber den frauenlosen Männern erscheinen sie hübsch und jung, wenn sie hereintänzeln und mit ihren dreisten schwarzen Augen den Gefangenen Blicke zuwerfen[1]. CLEMMER hat den Eindruck vermerkt, den die anziehende Körperlichkeit der Besucherinnen auf die Beamten macht. Die Aufseher schütteln den Kopf und wundern sich, wie „eine so hübsche Frau sich mit den lausigen Kanaken abgeben könne“[2].

II.

Viele Gefangene sprechen mit Mißachtung oder mit wirklichem Haß von ihren Wärtern[3]. Die Skala steigt von den gleichgültig gewordenen Aufsehern zu den Quälgeistern und Sadisten an.

---

[1] HAU beschreibt solche Besucherinnen, S. 156.

[2] CLEMMER: S. 255.

[3] Die Oberbeamten sind nicht weniger absprechend in ihrem Urteil. Ein amerikanischer Direktor meinte, daß seine Aufseher nur an eines dächten: „Wann gibt es zu essen? Wann ist der Dienst aus? Wann gibt es Gehalt?“ CLEMMER: S. 187. — ‚Nach BERKMAN waren zu seiner Zeit die meisten Aufseher von der Stadtverwaltung wegen chronischer Trunkenheit oder grober Brutalität und Korruption entlassen worden (S. 270). Ihm waren die älteren Wärter äußerst zuwider. Einige waren schon 15—20 Jahre im Dienst und nach seiner Meinung „unsagbar gefühllos und grausam“. BERKMAN begrüßte den Tod eines dieser Leute mit Jubel; er war 40 Jahre lang Aufseher gewesen. BERKMAN: S. 241.

„Ausgemachte Schweinehunde sind sehr selten[1]; ich habe in meinem ganzen Leben, einschließlich der Jahre im Zuchthaus nur fünf oder sechs kennengelernt... Im Zuchthaus herrscht keine Willkür.... Da waren ein paar Beamte, nur ein paar, die wir ‚anständige Kerle' nannten, an die konnten wir uns immer wenden, vor allen Dingen der Polizeihauptwachtmeister Staude, ein sehr wichtiger Mann im inneren Betrieb. Daß solche Leute in solchen Posten wirklich innerlich souveräne Gestalten waren, darauf kam es an."

Immer wieder schlägt die Bemerkung an unser Ohr, daß ein bestimmter Wärter gern gesehen wurde. „Die Anstalt hat ihn noch nicht schlecht und böse gemacht[2]." Die wenigen aber, die das Einerlei, die Absperrung, die Verführung der Macht aus innerer Kraft überstanden hatten, werden doppelt gelobt. Hau zeichnet das treffende Porträt eines alten Beamten, der schon in Pension gegangen war[3], und fügt hinzu: „Er war der einzige Aufseher von allen, die ich kennengelernt, den ein so langer Verkehr mit Gefangenen weder härter noch schlechter gemacht hatte[4]." Verärgerte, melancholische Typen scheinen für die schweren Aufgaben des Gefängnisdienstes besonders ungeeignet zu sein, weil ihr Anblick den Druck, der über der Anstalt liegt, verstärkt. Oft klagen die Gefangenen, daß schon die harte und gefühllose Stimme aufreizend, die bloße Erscheinung eine Qual sei[5]. Wie eine Drohung legt ein solcher Mann seine private Bitterkeit auf die Sorgen der Gefangenen, die sie in Feindseligkeit und Schadenwollen umdeuten.

Es ist immer bedenklich, wenn zur normalen Spannung: Wärter — Häftling neue Haßbeziehungen hinzukommen. So will Degrave beobachtet haben, daß die wenig geachteten, in anderen gewalttätigen Berufen steckengebliebenen Korsen, diese „Kastanienfresser, in deren Adern die Sehnsucht nach Blut rollt", die Verlangen nach goldenen Streifen, Waffen und Macht haben, in Guayana die brutalsten Aufsichts-

---

[1] Salomon, v.: Fragebogen, S. 154.

[2] Patterson: S. 30. Der englische Ausdruck ist „mean".

[3] „Den Polizeidienst in unserem Stockwerk (es ist Krieg) versah jetzt ein prächtiger Alter mit weißem Patriarchenbart, der 35 Jahre lang Aufseher in einem kleinen Amtsgerichtsgefängnis gewesen war.... Ein ehrwürdiger Greis, gewissenhaft im Dienst mit dem Herzen eines Kindes.... Eine Ausnahme und ein Wunder." Hau: S. 105. Er glaubte, daß Gott Grausamkeit bestraft und gab Beispiele einiger Direktoren, die er gekannt hatte. Ebenda S. 105 und 106.

[4] Sollten wir diesem Verhärtungsprozeß, der mit besserer Routine einhergehen kann, nicht mehr Beachtung schenken?

[5] „Er war derjenige, der den Gefangenen von allen am meisten verhaßt war, bei der Behörde aber als der ‚zuverlässigste' galt, wie mir ein Vorgesetzter von ihm sagte. Auf seinem sehr kleinen Körper saß ein Kopf, dessen starke, aber bittere Physiognomie zu der Kleinheit der Gestalt in einem eigenen Kontrast stand (wie wir früher einmal erwähnt haben). Wasserblaue helle Augen ohne Tiefe, aber stahlhart, von Falten umgeben, ähnlich denen, die den spähenden Seemann kennzeichnen, aber mit einer feindlichen, spähenden Zutat; tiefe Falten an beiden Seiten des Mundes vollendeten den Eindruck einer argen Verbitterung." Leuss: S. 74.

beamten sind[1]. Schwarze Zuchthäusler argwöhnen bei allen weißen Wärtern die Zutat der Rassenabneigung. Das Mitglied der regierenden Partei fühlt sich zur Verfolgung und Vertilgung der „Vaterlandsverräter" verpflichtet[2]. Es gibt auch Aufseher, die so offensichtlich geisteskrank sind, daß die geheimen Anstalts-„Gerichte" sie von ihrer Hinrichtungsliste streichen[3].

Über dieser, nach außen hin so säuberlich geglätteten und geordneten Struktur von Pflichten und Rechten, die ein wirbelndes Chaos menschlicher Leistungen und Fehlleistungen verbirgt, liegt wie eine Wetterwolke die Furcht. Sie vor allem richtet eine Mauer zwischen Wärtern und Bewachten auf. Sie ist überall da, und die Frage ist nur, ob sie berechtigt ist, und was man gegen sie tun kann. OSBORN will die Gefahr bejahen[4]. Er weist auf das Wort eines Beamten in Dartmoore hin: „Wir stehen auf einem Vulkan.... Hätten die Sträflinge Gelegenheit, sich zusammenzuschließen und könnten sie aufeinander Vertrauen setzen, so würde die Anstalt in einer Minute in Stücke geschlagen werden[5]." Und Harris, jener ruhige und furchtlose Aufseher der Abteilung, in der die Verurteilten auf den Tag der Hinrichtung harren, hat ebenfalls gemeint: „Sie dürfen nicht vergessen ... daß dieses Zuchthaus voll von Menschen ist, die sich nichts Besseres wünschen, als mich auf dem Pflaster liegen zu sehen, blutbedeckt, sterbend[6]." Es kommt für die Atmosphäre der Anstalt nicht so sehr darauf an, ob diese Beamten zu schwarz sehen oder nicht. Wichtig ist, daß sie an die stete Gefahr glauben.

---

[1] DEGRAVE: S. 224. «Ils se vengent sur les malheureux forçats du dédain de leur chefs, du mépris du monde, avec d'autant plus de haine qu'ils peuvent le faire impunément.»

[2] BERBIG: Knast, S. 206.

[3] Ebenda S. 216.

[4] „In einer Anstalt, in der jeder Beamte glaubt, daß sein Leben ständig in Gefahr ist, wird der Wärter leicht gefühllos, weil das Gefühl der Bedrohung die feineren Eigenschaften abstumpft.... Ich kann mir keine Erfahrung vorstellen, die moralisch mehr zerrüttet, als der Wärter von Sträflingen zu sein. So sehr ich Gefangene bemitleide, so denke ich doch, daß seelisch ihre Situation der der Aufseher weit vorzuziehen ist." OSBORN: Within prison walls, S. 136. Und dies sind die Worte und Gedanken eines Anstaltsleiters.

[5] Ebenda S. 136.

[6] LAMSON: S. 67. — Zur Furcht tritt noch ein soziales Abneigungselement hinzu. Die geistige Überlegenheit mancher Sträflinge wirkt aufreizend (NELSON, S. 118), und es gehört nicht sehr viel dazu, „überlegen" zu sein, wenn man BERKMAN glauben darf (S. 118), daß die Intelligenz der Wärter wenigstens in seiner Anstalt unter der der Sträflinge stand. Als in Coswig die Gefangenen im Kreis herummarschieren und jedesmal einen Kohlkopf unter der Jacke verschwinden lassen, greift der Wärter BERBIG heraus: „Mich allein greift Hankel heraus, weil der Haß des Ungebildeten gegen den Gebildeten nun einmal ewig und unauslöschlich ist. „‚Du Schwein hast gestohlen! Ein feiner Mann, der die Kameraden bestiehlt!' — Krach! Er schlägt mir die geballte Faust ins Gesicht." BERBIG: Knast, S. 229.

Die Frage, ob Anstaltsbeamte sich mit Recht bedroht fühlen dürfen[1] und ob es unter solchen Umständen verständlich ist, wenn sie keine erzieherischen, sondern rein defensive Haltungen annehmen, läßt sich nach Ort und Zeit nicht gleichmäßig beantworten. Zweifellos aber ist, daß die Gefangenen Furcht wie Tiere „riechen", daß sie diese Furcht genießen und daß gespürte Furcht wie jede Schwäche aggressive Gelüste weckt, Depressive[2] aktiviert, Geisteskranke explodieren läßt, sowie ein äußerer Anlaß, rohes Wort oder rohe Behandlung, hinzutritt. Furchtlosigkeit entwaffnet in erstaunlicher Weise[3]. Alter Haß entsichert die normalen Hemmungen, in diesem Falle ist Furcht angebracht, aber man sieht ohne weiteres den Kreislauf von Brutalität der Behandlung und brutalem Angriff des Sträflings. In Folsom wütete ein Beamter mit Zwangsjacke, Hungerkuren und Quälereien. Ein Wärter hatte ihm dabei geholfen. Bei einem Ausbruchsversuch stößt beinahe jeder der Verschworenen sein Messer in ihn[4].

Die weiblichen Anstaltsbeamten sind ein besonderes Kapitel. Ihr Machttrieb scheint noch stärker ausgeprägt als bei den Männern; da Reformen der Befriedigung ihrer stärksten Triebe Abbruch tun, sind sie häufig allen Neuerungen abgeneigt[5]. Als eine brutale Aufseherin, die die Gefangenen geschlagen hat, strafversetzt wird und die unbeliebte Oberaufseherin erkrankt und operiert werden soll, springen die Gefangenen vor Freude über die Betten und singen „Dankchoräle"[6].

III. Die Welt der Bewachten.

1. Die „feudale" Struktur der Haftgemeinschaft.

Von weitem oder von außen gesehen will es so scheinen, als ob die Zuchthausbevölkerung durch den machtvollen Zugriff des Staates pulverisiert und zu einer gestaltlosen Masse umgepreßt sei. Alle Häftlinge

[1] „Eine Furcht vor den Sträflingen ist allgemein, und wo sie nur sind, erscheint sie, ich weiß nicht aus welchem Grunde, von selbst. Irgendeine Ursache muß sie jedenfalls haben..." DOSTOJEWSKI: S. 73. — Aus Alabama erzählt PATTERSON von einem Wärter, der immer in Angst war. Als er eines Abends seine Gruppe nach Hause brachte, drehte er sich um und sah seinen Schatten. Er riß die Pistole heraus und schoß darnach, weil er glaubte, daß einer ihm nachging (S. 127).

[2] Siehe die Fälle eines Angriffs, die beinahe wie verkappte Selbstmordversuche erscheinen bei BELBENOIT, S. 82, 83 und VERA FIGNER, S. 261.

[3] Siehe die Beobachtungen DOSTOJEWSKIS auf S. 73.

[4] BLACK: S. 360. — Etwas anders sind Angriffe bei einem Ausbruchsversuche zu beurteilen, weil hier wenig untersuchte Zustände der Verzweiflung und eine allerdings selbstverschuldete Notlage vorliegen. Trotzdem biegt sich beinahe automatisch die Angriffsrichtung auf verhaßte Beamte ab, wie in dem Falle, den FUCHS (S. 142) beschrieben hat. Angegriffen wird der Beamte, „mit dem durchaus nicht zu spassen war. Aber er schien eben gerade deshalb besonders geeignet, als Objekt des Zuschlagens zu dienen, weil er der gefürchteste und heftigste aller Beamten war, der schon mit vielen Gefangenen Zusammenstöße gehabt hatte..."

[5] HENRY, JOAN: S. 142.

[6] RINSER, LUISE: Gefängnistagebuch, S. 179.

tragen Nummern, tragen die gleiche Anstaltskleidung, müssen im gleichen Augenblick sich erheben oder zu Bett gehen. Für eine autonome, von der Hausordnung nicht vorgesehene Struktur scheint kein Platz zu sein. Und trotzdem sind die gesellschaftsbildenden Instinkte noch im Rechtsbrecher so stark, daß sich aus dem Nichts neue Gebilde des Zusammenlebens erheben.

Tief aus der Gleichförmigkeit und der auf Kommando und Anstoß harrenden Erstarrung wachsen Zusammenhänge hervor, die sich nur bei strenger Einzelhaft nicht entfalten können. Da ist die Gruppe, die in der Küche, im Kesselhaus, in der Krankenabteilung arbeitet, im Chor singt, beim Sport aktiv sich bewegt oder passiv zusieht. Da sind die Cliquen, die sich meist auf der Basis gemeinsamer Herkunft, oft auch gemeinsamer früherer Berührungen zusammenfinden. Da sind die Zellenpartner und schließlich die vielen Paare,die sexuelle Begehrlichkeit zueinander treibt. Sie entstehen, lösen sich auf, werden ausgetauscht, nähern sich wieder und schließen Bündnisse des Hasses und der Liebe.

Leuss sammelt seine ersten Erfahrungen auf der Schreibstube, die er mit anderen Gefangenen teilt[1]. Er wird nicht gefragt, er wird in eine Gruppe hineingeworfen und wächst mit ihr zusammen. Zellengenossen mögen sich leiden oder können, wenn der andere krank[2] oder eine Last[3] ist, Gemeinschaft mehr zerstören als herbeiführen. Gruppen bilden sich in allen Anstalten, auf dem Hof, wo die Leute sich sonnen dürfen, im Steinbruch, beim Tütenkleben oder in der Tischlerei. Paare finden sich immer zusammen, am leichtesten, wenn die Anstalt überfüllt ist und die Verwaltung nur die gröbsten Verstöße sehen will[4].

Über diesen Fragmenten aber baut sich eine größere Struktur auf. Sie faßt die kollektiven Partikel zu einer Einheit zusammen. [4] Die Gefängnisgemeinschaft beruht auf der realistischen Überzeugung, daß Menschen von ungleichem Werte sind, wenn man ihre Brauchbarkeit für den kalten Krieg der Gefangenen gegen die Wärtergruppe in Betracht zieht. Sie beurteilt und rangiert den Menschen nur nach ihren Interessen. Sie verwirft schwache, mehr aber noch autistische Menschen. Mit ihnen sich abzugeben, etwa aus Mitleid oder irgendeinem anderen „artfremden" Grunde, lohnt sich nicht. Sie werden ohne Zögern in die unterste Stufe des Gefängnisfeudalismus versetzt. Seine soziale Struktur ist die Selbstorganisation der Stärksten, Furchtlosesten, Rücksichtslosen, etwa jener forts-à-bras in Guayana, die grün, blau und

---

[1] Leuss: S. 103ff.

[2] Pattersons Zellgenosse hat Lues (S. 29).

[3] Martin, S. 155, 156. — Der Stadtmensch wird durch Klagen eines Farmers gelangweilt, für dessen Mißgeschick er kein Verständnis hat. S. 155 und 156. Es kostet ihn 15 Dollar, ihn loszuwerden. Wie, wird nicht gesagt.

[4] Martin: S. 138 und 139. "The officials just turn their eyes the other way".

rot tätowiert, durch zahllose Erfahrungen verbunden, mit riesigem Bizeps und dicken Lippen sich sofort zusammenfinden wie ein Rudel von Wölfen, Karten spielen, alles Erreichbare klauen, rasch mit dem Messer zur Hand sind, und, als ob es so sein müßte, die ganze Gefängnisgemeinschaft terrorisieren[1]. Über dieser wild und ungerufen aufsprießenden Struktur der Gefängnishorde liegt ein Reflex und eine Erinnerung an Tierparks und Urzeiten, als Gruppen sich für Zwecke des Augenblicks formten und noch nicht durch die Klammer von Institutionen zusammengehalten wurden.

Über der Struktur, die eine gewisse Festigkeit und Dauer besitzt, bauen sich Konstellationen auf, die unerwartet auftauchen, zu flüchtigen Gruppenbildungen führen und sich wieder auflösen. In dem Gewebe erlaubter und unerlaubter Beziehungen zur Wächtergruppe stellen sie eigenartige, wenn auch nicht unbedeutende Querverbindungen dar. So ist das zahlenmäßige Verhältnis zwischen Aufsehern und Gefangenen in den Vereinigten Staaten 5—8%, in Deutschland durchschnittlich 7%. Hinter dieser wohlbewaffneten und schlagfertigen Einheit stehen die unerschöpflichen Reserven der Polizei und der bewaffneten Macht[2], die aber nur zur Geltung kommen können, solange kein Ausbruch erfolgt ist. Nicht immer ist es möglich, diese Truppe, die gesammelt immer den zersplitterten Gefangenen überlegen ist, an jedem gefährdeten Punkt zum Einsatz zu bringen. Es ist deshalb bei Meuterei oder Ausbruchsversuchen wichtig, wie sich die große, amorphe Zahl der Gefangenen verhält. Es sind wenige Meutereien bekannt, vor allem aus den Vereinigten Staaten, in denen sich nicht ein Teil der Sträflinge für neutral erklärte oder aktiv zugunsten der Beamten eingriff. Kennzeichnend ist ein Vorgang, den NELSON[3] mitteilt. Gefangene, die einen Ausbruch verabredet hatten, wurden von einem einzelnen Beamten zum Gottesdienst geführt. Der Plan war, ihn zu überwältigen, ein Gitter durchzusägen und zu entkommen. Die Sträflinge nahmen dem Aufseher die Schußwaffe ab. Sie war wider Erwarten nicht geladen. Er schrie um Hilfe. Ein Gefangener, der den Revolver genommen hatte, hielt die Mündung gegen den Mann und drückte ab. Sowie einige Insassen sahen,

---

[1] BELBENOIT: S. 31 und 32.

[2] Siehe den Funkspruch Direktor JOHNSTONS von Alcatraz in seinem Buche S. 226.

[3] NELSON: S. 130 und 131. Einer der Leute war ein Lebenslänglicher, dessen Vater gegen seine Begnadigung protestierte; der andere wurde nach wenigen Monaten freigelassen. Dem Beamten zu Hilfe zu kommen, war eine sicherere Methode der Befreiung als Flucht. — FUCHS berichtet von einem ähnlichen Fall. Hier schlossen sich die Zelleninsassen, deren Türen noch offenstanden, der Meuterei nicht an. „Sie waren unheldenhafter, dafür aber auch klüger. . . . Sie hofften sich Strafnachlaß zu verdienen, indem sie die Partei der Beamten ergriffen und die beiden Meuterer überwältigen halfen.“ FUCHS: S. 142.

daß die Waffe nicht losging, verließen sie den Führer und kamen dem Beamten zu Hilfe. Eine jede solche „verräterische" Handlung verheißt größten Gewinn, baldige Begnadigung oder vorzeitige Entlassung. Aus der angreifenden Bande spaltet sich plötzlich eine Hilfstruppe ab und kassiert regelmäßig die Dividenden ihres Wohlverhaltens ein. Es ist blitzschnelle Ausnutzung einer unerwarteten Konjunktur.

Ehe wir zu dem Schema einer autonomen Gefängnisgesellschaft kommen, müssen wir noch einige „Querfäden" dieses Gespinstes unter die Lupe nehmen. Sie modifizieren die Gesamtstruktur in etwas, ohne sie umzuwerfen. Sind doch auch die homosexuellen Paarbildungen wie im freien Leben Einbuchtungen der härteren sozialen Gußformen.

Aus der Freiheit werden eine Reihe von alten Distinktionen eingeschleppt. Sie sind teils respektvoller, teils ablehnender Natur. Ein Mitgefangener sagte eines Tages, als er sich überzeugt hatte, daß er vertrauenswürdig sei, zu „Rechtsanwalt" HAU[1]:

„Man hat Sie bisher in unseren Kreisen falsch beurteilt. Auch mir war es eigentlich außer Frage, da ich doch die Juristen genau kenne, daß Sie selbst nach Ihrer Ausstoßung aus der Kaste innerlich sich mit ihr solidarisch fühlten. Die Annahme, Sie stünden auf der anderen Seite, schien selbstverständlich. Wir hielten das freundliche Wesen, das Sie gegen uns zur Schau trugen, für berechnet. Viele hielten Sie für einen Spion der Beamten. Wir haben Ihnen Unrecht getan."

In Sibirien stoßen wir auf die gleiche Erfahrung. DOSTOJEWSKI schrieb an seinen Bruder, daß der Haß gegen die Adligen unter den Sträflingen jedes Maß überschreitet. „Sie begrüßten uns Adlige mit ausgesprochener Feindseligkeit und mit boshafter Freude an unserm Leiden. Sie würden uns bei lebendigem Leibe aufgefressen haben, wenn es nur gegangen wäre[2]." In den Memoiren aus einem Totenhause hat er geklagt, daß die ehemaligen Adligen, trotzdem sie aller Standesrechte beraubt und allen anderen Gefangenen gleichgestellt waren, nie als Kameraden angesehen wurden. Man machte sich über ihren Sturz lustig und sah mit innerer Befriedigung auf ihre Schmerzen. Eine weitere Unterlegenheit war ihre geringere körperliche Kraft und ihr Versagen bei den schweren Arbeiten. Noch gespannter und unfreundlicher war das Verhältnis zu den verurteilten polnischen Adligen, weil hier zum sozialen Abstand noch der nationale Gegensatz hinzukam[3]. Nicht

---

[1] HAU: S. 67.

[2] CARR, E. H.: a. a. O. S. 65. — TROYAT (a. a. O. S. 151) teilt folgende Vorwürfe mit, die DOSTOJEWSKI mitanhören mußte: „Ihr seid Adlige mit scharfen Krallen, Ihr habt uns einstmals gequält. Einstmals war't Ihr Herren und tatet uns weh, jetzt seid Ihr weniger als der letzte unter uns." DOSTOJEWSKI selbst sagte: „Zwei Stunden nach der Ankunft sieht man jeden neuen Sträfling als gleichberechtigt mit den andern an. Dies ist nicht so mit Gebildeten. So gerecht, gütig und klug er auch sein mag, er wird jahrelang Haß und Mißachtung erfahren."

[3] DOSTOJEWSKI: S. 38 und 40.

weniger fühlten sich die sibirischen Sträflinge über die politischen Delinquenten erhaben, über die unverständlichen Stümper, die weder einen richtigen Mord noch einen soliden Raub begangen hatten[1].

Besonders schwierig, ja tragisch ist die Stellung des Gefangenen, der draußen eine autoritäre Stellung bekleidete[2] oder gar ein Rad in der repressiven Maschinerie des Staates gewesen war. LAMSON hat mit großem Feingefühl das Geschick eines Schutzmanns in St. Quentin geschildert, der um ein Haar wegen Tötung einer Frau in der Trunkenheit hingerichtet worden war. Er sah smart aus, war nicht der fette und begriffsstutzige Polizist des Lustspiels, sondern sah eher, wie LAMSON sagt, einem modernen, schmissigen Gangster ähnlich. Die Gefangenen waren glücklich, ihn im Zuchthaus zu sehen, und ließen ihren Haß in kleinen bösen Bemerkungen aus. Sein Leben war nicht sicher, denn es gibt viele Messer in St. Quentin.

Das waren die Sträflinge. Auch die Wärter haßten ihn, denn er hatte den ganzen Stand verraten und außerdem brachte seine Anwesenheit Unruhe und böses Blut in die Anstalt. Beide aber, Aufseher wie Gefangene, hatten eine Erwartung: daß der Schutzmann auch im Zuchthaus Schutzmann bleiben, sich von den Mitgefangenen absondern oder mit der Staatsgewalt irgendwie zusammenarbeiten würde.

Um den Schutzmann zu schützen, gab man ihm Arbeit im Raum für Fingerabdrücke. Nach einem Jahr bat er um Versetzung. Er hatte es mit der Angst bekommen. Denn diese Posten sind hochbegehrt, und viele Fallstricke werden dem Inhaber von den Sträflingen gelegt, um ihn aus dem Sattel zu heben. Nach LAMSON war es nicht Furcht allein: Der Polizist war es müde geworden, weder Schutzmann, noch richtiger Sträfling zu sein. Er kam als Kalfaktor zu den Arrestzellen, hielt es eine Zeitlang aus und bat wieder um Versetzung. Man gab ihm einen anderen Posten, aber niemand hatte Vertrauen zu ihm. Eine Veränderung ging mit ihm vor. Wenn auf Schutzleute geschimpft wurde, stimmte er herzhaft ein. Er war so einsam, daß man ihn schließlich eines Tages ertappte, ein Butterbrot unter dem Hemde, das für einen befreundeten Sträfling bestimmt war. Im Handumdrehen hatte er den Druckposten verloren, aber seinen Ruheplatz im Zuchthaus gewonnen. Es war für ihn die einzig richtige Wahl[3].

Man kann die Stärke dieser fortwirkenden sozialen Unterschiede daran ermessen, daß sie nicht nur im Gefangenen weiterleben, sondern auch die Gruppe der Aufseher — die andern Mitglieder einer unteren

[1] „Ihre Art von Verbrechen schien unbegreiflich.“ “Whom had they killed or robbed?” TROYAT: S. 151 — Siehe der Streit zwischen den „Politischen“ und den wahren Sträflingen bei DEUTSCH, S. 154.

[2] LAMSON: S. 104—114.

[3] “Bert was getting tired of being neither bull nor con.” Ebenda S. 108.

Schicht — nicht unberührt lassen. In Ebrach saß ein alter Baron wegen Blutschande. Seine leicht vorgebeugte hohe Gestalt hob sich von der Masse der Gefangenen ab, mehr noch die ungewollte Fremdartigkeit seines Wesens. Hinter der schäbigen Montur saß etwas, was den Gefangenen volksfremd und dünkelhaft schien und ihn „grenzenlos unsympathisch" machte[1] Seine Unbeholfenheit störte den Betrieb und machte auch den Beamten den unausstehlich „vornehmen" Baron verhaßt. Die Folge dieser Stimmung war schlechte Behandlung. „Es hieß: und wenn er tausendmal ein Freiherr wäre, so sei er doch bloß ein gemeiner Schweinehund[2]." So tragen schon die Beamten, selbst der Geistliche[3], Gespenster der alten sozialen Ordnung in die Haft hinein. Man darf sich nicht wundern, daß Sträflinge der gleichen Schwäche verfallen.

Eine lehrreiche Erfahrung teilt SPENSER aus Dartmoor mit. Auch er hat beobachtet, daß die Aufseher sich der Standesunterschiede des freien Lebens nicht erwehren können. Die meisten „feinen Leute" werden nach seiner Meinung besser behandelt als die kleinen Pintscher. Dazwischen schiebt sich die Bemühung, fair zu sein, und führt paradoxerweise dazu, daß die „besseren" Gefangenen schroffer als die andern behandelt werden. Ein Beamter in Wormwood Scrubs rühmte sich, Horatio Bottomley, den großen Kriegsschwindler, genau so laut angebrüllt zu haben wie jeden andern[4]. Das Zahlenverhältnis spielt eine Rolle. Sowie die frühere Oberschicht häufig vertreten ist wie in Leavenworth, beginnt sie den gewöhnlichen Kriminellen zu imponieren[5], tritt sie auch zu lockeren Einheiten zusammen, die die Unabhängigkeit und Verteidigungskraft erhöhen.

II.

Bedeutsamer als die von außen eingeschleppten gesellschaftlichen Unterschiede ist die Struktur der Gefängnisgesellschaft selbst, die sich nach dunklen Gesetzen sozialer Schwerkraft entwickelt. CLEMMER hat diese Bildungen oder Mißbildungen zum ersten Male untersucht, und wenn die amerikanischen Verhältnisse nicht immer oder nur in An-

---

[1] FUCHS: S. 250.

[2] Ebenda S. 248.

[3] Siehe die Verzweiflung des Anstaltsgeistlichen über einen inhaftierten Amtsbruder, den er einen „widerwärtigen Menschen und eine Schande für den ganzen Stand nannte". HAU: S. 42 und 43. Siehe einen ähnlichen Fall bei LEUSS, S. 81.

[4] SPENSER: S. 282.

[5] MARTIN erzählt nicht ohne Stolz, daß mit ihm einige der gerissensten Männer des Landes gesessen hätten, „Studierte, Bankiers, Ärzte, Anwälte, Richter, Vizegouverneure". Die weniger gebildeten Sträflinge wollen die Geheimnisse der Macht und des Geldes von diesen Größen lernen, und daraus entwickelt sich ein respektvolles Verhältnis. MARTIN: S. 140.

deutungen für Europa gelten werden, so verdienen sie sorgsamste Beachtung. Jede Strafanstalt hat eine Führerschicht[1]. Es mag ein „Gefängniszar“ sein, an den die Verwaltung sich in Notfällen wendet, um durch Vermittlung seiner Autorität ihre Zwecke zu erreichen[2]. Diese Typen haben sich durch eine Reihe von Eigenschaften, die CLEMMER aufzählt, an die Spitze gesetzt. Sie haben sich in schwierigen Situationen bewährt, sind rasch von Entschluß, von frischer emotioneller Zündung, sind Virtuosen der Verbrechersprache, witzig, auf sexuellem Gebiet voll Initiative und reich an äußeren Erfolgen[3]. Es genügt schon, mit einer solchen „geachteten“ Persönlichkeit zusammengearbeitet zu haben, um in die oberen Kreise der Gefangenengesellschaft aufgenommen zu werden. BLACK ist noch jung und ohne Prestige, aber „Smiler“ hatte ihn der Ehre gewürdigt, mit ihm zu arbeiten, ehe ihn in einer Einbruchsnacht die volle Schrotladung in den Kopf traf. Jetzt begrüßt ihn „Shorty“, der Anstaltspatrizier[4], ein berühmter Geldschrankknacker[5]. Stolz erfüllt ihn, von den „feinsten Leuten[6]“ akzeptiert zu werden, die ihm eine gute Zelle besorgen und die Rechtslage seines Falles sachverständig erörtern. Sie sammeln Geld für den Anwalt und lassen es an Reden nicht fehlen, die in Anbetracht der Situation erbaulich genannt werden können.

Neben diese natürlichen Führergestalten treten Männer, denen die Saga der Unterwelt oder ihre offensichtliche Macht einen Platz in der

---

[1] CLEMMER nennt diese Oberschicht die Elite (S. 107). Vielleicht läßt sich noch eine bessere Bezeichnung finden.

[2] Siehe den Vorgang bei LAWES: Twenty thousand years, S. 278. Diese wichtige Person, die der Direktor zu sich berief und um seine Mitwirkung bat, war ein alter Gang-Führer, „voller Schußnarben, ein Veteran zahlloser Dachschlachten und Straßenkämpfe. Er saß wegen Totschlags und war eine Macht unter den Gefangenen geworden“.

[3] Weitere Voraussetzungen sind Intelligenz, Erfahrung, Zuverlässigkeit und großes kriminelles Wissen.

[4] Diesen Ausdruck höchsten Respekts prägt BLACK nur (S. 104), weil er seiner jugendlichen Heldenverehrung als ehrerbietigstes Prädikat entspricht; er ist in den meisten Fällen unzutreffend.

[5] Die Rangunterschiede der Gefängnisgesellschaft kommen in einem Streit ans Licht (FALLADA: Wer einmal aus dem Blechnapf frißt, S. 434). Zwei Kriminelle, die früher zusammen gesessen haben, diskutieren einen großen Einbruch. Der eine hat die Gelegenheit ausbaldowert, der andere ist ein bekannter, vielerfahrener Sachverständiger. Er lehnt die Mitarbeit des „Tieferstehenden“ ab: „Du vermasselst mir alles“, sagte Batzke. „Ich kenn Dich doch aus dem Kittchen. Immer hintenrum, immer mit dem Direktor zusammenhocken, schmusen — das kannst Du. Ich will nicht sagen“, setzte er milder hinzu, „irgend 'ne hübsche Urkundenfälschung oder 'ne Hochstapelei bei Weibern oder hier bei deiner ollen Wirtin, wo man keinen Mut braucht und keine Geistesgegenwart, darin bist du vielleicht tüchtig“. „... Aber“, fuhr Batzke unerbittlich fort, „von dieser Sache mußt Du die Finger lassen.“

[6] The „best people“ deutet im kriminellen Raume die soziale Distanz an.

Oberschicht anweist. JACK LONDON[1], den sein Wanderleben zum Gefängnispraktiker machte, ist dabei, zusammen mit anderen Vertrauensmännern unerfahrene Neuankömmlinge in der Anstalt „hochzunehmen". Manchmal trifft er auf einen geheimnisvollen Widerstand:

„Bisweilen", schreibt er, „kommt ein Mann ins Gefängnis, bei dem man keine Schiebung verüben darf. Dunkel geht das Gerücht herum, er müsse anständig behandelt werden. Ich kann nicht sagen, woher das Wort eigentlich herkommt. Klar aber ist, daß er ‚pull' hat[2]. Vielleicht hat er Einfluß auf einen der höheren Vertrauensleute; vielleicht bei einem der Aufseher in anderen Gefängnisflügeln; vielleicht haben wohlsituierte Schieber ihm diese gute Behandlung erkauft; aber, wie das auch sein mag, wir wissen, daß wir ihn anständig zu behandeln haben".

Immer wieder begegnen wir diesen Männern, mit denen man sich besser gut stellt und mit denen man lieber nicht anbandelt. Selbst im sauberen Leavenworth lebte ein großer Gangster[3], den der Direktor zu seinem Chauffeur machen mußte, der einen eigenen Raum hatte, besondere Krankenkost aß und Zivilkleider tragen durfte. Seine Chauffeurpflichten gaben ihm Gelegenheit, ein Mädchen in der Stadt zu etablieren. Ein anderes Verhältnis machte aus Eifersucht Anzeige. In der nächsten Woche war sie einem „Autounfall" erlegen. Jetzt erst traten die Einflüsse, die ihn gestützt hatten, den Rückzug an, und alle Privilegien wurden entzogen. Die anderen Sträflinge schwankten zwischen der Bewunderung von so viel Macht und Eifersucht über die Bevorzugung. In der gleichen Anstalt war MARTIN höchst geschmeichelt, mehrmals mit Lepke, dem bekannten Gangster, auf dem Hof spazierengegangen zu sein[4]. „Seine Augen waren so eindrucksvoll; tausend Dinge gingen ihm durch den Sinn und man sah es seinen Augen an: Dieser Kopf umschloß viele Geheimnisse."

Während die Führer, die man „echte[5]" nennen möchte, geachtet und gefürchtet werden, mischt sich bei der Gruppe, die „pull", Einfluß, hat, Neid der wenigen Privilegierten bei[6]. Da jene es aber verstehen, Machtpositionen zu erobern,[7] wird es ihnen nicht schwer, sich zu be-

[1] FONER, PHILIP S.: Jack London, American Rebel, S. 356. New York 1947.

[2] Das Wort ist unübersetzbar; es bedeutet Macht aus dunklen Quellen und zu dunklen Zwecken.

[3] Dr. WILSON: a. a. O. S. 238. „Er wußte so viele Dinge von so wichtigen Leuten draußen."

[4] MARTIN: S. 141. Der Gangster wurde später hingerichtet. Bewundernd sagt MARTIN (S. 140): „In Leavenworth findest Du einige Kriminelle höchster Klasse. In der ganzen Welt gibt es nicht ihresgleichen, möchte ich sagen, vom rauhesten Typ bis zur feinsten Spielart."

[5] Siehe den Sträfling mittleren Alters, „zuversichtlich in seinem Auftreten, von besten Manieren. Er hieß der ‚Französische Graf' und war der erste Gehilfe im Hauptbüro". BERKMAN: S. 255.

[6] CLEMMER: S. 74.

[7] NELSON wirft beide Gruppen durcheinander, wenn er behauptet: „Es gibt im Leben der Anstalt gewisse Persönlichkeiten. Sie bilden wegen ihrer früheren sozialen, politischen oder finanziellen Position, wegen der Berühmtheit, die sie

haupten. Ihnen steht die Lageraristokratie der Konzentrations- und Gefangenenlager nahe[1]. Ihre Rolle beruht auf dem Wagnis der Kooperation mit dem „Feinde“ ohne Rücksicht auf die Zukunft, aus der sie sich irgendwie herauszuwickeln hoffen. Zu ihrer Deckung suchen sie die Basis der Mitschuldigen möglichst zu verbreitern. Aber hier haben wir bereits das Gebiet der selbstgestaltenden Kräfte verlassen und die Grenze zum Klassenstaat der Anstalt überschritten, bei dem die machtabtretende Wärtergruppe wirksam wird und die autonomen Tendenzen zurückweichen.

In England machen sich Sonderbildungen bemerkbar. Es sind „auserwählte“ Cliquen, die weit entfernt, herrschen zu wollen oder zu können, sich einfach absondern, ihr Feinersein genießen und von den anderen Gefangenen mit Neid und Hohn bedacht werden[2]. Hier kann von Führung ebensowenig die Rede sein, wie ein literarischer Klub daran denken könnte, die Politik eines Volkes zu bestimmen. Gerade in dem Wunsche dieser losen Gruppen, Kontakt mit der Anstaltsplebs, also der Mehrheit, zu vermeiden[3], liegt ihre arge Schwäche, der Verzicht auf wirkliche Macht, ihr Risiko und ihren Ertrag. Ein selbstkonstituierter Kreis pseudogeistiger[4] Menschen kann Überlegenheitsgefühl verleihen. Im Gefängnis, dem ungeistigsten Ort, den es gibt, bewegt er sich im luftleeren Raum und ist bloßer Zeitvertreib. Weit entfernt, handfeste Vorteile für den Einzelnen oder die Gemeinschaft zu verschaffen, zerreißt er die Front der Gefangenen. Wenn Snobismus irgendwo und irgendwann ohne Daseinszweck ist, so sind es die harten Jahre der Haft.

Zur Oberschicht gehört nur — wie der Günstling des Fürsten — für kurze Zeit und in sehr widerruflicher Weise der Liebling des Anstaltsleiters. Berkman hat folgende Rede und Widerrede mitangehört[5]. Es sprechen der Mignon und zwei obere Aufsichtsbeamte:

„He, Du, Wilson, wo willst Du hin“, brüllte der stellvertretende Anstaltsleiter dem Sträfling nach.

Ohne innezuhalten, geht Wilson weiter.

„Vize-Direktor Wilson“, murmelt ein Kalfaktor, der zuhört, mit einem Blick voll Haß und Neid.

---

durch ihre Tätigkeit oder Strafprozesse erworben haben, wegen des Anstaltsprestiges, das ihnen durch Ausbrüche oder Ergatterung guter Posten, weiter ihre physische und ihre geistige Leistung zugeflossen ist, das, was man im Gefängnis die Aristokratie oder die Oberschicht nennt.“ S. 18.

[1] Das Wort findet sich ebenso bei Gollwitzer, S. 91 wie bei Kogon, S. 347.

[2] „Da sind wieder die hohen Herrn Grafen“, bemerkt ein Cockney spöttisch. Spenser: S. 281.

[3] Ebenda S. 283.

[4] Während zwei Geistige sich bei der Arbeit im Steinbruch über die Willensfreiheit unterhalten, ruft den Unfreien ein Aufseher zu: „He, ihr beiden Professoren! Wie wäre es, wenn Ihr zur Abwechslung mal einen Stein zerschlagen wolltet?“ Spenser: S. 280.

[5] Berkman: S. 253 und 254.

Der Oberwachtmeister Hopkins steht von seinem Sitze auf: „Wilson", ruft er ruhig und streng, „Herr Graves spricht mit Dir. Komm sofort zurück!" Rot vor Wut dreht sich Wilson um: „Was wünschen Sie, Deputy?", fragt er erregt.

Der stellvertretende Anstaltsleiter sieht unruhig aus und rutscht in seinem Stuhl hin und her, aber unter dem strikten Blick des Hopkins schreit er heftig: „Was machst Du in diesem Flügel?"

„Ich bin hier auf Befehl von Captain Edward S. Wright" (des Direktors), antwortet Wilson giftig.

„Gut, geh weiter. Aber wenn ich Dich noch einmal rufe, hast Du zurückzukommen."

„Der Direktor hat mir befohlen, mich zu beeilen. Ich werde ihm melden, daß Sie mich mit einer unnötigen Frage aufgehalten haben", zischt Wilson zurück.

„Jetzt ist es aber genug", warnt ihn der Oberaufseher.

„Warten Sie nur, bis ich den Direktor gesprochen habe", brummelt Wilson beim Weggehen.

Wie die Pompadour und die Dubarry Könige beherrschten, vom Hochadel geduldet und umschmeichelt wurden, bis ihr Sturz sie wieder in die tiefsten Niederungen zurückwarf, so gehören diese Lieblinge des Anstaltsautokraten zu den provisorisch Prominenten. Sie verschwinden sofort wieder, wenn der Direktor stirbt, versetzt wird oder einen neuen Günstling erwählt. In allen diesen Fällen wird die Lage des früheren Favoriten schwierig, ja nach jeder Richtung hin gefährlich.

Von der großen Mittelschicht, die auch nicht homogen ist, läßt sich nur sagen, daß sie die Lücke zwischen Gefängnisaristokratie und Proletariat der Haft ausfüllt und daß nach oben und nach unten hin Ausgleichsbewegungen vor sich gehen. Die Verwaltung greift in dieses Reservoir, das sich nach Kurz- oder Langfristigen, Jungen und Alten, Widerspenstigen und Folgsamen (und vielen anderen Kriterien) aufteilt, wenn es die kleineren Gefängnisposten zu besetzen gilt. Aus der Unterschicht sind die Typen hervorzuheben, die unbrauchbar, lächerlich, abstoßend, unheimlich unerklärlich sind. Hierher gehören die ungewöhnlich Langsamen, die extrem Faulen, die Gehemmten, die „Komischen" im Sinne des Abartigen, die Leute, die aus Erfahrungen nicht lernen, in einem seltsamen Hochmut des urbanisierten Kriminellen auch die bäuerlichen Typen[1]. CLEMMER fügt dieser Gruppe noch die übermäßig Frommen, die gewohnheitsmäßigen Prahlhänse und einige Spielarten der des Perversen hinzu[2]. In Ebrach sah FUCHS einen „in der ganzen Anstalt gemiedenen Zirkusclown" von dämonischer Häßlichkeit, der am ganzen Körper mit unzüchtigen Tätowierungen bedeckt war und der deshalb abgesondert gehalten wurde[3]. Es ist vielleicht nicht

[1] „Es war interessant, daß die Arrestanten auf die Bauern stets ein wenig von oben herabschauten, obwohl doch die Hälfte von ihnen selbst dem Bauernstande angehörte." DOSTOJEWSKI: S. 123. — Viele amerikanische Slangausdrücke deuten diese Mißachtung an, z. B. appleknocker, yokel; die Worte villain, bumpkin, lout weisen wie unser Kaffer auf bäuerliche Herkunft hin.

[2] CLEMMER: S. 108.

[3] FUCHS: S. 196.

so paradox, wie es scheint, daß Gefangene mehr noch als freie Menschen das unheimlich Abartige und Andersartige ablehnen. Wie alle Unglücklichen ist der Gefangene intolerant und schroff, ja grausam in seinen Urteilen[1]. Dagegen bäumt sich in der lebensfeindlichen Atmosphäre der Anstalt sein Gefühl gegen alles auf, was zerstörend auf Vorgänge des Wachstums einwirkt. DOSTOJEWSKI[2] erzählt von einem brutalen Kindesmörder, über dessen Späße man sonst zu lachen pflegte. Als er Einzelheiten der Tat erzählte, schrie die ganze Kaserne wie aus einem Munde auf, und der Mann wurde gezwungen, zu schweigen[3]. Frauen sind die Sehnsucht des Gefangenen; er haßt alle Menschen, die Frauen umgebracht haben. Daß unter den niedersten Schichten die Angeber, die Spione des Feindes stehen, versteht sich von selbst[4]. Nirgends hat sich der Geist und die Technik der Feme besser erhalten als in der Strafanstalt.

2. *Der Klassenstaat.*

I.

In jedem Gefängnis wird Arbeitskraft angeboten. Zahllose Verrichtungen können auf die Sträflinge abgeladen werden. Wenn gegangen, gefahren, Kohlen geschippt, gekocht, geschrieben werden muß, kann der Wärter sich auf die Aufsicht beschränken, die muskuläre Tätigkeit aber dem Gefangenen aufbürden. Man kann ihn selbst mit Unteraufsicht betrauen und zweckmäßig Sträfling gegen Sträfling verwenden. In dem Augenblick aber, in dem der Gefangene an der Verwaltung beteiligt wird, tritt er aus der Rolle des passiven Objekts heraus, durchbricht er die Isolierung der Zelle, wird ihm ein Partikel Macht zuteil, das er in Vorteile aller Art umwandeln kann. Je mehr also die Praxis der Aufsichtsgruppe Gefangene in den Betrieb der Anstalt einbaut, um so mehr vertieft sich der Unterschied zwischen den Kalfaktoren, „Schänzern[5]", „Ältesten[6]", „trusties" und dem Rest. In der nominellen Gleich-

[1] „. . . es gibt keinen Ort auf Erden, wo man so eisern hart über die Versäumnisse, Fehltritte, Sünden und Vergehen anderer urteilt als in einem Gefängnis für lebenslänglich Verurteilte." BJERRE: S. 137.

[2] DOSTOJEWSKI: S. 16.

[3] Dieses Tabu ist begreiflicherweise in einer Frauenanstalt besonders stark: Nur zwei Verbrechen werden von allen Kriminellen mit Abscheu angesehen: Erpressung und Kindesmord." HENRY: S. 62.

[4] Überall, wo Geheimnisse blühen, wächst der Denunziant auf. Von dieser unterirdischen Welt und dem, was sie verbirgt, lebt auch der Angeber im Gefängnis. Er ist für den Häftling personifizierte Gemeingefahr und wird entsprechend benannt, betrachtet und behandelt. Siehe die Bemerkung bei SHAW CLIFFORD R.: The natural history of a delinquent, S. 206. Philadelphia 1931.

[5] „Ist . . . irgendwo ein Schänzerposten infolge Todes, Abganges, Abdankung oder Absetzung des bisherigen Inhabers neu zu besetzen, so besteht große Spannung im Hause, bis der Name des erfolgreichen Bewerbers bekannt wird." HAU: S. 56.

[6] HOFF: S. 186f. Kapitel: Unsere Ältesten.

heit entwickelt sich, von keinem Gesetz vorgesehen, mitten im Gefängnis eine Welt der Privilegierten und der „gewöhnlichen“ Gefangenen. Es entsteht ein scharf ausgeprägter Klassenstaat.

In der eigenartigen Atmosphäre der Anstalt kann es dahin kommen, daß diese Schicht der „Hilfsaufseher“ erst psychologisch, dann auch tatsächlich die Macht an sich reißt. Es ist kaum eine allzu große Übertreibung, wenn ein bekannter Einbrecher schreiben konnte: „In Wirklichkeit ist es der Sträfling, der die Anstalt in Gang hält[1].“ HAU hat in seinem Zuchthaus Gefangene angetroffen, die „den Aufseher völlig beherrschten und auf ihrer Station schalteten und walteten, wie es ihnen paßte“[2]. Wir sind früher schon jenem Hauptschreiber in Coswig begegnet: Er war dem Hauptwachtmeister an Organisationstalent so weit überlegen, daß er ihm den ganzen Arbeitseinsatz überließ[3]. Wie in der autonomen Struktur der Gefängnisgemeinschaft, so setzt sich auch hier, wo Arbeit, Zugreifen, Nachdenken abgenommen wird, die Leistung des Menschen gegenüber dem andersgedachten und andersgemeinten System durch.

Man wird unter den Privilegierten 2 Klassen unterscheiden können, die schweren Jungen und die Anstaltsschwindler. Die Berufsverbrecher, oft „gute Kameraden“ und Menschen von „hoher Intelligenz und Willenskraft[4]“, haben in ihrer Art moralischen Halt[5] und wirken, ohne viele Worte zu machen, durch ihr Beispiel. Sie werden Kalfaktoren, weil sie die Routine kennen, sich die Haft nicht erschweren wollen und zuverlässig sind. Sie sind anständig im Sinne der Gefängnisgemeinschaft[6], wenn sie auch nicht moralisch nach den Begriffen der freien Welt sein mögen. In diesen Vertrauensleuten findet die Verwaltung Helfer, die „dieses verantwortliche Amt mit peinlichster Genauigkeit jahrelang versehen und allen Versuchungen standhalten; wobei es vorkommt, daß sie ihr eigenes Leben wagen, um das eines durch rasend gewordene Arrestanten gefährdeten Beamten zu retten[7]. Die Stammgäste haben die beste Technik[8], sich in den Anstaltsbetrieb einzufädeln, mit ihm zu schwimmen

---

[1] MORTON, JAMES (Big Jim): I was king of the thieves, Saturday Evening Post, S. 18. 1950.

[2] HAU: S. 38.

[3] BERBIG: a. a. O. S. 209.

[4] EGGERATH: S. 134.

[5] SALOMON, v.: S. 155.

[6] „Ein Gefangener, der noch etwas auf sich hielt“, sagt HAU (S. 38) „meldete sich nicht zu einem solchen Posten“, aber auch hungrige Gebildete ließen sich gern etwas von diesen Kalfaktoren zustecken. Siehe v. SALOMON S. 155 und BERBIG S. 209.

[7] FUCHS: S. 211ff.

[8] „Der Grund der Verurteilung verschwindet allmählich ganz aus dem Bewußtsein und der beamtete ‚Meister‘ spricht dann von dem gefangenen Gesellen wie von einem ‚braven hochanständigen Kerl‘ ... der besser sei als die meisten draußen.“ Ebenda S. 212.

und dabei Macht, Vorteile und die Möglichkeit zu gewinnen, das Los ihrer Freunde zu erleichtern.

Ganz anders die Betrügertypen[1], die die Kunst des Schwindelns einfach von der Außenwelt in die Anstalt verlegen[2]. Im Gegensatz zum schweren Jungen genießen sie keine Achtung, wenn sie vielleicht auch hie und da wegen ihrer Erfolge bewundert werden. Ihr Weg führt weniger über die Arbeit im Hause, bei der für die Kameraden allerlei abfällt, als über die Gläubigkeit der Beamten[3]. Dabei wohnt ihnen die für Betrüger charakteristische Herzenskälte inne. Sie denken nur an sich und an Mittel und Wege, das eigene Los ohne Rücksicht auf die anderen zu erleichtern. Es ist vielleicht kein Zufall, daß zwei solche Typen als Prokuristen oder Gestalten geschildert werden, die wie Prokuristen einer soliden Firma wirkten[4]. Sie sind innerlich brutale, autistische Gesellen, die erst Beamte korrumpieren[5], dann mit Erpressung weiterarbeiten und zu nichts anderem tauglich sind, als das eigene Wohl und weiter nichts zu promovieren. Sie sind um so mehr Elemente der Zersetzung, als sie mit dem relativ naiven und unerfahrenen Menschenmaterial der Aufsichtsbeamten zu tun haben und immer allein arbeiten.

Es ist nicht übertrieben, zu behaupten, daß der Unterschied zwischen einem guten Gefängnisposten und den Qualen der Dunkelzelle größer ist als zwischen dem Leben in der Strafanstalt und der Freiheit. BERKMAN hat ein begeistertes Loblied auf die gewöhnliche Zelle gesungen, als er aus dem Loch herauskam; er genoß den Luxus, wieder Stimmen zu hören, Licht zu sehen, Luft zu atmen, sich auf einem Bett ausstrecken zu können. Es kam ihm beinahe wie Freiheit vor[6], verglichen mit dem Grauen der verdunkelten Abgeschlossenheit, das er durchgemacht hatte.

[1] Die Gefangenen sehen mit Bitterkeit auf ihre Erfolge, vor und nach der Einlieferung. „Sie kriegen eine lausig kurze Zeit und wenn sie in die Anstalt kommen, so purzeln der Direktor und die Beamten übereinander, um ihnen die besten Posten und alle möglichen Chancen zu geben.“ NELSON: S. 27.

[2] Eine kluge Analyse der Methoden, durch die Schwindler das Gefängnis in die Tasche stecken wie die Menschen draußen, gibt BERKMAN, S. 274—279.

[3] Der Schwindler läßt durch achtloses Versprechen wissen, daß er akademische Bildung hat oder sein Vater, wie er leichthin bemerkt, Senator ist. Ebenda S. 275.

[4] v. SALOMON, S. 155 und EGGERATH, S. 144: „Eines Tages kam ein neuer Mann in meine Zelle. Er hatte ein würdiges Aussehen, sprach ein ausgezeichnetes Deutsch mit gewählten Ausdrücken.... Er hatte jahrelang nach einer raffinierten Methode die Opferstöcke in den Kirchen geleert und mit einem neuen Trick Gastwirte beschwindelt.

[5] Aufsichtsbeamte sind arm und wollen vorwärtskommen. Der Gefängnisschwindler spricht von „Verbindungen“ und dem Tor zu Beförderungen und höherem Gehalt, das er, wenn wieder draußen, eröffnen könne. BERKMAN will in seiner Anstalt beobachtet haben, daß die Wärter innerlich auf die Leute neidisch sind, die es, im Gegensatz zu ihnen, verstehen, schnell und viel Geld zu machen (S. 274).

[6] BERKMAN: S. 213 und 214.

Obschon die Strafe denselben Namen trägt, Gefängnis oder Zuchthaus, kann das Dasein hinter Mauern dem höchsten Lebenstandard entsprechen oder zur allertiefsten Daseinsstufe absinken. Darüber, ob ein kleiner Dieb 3 oder 4 Monate Gefängnis bekommen soll, kann nur der Richter entscheiden, über dem die Berufungsinstanz steht. Die Ermessenentscheidung der Anstaltsverwaltung kennt solche Kautelen nicht. Vorschriften können diesen „Klassenstaat" nicht aus der Welt schaffen. Nur die achtsamste Auswahl des Anstaltsleiters kann dieser ungeheuren Befugnis Sinn und Maß geben.

II.

Gefangene haben seit jeher über schlechte Behandlung geklagt und mit Entrüstung auf die Bevorzugung hingewiesen, die andern Sträflingen zuteil wurde. Sie haben aber auch mit einem gewissen Stolz von ihren guten Posten gesprochen, weil sie irgendwie das Gefühl des Erfolges hatten und sich ein Verdienst an der Wendung zum Guten und Besten zumaßen. Zumal jugendliche Gefangene haben sich in Schilderungen eines privilegierten Lebens inmitten der erzwungenen Gleichförmigkeit überboten. BENNEY ist wegen 7 Fällen von Diebstahl und Einbruch zu 3 Jahren in der Borstalanstalt verurteilt. Nach 18 Monaten wird er unvermutet zum Obmann[1] seines Pavillons befördert. Er hat über die Ordnung zu wachen, ihm unterstehen 90 bis 100 Jungen. Er kann selbst kleine Strafen aussprechen, mag im Hause nach Gutdünken herumgehen. Er kann sich einen Burschen leisten, der sein Zimmer aufräumt und seine Kleider bürstet.

In dieser Eigenschaft sieht er sich nach einem Posten[2] um. Ein Posten ist leichte und angenehme Arbeit mit vielen Vorrechten. Er findet, was er sucht. Er wird Gehilfe des Beamten, der Seewasser in das offene Schwimmbassin der Anstalt pumpt. Um die Pumpe braucht er sich wenig zu kümmern. „Den größten Teil des Tages", schreibt er, „hatte ich überhaupt nichts zu tun[3]."

„Ein oder zwei Wärter, die wilde Angler waren, gaben mir den Auftrag, sie mit Ködern zu versorgen, und das war all die Entschuldigung, die ich brauchte, um meilenweit den Strand entlang zu schlendern, zwischen den Felsen im Sommersonnenschein zu ruhen, in ruhigen Buchten zu schwimmen, Brombeeren zu pflücken, wenn sie reif wurden, oder eben nur zu lesen oder zu träumen in der murmelnden Wärme windgekühlter Nachmittage.

Manchmal besserte ich die Wege am Steilhang ein wenig aus, oder reinigte ein bis zweimal die Woche die Pumpe mit einem Bausch Baumwolle.... Manchmal sah ich von verborgenen Punkten Frauen zu, die sich zum Bade auszogen, ..."

[1] BENNEY, MARK: Low company, S. 240ff. London 1937.
[2] Der Ausdruck ist „staff job".
[3] BENNEY: S. 242.

HAUS Aufgabe als Straßenwart besteht darin, die Wege instand zu halten, das Gras zwischen den Steinen auszujäten und gewisse Plätze sauber zu fegen. „So gut wie der Straßenwart hat es keiner, das konnte man immer wieder hören[1]." Den gleichen Posten erhält PATTERSON in Alabama. In 4 Stunden war er mit allem fertig. „Den Rest des Tages saß ich herum[2]."

Es ist die gleiche Anstalt, die diese grundverschiedenen Lebensformen umschließt. Der gleiche Direktor kommandiert die Gefangenen, sie schlafen in genau denselben Zellen. Kein Gesetz sieht variable Behandlung, Grade der Freiheit, Stufen des Essens vor. Volle Gleichheit ist die Absicht und die Theorie. Die Wirklichkeit des Anstaltslebens aber ist schöpferisch um tausend Verschiedenheiten bemüht. Die Zwangsjacke kann locker oder so eng angelegt werden, daß der Gefangene daran ist, zu ersticken[3]. Das Gefängnis kann gesünder und weniger hart sein als das freie Leben. Es kann je nach dem Platz, den einer im Klassenstaat einnimmt, das Leben verlängern[4] oder in der Korbmacherei oder im Steinbruch[5] verkürzen. Vom Bad bei der Einlieferung aber bis zu dem Augenblick, wo der verstorbene Sträfling auf einer Bahre in die Leichenkammer getragen wird, verrichten die Gefangenen die körperliche Arbeit. Zwischen Gefangenen und Wärtern entsteht ein Vakuum, in das sich die Sträflinge einschieben, meist, um Fragmente der Freiheit zu erringen, bisweilen auch nur, um der Qual der Untätigkeit zu entgehen[6]. Ohnmacht des Sträflings wandelt sich in Macht, je unentbehrlicher er sich machen kann und je passiver der Aufsichtsbeamte ist[7]. Es ist wohl als extremer Fall anzusehen, wenn JACK LONDON aus dem Erie County Penitentiary bei Buffalo erzählt[8]:

„Wir (die Kalfaktors) hatten das Nahrungswesen unter uns, und ganz wie bei unseren Verwandten, den Banditen in Freiheit, mußten die Gefangenen dafür aufkommen[9]."

---

[1] HAU, S. 139ff. „Erstens durfte sich der Straßenwart den ganzen Tag über im Freien aufhalten, zweitens blieb er unbeaufsichtigt und konnte sich innerhalb der Mauern frei bewegen, und drittens hatte er Zutritt zur Küche, so daß er keinen Hunger zu leiden brauchte." [2] PATTERSON: S. 79.

[3] Siehe die Erfahrungen BERKMANS (S. 328) und die Darstellung BLACKS (S. 363).

[4] DOSTOJEWSKI glaubte, daß das Leben in Sibirien ihn gesünder und kräftiger gemacht hatte. CARR: S. 68.

[5] „Schleifer und Polierer in einer Fabrik in Connecticut hatten ... eine Todesrate an Tuberkulose von 19 je 1000, was 12mal so hoch ist als die anderen Angestellten in der gleichen Fabrik." DUBLIN, LOUIS I., ALFRED J. LOTKA und MORTIMER SPIEGELMANN: Length of Life, S. 228. New York 1949.

[6] Siehe SPENSER: S. 277.

[7] NELSON (S. 128) kannte einen Gefangenen, der im Büro des Direktors arbeitete: „Wenn er einen für einen Posten empfahl, konnte man sicher sein, daß er ihn bekam."

[8] FONER: a. a. O. S. 351ff.

[9] JACK LONDON spricht in Verleugnung seiner sozialistischen Anschauungen von „brother bandits".

Nicht ganz so brutal stellt MARTIN die Verhältnisse in Leavenworth dar. Wer einen alten Bekannten aus der Verbrecherwelt trifft, kann sicher sein, daß dieser ihn in seinen „Laden" aufnehmen will. Er wird bei den Beamten als ruhiger und tüchtiger Mann empfohlen. Da aber den Beamten daran liegt, daß die Leute auf seiner Station sich vertragen, werden sie meist auf eine solche Empfehlung eingehen[1]. Der Erstbestrafte hat das Nachsehen.

Es ist unausbleiblich, daß Vertrauensverhältnisse, die sich zwischen den Beamten und den Kalfaktoren entwickeln, nicht selten zu Spionagezwecken benutzt werden, daß aber auch die Gefangenen allerlei Wissenswertes über die Risse im feindlichen Lager erfahren. Keine Aufgabe wird schwerer sein, als unter diesen Umständen die Seele einigermaßen rein zu bewahren. „Der Kapo[2] muß in erster Linie mit seinen Vorgesetzten gut stehen", meint HAU[3], „aber er darf es auch mit seinen Leuten nicht verderben, sonst machen sie seiner Herrlichkeit ein jähes Ende, indem sie ihn entweder absetzen, oder ihn windelweich hauen, oder sich verschwören, ihn in Strafe zu bringen. Um sich die Gunst des Aufsehers zu sichern, muß er diesem ein wenig den Spion machen; nur ein wenig, denn geht er zu weit, so ereilt ihn die Rache des Verratenen." Eine Erziehung zu Gesinnungstreue und zur Mannhaftigkeit ist der Klassenstaat der Strafanstalt nicht. Züge dieses unruhigen Opportunismus müssen das Leben einer Nation färben, wenn Gefangenen-, Konzentrations- und „Erziehungs"lager Millionen von Menschen ähnlichen, deletären Einflüssen unterwerfen. Die normale Gesellschaft duldet diese Haltungen auf die Dauer nicht, weil sie sich niemals allein auf so simple Beziehungen wie Befehl und Gehorsam, Betrügen und Betrogenwerden gründen kann.

Hier liegen Sträflinge auf bloßem Zementboden, im Dunkeln, bei Wasser und Brot. Dort braten sie Steaks und trinken eiskaltes selbstgebrautes Bier[4]. Beide sitzen im Gefängnis. Die Mauern, die die Anstalt umgeben, schützen vor Ausbruch. Sie verbergen zugleich einen Grad der Ungleichheit[5], der den Unvollkommenheiten des freien Lebens nicht nachsteht, ja mit ihnen wetteifert.

[1] MARTIN: S. 140.

[2] . . . „Der Herr Aufseher, der eigentlich auf diesem Stuhle sitzen sollte, hat sich in sein Privatgemach zurückgezogen und schnarcht. Darf ich vorstellen? Der Rothaarige da, der eben die Dickrüben kleinhackt, ist der Kapo der Bande. So wird er genannt von Aufsehern und Gefangenen. Er trägt die Verantwortung dafür, daß Kartoffeln und Gemüse zum richtigen Zeitpunkt fertig sind. . ." HAU: S. 143. [3] Ebenda S. 144

[4] MARTIN: S. 143. „Wir servierten das Bier eiskalt. Wir machten es meist nur für uns selbst. Zu gut, um es an andere zu verkaufen."

[5] Siehe die Kolonnen in den Baukommandos usw., die wie die Säulenheiligen (KOGON S. 96) stillstehen, während dicht daneben andere Häftlinge bis zur völligen Erschöpfung angetrieben werden.

Dem gleichen MARTIN verdanken wir eine ungeschminkte Darstellung der völligen Veränderung, die mit der Verleihung eines Druckpostens einhergeht. Er wird durch politischen Einfluß aus dem Zellflügel herausgenommen und in das Kesselhaus versetzt. Damit sind 90% der Zuchthaussorgen für ihn vorbei, mit denen sich der gewöhnliche Gefangene abzuschleppen hat[1]. Zahllose Vorschriften, für die man immer wieder ins Loch fliegt, existieren für ihn nicht mehr. Er kommt nur noch mit einem Aufsichtsbeamten in Berührung, der technische Vorbildung und ein gutes Gehalt hat, mit dem sich also auskommen läßt. Wenn man sich nicht in eine Prügelei oder etwas Ähnliches verstricken läßt, kann nichts passieren. Jeder aber war ängstlich bedacht, sich den guten Posten zu bewahren und keine Dummheiten zu machen.

Die Arbeit am Kessel verlangte statt der Anstaltstracht Arbeitskleidung, und es machte nichts aus, ob ein oder 2 Knöpfe offen standen. Es wurde öfter gebadet. Man aß in der Küche, „sechsmal so viel wie die anderen Gefangenen“[2]. Die Vorratsräume waren nahe, wo man klauen, im Kesselhaus kochen, Bier brauen und ein Spiel machen konnte[3]. Es ist eine beachtenswerte Erfahrung, daß diese Gefangenen aus Furcht, alle diese Vorteile zu verlieren, ausgezeichnete, vorbildliche Sträflinge sind. Im freien Leben läßt sich diese Konstellation nicht so leicht herstellen.

Bevorzugung muß Neid erregen[4]. Sie hat die Nebenwirkung, daß sie den Zusammenhalt der Gefangenen auflöst und einen wilden Wettlauf um diese wichtigen und begehrten Privilegien entfesselt[5]. Die Gefangenen beginnen, sich untereinander zu bewachen. Es scheint auch, daß — zumal bei weiblichen „Ältesten“ — Macht- und Herrschaftsgelüste[6] an die Oberfläche kommen, die sie in die Zone des Hasses gegen die Aufsichtsbeamten hineinziehen. Der Klassenstaat ist daher mehr ein notwendiges Übel als eine nützliche Maßnahme der Pädagogik.

---

[1] MARTIN: S. 107.

[2] Ebenda S. 108.

[3] Siehe die kritische Schilderung HAUS über die Zuchthausküche (S. 143ff.). „Wer den Strafvollzug kennenlernen wollte, so, wie er ist, nicht so, wie er in den Büchern steht, hier war der Ort, wo er Studien machen konnte.“

[4] „Der Posten einer Ältesten ist vielbegehrt und vielbeneidet.“ HOFF: S. 187.

[5] „Von manchen Aufseherinnen wurden (die Ältesten) ... außerordentlich verwöhnt, fast verzogen. Wußte eine solche Älteste sich vollends einzuschmeicheln, so nahm sie bei einzelnen Beamtinnen, eine ausgesprochene Günstlingsstellung ein. Sie konnte sich ungestraft viel herausnehmen; auch fiel mancher Leckerbissen vom Frühstück oder Abendbrot ihrer Gönnerinnen insgeheim für sie ab.“ HOFF: S. 187.

[6] HOFF: S. 188. — Ob bei diesen „Schützerinnen“ und „Gönnerinnen“ noch andere Gefühlslagen hineinspielen, kommt in deutschen Darstellungen nicht zum Ausdruck.

3. Das Wirtschaftsleben.

Das normale Medium des Waren- und Wertaustausches, das Geld, ist in der Anstalt nicht zugelassen. Arbeitsverdienste werden verrechnet und können zu einem Teil in der Kantine ausgegeben werden. Europäische Systeme stehen an Formenreichtum hinter den amerikanischen Einrichtungen zurück. Hier konnten zu LAMSONs Zeiten in St. Quentin monatlich 6 Dollar für Dinge verwendet werden, die außerhalb der Anstaltseinrichtung und des einfachen Zuchthausessens standen, darunter Rasierklingen, Seifen, Federhalter, Tinte, Schreibpapier, verschiedene Arten von Tabak, ausgenommen Zigarren und Zigaretten, Süßigkeiten, Käse, Salami, Kisten von Äpfeln oder Apfelsinen[1]. Die Gegenstände sind um ein Drittel billiger als im Laden. Die Insassen des Hinrichtungshauses, die besseres Essen bekommen, brauchen wenig zusätzliche Delikatessen, sie bestellen aber auch, teils weil es Spaß macht, Pakete aufzumachen, teils weil es eine Abwechslung ist, mit anderen, etwa den Zellgenossen über die Bestellung zu sprechen, und weil der ganze Vorgang an das freie Leben erinnert. Gedruckte Preislisten werden verteilt, mit großem Interesse gelesen und lebhaft diskutiert.

Mit diesen Eßsachen gelangen Waren in das Zellenhaus, die alsbald Gegenstand des Tauschverkehrs werden. In den meisten Anstalten ist es verboten, anderen Gefangenen Lebensmittel zuzustecken[2] und überhaupt Geschenke zu machen, aber die Praxis der Sträflinge geht über diese Vorschrift hinweg. Immer wieder hören wir, wie ältere Gefangene ihre Lieblinge mit Zigaretten versehen, ihnen Leckerbissen zustecken und einen regen Tauschverkehr treiben, bei dem der Jüngere sein einziges Kapital, seine Jugend und sein Aussehen, einbringt. So entwickeln sich neue „schwarze" Media der Zahlung, ein wohlduftendes Stück Seife, Alkohol, Genußgifte, unter einfachen Verhältnissen Brot; immer Zigaretten[3]. Wer den Schätzen der Küche nahe ist, wer im

---

[1] LAMSON: S. 221ff.

[2] Siehe die Gründe, die MARIE HOFF (S. 133ff.) in die Arrestzelle brachten.

[3] Die eminente Rolle des Tabaks in der Reizöde des Gefängnisses bedarf noch der wissenschaftlichen Untersuchung. Zigaretten sind die höchste Belohnung, die den bombenausgrabenden Zuchthäuslern am Ende des Krieges gegeben wird (EGGERATH S. 163). Zigaretten besiegeln die Versöhnung (BERBIG S. 232), aber irgendwie muß das Nikotin auf den Häftling noch eine tiefere Wirkung haben. Ein Gefangener bei BERBIG (Knast S. 192) zieht das Zuchthaus dem Polizeigefängnis des dritten Reiches vor und sagt: „Du darfst nicht rauchen. Aber einmal kommst du doch irgendwie zu einer Zigarette oder ein wenig Tabak, und plötzlich hast du das Gefühl, ganz unvorstellbar reich zu sein. Deine Lebenszuversicht erstarkt, dein Mut wächst, du siehst der Zukunft mit gehobenem Gefühl entgegen. Wie für den Wüstenwanderer ein Trunk Wasser, für den Hungernden ein Stück Brot, für den Erstarrten ein Lagerfeuer ist für dich diese Zigarette die Lösung aller sozialen Fragen."....

Lazarett arbeitet, wer im Kesselhaus Bier brauen kann, als Chauffeur des Direktors oder Lastwagenführers ins Freie kommt, ist reich und kann seine Wohlhabenheit in Macht und Liebe umsetzen.

Außer den leicht transportablen Dingen wie Geld[1], Morphium, Briefen und Stahlsägen, die von außen eingeschmuggelt werden, ist es der Fiskus, dessen Eigentum den Schwarzmarkt der Anstalt belebt[2], weiter läßt sich die Arbeitskraft der Gefangenen „abzapfen" und für alle möglichen, in der Dienstordnung nicht vorgesehenen Fälle verwenden. DOSTOJEWSKI hat diesen Geldkomplex der Strafanstalt scharf beobachtet; hier, wo das Geld Mangelware geworden ist oder ganz fehlt, entwickelt sich extremer Kapitalismus. Der Sträfling, der die Klassenunterschiede so scharf betont, dem Verschwendung, Saufen, ja die grelle „Eleganz" des Zuchthauses so imponiert, ahmt die verhaßte Schicht der Besitzenden mit Inbrunst und auf seine Art nach. Neben der falschen Würde, der Eitelkeit, dem Hochmut und dem Klassendünkel vieler Gefangener vermögen sie sich Neigungen nicht zu erwehren, die sonst nur dem hartherzigen Kapitalisten zugeschrieben werden. DOSTOJEWSKI[3] war über die Strenge und Mitleidslosigkeit der Sträflinge entsetzt, die für kleines Entgelt sich zu irgend einer Dienstleistung, etwa dem Wachestehen beim nächtlichen Glücksspiel, verpflichtet hatten. „Für einen ausgegebenen Groschen forderte der Dingende alles, was er erlangen konnte, und nahm, wenn es möglich war, Überflüssiges hinzu und hielt noch dafür, daß er dem Mietling eine Gunst erweise. Der Müßiggänger, trunken, das Geld rechts und links verschleudernd ohne jede Überlegung, saugt unfehlbar seinen Mietling aus." Wucher ist im Zuchthaus häufig[4], und viele Erfahrungen bestätigen DOSTOJEWSKIs Bemerkung, daß der Sträfling nach Geld „bis zum Wahnsinn[5]" begierig war, bis zur Verdunkelung des Denkens. Wenn er den wilden Hang zum Prassen daneben stellte und meinte, er habe das Geld nur für die Dinge hinausgeworfen, die er höher stellte[6], so ist diese Deutung kaum richtig. Wir haben eine andere zu geben versucht, indem wir Nehmen und Weggeben als polare Erscheinungen einer psychologischen Einheit ansahen.[7]

[1] Siehe HAU, S. 158, wo eine in Wohlgerüche gehüllte Lady einem Gefangenen beim Besuch eine bedeutende Geldsumme zusteckt.

[2] „Jedermann konnte sich Tabak verschaffen, die Beamten zahlten in Tabak für Nähgarn und Hemdenstoffe und derartige Materialien, welche die Gefangenen in Arbeit hatten und bei einiger Geschicklichkeit leicht einsparen konnten!" SALOMON, v.: Fragebogen, S. 163.

[3] DOSTOJEWSKI: S. 81, 82.

[4] DOSTOJEWSKI: S. 27.

[5] Ebenda S. 109.

[6] Das Verlangen nach Geld geht nicht auf Behalten, sondern den Genuß des Loswerdens, dessen, was wir Verschwenden nennen, für diese Individuen aber eine Art der Prahlerei, ja des Machtgefühls ist.

[7] Zur Psychologie der Einzeldelikte, S. 97ff. Tübingen 1954.

Geschäftliche Beziehungen können sich nur entfalten, wenn Abreden eingehalten werden. „Märkte" dieser Art wachsen in Gemeinschaftsbaracken aus dem Boden und sind von BELBENOIT[1] und in einem ganz anderen Teil der Erde von DOSTOJEWSKI[2] beschrieben worden. Hier spielt sich vom Einschluß bis zum Morgengrauen das Nachtleben der Anstalt ab, Warenaustausch, Glücksspiel und der dumpfe Ablauf der Sinne. Der alte Mann, der mit seinem jungen den Haushalt führt und ihn mit Leckereien überschüttet, verteidigt sein „Eigentum" mit dem Messer[3], auch wenn er in der freien Welt Eigentum nicht achtete. Wir können in die Anfänge des Besitzschutzes hineinsehen, wenn wir hören, daß im Konzentrationslager Kameradendieb in radikaler „Eigenregie" geahndet wird[4]. Wenn nicht jeder Zusammenhalt zerreißen soll, müssen gewisse Regeln aufgestellt und innegehalten, muß Ehrlichkeit auf dem Gebiete der Schiebung erzwungen werden[5]. Man sagt, daß bei Transaktionen unter Dieben mehr Zuverlässigkeit herrscht, Lügen als unmoralischer gilt als unter anständigen Geschäftsleuten[6]. PATTERSON verrät den Grund: sie *müssen* sich so verhalten, wenn sie in ihrem engen Kreise, von außen bedroht, überhaupt existieren wollen[7]. Er behauptet, daß im Zuchthaus Tausende von Dollar durch seine Hände geflossen sind, Schulden mit größter Treue zurückbezahlt wurden und in seiner Anstalt mehr Geld unter den Insassen als den Aufsichtsbeamten umging[8]. Dieser Sträfling betrieb im Gefängnis Großhandel, ein Versatzamt und ein Leihgeschäft.

Dieses Verhältnis zum Gelde, das unendlich viel näher ist als draußen[9], trägt der Gefangene mit sich in die Freiheit. Geld wird ihm zum Lebensinhalt. An einer Stelle gesteht MARTIN, ein entschlossener und nicht erfolgloser Krimineller: „Er (der Verbrecher) kommt zu der Erkenntnis, daß nur eines zählt, Geld. Hast du kein Geld, so bist du immer schuldig. Mit Geld kannst du tun, was du willst[10]." Es sind

---

[1] BELBENOIT: S. 115ff. [2] DOSTOJEWSKI: S. 79ff. [3] BELBENOIT: S. 121.
[4] KOGON: S. 99. [5] AUER: S. 87.
[6] SUTHERLAND, EDWIN H.: The professional thief, S. 37. Chicago 1937.
[7] PATTERSON: S. 209. — KOGON: S. 115. „Manche Kapos — also die den Gefangenen entnommenen Aufsichtsleute — besaßen nicht nur Hunderte, sondern Tausende von Mark. Sie haben mit dem Geld ein entsprechendes Leben geführt. . . . Ich erinnere mich an einen Kapo, der, wenn die Kantine Entsprechendes zu bieten hatte, folgendes Frühstück zu verzehren pflegte: einen halben Liter Vollmilch mit Keks und Kuchen, Sardinen und Büchsenfleisch auf Semmeln, Erdbeer-Jam mit Schlagsahne."
[8] PATTERSON: S. 210ff.
[9] DOSTOJEWSKI (S. 26) hat am feinsten die Zusammenhänge erfaßt: „Geld heißt soviel als geprägte Willensfreiheit, es ist daher für den Menschen, der ihrer völlig beraubt ist, von zehnfachem Wert."
[10] "He realizes the only thing that counts is going to be money." MARTIN: S. 116.

nicht wir, die ihm diese Erziehung geben. Sie wächst ihm aus dem unterirdischen, intensiven Wirtschaftsleben der Anstalt zu, wo alles Mangelware ist. Wenn wir den Mißstand nicht beseitigen können, so sollten wir versuchen, regulierend einzugreifen, entfernte Abbilder des freien Lebens einzuführen.

Das unterirdische Wirtschaftsleben der Anstalt ist ein Element höchster Ungleichheit[1] und eine Quelle der Korruption. Dr. WILSON, dem wir Glauben schenken müssen, obschon der Bericht phantastisch klingt, erzählt die Geschichte eines kleinen Mädchens, das in einem geheimen Autoverschlag in das Zuchthaus eingeschmuggelt wird. Wenn die Gefangenen in den Zeitungen die Liste der amerikanischen Frauen mit dem höchsten Einkommen lasen, so empfanden sie Stolz. Dieses Mädchen hatte an einem Tag mehr verdient als je eine Frau zuvor, und sie gab sich mit keiner Einkommensteuer ab. Dr. WILSON fügt hinzu: „Und diese ungeheuerlichen Ausgaben bereiteten den Gefangenen kein Kopfzerbrechen, denn sie wurden von dem Ertrag gefälschter Noten und gestohlener Werte bezahlt[2].“

Diesem Ausnahmefall stehen die bescheidenen Verhältnisse anderer Zeiten und Länder gegenüber. Die Valutaeinheit des Zuchthauses Ebrach war das Viertel eines runden Brotes[3]. In einem anderen Zuchthaus sind die erreichbaren Zusatzlebensmittel mehr als einfach[4]; kaum etwas davon wird auf den Schwarzmarkt wandern. Das Grundproblem bleibt dasselbe, mag es als Arbeitsprämie oder Schleichhandel auftreten, ja in eine echte Anstaltskriminalität hineinreichen.

DOSTOJEWSKI behauptet[5], daß ein Gefangener, der nur einiges Geld hatte, „zehnmal weniger litt, als der, welcher gar keines besaß.“ Und er fügt hinzu, daß die Häftlinge, wenn sie jeder Möglichkeit beraubt gewesen wären, an Geld zu kommen, „den Verstand verloren hätten, oder wie Fliegen gestorben wären“, obwohl sie keine Not zu leiden hatten. Das unterirdische Wirtschaftsleben der Haft dient ebenso einem seelischen Bedürfnis nach Macht, Abwechslung, Menschsein wie dem materiellen Tauschverkehr. Gerade dadurch, daß der Staat jede wirtschaftliche Selbständigkeit und Sorge abnimmt, stellt er ein quälendes Vakuum her, das die Gefangenengruppe mit Behelfslösungen ausfüllt.

---

[1] Anstalten mit stockendem Arbeitsbetrieb können keine Prämien zahlen. — Ob einer Geld von außen erhält, ist sehr verschieden. In KOGONS Konzentrationslagern (S. 113) erhielten nur etwa ein Drittel der Insassen Geld von ihren Angehörigen (30 Mark je Monat).

[2] WILSON: a. a. O. S. 246. “What a racket.” [3] FUCHS: S. 11.

[4] Ein Gefangener spricht davon, daß man in seiner Anstalt die Hälfte des Wochenverdienstes für Zusatznahrungsmittel verwenden darf, wobei die langsamen Arbeiter zurückbleiben, ja mit Kostschmälerung bestraft werden. „In kleinen Portionen à 10 Pf. kann er haben: Butter, Schmalz, Wurst, Käse, Bier usw., nicht zu vergessen die beliebten Salzheringe à 5 Pfg.“ — Das war vor 50 Jahren.

[5] DOSTOJEWSKI: S. 109.

4. Gerichtsbarkeiten.

Aus dem Eigenleben der Gefängnisgemeinschaft heraus haben sich Zwangsorganisationen gebildet, die in erster Linie einer harten Besteuerung dienen — Eintrittsgebühren genannt —, die daneben unter dem Vorwand der Ordnung oder der Reinlichkeit[1] sadistische oder sexuelle Exzesse gestatten. Manche amerikanische Anstaltsleiter, besonders die der Gerichtsgefängnisse, dulden solche „Känguruh-Gerichte[2]", weil ihre Leiter als Hilfspolizei fungieren und einen Teil der Aufsichtsarbeit abnehmen. Unter dem Einfluß roher Gesellen kommt es zu einer Art Gewaltherrschaft, Erpressung, Notzucht an jüngeren Gefangenen, selbst Tötungen[3]. Es ist nicht unmöglich, daß diesen Gewalttätigkeiten alte Einweihungsriten zugrunde liegen, die, halbvergessen, heute entartet sind. Ralph Rashleigh, dessen Verbrecherlaufbahn etwa 120 Jahre zurückliegt, erzählt, was ihm zustieß, als er in Newgate Prison eingeliefert wurde[4]:

„Sowie der Wärter die Tür hinter sich geschlossen hatte, wurde ein Tuch über Rashleighs Kopf geworfen und er zu Boden gerissen. Die gleiche Behandlung wurde allen Neuankömmlingen zuteil, und alle wurden von den übrigen Gefangenen ihrer Kleider beraubt. Rashleigh war zu mutlos, um Widerstand zu leisten, und als die lachenden Sträflinge mit ihm fertig waren, nahm er sich seine Decke und seine Matte wieder, breitete sie auf dem Boden aus und legte sich nackt zum Schlafen nieder. Nach einer schrecklichen Nacht sah er den Haufen von Kleidern durch, der auf dem Boden lag, fand seine Sachen, zog sich rasch an und machte sich auf, seinen erfrorenen Körper am Feuer aufzutauen."

Dieses „garnish", eine Abgabe, die der Neuling beim Eintritt in die Anstaltsgemeinschaft, teils an die Wärter, teils an die Mitgefangenen zahlt, wird schon 1788 in dem Memorial der Gefängnisgesellschaft von Philadelphia als eine alte Sitte erwähnt. Um Schnaps kaufen zu können, nahmen die alten Gefangenen beim ersten Überschreiten des Gefängnis-„Äquators" den Neulingen die Kleider weg, nachdem sie erst die eigenen Sachen versilbert hatten[5]. PATTERSON sah den Brauch in den Südstaaten Amerikas[6].

Diese Gefangenengerichte legen sich zu Unrecht diesen Namen bei. Sie sind ein Beweis für den engen, beinahe zwingenden Zusammenhang von Muster und menschlichem Triebe der Nachahmung. In diesen Gerichtsimitationen der Gefangenen spielen Prügel, ja die Todesstrafe eine Hauptrolle. Die „Opfer der Gesellschaft", wie sie bisweilen unter-

---

[1] Die Verordnung eines solchen sanitary courts findet sich bei BARNES und TEETERS, S. 854 und 855.

[2] Der Ausdruck muß durch australische Sträflinge nach der pazifischen Küste der Vereinigten Staaten gebracht sein. Der Ursprung ist umstritten.

[3] Fälle bei BARNES und TEETERS, S. 856 und 857.

[4] Adventures of an Outlaw, the memoirs of Ralph Rashleigh, a penal exile in Australia 1825—1844, S. 30 und 31. New York 1923.

[5] BARNES: The evolution of penology in Pennsylvania, S. 89. Indianapolis 1927.

[6] PATTERSON: S. 17.

schiedslos genannt werden, sind selbst auf der Suche nach Opfern. Ihr Urteil ist hart, summarisch, kennt weder Jugend noch Unzurechnungsfähigkeit, noch mildernde Umstände. Obschon wir nichts von einem Verfahren hören, werden die Hochverräter und die Verbrecher, die sich gegen die Sicherheit der Anstaltsgemeinschaft vergangen haben, ums Leben gebracht. WILSON[1] hat Fälle gesehen, daß beim Baseball im Gefängnis Mitspieler „zufällig" einen solchen Hieb mit dem Schlagholz erhielten, daß sie in der folgenden Nacht an Gehirnblutung starben.

Aus dem russischen Anstaltsleben und dem Milieu der politischen Gefangenen sind mildere Fememethoden bekannt. Verzweifelt ist der Gefühlsausbruch VERA FIGNERS, als ihre Kameraden den Hungerstreik aufgeben. „In diesem Augenblick brach ich geistig mit dem ganzen Gefängnis[2]"... „Von nun an wollte ich meinen Weg allein gehen.... Ich teilte dies den Kameraden mit." Ähnlich war der Ostrazismus, den die Kameraden von DEUTSCH[3] über jene „Deserteure" verhängten, die ein Gnadengesuch an den Zaren einreichten. Befürchtung um das Leben dieser Überläufer muß bestanden haben, denn sie wurden sofort aus dem Gefängnis herausgenommen und außerhalb interniert.

Ganz andere Objekte haben die Gerichte, die in den Kreisen politischer Gefangenen während der letzten Zeit zusammentraten. Ein solcher Ausschuß und seine Satzungen werden von BERBIG[4] beschrieben. Er kennt nur Freispruch oder Todesurteil. Wieweit solche „Urteile" im Tumult des Zusammenbruches vollstreckt worden sind, wissen wir nicht.

5. *Die intramurale Kriminalität.*

I.

Vom Gefängnis erwarten wir, daß es vielleicht nicht bessert, zum mindesten aber den Delinquenten entwaffnet, wegschließt, überwacht und von schädlichen Versuchungen abhält. Er wird vom Staat ernährt, gekleidet und unter Dach und Fach gebracht, vom schlimmsten wirtschaftlichen Druck entlastet. So konnte die Vorstellung entstehen, daß

---

[1] WILSON: S. 146, 147.

[2] FIGNER, VERA: S. 300.

[3] DEUTSCH: S. 260. „Selbstverständlich brachen wir in dem Augenblick alle Beziehungen zu dem Betreffenden ab, was oft zu ergreifenden Szenen führte."

[4] „Unsere Verhandlungen waren sachlich und vom Willen zur Objektivität getragen", schreibt BERBIG (S. 214). „Mildernde Umstände wurden bereitwillig anerkannt, die moralische Qualität der Zeugen jederzeit genau untersucht.... Im August wurde von uns der Aufseher S. zum Tode verurteilt, weil er einen Gefangenen ... an eine Säule gefesselt und derart mit der Stahlrute bearbeitet hatte, daß der arme Kerl -- es war ein Italiener — vierzehn Tage im Lazarett zubringen mußte...." Einen anderen Fall, verurteilt trotz zweifelhafter Zurechnungsfähigkeit, erwähnt BERBIG S. 237.

eine Welt ohne Verbrechensursachen oder Verbrechensmöglichkeiten dem Rechtsbrecher bessere Anpassungen lehrt und ihm den Weg des künftigen Wohlverhaltens weist.

Die Wirklichkeit ist von diesem Trugbilde weit entfernt. Es ist wahr, daß die strafbaren Handlungen, die begangen werden, meist nicht über den Bezirk der Anstalt hinausreichen. Die Öffentlichkeit ist nicht durch Gerichtsbeschluß, sondern durch die Grundbedingungen des Gefängnislebens ausgeschlossen. Die Ahndung erfolgt, soweit es möglich ist, auf dem Disziplinarwege und nicht durch gerichtliche Verhandlung, was zur Folge hat, daß diese Kriminalität von der Kriminalstatistik nicht erfaßt wird. Sie ist aber da und erfordert eine kurze Erörterung, wenn wir es mit unserer Wissenschaft überhaupt ernst meinen.

Die große Masse der Delikte richtet sich gegen das Eigentum. Diebstahl in seinen leichteren und erschwerten Formen wird am häufigsten begangen. Die erziehliche Arbeit der Anstalt ist also hauptsächlich gegen diese Neigung gerichtet, eine Aufgabe, die dadurch erleichtert zu werden scheint, daß wir den Gefangenen in einen bescheidenen Idealzustand wirtschaftlicher Sorglosigkeit versetzt haben. Um so bestürzter sind wir, wenn DOSTOJEWSKI schreibt[1]: „Im großen und ganzen stahl hier einer furchtbarer als der andere." Ein Deutscher meldet aus dem Zuchthaus: „Es wird nirgends mehr gestohlen als in Strafanstalten; da stiehlt alles[2]."

Wir glauben, daß die Strafanstalt die Gesellschaft schützt. Aber das im Zuchthaus angesammelte und durchlaufende Staatseigentum gehört auch zu ihren wirtschaftlichen Werten, und gegen diese Objekte richtet sich vorzugsweise der diebische Angriff. Abgesehen von wenigen Gegenständen gehört alles, was herumsteht oder herumliegt, dem Staate. HAU[3] läßt uns einen Blick in die Anstaltsküche seines Zuchthauses

---

[1] „Fast jeder besaß seinen Kasten mit einem Schloß ... aber die Kästen waren nicht sicher, und ich glaube, man wird sich wohl vorstellen können, was für geschickte Diebe sich hier befanden. Mir selbst stahl ein Sträfling, der mir aufrichtig ergeben war, eine Bibel, das einzige Buch, welches man im Gefängnis haben konnte. Er gestand mir dies am nämlichen Tage noch selbst, aber nicht aus Reue, sondern aus Mitleid mit mir, da ich sie lange Zeit suchte." DOSTOJEWSKI: S. 27, 28.

[2] AUER: S. 113. AUER meint, daß das Verbot, andere Gefangene um Eßreste, Heringsköpfe z. B., anzubetteln „den wohl in allen Menschen schlummernden Diebessinn weckt." — In San Quentin stürzt sich ein Sträfling, wie CHESSMANN (Cell 2455 Death Row, S. 219) berichtet, von der obersten Galerie herab und landet tot auf dem Zementboden der untersten Etage. Ehe die Wärter haben hinzuspringen können, haben zwei Gefangene dem Sterbenden die Schuhe abgerissen und sind mit der Beute verschwunden.

[3] HAU: S. 144.

tun. „Dreck am Stecken haben sie alle hier unten, dieser stiehlt Brot, dieser stiehlt Fett, der eine stiehlt Heringe, der andere stiehlt Zucker, wieder ein anderer treibt Schmuggel mit Tabak.“ Die kleinen Klauereien werden übersehen, „von den wirklich nennenswerten Diebstählen dagegen, die mit Hilfe von Nachschlüsseln in den Magazinen angestellt werden“, wird nichts laut[1]. Sowie ein Gefangener an Rohstoffe, etwa Leder herankommt, weil er in der Schuhmacherei arbeitet, ist jede Ernährungsschwierigkeit behoben[2]. Eine Gefangene hat den Prozeß des Diebwerdens geschildert und folgendes geschrieben[3]:

„. . . Man wird im Gefängnis gerade zum Gegenteil von dem, was man werden soll. Man wird asozial. Ist man erst einmal ausgeschlossen aus der Gesellschaft, beginnt man sich selbst auszuschließen. Man verlernt Verantwortung, man hat hier ja keine. Man will auch keine mehr. Man lernt den bösen, lauernden Haß gegen den Unterdrücker, man wird zum Heuchler, man lernt das Stehlen, falls man es noch nicht konnte.“

Anders sind die Gewaltmenschen zu beurteilen, die von Unerfahrenen einfach das nehmen, was sie brauchen[4], gewiß auch die Kleptomanen, die in Freiheit stahlen und in der Anstalt weiterstehlen. SCHLATTER hat schon vor hundert Jahren einen solchen Typ gezeichnet[5]. In PATTERSONs Anstalt bekamen die Häftlinge alle 6 Monate neue Schuhe; sie ließen die alten reparieren, verkauften die guten Exemplare an die Wärter für 1 Dollar, die sie im Dorfe für 3 oder 4 Dollar wieder absetzten[6].

Unterschlagungen und Betrug sind naturgemäß selten[7], von Raub aber hören wir mehrfach. Wenn in Amerika am Kantinentag die

---

[1] Ebenda S. 145.

[2] AUER: S. 114.

[3] RINSER, LUISE: S. 66. „Erst im Gefängnis lernt man seine bösen Instinkte kennen. Ich beobachtete das an mir selbst: mein Sinn steht vorwiegend nach Essen, nach kleinen erschlichenen Bequemlichkeiten, wie etwa einer zweiten Bettdecke, die ich in einer offenen Zelle klaute, da ich so friere.“

[4] BELBENOIT: S. 32.

[5] SCHLATTER, G. F.: Das System der Einzelhaft. Stimme eines Gefangenen über Zuchthäuser, S. 43. Mannheim 1856. „Ich lernte . . . einen Sträfling kennen, der. . . als rückfälliger Dieb schon zum vierten oder fünften Male in der Strafanstalt saß. Derselbe war hier von seiner Neigung zum Stehlen so wenig geheilt worden, daß er vielmehr seinen Aufenthalt in dem Zuchthaus selbst zur Erwerbung einer immer größeren Diebesfertigkeit benutzte. Wenn er nichts anderes erwischen konnte, so stahl er seinem Tischnachbar das Fleisch vom Teller oder das Brot aus dem gemeinschaftlichen Schranke . . . oder er entwendete ihnen einen Teil ihres Arbeitsmaterials, entweder um sich selbst Zeit und Mühe zu ersparen oder auch nur, um seinen unwiderstehlichen Hang zum Diebstahl zu befriedigen.“

[6] PATTERSON: S. 113.

[7] BLACK und seine Mitsträflinge verkauften nach dem großen Erdbeben vom Gerichtsgefängnis aus falsche Mocassins als echt. Sie kauften billigen falschen Schmuck und wurden ihn mit Gewinn an Besucher los, denen sie weismachten, daß es echte, eingeschmuggelte Ware sei. BLACK: S. 367.

Gefangenen mit Paketen beladen nach ihrer Zelle zurückgehen, werden sie von Haftbanditen überfallen und mit Gewalt oder Drohung ihrer Schätze beraubt. Die sorgsam ausgesuchten Schwächlinge wagen keine Anzeige zu erstatten.[1] JACK LONDON[2] teilte die Zelle mit einem Mann, der jeden Abend seine gesparten 16 Dollar zählte. Er warnte drohend vor jedem Verrat, der ihn und seine Summe mehrfachen Gefahren aussetzen würde: erst von den Wärtern wegen Ungehorsam geprügelt und in das Loch geschleppt zu werden, wobei das Geld „verloren"gehen würde, oder von den Kalfaktoren vorgenommen und mit dem Hinweis ausgeplündert zu werden, daß er sonst seinen guten Posten verlieren könnte[3]. Andere Formen der Erpressung sind vorgekommen. So wurde einem Gefangenen sein Ein und sein Alles, eine Katze, „entführt" und nur gegen Zahlung von 10 Dollar wiedergegeben[4].

Ausgezeichnetes Falschgeld wird in der Anstalt hergestellt. Drei Fälle sind aus amtlichen Berichten in Colorado[5] bekannt. 50 Jahre vorher meldet BERKMAN[6]: „Die große Haussuchung ist vorüber ... Die Fälscherbande, deren Erzeugnisse draußen in Zirkulation gewesen sind, ist entdeckt." Nach MARTIN[7] wurden in Leavenworth Silberdollarstücke und Zehndollarscheine fabriziert, die vollkommen waren, was niemand wundernehmen kann, weil dort eine Menge Falschmünzer ihre Strafe absitzen. Wie wir sahen, wurde der Lohn des eingeschmuggelten Mädchens aus dem Ertrag falschen Geldes — nicht mit Falschgeld — bezahlt[8]. Von einem bekannten Zuchthaus des amerikanischen Ostens wurden vor nicht allzu langer Zeit gefälschte Aktien verbreitet[9]. Andere gewannen Geld in Wetten oder gewagten Börsenspekulationen — alles von der Strafanstalt aus[10]. Wieder ein anderer Sträfling verdiente in 2 Jahren 13000 Dollar als Steuerberater reicher Mitgefangener[11].

Von Sittlichkeitsdelikten und ihrer Häufigkeit haben wir bereits gesprochen[12], ebenso von dem Schmuggel von Alkohol und Genußgiften.

---

[1] LAMSON: S. 227. Gegen dieses Risiko drängen andere Gefängnisgangster dem erschrockenen Opfer gegen Entgelt ihren „Schutz" auf.

[2] FONER, P. S.: Jack London, a. a. O. S. 353.

[3] PATTERSON behauptet (S. 58), von 2 Aufsehern der Summe von 100 Dollar beraubt worden zu sein.

[4] CLEMMER: S. 158.

[5] Siehe meinen Aufsatz: The limits of Penal treatment, S. 402. 1947.

[6] BERKMAN: S. 367, 368.

[7] MARTIN: S. 141, 142.

[8] WILSON: S. 246.

[9] Limits of penal treatment, S. 402.

[10] MARTIN: S. 141.

[11] Kansas City Star 13. Nov. 1950.

[12] Vorschrift D 1207 der Gefängnisverwaltung von Californien lautet: „Jeder Insasse, der eine geschlechtliche oder unmoralische Handlung begeht, andere dazu anreizt oder dazu bestimmt, wird disziplinarisch bestraft." CHESSMAN: a. a. O. S. 220.

Gespielt wird in allen Anstalten mit größter Leidenschaft[1]. Negersträflinge verschafften sich in Atmore Geld durch Heiratsschwindel und den uralten Heimkehrertrick[2]. Prügeleien sind an der Tagesordnung. In einem Zuchthaus der Rocky Mountains wurden kürzlich 2 Gefangene durch eine selbstgemachte Bombe getötet[3]. Morde oder Fälle von Totschlag sind nicht ungewöhnlich. Solche Kämpfe gehen um die Herrschaft oder öfter um den Jungen. BELBENOIT hat einen solchen Raufbold geschildert, Le Fou genannt[4]. Die Eifersuchtsszenen der Homosexuellen enden regelmäßig mit dem Griff nach dem Messer[5], mit einem Duell[6] oder mörderischen Überfall. BELBENOIT nennt die Toilette eines bestimmten Pavillons in Guayana die blutbefleckteste Stelle der Erde[7]. Niemals finden sich Zeugen[8] und die Verwaltung legt keinen Wert auf große Gerichtsverhandlungen.

Das ist die Tötungskriminalität der Gefangenen untereinander. Die bedrohlichste Situation für die Beamten ist der Ausbruch, weil besondere Tätertypen daran beteiligt sind und die emotionelle Überreizung einen Höhepunkt erreicht.

II.

Der kriminogenen Elemente sind trotz strikter Aufsicht und Wegfall der schlimmsten wirtschaftlichen Sorgen nicht wenige. Da ist die überaus schädliche Suggestion der großen Masse[9], weiter die Erschütterung des Weltbildes, wenn autoritäre Gestalten wie Anwälte, Ärzte[10], Geistliche[11], Bankiers, Kriminalkommissare, Lehrer, Schutzleute[12], Staatsanwälte[13] und Anstaltsleiter[14] im Zuchthaus auftauchen. Außer der per-

[1] DOSTOJEWSKI: S. 80; BELBENOIT: S. 119; PATTERSON: S. 113.

[2] PATTERSON: S. 113. “Guys in prison, they tried all kinds of rackets.”

[3] Limits of penal treatment, S. 401.

[4] BELBENOIT: S. 124ff.

[5] Opfer eines solchen „sex feuds“ war Dicky Loeb, einer der Verurteilten im Loeb-Leopold Prozeß. BARNES und TEETERS: S. 620.

[6] Siehe die Tatsachen und Ausführungen bei CLEMMER, S. 264, 265 und 270. — Die Hoffnung der Zuschauer beim tödlichen Duell ist, daß beide Nebenbuhler wegfallen und ihnen den Jungen überlassen.

[7] BELBENOIT: S. 122.

[8] „Es ist ein ungeschriebenes Gesetz, immer dem Getöteten die Schuld zugeben. Ebenda S. 122.

[9] Im Jackson Prison, Michigan waren 1953 im ganzen 4986 Zellen verfügbar. MARTIN, JOHN BARTLOW: The riot at Jackson prison, Saturday Evening Post 1953, S. 18.... Ein Zellblock in San Quentin hat 1000 Zellen, in denen 2000 Mann sitzen. CHESSMAN: S. 218.

[10] STANLEY, LEO: Men at their worst, S. 24. New York 1940.

[11] HAU: S. 43; HÄGELE, J. M.: S. 136; LEUSS: S. 81.

[12] LAWES: Life and death, S. 181; LAMSON: S. 104ff.

[13] Mein Buch The criminal and his victim, S. 321.

[14] BERBIG: S. 195.

sönlichen Erfahrung sind es die unendlichen Gespräche, die, von älteren Gefangenen, also Respektspersonen, geführt um begangene Verbrechen, bessere technische Methoden und die erfolgreichen Meister des Fachs kreisen. Die sexuelle Aufklärung, die hier erfolgt[1], ist geeignet, jede Hemmung niederzubrechen. Neben dem Strafgesetz lastet ein Plus von strafbaren Handlungen und Unterlassungen auf dem Sträfling, jede von ihnen allein aus dem Ordnungsbedürfnis der Anstalt geboren. Dieses Übermaß an Verboten schwächt ihre Geltung und faßt die Gefangenen zu einer geschlossenen Front von Neinsagern zusammen, die sich dem Gesetz nicht verpflichtet fühlen. Sie nehmen diese Haltung in das freie Leben mit, obschon es dort die feindlichen Lager der Anstalt nicht gibt, der Druck der bloßen Disziplin wegfällt. Ungünstiger Effekt kommt auch der summarisch und rücksichtslos ausgeübten Justiz der Sträflingsgruppe zu[2]. Der Gesichtspunkt der aufgezwungenen Defensive schleicht sich in die Gedankenwelt und die Praxis der Entlassenen ein und entfaltet in der Freiheit eine verderbliche Wirkung.

Das Verbrechen wird in der Anstalt unablässig erörtert, durchgedacht und in die Vorstellungswelt aufgenommen. Es wird dazu in mannigfachen Formen ausgeübt und unterliegt, soweit es sich nicht gegen die Haftgemeinschaft richtet, moralisch keiner Verwerfung. Eine Art Gegenerziehung geht vor sich, und keine Therapie ist bisher gefunden worden, die diesem schädlichen Ergebnis entgegenarbeitete.

B. Krisen und Konflikte.

I. Flucht, Ausbruch.

I.

Die Beamten einer Anstalt im Norden der Vereinigten Staaten hatten folgende Instruktion: „Haltet die Ordnung aufrecht, bewahrt die Disziplin und verhindert unter allen Umständen eine Entweichung[3]!“ Wie der Selbstmord vor der Hinrichtung so wird die Flucht als der schwerste Verstoß gegen die Gehorsamspflicht des Gefangenen angesehen. Vom Standpunkt der Anstalt, die festhalten soll, ist diese Anschauung verständlich. Psychologisch aber entspricht die Flucht einer normalen Reaktion auf die Schädlichkeiten der Haft. Es gibt Disziplinarmittel,

---

[1] Ein Jugendlicher erzählt aus dem Gefängnis: „Wir haben Verbrechen durchgesprochen ... wenn die alten Verbrechen fertig waren, dann wurden Pläne gemacht.... Und dann wurde natürlich über Frauen geredet.... Da waren manche ganz unerschöpflich. Was die schon alles mit Frauen gemacht haben, da wäre ich nie drauf gekommen mit aller Phantasie.“ HABS BEMBE: Gefährliches Blut. Der Lebensbericht des 17jährigen Wilfried Helm, S. 108. Stuttgart 1950.

[2] DOSTOJEWSKI: S. 100.

[3] Angeführt von TAFT, DONALD R.: Criminology, a cultural interpretation, S. 445. New York 1950.

die Leben und Gesundheit gefährden. CHESSMAN behauptet[1], daß ein Gefangener, der Widerstand leistete, in eine leere Zelle kam; dann wurde durch den Sehschlitz eine Gaspatrone in den engen Raum abgefeuert. BLACK wurde so eng in eine Zwangsjacke eingeschnürt, daß er wie ein wildes Tier raste und versuchte, seinem Leben ein Ende zu machen[2]. MARTIN erlebte im Zuchthause Pontiac das Eisbad[3] und das schmerzhafte Anspritzen mit einem starken Wasserstrahl[4]. Professor MABEL A. ELLIOTT hat im Zuchthaus des Staates Kansas den Schwitzraum[5] gesehen. Hier wird sehr heißer Dampf in einen kleinen dunklen Raum[6] gelassen, bis der Gefangene seinen Widerstand gegen die Hausordnung aufgibt[7]. Von allen diesen Disziplinarmitteln läßt sich sagen, daß sie mindestens eine gefährliche, unter Umständen eine schwere, oder eine Körperverletzung mit Todesfolge (§§ 223a, 224, 225, 226 StGB.) darstellen und über die Disziplinargewalt der Anstaltsleitung hinausgehen.

Das volkstümliche deutsche Wort für „Selbstbefreiung[8]" ist Flucht, das englische escape. Dieser Ausbruch ist in den psychologischen Sprachschatz übergegangen, wo er jede Art von „ausweichender" Bewegung bedeutet. Zwei Arten der Einschließung gibt es: die Bewachung der Aufsichtsbeamten und die zwingende Mechanik der Mauern, Riegel, Gitter und Tore. Beide können vom Häftling überwunden werden, die bewachenden Menschen und die materielle Abschlußvorrichtungen. Sind sie nicht vorhanden, ist also ein Außenarbeiter ohne Aufsicht gelassen, so liegt nach deutschem Recht straflose Selbstbefreiung, nach anglo-amerikanischem Recht strafbare Entweichung vor[9]. Das deutsche

---

1 CHESSMAN: S. 117. „Hier ist etwas, um dir Gesellschaft zu leisten!" Dann kam das Gas.

2 BLACK: S. 364.

3 300—400 Pfund Eis werden in eine Badewanne hineingetan und der gefesselte Gefangene hineingeworfen. MARTIN: S. 109. Es gibt einen bekannten Mordfall — Gattenmord durch einen Arzt, — in dessen Vorgeschichte der plötzliche Todesfall einer vorhergehenden Ehefrau in der eisgekühlten Badewanne auf ärztliche Verordnung des Gatten vorkommt. Das Ergebnis war ein Gehirnschlag. TED COLLINS: New York murders, S. 169. New York 1944.

4 Ebenda S. 109. Hier werden die inneren Organe schwer beschädigt.

5 ELLIOT, MABEL A.: Coercion in penal treatment, S. 46. Ithaca 1946.

6 Bei SHAKESPEARE (Wie es Euch gefällt, III, 2) werden Geisteskranke mit Dunkelheit und Prügel behandelt. Siehe dazu „Was Ihr wollt" III, 4; IV, 2; V, 1. Professor ELLIOT erwähnt, daß vor einigen Jahren diese Heißluftbehandlung den Tod mehrerer Gefangener in Pennsylvanien verursachte.

7 Die Einrichtung heißt „Hot box"; der heiße Dampf kehrt auf den Schiffen wieder, die die Sträflinge nach Guyana führten. BELBENOIT: S. 30.

8 Nach deutschem Strafrecht nicht strafbar.

9 Es ist entschieden worden, daß der eingesperrte Gefangenenwärter, der mit dem eigenen Schlüssel sich entläßt, strafbare „Flucht" verübt. SEARS, KENNET C. und HENRY WEIHOFEN: May's law of crimes, S. 133. Boston 1938.

Recht sieht immer noch die antiquierte ständige Beaufsichtigung oder die fortbestehenden Abschlußmechanismen voraus. Die offene Anstalt ist noch nicht berücksichtigt.

Während das Gesetz nur gewaltsamen Ausbruch (§ 122, Abs. 2 StGB.) oder escape, d. h. Weglaufen ohne Gewaltanwendung kennt, gibt es für den Psychologen andere Formen der „Flucht“. Hier sucht der Gefangene entweder den Ausweg des Todes oder der Selbstverstümmlung, die ihn, wenn auch nicht entlassungsreif, so doch haftunfähig im Sinne der schweren Disziplinarstrafen oder der gewöhnlichen Behandlung macht. Die Selbstverstümmlung ist eine Fluchtreaktion des invertierten Menschen. Die verschiedensten Methoden werden beschrieben. Sie führen dazu, daß der Gefangene aus dem Anstaltsbetrieb herausgenommen und auf die ersehnte höhere Lebensstufe des Krankenhauses kommt. In Deutschland wird Seifenwasser getrunken, oder das, was der Sträfling sich von den Fingernägeln abgeschabt hat[1]. In Französisch Guayana rauchten die Sträflinge Chinin, atmeten Schwefel ein, rieben Sperma in ihre Augen oder inserierten gewisse Pflanzen in einen Schnitt, um eine ernsthafte Infektion zu bekommen[2]. Es ist der einzige Weg, aus der Isolierzelle herausgenommen zu werden, mit einem anderen Menschen reden zu können, die geliebte Zigarette zu rauchen, alles Genüsse, die in der Einsamkeit und Dunkelheit zu einer Obsession werden.

Selbstmord ist eine andere Methode, dem Flüchtling den Zugang zur Freiheit zu eröffnen. Manche dieser Selbstmorde werden als Waffengebrauch beim Fluchtversuch registriert. LAMSON[3] hat den Fall eines Lebensmüden gekannt, der sich absichtlich anschießen ließ. Er war nicht tot, nur verkrüppelt. Man flickte ihn zusammen, machte ihn wieder gesund; dann wurde er nach kalifornischem Recht dem einäugigen Scharfrichter übergeben, der seinen sehnsüchtigen Wunsch endlich erfüllte. In PATTERSONs Anstalt ist von Tötungen in älterer und jüngerer Zeit die Rede; beim Graben stießen die Neger manchmal auf menschliche Knochen[4]. In San Quentin ergreift ein geisteskranker und halbgelähmter Filipino ein Messer und beginnt Amok zu laufen; ein gut gezielter Schuß streckt ihn nieder[5]. Nach der Gefängnisstatistik von 1948 verließen in den Vereinigten Staaten 2455 Gefangene die Anstalt durch Flucht, 828 durch Tod[6]. Unter welchen Umständen der Tod erfolgte, wieviel Fluchtfälle unter ihnen waren, erfahren wir nicht.

---

[1] JÄGER, J.: Hinter Kerkermauern, S. 297.

[2] BELBENOIT: S. 135, 136; siehe auch DEGRAVE S. 276, wo andere Methoden geschildert werden, und Dr. WILSON, S. 182.

[3] LAMSON: S. 70, 71.

[4] "I saw many a skeleton and corpse in and around Atmore." PATTERSON: S. 92.

[5] CHESSMAN: S. 219.

[6] Prisoners in State and Federal prisons, Washington, S. 3. 1952.

Auch sie wurden nach der Terminologie der amtlichen Statistik „entlassen“[1].

Für alle praktischen Zwecke liegt der Begriff der Selbstbefreiung fest. Es ist die unerlaubte Entfernung eines Häftlings. Ein amerikanischer Anstaltsleiter hat erklärt, daß er in Joliet 4219 Gefangene unter sich habe und 4219 Menschen keinen anderen Gedanken im Kopf haben, als wegzulaufen[2]. Diese Ansicht geht zu weit. Die Leute mit kurzen Strafen wollen nicht weglaufen, solange sie psychisch in Ordnung sind. Die Leute, die ein Wiederaufnahmeverfahren betreiben, erstreben „Flucht“ mit legalen Mitteln. Die alten und die kranken Sträflinge können allgemein nicht als fluchtverdächtig angesehen werden. Dagegen gibt es sicherlich Gruppen von Gefangenen, in denen der Freiheitsdrang mit außerordentlicher Stärke gärt[3]. Wir haben dem Menschentyp mit dieser Sonderform der Vitalität[4] wenig Beachtung geschenkt, sie nur zu zerbrechen, nicht auf legale Ziele anzusetzen versucht. Sehr lange Strafen und Verurteilungen, in denen die Gefangenen ungerechte Benachteiligung zu finden glauben, gehören zu den Ursächlichkeiten der Flucht aus der Haft. Eigentümlich ist es, daß der Fluchtversuch sich beinahe ebensohäufig wiederholt wie der Rückfall im Leben des Eigentumsverbrechers.

Ob man die Verstümmlung, die nicht haftunfähig macht, als Fluchtreaktion ansehen darf, ob sie nicht eher als ein Racheakt an sich selbst[5] ist, wage ich nicht zu entscheiden; dazu gehört die Selbstkastration[6]. Daß Selbstmord Flucht aus dem Leben ist, wenn jeder andere Ausweg versperrt ist, wird niemand bestreiten. Es kommt vor, daß Flucht und der Gedanke weithin hallenden, revolutionären Protestes sich mischen. Gratschewskis Selbstmord ist ein Beispiel. Er begoß sich mit Petroleum und verbrannte bei lebendigem Leibe[7], dunkel vielleicht den Opfertod der ersten Christen nachahmend. Selbstmord verüben auch die Revolutionäre, die Ärzte oder Beamte angreifen, um bald

---

[1] „discharged“.

[2] Chicago Tribune vom 1. Februar 1954. — Belbenoit (S. 185) meint „mehr als drei Viertel“, aber auch das ist noch zu viel und Guayana war ein Sonderfall.

[3] Siehe den von Fuchs, S. 123ff. ausführlich geschilderten Typ des Hans Körner.

[4] Diese Vitalität kommt auch in der außerordentlichen Fähigkeit zum Ausdruck, schwere Verletzungen zu überstehen. Siehe Fuchs (S. 143) und den von Lamson (S. 87) beobachteten Fall, in dem der angeschossene Gefangene hartnäckig „sich weigerte“, Blutvergiftung oder irgendeine andere Komplikation zu entwickeln.

[5] Der kennzeichnende Ausdruck stammt von einem Gefangenen, der am ersten Tag der Haft in Verzweiflung gerät. Auer: S. 67.

[6] Fälle sind bei Linguet (Denkwürdigkeiten über die Bastille, S. 423) und Edward H. Smith (Famous poison mysteries, S. 289) verzeichnet.

[7] Figner: S. 292.

danach erschossen zu werden[1]. Protest und Selbstmordversuch ist auch die Nahrungsverweigerung. Der Hungerstreik kann zu einem Blutsturz führen[2], wie zu einem vollständigen Zusammenbruch des Nervensystems[3]. Er ist auffallenderweise mehr Sache der Frauen als der Männer, die viel früher aufgeben. Nahe an die Selbstverstümmlung kommen die Fälle heran, in denen sich Gefangene für gefährliche medizinische Versuche melden. Ich habe in amerikanischen Gnadenakten die posthume formelle Begnadigung eines Sträflings gesehen, der bei diesen Experimenten gestorben war. Amtlich wird oft versichert, daß den Gefangenen bei lebensgefährlichen Versuchen weder Straferlaß noch sonstige Vergünstigungen in Aussicht gestellt sei. Formell wird die Behauptung stimmen. Jeder Gefangene aber, der sich dazu meldet, weiß, daß diese Form sozialer Nützlichkeit ihm irgendwann und irgendwie gutgeschrieben wird.

Noch eine Spielart der Flucht steht dem politischen Gefangenen offen: die Bekehrung. Sie ist freilich nicht ordnungswidrig oder strafrechtlich relevant wie die amerikanische Selbstbefreiung. Dafür widerspricht sie dem Ehrenkodex der Gefangenen. Politische Sträflinge können ihre Überzeugungen abschwören und damit ihre Entlassung erreichen. Indem sie ihre politische Grundrichtung wechseln, öffnen sie sich das Tor der Freiheit[4].

II.

Das alte bastilleartige Zuchthaus, aus dem man ausbrach, indem man Gitter durchsägte, Schlösser aufstemmte, an Strickleitern baumelte, oder unterirdische Gänge grub[5], hat sich eine Reihe neuer abschließender Methoden gefallen lassen müssen. In der Ansprache, die der Leiter des Zuchthauses von Saint Laurent den Neuankömmlingen hielt, wies er auf ihre Fluchtabsichten hin, berief sich aber gleichzeitig auf die nie schlafenden Wächter des Meeres und des Dschungels. Im Dschungel lauert der Hunger, im Meereswasser warten die Haifische[6]. Daneben

---

[1] Ebenda S. 264; Belbenoit: S. 83.

[2] Ebenda S. 297.

[3] Ebenda S. 302, nach neuntägigem Hungerstreik.

[4] Deutsch: S. 258—260. Dem ersten Vorbild folgen eine Reihe anderer. „Unter ihnen befanden sich Jemeljanoff, der eine Bombe gegen den Zaren hatte schleudern wollen, Posen, der als einer der scharfsinnigsten Geister im Kerker galt, und andere. Natürlich wirkte jeder derartige Fall niederschmetternd auf uns.“ Deutsch: S. 260.

[5] Das Beispiel eines klassischen Ausbruchs war die Flucht de Latudes und Allègres aus der Bastille (26. Febr. 1756), siehe die Denkschrift de Latudes. Linguet: S. 313—330.

[6] Belbenoit: S. 39. „Ich bin sechszehn Jahre hier, sagte der Direktor, und ich kenne euren Sinn besser als ihr selbst. Daß eine Anzahl von euch in zwei

haben die großen Kulturstaaten moderne Strafanstalten entwickelt. Sie sind mit einem Minimum mechanischer Sicherungen umgeben[1]. Viele Zuchthäuser haben landwirtschaftliche Nebenbetriebe. Sie bieten eine halbe Freiheit. Auf keinen Fall bedarf es eines „Ausbruchs", wenn der Sträfling weglaufen will. Das Gitter des Vertrauens, das diese mauerlosen Anstalten umschließt, ist nicht unzerreißbar, weist aber doch eine beachtenswerte Stärke auf. Der Sträfling Tom Armstrong war ein Vertrauensmann des Zuchthauses Joliet[2]. Den ganzen Nachmittag arbeitete er außerhalb der Anstaltsmauern. Er hätte unbemerkt abmarschieren können, wenn er gewollt hätte. Er entfloh, aber erst, als er in seine Zelle zurückgekommen war. Der Direktor meinte: „Tom Armstrong hatte mein Vertrauen und hat es nicht mißbraucht. Er floh in anständiger Weise[3]. Ich will pflichtgemäß alles tun, um seiner wieder habhaft zu werden, hoffe aber, daß es mir nicht gelingt."

Es ist unausbleiblich, daß die Zahl der Entweichungen aus der geschlossenen Anstalt weit hinter der zurückbleibt, die sich bei Außenarbeit ereignen[4]. In den Vereinigten Staaten wird eine erhebliche Anzahl von Flüchtlingen früher oder später wieder eingebracht. Die folgenden statistischen Mitteilungen geben Auskunft. Der Attorney General's Survey of release procedures, an dem ich seinerzeit mitgearbeitet habe, konnte für 72 amerikanische Anstalten in den Jahren 1933, 1934 und 1935 Flucht- und Wiederergreifungsdaten sammeln[5]. Sie sind vielleicht nicht ganz vollständig, die Auslegung dessen, was als Flucht angesehen wird, mag variieren, sie haben aber trotzdem großes Interesse[6]:

Wochen im Dschungel sein werden, weiß ich; ich weiß auch, daß sie bald zurück sein werden und ich werde sie in ihrer Zelle oder im Krankenhaus sehen, die ausgenommen, deren Skelette, von Ameisen weiß gefressen, unter irgendeinem Baum liegen".

[1] Leichte Zäune, so sagt man, sind nur dazu da, unerwünschte Besucher fernzuhalten. Chessman, S. 230.

[2] Clark, Charles L.: Lockstep and corridor, S. 33. Cincinnati 1927.

[3] "he escaped on the square."

[4] Chessman beschreibt die moderne Anstalt Chino in Californien. Es ist nicht die Zwangsgewalt eines bewaffneten Wärters, sondern das eigene Gefühl der Verantwortlichkeit, das ihn vom Weglaufen abhält (S. 230). Trotzdem entflieht er. Als halbe Entschuldigung hören wir, daß man leicht abhauen kann, die Schwierigkeiten beginnen immer erst, wenn die Flucht gelungen ist (S. 232).

[5] Es sind 4 Bände erschienen, die alle Entlassungsmodalitäten behandeln, dazu ein Band über Gefängniswesen.

[6] Attorney General's Survey of release procedures, Bd. V, S. 96. Washington 1939.

Staatsanstalten: Entweichungen und Wiederverhaftungen in 72 Zuchthäusern 1933—1935.

Entweichungen aus dem umschlossenen Anstaltsbezirk.

28 Anstalten meldeten keine Entweichung 1933, 1934 und 1935
19 Anstalten meldeten 50 Entweichungen 1933
13 Anstalten meldeten 46 Entweichungen 1934
18 Anstalten meldeten 53 Entweichungen 1935

Entweichungen von der Außenarbeit.

72 Anstalten meldeten 1868 Entweichungen 1933
72 Anstalten meldeten 1949 Entweichungen 1934
72 Anstalten meldeten 1705 Entweichungen 1935

Summe der Wiederergreifungen.

68 Anstalten meldeten 1472 Wiederergreifungen 1933
68 Anstalten meldeten 1682 Wiederergreifungen 1934
68 Anstalten meldeten 1541 Wiederergreifungen 1935

Die Aufstellung ergreift nicht alle Zuchthäuser, wahrscheinlich die vor allem nicht, bei denen zahlreiche Entweichungen vorkamen; sie umfaßt nicht die zahllosen, oft unzulänglichen Gerichtsgefängnisse und nicht die Entweichungen der geisteskranken Kriminellen. Auch hier stehen dicht neben den strafbaren Entweichungen alle jene Spielarten der sozial unerwünschten, aber legalen vorzeitigen Entlassung, die durch Manipulation, politischen Druck und geschickte Anwälte zustande gebracht werden. Solche Fälle waren früher unter Begnadigungen nicht selten, heute sind sie im Rahmen des Parolesystems[1] noch leichter geworden. Was auch immer die Bedingungen sein mögen, die einstweilige und verfrühte Entlassung führt praktisch aus der Einschließung in die Freiheit.

Eine Psychologie der Flucht ist noch nicht versucht worden, obschon es an Material nicht fehlt[2]. Alle Gefangenen heben hervor, daß es nicht allzuschwer ist, die geschlossene Anstalt zu verlassen. Aber erst wenn der Fluchtplan gut durchdacht war und die Fluchtausführung geglückt ist, beginnt die schwerste Phase: unentdeckt zu bleiben. Drei Dinge gehören dazu, die nicht so leicht zusammentreffen, gute Freunde, Geld und Glück. Man kann einen stürmischen Tag aussuchen, wenn der Regen niederprasselt und die Aufmerksamkeit der Wachen in den Türmen nachläßt. Man kann warten, bis der dichte Nebel über das Meer hereinkommt[3]. Oder die Weihnachsnacht kann die Wärter zu einem guten Trunk vereinigen und ihre Wachsamkeit für einige Stunden entschärfen[4]. Alles das läßt sich planen. Dann aber beginnt das

---

[1] Kritische Beobachtungen zu einem unzulänglichen Parolesystem teilt Martin, S. 112 mit. Siehe meine Untersuchung: Degrees of parole violation and graded remedial measures in Amer. J. of criminal law and criminology, Bd. 33, S. 363—371, 1943.

[2] Zum Beispiel Smith, Edward H.: You can escape, New York 1929. Die berühmtesten Entweichungen führen über die Krankenabteilung.

[3] Lamson: S. 74. [4] Belbenoit: S. 66, 67.

Unvorhergesehene und das Unvorhersehbare. In diesem gefahrvollsten aller Fluchtabschnitte haben nur wenige Sträflinge die sorgsame Vorbereitung und die entschlossene Beihilfe zuverlässiger Freunde wie Fürst KROPOTKIN. Als er das Äußere der Peter- und Paulsfestung erreicht hatte, stand ihm ein Wagen zur Verfügung, der mit dem schnellsten Traber[1] von Petersburg bespannt war. Seine Freunde hatten sämtliche Droschken des Viertels gemietet, so daß der Wachoffizier und die Soldaten nicht folgen konnten. Zudem waren die Freunde entschlossen, den Fürsten mit bewaffneter Hand zu verteidigen, wenn er wider Erwarten gestellt werden sollte[2]. Dem gewöhnlichen Sträfling steht eine so effektive Hilfe nicht zur Verfügung. Daher die große Anzahl der Wiederergreifungen. Eigentümlicherweise bedauern die Mitgefangenen den zurückgebrachten Flüchtling nicht, sondern überschütten ihn mit Hohn, weil er sich habe einfangen lassen[3]. Im Grunde sind sie enttäuscht, daß der Staat seine Übermacht geltend gemacht hat[4].

Aus der geschlossenen Anstalt früherer Zeit war die Selbstbefreiung schwierig. Leichter konnte eine Mehrheit den Widerstand der Wächter und den Widerstand mechanischer Hindernisse überwinden. Diese tatsächliche Situation liegt der dogmatischen Struktur des deutschen Strafgesetzes noch zugrunde. Gefangenenflucht (Selbstbefreiung) ist straflos, nicht dagegen Befreiung durch andere, Entweichenlassen oder Beförderung der Befreiung, desgleichen das entsprechende vorsätzliche oder fahrlässige Beamtendelikt (§§ 120, 121, 347 StGB.). Es kann hier zu Konsequenzen kommen, die strafrechtlich relevant sind, uns aber haftpsychologisch nicht interessieren. Nach der Rechtsprechung braucht der „frei gewordene" Gefangene nicht zu fliehen, oder überhaupt zu wissen, daß er frei ist[5].

Dieser zusammengehörigen Deliktsgruppe stellt unsere Dogmatik und das Gesetz die Gefangenenmeuterei gegenüber und verbindet in ihr zwei ganz verschiedene Tatbestände. Einmal üben zusammengerottete, mit vereinten Kräften handelnde Gefangene einen mehr oder weniger schweren Druck auf den Willen der Aufsichtsbeamten aus, der bis „zur Gewalttätigkeit" geht und nicht notwendigerweise eine Körperverletzung zu sein braucht[6]. Im zweiten Falle muß der Wider-

---

[1] Es war das berühmte Pferd Barbar, das auch zur Flucht nach einem Attentate diente. DEUTSCH: S. 247.

[2] KROPOTKIN, P.: Memoirs of a revolutionary, a. a. O. S. 374ff.

[3] DOSTOJEWSKI: S. 389. „So viel gilt der Erfolg unter Menschen", sagt DOSTOJEWSKI bekümmert (S. 390). Das ganze Kapitel: Die Flucht (S. 374ff.) ist psychologisch außerordentlich fein und lehrreich. Von einem heimwehkranken polnischen Soldaten wird gesagt (S. 380), daß sich sein Heimweh in „dumpfen, heimlichen, ewigen Haß verwandelt hatte".

[4] Im Grunde sind sie von sich selbst enttäuscht.

[5] RGStr. 57, 75. [6] RGStr. 54, 90.

stand der Abschlußvorrichtungen, mittelbarer und unmittelbarer, mit einem gewissen Maß von Gewalt gebrochen werden. Ähnlichen Richtungen der Gewalt begegnen wir beim Raub und beim Einbruchsdiebstahl, die wir sorgsam getrennt halten und im Strafmaß bewußt abstufen. Das Tatbestandsmerkmal der Zusammenrottung verliert in der Rechtsprechung ihr Gewicht, weil die „Meute“ nur aus 2 Personen zu bestehen braucht und die „vereinten Kräfte“ keinesfalls Mittäterschaft voraussetzt, ja es ausreicht[1], wenn ein Täter unter passiver Assistenz der Rotte, gegebenenfalls also nur eines anderen Gefangenen, die Tat begeht. Daher sollten zwei Obergruppen aufgestellt werden: Dem einfachen, unter Umständen straflosen „Haftbruch“ würde die schwere Form des § 122, Absatz 2 StGB. gegenüberstehen[2]. Als Gefangenenmeuterei — einfache oder schwere — würden die Tatbestände von § 122, Abs. 1 und 3 des Strafgesetzbuches zusammenzufassen sein. Das wären klare empirische Einheiten, und diesem Schema entspricht unsere Darstellung.

Die Wirklichkeit spottet unserer Kategorien und weist die seltsamsten Kombinationen auf. Fuchs[3] gibt ein lebendiges Bild des Ausbruchs, den der Sträfling Eugen Winckler macht. Erst läßt er sich durch Begehung einer kleinen Ordnungswidrigkeit in den Arrestkäfig bringen, weil dieser einen Holzfußboden hat und über einem alten Kellergewölbe liegt. Beim Spaziergang gelingt es ihm, unbemerkt einen Schuhnagel, der auf dem Zement herumliegt, in seine Sohle zu treten: Er wird untersucht, der Nagel wird nicht gefunden. Mit dem kleinen Nagel wird mit größter Vorsicht ein großer Nagel aus dem Fußboden herausgestemmt. Mit diesem Instrument beginnt er den Mörtel zwischen den Gewölbequadern auszukratzen und durch die Lücke herunterzuklettern. Im Keller ist eine Lucke; das Gitter stammt noch aus der Klosterzeit und kann zur Seite gebogen werden. Der Ausbrecher steht im Hof, vor ihm die 3—4 m hohe Mauer. Er muß sie überwinden, ehe die Runde mit den Hunden kommt.

„In der höchsten Verzweiflung nimmt Winckler schließlich aufs geradewohl einen rasenden Anlauf, und — ich weiß heute noch nicht, wie's gekommen ist; auf einmal war ich oben.“ „Ich bin“, schreibt Fuchs, „viele Jahre später oftmals an jener Mauer mit ihm vorbeigegangen und hätte es nie für möglich gehalten, daß ein Mensch ohne jedes Hilfsmittel darüber wegkommen könnte, wenn mir die Beamten nicht bestätigt hätten, daß es in den Akten festgelegt sei.“

---

[1] RGStr. 54, 301.

[2] Hans Welzel verwendet den Oberbegriff: Haftbruch dogmatisch mit gutem Recht für die ganze Deliktseinheit (Das deutsche Strafrecht, S. 366—368, Berlin 1954). Wonach wir suchen, ist eine kriminalwissenschaftliche Einteilung, die das künftige Strafgesetz nicht ganz übersehen wird.

[3] Fuchs: S. 189.

Der bloße Fluchttrieb ist eher da als der Gedanke, gewaltsam die Freiheit zu erkämpfen. Er überfällt manche Menschen plötzlich.[1] Ein Arbeitstag bei der Heuernte lockt ihn mit aller Macht hervor[2]. BERKMAN hat in einem ganzen Kapitel den Versuch seiner Freunde beschrieben, in einem Tunnel ins Gefängnis vorzudringen[3]. Bei einem ähnlichen Versuche wurden in Philadelphia im Jahre 1900 Gefangene überrascht[4]. Im Dezember 1949 drücken sich beim Rundgang „auf unerklärliche Weise" 7 Gefangene, in Texas. Sie schneiden ein Loch in den Drahtzaun und wühlen sich in zwei und einer viertel Stunde unter der Anstaltsmauer durch, während der Posten über ihnen steht, ohne sie zu sehen[5]. In San Quentin packen an einem Nebeltage Gefangene einen Wärter[6], binden ihn, nehmen seine Uniform und versuchen mit großer Kühnheit als Wärter und arbeitende Gefangene markiert an den Wachturm eine Leiter anzulegen. Der Wärter gibt einen Schuß ab, andere stürzen herzu, es gibt ein Feuergefecht, und alles ist vorbei. Aus der geschlossenen Anstalt gibt es nur — mit seltensten Ausnahmen — den Ausbruch und diesen nur in Gemeinschaft mit einer Arbeitsgruppe.

Es kommt vor, daß Beamte sich für die Beschaffung von Ausbruchswerkzeug, Waffen, Schlüsseln, Papieren hergeben und entlassen werden müssen; in den leichtesten Fällen verbergen die Flüchtlinge sich im Anstaltsterritorium selbst und warten auf einen günstigen Zeitpunkt, in einem Wäschesack oder einer Abfalltonne aus der Anstalt geschafft zu werden. In Sing Sing kam diese „Flucht" häufig vor. Wurden die Ausreißer auf dem ausgedehnten Terrain der Riesenanstalt nicht gefunden, so trieb sie der Hunger oder der Durst aus ihrem Schlupfwinkel hervor[7]. Einzelne dieser Befreiungsversuche gelingen. Es findet eine Wechselwirkung zwischen der Reaktion des Sträflings und den Gegenmaßnahmen der Anstalt statt. Der Gefangene lernt, aber auch die Anstalt erkennt ihre schwachen Punkte und geht an ihre Verstärkung

[1] „Offen gestehen muß ich, daß ich während unserer täglichen Spaziergänge ... öfters ganz plötzlich von Fluchtdrang befallen wurde, und es bedurfte meiner ganzen Willenskraft, mich immer wieder von demselben zu befreien." AUER: S. 74.

[2] SPENSER: S. 288ff.

[3] BERKMAN (S. 383), der sogar eine Planskizze bringt.

[4] BARNES und TEETERS: S. 608. Es stellte sich heraus, daß die ganze Anstalt von Tunneln durchzogen war. — Gefangene des Staates Michigan krochen im Dezember 1953 durch Abwässerkanäle, durchschnitten die Gitter mit einem Azetylenbrenner und erreichten die Außenseite. Chicago Sunday Tribune vom 20. Dezember 1953.

[5] Associated Press, 26. Dezember 1949.

[6] LAMSON: S. 84.

[7] LAWES: Life and death, S. 76ff. — LAWES (S. 76) erzählt, daß ein Gefangener in seinem Versteck im Anstaltsbezirk starb und daß sein Skelett 10 Jahre später zufällig gefunden wurde. War es gerade dieser Gefangene und war Hungertod die einzige denkbare Todesursache?

heran. LAWES berichtet von einer Entweichung unter eigenartigen Umständen. Ein Gefangener hatte an seiner Statt eine Puppe in sein Bett gelegt. Kopf und Hals waren kunstvoll aus Brot modelliert. Er hatte sein Haar abgeschnitten und auf dem Kopf angebracht. Die Augen waren so natürlich aufgemalt, daß die Puppe bei der Zählung für den Gefangenen gehalten wurde[1]. Gelingt die Flucht von einer Insel, so tröstet sich die Anstaltsleitung mit dem Hinweis, daß die Sträflinge ertrunken sein müssen. Ganz sicher ist die Annahme nicht[2]. Mit seinem ganzen Freimut erklärt LAWES, daß 2 Gefangene 1926 mitten am Tage, mit Wärtern auf jeder Mauer und an jedem Tor, einfach verschwanden und nie wieder gesehen wurden[3].

II. Meuterei.

Die alte klassische Meuterei, bei der Wärter überwältigt, das lebende Hindernis für die Entweichung weggeräumt, die Schlüssel abgenommen wurden, hat in der modernen Gefängnisgeschichte verschiedenartige Formen angenommen. Die heutige Technik stellt die Ergreifung von Geiseln in den Vordergrund. Sind es nur einfache Wärter, so können die Behörden sich weigern, auf die Erpressung einzugehen, wenn sie auch alles tun werden, die Beamten zu retten. Wird der Direktor ergriffen[4], so läßt sich die erste Phase der Flucht durchführen. Dann aber werden alle Kräfte des Staates zum Einsatz kommen, den Gefangenen die Beute abzujagen und sie selbst zu ergreifen. Bei diesem Angriffsmuster spielt das Auto eine Rolle, die weniger wirksam ist, als es auf den ersten Blick scheint; die ungeheure Erregung, in der eine solche Entführung vor sich geht, trägt Schuld daran, daß schlecht gefahren, eine günstige Fluchtroute nicht eingehalten wird, die Ausbrecher sich nicht rechtzeitig zerstreuen und kein Wagenwechsel erfolgt.

Vor mehr als einem Menschenalter ereignete sich in Folsom eine Meuterei, bei der, wie BLACK behauptet[5], außer dem Arzt jeder Beamte der Anstalt überwältigt wurde. Der Direktor stand unter dem Eindruck eines blutigen Vorgangs vor seinen Augen: der einzige Aufseher, der Widerstand leistete, war mit einem Dutzend von Messerstichen niedergemacht worden. Er ließ sich von den Meuterern zur Waffenkammer

[1] Ebenda S. 77, siehe dort die Photographie.

[2] JOHNSTON (S. 208) weist auf den dichten Nebel hin, der die Sicht der Wärter und der Flüchtlinge hinderte. Dieser Nebel konnte auch die Flucht erklären.

[3] Ein Gefangener hatte Gummienten hergestellt, eine Art Taucherhelm und eine Luftverbindung mit den Enten. Er konnte also unter Wasser atmen und die Enten erregten nicht den Argwohn der suchenden Beamten. LAWES: a. a. O. S. 77.

[4] 1950 wurde der Versuch gemacht, den Gouverneur Williams bei einer Besichtigung der Anstalt Marquette zu ergreifen. Saturday Evening Post, 1953 vom 13. Juni, S. 134.

[5] BLACK, JACK: S. 360ff.

führen und gab gezwungenerweise den Befehl, das Magazin zu öffnen. Die Sträflinge nahmen Waffen und Munition, soviel sie tragen konnten, zerstörten den Rest und stürzten, geschützt von den Geiseln, aus dem Tor und in den Wald. Sechs von den 12 Meuterern wurden wieder ergriffen, drei nach kalifornischem Recht wegen Flucht gehängt. Von sechs anderen wurde nichts mehr gehört.

Bei der Meuterei von Canon City, Anfang Oktober 1929, gab der Führer zwei ergriffenen Wärtern folgende Forderung an den Direktor mit[1], der in Sicherheit war.

„Drei Wagen sollen bereitgestellt werden, sie sollen in bestem Zustande, mit reichlich Benzin und Öl versehen sein. Das Westtor soll weit offen gelassen werden, alle Beamten sind zurückzuziehen, die gefangenen Beamten würden als Deckung mitgenommen, aber in sicherer Entfernung von der Anstalt freigelassen werden. Alles das sei zu geschehen, wenn die Dämmerung hereinbräche."

Sollte die Forderung nicht erfüllt werden, so würde es jedem „dieser gottverdammten Kerle[2]" (nämlich den als Geiseln ergriffenen Beamten) an den Kragen gehen.

Die amtliche Darstellung sagt vorsichtig, daß das Verlangen nicht günstig aufgenommen wurde[3]. Die Meuterei endete mit 8 toten Wärtern, mit dem gemeinsamen Selbstmord von 4 Sträflingen und einem Toten, der als Unfall registriert wurde.

Zehn Jahre später überfielen in Marquette 4 Desperados, mit Messern bewaffnet, 2 Mitglieder der Parolebehörde, den Direktor und den Stellvertreter des Anstaltsleiters, zwangen sie, einen Wagen bereitzustellen und das Haupttor zu öffnen[4]. Nach einer wilden Jagd hatte der Wagen eine Panne, und die Meuterer wurden mit ihren „Gefangenen" wieder ergriffen. Ganz wie bei der Abnahme der großen Einbrüche und ihrer Ablösung durch den Raubüberfall hat es sich herausgestellt, daß die Einflußnahme auf den Willen dazwischenstehender, mit Schlüsseln, Kennworten und Befehlsgewalt ausgestatteter Personen leichter ist als der Kampf mit der Technik der Alarmapparate und der Safes, ja mit Gittern und Mauern. Im Herbst 1937 wurde der Direktor von Folsom, als er sich der Entführung widersetzte, getötet. Das Dilemma, in das ein mutiger und pflichtgetreuer Beamter gerät, ist offensichtlich, eine Regel des Verhaltens nicht leicht aufzustellen.

Aber die technischen Methoden sind nicht die Hauptsache. Jede Meuterei besteht aus einer gespannten Situation, einem meuterischen

[1] Report oft he Governor's Special committee to investigate the State Penitentiary, S. 14. Denver 1929.

[2] "I am going to kill every God Damn of them." Report of the Governor's Special Committee, S. 14.

[3] ..."the demand was not favorably regarded." Ebenda S. 14.

[4] Saturday Evening Post, 13. Juni 1953, S. 134.

Stoßtrupp, der Masse der Mitläufer und den Gegenkräften, dem Anstaltsleiter, den Beamten, ihrer Moral und ihrem Zusammenhalt und der Funktion dessen, was man heute Abwehrdienst nennt, d. h. den zahlreichen, aus Gewinnsucht handelnden Angebern unter den Gefangenen. BLACK stellt mit kräftigen Strichen die Gestalt des „Dirty Dick“, eines Oberwachtmeisters, vor uns hin. Sein Grundsatz war, die Hälfte der Gefangenen durch die andere Hälfte überwachen zu lassen[1]. Er bezahlte seine Agenten mit Beefsteaks, guten Posten und anderen Bezeigungen seiner Gunst.

Bei der Darstellung großer Meutereien und der psychologischen Situation stößt man oft auf den Ausdruck Pulverfaß. Unter allen kausalen Elementen ist diese explosive Stimmung die Hauptsache. Wer daran denkt, Ursachen wegzuräumen, wird diesen Spannungen nachgehen müssen. Bei den großen und dramatischen Meutereien verschwinden diese prodromalen Symptome hinter dem blutigen Kampf, den wilden Zerstörungen und dem Brande, mit dem sich der Vernichtungsdrang auf tote Objekte wirft und ausdehnt. Die praktisch so wichtigen Vorstadien lassen sich am besten erkennen, wenn die Erregung aus Gründen, die nicht immer erkennbar sind, ohne offenen Gewaltausbruch wieder abklingt.

DOSTOJEWSKI[2] wird an einem hellen warmen Sommertage davon überrascht, daß sich der Ostrog „wie ein Mann“ erhebt und auf dem Hofe Aufstellung nimmt.

Schon seit 3 Tagen hatte es in der Katorga dumpf gegärt. Möglicherweise war diese Bewegung schon weit früher entstanden, wie ich aus einigen ... Äußerungen in den Gesprächen der Sträflinge schloß, und mit derselben auch eine erhöhte Gereiztheit, eine Verbissenheit und zornige Stimmung, die sich in letzter Zeit wahrnehmbar machte. Ich schrieb dies der schweren Arbeit zu, den öden, langen Sommertagen[3], den unwillkürlichen Träumen von Wald und süßer Freiheit, den kurzen Nächten, in denen es schwierig war, nach Wunsch auszuschlafen. Möglicherweise hatte sich dies alles zu einem Ausbruch vereinigt, und der Vorwand dazu war die Kost.“

DOSTOJEWSKI sieht tiefer. Er spürt die allgemeine Unzufriedenheit, die stete, geheime Qual. Das ist die emotionelle Grundlage. Daß es nicht mehr Aufruhr gibt, liegt in der „zänkischen und widersetzlichen Natur“ des Sträflings begründet. Der gemeinsame Aufruhr ist selten, weil man nicht zu einer gemeinsamen Idee und einer gemeinsamen Aktion gelangen kann[4]. Vor lauter Streit untereinander kommen sie

---

[1] BLACK: S. 357. [2] DOSTOJEWSKI: S. 342.

[3] In den Vereinigten Staaten erschien BERKMAN (S. 300) der Winter besonders bedrückend. Die Fenster waren geschlossen, die Luft schlecht, zu trocken durch die Zentralheizung. Die Arbeit war schwerer, die Strafen strenger. Die Beamten waren gelangweilt, die Gefangenen mürrisch und unzufrieden. Es ist eine Unterströmung der Revolte da. „Die Gefangenen sind zornig, werden immer zänkischer und werden desperat mit blinder, krampfartiger Widerspenstigkeit.“

[4] DOSTOJEWSKI: S. 344.

nicht zu Taten. Wird aber das Essen schlecht, so ist plötzlich die Protestgemeinschaft da.

Der sibirische Ablauf der Spannung, bei der die Augen funkeln, die Gefangenen bleich vor Erregung sind, schließlich aber so gut wie nichts geschieht, findet sich in den Vereinigten Staaten und in England wieder. In Leavenworth verbietet der Direktor, daß Bilder nackter Mädchen an die Zellenwände gesteckt werden. Die Unzufriedenheit der Gefangenen wird noch nicht laut, zeigt sich aber darin, daß in der Bürsten- und Schuhfabrik nicht mehr sauber gearbeitet wird, daß Lastwagen unterwegs zusammenbrechen, Nägel in die Reifen kommen, die Kühe auf der Farm nicht mehr gemolken werden und die Schweine wegen schlechter Fütterung an Gewicht verlieren. Dann werden überall die Leute „krank". Außer der Kraftstation, dem Hospital und der Küche schließen alle Betriebe. Jetzt schreitet der Direktor ein und verbietet ein sehr beliebtes Radioprogramm. Es kommt zu einem Geräusch- und einem Eßstreik.

„Es gibt, meint Dr. WILSON[1]", „zwei Arten der Gehörsempfindungen, die auch dem Abgebrühtesten einen kalten Schauder über den Rücken jagen. Eine davon ist das Schweigen einer Masse von Leuten, wenn etwas in der Luft liegt. Der Anblick von tausend Menschen beim Essen, die keinen anderen Laut von sich geben als das unausbleibliche Klappern der Teller, erzeugt eine lähmende Spannung. Die andere Reaktion ist der lärmende Ausbruch, wenn die Männer in ihren Zellen eingeschlossen sind, aber gegen die Türen hämmern, die Toiletten zerschlagen und die ganze Nacht hindurch brüllen. Es ist ein Geräusch, das den tapfersten Mann erzittern läßt." Auch diese Erregung geht vorbei und die Methode der Beruhigung ist beachtenswert[2].

Die Psychologie der Gewalt läßt sich niemals besser als bei Meutereien studieren, die wie die bloße Kriegsgefahr und manche Arten der Gewitterwolken drohend aufziehen und dann wieder zerfließen. Es kommt im wesentlichen darauf an, ob zur regulären Spannung länger wirkende irritierende Momente hinzugetreten sind oder die Auslösung frühzeitig kommt, in ihrer Heftigkeit überrascht und damit den ganzen Spannungszustand zur seelischen Entladung bringt. Gewalt ist bei dieser Konstellation das Reizmittel, auf das die vibrierenden Nerven der Gefangenen zu warten scheinen, um Gegengewalt loszulassen, besonders wenn diese

---

[1] WILSON: S. 140ff.

[2] Jeder Zellblock soll ein Komitee wählen, das über die Tragbarkeit der Mädchenbilder zu entscheiden hat. Die Sträflinge haben ein Ultimatum erwartet, erhalten aber Abendbrot wie gewöhnlich. Sie werden „gebeten", nicht beordert, am nächsten Tag die Arbeit wieder aufzunehmen. „Die Spannung ließ sofort nach. Die Leute reparierten die Maschinen, die sie beschädigt hatten. In den nächsten Monaten war die Produktion so hoch wie noch nie. WILSON: S. 144, 145. — Kein Anstaltsleiter würde so rigoros in der Auswahl der unbekleideten Mädchenbilder gewesen sein, wie es die Zensoren der Sträflingsausschüsse waren.

Gewalt nicht mit Gas, Wasserstrahlen und Hunger körperliche Entfernung wahrt, sondern mit Handgemenge die Kampfinstinkte der Sträflinge weckt, die sie so lange haben unterdrücken müssen und die im heftigen Massenaffekt alle Hemmungen abwerfen.

In Dartmoor waren Leute weggelaufen. Gerüchte gehen durch die Zellen, die Gefangenen warten an den Fenstern. Plötzlich, am Nachmittag, kommen 4 Wärter. In ihrer Mitte ist ein Mann. Sie haben einen der Flüchtlinge ergriffen. Andere Wärter stürzen herbei und schlagen auf den Mann ein.

„Sogleich kam ein schrecklicher und erschreckender Aufschrei der Wut von allen Fenstern, von denen man das Tor sehen konnte. Die Sträflinge verfluchten in den wüstesten Worten die Aufseher und riefen einander die wildesten Aufforderungen zur Meuterei zu. Eine Welle von heißem und hysterischem Haß durchlief das Haus von einer Ecke zur anderen. Die Wärter ließen ihren Gefangenen los und sahen starr zu den Fenstern auf.“

„Laßt mich raus“, schrie ein Häftling nach dem andern. „Ich bring diese feigen Hunde um.“

Dann schicken sich die Aufseher an, die Sache ganz schlimm zu machen. Sie beantworten Drohung mit Drohung; sie machen sich bereit, in den Zellblock einzudringen und die Schreier zu bestrafen. Das wäre Blutvergießen gewesen. Es kommt nicht dazu, weil der besonnene Direktor die Lage erkennt und die Leute zurückzieht[1]. Am nächsten Tag wird bekannt, daß zwei der Ausreißer die erschöpften Beamten schlimm verletzt hatten. Die Wärter sind besonders freundlich und entschuldigen sich gleichsam: „Wir waren alle erregt. Wir benahmen uns wie die verdammten Hunnen.“ Die mechanische Überlegenheit ist auf seiten der Beamten, die psychologische bei den Gefangenen, die im Zuchthausknall und in der Analgesie der Massenwut das Gefühl der Furcht verloren haben.

Mangel an Arbeit — in den Disziplinarzellen[2] gehört Untätigkeit zum Strafinhalt — oder zweckvoller, tagausfüllender Arbeit trägt zur Unruhe der Gefangenen bei. In Colorado wurde 1929 festgestellt, daß 28 Mann in der Wäscherei mit Handreichungen beschäftigt waren, die leicht von 10 Mann hätten ausgeführt werden können[3]. Diese Leute arbeiteten täglich nur 3—4 Stunden. Für den Nachmittag gab es überhaupt keine Arbeit. Die Verhältnisse mögen sich gebessert haben und in anderen Ländern Verschiedenheiten aufweisen, aber Gill[4] hat

[1] Spenser: S. 290—292. Die Alarmglocke der Anstalt war so lange nicht benutzt worden, daß sie abbrach, als sie zum ersten Male wieder gezogen wurde. Gefährliche Sümpfe liegen um die Anstalt.

[2] Beschäftigungslos ist der Gefangene nicht nur im „Loch“, sondern auf der etwas leichteren Stufe der Absonderungszelle. Saturday Evening Post, John Bartlow Martin, The riot at Jackson Prison, 13. Juni 1953, S. 43.

[3] Report of the Governor's special committee, S. 40.

[4] Attorney General's Survey Bd. V, S. 53.

geschätzt, daß 1935/36 in 47 Anstalten der Vereinigten Staaten 47% der Insassen untätig waren. Ich habe vor Jahren einmal gesagt, daß die Zwangsarbeit früherer Zeiten der Zwangsstillegung der Arbeitskraft Platz gemacht hat[1], obschon der alte Warnruf immer noch Geltung hat, daß Müßiggang aller Laster Anfang ist.

Die Überfüllung der Anstalten ist ein weiteres Moment der Spannung. Man braucht nur die Bilder in BATEs Buch zu sehen, wie die Gefangenen in unübersehbaren Massen auf den Höfen von San Quentin oder dem Kentucky Reformatory herumstehen[2]. In Colorado war, wenn die Sträflinge anständig untergebracht werden sollten, Platz für 558 Mann; in Wirklichkeit waren vor der Meuterei von 1929 über 1000 Gefangene[3] zugegen. Jackson war 1952 vor dem Ausbruch mit 5000 Mann so überfüllt, daß 100 Sträflinge überhaupt keine Zellen hatten, sondern auf den Korridoren schlafen mußten[4]. Unter den 5000 waren 547 Lebenslängliche, 300 Geisteskranke, 200 Grenzfälle, 700—800 Psychoneurotiker und etwa 600 Schwachsinnige und Epileptiker[5]. 859 Sittlichkeitsverbrecher, verstärkt durch 126 „Sexualpsychopathen", trugen ihre Perversionen und die damit zusammenhängenden Konflikte in die überbelegten Zellhäuser, die besonders heftig wurden, wenn in die Zustimmung und Ablehnung der Sexualpartner Rassengegensätze hineingetragen wurden. Den 40% Negern in Jackson schienen weiße Jugendliche besonders begehrenswert.

Überfüllung bedeutet nicht nur Einengung des Zellraumes, sondern auch weniger Bewegung in frischer Luft, schlechteres Essen, beschleunigten Einmarsch und Ausmarsch bei allen gemeinschaftlichen Veranstaltungen, Überlastung von Arzt, Pfarrer und Fürsorger, beschleunigten Umsatz in der Rotation der Perversionen. Zwar wird immer über Essen geklagt werden; was die Häftlinge wirklich aufwühlt, ist die Ungleichheit in der Verteilung und Zubereitung der Nahrungsmittel, oder der Beträge, die zu privaten Einkäufen benutzt werden dürfen. MARTIN hat beschrieben, auf welchem Wege das anerkannte Zahlungsmittel der Zigaretten von wohlhabenden Sträflingen beschafft wird[6], obschon kein Gefangener mehr als 10 Dollar im Monat ausgeben darf. Gegen 10 Schachteln sorgen die Köche dafür, daß jeden Tag ein paar belegte Brote oder Kuchen in der Zelle des Zahlungskräftigen abgeliefert werden.

[1] The limits of penal treatment. J. of Crim Law 1941, S. 403.

[2] BATES: S. 158 und 82. Von der Anstalt in Kentucky sagt BATES (S. 81), daß sie für 1000 Insassen gebaut wurde und jetzt 3000 Mann beherbergt, von denen 2000 dauernd untätig sind.

[3] Report, S. 30.

[4] Saturday Evening Post vom 6. Juni 1953, S. 19.

[5] Ebenda S. 46ff.

[6] MARTIN: My life in crime, S. 137.

Ungleichheit auf dem Gebiet des Strafmaßes geht den Gefangenen stark auf die Nieren. Die Untersuchungskommission von Colorado sah die Urteile durch und fand, daß ähnliche Fälle von Raub mit Waffen von dem einen Richter mit 10—11 Jahren, von dem anderen mit 25—35 Jahren bestraft wurden[1]. Das enge Zusammensein der Haft gibt Gelegenheit zu genauen Vergleichen und neu aufflackernder Erregung.

Schließlich scheint es Zyklen der meuterischen Ausbrüche zu geben. Es ist wahr, daß nach Bates der Leavenworth Aufruhr vom August 1929 „unerträgliche Hitze und zuviel mexikanischen Reis im Menu" zur Ursache hatte[2]. Aber schon vorher, im Juli, hatte es in Auburn gekracht, in Canon City fand die Meuterei am 3. Oktober 1929 statt und kurz darauf brach in einem Börsensturz von unerhörten Ausmaßen das amerikanische Wirtschaftsleben zusammen. Im April 1930 war der Aufruhr und der große Brand in Columbus Ohio. James Morton war ein Augenzeuge, wie 322 eingesperrte Gefangene ihr Leben verloren und zahlreiche unrettbar eingeschlossene Sträflinge von den Flammen in Irrsinn und Tobsucht getrieben wurden[3].

1935 lief eine neue Flutwelle der Meutereien über die Vereinigten Staaten. Betroffen waren Massachusetts, Tennessee, Oklahoma, South Dakota und andere Anstalten. Die allgemeine Unruhe gab zu den wildesten Gerüchten Anlaß. Im Oktober 1935 benachrichtigte der Polizeichef von San Francisco den Direktor von Alcatraz und die Presse von einem Gangsterplan, das Polizeiboot zu entern und zusammen mit einem Aufstand im Innern der Anstalt den Ausbruch zu erzwingen. Schon vorher war gemunkelt worden, Gangster sammelten sich auf dem Festland zu einem Sturm auf die „uneinnehmbare" Insel. All dieses Gerede, das Direktor Johnston mit einem Schein von Glauben wiedergibt[4], hat nur als Symptom kollektiver Erregungszustände Wert. Die Serie von Ausbrüchen, die im Jahre 1952 (und auch noch 1953) die Vereinigten Staaten erschütterten, wird als die schlimmste Periode in der amerikanischen Gefängnisgeschichte bezeichnet. Neben den individuellen Ursächlichkeiten stehen diese Meutereien untereinander und wieder mit den wirtschaftlichen und politischen Migräneerscheinungen in Verbindung, die wir in der Ökonomie Vertrauenskrise, in der Politik Wendepunkte nennen, und deren letzte Herkunft uns unbekannt ist. Aber Zusammenhänge bestehen, und die Kenntnis dieser Verflechtungen kann zu einer vorbeugenden Therapie führen, wenn uns überhaupt an Prävention mehr als an Repression liegt.

[1] Report, S. 45. [2] Bates: S. 80.

[3] Morton, James: I was King of the thieves, Saturday Evening Post vom 19. August 1950, S. 128. Vgl. damit die Empfindungen der beim Bombenangriff eingeschlossenen Gefangenen. Berbig: S. 285; Eggerath: S. 155, 156.

[4] Johnston: S. 202.

II.

In das Gemisch dieser vielfachen Spannungen muß der zündende Funke fallen, wenn die schlafende Dynamik sich entfalten soll. In jeder Anstaltsmeuterei gehen Führer voran. Sie wollen zweierlei: entweder geben sie einem außerordentlich stark entwickelten Freiheitstriebe nach, oder sie wollen einfach ihre rebellischen Instinkte motorisch abreagieren. Bei der großen Meuterei vom 20.—24. April 1952 in Jackson[1] machten die Führer Ward, Hyatt, Stearns und Young keinen Versuch, zu entkommen. Der eine zeigte hysteroide Züge[2], der andere führte den bezeichnenden Beinamen „Crazy Jack Hyatt", Stearns war ein alter erfahrener Krimineller, ein Mustergefangener, alle drei hatten mehrfach Ausbrüche versucht. Young sah gut aus und war seiner homosexuellen Neigungen wegen isoliert worden. Wards erste Forderung waren Journalisten, denen die Sträflinge ihre Klagen vorlegen konnten. Er schwamm in der warmen Sonne des gedruckten Ruhms, der ihm reichlich zuteil wurde.

Typen, die wir eher verstehen können, treten in Folsom, San Quentin, Alcatraz, Ebrach und Canon City auf. Dick Gordon, der aus Folsom ausbrach, wird als „jung, bescheiden, freundlich und intelligent" geschildert[3]. Er hatte Gefängniserfahrung und eine Strafe von 45 Jahren stand hinter seiner Entschlossenheit, eher zu sterben, als langsam zugrunde zu gehen. Der Rädelsführer, den LAMSON kannte[4], hatte ursprünglich 17 Jahre. Er versuchte zweimal zu fliehen; jedesmal wurde

---

[1] In der Verwirrung und dem Durcheinander der Schlußphase wurde ein Abkommen mit den Gefangenen getroffen und ein Psychologe hielt folgende Ansprache: „Hier ist der stellvertretende Direktor Fox. Ihr habt durch denRundfunk gehört, daß die Jungens in Block XV (wo die Meuterei ausgebrochen war) gesiegt haben; sie haben jede einzelne ihrer Forderungen erreicht. . . . Gemäß dem Abkommen werden die Jungens vom Block XV um 4 Uhr in den Eßsaal einmarschieren. Keine Staatspolizei wird zu sehen sein. Mit Ward's (des Rädelsführers) Erlaubnis werden Anstaltsbeamte während der Vorgänge Posto fassen. Photographen und Zeitungsleute werden auf dem Dach Platz nehmen. Earl Ward ist der oberste Führer. Ihm und den anderen Jungs muß man zu der Geschicklichkeit gratulieren, mit der sie verhandelt haben. Sie werden ihr Wort halten. Ich werde mein Wort halten. Vielleicht hat heute eine neue Ära guter und gesunder Beziehungen zwischen Insassen und Verwaltung in amerikanischen Gefängnissen begonnen. Sie haben eine gute Leistung vollbracht. Ich beglückwünsche Euch, Männer in Block XV." Saturday Evening Post, 27. Juni 1953, S. 148. — Es dauerte nicht lange, daß Fox entlassen wurde. Man hielt die Rede für ungerechtfertigt und „nicht leicht erklärlich."

[2] Er hatte sich als „Arzt" herumgetrieben und erzählte dem Psychologen, daß er einen Wärter erschlagen habe, was offenbar erdichtet war. Saturday Evening Post, 13. Juni 1953, S. 134.

[3] BLACK: S. 359. Bei diesem Ausbruch nahmen Sträflinge, nur mit Messern bewaffnet, einen Wachtturm, auf dem ein Maschinengewehr stand. Ebenda S. 361.

[4] LAMSON: S. 81 und 82.

die Strafe erhöht, bis sie endlich auf Lebenszeit ausgedehnt war; er beschloß, alles an einen letzten Ausbruch zu setzen. LAMSON beschreibt ihn mit einer gewissen Bewunderung[1]:

„Er hatte ein starkes und festes Kinn, Augen, die durchdringend waren und sehr kalt sein konnten, er war immer sehr entschlossen und bestimmt. Er hielt sich gerade.... In Aussehen, Manieren und Sprache war er eine Person von Distinktion. Es war ein Hauch von Zuversicht, von Herrschaft um ihn; er hätte leicht der erste Offizier eines großen Schiffes, oder der Kapitän eines kleineren Fahrzeuges sein können."

Wahrscheinlich, meint LAMSON, war der Stoßtrupp 4 oder 5 Mann stark. Die Zahlen 3—5, häufig, finden wir bei der führenden Gruppe von Meutereien immer wieder. Es dürfen nicht zu wenig, aber auch nicht zu viel sein. Die mechanische Arbeit kann nicht von einem einzelnen geleistet werden. Furcht vor Verrat reduziert die Kolonne auf ein Minimum.

Die Wissenschaft würde ein großes Interesse daran haben, festzustellen, zu welchen Körperbautypen diese Rädelsführer gehören; wir hören nur ab und zu davon, daß ein Mann athletisch gebaut[2] oder klein war[3]. Fast allgemein ist der depressive Grundton ihres Wesens. Sie haben Selbstmordversuche gemacht[4], sind selbstmordverdächtig[5], tragen in den Ausbruch vehemente Züge der Selbstvernichtung hinein, oder schließen die erfolglose Meuterei mit einem Selbstmord ab[6]. Oft scheint jener Zustand äußerster seelischer Spannung erreicht zu sein, den man Verzweiflung nennt. Es wird niemand wundernehmen, daß das Urteil der Mitgefangenen, der Anstaltsleiter oder der späteren Untersuchungskommissionen weit voneinander abweicht. DOSTOJEWSKI sah in den Rädelsführern einen eigenen Typus, der sich überall ziemlich gleich bleibt. Er spricht von einem „feurigen Menschenschlag von brennendem Durst nach Gerechtigkeit".... „Durch ihr Feuer verlieren sie ihr Spiel, durch ihr Feuer aber gewinnen sie auch ihren Einfluß auf die Massen.... Ihr blinder Glaube an den Erfolg verführt die eingefleischtesten Skeptiker.... Die Hauptsache ist dabei, daß sie als die ersten vorangehen, und zwar ohne Furcht[7]."

Das bloße Prädikat „hartgesottene Verbrecher[8]" führt uns nicht weiter. Auch ist die melodramatische Beschreibung der nackten, kalten, von Kugeln durchbohrten Leichen der Meuterer[9] (die wahrscheinlich Selbstmord begangen hatten, obschon die Darstellung dunkel bleibt)

---

[1] Ebenda S. 82. — Der Ausbruch mißglückte. Der Rädelsführer und ein anderer Mann wurden entsprechend einer gesetzlichen Sonderregelung des Staates Californien gehängt.

[2] Saturday Evening Post, 13. Juni 1953, S. 134; JOHNSTON: S. 203.

[3] FUCHS: S. 126 (Der kleine Schinderhannes); JOHNSTON: S. 206.

[4] Saturday Evening Post, 13. Juni 1953, S. 133.

[5] FUCHS: S. 125. [6] Colorado Report, S. 16. [7] DOSTOJEWSKI: S. 345.

[8] Colorado Report, S. 8. [9] JOHNSTON: S. 237.

nichts, was die wissenschaftliche Erkenntnis fördern könnte. Die einzigen Tatsachen, über die wir verfügen, sind die außerordentlich hohen Strafminima, eine lange Vorgeschichte von Ausbruchsversuchen, die gewisse Wesenszüge andeutet, und eine Mentalität, die das Leben einsetzt, um entweder das Leben oder einen anderen Ausweg aus der Unerträglichkeit des Zuchthauslebens zu gewinnen. Es müßte bei sorgsamem Studium möglich sein, diese Rädelsführertypen zu erkennen und mechanisch oder therapeutisch „unschädlich" zu machen.

III.

Technisch beginnt fast jede Meuterei mit der Überwältigung eines einzelnen Beamten. Sonntags ist die Zahl der Aufsichtsbeamten verdünnt, die Spannung unter den Gefangenen wegen des engen Einschlusses groß. Von dem einen Beamten kann man dreierlei haben: Die Uniform für nützliche Verkleidung[1], die Schlüssel, vor allem die Schußwaffe. Mit einem einzigen eroberten Gewehr wurden 1929 in Canon City eine Reihe von Beamten in den Wachttürmen abgeknallt. Wer eine Waffe hat, kann mit ihrer Hilfe mehr Waffen erlangen. Der erste Beamte muß plötzlich überfallen, erledigt oder, nachdem man ihm alles abgenommen hat, was nützen könnte, in eine Zelle gesperrt werden. Die Zahl der Verteidiger der Ordnung nimmt ab, indem mehr und mehr Beamte als Geiseln ergriffen werden und ausfallen. Auf der anderen Seite werden Zellen geöffnet und Gefangene herausgelassen. Sie kommen aus Disziplinarzellen, wo sie Strafe verbüßen. Es sind vor allem die zum Tode Verurteilten, auf die die Meuterer ihre Hoffnung setzen. Oft sind diese Delinquenten eine große Enttäuschung. Sie beweisen den schwächlichen und unentschlossenen Charakter vieler Mörder, indem sie dem Tumult fernbleiben, sich in ihre Zellen zurückziehen und von ihrer weisen Zurückhaltung eine Begnadigung erwarten. Dagegen stoßen mit sehr langen Strafen bedachte, gewalttätige und erregbare Spielarten rasch zu den Meuterern und halten mit ihnen bis zum Ende durch.

Die Versuchung ist groß, nach dem ersten lokalen Erfolge die ganze Anstalt oder wenigstens ganze Zellhäuser zu öffnen und zur Revolte aufzurufen. Jetzt stürzen Psychopathen heraus und machen selbst den Führern der Meuterei das Leben schwer. Sie wollen töten, sie wollen Feuer sehen. In Canon City ergreift ein geistig unstabiler Mann, wegen schweren Raubes bestraft mit 30 Jahren bis Lebenszeit, eine Kanne Benzin und setzt die Anstaltskapelle in Brand. Auch er will zerstören, auf seine unriskante Art. Was er tut, ist gegen den Plan der Rädelsführer, die bald merken, daß sie einen reißenden Strom menschlicher Leidenschaften entfesselt haben[2].

---

[1] Lamson: S. 85. [2] Colorado Report, S. 13.

In Jackson ist 1952 der Zellblock XV in der Hand der Meuterer. Der Anstaltsleiter, ein General, begeht den Fehler, die einzelnen Zellhäuser zum Essen führen zu lassen. Erst geht es gut. Dann ereignet sich, als 671 Mann aus dem Block VII essen, ein Zwischenfall. Ein Mann ruft: „Im Kaffee ist Salz.“ Ein anderer schreit: „Es ist Arsenik.“ Die Teller fliegen in die Luft, die Wärter nehmen Reißaus. Und jetzt drängen die Erschrockenen, Wütenden, Mitlaufenden zur Tür, schreiend wie Wahnsinnige. Sie stürzen zur Küche, von der Küche zur Sträflingskantine. Sie plündern im Sturm Zigaretten, Bonbons, jede Art von Nahrung. Sie verbrennen die Hälfte. Sie erbrechen einen festen Schrank und bewaffnen sich mit Fleischermessern und Hackbeilen. Sie setzen die Wäscherei in Brand, die verhaßt ist, aber auch die Bibliothek, gegen die sie nichts haben. Die Kapelle geht in Flammen auf. Freudenfeuer erhellen den Hof. Die Vorratsräume werden erbrochen, Würste und Fleisch über den Hof gestreut. Auch ein Führer hat sich an die Spitze der Wütenden gestellt, ein luetischer paranoider Neger, der zuerst über die Wärter herfällt, die ihn irgendwann einmal zur Bestrafung gemeldet haben. Jede Furcht ist von ihm gewichen. In ruhigen Zeiten fürchtet er Mäuse, Ratten und Katzen[1].

Überall werden die Wasserrohre aus den Zellen gerissen, Wasser rinnt über die Treppen. Matratzen, Möbel, Uniformen der Wärter werden in Brand gesteckt, Kämpfe brechen unter den Sträflingen aus. „Wolfsrudel“ von Homosexuellen durchsuchen die Zellen nach Opfern und genießen die Freiheit auf ihre Weise. Gefangene, die Zigaretten, Nahrung, Werkzeuge in ihrer Zelle haben, verbarrikadieren sich gegen den Zugriff plündernder Wüteriche. Der Schaden, der angerichtet wird, beläuft sich auf eine Million Dollar.

Über die Haltung der Wärter, wenn die äußere Ordnung zusammengebrochen ist, erfahren wir nachträglich nicht viel. Der Bericht von Colorado sagt: „Es ist offensichtlich, daß der Gedanke jedes Beamten, sobald der erste Schuß gefallen war, nur auf die eigene Sicherheit gerichtet war[2].“ Man wird sie nicht zu hart tadeln dürfen, aber der Gegensatz von unbeschränkter Autorität und schleuniger Flucht ist bedrückend[3]. In der Regel ist die Folge einer Meuterei nicht Reform, sondern verschärftes Regime. Die Furcht wirkt nach, und Furcht hat niemals die Welt verbessert.

---

[1] Saturday Evening Post vom 20. Juni 1953, S. 62ff.

[2] Colorado Report, S. 12.

[3] Black: S. 361. “After the break Folsom was a hell.” — Zur seelischen Wirkung des mißglückten Meutereiversuchs siehe den Tobsuchtsanfall von Hans Körner, der von einem Mitgefangenen verraten und nach wochenlanger erschöpfender Arbeit kurz vor dem Ziel überwältigt worden war (S. 145—147). „Rasend suchte er nach irgend etwas, womit er seinem nun endgültig für immer dem Zuchthausgrab verfallenen Leben ein Ende machen könnte.... Sich die Pulsadern aufzubeißen, gelang ihm nicht.“

Drittes Buch.

Die übrigen Strafarten.

A. Die Prügelstrafe.

I.

Prügel ist das älteste aller Antriebs- und Zwangsmittel. Die Prügelstrafe hat daher eine lange Geschichte[1]. Sie ragt noch in die Gegenwart hinein. Immer wieder werden Parlamente mit Petitionen überschüttet, die die Wiedereinführung verlangen[2], in kurzlebigen legislativen „Ausbrüchen" arbeitet sich die Prügelstrafe wieder an die Oberfläche. So kam die Prügelstrafe 1905 bei qualifizierten Überfällen und Sittlichkeitsverbrechen gegen kleine Mädchen in Dänemark wieder ins Leben, um 1912 klanglos zu verschwinden[3]. Die Rückkehr der Strafart war einer geistigen Panik zu verdanken, deren Einsatz ein dänischer Richter, TYBJERG, geschildert hat[4]. Die Bevölkerung war durch breit ausgemalte richtige, aber auch falsche Pressedarstellungen verängstigt worden:

Kurz vor der Einbringung der Prügelvorlage ging folgende Geschichte durch die Kopenhagener Zeitungen. Drei Raufbolde sollten einen alten Mann auf dem Heimweg überfallen, mißhandelt und ausgeplündert haben. Der tatsächliche Vorgang lag ganz anders. Der Mann war ein alter Trunkenbold, der in der Kneipe den letzten Pfennig ausgegeben hatte und auf der Straße umgefallen war. Um seiner Frau die Wahrheit nicht sagen zu müssen, erfand er die ganze Geschichte. Die Frau schenkte ihm Glauben. Ein Schutzmann, dem sie die Sache meldete, kannte den Alten und glaubte an keinen Überfall, gab die Anzeige auch nicht weiter. Die Blätter aber nahmen die grusliche Geschichte mit aller Lungenkraft auf.

In England gab es Anfang 1935 noch 5 Tatbestände, auf denen Prügelstrafe stand[5]. Die Strafart wurde 1948 abgeschafft, aber schon 1950 wurde im Parlament und von höchster richterlicher Seite die

---

[1] Siehe Bd. I, S. 380ff.

[2] Ich habe solche Erregungszustände, die Gesetz werden wollen, in meinem Aufsatz: Die Prügelstrafe, eine Ablehnung, in Mschr. f. Kriminalpsychologie, Bd. IX, S. 697ff., 1913, geschildert. — In einer anderen Petition an den Reichstag wird erklärt: „Das öffentliche Rechtsgefühl sei es überdrüssig geworden, solchen ehr-, sitten- und gewissenlosen Verbrechern auch noch freie Wohnung, neben ausreichender Beköstigung auf Staatskosten zu gewähren oder durch die Gefangenenarbeit den Mittelstand zu schädigen.... Daher meinen Petenten, im Namen des größten und besseren Teils des deutschen Volkes zu handeln...", worauf ein Gesetzentwurf folgte, der bei 24 Paragraphen des Strafgesetzbuches körperliche Züchtigung mit der Lederpeitsche vorsah.

[3] TYBJERG, E.: Mschr. f. Kriminalpsychologie, Bd. I, S. 415ff.; Bd. II, S. 103ff.; Bd. VIII, S. 102.

[4] Ebenda Bd. I, S. 416. — Der Urheber des Gesetzes, Justizminister Alberti wurde später wegen Betrugs und Urkundenfälschung zu Zuchthaus verurteilt. Er galt im politischen Leben für entschlossen, rücksichtslos und schlagfertig.

[5] Aufzählung in The penal reformer, Bd. I, S. 2, 1935.

Wiedereinführung gefordert. Sie ist noch im Strafsystem der Dominien, z. B. Kanadas, verankert, und man kann mit Sicherheit voraussehen, daß sie irgendwann einmal zurückkehren wird, denn Prügel- und Todesstrafe gehören zu den „flottierenden" Strafarten, die kommen und gehen und unsere ganze Unsicherheit verraten. In den Vereinigten Staaten ist Prügelstrafe noch in den Staaten Maryland und Delaware[1] gesetzliche Strafart. Daneben kannten im Jahre 1935 26 Staaten körperliche Züchtigung als disziplinare Maßnahme[2]. Die Zahl wird sich seitdem vermindert haben, niemand aber wird bestreiten wollen, daß Schläge immer noch eine moderne Erscheinungsform der Strafe sind.

Das Dilemma, vor das uns die Anhänger der Prügelstrafe stellen, geht weit über die spärliche Anwendung der Strafart hinaus. Viele Bestimmungen des Strafgesetzes sehen in der Anwendung von Gewalt ein Moment der Erschwerung. In der neuesten Fassung des deutschen Mordparagraphen halten wir die Tötung für besonders verwerflich, die „heimtückisch" vorgenommen wird. Heimtückisch ist nach der Definition des Reichsgerichts[3] eine Prozedur, bei der die Wehrlosigkeit des Opfers ausgenutzt wird. Hier treffen wir auch auf das Tatbestandsmerkmal der „grausamen" Tötung. Was ist grausam? Grausam ist nach dem Reichsgericht eine Handlung, wenn sie aus gefühlloser, unbarmherziger Gesinnung, unter Mißachtung der dem Opfer zugefügten Qualen geschieht[4]. Bei der Prügelstrafe wird der Delinquent erst wehrlos gemacht. Er wird so festgebunden, daß er sich nicht rühren kann. Und während es ein Triumph unserer Zivilisation ist, mit genialen Mitteln den Schmerz überwunden und aus der leidenden Welt verdrängt zu haben, wird hier mit einem gefährlichen Werkzeug[5] bewußt körperlicher Schmerz zugefügt, während Direktor, Arzt und andere Beamte zusehen und die Anstalt wie die Umgebung dem Schmerzausbruch zuhören[6].

---

[1] Über Geschichte und Praxis der Prügelstrafe in Delaware siehe CALDWELL, ROBERT GRAHAM: Red Hannah, Delaware's whipping post, Philadelphia 1947.

[2] Attorney General's Survey, Bd. V, S. 122.

[3] RGStr. 55, 44. Das Reichsgericht nimmt sogar Heimtücke an, wenn der Zustand der Wehrlosigkeit nicht herbeigeführt ist, nur ausgenützt wird. BG in NJW. 1951, S. 410.

[4] RGStr. 62, 160. — Als grausam gilt sogar die Handlung, wenn das Opfer wegen Bewußtlosigkeit die Mißhandlung „weniger" empfunden hat. RGStr. 49, 389. Auch gilt besonders die Wiederholung der Schmerzzufügung als grausam.

[5] z. B. Teppichklopfer RG in DR. 1943, S. 754.

[6] v. SALOMON berichtet aus seinen Zuchthauserfahrungen: „Die Prügelstrafe wurde in Preußen erst 1908 abgeschafft (richtiger durch Verordnung des Justizministers vom 19. Dezember 1918), und das sollte gerade von Striegau ausgegangen sein. Es war nämlich so, daß die Strafe auf dem hinteren Hof an der Küche vollzogen wurde, und dieser Hof grenzte an die hintere Front des Beamtenhauses, in welchem die Beamten mit ihren Familien wohnten. Natürlich schrien die Delinquenten bei der Prozedur furchtbar, und eines Tages beschwor die Frau des Haus-

Natürlich sind das keine juristischen Argumente, der Staat hat den Rechtfertigungsgrund staatlichen Zwangsrechtes auf seiner Seite. Aber auch der Rechtfertigungsgrund der Einwilligung darf nicht gegen die guten Sitten verstoßen, das Züchtigungsrecht muß sich im Rahmen des Angemessenen halten und soll das Sittengesetz nicht verletzen. Wie ärztliche Eingriffe nur zu Heilzwecken vorgenommen werden dürfen, außerdem das Wohl des Behandelten bezwecken müssen, so kann das staatliche Züchtigungsrecht nicht völlig von Ethik und Strafzweck abgelöst werden. Hier können aber die starken Akzente der Mißbilligung nicht ganz außer acht gelassen werden, die wir auf die Begriffe des „Heimtückischen", „Grausamen" oder der Körperverletzung mittels eines „gefährlichen Werkzeugs" oder der Körperverletzung gelegt haben, die von mehreren, d. h. schon zwei, gemeinschaftlich begangen wird (§ 223a StGB.). Diese gemeinschaftliche Begehung wird von mehreren Paragraphen des Strafgesetzbuches (§§ 119, 123, Abs. 2, 223a) als strafverschärfendes Moment angesehen, wobei alle Täter beim Hausfriedensbruch nicht einmal in den Raum einzudringen brauchen, wenn sie nur die Tat als eigene wollen[1]. Psychologisch stehen der Prügelstrafe also und ihren wesentlichen Modalitäten sorgsam herausgearbeitete Begriffe im System des Rechtsschutzes entgegen. Wir verletzen Forderungen, die wir selbst aufgestellt und zu kategorischen Imperativen erhoben haben.

II.

Es ist der Grundfehler aller endlosen Kontroversen, daß sie im luftleeren Raum vor sich gehen und von Leuten geführt werden, die weder die fragliche Strafart am eigenen Leibe verspürt noch einer Exekution beigewohnt haben[2]. Die Wissenschaft muß zuerst um ein festes Fundament von Tatsachen bemüht sein.

Da ist in erster Linie die Prozedur. Sie ist von Anstaltsleitern, häufiger von denen beschrieben worden, die der Strafe unterworfen wurden. Aus jüngster Zeit stammen Berichte, die Zuschauer im Staate Delaware eingesandt haben. Die Delinquenten standen im tiefen Schnee. 40 Zuschauer, darunter eine Gruppe von Gefangenen waren zugegen. 35 Hiebe wurden verabreicht. Striemen schwollen auf dem Rücken an, blutige Blasen wurden sichtbar, manchmal reichten die

vaters ihren Mann, sich dazu nicht herzugeben. Der Hausvater wollte wegen des schönen Nebenverdienstes seine Tätigkeit nicht aufgeben, da drohte ihm die Frau, sie werde ihm die ehelischen Pflichten verweigern. Der Hausvater ließ sich ablösen, aber seine Frau setzte sich mit den Frauen der anderen Beamten in Verbindung, und die Frauen stellten ihre Männer vor die gleiche Alternative (S. 156, 157).

[1] RGStr. 55, 61.

[2] Oder auch Photographien der verursachten Verletzungen gesehen hat. Siehe Denver Post vom 19. Juli 1951.

Zungen der Peitsche bis in die weichen Teile des Unterleibs hinein, obschon das Gesetz sagt, daß die Hiebe fest auf den nackten Rücken gelegt werden sollten. Manche der Zuschauer waren enttäuscht, weil sie mehr zerfetztes Fleisch und mehr Blut erwartet hatten[1]. Der Direktor verlas erst das Urteil und schwang dann selbst die Peitsche. Der Bericht ist vom 26. Januar 1935.

Patterson behauptet, daß in der Anstalt Atmore (Alabama) er und andere Sträflinge umhergingen, deren Hosen an der Sitzfläche offen waren. Weil das Hinterteil so zerschlagen und wund war, wollten sie vermeiden, daß die Reibung der Kleider ihnen Schmerz verursachte. Er beschreibt, wie er auf eine Decke geworfen wird und ein erster Schlag ihn trifft. Er springt auf, um sich irgendwie zu verteidigen, wird aber von 4 Mann niedergerungen und festgehalten. Dann knallt der Lederriemen zwanzigmal auf ihn nieder; mittendrin wird er ohnmächtig. „Es war das Schlimmste, was mir in meinem Leben zugestoßen ist.“ Das Herz setzt aus und muß durch eine Einspritzung stimuliert werden. Der Heilungsprozeß beansprucht 2 Monate. Jeden zweiten Tag werden die Verletzungen verbunden; mit dem Verband werden die Hautfetzen abgerissen. Er fühlt, daß er dem Wahnsinn nahe ist. Er will nichts mehr, nicht einmal Freiheit. Nur sterben[2].

Aus den Akten der Wohlfahrtsämter in Nordkarolina haben Steiner und Brown eine Anzahl Todesfälle zusammengestellt, die sich nach Anwendung der disziplinarischen Prügelstrafe ereigneten. Wenige Stunden nach Applikation der Strafe starben 4 Delinquenten. In allen Fällen stellte der Amtsarzt fest, daß die Gefangenen aus anderen Ursachen als der Körperstrafe verstorben waren. Bei zweien nannte er Sonnenstich. Im Jahre 1923 starb ein weiterer Gefangener unter den Schlägen eines Wärters, der zu Zuchthaus verurteilt wurde. Zu spät konstatierte der Psychiater bei dem Beamten Schwachsinn[3]. Ein Neger weigerte sich, zu arbeiten. Er erhielt Prügelstrafe. Er wurde an einen Lastwagen angekettet, hinter dem er herlaufen mußte, der ihn manchmal hinter sich herschleifte. Er wurde wieder geprügelt. Schließlich entdeckte man, daß er an Dementia praecox litt, daß Gott ihm erschien und ihm befahl, nicht zu arbeiten[4]. Ohne die ärztliche Intervention hätte er bald seinen Tod gefunden. Prügel hatten seinen Zustand verschlimmert, den pathologischen Negativismus gesteigert.

---

[1] Caldwell: Red Hannah, S. 53 und 54.

[2] Patterson: S. 101 und 102.

[3] Steiner, Jesse F., und Roy M. Brown: The North Carolina chain gang, S. 89 und 90. Chapel Hill 1927.

[4] Ebenda S. 79.

LEUSS[1] gibt aus KROHNES Gefängnisbuch eine Darstellung der Exekution, wie sie als Disziplinarstrafe bis 1918 üblich war. Der Delinquent wird mit Händen und Füßen über einen Bock geschnallt, „so daß der Hintere straff gespannt ist; dann wird mit einem Stocke, einem Ochsenziemer, einer Lederpeitsche oder einer Rute auf den entblößten Hintern die zuerkannte Anzahl Streiche, deren Höchstzahl verschieden bemessen ist, von 25—60 verabreicht. . . . Wird mit dem Stock oder der Peitsche ordonnanzmäßig von einem kräftigen Mann zugeschlagen, so muß beim fünften Hiebe die ausgespannte Haut platzen, und jeder folgende Hieb klatscht in die blutige Masse bis je nach der Zahl der Hiebe der ganze Hintere zu Brei geschlagen ist."

JACK BLACK wird von einem kanadischen Gericht zu einer Freiheitsstrafe und zu 30 Hieben verurteilt. 15 Hiebe sind beim Antritt der Strafe vorgesehen, weitere 15 in der Woche vor der Entlassung[2]. In der Nacht vor der Exekution fährt er jede Stunde einmal auf, weil er den Schmerz der Peitsche auf dem Rücken spürt[3]. Am Morgen wird er vom Arzt untersucht, für „prügelfähig" erklärt und aufgefordert, das Hemd auszuziehen[4]. Er wartet in einem leeren Raum, in dessen Mitte ein Apparat wie das Stativ eines Photographen steht, nur ist es höher und kräftiger und seine 3 Beine sind solide am Boden befestigt. Inzwischen kommt ein gedrungener kleiner Mann in Uniform herein. Er hat einen struppigen braunen Bart, kalte blaue Augen und in der

[1] LEUSS S. 196 und 197. KROHNE fügt hinzu: „Jeder wuchtige Schlag mit einer solchen Peitsche auf ein tannenes Brett hinterläßt eine Rinne und zertrümmert ein halbzölliges tannenes Brett nach den ersten Schlägen. Danach ist anzunehmen, daß ein Schlag, welcher zufällig den Rückenwirbel statt des Hintern trifft, denselben, wenn nicht zertrümmern, so doch erheblich beschädigen kann. . . . Wird von einem schwächlichen Mann oder nur mit halber oder Viertelkraft geschlagen, wird statt des Stockes eine Rute verwendet, so geht es mit einigen ungefährlichen Striemen ab." Nach KROHNE wird, weil es den Schlagenden vor den blutigen Striemen ekelt, nur mäßig geschlagen. LEUSS: S. 198.

[2] Es ist die alte Sitte des „Willkomms" und des „Abschieds", die ich früher einmal beschrieben habe. Aus der Geschichte des Zuchthauses Hüfingen, Mschr. f. Kriminalpsychologie, Bd. XXIV, S. 292, 1933.

[3] BLACK, S. 267ff.

[4] Die Entblößung ist deshalb interessant, weil eine Definition des Reichsgerichts (RGDR. 1943, S. 754) eine Peitsche, die gegen den nackten menschlichen Körper angewandt wird, zum gefährlichen Werkzeug im Sinne von § 223a erklärt. — Nach KROHNE war früher in Deutschland nicht überall bestimmt, ob auf den bloßen Hintern oder auf den bekleideten geschlagen werden sollte. „In Sachsen muß der Hintere bloß sein, in Preußen und Oldenburg ist die Frage offen gelassen." LEUSS, S. 197. Bei den in Canon City, Colorado, im Sommer vollstreckten Prügelstrafen wurden die Gefangenen vollständig entkleidet über den Block gespannt. Denver Post, 19. Juli 1951. — Nach KOGON waren im Konzentrationslager Hiebe auf das unbekleidete Gesäß bei Männern wie Frauen verschärfte Formen der Prügelstrafe (S. 101).

Hand ein Instrument, das wie der Abziehriemen eines Friseurs aussieht, nur länger, schwerer und mit einem anderen Handgriff. Er sitzt auf einer Bank und sieht den Gefangenen sinnend an.

Der stellvertretende Direktor erscheint und gibt einen Befehl. Der Arzt läßt sich neben dem Mann mit dem Riemen nieder. Zwei Beamte machen den Delinquenten mit den Händen und Füßen an dem Dreifuß fest. Die Arme sind hochgebunden, die Beine gespreizt. Er ist hilflos wie ein Hammel im Schlachthaus.

„Jetzt, Herr Burr!" sagt der Direktor.

Der Mann mit dem Riemen tritt hinter den Gefangenen, so daß er etwas links von ihm zu stehen kommt. Er holt aus. Zischend kommt der Riemen durch die Luft.

Der Delinquent hatte sich vorgenommen, die Prozedur so mannhaft als möglich zu ertragen und eher sich die Zunge abzubeißen als aufzuschreien. Er hatte sich selbst suggeriert, den Rücken nach außen zu biegen und so zu bleiben, bis alles vorüber war. Es kommt anders:

„Der erste Hieb traf mich wie ein Blitzschlag; er traf mich und brannte. Wenn ich zurückdenke, so muß ich sechs Fuß hoch in die Luft gesprungen sein. Aber eigentlich kann ich gar nicht gesprungen sein, ich war viel zu fest angebunden. Ich hab nicht aufgeschrien, aber mit meinen Vorsätzen, den Rücken rund zu halten, wurde es nichts, gar nichts. Mit jedem Hieb wich ich mehr von der sengenden Peitsche zurück, und als alles vorüber war, war mein Rücken eingedrückt, die Brust vorgestreckt, und ich zitterte wie ein hilfloses Kalb unter dem heißen Brandeisen."

Es ist offensichtlich, daß die Schmerzempfindung des Delinquenten nach Konstitution und Strafausführung sehr verschieden ist. Seit alter Zeit haben sich gewisse Verhaltensregeln fortgeerbt. Rashleigh, an dem vor über 100 Jahren auf einem britischen Gefängnisschiff die Prügelstrafe vollzogen wurde, hatte gehört, daß Schreien, auch Hin- und Herwinden das Schmerzgefühl steigert. Er nahm daher einen Hemdzipfel in die Zähne, damit kein Laut zu hören sei[1]. Zuerst rissen die ersten 12 Hiebe mit der geknoteten Peitsche tiefe Furchen in sein Fleisch. Bei den weiteren 12 kam es ihm vor, als ob diese Furchen nunmehr mit glühendem Blei ausgefüllt würden[2]. Im modernen England meinte ein Gefangener von Dartmoor, daß der erste Hieb höllisch „steche[3]".

[1] Rashleigh, Ralph: Adventures of an outlaw, S. 62. New York 1929. Auch diese Gefangenen waren nackt. — Die von Belbenoit berichtete völlige Lautlosigkeit der gezüchtigten Araber (S. 35) kann also einen rationellen Hintergrund haben.

[2] Rashleigh war zu 10 Dutzend Hieben verurteilt worden (ebenda S. 61). Bei jedem Dutzend schlug ein anderer Seemann zu, immer mit einer neuen Peitsche. Schließlich war nur noch das Tastgefühl da, das Schmerzgefühl erloschen. Es kam dem Gefangenen so vor, als ob er heftige Stöße mit großen Keulen erhielte. Ebenda S. 62.

[3] Spenser: S. 299. „Es tut wohl weh", sagte ein Kenner, „man kann eine Woche lang nicht auf dem Rücken schlafen. Wird überschätzt. Im Grunde ist nichts dran."

Er brenne wie eine Rollo rotglühender Drähte. Der zweite Schlag sei nicht viel besser. „Danach aber vergeht der Schmerz, und man ist nicht schlimmer dran als ein Boxer, der halb erledigt ist. Wenn alles vorbei ist, fühlt man sich etwas übel." In Dartmoor war es Sitte, daß dem Gefangenen bei der Ausführung der Prügelstrafe die Augen verbunden wurden. Es sieht so aus, als solle der Gefangene den Wärter nicht sehen, der die Strafe vollzieht; möglich ist aber auch, daß das Verbinden auf ältere Vorstellungsschichten zurückgeht[1].

Dostojewskis Beobachtungen sind voller Schärfe und psychologischer Feinheit. Es müssen freilich die Zeit, der Volkscharakter und jene potenzierte Form der Prügelstrafe beachtet werden, die noch zu seiner Zeit als Spießrutenlaufen bekannt und in Gebrauch war. Die körperliche Züchtigung selbst wird nach einzelnen Hieben gezählt, ohne daß Unterschiede in der Stärke und der Richtung des Schlages gemacht werden. Dostojewski hörte, es könne der Henker mit voller Kraft so über den Rücken des Delinquenten schlagen, daß keine Wunde entstehe und der Bestrafte nicht den geringsten Schmerz verspürte. Andererseits versicherten ihm Sträflinge, daß der Henker, wenn er wolle, mit einem einzigen Schlage töten könne[2]. Eine körperliche Züchtigung in Delaware wurde nach der Meinung eines Zuschauers so sanft „aufgelegt", daß man daran denken konnte, ein Herr bürste einen Rock ab. „Man konnte ihn beinahe flüstern hören: ‚Mein Junge, dies tut mir mehr weh als Dir'[3]." Dagegen galt eine Dose von mehr als 1500 Hieben in Sibirien immer als lebensgefährlich. Von einem solchen Delinquenten meldet Dostojewski[4]:

„Er hatte vor der ersten Hälfte seiner Bestrafung geglaubt, man würde ihn nicht wieder aus den Spießruten herauslassen und er müsse sterben.... Kaum hatte er jedoch die erste Hälfte seiner Strafe erlitten, so faßte er Mut. Halbtot geschlagen, erschien er im Lazarett; ich hatte noch nie solche Wunden gesehen, aber er kam mit Freude im Herzen, in der Hoffnung, daß er am Leben bleiben würde.... Aber zwei Tage nach der Entlassung aus dem Hospital starb er."

Der Nervenschock nach dem ersten Hiebe blockiert alle psychischen Funktionen. Ein Gefangener will schreien, er reißt den Mund auf, der Schrei bleibt irgendwo stecken, die Stimme ist weg. Die Hiebe werden gezählt. Zwei wird kaum noch gehört. Wie er „erwacht", hört er siebzehn zählen[5]. Einem andern ist der Rücken völlig zerschlagen. Er zittert wie im Fieber, der Blick ist irre[6]. Ein letzter vergleicht die Empfindung

---

[1] Siehe Bd. I, S. 232ff.
[2] Dostojewski: S. 269.
[3] Caldwell: Red Hannah, S. 53.
[4] Dostojewski: S. 263.
[5] Ebenda S. 154.
[6] Ebenda S. 234.

der Hiebe mit der einer Flamme; es sei, als ob der Rücken über dem stärksten Feuer geröstet würde[1].

G. v. BEAUMONT und A. v. TOCQUEVILLE schrieben im ersten Viertel des 19. Jahrhunderts einen Bericht über die amerikanische Studienreise, auf der sie Amerikas Besserungssystem studiert hatten. Sie hatten auch eine Unterredung mit Kapitän Elam Lynds, der damals das Zuchthaus von Auburn leitete. Sie fragten ihn, ob er glaube, daß Körperstrafen zu entbehren seien. Seine Antwort war[2]: „Ich bin vom Gegenteil überzeugt. Ich betrachte die Peitschenstrafe als die wirksamste und gleichzeitig menschlichste, welche es gibt, sie schadet der Gesundheit niemals. ... Ich halte es nicht für möglich, ein großes Gefängnis ohne Hilfe der Peitsche zu leiten. Nur diejenigen, welche die menschliche Natur aus Büchern kennengelernt haben, können das Gegenteil sagen." Dieser Lynds hatte Gefangene nackt ausziehen und ihnen 50—500 Hiebe versetzen lassen. Geisteskranke erfuhren die gleiche unmenschliche Behandlung[3]. Diesem von allen ausländischen Besuchern bewunderten Ordnungsmann wurde im Parlament des Staates New York mangelhafte Ernährung der Insassen, Brutalität und grobe Unehrlichkeit vorgeworfen[4]. Sein verkniffenes hartes Gesicht[5] spricht nicht für die Prügelstrafe und nicht für ihn. Nach einem harten Arbeitstag und vielen Schlägen war den Sträflingen gestattet, „in ihrer Zelle noch ein wenig die Bibel ungestört zu lesen und schweigend über ihr verfehltes Leben nachzudenken"[6]. Immer mußten sie den Blick gesenkt halten, niemals durfte eine gemeinsame Bewegung anders als im Stechschritt gemacht werden. Der Ochsenziemer war das häufigste Strafinstrument. Nach den Vorschriften sollten andere Beamte bei der körperlichen Züchtigung zugegen sein. Sie ließen sich aber entschuldigen, weil die Exekution sie „so schmerzlich berühre"[7]. Wie alle Diktatoren, so war Lynds ein

[1] Ebenda S. 264. — Manche Sträflinge stellen sich tot. „Man führte mich in die Gasse, und nahm mich durch das erste Tausend. Es brennt, ich schreie. Man führt mich durch das zweite Tausend, nun dachte ich, mein Ende kommt. Ich stürze zu Boden, meine Augen werden totenstarr, das Gesicht blau, der Atem stockte, der Mund war mit Schaum bedeckt. Da trat der Arzt hinzu: „Er wird sogleich sterben", sagte er. Man brachte mich ins Hospital und ich lebte sofort wieder auf. So haben sie mich noch zweimal hinausgeführt, sie waren allzu wütend auf mich, allzu wütend, aber ich habe sie noch zweimal zum Narren gehalten". ... DOSTOJEWSKI: S. 250.

[2] Amerikas Besserungssystem und dessen Anwendung auf Europa. Aus dem Französischen der Herren G. v. BEAUMONT und A.v. TOCQUEVILLE von Dr. N. H. JULIUS, S. 282. Berlin 1833.

[3] LAWES: Life and death, S. 218.

[4] BARNES und TEETERS: S. 525.

[5] Bild, Ebenda S. 522.

[6] Ebenda S. 523.

[7] Ebenda S. 523.

grandioser Bauherr. Von ihm zeugt noch der alte Zellblock von Sing Sing. Für ihn, der die menschliche Natur nicht aus Büchern, sondern im Kriege von 1812 gelernt hatte, war die Peitsche wie für die Pharaonen[1] das einzige Antriebsmittel menschlicher Arbeitsleistung und die Garantie der Unterwerfung.

III.

Die mechanische Prozedur genügt nicht, um uns in die Lage zu versetzen, die bessernde oder abschreckende Wirkung der Prügelstrafe abzuschätzen. Es ist notwendig, die seelische Verfassung des Gefangenen vor der Vollstreckung kennenzulernen. Wir müssen auch fragen, wie es in ihm nach vollzogener Strafe aussieht. Die Möglichkeit besteht, daß der heftige körperliche und psychische Schock die Reaktivität, die vorher bestanden haben mag, umschaltet. Denn im Gegensatz zur Todesstrafe lebt der Geprügelte weiter und nimmt die Eindrücke der Strafe in das weitere Dasein mit. Es könnte auch sein, daß durch die körperliche Einwirkung Verletzungen hervorgerufen werden, die ihrerseits wieder dem Verhalten eine neue Richtung geben. Wenn wir unsere Gefangenen auf alte Kopfnarben und sonstige mechanische Verletzungen untersuchen wollten, so würden wir finden, daß sie mehr als andere Gruppen Spuren von Wirtshausschlägereien, Hieben mit dem Gummiknüppel und ähnlichen Traumen tragen, die niemals ganz ohne psychische Folgen geblieben sind. Aber auch der vorhergehende Angstzustand gehört zum Gesamtbilde des Phänomens, geht in die Erinnerung ein, lebt in irgendeiner Form weiter.

Wenn leichtere Formen der Prügelstrafe bevorstehen, so macht sich weder besondere Furcht noch Erregung bemerkbar[2]. Ganz anders scheint der russische Sträfling in Dostojewskis Zeiten reagiert zu haben. Damals gingen die Delinquenten ins Hospital, um den furchtbaren Augenblick hinauszuschieben. Wir hören von Gefangenen, die vor der Exekution Schnaps mit Schnupftabak gemischt trinken und danach in ein tödliches Leiden verfallen[3]. Dostojewski weiß von dem heftigen, rein physischen Schrecken, der oft die Verurteilten vor dem Strafakt befällt[4]. Die Spannung ist bisweilen so quälend, daß manche Delinquenten ein Verbrechen begehen, um eine neue Untersuchung zu erreichen und die Exekution auf kurze Zeit hinauszuschieben. Daneben stehen Typen der absoluten Furchtlosigkeit[5].

---

[1] Siehe 2 Mos II, 11.

[2] Siehe Spenser, S. 299 und Patterson S. 181.

[3] Dostojewski: S. 76.

[4] Ebenda S. 262.

[5] Ebenda S. 77. „Man brachte ihn Abends.... Orloff war fast von Sinnen, furchtbar bleich mit seinen dichten, büschelartigen, pechschwarzen Haaren. Sein Rücken war geschwollen und von blauroter Farbe. Die ganze Nacht pflegten ihn

Bei den Nachwirkungen der körperlichen Züchtigung möchte ich die unmittelbaren Folgen und die Spätfolgen unterscheiden. Ist die ärztliche Untersuchung nicht sehr genau gewesen[1], hat sie z. B., wie in dem Falle von LEUSS, einen Mann, der an einer Psychose litt, für einen Simulanten erklärt[2], so kann es nach der Exekution zu einem Selbstmord kommen. Bestenfalls kann der Bestrafte seine aggressive Spannung in einem Selbstmordversuch abreagieren[3]. Gefangene behaupten, daß die ärztliche Untersuchung, die bei der Prügelstrafe vorgeschrieben ist, zuweilen oberflächlich sei. So teilt PATTERSON mit, daß der Doktor kam. Er untersuchte nicht das Herz, sondern befahl, die Hosen herunterzulassen. Er sah sich das Hinterteil an und meinte: „Verdammt. Er kann es aushalten[4]."

Auch nach der leichteren britischen Züchtigung taumeln die losgebundenen Delinquenten, als ob sie betrunken wären[5], aber die Störung geht wieder vorbei. Sie muß als zerebrales Symptom gewertet werden, ebenso wie lang anhaltende depressive Tendenzen[6]. Bedeutsam scheinen mir die Charakterveränderungen zu sein, die schwere Mißhandlung zur Folge hat. Wir entdecken nur eine Erfahrung wieder, die wir aus dem Leben verprügelter Kinder kennen. Aus ihnen werden später prügelnde Väter. Körperliche Züchtigungen setzen sich oft, nach einem Ausdruck DOSTOJEWSKIS[7], in Entschlossenheit und Furchtlosigkeit um. „Ein oft Geschlagener verhärtet gewissermaßen an Geist und Körper." BLACK gesteht, daß alle seine Philosophie und sein klares Denken, das ihm in 2 Jahren der Haft zugeflossen war, in 30 Sekunden beim „Abschied" aus ihm herausgeschlagen wurde[8] und ein furchtbarer Haß in ihm hochstieg. Er sagt vorher etwas, was unsere ganze Aufmerksamkeit verdient: „Ich ging von dem Dreifuß (an den er während der Exekution angebunden war) mit neuem Vertrauen und erhobenem Kopf weg, mit

die Sträflinge, wechselten ihm das Wasser und wendeten ihn von einer Seite auf die andere, gaben ihm Arznei, als wären sie um einen Verwandten bemüht oder um einen erkrankten Wohltäter." DOSTOJEWSKI, S. 77.... „Er verachtete jegliche Qual und Züchtigung und fürchtete nichts in der Welt." Ebenda S. 78.

[1] Sie ist nicht immer vorgeschrieben.

[2] Der Gefangene war mit Arreststrafen, Zwangsjacke und Duschen belegt und zweimal körperlich gezüchtigt worden, weil der Arzt die geistige Störung für Simulation hielt. Der Patient litt aber an religiösem Wahnsinn. „Jesus und die Mutter Maria waren der Inhalt seiner kranken Vorstellungen. Er tobte in der Nacht, beschimpfte Dr. Martin Luther, verlangte zu Ehren des Heilands geprügelt zu werden." Dem Geistlichen gestand er, daß er simuliere. Er sagte unverhohlen, daß er tobe, um geprügelt zu werden. LEUSS: S. 213, 214.

[3] AUER: S. 98.

[4] PATTERSON: S. 181.

[5] SPENSER: S. 299.

[6] PATTERSON: S. 102.

[7] DOSTOJEWSKI: S. 249.

[8] BLACK: S. 277.

klarem Auge und klarem Sinn, gestärkt durch das Wort des Deutschen Nietzsche: ‚Was mich nicht tötet, gibt mir Kraft.‘[1]“

Bei den Nachwirkungen der Prügelstrafe ist zu bedenken, daß häufig Menschen mit labilem Nervensystem, solche, die auf dem Wege zur Psychose sind, dieser neuen heftigen Schädlichkeit unterworfen werden. Wir denken abzuschrecken oder zu bessern, setzen aber die Ursachen für eine ungünstige Entwicklung. Black erinnert sich einer schweren, inoffiziellen Mißhandlung in einem der vielen Gefängnisse, durch die er ging[2]. In einem anderen Teil der Anstalt erlitt ein Bekannter noch viel schlimmere Quälerei. Eine Entwicklung setzte ein, die jeder Gerichtspsychiater ein- oder mehreremal erlebt hat:

„Von diesem Tage an lächelte St. Louis Frank nicht mehr. Er wurde bissig, kurz, böse.... Er ging mit einem Blaukoller[3] in die Welt, nur noch darauf bedacht, Schutzleute zu erschießen. Was über ihn erzählt wurde, war kaum zu glauben. Ich sah ihn Jahre später im Gefängnis in San Francisco, wo er auf die Aburteilung wartete. Er hatte in Valencia Street einen Polizeibeamten ermordet. An dem Tage, an dem er nach St. Quentin gebracht wurde, um gehängt zu werden, rief er mir nach: „Auf Wiedersehen, Schwarzkopf. Wenn ich nur Corbett erwischt hätte (das war der ewig prügelnde Gefängniswärter), dann würde ich mir nichts draus machen.“

Um die Prügelstrafe — die, welche sie leidenschaftlich gern ausüben — und manche, die sie erleiden — schlingt sich ein Hauch sexueller Triebhaftigkeit. Sprachliche Bildungen stützen diese Vermutung. Der Schandpfahl im südlichen Delaware war rot angestrichen[4]. Wenn ein Gefangener so an ihm befestigt wurde, daß er das Strafinstrument zu umarmen schien, pflegten die Neger zu sagen, daß er die Rote Hannah herze. Das Bild ist aus der Gedankenwelt der britischen Seeleute übernommen und nicht weniger lasziv. Hier nannte man „des Artilleristen Tochter herzen oder küssen oder heiraten“, wenn man zur Abstrafung an ein Geschütz gefesselt wurde[5]. Der Sinn der Anspielung ist unverkennbar.

Bestrafte Kriminelle wollen nichts davon wissen, daß sie die Körperstrafe mit Beschämung erfüllt habe. Black sagt ausdrücklich, daß er nichts dergleichen empfand. „Es mag eigentümlich klingen, wenn ich sage, daß ich jetzt froh bin und damals froh war, daß sie mich prügelten. Es hat mir gut getan[6].“ Auch Spenser äußerte sich wegwerfend über die Schande, die die Straftat angeblich mit sich bringen

[1] Ebenda S. 270.
[2] Black: S. 193.
[3] bull simple, eine prägnante Bezeichnung, weil sie die morbide Fixation hervorhebt.
[4] Caldwell: S. 102.
[5] Partridge: S. 362. Ähnliche Gedankengänge kreisen um den runden Verschlußmechanismus, der den Kopf des Delinquenten bei der Guillotine niederhält.
[6] Black: S. 270.

solle[1]. Wenn es zum wirklichen Prügeln komme, dächten die Delinquenten mehr an ihre Haut als an ihre Seele[2]. Einer von DOSTOJEWSKIS Gefährten war, weit entfernt davon, Scham zu empfinden, stolz darauf, daß so viel Volk zusammengelaufen war, seine Züchtigung zu sehen[3]. Niemand ist so eitel als der, dem wir die Ehre abgesprochen haben. Er flüchtet sich in seine Form der Honorigkeit, die er, eine letzte Zuflucht des Selbstgefühls, mit viel größerer Strenge aufrechterhält als wir die Ansprüche an uns selbst. Die primitive Welt der Urzeit ersteht wieder. Wer zu unserer Horde gehört, ist gut; die Feinde sind schlecht, jeder von ihnen. Es gibt kein Band der moralischen Verpflichtung, das beide umschließt. Gewalt herrscht, es herrscht Betrug. Der Stärkere prügelt, der Schwächere wird geschlagen. Die Mißhandlung macht den Kriminellen wütend, geht aber nicht an seine Ehre, weil sie vom Feinde, nicht aber von seinesgleichen kommt. Das ist unser schwerstes Problem. Je härter wir eine Strafart zur Anwendung bringen, die unserem Gefühl widerspricht, obwohl wir ihr den Schafspelz der Nützlichkeit umhängen, um so lauter spricht der blutig Geschlagene sich frei[4]. Damit haben wir nicht der momentanen Furcht vor den Schlägen, aber künftiger Abschreckung die Kraft genommen und die eigene kriminalpolitische Aufgabe unerfüllt gelassen. Wir haben gegen alles das gefehlt, was die wirkliche Majestät des Gesetzes ausmacht. Es ist letzten Endes wie bei jeder menschlichen Maßregel die Wirksamkeit. Wenn ein Krimineller nach der Exekution sagen darf, daß sie ihm gut getan habe, „nicht so, wie es gemeint war, sondern in besserer Weise“[5], so haben wir gegen den Geist aller echten sozialen Therapie gehandelt.

Die Prügelstrafe arbeitet mit dem Medium körperlichen Schmerzes. Die Annahme ist, daß Schmerz stets geflohen wird. Um Schmerz zu vermeiden, würden Wege eingeschlagen, die nicht von der Prügelstrafe bewacht sind. Diese psychologische Voraussetzung trifft in allen den Fällen nicht zu, in denen Schmerz die krankhafte Umwandlung in einen lustbetonten Reiz erfahren hat. Manche Religionen haben aus selbstzugefügten Leiden und Schlägen eine willkommene Gabe an die

---

[1] SPENSER: S. 299. — Ausnahmen gibt es, zumal unter den politischen Delinquenten, wie aus VERA FIGNERS Buch hervorgeht. Aber sie selbst gönnen sich die seelische Entlastung des Zuschlagens (FIGNER: S. 261, 264) und nennen es dann mildernd „tätlich beleidigen“. Ebenda S. 264.

[2] SPENSER: S. 300. Der Einbrecher spricht von den Phasen kurz vor und nach dem Vollzug der Prügelstrafe.

[3] Er sagt selbst: „Unabsehbar viel Volk war zusammengelaufen, die ganze Stadt hatte sich versammelt.“ DOSTOJEWSKI: S. 154. — Es hat Mörder gegeben, die sich bei ihrer Hinrichtung über die wenigen Zuschauer beklagten.

[4] Einen höchst bemerkenswerten Fall zur Frage der Selbstverurteilung bringt LAWES (Life and death, S. 173). Von der Jury der eigenen Gruppe, die den Kriminellen „freispricht“, hat DOSTOJEWSKI viel Kluges gesagt (S. 253).

[5] BLACK: S. 270.

Gottheit gemacht[1]. WESTERMARCK führt auf diese Idee die jüdische Sitte zurück, sich gelegentlich zum Sühnefest zu geißeln, und ähnliche religiöse Gewohnheiten in Persien.

Die Geißler von 1348 glaubten für die Sünden der Welt zu büßen, deren Untergang bevorstand, indem sie sich willkommenen Schmerz zufügten[2]. Tränen zu vergießen, war ein Teil ihres Ritus und ein Symptom ihrer depressiven Stimmung[3]. Bei russischen Sekten, die erst bis zur Besinnungslosigkeit tanzten, dann sich gegenseitig schlugen, dann sich in die Arme sanken, wird der Zusammenhang von Schmerz, Angst und Sexualität offenbar[4]. Die Penitentes in Mexiko[5] und den entlegenen Bergen Neumexikos zerfleischen sich mit Geißeln und lassen sich ans Kreuz schlagen, alles Praktiken, die in den Flagellantensalons der modernen Großstädte zur kommerziellen Ausbildung gelangt sind. Die körperliche Züchtigung ist in manchen Fällen zur sexuellen Reizquelle geworden. Sie ist damit, obschon äußerlich Schmerz zugefügt wird und Blut fließt, zum Strafmittel untauglich geworden.

IV.

Bei der Hinrichtung wird der Bestrafte eliminiert. Er kommt als künftiges Problem in Wegfall. Der Strafende, der Henker, wird in Mordfällen wenigstens von unserem erregten Schutzbedürfnis als notwendiges Übel in Kauf genommen. Als wesentliche Schwierigkeit bleibt noch die Wirkung auf den übrig, der dem Strafakt beiwohnt oder von ihm hört. Hier hat sich noch keine wissenschaftlich gesicherte Überzeugung ausgebildet. Noch prallen die Meinungen aufeinander.

Die Prügelstrafe gestattet, den weiterlebenden Delinquenten zu beobachten und die Wirkungen der Strafart nachzuprüfen. Der Strafgeber nimmt insofern unser Interesse in Anspruch, als die Strafvollstreckung länger dauert, zahlreiche Momente der Unbestimmtheit enthält (Wucht der Schläge[6], Abbruch wegen Gesundheits- und Lebensgefahr usw.), und sich für den Vollzug der Prügelstrafe kein Stamm amtlicher Exekutoren

---

[1] WESTERMARCK, EDWARD: Origin and development of moral ideas, Bd. II, S. 358. London 1912.

[2] Die Geißler nannten die zweimalige Geißelung die Bluttaufe. TILLIER, ANTON v.: Geschichte des Eidgenössischen Freistaates Bern, Bd. I, S. 337.

[3] JUSSERAND, J. J.: English wayfaring life in the middle ages, S. 382. New York 1891.

[4] NOBLE, EDMUND: Russia and the Russians, S. 169. 170. New York 1900.

[5] TOOR, FRANCES: A treasure of mexican folkways, S. 217. New York 1947.

[6] Der angeklagte Leiter einer Zwangserziehungsanstalt erklärte vor Gericht, er habe „mit aller Wucht, aber nicht mit voller Körperkraft" geschlagen. FRIEDLÄNDER, EGON: Interessante Kriminalprozesse, Bd. IV, S. 180. Berlin-Grunewald 1922.

ausgebildet hat[1], die Anstaltsverwaltung vielmehr auf Kommandierte, Freiwillige oder Liebhaber angewiesen ist. Obschon die Öffentlichkeit ausgeschlossen ist, nimmt sie an der Exekution Anteil, weil das Jammergeschrei des Sträflings durch die Wände und über die Mauern dringt. Zum mindesten die Anstaltsinsassen erleben die Exekution mit, außerdem Handwerker, die im Hause zu tun haben, Bauern, die in der Nähe ihre Felder bestellen, die Frauen der nahe wohnenden Beamten.

Die ausgestrahlte Suggestion der rohen Gewalt darf nicht unterschätzt werden. Sie geht von dem machtvollsten aller Vorbilder, dem Staat, aus und hat es deshalb leicht, sich in den Köpfen derer festzusetzen, die von Natur aus gewalttätige Neigungen haben. Nachdem die Menge in New Castle, Delaware, dem Vollzug der Prügesltrafe zugesehen hatte[2], brachen am Abend unter den betrunkenen Zuschauern zahlreiche Prügeleien aus[3]. Die angeregte Motorik floß in Bahnen der Nachahmung, statt gehemmt zu werden. Roheit des Gesetzes und der amtlichen Organe hatte private Roheit entfesselt, statt sie zurückzudrängen. Das kriminalpolitische Experiment des Strafaktes war mißlungen. Es war auch dann fehlgeschlagen, wenn man einwirft, daß solche Exekutionen bestimmte Typen anziehen und um sich versammeln.

Der brasilianische Soziologe Greyre hat eine Beobachtung gemacht, die in dieses Kapitel gehört. Er behauptet, daß die kolonialen Herren des Landes in allen ihren sozialen und menschlichen Beziehungen an einem Flagellationskomplex gelitten hätten. Diese emotionelle Verzerrung sei aus der Unterwerfung des jungen Negersklaven unter die Wünsche und Launen des jungen Herren während der stürmischen Jahre der Pubertät herausgewachsen. Es gab Spiele zwischen schwarzen und weißen Jungen, „Bastonade[4]" genannt, bei denen der schwarze Junge dem weißen dienen mußte. Sexuelle Impulse wurden hier aus ihrer Bahn gedrängt. Ein sadistischer Zug schlich sich in die Liebesbeziehungen mit Indianermädchen ein. Aber diese Wahl von Schmerz als sexueller Reizverstärkung führte zu etwas weiterem: zu einer generell sadistischen Haltung gegenüber allen Frauen und dem ganzen häuslichen Leben, einer gefährlichen Erobererhaltung in politischen Fragen und gegenüber den unteren Klassen der Bevölkerung[5]. Solche Flagellationskomplexe haben wir in der politischen Praxis europäischer Länder erlebt. „Verprügelte" Völker haben Prügelexzesse begangen und dann selbst wieder die vergeltende Bastonade erhalten. In der Sehnsucht

[1] Im Mittelalter vollzog der Henker Todes- und Körperstrafen. So war es noch zu Dostojewskis Zeiten in Sibirien. S. 266ff.

[2] Der Direktor einer Anstalt für Jugendliche ließ zum abschreckenden Beispiel alle Zöglinge dem Vollzug der Prügel zusehen. Friedländer: Bd. IV, S. 200.

[3] Caldwell: S. 27.

[4] Der englische Ausdruck ist: take a drubbing.

[5] Greyre, Gilberto: The masters and the slaves. A study in the development of Brazilian zivilisation, S. 75. New York 1946.

nach „starken“ Männern liegt ein schmerzsüchtiger Zug. Ich möchte einen Satz aus meiner Studie über den Cäsarenwahnsinn zitieren:

„Der Westen war unempfindlich gegen Schmerzen, unbelehrt, triebhaft in stets erneuter Selbstverstümmelung. Als junge Barbarenvölker über den Alpenkamm stiegen, fanden sie keinen Mann mehr, sondern einen müden Märtyrer, der in Tiberius Zeiten eins gelernt und nicht wieder verlernt hatte: sich mit den Geißeln seiner Herrscher wund zu schlagen[1].“

Weil der mit Prügeln Bestrafte weiterlebt und sich unserer Untersuchung nicht entzieht wie der Hingerichtete, kann die Frage der Effektivität gestellt und beantwortet werden. Schon die Tatsache, daß ein so bequemes und billiges Strafmittel mehr und mehr aus der Praxis der modernen Gesellschaften verschwunden ist, spricht nicht für seine Wirksamkeit. Caldwell hat jüngst die Nachwirkungen der Prügelstrafe in Delaware studiert. Sein Material bestand aus 320 Gefangenen, die die Körperstrafe erlitten hatten. 73,8% von ihnen waren Neger. Von diesen Delinquenten begingen 61,9% ein neues Verbrechen[2]. Eine Anzahl Rückfälliger wurde mehrfach der Prügelstrafe unterworfen[3]. Caldwell meldet folgendes Ergebnis unter seinen 320 Mann:

Zweimal körperlich gezüchtigt wurden	19,7%
Erneut nach zweiter Züchtigung verurteilt wurden	65,1% [3]

Diesen klaren negativen Ergebnissen sind die Äußerungen gegenüberzustellen, die von Anhängern der Prügelstrafe vorgebracht worden sind. Der amerikanische Richter Cavannagh hat folgenden Brief des Polizeichefs von Windsor veröffentlicht[4]:

„Nach dreiunddreißigjähriger Erfahrung als Polizeimann und Umgang mit Kriminellen im allgemeinen, bin ich zu dem Schluß gekommen, daß physische Strafe den Kriminellen erheblich abschreckt. In anderen Worten, ich glaube, daß in allen ernsthaften Fällen von Straßenraub, schwerem Raub und Angriff auf weibliche Wesen Hiebe als Zusatzstrafe gegeben werden sollten. Ich habe mich mit Leuten persönlich unterhalten, die eine kriminelle Karriere allem Anschein nach begonnen und die 15 oder 20 Hiebe in einer Anstalt erhalten hatten. Sie haben mir offen erklärt, daß sie weiter kriminell geblieben wären, wenn sie die Prügel nicht bekommen hätten.“

Solche anonyme Mitteilungen sind kein brauchbares Argument einer wissenschaftlichen Diskussion[5]. Den Anhängern der Prügelstrafe

---

[1] Hentig, Hans v.: Über den Cäsarenwahnsinn. Die Krankheit des Kaisers Tiberius, S. 52. München 1924. — Das war die Zeit, in der nach dem alten Ritus der Kreuzigung der Stifter unserer Religion vor dem Tode noch gegeißelt wurde. Siehe Die Strafe, Bd. I, S. 254.

[2] Aufgeteilt in 52,4% Weiße und 65,3% Neger. Höhere Rückfallziffern weist also die verprügeltere Rasse auf. Caldwell, S. 76.

[3] 50,0% Weiße und 66,1% Neger. Ebenda S. 76.

[4] Cavanagh, Marcus: The criminal and his allies, S. 323. New York 1928.

[5] In diesem für einen Richter beschämend-vereinfachenden Buch vergleicht Cavanagh die Mord- und Raubkriminalität der Städte Toronto und Detroit ohne Rücksicht auf Volkscharakter, Altersgruppierung, Rassenverteilung, Wirtschaftslage usw. S. 325.

stehen alle Erfahrungen der modernen Pädagogik, ja der Tierdressur im Wege, die in der Zufügung körperlichen Schmerzes einen groben Kunstfehler sehen. Die gefährlichsten Tiere werden mit den leisen Mitteln der Wiederholung, des Lobes, kleiner Leckerbissen, des engen persönlichen Vertrauensverhältnisses zu relativer Zahmheit erzogen. Gewalt wird für die äußersten Notfälle reserviert. Sie wird immer im Hintergrund stehen müssen, kann aber nie Grundlage eines therapeutischen Systems sein, weil sie das Wesentliche der Menschenführung, die menschliche Beziehung, zerstört.

Noch muß ein Blick auf den geworfen werden, der die Prügelstrafe vollzieht. Dabei ist zwischen den Eigenschaften ein Unterschied zu machen, die er mitbringt, und der Entwicklung, die die Prügeltätigkeit selbst zur Folge hat. Zuerst stoßen wir auf den Straflustigen, bisweilen Strafsüchtigen. Körperliche Züchtigung ist ihm die direkteste Form des Auslebens. Physische Erschöpfung und Gefühlssättigung treten zu einer genußvollen Dualität zusammen. Der Sadist genießt mit allen Sinnen die Zufügung des Schmerzes, mit der Hand, mit den Augen, mit den Ohren. Das Wehgeschrei des Opfers bringt an das äußerste Ziel des Erlebens. DOSTOJEWSKI hat das Bild des Prügelsüchtigen vor uns hingestellt, der nicht ertragen kann, wenn der Geschlagene ihm diesen Tribut vorenthält, wenn „der Delinquent nicht schrie, nicht flehte, nicht um Schonung bat“[1]. Das, was der normale Mensch nicht sehen will[2], zieht den Sadisten so in seinen Bann, daß er, wie ein Rauschgiftsüchtiger, Genossen des Genusses sucht, sie zum Feste der Schmerzen einlädt[3]. Mit starken Strichen wird der Prügelliebhaber gezeichnet, „dick und fett, mit roten aufgeschwemmten Backen, weißen Zähnen und einem dröhnenden, durch die Nase klingenden Lachen“. Er ist ein „Gastronom“ des Prügelns, den die Reihe der Mannschaften mit ihren dicken Stöcken beim Spießrutenlaufen belebt, der vor Erregung witzig wird und immer neue Varietäten der Qual erfindet[4]. Überall, wo der Rechtfertigungsgrund staatlicher Zwangsrechte oder von Erziehungsbefugnissen winkt, sind diese Typen der erlaubten Gewaltanwendung zur Stelle. Und dieser Gewalt erwächst seltsamerweise, wenn sie auf ihren Exzessen ertappt wird, jene stille Form der Billigung, die sich in ganz milden Urteilen oder in Freisprüchen äußert. Noch im Mißbrauch wird die „Autorität[5]“, die pathologische Naturen geschändet haben, geschützt.

---

[1] DOSTOJEWSKI: S. 266.

[2] Bei BLACKS Exekution sahen die Beamten weg, die ihn anbinden mußten. BLACK: S. 277. [3] FRIEDLÄNDER: Bd. IV, S. 200. [4] DOSTOJEWSKI: S. 253.

[5] Wo liegt die wahre Autorität in diesen Fällen? Als ein Redakteur, der Mißstände im Arbeitshaus Brauweiler aufgedeckt hatte, wegen Beleidigung zu 3 Monaten Gefängnis verurteilt worden war, wurde er beim Verlassen des Gerichts mit stürmischen Hochrufen einer großen Menschenmasse begrüßt. FRIEDLÄNDER: a. a. O. Bd. VIII, S. 202.

Nach LEUSS[1] ist es eine Zuchthauserfahrung, daß Leute, die dem Trunk ergeben sind, zum Amt des Prügelaufsehers neigen. Die erleichterte Innervation des motorischen Apparates ist aus zahllosen Wirtshausprügeleien und ehelischen Szenen bekannt[2]. Zur Intoxikation kommt als verführendes Moment das Mißverhältnis der Kräfte hinzu, das in der Familie gegenüber Frau und Kindern, in der Anstalt gegenüber dem Gefangenen besteht[3]. In beiden Fällen ist die Gefahr einer Anzeige herabgesetzt, maskiert sich die gewalttätige Neigung als „gerechte" Strafe irgendeiner Verfehlung.

Zum bestehenden Defekt kommt die Demoralisation der mehrfachen Ausübung hinzu. Nach LEUSS[4] ist die Wirkung der Prügelstrafe „auf die Zuschauenden ein unglaublicher Ekel, auf den Hauenden ein Gefühl unwilligen Zornes, daß er dazu verdammt ist, mit kaltem Blut auf das wehrlos vor ihm liegende Menschenkind loszuschlagen. Wird er öfters dazu kommandiert, so sinkt er in der Achtung seiner Kameraden, verroht und verkommt." KROHNE fügt die Erfahrung hinzu[5], daß gewöhnlich nur mäßig geschlagen wird, weil es den Schlagenden vor den blutigen Striemen ekelt.

Manche Delinquenten empfinden vor der Bestrafung körperliche Furcht. Diese Angst geht mit dem letzten Hieb in ein starkes Gefühl der Erleichterung über, das dem Aufbau hemmender Vorstellungen im Wege steht, weil es in der Erinnerung frischer ist als die Züchtigung. Die Prügelstrafe ist also praktisch nicht abschreckend. Sie brutalisiert den Zuschauer, sie brutalisiert den Beamten, der sie vollstreckt. Nach 3 Richtungen hin ist die Strafart unwirksam, ja schädlich. Scheinwert kommt allein der Entlastung von Spannungszuständen zu, die wir „befriedigtes" Rechtsgefühl nennen. In dieser Hinsicht leistet die Prügelstrafe freilich Außerordentliches, denn vielen Menschen wohnt das Bedürfnis inne, zuschlagend die unlust-belastete Motorik abzureagieren. Die Prügelstrafe stellt, wenn man genau hinsieht, noch eine reduzierte Form der Blutrache[6] dar. In ihrer rationellen Umhüllung[7]

---

[1] LEUSS: S. 199. — Siehe FRIEDLÄNDER: Bd. IV, 166 und 167.

[2] Selbst die Gangster fürchten die „entsicherte" Motorik der Trinker und lehnen die Mitarbeit ab.

[3] Neben der Verdorbenheit der Gefangenen wollen Gerichte, die Mißhandlungen abzuurteilen haben, das Moment der Hilflosigkeit nicht sehen.

[4] LEUSS: S. 199.

[5] K. KROHNE: Lehrbuch der Gefängniskunde, S. 357. Stuttgart 1889.

[6] „Rohe" Behandlung ist nach dem alten Stamm des Wortes (KLUGE-GÖTZE: a. a. O. S. 620) Behandlung, die aufs Blut geht.

[7] Die bloße Zweckauffassung vergißt, daß neben der Abschreckung die Verherrlichung des Verbrechers steht, der schweigend und verbissen den größten Schmerz erträgt. Siehe DOSTOJEWSKI (S. 233), der von hoher Achtung, und LEUSS (S. 199), der von einem „angestaunten Helden" spricht.

steckt noch ein altes magisches Element[1]. Das ist die feste Phalanx der Vorstellungen, mit der wir es zu tun haben, und die Schuld daran tragen, daß die Prügelstrafe trotz aller wissenschaftlichen Erkenntnisse periodisch immer wieder an die Oberfläche kommt.

B. Die Deportation.

1. Quasi-Deportationen.

I.

Die Deportation, der Verbannung verwandt[2], weist manche Züge der Fortentwicklung auf, die der Besprechung wert sind. Gemeinsam ist beiden Strafarten der Ursprung aus der Idee der Befleckung. Befleckend sind manche geheimnisvollen Vorgänge wie Tod, Geburt, Menstruation, Beischlaf, Pollution und schlechte Träume. Aber auch die Nähe anderer befleckt, Anhauch, Anblick, das Medium des Wortes, selbst die schlechte Nachricht[3], allem voran die Berührung[4]. PLUTARCH hat die Anschauung klar ausgesprochen: „Gleichwie Geruch, Stimme, Atem, körperliche Ausflüsse sind, kleine sich vom Leibe loslösende Teilchen, welche auf die Empfindungen derer einwirken, mit denen sie in Berührung kommen, so trifft dies noch vielmehr beim Auge zu. . . . Daß durch den Blick Schaden angerichtet wird, ist eine Tatsache; man mißtraut ihr aber, weil der Grund schwer zu ermitteln ist[5].“ Übeltäter, vor allem Mörder, tragen die Befleckung mit sich herum und teilen sie mit, nicht nur Menschen, sondern auch den reinen Elementen, die jeder Unreinheit feindlich sind wie Wasser und Feuer. Daher die alte Verbannungsformel. Daher die Furcht, daß unreine Menschen Tempel und Altäre, wenn man sie zum Gottesdienst zuließe, entweihen könnten.

Der Vorgang der Übertragung ist materiell gedacht, nicht geistig, wie unsere heutigen Anschauungen es tun. Es ist nicht nur das Vorbild der Krankheiten, die vom Mensch zum Menschen, vom Tier zum Tier und von der Pflanze zur Pflanze wandern. Schwamm und Erde saugen Wasser auf[6], scheinen gierig zu sein, fremde Stoffe an sich zu ziehen. Gewebe und Holzteile nehmen Farbstoffe an, Kräfte verlagern sich nach unbekannten Gesetzen um uns herum. Man kann verderbliche

[1] Über die Vorstellung, daß man Pocken, Wahnsinn, Unfruchtbarkeit, jedes schädliche Miasma, also auch böse Gedanken, durch „Abschlagen“ beseitigen könne, siehe Bd. I, S. 384ff.

[2] Siehe Bd. I, S. 95ff.

[3] STENGEL, PAUL: Die griechischen Sakralaltertümer, S. 113. München 1890.

[4] Noch heute rufen wir im Zorne denen, die wir verachten, zu: „Rühr mich nicht an!“

[5] STEMPFLINGER, EDUARD: Antiker Volksglaube, S. 159. Stuttgart 1948.

[6] Ebenda S. 175.

Materie der Krankheit, der Unfruchtbarkeit, Müdigkeit und der bösen Tat abschlagen, abschütteln, abwaschen. Man kann Lustrationen anstellen, die in allen Religionen reiche Formausbildung erfahren haben. Das einfachste Schutzmittel aber ist die Barriere der Entfernung, zu der noch andere Abgrenzungsmittel wie Ströme, Meere und Gebirgszüge und ihre Surrogate hinzukommen[1]. Im späteren griechischen Ritus sind Lustration und Abriegelung durch Distanz kombiniert. Bei der Tilgung der Kylonischen Schuld muß die Sippe derer, die am Morde schuld sind, allen voran das Land verlassen und mit ihnen die unreinen Gebeine der verstorbenen Alkmaioniden. Dann erst beginnt Epimenides die große Lustration[2]. Das wirksamste Mittel gegen die Verpestung des Landes ist die Entfernung des Seuchenherdes.

Wer das Übel loswerden wollte, mußte es in unwirtliche Gegenden, zu barbarischen Völkern, an die Grenzen der Erde verbannen. Er mußte es so weit wegschicken, daß es nicht leicht[3] zurücksein konnte. Selbst Theseus dachte, als er Ariadne verlassen und hindern wollte, ihm zu folgen, an eine Insel, an Naxos. Rückkehrhemmendes Wasser ist in allen Mythen um die Unterwelt oder die Hölle gelagert. Die Toten sind auf ewig verschickt. Sicherer als Schlösser und Riegel verwahrt das drohende Meer die Potenzen, deren Wiederkommen wir nicht wünschen. Ein Mittel freilich, das dem Einschluß durch Wasser hinzukommt, hat der menschliche Strafvollzug nicht zu erfinden vermocht. Nach griechischem Mythos trinken die Seelen der Toten das Wasser des Stroms und vergessen jede Regung des Heimwehs. Rückkehr war bedrohlich. So können wir vielleicht verstehen, daß noch im Anfang des 19. Jahrhunderts Sträflinge hingerichtet wurden, die nach Afrika und Amerika transportiert und ohne Erlaubnis zurückgesegelt waren[4]. Die Strenge der Strafe und die summarische Formlosigkeit des Verfahrens deuten auf eine ältere Vorstellungsschicht hin.

In einer intimen Unterhaltung mit Augustus soll Livia ihm geraten haben, sich nicht durch schwere Strafen, sondern durch äußerste Behutsamkeit zu sichern[5]:

„Siehst Du nicht", soll sie gesagt haben, „daß die Ärzte zum Schneiden und Brennen nur äußerst selten ihre Zuflucht nehmen, um das Übel nicht noch mehr zu reizen, sondern durch Balsame und gelinde Mittel das Übel zu lindern pflegen ?. . .

---

[1] Siehe Bd. I, S. 103.

[2] PLUTARCH: Solon 12.

[3] „Die Befleckung blieb an ihm (dem Mörder) haften . . . wie ein Krankheitsstoff, der auch andere, die mit ihm in Berührung kamen, ergreifen konnte . . . aber geht er ins Ausland, so ist es grausam und gottlos, ihm die Reinigung zu verweigern. STENGEL: a. a. O. S. 107.

[4] Siehe z. B. den Fall William Parsons Esq.: The Newgate Calender ed. HENRY SAVAGE, S. 94—115. Hartford 1926.

[5] CASSIUS DIO: 55, 14—22.

Wenn ich dies nun alles höre und betrachte, so fühle ich mich versucht, dir durchaus abzuraten, irgend jemand aus den angeführten Gründen mit dem Tode zu bestrafen.... Was könnte wohl einer noch schaden, wenn er auf eine Insel verwiesen oder auf dem Lande, oder in irgendeiner Stadt ohne den Dienst seiner Sklaven und den Gebrauch seines Vermögens, und, wenn man es für nötig hielte, selbst unter Bewachung leben müßte? ... Machen wir gerade mit den jetzt Angeklagten zum erstenmal den Versuch."

Hier hat sich die Deportation auf eine Insel oder in eine Oase bereits völlig von alter Magik abgelöst und zur rationellen Strafart entwickelt. Der vornehme Römer war tatsächlich so verwöhnt, so sehr von seinen Sklaven und seinem Gelde abhängig, daß er auf den berüchtigten Strafinseln Gyaros, Seriphus, Amorgos, Patmos, Kossura, Skiathos, Donusa und anderen Inseln des Ägäischen Meeres völlig hilflos war[1]. Manche Inseln wie Gyaros waren öde, wasserlos und ohne Landeplatz. STRABO gibt einen alten Vers wieder, wonach die Insel Delos der schwangeren Latona geraten habe, auf ihr zu rasten, sonst müsse sie sich auf dem ärmlichen Gyaros ausruhen[2]. Die schreckliche Öde wurde mit allerlei Sagen erklärt. Einst hätten die Einwohner vor einer Mäuseplage[3] oder Heuschreckenschwärmen fliehen müssen[4].

Korsika ist als Deportationsort aus den Klagen des SENECA bekannt[5]. STRABO hat keine hohe Meinung von den Menschen[6], unter die die Verbannten verschlagen werden: „Kyrnos wird von den Römern Korsika genannt. Es ist wenig bewohnt, weil es rauh und in den meisten Gegenden völlig unzugänglich ist, so daß die von Räubereien lebenden Bewohner der Berge wilder als Tiere sind. So oft daher die Feldherrn der Römer sie angegriffen und, die festen Plätze überfallend, eine große Menge Menschen gefangengenommen haben, kann man an diesen Sklaven in Rom mit Staunen sehen, wie sehr ihre tierische und viehische Natur sich offenbart. Denn entweder ertragen sie nicht, zu leben, oder wenn sie weiterleben, ärgern sie durch ihre Gefühllosigkeit und Stumpfheit die Käufer so, daß sie, wenn sie auch nur einen geringen Preis bezahlt haben, doch das Geschäft bereuen[7]." Die römische Deportation ging regelmäßig mit Vermögenskonfiskation und Verlust der Civität einher. Die milderen Inseln wurden bei mangelnder Besserung durch ödere Verbannungsorte ersetzt. Es kam vor, daß Deportierte

[1] Wir hören nichts von Flucht oder Entführung.

[2] STRABO: X, 486.

[3] PLINIUS: hist. nat. VIII, 57.

[4] Ebenda VIII, 29.

[5] „Wo kann man etwas so Nacktes, wo etwas auf allen Seiten so schroff Abfallendes finden, als dieses Felsennest? Wo etwas an Erzeugnissen Dürftigeres, an Menschen Wilderes, der Lage nach Schauerlicheres, klimatisch Unfreundlicheres?" SENECA: Ad Helviam I, 6, 3.

[6] Der vornehme Römer konnte Mangel an gebildeter Gesellschaft nicht ertragen.

[7] STRABO: V, 224.

unterwegs auf kaiserlichen Befehl umgebracht wurden[1]. Mildere Verbannungsorte waren Naxos, Zypern, Rhodos und Kreta, Rhodos bekannt wegen seines gesunden Klimas und der Selbstverbannung des Kaisers Tiberius, der sich in einem depressiven Anfall freiwillig auf die Strafinsel zurückzog. Vor ihm hatte Marcus Agrippa den gleichen Schritt getan und Mytilene aufgesucht[2]. SUETON nennt die Selbsterniedrigung des Tiberius eine Schande[3]. Die Bürger von Nimes hörten von dieser „Verbannung" und stürzten, etwas voreilig, seine Büsten und Statuen um[4].

Als Deportationsorte dienten auch Oasen in der Wüste Sahara; hier sollen die Sandstürme besonders gesundheitsschädlich gewesen sein. Als Umfassungsmauer diente hier nicht das Meer, sondern die undurchschreitbare große Wüste[5]. Zutreffend stellen die Quellen die Oase einer Insel zur Seite. Man kann vielleicht gewisse Gegenden Sibiriens mit den ägyptischen Straforten vergleichen, die völlig abgeschlossen sind, sowie der Winter angebrochen ist. Dazu kommt, daß, abgesehen von sehr aktiven und entschlossenen Naturen, die Sträflinge lethargisch werden und sich nicht mehr zu einer großen Anstrengung aufraffen können[6]. Sie haben, so könnte man sagen, ermattende Lethe getrunken.

II.

Bei der Deportation treffen 3 Momente zusammen: die Entfernung des Sträflings aus einem Milieu, das ungünstig ist. Die Ansiedlung in einer Umgebung, die ihm sein Verbrechen wenig nachträgt und ihm damit neue Lebenschancen bietet, wenn er die Kraft hat, sich durch Tüchtigkeit heraufzuarbeiten. Das ungewohnte Klima, das seinem Körper neue Aufgaben der Anpassung stellt, in einzelnen früheren Deportationsgebieten aber, nicht ohne Nebenabsicht, ungesund ist wie in Französisch Guayana. Bei manchen Systemen der Deportation kommt

[1] „So wurde Cassius nach der Insel Sardinien gebracht und man ließ ihn wegen seines hohen Alters in Ruhe. Den Silanus schickte man weg nach Ostia, also sollte Naxos das Ziel sein, und später sperrte man ihn in die apulische Stadt Barium ein. Während er dort sein unverdientes Geschick als weiser Mann trug, fiel ein zum Morde abgesandter Centurio über ihn her; der riet ihm, die Adern aufzuschneiden, worauf er sagte, zum Tode sei er bereit, aber dem Mörder wolle er sein glorreiches Geschäft nicht abnehmen (gloriam minstererii)." Er wurde dann, so schreibt TACITUS (Ann. XVI, 9) sagt, wie in der Schlacht getötet.

[2] SUETON: Tiberius 10.

[3] Ebenda 12.

[4] Ebenda 13.

[5] HOLTZENDORFF: Die Deportation als Strafmittel in alter und neuer Zeit und die Verbrecherkolonien der Engländer und Franzosen in ihrer geschichtlichen Entwicklung und kriminalpolitischen Bedeutung, S. 116. Leipzig 1859.

[6] DOSTOJEWSKI: S. 378.

noch die gefängnisartige Einschließung in Baracken oder Lagern hinzu, die aber nach einiger Zeit aufgelockert wird.

Die ersten drei Wirkungen fehlen nicht bei den Personen, die durch soziale oder politische Katastrophen aus ihrem Beruf und ihren Wohnsitzen getrieben werden und sich nach Übersee retten. Millionen von Menschen sind in den letzten 40 Jahren durch einen Prozeß der Selbstdeportation gegangen. Wir haben an ihnen die Vorteile und Nachteile der Entwurzelung und des Versuches beobachten können, sich unter neuen und schwierigen Verhältnissen zurechtzufinden. Daß die Einschließung nicht statthat und die psychische Situation eine andere ist als beim Deportierten, bedarf keiner Betonung. Der Angleichungsvorgang ist um so schmerzhafter, je komplizierter eine Persönlichkeit ist. Sterblichkeit, Ziffern der psychischen Erkrankung und des Selbstmordes sind hoch. Gleichzeitig entfaltet sich bei der Elite dieser Flüchtlinge eine Intensität des Gefühls- und Willenslebens, die in der neueren Geschichte tiefe Spuren hinterlassen hat[1].

Eine andere Abart der Selbstdeportation hat das mittelalterliche Strafrecht zu hoher Blüte gebracht. Die Wallfahrten[2] waren eine starke körperliche Beanspruchung. Sie führten den Delinquenten auf längere Zeit außer Landes[3]. Er wurde einer gesunden „Kneipp-Kur" unterworfen, denn es war Regel, daß die Wallfahrt barfuß, im bloßen Hemde und unter Wahrung einer vegetarischen Diät durchgeführt wurde[4]. Strapazen, einfachste Lebensführung, die Härten der Fremde und Einsamkeit konnten bei gewissen Temperamentsfehlern heilsam sein. Auch wenn Götter und Heilige sich von der Welt zurückziehen, unterwerfen sie sich Kräften der inneren Festigung, sie verbannen sich von der Welt der jämmerlichen Menschen[5].

Die Geschichte hat noch andere Wallfahrten gekannt, die nicht barfuß und nicht unbewaffnet ausgeführt wurden und „Kreuzzüge"

---

[1] Ich nenne folgende Namen berühmter Verbannter: Talleyrand, Metternich, Ludwig XVIII, Freiherr v. Stein, Ernst Moritz Arndt, Napoleon III, Garibaldi, Bolivar, Marx, Lenin, de Gaulle.

[2] Siehe die ausgezeichnete Studie von Dr. Maes, Louis Theo: Les pélérinages expiatoires et judiciaires des Pays-Bas méridionaux à Saint Jacques de Compostelle. Publicaciones, Universidad de Santiago de Compostela. Santiago 1948.

[3] Der Marsch von Malines nach Compostella dauerte ein halbes Jahr oder auch ein ganzes Jahr. Ebenda S. 11.

[4] Ebenda S. 10.

[5] Nach Saxo Grammaticus war Odin durch die Untreue seiner Frau und die Unehre, die man seinem Abbild angetan hatte (man hatte das Gold abgekratzt) tief verletzt. „... erregt durch diese schmerzenden Beleidigungen und von edler Scham überfließend, ging er in die Verbannung. Er meinte, daß er so das Stigma abwischen könnte." Der Gott nimmt die Unehre mit sich und legt sie in fremden Ländern weit vom Tatort entfernt weg. Elton, Oliver: The nine books of the Danish history of Saxo Grammaticus, Bd. I, S. 111. London 1905.

genannt werden. Zwang wurde bei diesen Fahrten in fremde Erdteile nicht angewandt. Sie führten im Laufe langer Jahre Hunderttausende, ja Millionen von Menschen aus dem überfüllten, von Hungersnöten und Seuchen verfolgten Europa in den sonnigeren und reicheren Orient. Ich scheue mich, bei den organisierten Kreuzzügen von einer Selbstverschickung im Gewande religiöser Glut, erregter Abenteuerlust und Beutegier zu sprechen. Aber es war, gegen die Türken ebenso wie gegen das schismatische Byzanz gerichtet, von klugen Kirchenfürsten geplant und gelenkt, eine riesige Wanderung der westlichen Massen gen Osten, „Die Leibeigenen entliefen ihren Herren, die Bauern verließen ihre Hütten, die Handwerker ihre Werkstätten, viele Geistliche ihre Kirchen und Einsiedler ihre Klausen; es schlossen sich Räuber und Sünder aller Art ... an[1]."

Wichtiger für unsere Erkenntnis ist die Vorphase der Kreuzzüge, die manche mittelalterliche Quellen beschreiben. Schon im 8. und 9. Jahrhundert war es üblich geworden, sündhafte Mönche zur Strafe und Besserung nach Palästina zu schicken[2]. Seit den ältesten Zeiten zogen reuige Prostituierte nach Jerusalem und taten dort Buße[3]. Ein Befehl der französischen Geistlichkeit gebot allen denen, die während des Gottesfriedens Totschlag begangen hatten, ihr Leben in Palästina zu beenden. Seit dem 9. Jahrhundert, so sagen die Chroniken, wurden homosexuelle Übeltäter dorthin verschickt[4]. Nach dem Einsatz der Kreuzzüge wurden Mörder unter der Bedingung begnadigt, daß sie nach Palästina auswanderten[5]. Viele dieser unerwünschten Elemente starben, einige kamen zurück. In einem Prozeß freiwilliger und halbfreiwilliger Deportation befreite sich Westeuropa von unruhigen, kriminellen oder ketzerischen Menschengruppen.

Zur Kategorie der „Selbstdeportationen" gehören endlich die zahlreichen Individuen, die wegen einer strafbaren Handlung untertauchen und sich in fremden Ländern und unter neuem Namen eine Existenz gründen. Ihre Anzahl ist, durch die Auslieferungsverträge eingeschränkt, nicht unerheblich, entzieht sich aber der genauen Feststellung. Solange sie unerkannt bleiben, ist die Annahme gerechtfertigt, daß ihre Lebensführung eine Wendung zum Besseren erfahren und eine Spielart der Abschreckung, zusammen mit anderen Kräften, gewirkt hat, die durch

---

[1] Henne am Rhyn, O.: Kulturgeschichte der Kreuzzüge, S. 70. Leipzig o. D.

[2] Prutz, Hans: Kulturgeschichte der Kreuzzüge, S. 116. Berlin 1883.

[3] Ebenda S. 117. [4] Ebenda S. 117.

[5] Ebenda S. 118 und 119. — Solche Bestandteile der „Selbstdeportation" sind in allen großen Wanderungsbewegungen zu finden, selbst bei großen Binnenwanderungen, bei der sich immer aktive, unruhige, mit sich und den Verhältnissen unzufriedene Typen an die Spitze stellen. Erstaunlich ist die verhältnismäßig rasche Resozialisierung der Mehrzahl unter diesen Nomaden, die im normalen Milieu sich nicht zurechtgefunden haben, ja jäh gescheitert sind.

den Strafvollzug noch nicht abgestumpft ist. Der später so berühmte New Yorker Anwalt HOWE war in England mit dem Strafgesetz zusammengestoßen: Er wurde auf Wohlverhalten nach den Vereinigten Staaten verfrachtet[1]. Seine Methoden als Anwalt waren nicht besonders ethisch, von jenen kriminellen Handlungen aber, die im Kreuzverhör einmal angedeutet wurden[2], war nicht mehr die Rede. Es hat im 19. Jahrhundert eine Zeit gegeben, in der Familien der oberen Schichten die „schwarzen Schafe" nach überseeischen Ländern abschoben. Man kann von „Deportation" nicht sprechen. Trotzdem enthält die Maßnahme deutliche Elemente der Strafart. Weil sie den Menschen aber nicht innerlich und äußerlich als belastet abstempelte, war die Rehabilitation leichter, ist auch in zahlreichen Fällen gelungen.

2. Die Verschickung.

I.

Von allen Völkern, die mit Deportation einen Versuch gemacht haben, steht England an der Spitze. Zweimal ist das kriminalpolitische Experiment in großem Stil wiederholt worden. Erst ging die Verschickung nach dem Westen. Später, als die amerikanischen Kolonien sich selbständig gemacht und ihre Tore verschlossen hatten, begann die Verschickung nach Australien. Beide Unternehmen sind eine lange Reihe von Jahren hindurch fortgeführt, von Zeitgenossen beobachtet und beurteilt worden und bieten psychologisch wie soziologisch ein zuverlässiges Material dar. Die Nachwirkungen und Folgeerscheinungen lassen sich klar übersehen, wenn auch begreifliche Empfindlichkeit die unparteiische Forschung behindert.

Dieses Zurückweichen vor Tatsachen, die nun einmal gegeben sind, ist bisweilen weit gegangen. MARGARET WILSON, eine britische Forscherin, nennt einen Geschichtsschreiber von Virginien, der behauptet, es gäbe kein dokumentarisches Zeugnis, daß einer der Verschickten in Virginia je Kinder gehabt habe[3]. In der gleichen Richtung emotioneller Voreingenommenheit liegen manche überaus niedrige Schätzungen derer, die nach Virginien deportiert worden sind. EMERSON SMITH kommt in seinem sorgfältigen Buch[4] zu dem Ergebnis, daß im ganzen 18. Jahrhundert nur 30000 Kriminelle von England nach Amerika verbracht wurden. Eine Seite früher berichtet er, daß allein 3 Unternehmer in den Jahren 1719—1772 17740 Verbrecher von Newgate und dem Umkreis von London nach den Kolonien[5] überführten[6]. Nach

[1] ROVERE, RICHARD H.: Howe and Hummel, their true and scandalous history, S. 58. New York 1947. [2] Ebenda S. 59—61.

[3] Zitiert von BARNES und TEETERS, S. 438.

[4] Colonists in bondage, S. 117. Chapel Hill 1947.

[5] Sträflinge gingen in kleinerer Zahl nach Barbados und den Bermudas.

[6] Ebenda S. 116.

einem zuverlässigen Beobachter kam die gleiche Zahl aus anderen Teilen des Königreichs. Damit würden wir in 53 Jahren auf 35000 Verschickte kommen, und die Zahlen würden erheblich wachsen, wenn Irland dazugenommen würde[1]. Nach SMITH weisen die Schiffspapiere mit voller Sicherheit aus, daß zwischen 1748 und 1775 9332 Sträflinge nach Maryland kamen[2]. „Ich würde", schreibt SMITH, „die Gesamtziffer derer, die Virginien und Maryland im ganzen Jahrhundert erreichten, auf etwas mehr als 20000 ansetzen." Wenn aber, wie genau feststellbar, 9332 allein Maryland und in nur 27 Jahren betraten, wie sollen nur 20000 Delinquenten in beiden Kolonien während des ganzen Jahrhunderts gelandet sein?

Ein bedeutsames Moment haben diese Verteidiger der Heimat außer acht gelassen: die riesige Sterblichkeit während der Wartezeit auf den Hulks und während der Überfahrt muß ein biologisch höchst widerstandsfähiges Menschenmaterial für die Besiedlung übriggelassen haben[3]. Die Überfahrt nach Australien dauerte noch länger und durchquerte die Tropen. Hier war der selektive Prozeß sehr viel strenger. Das, was übrigblieb, war physisch von bester Qualität.

Neben den eigentlichen Kriminellen wurden „Unerwünschte" deportiert, Vagabunden, Tunichtgute, Bettler, frühere Sträflinge; unter den Bettlern fanden sich im 18. Jahrhundert zahlreiche kleine Schwindler. Diese Unerwünschten konnten schon auf Grund des alten Gesetzes von 1597 aus dem Königreich ausgewiesen werden. Der Text des Gesetzes enthält eine lehrreiche Aufzählung alter Betrugsformen[4]. Dazu kamen militärische und politische Delinquenten, Quäker, irische und schottische „Terroristen". Diese letzte Gruppe wurde außer in Virginia und Maryland in Südkarolina, in Barbados und Jamaica abgeladen. Die „Politischen" kamen und gingen je nach den wechselnden Schicksalen der britischen Dynastien und der religiösen Umwälzungen. Man darf annehmen, daß sie gutes Menschenmaterial darstellten. Manchen Wohlhabenden gelang es, den Kapitän des Transportschiffes zu bestechen und in Liverpool oder Cork zu fliehen[5].

---

[1] SMITH: S. 312.

[2] Annähernde Verhältniszahlen britischer und irischer Delinquenten lassen sich aus den besser bekannten Deportiertenziffern nach Australien berechnen. Sie schwankten 1828 und 1829 zwischen 30 und 60% der englischen Verschickten. BEAUMONT und TOCQUEVILLE: a. a. O. S. 408.

[3] Auf der „Honour" starben 1820 von 61 Sträflingen 20, von 87 der Gilbert 1822 30; auf der Rapahannock Merchant 38 Mann von 95. SMITH: S. 125 und 126.

[4] SMITH: S. 136 und 137.

[5] Wer wieder ergriffen wurde, erhielt die bekannten 39 Hiebe, stand 1 Stunde im Pranger und bekam an der Stirn die Buchstaben: F-T. (fugitive-traytor) eingebrannt. Ebenda S. 193.

Sir JOHN FIELDING pries im Jahre 1773 die Strafart, weil sie die Heimat vom Übel erlöse[1]. Die Bewohner der Kolonien waren anderer Ansicht. SMITH spricht von dem erschreckenden Schauspiel, daß Tausende von Dieben, Räubern und brutalen Mördern über die Niederlassungen „herfielen“[2]. Die Kriminalität stieg an, der Generalstaatsanwalt verlangte eine Gehaltserhöhung wegen vermehrter Arbeitslast, und die Zeitungen entwarfen ein trübes Bild von der Lage und der Zukunft der Kolonie.

Es ist zu bedauern, daß Dunkel über dem großen sozialen Experiment liegt, fast alle Papiere verlorengegangen sind und die Revolution die letzten Spuren verwischt hat. WATSON, der Chronist von Philadelphia, hat behauptet[3], daß mehrere Tausend angesehener Männer in Philadelphia, jetzt wohlhabend und wohlgelitten, auf Sträflingsschiffen eingewandert waren. Wir können nicht mehr sagen, welchen Anteil Vitalität, Tüchtigkeit und wirkliche Leistung, welchen das über die Maßen günstige Milieu an dieser Umwandlung hatte. SMITH weicht der Grundfrage aus, wenn er schreibt, daß das letzte Schicksal der Sträflinge in Dunkel gehüllt ist, „wo es vielleicht am besten bleiben soll“[4]. Andere Hypothesen, wie die von WILLIAM EDDIS, sind nicht nur unbelegt, sondern unwahrscheinlich. Er glaubt, daß die meisten Sträflinge nach England zurückgingen oder in ferne Gegenden der Kolonien verzogen, wo sie unter falschem Namen den Lebenskampf begannen. Aus all diesen Ausflüchten spricht der Glaube an die konstitutionelle Verankerung der strafbaren Handlung und an die starre und unverrückbare Grenzlinie zwischen Bestraften und Nichtbestraften.

II.

Als der Abfall Amerikas der Strafverschickung und der Einfuhr von zwangsverpflichteten Dienstboten[5] ein Ende gemacht hat, trat ein Augenblick zögernder Ratlosigkeit ein. Dann wurde die Lage auf den überfüllten Gefängnisschiffen unerträglich. Man blickte nach allen Seiten. Ein Reformer, JOHN ROBERTS, dachte an die Westküste Afrikas.

---

[1] Ebenda S. 128.

[2] „Wenn wir unsere Zeitungen angefüllt sehen“, schrieb die Virginia Gazette vom 24. Mai 1751 (ebenda S. 129) „mit Berichten über kühne Raubüberfälle, grausame Morde und zahlreiche andere Missetaten, die von Sträflingen, von europäischen Deportierten begangen worden sind, welche Melancholie, welche schrecklichen Überlegungen müssen die Folge sein? Was wird aus uns und unserer Zukunft werden? ... Welcher Vater gab je die Pest an seine Familie weiter? ...“

[3] SMITH: S. 303. „Voll Takt hat er ihre Namen nicht genannt und es ist nicht sicher, ob man sie heute noch auffinden könnte.“

[4] Ebenda S. 303.

[5] BARNES, H. E.: The evolution of penology in Pennsylvania, S. 44. Indianapolis 1927.

Man gab ihm zu bedenken, daß in den letzten 20 Jahren 746 Europäer nach Cape Coast Castle geschickt worden seien; davon waren 334 gestorben, 221 waren entlassen worden oder waren entlaufen[1]. Man dachte daran, die Sträflinge beim Festungsbau von Gibraltar zu verwenden. Schließlich erinnerte man sich der Botany Bay in Australien, wo COOK 1777 gelandet war. Das Klima war mild, die Bevölkerung spärlich, der Boden arm, aber darum fehlten auch die wilden Tiere. Werkzeug und Sämereien konnten von Indien oder Kapstadt herangebracht werden. Nach dem üblichen Aufschub ergingen die erforderlichen Gesetze und am 13. Mai 1787 fuhr der erste Geleitzug von 11 Schiffen aus England ab. Auf ihm waren 552 männliche und 190 weibliche Sträflinge[2]. Sie trafen in Australien im Januar 1788 ein. Ein neues Experiment hatte begonnen.

Auch hier war das Menschenmaterial, das Australien erreichte, von dem verschieden, das man auf die Schiffe setzte. Schon auf den Gefängnisschiffen starben die Sträflinge wie die Fliegen, und nur die jüngsten und kräftigsten blieben übrig:

„Die erschreckende Sterblichkeit", erzählt LAMBERT in seiner Lebensbeschreibung des Meisterdiebs George Barrington, „dauerte das ganze Jahrhundert hindurch an. Von 1776—1795 war die Gesamtzahl der Sträflinge, die nach Woolwich und den kleineren ‚Hulks' von Langston und Portmouth geschickt wurden 7999. Von diesen waren nur 2207 vorübergehend auf den Gefängnisschiffen, da sie auf den Abtransport nach Neusüdwales warteten. Von dem Rest starben 1946, 790 wurden begnadigt und 1610 entlassen. Das will sagen, daß durchschnittlich einer von drei Verurteilten starb, ehe er seine Strafe abgesessen hatte[3]."

In seiner Geschichte Australiens führt RUSDEN Tatsachen aus dem amtlichen Schriftwechsel an[4]; „im Juni und Juli 1802 kamen die „Herkules" und die „Atlas" mit irischen Sträflingen an. Die Reise hatte beinahe 7 Monate gedauert und fast sämtliche Gefangenen waren

---

[1] LAMBERT: The prince of pickpockets, S. 73.

[2] Die Zahlen stammen von BARNES und TEETERS, S. 442.... In Australien selbst war das Zahlenverhältnis der Geschlechter viel ungünstiger. Die Gemeinde Toogabbe in Australien, nach der Barrington geschickt wurde, zählte 2450 Sträflinge, einschließlich 345 Frauen und 77 Kinder. (LAMBERT: S. 211.) Andere Zahlen von Neusüdwales für die Jahre 1828 und 1829 finden sich bei BEAMMONT und TOCQUEVILLE, S. 408. Von diesem Mißverhältnis und seinen Folgen haben wir den ungeschminkten Bericht des Sträflings RASHLEIGH: Er kommt auf eine Farm, wo ein Vater und seine sechs erwachsenen Töchter wohnen. „Sie stürzten herbei, sechs wilde, springende Bacchantinnen, schreiend und lachend, wie eine Herde freigelassener Fohlen, das Herz des Vaters mit Stolz, den Besucher mit Angst erfüllend. Ehe die herbeieilenden Mädchen ihn erreicht hatten, hatte er sich mit seinem Pferde davongemacht." RASHLEIGH: Adventures of an outlaw, S. 111.

[3] LAMBERT: S. 97 und 98.

[4] RUSDEN, G. W.: History of Australia, Bd. I, S. 392. London 1883. Auf der Atlas starben 63 von 151 männlichen Sträflingen.

entweder tot oder lagen im Sterben.“ Sowohl BARRINGTON[1] wie RASHLEIGH[2] erzählen von blutigen Meutereien an Bord der Schiffe. Wärter wurden über Bord geworfen, Sträflinge erschossen oder an den Rahen aufgehängt. Wenn die Deportation die Todesstrafe hatte ersetzen sollen, so holte sie sich das Sterben in anderer Form zurück. Auch die Lebenden kamen in ausgemergeltem Zustande an und litten schwer unter dem Klimawechsel und der unzureichenden Nahrung; noch einmal setzte hier der Todesengel ein. Die Menschen aber, die nach allen Prüfungen übrigblieben, waren körperlich von ausgezeichneter Qualität. Es ist kein Wunder, daß heute noch die Vereinigten Staaten und Australien zu den Ländern mit der geringsten Mortalität gehören[3].

Was den Sträfling in Australien erwartete, war eine Umkehr aller heimischen Verhältnisse. Die „gentlemen convicts[4]“, d. h. die Angehörigen der oberen und mittleren Stände, fanden Anstellung in Schulen und Verwaltungsposten. Hier war das Leben ebenso leicht wie bei den guteingespielten Kalfaktoren unserer Strafanstalten. RASHLEIGH z. B. wurde nach seiner Ankunft einem älteren Herren zugeteilt, „der eine geeignete Hilfskraft für seine Schulakademie“ brauchte[5]. Er hatte alle Freiheit und bildete mit anderen Sträflingen ähnlicher Lage einen politischen Club, in dem radikale Ansichten verfochten wurden. Später ging es ihm schlechter. Er wurde in ein Kohlenbergwerk versetzt, geschlagen, unerträglicher Hitze in den Schächten ausgesetzt und mußte auf Kohlenstaub schlafen. „Die Sträflinge blieben die ganze Woche unter Tag und wurden nur sonnabends an die Oberfläche geholt, um sich und ihre Kleider in Seewasser zu waschen. Sobald der Anzug trocken war, wurden sie in die Sträflingsbaracken getrieben und hier bis Montag früh interniert[6].“ Es wurde viel geprügelt. Die Sträflinge, die die körperliche Züchtigung an anderen vollzogen, erhielten eine Verkürzung der Strafzeit. Kalfaktoren (trusty overseers) gaben ihren Leidensgenossen Geld, damit sie eine Scheinflucht versuchten. Die Wiederergreifung wurde mit einer Prämie oder Straffreiheit belohnt[7].

Handwerkern und Bauern ging es so gut, daß wir in einem Bericht lesen können: „eine große Menge von Verwiesenen wird weit mehr

[1] LAMBERT: S. 196ff. Der gerissene Taschendieb stellte sich auf die Seite des Gesetzes und gewann weitgehende Privilegien.

[2] RASHLEIGH: S. 69ff.

[3] Auf 1000 Lebendgeborene starben im ersten Jahr (1942): in Italien 108; in den Vereinigten Staaten 40; in Australien 39. SMITH, T. LYNN: Population analysis, S. 266, 267. New York 1948. Die Zahlen für Mexiko sind 118, Indien 163, Ägypten 168, selbst für Frankreich 71, für Deutschland 68 und für England 54.

[4] BEAUMONT und TOCQUEVILLE, S. 409.

[5] RASHLEIGH, S. 75.

[6] Ebenda S. 241.

[7] Ebenda S. 92.

durch die Leichtigkeit, sich in Australien zu ernähren, durch die dort bestehenden Möglichkeiten des Gewinnes und durch die herrschende Lockerkeit der Sitten zurückgehalten, als durch die Wachsamkeit der Polizei. Wahrlich, eine seltsame Strafe, der sich der Verurteilte zu entziehen fürchtet[1]." Die Verschickten, die selbständig als Handwerker arbeiten durften, verdienten bei dem geringen Angebot an gelernten Kräften viel, arbeiteten weniger als zu Hause und befanden sich „weit besser, als sie an diesem sog. Strafort sein sollten"[2].

Zu all den günstigen Faktoren: Einer durch strengste Auslese produzierten körperlichen Elite, günstigem wirtschaftlichem Milieu, ausgezeichnetem Klima und Mangel einer absprechenden und verwerfenden öffentlichen Meinung (da 1828 z. B. zwei Drittel der Bevölkerung Verschickte waren)[3], weiter der Existenz niederer Rassen, die das Selbstgefühl der weißen Sträflinge steigerte, kam ein Moment, das dem geschlossenen Gefängnis fehlt. Ich möchte es die sexuelle Freizügigkeit nennen, die moralisch tadelnswert, in physiologischer Beziehung aber dem Verfall in Perversitäten Einhalt gebot. Wir lesen[4]: „Dieses Land befand sich daher auch noch in der in ihrer Art einzigen Lage, daß das Laster dort durch die Mehrzahl unterstützt wurde... Ungeachtet die Regierung die Ehe, und oft selbst auf Kosten der Zucht, begünstigte, machten die Bastarde doch noch immer den vierten Teil der Kinder aus...." Und die Autoren fügen hinzu: „Man muß zugeben, daß die Verweisung wohl dazu beizutragen vermag, ein wüstes Land schnell zu bevölkern, sie kann hier Niederlassungen entstehen lassen, aber keine starken und ruhigen Staaten gründen[5]." Diese trübe Voraussage hat sich in keiner Weise bewahrheitet, und gerade die geheimnisvollen Vorgänge, die aus einer Kolonie für Straffällige eine kräftige, gesunde Nation gemacht haben, harren noch der wissenschaftlichen Analyse und Klärung.

---

[1] Beaumont und Tocqueville, S. 227 (Bericht an Lord Bathurst).

[2] Die seltsamsten Geschichten gingen um und wurden geglaubt. Verschickte, die an ihrer Herrschaft einen Diebstahl begangen hatten, sollen ihnen ein Geschenk geschickt und dazu geschrieben haben, sie möchten „nur in jenes Land hinüberkommen, wo es auch ihnen viel besser als in der Heimat gehen würde, und wo sie bereit seien, ihnen bei ihrem Fortkommen behilflich zu sein". Ebenda S. 412. — Folgende Beobachtung gehört hierher. Verheiratete Bauern fürchten die Deportation sehr, junge Männer und Handwerker, die einen hohen Arbeitslohn und eine Veränderung ihrer Lage erwarten, zeigen keine Scheu. Es wurde daher in allem Ernst der Vorschlag gemacht, an Deportierten, entweder vor der Abfahrt von Europa oder bei ihrer Ankunft eine „wahrhafte" Strafe vollziehen zu lassen. Ebenda S. 228.

[3] Zahlen bei Beaumont und Tocqueville 408.

[4] Ebenda S. 234.

[5] Ebenda S. 236.

Noch ist ein Wort über die weiblichen Sträflinge zu sagen. Im Jahre 1828 gab es in Neusüdwales

27611 Männer
8987 Frauen[1].

Wir kennen die Altersstruktur nicht, wir haben aber Ursache, sie als sehr jugendlich anzunehmen. Für die Frau, gleichgültig welcher Herkunft sie war und welches der Grad ihrer Tugend sein mochte, tat sich in Australien die größte aller weiblichen Karrieren, die Ehe, auf, und zwar unter Umständen, die ihr die Heimat niemals bieten konnte. Auf eine Frau kamen 3 Männer, junge Männer. Beliebt waren die Frauen, die vom Lande kamen. Die Mädchen aus London und teilweise aus Irland galten in den Augen des Beobachters für dissolut[2]. Dienstboten waren höchst begehrt, und wenn unverheiratete Frauen unverheirateten Männern dienten, so wurden sie Haushälterinnen, besser Zelthüterinnen[3]. Auch diese vielfach chaotischen Zustände müssen sich allmählich stabilisiert haben. Als Gold entdeckt wurde und die Schafzucht anfing, höchst profitabel zu werden, als Weizen mit großem Gewinn gebaut wurde, setzten die freien Kolonisten die Einstellung der Deportation durch. Von 1787—1875 waren 135000 Sträflinge nach Australien gegangen[4]. Aus Gold, Wolle, Weizen, unbeengtem Raum, Menschen, die man für verloren hielt, und einer Welle freier Einwanderer[5] entstand ein blühender Staat.

III.

Die Erfahrungen Spaniens und Portugals beginnen mit der dritten Fahrt von Christoph Kolumbus. Er nahm eine Ladung Krimineller mit sich, die in Haiti abgesetzt wurden. Es gab keine Aufsicht. Sie vermochten nicht dem unbekannten Klima durch vernünftige Lebensweise zu widerstehen. Freiheit war zu viel für sie, sie starben in Massen, gefördert durch vielfache Exzesse. Weitere, auch nicht sehr erfolgreiche Versuche wurden in anderen Teilen des spanischen Weltreiches gemacht: den Kanarischen Inseln, Mexiko, Kalifornien, Cuba, den Philippinen, der Insel Fernando Po. Das Spanische Strafgesetzbuch von 1871 führt noch die Deportation nach den Kanarischen Inseln, den Balearen und der Stadt Ceuta auf[6]. Die Inseln erinnern uns an die uralte magische Praxis. Auf sie fielen die Alliierten von 1815 zurück, als sie Napoleon nach St. Helena verbannten.

[1] Ebenda S. 408.

[2] Rusden: Bd. I, S. 413.

[3] „hut-keepers". Lambert: S. 217, siehe die von Smith, S. 108 zitierte Bemerkung über die Chancen der verschickten Frauen in Barbados.

[4] Barnes und Teeters: S. 445.

[5] Freie Einwanderung wurde erst 1816 gestattet.

[6] Die Entfernung war nicht groß, aber es lag Wasser dazwischen.

Portugal, einstmals eine große Kolonialmacht, deportierte Kriminelle nach Mozambique, den indischen Exklaven, Angola und Brasilien. Die Idee der weiten Entfernung für Übeltaten, die man für besonders bedrohlich hielt, war noch lebendig. Zauberer und Delinquenten, die der Person des Königs mit magischen Mitteln zu schaden versucht hatten, wurden im 16. und 17. Jahrhundert nach Brasilien verschickt. Zu den zauberischen Neigungen rechnete man auch die Homosexualität. Es ist zu bezweifeln, ob das heiße Klima und die Einbildung der höheren Rasse eine wirksame Kur war. Noch besitzen wir den Brief eines brasilianischen Plantagenbesitzers, der seine Majestät beschwor, keine solchen Typen mehr zu schicken, „weil sie schlimmer als Gift sind“[1]. Der einzige Vorteil dieser Schwäche war, daß sich die Frage der Nachkommenschaft nicht, wie in Virginien, breit machen konnte.

1933 nahm Spanien die Strafart wieder auf. Sie sollte nur junge und robuste Verbrecher treffen. Madrid berief sich auf das Vorbild von Frankreich, Rußland, Portugal und Italien[2]. Als Begründung wurde angegeben, daß auf diese Weise gefährliche Elemente eliminiert, zu Arbeit in „frischer“ Luft angehalten und in einer Art halber Freiheit für die endgültige Entlassung vorbereitet würden.

Frankreich hatte schon im 16., 17. und 18. Jahrhundert nach Haiti und Louisiana transportiert[3]. Aber erst das revolutionäre Strafgesetz von 1791 ordnete in gesetzlicher Weise die Deportation nach Madagaskar. Revolutionäre Dekrete von 1792 und 1793 richteten die neue strafrechtliche Waffe vorzugsweise gegen die besiegten oberen Klassen, die Dynastie und gegen die Geistlichkeit, die sich weigerte, der Regierung den Eid der Treue zu leisten. Nach der Verschwörung des Babeuf (1793) wurde der Grundsatz: nulla poena sine lege dadurch umgangen, daß man die Deportation von 500 Verdächtigen keine Strafe nannte. Die meisten Deportierten starben. Nur die britische Blockade verhinderte eine Ausdehnung der administrativen Praxis. Deportationsgebiete waren Kaledonien und Guayana.

Napoleon III., selbst lange Zeit ein Verbannter, verschickte die Gegner, die er im Staatsstreich vom Dezember 1853 überrascht und besiegt hatte. Amtliche Zahlen nannten 15000 Deportierte, revolutionäre Schätzungen gingen bis zu 100000[4]. Es gibt keinen wissenschaftlichen Bericht über die französischen Methoden der Deportation, deren technische Unterabteilungen wir weglassen. Die Franzosen verwandten ursprünglich Algier als Deportationsort für leichtere Fälle, gingen dann

[1] Freyre, Gilberto: a. a. O. S. 29.

[2] Gentz, Werner: Wiedereinführung der Deportation in Spanien. Mschr. f. Kriminalpsychologie, Bd. XXIV, S. 300—303, 1933.

[3] Heimberger, Joseph: Deportation in Alexander Elster und Heinrich Lingemanns Handwörterbuch der Kriminologie, Bd. I, S. 217—227. Berlin 1932.

[4] Postgate: Revolution from 1789 to 1906. a. a. O. S. 183.

zu tödlichen tropischen Kolonien und dem etwas gesünderen Neukaledonien über. BELBENOIT hat behauptet[1], daß jährlich 700 Verurteilte in Guayana ankommen. Im Augenblick, sagt er, beläuft sich die Zahl der Sträflinge auf 3500. Dann füllt sich das Hospital, manche verschwinden im Dschungel, und in 12 Monaten, ehe die neue Ladung ankommt, ist die Gesamtzahl wieder auf 2800 abgesunken. „Die Absicht der Verwaltung", meint der frühere Sträfling, „ist zu töten, nicht zu bessern oder zu rehabilitieren." GRIFFITHS gibt exakte Zahlen[2]. Er teilt mit, daß in 30 Jahren 12000 Sträflinge von 23000, die deportiert wurden, gestorben sind. Es handelt sich bei dieser Art der Deportation um eine verzögerte Form der Hinrichtung, um eine Verschickung, die den Zweck hat, die Guillotine durch die Kräfte der Natur zu ersetzen und den Vernichtungsprozeß vor den Augen der Mitwelt zu verbergen.

IV.

Nach dem Historiker EDMUND NOBLE wird das russische Deportationssystem zum ersten Male im Jahre 1582 erwähnt. Von der strafweisen Verbannung hören wir erstmals im Jahre 1622, aber die Berichte sind bis zum 18. Jahrhundert spärlich. Zwei Jahre, nachdem die Halbinsel Kamtschatka russisches Territorium geworden war, erreichte ein Zug Deportierter die wilde Gegend. Unter ihnen — es waren im ganzen 14000 Mann — befanden sich hauptsächlich Kriegsgefangene aus dem Feldzug Peters des Großen gegen die Schweden. Viele starben, ehe sie den Bestimmungsort erreicht hatten[3].

Langsam wandelte sich die militärische Sicherheitsmaßnahme in eine Strafart um[4]. Wirtschaftliche Bedürfnisse bahnten den Weg. Im 18. Jahrhundert wurde Silber entdeckt. Man brauchte Arbeiter für die Bergwerke. Strafgefangene wurden verschickt, den Rest ihrer Kriminalstrafe bei Zwangsarbeit abzubüßen. Außer Schwerverbrechern griff die

---

[1] BELBENOIT: S. 44.

[2] GRIFFITHS, ARTHUR: Secrets of the prison house, Bd. I, S. 187. London 1894.

[3] NOBLE, EDMUND: Russia and the Russians, S. 203. New York 1900. — Wie bei dem Gefangenen primitiver Zivilisation wurde der Soldat als Beute angesehen, den man ebensowenig zurückerstattete wie die gefangenen Pferde oder die weggenommenen Waffen. Man brachte ihn nicht mehr um, aber man ließ ihn ohne Skrupel in Lagern und auf Märschen sterben, oder verstaute ihn in den entlegensten Gegenden.

[4] NOBLE: S. 203. — „In unserer Partie befand sich eine große Anzahl von Menschen, die unter keinen Umständen als Verbrecher gelten konnten. Bekanntlich haben heute noch (es war gegen 1900) in Rußland die Dorfgemeinden die Macht, Mitglieder, die ihnen nicht passen, auszustoßen, und diese Unglücklichen werden dann ohne Gerichtsspruch, einfach auf den Machtspruch der Bauerngemeinde hin, nach Sibirien geschickt, um dort angesiedelt zu werden." DEUTSCH: S. 166.

Regierung auf kleine Delinquenten zurück, vielleicht in Erinnerung an das alte britische Gesetz gegen „rogues“ und „vagrants“. DEUTSCH[1] hat das Leben dieser Vagabunden beschrieben, die immer wieder eingefangen werden und immer wieder weglaufen und deren Drang nach Abwechslung durch die Maßnahmen des Staates befriedigt wird:

„Sobald die Frühlingssonne scheint, bleibt kaum einer dieser Leute am Verbannungsort; fast alle ziehen sie los nach dem europäischen Rußland. Gewöhnlich wählen sie Seitenwege und nur ihnen bekannte Stege durch die ‚Taiga‘, den Urwald; aber zuweilen ziehen sie ruhig die sog. große Moskauer Landstraße entlang.... Auch wir begegneten auf dieser Straße sehr oft Vagabunden, die zu zweit oder in ganzen Haufen dahinzogen. Im Sträflingsanzug, mit etwas Gepäck und einem kleinen Kessel auf dem Rücken kamen sie daher, stets am Waldrand, um nötigenfalls spurlos zu verschwinden.“

Die Strafart wurde erst auf politische Verbrecher ausgedehnt, als soziale Unruhe das Land zu erfassen begann, aber es dauerte lange, bis die Schritte der Verwaltungsdefensive eine gesetzliche Form gefunden hatten. In dem Bestreben, immer mehr Entfernung zwischen die Heimat und den Strafort zu legen, nahm die Regierung die Verschickung jetzt nach Ostsibirien und der Insel Sachalin vor. Die klimatischen Unterschiede sind in Sibirien unbeschreiblich groß und erlauben jede Abstufung. DEUTSCH hat die Flußfahrt der Sträflinge von Tjumen nach Tomsk dargestellt. Es ist Juni, aber noch ist der Frühling nicht da. Die Nächte sind kalt, der Fluß führt Treibeis. Die Ufer des angeschwollenen Stromes sind nicht zu sehen, nirgends ist ein Zeichen des Lebens. Je weiter die Fahrt nach Norden geht, um so stiller, um so dunkler, um so kälter wird es[2].

Die legalen Kategorien der Deportierten sind ohne großes Interesse. Um so wichtiger ist jene Klassenstruktur, die sich schon beim Marsche der Sträflinge zeigt und wieder am Ankunftsort entfaltet. Wenn sie mit Kriminellen zusammengeworfen werden, sind die politischen Gefangenen immer im Rückstand, denn die Leistungen, die verlangt werden, sind körperlicher Art. Auch in Sibirien, wie in der modernen Strafanstalt, gibt es Gefängniszaren. „Eine kleine Anzahl hervorragender, energischer Strolche, die ‚Iwans‘ genannt, beherrscht die Masse; sie entscheiden alle Angelegenheiten ... führen das Regiment, unbekümmert um die Gefängnisbehörde, und die Masse gehorcht diesen Usurpatoren in sklavischer Unterwürfigkeit, selbst wenn ihre Befehle noch so grau-

---

[1] Ebenda S. 156. — An vielen Orten bestand damals noch die Sitte, über Nacht auf dem äußeren Fensterbrett (der sibirischen Bauernhäuser) Lebensmittel für diese Wanderer stehen zu lassen: eine Schale gestockter Milch, ein Stück Brot, einen Quarkfladen.“ Ebenda S. 157. Es geschah teils aus Frömmigkeit, teils aus Mitleid und teils aus Furcht.

[2] Ebenda S. 144.

sam[1] und ungerecht sind." ... „Ich merkte bald, daß ich einen solchen Oligarchen vor mir hatte[2]."

Das Strafgesetzbuch von 1885 brachte gesetzliche Ordnung in die administrative Praxis. Diese Einzelgruppen sind von HEIMBERGER ausführlich aufgezählt[3] und auch von DOSTOJEWSKI erwähnt worden[4]. Sie interessieren uns weniger als das Leben der Verschickten, wie es von GEORGE KENNAN bei einem Besuche beobachtet worden ist[5], besser von den Sträflingen selbst beschrieben worden ist. Der Besitz von Geld spielte eine erhebliche Rolle. Solvente Sträflinge konnten besser essen[6]. Die Standesunterschiede wurden scharf betont[7]. Namen und Urteile wurden nicht selten vertauscht. Man nannte diese Operation, die alle Autoren erwähnen[8], einen „Schub" machen, wovon unser Wort Schiebung kommen mag. Gegen eine kleine Entschädigung nehmen minder hart Bestrafte die schwere Strafe des anderen auf sich. Der Zahlungsfähige flieht bei erster bester Gelegenheit. Der andere enthüllt nach einiger Zeit den Namenstausch, bekommt 100 Peitschenhiebe und vier zusätzliche Jahre Zwangsarbeit. Die Sträflingsgemeinschaft wacht streng darüber, daß solche Geschäfte korrekt abgewickelt werden. „Wagt der eine Verrat, dann wird er einfach umgebracht[9]." Schwach-

[1] Unter den marschierenden Sträflingen wird viel Brot gestohlen, vor allem von solchen, die ihren letzten Pfennig verspielt haben. Nur die „Iwans", die „Tyrannen", sind immun, weil sie dafür sorgen, daß der gefaßte Täter durchgepeitscht wird. Sie sind Anhänger der Abschreckungstheorie und verordnen die Prügelstrafe, „damit er in Zukunft seine Leute nicht bestehlen möge". Ebenda S. 168.

[2] Ebenda S. 148. — Diese „Iwans" betonen ihre Führerrolle und ihre körperliche Überlegenheit, indem sie auch beim Marsch den Vortritt übernehmen: „An der Spitze marschierten schnellen Schritts die alten, mit allen Hunden gehetzten Strolche, die ‚Iwans!' Die meisten von ihnen hatten den Weg bereits mehrmals zurückgelegt und kannten jeden Bach und jeden Strauch am Wege. Sie marschierten in geschlossenen Reihen, in raschem Tempo und machten leicht und bequem ihre 6—7 Werst je Stunde. Hinter ihnen schleppten sich mit Müh und Not die übrigen Kriminalgefangenen in regellosen Haufen. . ." Ebenda S. 151.

[3] HEIMBERGER: a. a. O. S. 222. [4] DOSTOJEWSKI: S. 14.

[5] KENNAN, GEORGE: Siberia and the exile system, New York 1891, aus dem BARNES und TEETERS Auszüge bringen, S. 452 und 453, der aber offenbar die Dinge nur von außen und unter offizieller Führung gesehen hat.

[6] DOSTOJEWSKI: S. 33.

[7] Ebenda S. 43.

[8] NOBLE: S. 204; DOSTOJEWSKI: S. 98; am ausführlichsten DEUTSCH: S. 147 und 148. Für 20 oder 30 Rubel erklärte sich ein dandyhaft gekleideter „Iwan" bereit, einen Kameraden, der DEUTSCHs Namen tragen sollte, zu ermorden und in einen Brunnen zu werfen, worauf der „Schub" vor sich gehen konnte. DEUTSCH: S. 148.

[9] Ebenda S. 147. Die Führer des Artels, der Sträflingsgemeinschaft, wachen über der Innehaltung solcher Verpflichtungen. Diese Striktheit im Obligationenrecht der Kriminellen hat schon DOSTOJEWSKI (S. 81) mit Verwunderung gesehen. „Hat einer Geld genommen, so verdiene er es auch", war der eiserne Grundsatz.

sinnige, dem Trunk ergebene, willenlose Subjekte sind die Opfer dieser Manipulation, die ihnen nur einen winzigen augenblicklichen Vorteil bietet. Das Studium dieser Vorgänge würde einen lehrreichen Beitrag zur Psychologie mancher Krimineller aus Willens- und Geistesschwäche bieten.

Allmählich kamen Milderungen und Verbesserungen. Man braucht nur die sibirische Verschickungszeit Lenins und früherer Zeiten zu vergleichen. Lenin war 1897—1900 in Sibirien. Er konnte so viel lesen und schreiben, als er wollte. Dieser „Politische“ konnte sogar mit amtlicher Erlaubnis in Sibirien herumreisen[1]. Anders sah es in den Tagen des Fürsten Kropotkin aus, dessen Karriere ihn von einem Gefängnisreformator in die Peter- und- Paul-Feste führte. Er diente unter dem Gouverneur Murawioff und hat überliefert, mit wie heroischen Mitteln dieser Kolonisator die Besiedlung Ostsibiriens betrieb[2].

„Dann erreichte Murawioff“, so erzählt Kropotkin, „daß ein Tausend zu Zwangsarbeit verurteilte Sträflinge (meistens Räuber und Mörder) entlassen wurden, um als freie Bauern am unteren Amur angesiedelt zu werden. Einige der Leute waren verheiratet, andere nicht. Der Gouverneur wollte die neuen Siedler verabschieden und hörte dabei einige sagen: ‚Was ist ein Bauer ohne Frau. Wir sollten verheiratet werden!‘ Daraufhin ordnete Murawioff die Freilassung aller weiblichen Sträflinge — etwa hundert — an und sagte ihnen, sie sollten sich einen Mann wählen. Zeit drängte. Das Hochwasser ließ schnell nach, die Flöße mußten abfahren. So forderte Murawioff die Leute auf, sich in Paaren am Ufer aufzustellen, und gab ihnen seinen Segen, indem er erklärte: ‚Ich verheirate Euch Kinder. Seid gut zueinander. Männer mißhandelt eure Frauen nicht und werdet glücklich.‘

Aus solcher Szene weht uns die ungewöhnliche Atmosphäre der sibirischen Deportation entgegen. Es ist bekannt, obschon nicht viel darüber gesagt wird, daß Sträflingen Frauen nicht unerreichbar waren[3]. Frauen war es auch unter Umständen erlaubt, die Männer in die Verschickung zu begleiten. Es handelt sich hier um sehr wichtige Tatsachen, die die Deportation grundlegend von der modernen Freiheitsstrafe unterscheiden.

Sibirien ist das größte aller Deportationsexperimente gewesen. Aktenmäßig steht fest, daß in 64 Jahren (1825—1887) 772979 Personen nach den asiatischen Besitzungen Rußlands verschickt wurden. Ihre Zahl wird für die Zeit von 1754—1899 auf 1450000 geschätzt[4]. Die späteren Massenverschickungen sind statistisch nicht nachzuprüfen.

---

[1] Wolfe, Bertram D.: Three who made a revolution, S. 133. New York 1948.

[2] Kropotkin, P.: Memoirs of a revolutionary, S. 185. Boston 1899.

[3] Dostojewski: S. 47; Deutsch: S. 129. Gefangene, vor allem die energischeren kriminellen Deportierten wußten sich Eingang in den Frauenflügel zu verschaffen. Reiche Verbrecher konnten die Aufseher bewegen, sie eine Nacht in der Stadt „bummeln“ zu lassen.

[4] Noble: S. 207.

Auch wissen wir nicht, wieviel starben[1], flohen und wieder nach Rußland zurückkehrten. Schließlich verbietet die riesige Ausdehnung der Landmassen, der Mangel an wissenschaftlichen Untersuchungen und unsere Unkenntnis von Urbevölkerung, Wanderungen und gegenwärtigem Status ein abschließendes Urteil.

Eine Reihe von Einzelfaktoren läßt sich aber herausheben. Die Deportierten waren jung[2] und in der Mehrzahl frauenlos. Die größere Bewegungsfreiheit erlaubte diese oder jene Form des Kontaktes. Die außerordentliche Sterblichkeit muß selektiv gewirkt haben. Die Anpassung an das neue Milieu war durch die unfertige Schichtung der einheimischen Bevölkerung erleichtert. Ein Bruch mit der Heimat trat ein, der sich aber auch auf alle verderblichen Einflüsse, schlechte Gesellschaft usw. erstreckte, freilich andere böse Beispiele einführte. Ein neuer Anfang konnte gemacht werden, wenn der Mensch entschlossen und jung genug war und manuelle Arbeit nicht scheute. Für den Intellektuellen war dieses vereinfachte Leben kein Gewinn, sondern neue harte Qual. Nach der Entlassung aus der Strafkolonie war die Freiheit immer noch eingeschränkt. Die „Politischen" wurden nicht mehr gewaltsam geschoren, durften eigene Kleider tragen. Es war ihnen erlaubt, ein Handwerk zu betreiben, nicht aber einen freien Beruf auszuüben. Jeden Morgen und Abend kam ein Aufseher und der Freigelassene mußte sich in eine Liste eintragen. Keiner durfte sich weiter als 10 Werst entfernen. Die geistige Erstarrung[3], die während der langen Internierung eingetreten ist, löste sich nur unvollkommen. „Scheinbar" schreibt Deutsch, „stand uns das Recht zu, viel zu unternehmen, was im Kerker verboten war, in Wirklichkeit war uns jede Möglichkeit genommen, etwas Vernünftiges zu beginnen. Es war gerade dieser Widerspruch zwischen dem scheinbaren Recht und der tatsächlichen Lage, der uns lähmte und schwer auf unserem Gemüt lastete. Zuweilen war uns so zumute, daß wir gern in den Kerker zurückgekehrt wären, nur um dieser Pein der Untätigkeit zu entgehen." Das war der seelische Zustand der Politischen. Die Kriminellen haben keine Memoiren hinterlassen. Sie sind es aber, die über Erfolg oder Mißerfolg des sibirischen Experiments entscheiden[4].

---

[1] Ebenda S. 219. In dem Gefängnis von Tjumen starben jährlich 300 Mann. Die Sterblichkeitsrate schwankte von 23,7% im Jahre 1882 auf 44,1% im Jahre 1879. Ebenda S. 219. [2] Deutsch: S. 133.

[3] Die gebildeten Sträflinge machten die Beobachtung, daß die Verbannung ihre Gedanken irgendwie zum Stillstand brachte. „Die Ideen, mit denen man in den Kerker kommt, erstarren gleichsam und bleiben während der ganzen Zeit unantastbar." Deutsch: S. 268.

[4] Gelegentlich hören wir, daß im 18. Jahrhundert preußische Kriminelle nach Sibirien geschickt wurden. Adolph Weyers war einer der Führer der rheinischen Räuberbanden, „der später auf Befehl des Königs von Preußen nach Sibirien transportiert wurde". Rauchhaupt, Karl: Aktenmäßige Geschichte der Rheinischen Räuberbanden, S. 65. Kreuznach 1892.

C. Die Geldstrafe.

I.

Der Rechtsbruch richtet sich gegen Leben, körperliche Integrität, Ehre und Eigentum. Unseren Besitz haben wir besonders kräftig mit Strafandrohungen umhegt. Nach den gleichen Rechtsgütern geht der Griff der Strafe. Wie die Delikte gegen das Eigentum in der Kriminalstatistik obenan stehen, so ist die Geldstrafe die häufigste Strafart. Die moderne Entwicklung strebt dahin, ihr Anwendungsgebiet nach Möglichkeit zu erweitern. Man sieht in ihr die Unrechtsfolge, deren Nebenwirkungen weit weniger umstritten sind als bei der Freiheitsstrafe. Es wäre aber ein Irrtum, anzunehmen, daß die Geldstrafe, die so einfach aussieht und die sich so bequem abstufen läßt, nicht voller Problematik steckte. Der Gesetzgeber, wer er auch sei, ist kein armer Mann. Für Hinrichtung und Zuchthaus fehlt ihm nicht der Maßstab. Er wird dem Betrag von 10 Mark eine ganz andere Bedeutung zuschreiben als der Arbeitslose oder die Witwe mit einer großen Familie.

Mit Geldstrafe werden in der Hauptsache die kleineren Eigentumsdelikte geahndet, dazu im großen Umfange die Verurteilungen wegen leichter und gefährlicher Körperverletzung. In allen diesen Fällen ist das Opfer materiell geschädigt worden, denn bei der Körperverletzung entstehen Kurkosten. Der im Urteil festgesetzte Geldbetrag geht an den Staat, wenn man von den wenigen Fällen der Zuerkennung einer Buße absieht. Die Buße selbst ist ein absterbendes Rechtsinstitut, das die neueren deutschen Entwürfe überhaupt weglassen. Man nimmt an, daß „ihrer rechtlichen Natur nach“ Entschädigungsansprüche nicht in das Strafrecht gehören, obschon der gesamte Tatbestand, auf dem ein Ersatzanspruch beruhen könnte, im Strafprozeß aufgerollt wird.

So kommt es, daß Geldstrafen zu den staatlichen Unrechtsfolgen gehören, die das Opfer und sein Rechtsgefühl am wenigsten befriedigen. Dieses Unbehagen wächst, je mehr sich die Geldstrafe ausbreitet und nach dem an sich höchst vernünftigen Gesetz (§ 27b StGB.) Freiheitsstrafen in Geldstrafe umgewandelt werden können. Der Strafzweck wird beim Täter erreicht, beim Opfer aber verfehlt. Es ist geschädigt, sieht aber die Entschädigung für seinen Schaden an den Staat gehen.

Ursprünglich geht die Mordbuße, die sich aus dem Opfer entwickelt[1], an beide Gruppen der Verletzten, die Sippe und die Götter. Für beide sehen wir im alten Indien noch den priesterlichen König eintreten, der aber, wie man vermutet hat[2], die Buße nicht behält, sondern an die

[1] Laum, Bernhard: Heiliges Geld, eine historische Untersuchung über den sakralen Ursprung des Geldes, S. 66. Tübingen 1924. Nach Grimm zeigt das Wort „Geld“ ursprünglich religiösen Hintergrund, fortgebildet in dem Viehbilde, dem Opferkuchen und dem Fleisch, das am Opferspieß gebraten wird (Laun: S. 104ff.), wie die Worte pecunia, obolos und pelanos beweisen, die den alten realen Gegenstand in Metall einprägen. [2] Ebenda S. 64, nach Jolly.

Familie des Erschlagenen weitergibt. Als Metallsymbole die alten Opferobjekte ersetzt hatten, wird in Gold gezahlt wie auf dem Schild des Achilles[1]. Die Frage ist, wer die Gabe erhalten soll, wer außer dem Verletzten zu einem Anteil berechtigt ist, wessen „Herz zu besänftigen war und gewaltige Zornwut“[2].

Uns berührt nicht so sehr der Ursprung des Geldes, sondern die Frage, an wen die Buße geht. Im Laufe der Entwicklung ist in Deutschland eine Schwenkung zu beobachten. Zuerst ist die Sühneleistung an den Verletzten gegangen. Dann tritt die öffentliche Gewalt auf und erzwingt eine Teilung, indem sie das verletzte Rechtsgut des Friedens“ aufstellt, das ihrem Schutze untersteht und mit angegriffen worden ist[3]. Diese Mitverletzten können das Volk sein oder der König. In Schweden wird später die Gesamtbuße zwischen Opfer, König und Volk geteilt. Die gleiche Regel findet sich in Hamburg und Lübeck, so daß Kläger, Richter und Stadt das Geld zu je einem Drittel in Anspruch nehmen[4]. Im Mittelalter ist noch der Gedanke der Kränkungsbuße lebendig, der eine Aufteilung widersprach[5]. Auch spielt der Stand des Verletzten eine Rolle[6], nicht wie heute, die Gewinnsucht des Rechtsbrechers. Schließlich ziehen Landesherr, städtische Gerichtsbarkeit und Richter das Friedensgeld an sich, das sprachlich mit den Ausdrücken „wite“, „mulcta“, „pena“ oder „Brüche“[7] nach der Strafseite hinüberwechselt und damit dem Verletzten entgleitet. Zum Strafen war nur noch die Obrigkeit berufen. Daß dabei Geld in ihre Hand fiel, riesige Summen zuweilen, wie wir aus dem Hexenprozeß wissen, lag in der „rechtlichen Natur“ der Sache und wurde in Kauf genommen.

Damit ist das Problem noch nicht gelöst. Immer wieder hören wir die Klage, daß das Sühnebedürfnis des Opfers unberücksichtigt bleibe, daß sich im Einzelnen und in den Massen Spannungen aufhäuften, die dann in kollektiven Exzessen sich Luft brächen, weil milde Strafen zu lange dieses uralte seelische Bedürfnis vernachlässigt hätten. Bei der Todes- und der Freiheitsstrafe kann der Strafvollzug nicht in die Hand des Verletzten zurückgelegt werden. Bei der Strafe aber, mit der wir 55% aller begangenen Verbrechen und Vergehen ahnden[8], bei den Delikten, durch die zahllose Menschen ihr Geld verlieren und diesen Verlust schmerzhaft empfinden, sollte und könnte das Entschädigungs-

---

[1] Ilias XVIII, 507. Die Zahlung geht hier nur an den nächsten Verwandten des erschlagenen Mannes.

[2] Ilias IX, 631.

[3] His, Rudolf: Deutsches Strafrecht bis zur Carolina, S. 54. München 1928.

[4] Ebenda S. 96.

[5] Ebenda S. 97.

[6] So noch im Sachsenspiegel.

[7] His, a. a. O. S. 68, 102.

[8] Da sind die von Schönke a. a. O S. 94 angeführten Zahlen des Jahres 1939.

bedürfnis des Opfers anerkannt und mit einem angemessenen Anteil besänftigt werden. Die unnütze, sogar schädliche Freiheitsstrafe von kurzer Dauer wäre dann in einer Weise ersetzt, die sowohl die Interessen des Delinquenten wie die wirtschaftlichen Verhältnisse und die Gefühle des Verletzten zu einer kriminalpolitischen Synthese verbindet. Das seelische Gleichgewicht der rechtnehmenden Bevölkerung ist wichtiger als das Gleichgewicht des Justizetats.

Am Anfang des 19. Jahrhunderts hatten mehrere Staaten Amerikas gesetzliche Bestimmungen, wonach der verurteilte Dieb dem Eigentümer den doppelten Betrag zurückerstatten mußte[1]. SUTHERLAND weist auf die neuerlich um sich greifende Methode amerikanischer Krimineller hin, nach der Verhaftung den Bestohlenen die Rückgabe des Eigentums anzubieten, wenn er von der Verfolgung Abstand nehme. In vielen Fällen hat die Taktik Erfolg, weil dem Besitzer mehr an seinem Eigentum liegt als am Strafverfahren[2].

Außerhalb des anglo-amerikanischen Rechtskreises würde die Anhaltung der Verfolgung weniger leicht sein. Ein Taschendieb hat folgende Überlegung angestellt und beschrieben: „Wenn ein kleiner Kaufmann einen Dieb mit vier Dutzend Seidenstrümpfen faßt und ihn festnehmen läßt, so fehlen vier Dutzend Ware bis zur Erledigung des Verfahrens, denn die Polizei nimmt die Waren als Beweisstück in Beschlag. Mehrfache Fahrten zum Gericht und die kostspielige Verringerung seines Vorrats sind der Grund, daß der Kaufmann sein Eigentum dem Dieb abnimmt und ihn mit der Warnung laufen läßt, sich in seinem Laden nicht mehr sehen zu lassen[3].“ In neuerer Zeit bietet die vorläufige Entlassung wie die bedingte Strafaussetzung die Möglichkeit, Verpflichtungen aufzuerlegen, zu denen die Wiedergutmachung gehören sollte. Niemand kann als „bewährt“ angesehen werden, der sich um sein Opfer nicht kümmert.

II.

Die Abneigung gegen kurzfristige Freiheitsstrafen und die rasche Entwicklung der Technik haben die Geldstrafe an die Spitze aller Strafarten gestellt. SUTHERLAND schätzt, daß in den Vereinigten Staaten 75% aller Strafen auf Geld lauten[4]. Die deutschen Zahlen müssen der Zeit entnommen werden, in der die statistischen Erhebungen sorgfältig waren und das gleiche Territorium Vergleiche mit

---

[1] SUTHERLAND, EDWIN H.: Principles of criminology, S. 571. Philadelphia 1947.
[2] Ebenda S. 572.
[3] The professional thief, herausgegeben von SUTHERLAND, S. 102. Chicago 1937.
[4] SUTHERLAND: Principles, S. 572.

früheren Perioden gestattete. Im Durchschnitt der Jahre 1934—1936 wurde in Deutschland auf Geldstrafe erkannt[1]:

Bei allen Delikten, Verbrechen und Vergehen in	48,2%	aller	Verurteilungen
Beim einfachen Diebstahl in	40,7%	„	„
Beim Betrug in.	32,3%	„	„
Bei der Unterschlagung in	43,7%	„	„

Bei diesen 3 Eigentumsdelikten, die immer mit materieller Schädigung des Opfers einhergegangen sein müssen, sind nahezu 50000 Täter mit Geldstrafe davongekommen. Dazu treten noch namhafte Zahlen bei der Hehlerei und der Sachbeschädigung, um bei den wichtigeren Eigentumsdelikten zu bleiben.

Um den ungeheuren Umfang der Strafart zu erkennen, muß man sich von den Verbrechen und Vergehen abwenden und den Übertretungen zuwenden. Allein im Staate Preußen wurden in der Zeit vom 1. Oktober 1929 bis zum 30. September 1930 im ganzen 1048843 polizeiliche Strafverfügungen erlassen[2]. Das weitere Schicksal dieser Verfügungen war:

Zurücknahme oder Begnadigung in	56321 Fällen
Zahlung der festgesetzten Geldstrafe in	832298 Fällen
Verbüßung der Haftstrafen	34038 Fällen
Abgabe an das Gericht	47080 Fällen

Einer meiner Schüler hat eine ähnliche Berechnung für die Großstadt Kansas City in Missouri angestellt.

Verhaftungen wegen Übertretungen[3] in Kansas City, Mo und ihr Ergebnis 1947[4].

Sämtliche Festnahmen	Zahl	Prozent
Gesamtzahl der Verhaftungen	31641	100,0
Entlassen, keine Folge	11814	37,3
Freigesprochen	3363	10,6
Der Farm[5] überwiesen.	3283	10,3
Bedingte Strafaussetzung.	500	1,5
Der Frauenanstalt überwiesen	376	1,1
Geldstrafen, die bezahlt wurden	12305	38,8

Etwa 75% von allen, die verurteilt wurden, erhielten Geldstrafen Unsere Tabelle nennt aber nur die Delinquenten, die Geldstrafe bekamen und sie bezahlten. Auf der Farm wurden 2718 Detinierte angetroffen,

---

[1] Berechnet nach den Zahlen in Sauer, Wilhelm: Kriminologie, S. 379, 380, 383, 386.

[2] Wegweiser durch die Polizei, S. 82, 83. Berlin 1931.

[3] „misdemeanors" ist nicht ganz das gleiche wie Übertretungen. Die etwas simple Definition ist, daß misdemeanor jede strafbare Handlung umfaßt, die weder treason noch felony ist. Felony ist jede strafbare Handlung, die mit dem Tode oder Zuchthaus bestraft wird. Sears und Weihofen: S. 5 und 6.

[4] Diese Untersuchungen an einem Originalmaterial wurden für ein Seminarreferat von Willis O. Thomas (Kansas City's misdemeanants) angestellt.

[5] „prison farm".

die ihre Geldstrafe nicht bezahlen konnten und deshalb gezwungen waren, sie abzusitzen, wie wir sagen, sie abzuliegen[1], wie es unter den amerikanischen Delinquenten heißt. Wir kommen also auf 15023, die in einer mittelgroßen Stadt wegen leichterer Vergehen Geldstrafe erhalten hatten, und damit auf 91% aller Verurteilungen. Wenn man diese Ergebnisse den ganzen Vereinigten Staaten zugrunde legen dürfte, was nur unter Vorbehalt geschehen kann[2], so würden wir auf 5—6 Millionen Geldstrafen kommen, ohne die Verkehrsübertretungen einzuschließen.

Es gibt Gefängnisstatistiken. Die näheren persönlichen Verhältnisse derer, die eine Geldstrafe erhalten, sind unbekannt, Geschlecht, Altersgruppierung, Familienstand, Beruf. Seitdem die Geldstrafe siegreich in das Gebiet der ernsthafteren Delikte vorgedrungen ist, verdient sie die Beachtung der Kriminalstatistiker. Erst wenn die Strafe nicht bezahlt wird und die Ersatzfreiheitsstrafe in Funktion tritt, setzt die statistische Erhebung wieder ein. Es ist aber gut möglich, daß wir selektive Ergebnisse vor uns haben und die Altersgliederung eher für die Zahlungsunwilligen und Zahlungsunfähigen kennzeichnend ist als für die Geldstrafe selber. Solche Ziffern hat Philadelphia veröffentlicht[3].

Altersstruktur und Rassenzugehörigkeit derer, die eine Ersatzfreiheitsstrafe verbüßten[4]. Philadelphia 1945. Männer.

Alter	Weiße	Neger
15—19	25	65
20—24	40	142
25—29	13	160
30—39	128	236
40—49	157	175
50—59	81	58
60—69	35	20
70 und älter	17	2

Bei den Weißen liegt die Hauptbelastung auf den mittleren Jahren 30—50, bei den Negern macht sich die Unfähigkeit, Geldstrafen zu bezahlen, schon früher (20—30) bemerkbar. Vielleicht darf ein Umstand nicht übersehen werden: Es entspricht der Sonderheit dieser Strafart,

[1] „lie out".

[2] Ein erheblicher Teil der Vereinigten Staaten ist nicht städtisch. Die Praxis variiert erheblich. In Boston wurden 5,6% der Prostituierten mit Geldstrafe bestraft, in Chicago 62%. SUTHERLAND: Principles, S. 574. Diese Verschiedenheit reicht bis in die höheren Strafgerichte. 1935—1937 wurden in 30 Staaten wegen Verbrechen 5,7% Geldstrafen verhängt, im Staate Colorado nur 1,2%. HENTIG, v.: Colorado Crime Survey, Bd. I, S. 242. BOULDER 1940 (unveröffentlicht).

[3] Annual Report of the Philadelphia court, S. 24. Philadelphia 1945.

[4] In den Vereinigten Staaten gibt es auch die Ersatzfreiheitsstrafe für nicht bezahlte Gerichtskosten.

daß die Geldstrafe von anderen Personen, Eltern, Verwandten, Freunden aufgebracht wird und somit von anderen „verbüßt" werden kann. Bei großen Wanderungsbewegungen zerreißen die Familien, kommen Arbeitssuchende als unbekannte Fremdlinge in die großen Städte. Der einsame, freundlose, zu keiner Gruppe gehörige Mensch wird am härtesten von der Geldstrafe getroffen. Viele amerikanische Großstädte sind von der Geldstrafe für Prostituierte abgegangen, weil große Lastersyndikate sich in den Anstellungsverträgen der Mädchen verpflichten, für ärztliche Fürsorge und Rechtsschutz aufzukommen und die Geldstrafen zu übernehmen. In jeder festen Gruppierung liegt eine Art Versicherung gegen die Strafe, die nur in der unpersönlichen Geldleistung besteht.

III.

Leben, Freiheit und Ehre kommen jedem Menschen zu. Der Wert dieser Rechtsgüter ist einigermaßen gleichmäßig verteilt, wenn es auch bei der Todesstrafe wie der Freiheitsstrafe Nuancen der Strafempfindlichkeit gibt. Auch zum Gelde haben die Menschen ein sehr verschiedenes Verhältnis. Der gleiche Barbetrag spielt in der Gefühlswelt geiziger alter Frauen eine ganz andere Rolle als beim leichtsinnigen Jugendlichen. Auf die feine Abstufung der Zahlungsempfindlichkeit nimmt weder der Richter noch das Gesetz Rücksicht. Dagegen hat der Gesetzgeber von jeher die objektive wirtschaftliche Ungleichheit der Menschen beachtet. Wir halten die gleiche Anzahl Jahre oder Monate oder den gleichen Betrag für „gerecht", und Kriminelle sind im Zuchthaus unablässig dabei, die abweichende Länge ihrer Strafen kritisch zu erörtern. Wie die Mark inneren Wertschwankungen unterliegt, so ist die Strafwirkung ihrer Wegnahme davon abhängig, ob einer viel oder wenig hat. Die gleiche Strafe bedeutet oftmals die größte Ungleichheit, das größte Unrecht.

Gleichzeitig hat sich herausgestellt, daß die Einführung erschwerender Momente wie der Gewinnsucht[1] und anderer Rücksichten[2], besonders in Gestalt von Kann- und Sollvorschriften praktisch keinen Ausgleich gebracht hat. In Chicago wurden in den Jahren 1907—1921 gerichtliche Geldstrafen in der Höhe von 8764790 Dollar ausgesprochen. Zwei Drittel dieser Summe wurden nicht bezahlt[3]. Die Schuld liegt nicht nur an den abgesessenen Geldstrafen unbemittelter Leute, sondern an der reduzierten Eintreibungsfähigkeit der größeren Beträge, die sich selbst in Deutschland bemerkbar macht.

---

[1] § 27a StGB.

[2] In wieviel Fällen übersteigt die Geldstrafe wirklich den „Gewinn, den er aus der Tat gezogen hat"? § 27c StGB, z. B. bei großen Betrugsfällen?

[3] Sutherland: Principles, S. 572.

Nach einer Zusammenstellung des Reichsjustizministeriums wurden im Jahre 1926 von den einzelnen Geldstrafesätzen vollständig bezahlt:

Beträge von	1926
20 RM und weniger . . .	80,1%
20 bis unter 100 RM . . .	68,1%
100 bis unter 300 RM . .	56,4%
300 bis unter 1000 RM . .	39,2%
1000 bis unter 10000 RM .	22,7%
Über 10000 RM	6,5%

„Von den zu 10000 RM und mehr Geldstrafe verurteilten Personen", sagt die amtliche Statistik traurig[1], „sind in den Jahren 1925 und 1926 nur 5—6% ihren Zahlungsverpflichtungen nachgekommen." Was mit den Beträgen geschehen ist, erfahren wir nicht, wohl aber haben wir Einblick in die amerikanische Praxis nachträglicher Kürzung, auch des Erlasses auf dem Gnadenwege[2].

Versagt also die Geldstrafe in der Sphäre der hohen Beträge, die in der Regel den Zahlungskräftigen treffen sollen, so sind die Schwierigkeiten beim wirtschaftlich Schwachen noch viel größer. Freiheitsstrafen von weniger als 3 Monaten können durch eine Geldstrafe ersetzt werden, wenn „der Strafzweck durch eine Geldstrafe erreicht werden kann" (§ 27b StGB.). Ist die Geldstrafe dagegen uneinbringbar, so muß zur wohlweislich vermiedenen Freiheitsstrafe zurückgekehrt werden (§ 29 StGB.)[3]. Die theoretisch zulässige Tilgung durch freie Arbeit hat sich in Zeiten riesiger Arbeitslosigkeit als praktische Maßnahme nicht durchgesetzt (§ 28b StGB.). Der Entwurf von 1927 hat sie fallen lassen. Auch die Anordnung des Gerichts, daß bei unverschuldeter Uneinbringlichkeit die Vollstreckung der Ersatzstrafe zu unterbleiben habe, ist keine Lösung (§ 29 VI). Wir haben eine Strafart vor uns, die sowohl in ihrer primären wie der sekundären Phase undurchführbar ist.

Frühere Zeiten haben sich mit der gleichen Schwierigkeit abgeplagt. Als die Prügelstrafe noch weitverbreitet war, konnte sie als Ersatzstrafe für nichtbezahlte Geldbeträge dienen. Man konnte, wie es im alten England geschah, den Delinquenten ins Halseisen stellen oder in den Stock schließen[4]. Im Mittelalter vermied der gesunde Sinn der Stadtväter den Umweg über die uneinbringliche Geldstrafe; der Delinquent mußte im Stadtgraben alle Nesseln ausrupfen[5], eine größere

[1] Die Entwicklung der Kriminalität im Deutschen Reich seit 1882, Anlage II des Deutschen Strafgesetzentwurfs von 1927, S. 46. [2] SUTHERLAND: S. 575, 576.

[3] Über die Höhe der Ersatzstrafe entscheidet das Gericht nach freiem Ermessen. Obergrenze ist bei Zuchthaus und Gefängnis ein Jahr. § 29 II StGB.

[4] ANDREWS, W.: Bygone punishments, S. 168, 169, 173, 174. London 1931.

[5] OSENBRÜGGEN: Studien zur deutschen und schweizerischen Rechtsgeschichte, a. a. O. S. 121.

Anzahl Ziegelsteine liefern[1], die Stadtmauer bauen helfen[2]. Anstatt der Geldsumme mußte Bier, ein Zuber guter Fische gebracht werden, „zwei große Eichen", ein gutes Schloß zu dem neuen Kornhaus, 100 Malter Getreide[3]. Wir hören von der Abgabe von Brettern, Hafer, auch von Schweinsfüßen und Hühnern[4]. Wein wird in Frankfurt zur Strafe geliefert[5]. In England zieht man bei Weinpantschern vor, den Schuldigen den schlechten Wein trinken zu lassen, als aus ihm Geld herauszuholen[6]. Daß die leichte Haft vom geizigen polnischen Bauern weniger gefürchtet wurde als Abgabe von Geld, zeigt eine Geschichte des Soziologen THOMAS[7].

Stundung und Teilzahlung sind, vor allem in Gestalt einer Mußvorschrift, Verbesserungen, zumal die Vollstreckungsbehörde und die Gnadeninstanz gleiche Befugnisse besitzen. Aus England werden große Erfolge der Methode berichtet[8]. Aber damit sind andere Sorgen nicht aus der Welt geschafft. Es wird noch immer „abgesessen", und wenn diese ultima ratio regis nicht zur Anwendung kommt, fällt die Strafe überhaupt unter den Tisch, obschon sie die leichteste, in ihren moralischen und sozialen Folgen wenig spürbare Strafart ist. Dabei wird das wirtschaftliche Moment außer acht gelassen. Im Arbeitshaus von Chicago wurden 1907—1921 50 cents je Tag abgesessen; jeder Insasse kostete die Stadt täglich 40 cents, ein Betrag, der inzwischen wesentlich gestiegen ist. Statt also 6 Millionen Dollar an Geldstrafe einzunehmenn, bezahlte die Stadt 5 Millionen[9]. Dabei sind die Unterhaltungskosten von Gebäude und Beamten und die Arbeitsverluste der untätig herumsitzenden Gefangenen nicht eingerechnet.

In Kansas City, wo mein Schüler THOMAS 25 Jahre später die Situation untersuchte, muß 1 Dollar Geldstrafe durch einen Tag Haft abgesessen werden. Die täglichen Kosten eines Gefangenen betrugen

---

[1] FRAUENSTÄDT, P.: Breslaus Strafrechtspflege im 14.—16. Jahrhundert. Z. Bd. X, S. 19. 1890. — STETTEN, v.: Geschichte der Stadt Augsburg, Bd. I, S. 282. Frankfurt 1743. — GENGLER: Deutsche Stadtrechtsaltertümer, S. 14—15. Erlangen 1882.

[2] FRAUENSTÄDT: a. a. O. S. 19. — Im kolonialen Virginia bestand die Geldstrafe aus soundso vielen Pfunden Tabak. — SCOTT, ARTHUR P.: Criminal Law in colonial Virginia, S. 180. Chicago 1930.

[3] FRAUENSTÄDT: S. 19.

[4] ULLMANN: Strafrecht der Städte der Mark Meißen, S. 45. Leipzig 1928.

[5] KRIEGK: Das Bürgertum im Mittelalter, S. 341, 342. Frankfurt 1868.

[6] RILEY, H. TH.: Memorials of London and London life, S. 318. London 1868.

[7] Polnische Bauern waren vom Dorfältesten aufgefordert worden, einen Geldbetrag zum Geburtstag des Zaren zu stiften. Sie zogen sich zur Beratung zurück und kamen dann mit dem Vorschlag heraus, sie wollten die Summe absitzen. THOMAS, W. I., und FLORIAN ZNANIECKI: The polish peasant in Europe and America, Bd. I, S. 417. Boston 1918.

[8] Von 107555 Ersatzhaftstrafen im Jahre 1904 sind die Zahlen auf 12497 im Jahre 1930 gefallen. SUTHERLAND: S. 573.

[9] Ebenda S. 572.

im Durchschnitt der Jahre 1945—1948 3,07 je Tag. Wenn demnach ein Mann 10 Dollar abzusitzen hat, so kostet er der Stadt 21 Dollar[1]. Nicht eingerechnet sind die Ausgaben der Polizei und des gerichtlichen Verfahrens. Die Frage ist berechtigt: Wer wird bestraft?

In anderen amerikanischen Städten sind die Umrechnungssätze aus unbekannten Gründen völlig erratisch. Sie waren 1945 in Philadelphia[2]:

Höhe der Geldstrafe in Dollars	Entsprechende Haftdauer
4,50	1 Tag
5,50	2—3 Tage
7,50	5 Tage
12,50	10 Tage
12,50	30 Tage

Manche Kleindelinquenten geraten in einen Mahlstrom von Haftstrafen. SUTHERLAND[3] erwähnt eine Untersuchung von Koren aus dem Jahre 1901; ein Mann war 125mal im Arbeitshaus von Deer Island eingeliefert worden; darunter waren 96 Ersatzfreiheitsstrafen. Ein anderer Mann war in einem Jahr unter den gleichen Umständen 16mal interniert worden. Offenbar sind weder Geldstrafen für Trinker und ähnliche Typen und noch weniger Ersatzfreiheitsstrafen von kurzer Dauer eine Therapie, die dem Stand unserer wissenschaftlichen Kenntnisse entspricht. Wir drehen uns im Kreise, und veraltete Gesetze rechtfertigen vor uns und der Öffentlichkeit einen kunstlosen Beharrungstrieb.

Nicht alle Menschen haben Geld. Mit Ausnahme der Kranken und Krüppel verfügen alle Menschen über Arbeitskraft. Sie muß primär in Anspruch genommen werden. Ihre Umwandlung in Geld kann dort zweckmäßig sein, wo Geld ohne weiteres faßbar ist, wie bei Festbesoldeten und denen, die gegen den Staat eine Forderung haben. Auch kann es rationell sein, die Arbeits„summe" in Naturalleistung umzuwechseln wie beim Bauern, beim Ziegeleibesitzer, Eigentümer von Bergwerken, Steinbrüchen, Wäldern. Für die „Zahlung" der Arbeitsleistung müssen vom Staat und den Gemeinden Werkstätten, landwirtschaftliche Siedlungen oder Arbeitsüberweisungsstellen geschaffen werden. In manchen Fällen wird die Rückkehr zu irgendeiner Form der Einschließung unvermeidbar sein, freilich nur, um die Arbeitsleistung zu kontrollieren und zu lenken. Mit allen Mitteln sollte der Staat bemüht sein, die Pest des passiven und unproduktiven „Absitzens" zu vermeiden. Der Arbeitsertrag ist zur Hälfte dem Staat, zur anderen Hälfte dem Geschädigten zuzuweisen, damit die Opfer im Falle zahlloser kleiner Diebstähle,

[1] THOMAS, WILLIS O.: Kansas City's misdemeanants, S. 24 (unveröffentlicht). Drei Tage werden bei Wohlverwalten erlassen.

[2] Annual Report, Philadelphia county prison, S. 22. 1945.

[3] SUTHERLAND: S. 574.

Betrügereien und Unterschlagungen den Staat auf ihrer Seite sehen und eine Beruhigung des Vergeltungstriebes erfahren. Die Vernachlässigung dieser an sich berechtigten und nützlichen Gefühle ist die Ursache für die Verwerfung einer maßvollen Kriminalpolitik und den periodischen Ausbruch von Strafexzessen.

Manche der amerikanischen Staaten haben in ihre Verfassung die Bestimmung aufgenommen, daß die Geldstrafe nicht „übermäßig" sein soll[1].

Die Regel ist ein Gegenstück zur Forderung der Bundesverfassung, daß Strafen weder unmenschlich noch grausam sein dürften. Die jüngste deutsche Rechtsprechung hat davon gesprochen, daß „die Weite eines Strafrahmens ihr Gegenstück in verpflichtenden Grundsätzen der Strafzumessung finde.[2]" Ein Theoretiker hat dazu bemerkt, daß die Richter bei der Zumessung über das Maß der Schuld nicht hinausgehen dürfen[3]. Es ist die rechtspolitische Funktion des Strafrahmens, der emotionell bestimmten Schuldabschätzung eine feste Grenze zu setzen. Daher müssen, genau wie bei anderen Strafarten, Exzesse der Geldstrafe abgelehnt und aus einem rationellen Strafgesetzbuch entfernt werden.

Die Rechtsgeschichte lehrt, daß alle revolutionären Bewegungen, soziale, politische, religiöse, rassische, die Konfiskation zur Hauptwaffe gemacht haben. Immer, wenn die Massen erregt waren, fürchteten, haßten, gingen sie neben dem Täter auf sein Eigentum los, ursprünglich weil es mitbefleckt[4] war, später, weil man sich bereichern konnte[5]. Absolute Könige[6], römische Cäsaren[7] und russische Selbstherrscher waren leidenschaftliche Liebhaber der Konfiskation. Wenn daher ein neueres Gesetz dem deutschen Strafrecht 8 Tatbestände eingefügt hat[8], die

---

[1] SUTHERLAND: S. 572.

[2] BGStr. 1, S. 308.

[3] SCHÖNKE: S. 69. — Was ist Schuld? Wer kennt ihr Maß?

[4] Das ist der Grund, warum bei der Ächtung oder Friedloslegung auch das Vermögen verlorenging und warum es anfangs nicht weggenommen, sondern zerstört wurde.

[5] Diese Aneignung war noch lange Zeit ein Verbrechen, siehe Josua VIII, 24.

[6] Der alte britische Begriff der „felony" umschließt einen Bruch des Treueverhältnisses und führt zur Konfiskation. 4 Bl. Com. 94 "The felon's lands go to his lord or to the king and his chattels are confiscated". POLLOCK und MAITLAND: History of english law, Bd. II, 466, London 1920. Das Wort „felony" war ursprünglich ebenso mit moralischer Entrüstung geladen wie etwa „Blutschande" und „Hochverrat".

[7] SUETON: Nero 32: „Daher verlegte sich Nero jetzt auf falsche Anklagen und Räubereien", indem er die harmlosesten Tatbestände unter das Majestätsgesetz zog, das Vermögenskonfiskation zur Folge hatte. Von Domitian hören wir (SUETON: Domitian 12): „Das Vermögen der Lebenden wie der Verstorbenen verfiel in einem fort auf jede beliebige Anklage und Anschuldigung hin der Beschlagnahme."

[8] Unternehmen gegen Verfassung und Gebiet (§ 80 StGB.), Vorbereitung eines hochverräterischen Unternehmens (§ 81), hochverräterischer Anschlag (§ 83), Verfassungsverrat (§ 89), vorsätzlicher Landesverrat (§ 100), landesverräterische Fäl-

neben Freiheitsstrafe Geldstrafe „in unbegrenzter Höhe“ zulassen, so befindet sich unser strafrechtliches Denken auf abschüssiger Bahn. Diese schrankenlose Unbestimmtheit ist rechtspolitischer und rechtstechnischer Rückschritt[1].

IV.

Die Freiheitsstrafe schmilzt ab, die Geldstrafe nimmt zu. Folgende Zahlen zeigen den Wettlauf, bei der die Geldstrafe im Jahre 1907 die Gefängnisstrafe überholt.

Häufigkeit von Gefängnis und Geldstrafe in Prozent der Gesamtstrafenzahl[2].

Jahr	Gefängnis	Geldstrafe
1882	69,1	25,3
1907	47,0	48,3
1912	44,7	51,4
1923	35,6	61,6
1930[3]	40,3	57,4
1932	48,4	49,5
1935	45,6	52,0

Die Geld„buße“ ist mit allen ihren ungelösten Problemen an die Spitze der Strafarten getreten. Sie unterliegt nicht nur jahreszeitlichen Schwankungen, soweit ihre unerwünschtesten Wirkungen in Frage kommen[4]. Sie spiegelt in raschen Reflexen das Gefühlsleben der Massen und der Gerichte wider. Im Kriege sinkt mit dem Hungerjahr 1917 die Geldstrafe unter den Stand von 1899. Sie steigt auf dem Höhepunkt der Geldentwertung (1923) steil an, als die Delikte gegen das Eigentum sich ins Riesenhafte erhoben. Sie fällt, 9 Jahre nach der manischen Phase der Gelderkrankung, als der depressive Umschlag kommt, unter den Anteil von 1912. Die Geldstrafe hat zahlenmäßig der Freiheitsstrafe den Rang abgelaufen. Es gilt, das kriminalpolitische und legislative Interesse, das wir ihr bisher versagt haben, mit allen wissenschaftlichen Mitteln nachzuholen.

---

schung (§ 100a), landesverräterische Beziehung (§ 100d), pflichtwidrige Führung von Staatsgeschäften (§ 100f). Dazu tritt noch § 27c III StGB.

[1] Über die Konfiskation bei Selbstmördern und flüchtigen Verbrechern — alles „Feinden“ — siehe Stutz, Emil: Das Strafrecht von Stadt und Amt Zug, S. 120. Zürich 1917. Expropriation war die regelmäßige Folge des Verfahrens gegen Hexen. Schnell erworbener Wohlstand war eines der Indizien der Zauberei. Spielmann, K. H.: Hexenprozesse in Kurhessen, S. 221. Marburg 1932.

[2] Anlage II zum Strafgesetzentwurf von 1927, S. 37.

[3] Die Ziffern von 1930, 1932 und 1935 wurden nach den von Sauer (a. a. O. S. 379) gegebenen Daten berechnet.

[4] Siehe meine Gegenüberstellung des Zugangs an Gefangenen, die eine subsidiäre Freiheitsstrafe verbüßten, und Sonnenscheinstunden in Zürich nach Schweizer Zahlen. Strafrecht und Auslese, S. 167. Berlin 1914.

Sachverzeichnis.

Kolibri 360 GmbH
Ferdinand-Jühlke-Straße 7
99095 Erfurt, Deutschland
produktsicherheit@kolibri360.de